大專用書

行政法之一般法律原則(二)

城仲模 主編

三民書局

國家圖書館出版品預行編目資料

行政法之一般法律原則(二)／城仲模
主編.--初版.--臺北市：三民，
民86
　　面；　　公分
ISBN 957-14-2650-4 (平裝)

1.行政法-論文,講詞等

588.07

網際網路位址　http://www.sanmin.com.tw

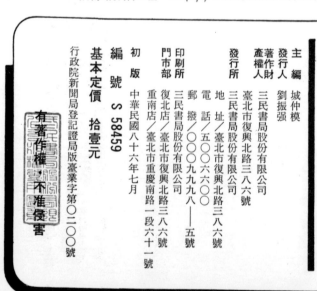

行政法之一般法律原則(二)

© 行政法之一般法律原則(二)

主編　城仲模
發行人　劉振强
著作財產權人　三民書局股份有限公司
發行所　三民書局股份有限公司
　　地址／臺北市復興北路三八六號
　　電話／五○○六六○○
　　郵撥／○○○九九九八──五號
印刷所　三民書局股份有限公司
門市部　復北店／臺北市復興北路三八六號
　　重南店／臺北市重慶南路一段六十一號
初版　中華民國八十六年七月
編號　S 58459
基本定價　拾壹元
行政院新聞局登記證局版臺業字第○二○○號

有著作權‧不准侵害

ISBN 957-14-2650-4 (平裝)

主編者序

　　近日國內為憲法增修而擾攘不休；一般民眾、政府機關公務員，甚至於政黨負決策之主要幹部群似都以為憲政宏規一旦確立，國家必將順勢而臻於富強。其實不然，真正支撐國家進步發展、人民安居樂業者，是實踐憲法規範意旨的諸種具體行政法律制度及全體國民對於法治理念的根本理解與遵守程度。若祇特別眷顧較抽象的立憲綱領之樹立，而忽略身邊具體法規必要的整備及其付諸實現之可能率，終究是半外行人經常的誤會，殊不足為訓。德國行政法學的宗師Otto Mayer (1846-1924)於七十四年前所提示「行政法需存續 (Verwaltungsrecht besteht)」發生規範效果，其真正之意函，即在於此。

　　當茲，二十一世紀在望，全球各處，新時代的國家行政內涵毫無鬆懈地是益形複雜性多量化，亦呈現難得一見的流動性易位化；另外，在依法行政原則的維繫與人權保障的堅定維護之前提下，行政法迄今一兩百年的發展史上，今日確實正面臨著其學理與實務經驗上未曾有過的橫衝直闖之強勁衝擊，公法學界同儕已到了非澈底的全面性檢討不可的時候。國內行政法學界、法制及實務等各方面，在經過近三十年，由頓挫蟄伏期而蠕動進展，乃至生動活潑昂然再進入廣深化的高度發展期，各類相關學術著作、教科書、必要之法律建制及裁判案例解析彙編等，陸續問世，已蔚為一團熱絡關心行政法的高氣壓，形成一股重視仰賴行政法的氣氛。吾人於研閱來自德、奧、法國、英、美及日本行政法相關文獻資料之餘，深覺篇數夥夠論列精準，亦悉其間國別法律文化背景迥異，觀點角度甚殊，惟論說各具首創性及說服力，頗能引人入勝；乃愈是馳騁於其浩瀚之各類論著中，愈是令人油然而生敬佩與必須自我謙抑自牧

之情。質言之，我國關於斯學之研究發展，不論是原理原則、概念定義、體系構造、涵蓋內容、制度比較乃至其解釋學方法論等，目前已出現諸多急待突破的瓶頸，法制擬案暨實務裁處，於正反之辯輒至莫衷一是，堪稱已臻於需要重做調整的關鍵時刻。

余深諳行政法學習之不易，各界對行政法相關問題之演繹破解，除了使用查閱六法全書、裁判彙編或翻閱教科書論文集以求一知半解而外，經常就是束手而不知所措。其所以至於此者，實乃研究方法上及觀念上之偏失；亦即，祇捉住法律關係的點滴卻不知緊握其總體基礎的一般法理，同時，由於長久以來傳統文化的桎梏，人們習於任人而不信法，馴致懷疑西方人所深信不移的「法律的保護比人的保護來得強 (Fortior est custodia legis quam hominis)」之諺語。在這雙重缺憾的陰影籠罩下，自然使人亟思應予迎面解決。余乃於數年前，開始有計劃地在長年任教的法律學研究所引導博士班、碩士班同學就行政法上的一般法律原則，分成二十六則，逐一探討，詳密研析，第一冊有關十二則，於三年前編纂成書，以推介涵蓋面更廣的行政法基礎法學理論，祈能提供研判個案問題時對於法治主義宏觀面重點性的瞭解。該書於問世之後，頗獲方家各界之好評；一九九五年二月間在日本名古屋舉行之東亞行政法學會，除了我國行政法學者之外，尚包括有日、韓、中國大陸行政法學界，當彼等得知臺灣有此類研究成果的出書，頗感新奇訝異，蓋其本國迄今仍未有同性質的著述書之編纂，爲此彼等並轉而探聽我國行政法及其相關法理進展之梗概。

本書各篇係按計劃由編識者與興大陳愛娥教授共同主持討論會之進行，經三個寒暑、四十餘位研究生每週約二、三小時的反覆辯詰修改再修正而至定稿，執筆者固有原著時之辛勤甘苦，與談諸同學亦提供了寶貴的意見，以使書內各篇之撰述更臻周密。當本書「行政法之一般法律原則(二)」付梓之際，感於一千多天的親誠相聚，認眞思辯，首應對陳教授及六個學期以來選讀並參與研討的諸位學棣致誠摯的謝悃；三民書局

劉董事長振強先生長年以來堅守出版事業文化傳播之崗位，不惜成本不計銷售，願爲印行，悃愊無華，豁達大度，甚爲感佩，併致謝忱。

城仲模　謹識於　國立中興大學法商學院
　　　　　　　　法律學研究所研究室
　　　　　　　　一九九七年五月二十八日

行政法之一般法律原則(二)

目　次

論行政目的

程明修

〔壹〕前言

〔貳〕行政目的之概念

一、行政之概念

二、行政之目的——公益、公共性之實現

〔叁〕行政目的與國家任務之演變

一、國家任務之演變

二、憲法與行政法之關係

三、行政目的與政策

四、行政法總論與行政法各論之關係

〔肆〕行政目的在法治國家中之地位

一、「立法從寬、執法從嚴」之法理

二、依法行政原則內涵之現代意義——「行政目的」在法源上之地位

三、「行政目的」在具體行政領域中之地位——「依『行政目的』行政」

論行政目的

「現代國家中最強而有力之權力，乃是行政權。」
In den modernen Staaten ist die mächtigste
Realität die Verwaltung.
-Hans Peters-

〔壹〕前言

依日本行政法學者雄川一郎所言，現代行政法學有兩大課題，其一是以國民權利、自由之保障爲行政之職志；其二是實現「行政目的」(註一)。「行政目的 (der Zweck der Verwaltung)」可以說主導了行政法之脈動。然而，「行政目的」並非一單義的概念，它是隨著不同之國家型態而異其內涵。因爲行政的態樣並非一成不變，在不同的時期，因應不同之社會型態，行政爲解決不同之問題，不論是在法規之授權下，或是本於主動積極的地位，均可能有不同之目的需要實現。然而毫無疑問地是，在現代憲政法治國家中，國家權力之行使均需符合憲法之價值要求，行政應於法律（及法）之授權下始得運作，因此在「憲法（憲法政策）──立法（立法目的）──行政（行政目的）」之關聯性上，似乎具有必然地連貫性。惟事實上，行政之積極性在現代社會中所扮演之角色更形重要，行政介入國民生活領域乃司空見慣之事，因此吾人可以發現一個

註一　雄川一郎，現代における月行政と法，收於氏著，行政及法理──雄川一郎論文集第一卷，有斐閣，昭和六十一年一月二十五日初版第一刷發行，頁二〇三。

現象，即行政機能之擴大與自立化，立法者之地位相對地滑落。傳統上，用來稱呼具有特別行政法院之國家爲「行政國家 (Verwaltungsstaat, Exekutivsstaat, l'État administratif)」的用語，現在已轉而用來稱呼行政權立於優越地位之國家（註二）。本文即欲一探「行政目的」之內涵以及其形成過程，當然無法避免地應先從國家最高規範之憲法追尋其價值，以至其與立法之關聯性。次之，於行政之各種作用領域中，「行政目的」所扮演的角色，亦是行政法上糾葛之問題。包括「行政目的」在法源上之地位；行政可否依自己之目的取向「自由裁量」？給付行政中，行政基於特定之行政目的，有無手段與組織形式之選擇自由？行政機關可否僅依「行政目的」即可爲行政處分之「職權撤銷」與「廢止」？最後就行政作用與「行政目的」相違之效果，因實定法（訴願法）上「不當」與「違法」用語之區隔，造成效果內涵之爭議，亦一併論述之。

〔貳〕行政目的之概念

一、行政之概念

對於「行政」概念之解釋，一直是困擾行政法學者之一大難題。德國學者 Ernst Forsthoff 即謂：「個別之行政態樣千變萬化，實無法以統一之型態說明」（註三）。學界對此概念之闡述向有從「積極而直接的正面立場 (Der erste Versuchgegenständlich, positiv)」與從「消極而間接的反面立場 (Der zweite Versuchgegenständlich, negativ)」以及從「機關組織之實在形式立場(Der dritte organisatorische Versuch)」

註二　手島孝，現代行政國家論，勁草書房，一九七九年二月十五日第二刷發行(一九六九年第一刷)，頁六三；村田尚紀，行政國家——憲法上問題が多い議會の地盤沉下，法學セミナー，第四三七號，一九九一年五月，頁四七。

註三　Ernst Forsthoff, *Lehrbuch des Verwaltungsrechts*, 10. Aufl., C. H. Beck Verlag, München, 1973, S. 1.

以說明行政意義之分（註四）。惟上述之立論或欠缺實質明確之內涵，或難跳脫秩序之行政觀點，實則衡諸現代行政之風貌，行政事務之態樣非限於秩序行政，行政之本質亦非限於單純地執行法律；再者，如學者 G. Radbruch 所言，「行政法乃是一最年輕之法領域，而且也是一最活潑之法領域。而所謂『國家活動漸增原則（Gesetz der wachsenden Staatstätigkeit）』乃指由法治國家於朝向福利國家之方向上，每向前進一步，行政法即隨此一步伐成長而言（註五）。」因此，隨著國家活動之增加與多樣化，強調給付行政與行政自主性之漸增，遂有補充前述積極立場之缺陷而承繼發展之「社會形成活動說」提出。從積極而直接的正面立場探討行政之概念者，如 Ernst Forsthoff 認為行政之特徵，本質上被目的上是為了遂行國家目的之活動（Tätigkeit）所加以明確化，而行政即是一種向未來繼續地形成行為（註六）。日本學者田中二郎則認為行政乃立於法之下，一方面受到法之規制，同時作為現實具體地以國家目的之積極實現作為目標，而實施之全體而具有統一性之繼續性形成行為（註七）。而「社會形成活動說」則是以上述積極見解作為基礎，尖銳地指陳行政之性質，強調行政係「以自己的創意去具體實現國家目的」，「在法秩序之範圍內而為形成的、計劃的、組織的、指導的行為」、「經由具有計劃、引導、規範、助成等多樣手段的社會形成活動（Die Tätigkeit der Sozialgestaltung）」。並於現代行政之實態上明確地調和行政核心要素之國家目的或公益概念（註八）。

註四　城仲模，行政法專輯(一)，臺北市公務人員訓練中心印，七十九年六月，頁一五～一六。

註五　G. Radbruch, *Einfuehrung in die Rechtswissenschaft*, 9. Aufl., S. 194; 引自，和田英夫，行政法及視點と論點，良書普及會，昭和五十八年七月十五日初版發行，頁二一。

註六　Ernst Forsthoff, a.a.O., S. 8.

註七　田中二郎，新版行政法(上)，弘文堂，昭和五十五年二月十五日二版二十三刷，頁四以下。

註八　城仲模，前揭書，頁一六～一七；佐藤英善，行政法總論，日本評論社，一

　　雖然「行政」概念之描述，不論從何種立場立論均有其不圓滿性，但是吾人可以肯定的是除非不直接定義行政之內涵，否則均不脫以「國家目的」之實現作爲行政之歸依。所以吾人可直言「國家目的」之實現乃行政之核心內容(註九)。甚至吾人可以進一步說「行政目的 (Öffentlicher Zweck)」即是「國家目的」之更具體化。迨自專制警察國家、形式法治國家、實質法治國家以迄給付、福利國家，無論名目上或實質上，國家無例外地均以「公益」或「公共性」之實現作爲國家之最終目的。無怪乎學者直陳「行政之目的」即是「公益(public interest, öffentliches Interesse, interet public)」、「公益之實現」(註一〇)或「公共性(Öffentlichkeit)」、「公共性之實現」(註一一)。

二、行政之目的——公益、公共性之實現

　　既然行政之目的在於公益（或公共性）之實現，則公益之概念即有說明之必要性(註一二)。誠然，行政之特徵首在於行政乃爲了公益而活動。

九九四年一版七刷，頁九。

註九　「國家目的」之實現可分由行政、立法、司法等國家權力爲之。所以從「積極而直接的正面立場」闡述行政概念之學說中有稱「國家目的實現說」者。如德國行政法學之父 Otto Mayer 即謂：「所謂行政者也，乃國家於其法秩序之下，爲實現其目的，所爲司法以外的作用。」

註一〇　Dirk Ehlers, *Verwaltung in Privatrechtsform*, Duncker & Humblot, Berlin, 1984, S. 87 f; Jean Divero, Droit Administratif; 兼子仁、磯部力、小早川光郎譯，フランス行政法，東京大學出版社，一九八二年七月三十日初版，頁一〇；阿部孝夫，行政管理と公益，自治研究，第七一卷一期，頁二九。

註一一　原田尚彦，行政法要論(全訂第二版)，學陽書房，東京，一九九三年全訂第二版，頁八以下；遠藤博也，實定行政法，有斐閣，東京，一九八九年初版，頁五以下；阿部泰隆，行政の法システムを評價する視點，收於，兼子仁、宮崎良夫代表編集，高柳信一先生古稀記念論集——行政法學の現狀分析，勁草書房，一九九一年第一版，頁一一五以下。

註一二　關於「公益」概念之引介，參考，陳恩儀，論行政法上之公益原則，收錄於本書頁一五一以下。

因為在私自治領域中之私人有權追求任何之目標，行政則未必享有如此之自由。所以從結合基本權之法治國原則可以導出以下之結果，亦即行政必須是基於各種特別職權，為「權利」之實現而行動。而其權利實現之理由僅得來自於「行政目的」（或更確切地說，是來自於「公益」）之觀察（註一三）。

學者 H. Maurer 亦認為「行政」是社會之形成物（Sozialgestaltung）。行政的對象是社會之共同生活，因此行政必定涉及公共團體之事務以及與公共團體之人。從而，可以導出行政必須是以「公益」為據的。不過「公益」並非永遠一成不變的，而是應隨時代之改變而調整。而且即使在同一個時代，「公益」概念也是經常有爭論的（註一四）。因此雖說行政是於法之下，一方面受到法律之規制，一方面以經由國民權利與義務之適性而致力公益之實現為前提，所為之國家統一性行政活動。但是若考慮公益為何種一體性利益時，應認為公益為非國家利益之公共利益，而且亦具有「社會全體之利益」之意義（註一五）。

「公益」本身可能全部或部分與「個別利益（Individualinteressen）」重疊，但是也有可能是與之相對立的。在此德國基本法指出「人性尊嚴（die Menschenwürde）」為最高之憲法原則（Konstitutionsprinzip），並且得有效地擔保基本權（Art. 1ff. GG.）；因此於追求「公益」時，也應顧及「個別之利益」，甚至於個別利益之實現，亦可能屬於公共的任務（öffentliche Aufgabe）（例如社會救濟）（註一六）。另外日本學界亦有漸漸放棄傳統「公益」概念之描述，轉而透過方法論之選擇，致

註一三　Dirk Ehlers, a.a.O., S. 87.

註一四　Hartmut Maurer, *Allgemeines Verwaltungsrecht*, 10. Aufl., C. H.Beck Verlag, München, 1995., § 1, Rn.9、10, S. 5.

註一五　齋藤明，現代行政法學展開，敬文堂，一九九一年八月二十五日初版發行，頁四七～四八。

註一六　Ingo von Münch, in: Hans-Uwe Erischen/Wolfgang Marters (Herg.), *Allgemeins Verwaltungsrecht, Walter de Gruyter*, 1992, 9. neu. Aufl., § 1. Rn. 18; Hartmut Maurer, a.a.O., Rn. 10, S. 5.

力於「公共性」之分析理論提出(註一七)。所謂公共性之分析是以徹底分析行政法學中「向來，幾乎以無媒介性、抽象性爲前提之公益性、公共性」，並且依此將被保護之權利利益與被侵害之權利利益之「對立與分裂，客觀地加以認識」，轉而求之於「兩者間之價值序列之分析、體系化」，並將行政之「價值判斷、選擇之基準，作爲實體上或手續上合理之基準」，並使公共性之「具體內容公開且客觀化」爲目標(註一八)。所謂「行政之公共性」之意義即被理解爲公的作用中，行政之公平、合理性、正當性。換言之，行政之公共性是意指行政擔當公的事物之資格的屬性，即行政之妥當性、合理性、公平性；相對而言，公益是意指作爲行政作用結果而被實現之利益或效用之屬性(註一九)。行政之公共性並非單純針對行政主體所爲作用、活動面；毋寧是針對擔任行政之主體應具備之理想狀態（行政組織法制、公務員法制）、其作用之目的與內容、爲實現此一目的所採用之手段、程序等問題(註二○)。從而自組織架構而言，公共性（公開性）首先存於權力分立之公共機構。在公共性之不同態樣中，作爲意見形成之公開(Publizität)與公共論壇(Forum)是公共性之基本態樣，而所謂的國家性(die verfaßte Staatlichkeit)即是建立於此基礎之上。公共性之意義明顯地是爲了民主性之意志形成程序，但這無法再進一步地被描述。而爲了實現法治國家之任務，法治國家也知道並利用公共性作爲其媒介。因此公共性被視爲一個訴訟程序之重要元素以及被

註一七 參閱拙著，從行政法之觀點論行政之公共性，收於，城仲模主編，行政法之一般法律原則㈠，三民書局，八十三年八月初版，頁七八以下。

註一八 室井力，行政法の解釋，收於氏著，現代行政法展開，有斐閣，昭和五十三年十一月二十五日初版第一刷發行，頁二五以下；室井力、原野翹、福家俊朗、浜川清編著，現代國家の公共性分析，日本評論社，一九九○年十二月十五日一版一刷，發刊詞。

註一九 宮崎良夫於公法研究第五三號（「公共性」專號）之討論發言，公法研究，第五三號，一九九一年，頁二三五。

註二○ 宮崎良夫，行政における公益，公法研究，第五四號，一九九二年，頁一三○。

視爲傳統法治國程序之一重要元素其實也並非偶然（註二一）。

　　質言之，行政所追求之「行政目的」即爲「公益」或「公共性」之實現。若言「公益」之實現爲行政之目的，則此之公益必是實質正義之公益。在現代複數國家目的中，總是特別一再出現問題的是：「公益」到底何所屬？以及在利益衝突（Interessenkonflikten）之下的那一種利益才具有重要性，此通常在憲法以及立法的領域中決定（註二二）。所以公益並非抽象的屬於統治團體或某一群人之利益，更非執政者、立法者或官僚體系本身之利益。而公益之判斷是否正確，亦不能任憑國家機關之主觀，而應以客觀公正避免錯誤之認知爲之，在多元社會必要時尙須透過公開討論俾能形成共識（註二三）。從而，公益之實現並非由行政所獨占，具體而言，立法、行政與司法應均可爲之。甚至於社會團體或機構也都可以實現此公法之任務與承擔此公法之責任（註二四）。

　　相對地，若放棄「公益」之討論，轉求之於「公共性」之分析，則如前所述，行政之公共性所專注者乃是於組織法上探究擔任行政之主體應具備之理想狀態，而於作用法上探究其作用之目的與內容、以及爲實現此一目的所採用之手段、程序等問題之分析。因此組織、程序之規制等動態之分析在公共性之實現上即具重要地位。事實上，在歐陸，行政程序，特別是規範制定之程序，當今均加入公共性之考量，而且在一些越來越大量、越重要之領域（如環境行政法）中，導致共同體法之基準（die Vorgaben des Gemeinschaftsrechts）移轉至「行爲公共性（公開性）原則」（das Prinzip der Aktenöffentlichkeit）上，而此一發

註二一　Rberhard Schmidt-Aßmann, "Zur Reform des Allgemeine Verwaltungsrechts-Reformbedarf und Reformansätze", in: Wolfgang Hoffmann/Rberhard Schmidt-Aßmann/Gunner Folke Schuppert (Herg.), *Reform des Allgemeinen Verwaltungsrechts*, Nomos Verlagsgesellschaft, Baden-Baden, 1. Aufl., 1993, S. 55.

註二二　Hartmut Maurer, a.a.O. Rn. 10, S. 5.

註二三　吳庚，行政法之理論與實用，自刊，八十四年三月增訂二版，頁五八。

註二四　Hans-Uwe Erischen/Wolfgang Marters (Herg.), a.a.O.

展其實也並不違背行政法之民主法治國傳統的。同時毫無疑問地，公共性並非僅停留在扮演限制資訊來源之角色，毋寧是會積極地對資訊之加工處理與決定之形成造成影響，因此基於公共性，就必須強制行政主體敍明理由而使其行爲正當化（註二五）。所以「公共性」實現之正當性除了須符合傳統法治主義之精神外，因行政法理論之演變（註二六），在持續的法律關係中，不僅只於法律結果（作成之行政行爲）之重視，實際上對「過程」之規制與「過程」中之權利保障更顯示其重要性（註二七）。

在現今人民之生存與行政之活動有廣泛之依存情況下，一方面應保障人民對行政之參與，同時行政情報在可能之範圍內，應對身爲主權者之人民公開（註二八）。一般而言，在行政實現公共性之實定法之標準上，並未事先給予行政之公共性具體之內容，當其內容之補充是委由行政裁量之行政判斷時，爲了判斷過程之合理化與正當化而公平與公正地對行政過程注入種種價值，即要求對其評價方法之客觀，以及確保行政之透視可能性。因此行政活動之公共性內容，即可經由此種相關之操作而得到補充。故手續之公共性的要求乃理所當然。而行政手續法正可確保有關手續之公共性。因此具體而言，有必要在行政政策之形成與決定過程或執行過程中之各階段性質上，確立適當之參加手續；以及在手續參加中爲必要之情報公開與行政裁量基準之訂定；以及將此一公開、參加程序本身予以公開；以及在各階段中行政決定根據的公開等（註二九）。

註二五　Rberhard Schmidt-Aßmann, a.a.O.

註二六　例如自 Otto Mayer 以來之傳統行政法理論是強調「法型式學（Rechtsformenlehre）」，而今已有對此傳統理論果敢加以挑戰而提出所謂之「法關係論（Rechtsverhältnislehre）」者。

註二七　石川敏行，紹介（ドイツ公法），比較法研究，第五五號，一九九三年，頁二一三；關於德國行政法學理論之轉變可參考：Hartmut Bauer, *Verwaltungsrechtslehre im Umbruch? Die Verwaltung* 25. (1992), S. 301 ff.

註二八　原野翹，行政手續改革の基本問題，法律時報，第五三卷四號，頁一五五。

註二九　本多滝夫，行政改革の行政手續制定の課題，修道法學，第一五卷一號，

　　因此，本文以爲，「行政目的」之實現即爲「公益」、「公共性」之實現，然而吾人不宜僅概念式、機械式地稱「行政目的」＝「公益」、「公共性」。毋寧是應對「行政目的」之實現作「動」的觀察，在此可以歸納出「行政目的」之實現價值內涵（註三○）：⑴公益性——社會之整體利益：此一公益性內涵另外應從國家類型之不同，以及以下之其他價值內涵考量之。⑵效率性：行政迅速簡單經濟之效率目的，亦爲行政所追求之價值之一，故使行政運作之程序統一乃必要之途（註三一）。⑶實效性：每一法律之制定都有其所欲實現之目的與所預期之社會效果（註三二），行政之措施亦然，應考量所預實現之價值與可能之社會影響，以爲行政目的實現之內涵。⑷民主性：爲避免行政單方地操縱「行政目的」之內涵，無論是從自然正義（natural justice）（註三三）、正當法律程序（due process of law）（註三四）、法治國原理（Prinzip des Rechtsstaat）（註三五）、人性尊嚴（Die Menschenwürde）（註三六）或民主主義原則，對於人民程序權之保障，應使行政措施之相對人及利害關係人參與決定行政目的（公益）之程序，而其中最重要的莫過聽證（Hearing; Gehör）之

　　　　一九九三年一月，頁八三。

註三○　片岡寬光、辻隆夫編，現代行政，法學書院，昭和六十三年五月三十日初版第一刷發行，頁七二～七三。

註三一　法務部印行，行政程序法草案，草案總說明，八十四年三月十六日，頁一。

註三二　丘宏達、法治斌、蘇永欽計劃主持，我國非常時期法制研究，二十一世紀基金會，七十九年九月，頁四八，楊日然先生之發言部分。

註三三　參閱，陳志全，行政法上自然正義原則初探，收於，城仲模主編，前揭註一七書，頁二七以下。

註三四　參閱，林國漳，淺釋行政法學上「正當法律程序」原則，收於，城仲模主編，前揭註一七書，頁五三以下。

註三五　參閱，彭國能，法治國之基本原理，收於，城仲模主編，前揭註一七書，頁三八九以下。

註三六　參閱，黃桂興，淺論行政法上的人性尊嚴理念，收於，城仲模主編，前揭註一七書，頁一以下。

參與(註三七)。(5)公平性: 基於平等原則, 行政目的之實現手段應避免對人民不平等之處遇, 並應禁止恣意濫為 (Willkürverbot) (註三八)且應受先例之自我拘束 (Selbstbindung der Verwaltungspraxis) (註三九)。

因此對於「行政目的」, 不論直接求之於「公益」之實體內涵或作動態之「公共性」分析, 行政為求其目的之實現乃其本質。但因為國家任務之演變, 行政事務益形多樣、複雜化, 同時因現代社會中如環境權、社會保障給付權、受教育權、消費者權、和平的生存權、知的權利、正當程序與參加的權利等新的人權觀念展開與權利意識之高揚, 相反地是對行政目的之規制 (註四〇)。「行政目的」之概念即因國家型態之轉變與行政領域之範圍不同而應作動態之觀察。例如, 因為行政目的與對象複雜、多樣化之現實, 行政大體上依其目的可分積極行政與消極行政。對應於憲法上人權尊重原則之行政活動的法授權與統制, 依照與個別行政相關之權利利益性質, 在某些場合要求行政之積極活動; 而在某些場合要求行政之消極活動。進而, 行政在關係到其對象所具有之權利利益上, 就其內容而言可分負擔行政 (Belastende Verwaltung; Regulatory Administration) 與授益之行政 (Begünstigende Verwaltung; Benefactory Administration)。其中亦有個別強調之行政目的。甚至於因為現代行政積極地介入市民社會與經濟之現狀, 而就其特徵所加以說明之給付行政, 亦有特別之行政目的 (註四一)。所以對於「國家目的」

註三七　參閱, 陳志揚, 行政程序中聽證制度之研究, 收於, 城仲模主編, 前揭註一七書, 頁二九五以下。

註三八　參閱, 張錕盛, 析論禁止恣意原則, 收於, 城仲模主編, 前揭註一七書, 頁一九九以下。

註三九　參閱, 林國彬, 論行政自我拘束原則, 收於, 城仲模主編, 前揭註一七書, 頁二四五以下。

註四〇　室井力編, 現代行政法入門(一), 一九九一年八月二十日新版第二版第四刷發行, 法律文化社, 頁八。

註四一　同上註, 頁八～一〇。

與將之具體化之「行政目的」的掌握，依現代法治國家之精神，實應回歸求之於憲法中之國家任務內涵，同時在法治行政之要求之下，國家目的原則上是透過立法再由行政予以具體化，所以憲法與行政法之關係，以及行政目的與立法目的之關係即有其重要之關聯性。

〔叁〕行政目的與國家任務之演變

一、國家任務之演變

行政目的之實現即為公益或公共性之實現，甚至為了「公共福祉（Public Welfare）」之實現。惟公益是經由行政公正之運作，所得之國家利益，而只有為了社會全體之利益而被還原時，此之「利益」方得稱為「福祉」。簡言之，只有在行政為了社會全體利益而經由公正之運作後所得之國家利益方屬「公共福祉」。因此行政必須是在追求人民公共福祉之前提下始得活動。但是，行政所追求之「公共福祉」如同「公益」、「公共性」般，並非單義。毋寧是隨國家類型之轉變而異其內容（**註四二**）。

㈠絕對主義時代

此一時期之公共福祉乃是極端地謀求增加王室或國家之財富，並藉

註四二　關於以下之討論，請參閱，宮崎良夫，公益判斷，その主體，法的統制をめぐる問題，收於，室井力、原野翹、福家俊朗、濱川清編著，前揭註一六書（現代國家の公共性分析），頁四三六～四四四。學者亦有將此國家類型之變遷分成：封建國家（Feudalstaat，十六、十七世紀以前）、警察國家（Polizeistaat，十七、十八世紀）、法治國家（Recchtsstaat，十八世紀末葉，十九世紀至二十世紀前期）、給付國家，福利國家或文化國家（Leistungsstaat, Wohlfahrtsstaat, od. Kulturssstaat，二十世紀以至今日）。Vgl. Chung-mo Cheng, Gedanken zum Rechtsstaat, S. 3.（本文為城仲模教授於一九八○年任維也納大學公法學客座教授時之一篇演講詞），引自，李建良，從公法學之觀點論公益之概念與原則，中興大學法律學研究所碩士論文，七十五年六月，頁一九以下。

此謀求臣民之福祉，惟此臣民之福祉僅爲公共之安寧與靜謐，而此時期之行政（如果可以明確地從國家權力中析分出的話）目的即可等同之。當時之國法學中主要討論的問題是誰來決定公共福祉。例如君主於何時得行使其支配權（ius dominens）徵收臣民之財產？以及對於其支配權之行使得否給予裁判之統制？對此問題，並不難回答，因爲在絕對主義時代，就臣民福祉之增進而言，其支配之理論認爲此乃君主崇高之責任（幸福增進主義）。在當時之普魯士國家中，君主透過其立法權與行政權決定何爲公共福祉，並爲實現此一公共福祉，綿亙臣民所有之生活領域，建立了強有力而緊密的警察監視體系。而且完全不承認臣民有得對抗君主立法權、行政權行使之法律上請求權，而僅得對君主請願而已。所以此時期之公共福祉僅在於國家財富增加、安全之確保、臣民生活安寧與靜謐之確保，並且其實現也是作爲支配者之君主之職權與義務，然而卻未形成對於君主（國家）權力具法拘束力之法律制度，僅端賴君主自己之抑制以形成權力之界限。

㈡立憲君主制時代（前期）

在十九世紀初期之德國，漸漸地興起之新思考乃是市民社會自律性的擴大。當時之國家學、經濟學、警察學等學問，嘗試作國家、社會二元地掌握，試圖用以區別國家與社會(註四三)。此一思想根基乃源自於兩種思考，其一是，基於自然法之思想而認爲國家權力必須具有界限的思想。其二是個人主義與自由主義理念。特別是基於後者之理念，儘可能抑制國家對社會之干涉可能性，而可以更強化了社會之自律性。進而，

註四三　關於國家、社會二元理論在國法學（特別是在行政法領域）之發展，可參閱，涂朝興，行政私法之研究，政治大學法律學研究所碩士論文，七十九年六月。葛克昌，國家與社會二元論及其憲法意義，臺灣大學法學論叢，第二四卷一期，八十三年十二月，頁一二一以下；作者認爲即使二元論迭受批評，但仍有其憲法上之價值。高田敏，行政法——法治主義具體化法としての——，有斐閣ズシクス，一九九三年三月三十日初版一刷，頁一～二。

自由主義高張要求憲法制定之運動，並於十九世紀三〇年代以降之德意志各邦中確立了立憲君主制。此一波之立憲主義的重要要求，乃是透過憲法與法律拘束國家權力，並創設此一拘束於法律上之界限。因此德意志各邦之憲法典即針對任何國家權力，規定了個人「自由與財產」的保障。國家此時之責任僅在於禁止、抑制有害於社會自律性之各人行為，而為達此一目的並得徵收必要之費用；此即所謂之「夜警國家 (Nachtwächterstaat)」思想。此一時代，因憲法之制定而形成「基本權」思想；同時伴隨法治國之思想，將國家與臣民之關係視為法律上之權利義務關係之「公權」論亦於焉形成。但是因國家權力對臣民之權利侵害，通常僅得透過民、刑訴訟之裁判予以保護，而對於行政權之違法行使的爭訟手段，僅得向上級官署提起訴願而已。故國家活動被視為「必要之惡 (necessary)」，此時期之行政目的僅在於權力性之取締行政類型 (基於公共秩序之維持而限制人民之自由財產權利) 而已(**註四四**)，其他的社會規範力量則透過人民自律性地維持。

㈢立憲君主制時代（後期）

此時期是指十九世紀七〇年代以迄二十世紀初，而此時期之問題變得稍微複雜。政治性之支配構造大體仍維持如從前立憲君主制的結構，但因德意志帝國之成立而設置帝國議會，帝國議會中民主的政治勢力增加給予各邦之政治動向很大之影響。特別是一八七〇年以降，一方面，因自由主義之高漲而推進了各邦自由主義的改革；導致了營業制度的改革(特別是在法律上承認勞動組織團體)、地方自治制度的改革、行政裁判制度之創設等一連串的改革。他方面，自經濟之面向以觀，因為隨資本主義之高度化而發生經濟蕭條(1873～1896)，所以企圖強化國家對於經濟過程之介入。所以在這時期之一大特色是社會之自律性慢慢喪失，國家對於社會之干涉乃至不可避免。此時期行政法學者所關注之行政已

註四四　原田尚彦，前揭書，頁一〇。

不限於以公共之安寧與靜謐爲目的之警察行政，以及不限於爲確保財政收入之租稅行政；轉而關注以勞動者之保護爲積極目的而大量增加之行政領域，以及隨工業化之進展而增加之產業規制行政。的確，此一時期發生政黨對立之激化以及政府與議會對立之激化；但是雖然如此，國家之政策目標卻是明確的，即以國民經濟之強化與勞動力保護政策作爲中心。然而即使議會權力相對地揚昇，但以君主制原理爲依據的行政權相對於立法權、司法權仍保有其優越性，所以形成以政府主導爲本之法律制定以及由政府將之執行的狀況。此即爲此時期之行政目的（公共福祉之實現）內容與決定之主體。因此，此一時期判斷何者爲公共福祉的決定過程甚爲簡明。此時期創設了針對行政權而以個人之權利保護爲目的之行政裁判制度，並且形成了行政法理論中之「法律保留」理論、「公權」理論、「警察權之界限的理論」、「禁止恣意裁量」等法理。

㈣國民主權之確立時代

此時期是指除納粹支配之特別時期外，自威瑪憲法（Weimare Reichsverfassung）成立以降至波昂基本法（Grundgesetz）下之一九七〇年左右的時期。此時期之特色，就吾人所關心之問題有四：

第一，因威瑪憲法之制定，而確立了國民主權原理。基此原理，主張凡行政權活動之正當性僅得以議會制定之法律作爲基礎。

第二，爲圖法治國原則之強化而確立了基本人權保障之原理。在十九世紀末，支配性的見解認爲，憲法規定之基本權只不過是基於憲法或法律之規定，國家權力受到制約之反射利益而已；絕不包括如妨害排除請求權般之「權利」。對此，威瑪憲法乃謀社會權之導入而擴張基本權內涵，同時行政法院也努力強化權利之救濟。但是威瑪憲法中的這些基本權並不構成主觀的權利，僅止於受到客觀法秩序反射的制度性保障而已。波昂基本法即克服了這樣的界限。基本法乃將各種基本權當作是基本人權，亦即當作拘束行政權、司法權與立法權之不可侵犯的人權而加以保障。

　　第三，行政任務飛躍地增加，而形成社會國原理(**註四五**)。其憲法基礎主要見之於基本法第二〇條第一項與第二八條第一項。所謂社會國乃是以調整現實關係中所產生之對立的社會團體利益，特別是爲了經濟上弱者，形成包括勞動秩序、財產秩序在內之社會秩序，以及以滿足個人之社會需求爲國家之積極任務的國家。社會國可以說是以這種意義下的社會正義爲目標之國家。所以今日之社會國原理乃以個人健康之維持、良好之生活環境的確保、家族或母性之保護、社會扶助、社會保險、社會援助救護、僱用關係之確保、良好勞動環境之確保、享有自由休閒機會的確保等作爲國家之任務(即此時期的行政目的)。因此，基於此原則之確立，進而透過基本法規定之「人性尊嚴之原理」、「自由權」或「平等原則」而衍生出實定法上之種種具體之請求權，同時亦強化了這些權利於裁判上之保護。

　　第四，此時期認爲於人類之價值觀上有一定之共通性，而創設了制度化的利害調整之體系（例如在都市開發中對於計劃策定程序之利害關係人參加制度），並且可以期待其發揮 有效之機能。

二、憲法與行政法之關係

㈠憲法是可以毀失的，行政法卻須永存 (Verfassungsrecht vergeht, Verwaltungsrecht besteht)

　　隨著立憲主義之潮流，與以市民自由爲前提之私法體系對立而發展之公法體系，在學說上有了憲法與行政法、政治與行政之區別。即如 Lorenz von Stein 將作爲官房學 (Cameralism, Kameralwissenschaft) 中心概念之 Polizei (警察) 區分成 Verfassung 與 Verwaltung 兩概念，並且區別政治與行政兩種不同之過程。惟當時係認爲兩者並不

註四五　參閱，李鍇澂，我國憲法上民生福利國家原則之研究——以德國基本法第二十條社會國原則 (Sozialstaatsprinzip) 爲借鏡——，輔仁大學法律學研究所碩士論文，八十三年七月。

具有一方爲他方之絕對優位概念的關係。但是另一方面，就在 Stein 之警察概念分解之初，另外有如 Otto Mayer 等學者，隨憲法與行政法之分化，以 Verfassung 對於 Verwaltung 具有形式之上下關係而確立了法治行政原理 (Gesetzmässigkeit der Verwaltung)，並藉此確定地形成可以統制向來恣意之國家權力之公法學（註四六）。

準此法位階之構造 (Stufen des Rechts)，一般而言憲法之規範事項是一般性、原則性者；而行政法之規範事項則是具體性、技術性事項。而行政法必須合乎憲法規範 (Verfassungsrechtsmässigkeit des Gesetz)，行政則須合乎此法律規範 (Gesetzmässigkeit des Verwaltung)，兩者之關係密切，具體而言：憲法是行政法之法源，憲法乃行政法之基礎；申言之，憲法是行政權之根據、憲法是行政權作用之範圍，憲法是行政權作用之界限，隨行政事務範圍之擴大，機關組織之擴大乃必然之事；惟此亦涉憲法相關規定配合之問題，憲法之基本原則大概也可說是行政法之基本原則（註四七）。誠然，對於憲法與行政法之緊密銜接關係，當屬德國行政法學之父 Otto Mayer 於一九二三年其所著德意志行政法第三版序言中所言：「憲法是可以毀失的，行政法卻須永存 (Verfassungsrecht vergeht, Verwaltungsrecht besteht)」最爲知名（註四八）。

這句話寫在德意志帝國憲法因一九一八年之德意志革命而崩壞，代

註四六　河合義和，憲法の理念と行政法の現實，評論社，昭和五十七年十一月十日再版，頁二四五。

註四七　佐藤功，憲法の行政法，收於，田中二郎、原龍之助、柳瀨良幹編，行政法講座第一卷，行政法序論，有斐閣，昭和四十四年九月二十日再版第六刷發行，頁五九～六三。

註四八　Otto Mayer, *Deutsches Verwaltungsrecht*, I. Bd., 3. Aufl., 1923.(Neudruck, 1961), Vorwort.; 原文謂：「自一九一四與一九一九年以來，畢竟沒有太多大量新興事物而應被附加上去者。『憲法是可以毀失的，行政法卻須永存。』這在其他地方，自長久以來已被觀察。吾人在此，僅是針對此現象而調整其銜接點而已。」

之而制定威瑪憲法之幾年後。在新舊憲法的重要原理未有重大出入，社會事實亦復未作重大扭轉而法政思想未有重大創見震撼人心之際，具有專門性、技術性的行政法當然可以一樣依照其繼續性、適用性與正當性。否則，位居最上層基本法規範的憲法一旦有根本原理之重大轉變，因其具有宣示立憲綱領特殊性格之國家制度作用，行政法就非跟隨調整不可（註四九）。這也可以說明，除了其對帝憲時期形成之行政法學的自信外，即使憲法的價值隨立憲君主制轉換成國民主權制，因為行政法僅具價值中立之技術性，故無改變之必要（註五〇）。惟事實上憲法與行政法之中存在著相互關係（Wechselwirkungen）殆屬無疑。的確，通常現代意義下之行政法，基於一定之政治基本實態——即憲法國家與法治國家（Verfassungs und Rechtsstaat），於概念與存在上其本身均受限制。事實上 Otto Mayer 也瞭解到他所說的「憲法是可以毀失的，行政法卻須永存」這句話並非絕對的，毋寧應被看作是相對的概念。同時，Otto Mayer 這句話也只有在一定階層之法文化（Rechtskultur）內——即在承認附加「憲法國家與法治國家」一語之國家內才是妥當的。從而，憲法之改變只要沒有影響到此一憲法國家與法治國家之根本事實，則此一改變仍得保持於此一法文化之層級內，因而 Otto Mayer 的這句話應該只是一種「比喻詞（cum grano salis）」罷了（註五一）。從而行政法不能離開憲法而獨立，故行政法只有「相對」的存在性，而沒有絕對之單獨存在性（註五二）。甚至於吾人可以說，行政法是作為「活生生的憲法（gelebtes Verfassungsrecht）」、或作為「實證中之憲法（Verfassung-

---

註四九　城仲模，四十年來之行政法，收於氏著，行政法之基礎理論，三民書局，八十年十月增訂初版，頁九二八。

註五〇　塩野宏，オシトー・マイヤー行政法學の構造，有斐閣，昭和三十七年十月十日初版一刷發行，序言部分；陳新民，憲法與行政法之關聯，收於氏著，公法學箚記，八十二年十月出版，頁二〇。

註五一　Hermann Reuß, "Die Wirkungseinheit von Verwaltungs-und Verfassungsrecht", *Die öffentliche Verwaltung 1959*, Heft 9., S. 321f. (322).

註五二　陳新民，前揭文，頁二一。

srecht in der Bewährung)」、或作爲「憲法之現實化(Verfassungswir-
klichkeit)。因此行政法必須於國民之日常生活中實現憲法之指示 (die
Verheißungen des Verfassungsrecht) (註五三)。所以 Otto Mayer 這
句話之反面意思, 可以視爲因憲法之價值轉換, 行政法之內容亦隨之改
變甚至是必須加以改變, 行政法即由自我定位, 轉趨以憲法爲本據的依
存關係, 此即所謂之「行政法之憲法依存性(Verfassungsabhängigkeit
des Verwaltungsrecht)」(註五四)。

㈡行政法之技術性與憲法價值性之關聯

在憲法與行政法之關聯性上, 如同 Otto Mayer 上述所言之雙面涵
義, 行政法相對於憲法具有某種程度之獨立性, 同時亦具有依存性。行
政法實際上是以與行政具有關聯性而制定之法規與法現象作爲考察之對
象。而且相對於民事法, 行政手段具有法技術性之特徵, 各種行政手段
與行政目的之關係如何組合而構成行政過程等均爲行政法觀察之對象
(註五五)。至此吾人當可發現, 爲實現國家目的具體化後之行政目的, 並
依此一隨不同國家觀而異其內容之國家目的作機能性之觀察, 針對何種
目的而設定何種程序? 以及依照何種手段將此目的實現? 均屬問題 (註
五六)。傳統行政法理論中有「行政手段論」者, 乃是將行政主體爲遂行
其目的而選擇利用之諸行動作爲合目的性、機能性、單一之「手段」而

註五三　Hermann Reuß, a.a.O., S. 324.

註五四　阿部泰隆, 行政法學の課題と體系──總論を中心として──, ジュリス
　　　　ト第七三一號, 一九八一年一月一日, 頁四四; 城仲模, 前揭文(「四十年
　　　　來之行政法」), 頁九二二; 翁岳生譯, 德國行政法總則之新發展, 收於氏
　　　　譯, 法治國家之行政手續(Carl Hermann Ule/Franz Becker, Verwaltung-
　　　　sverfahren im Rechtsstaat), 幼獅文化事業公司, 五十九年五月初版, 頁
　　　　二四七。

註五五　原田尚彦, 前揭書, 頁二六～二七。

註五六　中里實, 國家目的實現のための手法──公的介入の諸形態に關する黨
　　　　書, 收於, 南博方、楮哲夫、鈴木庸夫編, 行政紛爭處理の法理と課題,
　　　　法學書院, 一九九三年二月十日發行, 頁五七。

爲觀察之方法。準此，因爲行政之諸行動在此意義下，不過只是「手段」
而已，所以是具有強調行政之「法技術」性格，而重視行政之技術性、
形式性的傾向（註五七）。

　　根據此種行政之「法技術性」，行政手段是一種「社會統制之技術」，
因此理論上有特別之面向強調其與行政實際狀態或行政現實有一定之距
離，或相對於行政活動之目的本身，具有某種程度之中立性（即所謂之
「目的中立性」）。亦即在考察行政手段之法性質時，直接切斷其與欲遂
行之行政目的（將行政「權力」排除）的理論關係（註五八）。因此有學者
直言「行政法是技術法（Verwaltungsrecht ist technisches Recht)
（註五九）」。亦有學者自行政行爲之存在法觀察，個別行政法具有一定之
技術性格乃屬通例，各存在法其實是以現實手法作爲媒介之反射。總之，
在此一行政現實手法之依存關係上，「存在法」必然地帶有技術性性格。
而各手法同時是社會之實際手段，宿命上是立於一定技術性之特徵與制
約之下(註六〇)。然而，除此行政技術性特徵之外，實際上行政法(解釋
學) 應該是於憲法規範之架構內，透過立法者選擇，與具體法目的之實
現技術有關之法（解釋學）（註六一）。所以在「行政手段」論中，各種行
政手段是爲一定目的之實現所爲之手段（行政被賦予「權力」），不再是
僅僅作爲追求現實性質的行政任務的工具，從而行政法解釋學上亦強調
各行政手段之「目的依存性」，以及依此依存性而爲合目的性法解釋之必

註五七　塩野宏，行政作用法論，收於，氏著，公法と私法，有斐閣，一九九一年
　　　　六月十日初版第二刷發行，頁二一七。

註五八　藤田宙靖，現代の行政と行政法學，公法研究，第四六號，一九八四年，
　　　　頁一三〇。

註五九　Rudolf Smend, *Verfassung und Verwaltungsrecht*, S. 142, 引自, Hermann
　　　　Reuß, a.a.O., S. 322.

註六〇　菊井康郎，行政行爲の存在法，有斐閣，昭和五十七年八月二十日初版一
　　　　刷發行，頁二五四。

註六一　塩野宏，前揭註五六文，頁二二八。

要（註六二）。因此在行政法之領域內，行政行爲「目的中立性」與「目的依存性」似有某種程度之衝突。原本向來傳統行政作用法體系，乃揭示「概括之行政目的（例如警察、規制等）」與「爲達成此行政目的之法技術性」的密接關係；然而此相關目的與技術之預定調和的想法至今已不妥當（註六三）。也就是說，本來行政手段是價值中立性或無價值的；但是如果行政目的與行政手段或其他行政手段結合而考察的話，其內在亦具有一定之社會價值（註六四）。同時又因爲爲達成相同行政目的，而多樣地存在用以實現之過程與手段，所以定型、靜態地理論化之行政手段論已無法充分地掌握（註六五）。

誠然，基於以行政法對於憲法之相對獨立性作爲理由而主張行政法之技術性性格，確實可以部分肯定之。向來之行政法學以種種技術性作爲根據，其結果乃正當化了自憲法之價值中完全解放的行政法上諸行爲的諸多態樣。從而可能導至憲法價值基準之空洞化（如「特別權力關係論」即其典型適例）（註六六）。誠如學者 Rudolf Smend 所言，行政法之技術法特徵僅表現在行政法之「執行性性格 (Vollzugscharakter)」，亦即行政法之「未知確定性 (Fremdbestimmtheit)」與「他律性 (Heteronomie)」之性格上。儘管行政活動之「創造性 (schöpferischen)」性格屢被強調，然此終非究竟，事實上於行政活動之促成 (Impulse) 與意圖 (Intentionen) 上，是依存於更高之創造者（即憲法或法律）之精

註六二 藤田宙靖，前揭註五七文，頁一三二；陳新民，行政法之任務，收於氏著，前揭註四九書，頁一一六。

註六三 塩野宏，行政法の對象と範圍，收於，成田賴明編，ジュリスト增刊，行政法の爭點，有斐閣，平成二年，頁九。

註六四 佐藤英善，經濟行政法──經濟政策形成と政府介入手法──，成文堂，一九九〇年四月十五日第一刷發行，頁四三六。

註六五 同上註，頁四三八。

註六六 室井力，前揭註一八文，頁二一～二二。事實上，「特別權力關係論」之建構，所得到之眞正背後支撐力量正是「行政目的」。

神目標設定，從而具有從屬性之性格(註六七)。從另一方面觀察，憲法本是一紙抽象的條文，它僅是一個國家政治力量與傾向的表徵，其本身並非全憑法理推敲之結晶，而「行政法卻是具體之憲法(Verwaltungsrecht ist konkretisiertes Verfassungsrecht)」(註六八)。是以，曾任德國憲法法院院長之 Fritz Werner 教授於一九五九年發表之一篇名為「當作是具體化憲法之行政法(Verwaltungsrecht als konkretisiertes Verfassungsrecht)」的論著中，直言行政只能在一個「國家持續性制度」，依賴其廣受服膺的法規範特質來解釋諸多問題。這個「制度」便是由憲法所產生之理念也。故行政法的存在性，應從對憲法基本原則之研討上，獲得其根基。行政的潮流須形成制度性，並且將憲法所揭櫫的各種指導原則予以具體化的實踐之，這就是行政的任務。行政國家與憲政國家，兩者如鳥之雙翼，是密不可分的(註六九)。因此，因為行政法是位於憲法價值體系之下位法規範，故憲法改變的話，行政法受到某種程度之影響本屬當然之事。然而多數學者對於行政法理論應依憲法原理批判之現象卻無太多新的想法。因此在日本頗具批判色彩之行政法學者阿部泰隆即仿 Otto Mayer 之用語謂：「憲法消滅，而行政法學者之思想存續(Verfassungsrecht vergeht, Denkweise der Verwaltungsrechtswissenschaftler besdteht)」。反諷強調憲法與行政法關聯性研究之重要性(註七○)。實則，因為行政機能之擴大與對政策形成過程之滲透等諸現代行政活動特徵，引發與憲法動的過程之交錯，而作為憲法具體化之行政法，原本僅止討論「行政」與「法」之關係的根本性問題，最後終

註六七　Hermann Reuß, a.a.O., S. 322.

註六八　城仲模，中國歷代行政法的發展與特徵暨其思想淵源，中興法學，第八期，一九七三年十二月，頁七七。

註六九　Fritz Werner, "Verwaltungsrecht als konkretisiertes Verfassungsrecht", DVBl., 1959, S. 527 ff.; 引自，陳新民，前揭註四九文，頁八。

註七○　阿部泰隆，行政の法システム(上)，有斐閣，一九九二年初版，頁二八～三○。

至捲入體系論、個別行爲論之檢證。甚至在問題關心之內容與方法上，更及於法社會學與行政學之領域，其議論亦呈現百花齊放之狀態（註七一）。在此可見行政法理論變動形成之聲浪高漲。所以阿部泰隆先生以日本憲政實例而論，認爲雖然憲法價值在戰後近半世紀並無太大之改變，但行政法理論卻是已到了非變不可的地步。故相對於 Otto Mayer 之名言（Verfassungsrecht vergeht, Verwaltungsrecht besteht），其以爲應該說：「憲法永存，而『舊的』（按：引號爲筆者所加）行政法理論卻是可毀失的（Verfassungsrecht besteht, alte Verwaltungsrechtstheorie vergeht）（註七二）。」這種憲法與行政法關連性之消長，似乎也透露出「行政目的」在此一問題之重要性。

㈢憲法作爲行政目的之基準

基於前述，「行政目的」事實上是公益或公共性之實現。而稱公共性也者，一方面是依實定法令作爲行政目的者，同時亦是行政組織所欲實現之價值者（公共性之認識對象），然而在他方面，成爲此一目的之價值者，則須透過當前之憲法價值原理予以正當化而加以使用（註七三）。而在福利國家中行政機關之權力增大，行政於此自由主義時代決非僅具單純執行法律之機能，其「自立化」一契機乃明顯可知。相對地，卻再沒有比國家權力委諸於社會團體之過程更引人注目的了。行政一則獲得新的「建設性裁量」之自由活動範圍，一則自己成爲生產者、交易者或分配

註七一　池田政章，憲法と行政法，公法研究，第四一號，一九七九年，頁七三。
註七二　阿部泰隆，前揭註七〇書，頁三四。然而此一現象在臺灣，因爲仍欠缺由臺灣人民「公意」匯集制定之憲法，舊體制之憲法面對日新又新的社會所生之爭議問題層出不窮，爲人民所確信之憲政慣例仍然欠缺，整個憲政秩序，價值體系尚未穩定，憲法亦未受人民之尊重。因此社會秩序也可以說是依靠大量因社會變化應運而生之行政法規所維繫，此不同於立於穩固憲法理論下而發展變動之行政法理論，所以阿部泰隆先生所描述之憲法與行政法關係，依筆者管見，在臺灣尚嫌言之過早。
註七三　浜川清，公法學における公共性分析の意義と課題，法律時報，第六三卷十一號，頁九。

者。行政在此自由裁量之範圍內，結合「公共性」，補充了官權的權威，甚至可以部分地代替之(**註七四**)。又因爲行政目的之實現，是透過行政組織而實現之價值，而行政組織，基於憲法之理念，基本上必須以和平、人權與民主主義、自治、公開、參加作爲前提才具正當性(**註七五**)。因此在具民主主義憲法之法治國家中，國家之活動是受到憲法規範之拘束；而在大量地以公共性之名（或形式「公益」之名）而作出憲法外要求的現狀下，將「公共性（即「行政目的」）」當作是被憲法拘束之規範性事物，的確是具有重大意義的（**註七六**）。

因爲行政是爲實現所有之公共性之理念，且追求的是「民主的」、「公正的」、「效率的」行政。行政的改革既然是可以視憲法爲其基準，所以理論上必然地導入「法」的規制。惟吾人仍須將行政所追求之「民主的」、「公正的」與「效率的」用語，就其具體內容與法之意義於憲法中追尋。

第一，就「民主的」行政而言，在現行憲法之下，行政具有民主的基礎，因此嘗試導入反映可能範圍內國民意見之手法乃是當然之要求。所以行政、行政情報之公開與國民參加或職員參加之制度化，可以說是基於此要求之現代性對應方式。議會制民主主義的形式化隨其實質化，作爲其補充者，必然地會對各種行政程序參加。

第二，所謂「公正」的行政者，就現代行政而言，依憲法之基準而爲乃是一不可欠缺之要素。憲法上之平等非形式意義上之平等，而係實

註七四　細谷貞雄、山田正行譯，ユルゲン・ハーバーマス原著，〔第二版〕公共性及構造轉換──市民社會及一カテゴリーにフいての探究 (Jürgen Habermas, Strukturwandel der Öffentlichkeit, Suhrkamp Verlag Frankfurt am Main, 1990)，未來社，一九九四年十一月十日第二版第二刷發行，頁二六五。陳正川，公共性與社會演化──論哈瑪斯「公共領域之結構變遷」，東吳大學社會學研究所碩士論文，八十年六月，頁四六以下。

註七五　原野翹，行政組織權力論，收於，室井力、原野翹、福家俊朗、浜川清編著，前揭註一八書（現代國家の公共性分析），頁二三。

註七六　浦田一郎，憲法は公共性の基準になるか，法律時報，第六三卷一一號，頁四五。

質意義上之平等，此爲今日憲法學說之支配見解。所謂「公平」之行政者即「公正」之行政，從而必須予以國民實質平等之實現與保障。

第三，行政必須是「效率性」之行政，諸多行政獨攬國民財產與稅金之使用，以加諸國民負擔爲前提而活動乃極當然之事。但行政原本即是爲保障國民權利而受國民之委託者，所以，此所謂之行政效率化者，乃是爲了保障國民權利自由之行政存在理由或目的，所提供之手段的行政與其目標與技術性價值，而非與此價值切離，遂以效率性本身作爲目的。從而，若爲了行政效率化之目的，卻無視保障國民權利自由的效率化，將導致行政之存在理由全然遭到否定（**註七七**）。

三、行政目的與政策

所謂行政法其實是可以說在憲法之大架構之中，以歷史上轉變之社會管理作爲一定之政策目的（公共性之實現目的）爲前提之下，透過行政活動而將之實施的法技術；以及與之有關連之法技術(**註七八**)。關於將行政法視爲脫憲法價值之技術法的批判已於前述；行政所欲實現之行政目的其實是與「政策」息息相關的，而行政法也並非因憲法上價值之具體化而被機械性地導出。因爲憲法上價值一開始是抽象而互相對立的，所以在其具體化之過程中，憲法上價值相互之間與多樣地政策之間即有調整的必要(**註七九**)。而行政可以說是由立法者爲一般性之政策決定後之政策執行或政策實現過程。行政當作是國家機能中之第一類型時，政策執行之機能可以說是其典型且重要的部分。所以說，具體的行政過程乃是在憲法之架構下，經由立法者選擇後之價值實現過程(**註八〇**)。因此通

註七七 室井力，行政改革と法，法律時報，第五三卷四號，頁四七～四八。

註七八 阿部泰隆，前揭註七〇書，頁二八。

註七九 同上註，頁三〇。

註八〇 塩野宏，行政過程總說，收於，雄川一郎、塩野宏、園部逸夫編，現代行政法大系第二卷，有斐閣，昭和五十九年一月三十日初版第一刷發行，頁一八。

常吾人可以直接從立法者制訂之法規範條文的首條中覓得其立法之政策目的。

此種明確地「立法目的」，在依法行政之要求之下，很容易地為執法者之行政所繼承，轉而成為行政之目的。此似乎形成了「行政目的」對「立法目的」之依存性。但是在現代政黨政治之運作下，行政機關與立法機關在作立法考慮之時，常受到政黨權力角逐的影響，此時法律的內容便取決於政黨的政策與選舉策略（註八一）。「立法目的」其實是依存於「執政黨的政策目的」，甚至是「行政目的」所從生。無怪乎學者 Hans Peters 會說出發人深思之言：「現代國家中最強而有力之權力，乃是行政權（註八二）。」

四、行政法總論與行政法各論之關係

憲法之改變對於「行政」上之影響在於其實體、實質之內涵（auf deren substantiellen, materialen Gehalt）；學者 Karl Jösf Partsch 認為正確而言，其在「行政」上之影響並不必然地與在「行政法」上之影響相同，特別是在行政法之概念裝置（Begriffsapparatur）與制度（Institutionen）上，以及行政法學上之思考型態（die verwaltungsrechtlichen Denkfiguren）上之影響。簡言之，此一憲法對「行政法」之影響，本質上是與行政法之所謂「總則（Allgemeiner Teil）」部分有重要關係；但這也涉及如道路交通法、道路法、建築法、水法、漁業法等廣大「政治中立的『特別行政法』」(politischindifferentes besonderes Verwaltungsrecht)領域（按：或指行政法各論之部分），惟兩者之

註八一　李若凡，法律分析的第三面向：以環境法的分析爲例，法律學刊，第二一期，七十九年五月，頁九～一〇。

註八二　Hans Peters, "Der Kampf um den Verwaltungsstaat", *Verfassung und Verwaltung in Theoorie und Wilklichkeit*, Festschrift für Wilhelm Laforet Isar Verlag, München, 1952, S. 21.

影響程度未必相同（註八三）。這樣的說明至少可以破除如 E. Forsthoff 以來堅稱「行政具有自憲法秩序獨立出來之特有的生命（die Verwaltung besitze ein von der Verfassungsordnung unabhängiges Eigenleben）（註八四）」的迷思。因此隨著國家任務之轉換，憲法價值之改變，行政事務亦隨之日新月異，在行政領域中，基於特定之行政目的，行政欲實現此一憲法所從生之價值，適當地選擇不同之行政手段，整理分析個別之行政過程，乃理所當然之事，因此憲法之變遷直接牽動了行政法各論的體系化要求（註八五）。此亦可避免抽象之「公益」、「公共性」探討，轉而促成各種行政領域內，體系化之行政目的之追求。

　　本來，行政法總論的研究方法是企圖建構出非常概括的制度來涵蓋生活中各領域的行政法建制，其特色在於能夠體系性、宏觀；缺點則在於對具體之生活領域，尤其是愈新興的政策領域，針對該領域的特殊性所能作的妥當命題愈少。亦即吾人若承認立法者在新的政策領域、新的問題上，得有新的政策手段，則新的政策手段不一定要涵攝於舊有的概括性概念或概括性制度中（註八六）。故行政法各論之發展乃具有其必要性。所以行政法總論除了會隨憲法價值之更迭而改革外，其另一改革之素材亦可透過行政法各論之發展而累積整理共通特徵，以補充總論的缺陷；因此吾人可以說，「行政法各論是行政法總論的試金石，是總論之具體化身（註八七）。」

註八三　Vgl. Hermann Reuß, a.a.O., S. 321; 至於兩者之影響程度有何不同，則未見作者詳論。

註八四　ebenda.

註八五　此即爲行政法各論之存在意義。參閱，小高剛，行政法各論，有斐閣，昭和五十九年十二月二十日初版第一刷發行，序言部分。

註八六　黃錦堂，違反環保義務之制裁，收於氏著，臺灣地區環境法之研究，月旦出版社，一九九四年四月初版，頁一三〇。

註八七　城仲模，前揭註四九文（四十年來之行政法），頁九三四。

〔肆〕行政目的在法治國家中之地位

法治國家（Rechtsstaat）之基本理念主要是由以下之要素加以組成：亦即法律安定性、法之和平狀態、權力分立、以形式之制定法作爲法規範之主要內容、禁止以命令代替法律、法律須以民主方式制定、依法行政原則、平等原則、比例原則、人民基本權利之保障以及由獨立之法院提供人民權利之保障(註八八)。而在近代國家與社會二元論下，個人原則上是自由的，國家不得侵犯個人之自由。惟爲確保其實效性，具體之作法乃是由市民自己制定國家介入市民社會之規範，其方法即是由擬制爲市民代表之議會訂立規範(即法律)（註八九）。在法治主義之要求下，無論機關組織之職權或涉及人民基本權利之事項，均應有法律之規定或法律明確授權之依據，此即所謂「依法行政原理 (Der Grundsatz der gesetzmässigen Verwaltung)」中之「法律保留原則」(Prinzip des Vorbehalts des Gesetzes)（參照中央法規標準法第五條）（註九〇）。在形式法治國家 (formeller Rechtsstaat) 中，「形式意義之法律 (Gesetz im formeller Sinne)」爲「總意 (Allgemeinwille)」的正當體現，而被奉爲最高圭臬(註九一)，亦即爲行政所有之權力基礎。所以雖然政策之地位在行政上是如此地重要，但是在法治國家中，法規範明確性之要求是所有法律秩序安定(Rechtssicherheit)與人民權利保障之基礎，故政策多應形成法律之規範，以求立法目的與行政目的之同一，至少以立法

註八八　Franz Mayer, *Allgemeines Verwaltungsrecht*, 1972, 3. Aufl., S. 21; Elmar Giemulla/Nikolaus Jaworsky/Rolf Müller-Uri, Verwaltungsrecht, Carl Heymanns Verlag, Köln, 1994, 5. Aufl., S. 221.

註八九　高田敏，前揭書，頁二。

註九〇　吳庚，前揭書，頁八七～八八。

註九一　林信和譯(F. Ermacora 原著)，一般國家理論要義，國民大會憲政研討委員會，七十五年八月，頁一九。

目的作為行政目的之界限（相反地，亦是課予行政將立法目的轉化為行政目的之義務）。在此擬以立法之寬鬆討論行政對立法之依存性與行政實現立法目的之義務性。另外，行政在無法規範之依據時，以現代行政之積極性要求，基於特定之行政目的是否仍無法作為？誠乃一大問題。而直接受此劇烈衝擊的即是「依法行政原理」之內涵。

一、「立法從寬、執法從嚴」之法理

「立法從寬、執法從嚴」是具有強行性之行政法學理上的重要原理。立法從寬係指立法者於立法時宜以政策取向之釐定者自我期許，凝聚民意，善納建言，縝密評估斟酌該當法案相關的周遭環境確實之需要，於人民負荷或接受能量及政府執行能力所可能達到之範圍內訂定法律；反之，若客觀上或可預見之未來確係人民無法遵行及政府能力所未逮之事物，應請從寬暫免規定之謂。執法從嚴係指行政機關就法定範疇內之任何條款規定，均須嚴正切實貫徹執行(註九二)。倘若採「立法從嚴執法從寬」之方式，可能造成行政目的任意地擴張而凌駕立法目的，或者行政目的不能滿足立法目的之要求；此終將導至法律尊嚴受損（如我國制定之公職人員財產申報法之不具實效性）。人民對於法治冷漠，臺灣的「法律邊緣化現象（ marginalization of law ）」適足以說明之（註九三）。凡此均係立法時悖離現實之高度形式化傾向，維持了法律制度與社會活動的距離。鼓勵人求助於其它規範機制如人際關係網路，甚至於根本視

註九二　城仲模，從法治行政論「立法從寬執法從嚴」之法理，收於氏著，前揭註四九書，頁四〇。

註九三　康涵真，關係運作與法律之邊緣化：臺灣小型企業非正式融資活動的研究，臺灣社會研究季刊，第一七期，一九九四年七月，頁一以下；作者認為促使臺灣此種邊緣化的因素包含戒嚴法與一黨統治的殘餘心態；執法者對現代法律價值的矛盾情感；制定法律時悖離現實與隱匿官方裁呈權衡的僵死形式主義傾向；訓練有素的法學專才數目相當有限；及某些政府官員傳聞中隨意對違法視而不見的一般作為。見同文，頁一〇～一一。

法律如無物(註九四)。因此「立法從寬執法從嚴」應爲較佳之選擇。因爲立法範圍本爲有限，它不但受制於憲法秩序、一般法律原則，甚至於受制於達成行政目的的必要範圍(註九五)。所以立法之時早以考察行政之執行能力與可能之社會影響，較易落實法律之實效性。此時行政目的即較能於立法目的之框架（早已顧及行政能力之範圍）之下落實法律之政策。

二、依法行政原則內涵之現代意義——「行政目的」在法源上之地位

㈠依法行政原則之內涵

「依法行政原理 (Der Grundsatz der Gesetzmässigkeit Verwaltung)」乃源自 Otto Mayer 所提出之「法律之支配(Herrschaft des Gesetz)」一詞。氏認爲法治國家不僅司法需受法律之拘束，行政亦應儘可能司法化(tunlichlichste Justiziförmigkeit der Verwaltung)，同受法律之支配。氏並認爲「法律之支配」概念可進一步區分爲三，即⑴「法律之法規創造力 (rechtssatzschaffende Kraft des Gesetzes)」：凡拘束一般人民之規範均應以形式法律爲之。此所謂「法規」之概念，乃專從形式之面向觀察，是不待合意而拘束執行機關，並成爲法院爭訟裁斷基準之法規範 (註九六)。⑵「法律優位 (Vorrang des Gesetzes)」：一切行政權之行使均應受法律之拘束，不得與法律之規定牴觸。⑶「法律保留 (Vorbehalt des Gesetzes)」：對於人民之自由、財產的侵害應以法律爲據始得爲之。

在現代行政法之觀點下，依法行政原則意味著行政受到立法者所制訂之規範的拘束，同時亦受到行政法院裁判權之統制，以審查行政是否

註九四　同上註，頁一一。
註九五　城仲模，前揭註九二文，頁四三；此或可說明行政目的如何還原成立法目的的現象。
註九六　藤田宙靖，第三版行政法 I(總論)〔增訂版〕，青林書院，一九九五年二月二十日第三版改訂版第一刷發行，頁五四。

於其權限範圍內遵守法律之規定(註九七)。除此歐陸法之觀察外，英國法之傳統對於「依法行政」之理解是，得規制行政之法與市民社會之法，基本上被認爲是同質的,只有在此才可以看出人民權利保障之實質意義。亦即否定對於行政有作爲特殊法之行政法存在，行政與私人是立於同樣的法律地位，均同受普通法院之裁判權管轄。此乃基於防止出現恣意或具廣泛裁量權之行政的考量，此即爲「法之支配（Rule of Law）」的古典理論(註九八)。然而自十九世紀以後，產業主義與民主主義顯著發展，由是而引起之社會、經濟諸問題解決之必要性必然導致自由放任政策之放棄，以及國家的經濟統制。如是國家機能之變化，亦即所謂自由國家向服務國家（From free state to service state）之發展（註九九）。

因此隨著行政之職權擴大，對人民之自由干涉愈強，爲了防止官僚化的結果而使人民遭受不公平之處遇，「法之支配」即應做調整。故有自人格尊嚴的立場對「法之支配」重加定義謂：「法之支配是以某些類似的原則、制度及程序，保障個人免受專斷政府的侵害，並得以享受作爲一個人的尊嚴（註一〇〇）。」是以「法之支配」的目的是保護個人對抗國家權力；而「法之支配」的任務在於確保公平正義，避免流於形形色色的政府官員之專擅恣意的自由；而爲了防堵行政權濫用，乃採取設定依法有意義之基準、設定實際的程序性要件、以及有鑑識能力之司法審查技術作爲手段(註一〇一)。從而歐陸法與英美法對「依法行政」之理解，最

註九七　Harmut Maurer, a.a.O., § 6. Rn. 1., S. 103.

註九八　See Dicey, A. V., *Introduction to the Study of the Law of the Constitution*, Macmillan and Co., London, 1897., 5Ed., P. 179.

註九九　陳愛娥，論法治主義之演變，憲政時代，第一三卷三期，七十七年，頁七七。

註一〇〇　黃國瑞，法之支配之研究，輔仁大學法律學研究所碩士論文，七十八年六月，頁一二六。

註一〇一　杉村敏正，内閣政治と法治主義——行政權の肥大と法の支配をめぐつて，收於氏著，續・法の支配と行政法，有斐閣，一九九一年五月三十日出版第一刷發行，頁六。

大的區別在於前者是以行政之實體上拘束爲重點；後者則是重視行政程序之正當。亦即依照英美法之思考，僅得在行政依照正當程序作爲時方得看出權利、自由之保障，此即所謂「正當法律程序（Due Process of Law）」理論。此於行政程序中，爲保護行政作用之相對人與其他利害關係人乃至一般公衆之利益，必要之行政處分告知與聽證要求，行政完全依公正之程序爲之乃爲重要之課題（註一〇二）。

以「法治行政」在我國之發展而言，臺灣百年來法治西方化的結果，包括前期的日治時期，以及國民政府在臺將清律繼受西法之結果大量施行之。日治時期日本人在臺灣依其明治改革之經驗，於島上建立一個強有力之近代國家權威，在約四十年的安定歲月裡逐漸將西方式法律滲透入社會（註一〇三）。雖然西方「法之支配（Rule of Law）」的概念未必直接移入殖民地，但正當程序（Due Process）的觀念卻至少透過刑事裁判的過程漸漸深入人心（註一〇四）。因此透過法律之繼受過程，在臺灣的行政法學理已無法單義地說明，就行政法基本指導原則而言，應該結合大陸法系統之「依法行政」作爲形式，與英美法系統之「法之支配（法治，Rule of Law）」作爲實質（註一〇五）。學者城仲模先生更進一步說明謂：「所謂依法行政，包括『法律優位』、『法律保留』等嚴格的法律概念之外，（包括將）英國人所說的『Rule of Law』的觀念，尤其是英國人長久以來強調的『Natural Justice 自然正義』的制度或習慣，加上美國人所同遵的『Due Process of Law』等揉合演化而變成一個『依法行

註一〇二　雄川一郎，前揭註一文，頁一九八～一九九。

註一〇三　王泰升，日本殖民統治下臺灣的法律改革——以西方法的繼受爲中心（一八七五～一九四五），律師通訊，第一六四期，一九九三年五月，頁六二。

註一〇四　Tay-sheng Wang, *Legal Reform in Taiwan under Japanese Colonial Rule (1895-1945): The Reception of Western Law*, pp. 298-306.

註一〇五　城仲模，前揭註四九文，頁九二三。

政』共同的內涵或概念（註一〇六）。」是以，依法行政所謂之「法」，除形式意義的法律外，還包括不成文的一般法律原則（註一〇七）。

㈡「行政目的」在法源上之地位

所謂「法源（Sources du droit；Rechtsqülle）」者，乃意指法規範所形成之諸方式，亦即爲了「制定『法（規範）』」之種種手段（註一〇八）。事實上，即是法規範所由產生之形式或法規範所表現之形式。從而，「法源」與法的形成以及法形成之形式有密切之關連。基此意義，法源亦被視爲大多數法規範之秩序要素(als Ordungsfaktor)（註一〇九）。在法治國家中，行政本應受法律(Gesetz)及法(Recht)之拘束(Vgl. Art. 20 Abs. 3 GG.)，因此產生一個問題是「法源」一方面爲行政活動之授權基礎；他方面，也形成行政活動之界限。準此，可將「法源」區分爲「成文法源（Die geschriebenen Rechtsqüllen；sources écrites）」與「不成文法源（Die ungeschriebenen Rechtsqüllen；sources non écrites）」（註一一〇）。而在這些各種類型之法源中，最富多樣性者即屬不成文法源中之「行政法上之一般原則(註一一一)（Die allgemeinen Grun-

---

註一〇六　城仲模，我國法治行政之回顧與前瞻，律師通訊，第一九一期，一九九五年八月，頁一八。本文係作者應中國比較法學會之邀請於八十三年十一月五、六日所舉辦之行政法治研討會上之講述內容，經王如玄律師整理而成。

註一〇七　葉俊榮，行政程序法與一般法律原則，收於，行政院經濟建設委員會委託，國立臺灣大學法律學研究所執行，行政程序法之研究（行政程序法草案），七十九年十二月，頁二二七。

註一〇八　兼子仁等譯，前揭註一〇書，頁五四。

註一〇九　Harmut Maurer, a.a.O., § 4. Rn. 2, S. 58.

註一一〇　Franz Becker, *Grundzüge des öffentlichen Rechts, Verlag Vahlen, München*, 1977, 1. Aufl., S. 109.

註一一一　學者又稱爲「行政法學上之一般法理」，參閱，城仲模編，前揭註一七書，主編者序，頁一；又關於"les principes généraux du droit"之日譯亦有不同之學者分別譯成「一般原理」與「一般原則」之差異。在法國法上，"règle"與"principes"之用法亦未必嚴格。因此有學者認爲雖然兩者區分

dsätze des Verwaltungsrechts; les principes généraux du droit administratif)」。一般法律原則在行政法之領域中扮演了一個重要的角色，因爲行政法龐大的總論部分並未被整理而法典化。對於此一現存之漏洞即可透過行政實務、行政法學界、特別是行政法院之判決以此不成文之基本原則加以補充(註一一二)。以作爲行政法母國之法國爲例，因爲行政法上的這些一般法律原則對於行政具有拘束力，從而違反者不僅可能構成越權 (l'ezcès de texte) 而在人民提起之越權訴訟中被撤銷，同時亦構成承擔國家責任之過失，因此這些法律上一般法律原則乃具有實定法之價值 (droit positif) (註一一三)。德國行政訴訟實務上亦大體肯認作爲法治國家表徵的一般法律原則，爲有效之「法(Recht)」，且具有憲法位階 (註一一四)。

　　所以這些行政法上之一般法律原則不但可以說擴充了法源之內涵，同時如前揭學者所言，亦填充了作爲行政法基本指導原則之依法行政原理之內涵。而這些行政法上之一般法律原則的援引，事實上正代表「形

困難，但一般而言，在語源上，後者是具有事物之始源與最重要之事物的意義；但是，前者相較於後者而言，是抽象性、基本理念性較高的用語。除此之外，一般多將行政法之不成文法規範中，行政權不得侵犯之上位概念稱之爲"principes"；而與下位之"règle"相區別。伊藤洋一，フランス行政判例における「法の一般原理」について，法學協會雜誌，第一〇三卷八號，頁一六〇。

註一一二　Franz Becker, a.a.O., S. 112；陳新民，行政法學總論，自刊，八十四年四月修訂五版，頁八二。

註一一三　神谷昭，フランス行政法の研究，有斐閣，昭和四十年十二月二十日出版第一刷發行，頁三〇一；兼子仁譯，前揭註一〇書，頁八一；植野妙實子執筆，行政裁判，收於，小島武司、渥美東洋、清水睦、外間寬、澤島政夫編，フランスの裁判法制，中央大學出版部，一九九二年十月三十日初版第二刷發行，頁一三八。城仲模，論法國及德國行政法之特徵，收於氏著，前揭註四九書，頁九五。

註一一四　Hans Peter Muller, *Allgemeines Verwaltungsrecht, Athenaeum Verlag, Königstein*, 1982, S. 147：葉俊榮，前揭註一〇七文，頁二二九。

式的法治主義觀」之退縮(註一一五)。因此學者城仲模先生即抱持懷疑態
度認爲，現代依法行政之內涵恐不應僅在強調「法律保留」制度。以臺
灣之國家之發展情形爲例，「恐怕沒禁止、沒有限制、只要合乎『行政目
的』，能合乎『公益』要求時就可能可以解釋成依法行政（如德文所謂：
Was nicht verbot ist, ist erlaubt.）(註一一六)。」從而「行政目的」亦
溶入依法行政之法源內涵。同時基於行政法上一般法律原則適用之補充
性(註一一七)（適用之消極性格），而且即使法無明文規定時，亦有適用
之可能性(註一一八)（適用之積極性格），所以在法有明文時，行政理當
依法律之規定（此時之「行政目的」與「立法目的」理應同質）活動；
然而，若法律無明文規定禁止時，行政當亦有可能依「行政目的」而行
政；惟此時之「行政目的」仍應受其他一般原則之限制，以求其正當、
合理與公平。以避免行政濫用「公益（甚至以『愛國主義』作爲公益概
念之化身（註一一九））」之名作爲「行政目的」，遂行其踐踏人權之實。

<hr />

註一一五　村上武則，法治主義と行政法學五〇年，法學教室，第一七九號（戰後
　　　　　五〇年學説及形成と發展特集），一九九五年八月，頁四五。
註一一六　城仲模，前揭註一〇六文，頁一八。其並以爲「若不如此，則以我們國
　　　　　家法律建制遲緩，社會進步神速，法制卻牛步追趕，其間相距，無以言
　　　　　喻，這種情況下還一定要依循法律保留的原則，那是行不通的。」筆者以
　　　　　爲，此一源自於個人自由於國家之外的法律思想，套用於行政之上，並
　　　　　非意指法治行政原則之放棄，反而更顯示行政目的控制之重要性。
註一一七　葉俊榮，前揭註一〇七文，頁二三〇。
註一一八　兼子仁等譯，前揭註一〇書，頁八一。
註一一九　城仲模，前揭註四九文，頁九四二；甚至有行政法學者認爲「『主義』是
　　　　　不成文法中之主要法源，較之其他不成文法中的法源……尤爲顯著而重
　　　　　要。國家一切法律，幾無不以其所奉行之主義爲其最主要淵源」。參閱，
　　　　　管歐，行政法原理之研究，收於，刁榮華等編，現代行政法基本論，漢
　　　　　林出版社，六十五年十月出版，頁一五二。對此見解，吾人實無法認同，
　　　　　因爲果真如此，則行政法無異執政者之統制工具，意識型態之傳聲筒，
　　　　　稱之爲「依主義行政」亦不爲過。

三、「行政目的」在具體行政領域中之地位──「依 『行政目的』行政」

在確立「行政目的」之法源地位後，在一些特定之行政領域中，於立法規制相對薄弱時，行政機關本於「行政目的」似乎有較大之自由形成空間，在此即發揮了「行政目的」之特殊功能。

㈠行政裁量與依法行政原理──無所謂之「自由裁量」

早期行政法學界有認為「成文法之規定，旣明認行政機關自由判斷，而拘束行政權之不成文法，亦不存在，行政機關，於此得以自認為適當者，而裁斷之。此之自由判斷即稱『自由裁量(Ponvoir discrétionnaire Freies Ermessen)』(註一二○)。」此無異承認有所謂之「法外行政(rechtsfreie Verwaltung)」存在。實則，所謂之行政裁量是指在法之範圍內，行政之判斷與行動餘地(註一二一)。亦即僅有可能在「法」的規制之下談行政之裁量，即使無制定法之明文規定，行政亦應受行政法上一般原則之拘束。在現代法治國家中，法外行政殆難想像其存在(註一二二)。因此所謂之行政裁量的自由空間仍然是受限的。一方面，即使法未明確詳盡規定，但行政仍應服膺立法所創設之行為基準，此時行政雖有較大之活動餘地，然而仍不免於法之規制。另一方面，當法無任何明文規定時，亦容行政機關有所作為以追求「行政目的」(註一二三)。所以在法規賦予行政機關作成處分時得為裁量時，因為不同之法律間各異其法理與性質，亦各異其立法目的與行政目的，所以應妥當適用援引行政法上一般法律

註一二○　范揚，行政法總論，臺灣商務印書館，四十七年十一月臺三版，頁三八。

註一二一　阿部泰隆，行政の法システム(下)，有斐閣，一九九四年五月三十日初版第二刷發行，頁六五四。

註一二二　葉俊榮，行政裁量與司法審查，臺灣大學法律學研究所碩士論文，七十四年六月，頁一三註一五。

註一二三　同上註，頁一三、頁八四。

原則（註一二四），此時「行政目的」乃成爲裁量之基準。另外，在法無明文規定（禁止）時，行政仍有可能依所追求之「行政目的」而活動。有謂，容許行政爲自由之處分的前提，乃僅於與人民之權利義務無直接關係時（註一二五）；或僅於受益式之給付行政下（註一二六）方可爲之。惟此等說法仍有未恰。因爲在法治國家中行政行爲不可能不涉及人民權益，同時當今的行政法法律關係並非僅止於雙面關係，毋寧已演變至三面關係（註一二七），行政作用亦可能具有雙重效果（Verwaltungsakts mit Doppelwirkung），所以此種說法並不嚴謹。吾人以爲，在法無明文下討論行政裁量之空間時，行政雖可依「行政目的」自爲決定，但是這並不代表賦予行政專擅之權限，亦即行政所依循之「行政目的」並非「行政自己之目的」，而應該是基於人民權益之考量，經由民主程序純化後之公共福祉。所以對於依行政目的所爲之裁量統制，除了防止裁量濫用行政本來之自由外，更應延伸至行政判斷過程合理性之統制，例如：裁量理由之說明、裁量判斷基準之明定、相對人民之手續參與等（註一二八）。

前已述及，行政目的亦可能即是政策之表現，一般而言，基於一定之行政目的或可謂基於一定政策之需求，行政爲實現此一政策（行政目的），應具有裁量之空間。例如行政法院二十三年第三一號判決即謂：「治水方策在因時制宜，主管官署當然有裁量之權（註一二九）。」在此政策（行政目的）之指引下，行政機關有一自主裁量空間。另行政法院七十二年判字第一三七四號判決謂：「按銀行法第七章本無外國銀行得申請設立聯絡員辦事處之規定，上述審核要點關於外國銀行聯絡員辦事處之准許設

註一二四　城仲模主編，前揭註一七書，主編者序，頁一。

註一二五　白鵬飛，行政法總論，上海商務印書館，二十年三月三版，頁八。

註一二六　陳新民，前揭註一一二書，頁二二四。

註一二七　阿部泰隆，前揭註六九書，頁三八以下。

註一二八　阿部泰隆，行政裁量と行政法學の方向，收於，日本の行政裁量——構造と機能，ぎようやい，頁一一九。

註一二九　行政法院，行政法院判例要旨彙編，八十一年六月初版，頁八一六。

立，乃國家爲配合經濟發展需要，基於政策考量之行政措施，屬『特許』
性質，而『特許』爲裁量行爲，行政機關具有廣泛之裁量權，故行政機
關本於裁量權之行使，而不予准許設立之處分，旣難認有逾越權限或濫
用權力，即難認爲違法（註一三〇）。」認定本案中不予准許之處分未違法
之論據不足，且稍嫌速斷，故屬無疑。然吾人此所置重者，乃政策上之
考量於本案中成爲作成該行政處分之目的內涵，在此政策下之裁量空間，
行政所爲之任何決定其實受限於其旣定之行政目的（然需實質、正當、
人民參與決定後之合理目的）。倘行政機關之行爲是在實現一定之立法目
的時，其行政作爲不得悖於該立法之目的而追求不當之行政目的，果爾，
其作爲仍不免瑕疵；例如行政法院三十六年第三四號判例謂：「按政府或
自治團體或人民，徵收土地，須爲興辦公共事業而有徵收土地之必要時，
始得爲之，……。原告（私立中學）因校款支絀，呈請徵收土地，……
是其目的，顯屬牟利，……，即無徵收土地之必要（註一三一）。」此一行
政目的即未切合授權其裁量之立法目的，而屬不當之行政目的。

㈡給付行政與依法行政原理——行政手段與組織形式之選擇與行政目的

　　傳統行政之分類，在德國以十九世紀國家社會二元化之前提，區分
「高權行政（hoheittlich Verwaltung）」與「國庫行政（fiskalische
Verwaltung）」。及至威瑪時期，因行政事務之增加，有將高權行政再加
以區分爲「權力性行政（Obrigkeitliche Verwaltung）」與「非權力行
政（Nicht-obrigkeitliche öffentliche Verwaltung）」或「單純高權性
行政（Schlichte Hoheitsverwaltung；在奧地利則多使用『私經濟行
政(Privatwirtschaftsverwaltung)』之概念)」（註一三二）。繼而由學者

註一三〇　引自劉宗德，行政裁量之司法審查——試以日本行政裁量理論評釋我國
　　　　　行政法院判決，輔仁法學，第七期，七十七年一月，頁二四一。
註一三一　行政法院，行政法院判例要旨彙編，八十一年六月初版，頁三一～三二。
註一三二　蔣國樑，公營事業法的性質之研究，中興大學法律學研究所碩士論文，
　　　　　八十年一月，頁一二～一三；羅明通，公有公共設施之範圍及公權力之
　　　　　沿革，司法週刊，第三四期，七十年十一月十八日，第二版；原野翹，

E. Forsthoff 於非權力行政理論之基礎上，在一九三八年發表之「作爲給付主體之行政 (Die Verwaltung als Leistungsträger, 1938)」論文中提出，爲求人民之「生存照料 (Daseinsvorsorge)」所採之種種行政即爲「給付行政 (Leistungsverwaltung)」之概念。因而將行政三分爲侵害行政 (Eingriffsverwaltung)、給付行政、國庫行政（註一三三）。在法治主義之要求下，對人民權益事項之干預或規制，無例外地應以有法律授權時始得爲之（註一三四），此固不待言；然有問題的是行政完成給付之任務時，是否亦仍須遵守法律保留原則之要求？對此，有部分學者及德國聯邦行政法院之實務見解（註一三五）在此認爲並不需要有實質之法律基礎，只要有議會之意思表示，特別是依預算法 (Haushaltsgesetz) 已規畫未來所需之資金時即可作爲一規範基礎（註一三六）。然而聯邦憲法法院並不同意以預算法作爲法律保留之法律基礎，因爲以行政補助行爲爲例，個別之補助申請人不能僅憑該預算法之規定，即向行政主體請求補助，從而預算法並非授權行政主體得予補助之權限，相反的，預算法僅僅是限制行政主體爲行政補助行爲時所必須遵守之前提要件及所必須留意之目的而已（註一三七）。另亦不得僅依預算計畫 (Haushaltsplan) 爲據，因爲此僅爲國家之一目標設定，非有具體之法律人民不得據以請求（註一三八）。是以，依目前法律保留理論已不再是侷限於傳統之侵害保

給付行政論の意義と限界，公法研究，第三〇號，頁二四一。

註一三三　Ernst Forsthoff, a.a.O., S. 124., 369.

註一三四　Harmut Maurer, a.a.O., § 6. Rn. 12., S. 108.

註一三五　Vgl. BVerwGE 6, 282 (287); BVerwGE 58, 45 (48); BVerwG, *DÖV*. 1977, 606.

註一三六　Harmut Maurer, a.a.O., § 6, Rn. 14., S. 109 f.; 楊志勇，論給付行政中的經濟輔助行爲，輔仁大學法律學研究所碩士論文，八十一年六月，頁一〇一～一〇二。

註一三七　林明鏘，石化工業之行政補助與環境保護，國科會專題研究計畫成果報告，八十三年八月三十一日，頁三四～三五。

註一三八　Harmut Maurer, a.a.O., § 6. Rn. 14. S. 110.

留理論，七〇年代形之於德國聯邦憲法法院之「本質性理論（Wesentli-chkeitstheorie）」已逐漸取得通說地位，這是以法治國家之基本權以及政治上之民主主義爲基礎，主張本質性的決定或本質性的事項均應以法律規範之（註一三九）。從而，即使在給付行政中，亦有可能採規制之手段，或者對相對人授益卻造成利害關係第三人之權益限制，因此只要是關涉人民（相對人與利害關係人）權益重要或本質之事項，不論是何種行政領域均需法律之授權始得爲之。再者，行政爲完成其給付行政之目的，欲以何種組織型態與行爲型態爲之，則涉及行政在此可否本於不同之行政目的而爲選擇。

1.行政選擇行政組織型態之自由

國家一般得自由地爲下述法形式之選擇，亦即對於特定之公共任務，以自己之行政組織直接逐行之；或者設立各種特殊法人，委其逐行該當任務。如採後者之途，國家是設立什麼組織型態之法人？甚至藉由私企業之特許等方式，委由其逐行？對行政而言，是具有組織型態之選擇自由（註一四〇）。在此有問題的是，行政機關爲了實現自己被賦課之任務，具有何種程度之決定權，決定以居其下位之適當的行政機關加以實現？（換言之，爲使居其下位之行政機關加以實現，在何程度內得自由設置、廢止？）此即傳統之德、日公法學所主張，認爲行政權具有固有之組織權（Orgaisationsgewalt）。此係根源於其傳統思考模式而主張，對於具有涉及私人權利義務直接影響權限之行政機關的設置、廢止，必以法律有規定者爲限；除此之外的機關，除非違反既存之法律規定，否則應委以

註一三九　Fritz Ossenbühl, in: Hans-Uwe Erischen/Wolfgang Martens (Herg.), a.a.O., §6. Rn. 18., S. 110; 高田敏，社會法治國の構成，信山社，一九九三年三月三十一日初版第一刷發行，頁四五三。

註一四〇　舟田正之，特殊法人論，收於，雄川一郎、塩野宏、園部逸夫編，現代行政法大系第一卷，有斐閣，昭和五十八年六月二十五日初版第一刷發行，頁二七七。

行政權自由決定(註一四一)。另一思想根源主張，吾人或可暫時捨棄行政作用法角度之觀察，而僅從組織法論之角度觀察此一問題（即從對於行政組織之理想狀態的民主化統制觀點，並不考慮有無依法律規律之必要。基此，則與是否直接影響私人權利義務並無關連。）(註一四二)。

然而，基於民主國家之法律保留思想，具有政治重要性之判斷，包括行政主體之組織方式，僅國會始得為之（參考我國中央法規標準法第五條第三款）。因此，設立私法形式之行政主體，為政治上之重要事項，須國會以法律表示同意，始為合法。此種法律保留之觀點，稱為「制度法律保留 (institutioneller Gesetzvorbehalt)」，或稱「組織法之法律保留(organistionsrechtlicher Gesetzvorbehalt)」(註一四三)。這兩種對立觀點之協調問題點在於，是否所有之行政組織事項均應依法律規定？或者僅執行直接涉及人民權利義務事項之行政機關的組織，方需法律規定？此即嚴格法律主義與行政組織規制彈性化之對抗(註一四四)。吾人以為關於行政組織之設置、廢止等，是否需有法律之授權，仍可依本質性理論為判斷(註一四五)。然而，吾人亦認為在執行權的內部領域中，有政府（行政）得對議會主張自己之獨立性，換言之，行政有得對其組織與程序問題自為規律的「行政保留 (Verwaltungsvorbehalt)」空間存在(註一四六)。從而，基於預防性法律保留之實效性 (der Effekt eines

---

註一四一　藤田宙靖，行政組織法，良書普及會，一九九四年四月二十日發行，頁四八。

註一四二　同上註，頁五〇～五一。

註一四三　許宗力等，兩岸條例中民間中介團體組織與功能之研究，行政院研考會，七十九年二月，頁一三；引自，陳敏、朱武獻、董保城主持，委託契約之研究，行政院大陸委員會委託，八十年六月，頁一六。

註一四四　高田敏，前揭註四三書，頁一〇九。稻葉馨，行政組織の法理論，弘文堂，平成六年四月二十六日初版第一刷發行，頁二四八～二四九。

註一四五　大橋洋一，行政學と行政法學の融合試論（序說），季刊行政管理研究，第六六號，一九九四年六月二十五日，頁九。

註一四六　Harmut Maurer, Der Verwaltungsvorbehalt, *VVDStRL*, Heft 43, 1985, S. 163、164.

präventiven Gesetzsvorbehalt) 與執行權的組織權力等理由，禁止議
會制定出以嚴格地拘束所有行政領域做爲目的之禁止性法律（eins
Sperrgesetzgebung)，而承認有不許議會加以規制之執行權固有領域
存在(註一四七)。在我國現行法治上，組織法之保留相當徹底(註一四八)，
實則，行政機關在無特定法律明確授權之情形下，如有實際需要，亦得
基於其本身職權決定設置所屬下級機關(註一四九)。此時作爲行政決定之
基礎者，當屬行政基於不同之行政目的考量。同時，目前之德國行政法
學界亦多承認，除干預行政領域外，行政有利用私法組織形式之組織形
式選擇自由(註一五〇)。在我國，如同樣是爲完成大衆運輸服務之交通行
政，臺北市是以臺北市公車處主其事，而臺灣省則將原公路局改制爲臺
灣汽車客運公司，以私法之組織型態完成之。而私法組織之選擇，毋寧
在尋找一合目的之法律形式(註一五一)。在此吾人必須強調，雖然行政得
基於特定「行政目的」而就組織型態間爲選擇，但是選擇私法型態並不
代表就脫離行政法上應有之控制(註一五二)。此時尤爲重要之觀察點乃在
於，即使是私法形式之組織，仍需結合「行政目的」之限制，不得僅因
形式私法而排除行政法院之統制(註一五三)。是以，行政機構在此成爲企
業主，行政目的也就不靠一個特別的方式(公法)，而適用私法的方式來

註一四七　Friedrich E. Schnapp, Der Verwaltungsvorbehalt, *VVDStRL*, Heft 43, 1985, S. 192 ff.

註一四八　吳庚，前揭註二三書，頁一二八。

註一四九　喬育彬，行政組織法，中華民國公共行政學會，一九九四年十月初版，頁四四。

註一五〇　Dirk Ehlers, a.a.O., S. 64 ff.

註一五一　涂朝典，行政私法之研究，政治大學法律學研究所碩士論文，七十九年六月，頁二一二註二七。

註一五二　在德國，對於私法形式之組織亦承認憲法與行政法對之爲拘束。參閱，劉如慧，論行政機關選擇公法及私法手段之自由——以德國法爲中心，臺灣大學法律學研究所碩士論文，八十四年六月，頁三〇以下。

註一五三　陳新民，行政法之任務，收於，氏著，前揭註五〇書，頁一二二。

達成（註一五四）。

2.行政選擇行政行爲型態之自由

所謂行政形式之選擇自由乃包括各種公法行爲形式之間的選擇自由，以及公、私法行爲之間的選擇自由(註一五五)。依德國目前通說，除非法律有明文規定或明文禁止：某種特定行爲，必須利用或不得利用某特定之形式外，國家或其他公法人得依據不同的任務需要（按：不同之行政目的），自由選擇其行爲之形式。此一形式選擇之自由(Freiheit der Formenwahl)，不僅存在公法、私法形式之選擇，亦包含型式化與未型式化行政行爲之選擇自由以及個別型式化行政行爲間之選擇(註一五六)。申言之，行政事務原則上由其固有之行政法予以規定，但在若干範圍，則例外地單獨或選擇地以私法來規範(註一五七)。這種以私法形式來履行行政任務之行爲，學說上稱之爲「行政私法」。對於此種行政私法行爲，仍應受公法之規範，只是並非全面性之整體規範(註一五八)。以私法形式來完成直接性公行政任務這也只能在有限度的範圍內被允許。例如依賴強制手段之秩序行政及稅務行政，不能放棄公法之形式。而無須依賴強制手段的給付行政，由於其大部分範圍都已以公法加以規定。只有在公法沒有規定之範圍，行政機關始得自由決定採取公法之法律形式或私法之法律形式(註一五九)。所以在合理正當之行政目的之追求下，行政得就其行爲形式作最適當、最合目的性之考量。因此，今日吾人所理解的行政法，不單只是作爲對行政活動的控制基準，行政活動的正當性，主要

註一五四　同上註，頁一二三。

註一五五　Fritz Ossenbühl, Die Handlungsformen der Verwaltung, *JuS.* 1979, 687.

註一五六　林名鏘，論型式化之行政行爲與未型式化之行政行爲，收於，當代公法理論——翁岳生教授祝壽論文集，一九九三年五月初版，頁三五五～三五六。

註一五七　董保城，行政法講義（上），自刊，八十二年五月，頁一五。

註一五八　林名鏘，前揭註一五六文，頁三八。

註一五九　董保城，前揭註一五七書，頁一七。

亦非消極地法律上瑕疵的迴避；實則，行政法主要乃作爲控制援助，同時具有行爲規範之功能，而行政活動之正當性，必須理解成積極地目標達成的最適當化（註一六〇）。

　　我國實務上亦承認行政機關此種行爲選擇自由。司法院大法官會議第三二四號解釋之協同意見書中即謂：「行政機關對於行政作用之方式，固有選擇之自由，如法律並無強制規定時，行政機關未達成公共『行政目的』，自可從公法行爲、私法行爲、單方行爲或雙方行爲等不同方式中，選擇運用（註一六一）。」另大法官會議解釋第三四八號解釋，就教育部與陽明醫學院學生，關於公費之提供與畢業後接受分發公立醫療機構服務之約定所成立之行政契約，認爲學生畢業後服務，與受服務未期滿前，其專業證書先由分發機關代爲保管等限制，「乃爲達成『行政目的』所『必要』，亦未逾越『合理』之範圍，且已成爲學校與公費學生間所訂契約之內容（註一六二）。」在此已可發現「行政目的」作爲行政選擇手段之基準，同時，在本案中，「行政目的」亦成爲衡量作成行政行爲之裁量基準，大法官會議在此認爲就「目的」之達成與「手段」之選擇間仍符合一定合理之比例（Verhältnismäßigkeit od. Uebermaßverbot）。然本文認爲此種限制手段之選擇，是否未逾越爲解決公醫缺乏窘境的行政目的，容有可議空間。甚至，基於特定之行政目的，與所選擇之此種手段間，亦有可能違反「禁止不當聯結原則（Kopplungsverbot）」（註一六三）。

註一六〇　Wolfgang Hoffmann-Reim, Reform des allgemeinen Verwaltungsrechts als Aufgabe-Ansätz am Beispiel des Umweltschutzes, *AÖR.* 1991, 407.

註一六一　司法院秘書處，司法院大法官解釋彙編續編(七)，八十三年六月初版，頁二〇八。

註一六二　司法院公報，第三六卷七期，頁二五。

註一六三　參閱，趙義德，析論不當聯結禁止原則，收於，城仲模主編，前揭註一七書，頁二一八以下。

㈢行政處分「職權撤銷」與「廢止」之法理依據——依「行政目的」即可自行爲之?

行政處分由於通知關係人而生效，並於法律救濟期限經過後有不可爭力(Unaubarkeit；形式確定力(formelle Rechtskraft))。此外，原則上基於法律安定性、法律和平性，行政處分並具有存續力 (formelle Bestandskraft)。但爲了維護公益或保護特定要件下關係人之權益，乃容許官署得撤銷行政處分，以打破行政處分之生效及存續力，並由官署放棄由原行政處分所生之權能。因此，行政處分之撤銷(Rücknahme)，爲行政處分罹有瑕疵後，可能遭遇到之後果，其提供行政官署對違法之處置有事後糾正之可能，並得因此而實現依法行政原則 (註一六四)。

依我國行政法院二十三年判字第三號判例 (已廢棄不用) 之見解謂:「行政官署以行政處分爲人民設定之權利,事後非『具有法令上之原因』或『本於公益上之必要』,原不得任意撤銷(註一六五)。」似乎對於違法行政處分之撤銷，除具有公益之理由外，仍以具有法令上之原因爲必要。但是另依行政法院五十四年判字第二五五號判決:「行政官署對其已爲之行政處分，發覺有違誤之處，爲本於行政上之職權作用，得自動更正或撤銷原處分而另爲處分。固爲本院二十四年度判字第四號，四十四年判字第四〇號各判例所確認。惟須於不損害當事人之正當權利或利益之情形下始得爲之。此觀司法院第一五五七號解釋甚爲明白 (註一六六)。」似乎又認爲本於行政上之職權作用即可自行爲之。其中最大之問題在於，行政處分之職權撤銷是否另需有法律之根據?

對此問題，各國見解不一。在法國，基本上將職權撤銷與爭訟撤銷同視。基於行政處分之違法性制裁或適法性原理，而爲違法狀態之除去

註一六四　洪家殷, 行政處分撤銷之研究, 政治大學法律學研究所博士論文, 八十一年六月, 頁一六〇。

註一六五　行政法院判例要旨彙編, 八十一年六月, 頁八八五。

註一六六　引自, 翁岳生, 行政處分之撤銷, 收於, 氏著, 法治國家之行政法與司法, 月旦出版社, 一九九四年六月, 頁四七。

與適法狀態之回復爲任務，因此只要原處分違法即足，職權撤銷之法根據根本不是問題(註一六七)。而在奧地利，將此問題與行政處分之確定力合一觀察，其職權撤銷應以法律根據爲必要，但是另一方面，在可能之範圍內就職權撤銷之範圍予以限制(註一六八)。在德國，則折衷地認爲：第一說、基於依法行政原則，對於違法行政處分之職權撤銷原則上乃屬當然。如 E. Forsthoff 即認爲，依法行政原則在法治國家具有優越地位，因此凡是違法行政處分，不論是授益行政處分或是負擔處分，行政機關皆負有予以撤銷之法律義務。而對違法行政處分職權撤銷之限制，是違反法治國原理的(註一六九)。第二說、基於依法行政原則，並不能導出任何職權撤銷原則，毋寧是將之排除與依法行政原則之關係。第三說、一般是承認負擔行政處分之職權撤銷原則，但是對於授益行政處分則大幅地予以限制，即具體地於諸利益比較衡量後決定，此時給予信賴保護與法安定性相當之比重。此說亦融入一九七六年聯邦行政程序法第四八條中(註一七〇)。而我國法務部所提行政程序法草案第一〇七條與第一〇八條也採同一之見解（註一七一）。

　　本文以爲行政機關就違法之行政處分本得依職權或依人民之申請而決定是否撤銷。行政處分之職權撤銷乃是行政機關就各種利益衡量後之作成之裁量決定，甚至可以說是行政法上諸一般法律原則間的權衡(註一七二)。當然，很重要的是在法律容許之裁量權限內，應充分地評估考量

註一六七　遠藤博也，設權的行政處分の取消，別冊ジユソスト第二五號，フランス判例百選，頁七九。

註一六八　遠藤博也，職權撤銷の法的根據について，收於，市原昌三郎等編，公法の基本問題(田上穰治先生喜壽記念)，有斐閣，昭和五十九年五月二十日初版第一刷發行，頁二六一～二六二。

註一六九　藤田宙靖，前揭註九六書，頁一二五。

註一七〇　遠藤博也，前揭註一六八文，頁二六二。

註一七一　法務部，行政程序法草案，八十四年三月十六日，頁八二～八三。

註一七二　學者認爲，此時，立於法治國之基礎下（擔保實質正確性 (materielle Richtigkeit)）之行政合法性，原則上是與（基於法安定性之）信賴保護

在個案中撤銷行政處分之公益(註一七三)。至於其決定之程序本應依正當之法律程序 (due process)爲之。如行政法院八十三年判字第一五五二號判決謂:「土地權利關係人於都市計畫細部計畫核定公布後，非不可循一定程序，申請變更之。主管機關自應審查認定是否接受及可否依『法定程序』變更之，不得率以法無明文而拒絕 (註一七四)。」而就內容之審查而言，在違法之授益行政處分部分，乃是行政一方所據之依法行政原則、行政目的 (公益) 考量與人民一方所據之信賴保護原則、法安定性原則間之權衡 (註一七五)。此時若法安定性或人民之信賴利益較被置重 (違法行政處分因而存續下來)，似乎會被說成是法治國原則中依法行政原則之例外；然傳統孕育「依法律而行政」之社會、經濟變化之今日，人民之信賴保護已是廣義之法治國原則之內涵(註一七六)，所以這種利益衡量後所得之結果應亦可從廣義之法治主義或法治國概念得到正當化 (註一七七)。所以若僅從行政的角度考量其行政目的 (形式之公益)，即以公益大於私益爲名，本其職權而爲撤銷，並不爲本文所採。至於負擔處分，則與人民信賴保護較無關係(除非有第三人利益之考慮)，乃爲行政機關之義務。但於該處分發生不可爭力後，此一義務消失；是否再要撤銷，爲機關之合義務裁量 (pflichtgemässige Ermessen)。

實務上如行政法院八十三年判字第一五一號判決謂:「行政機關於審

平等相對的。而這兩個原則於個案中是依照合比例性原則 (nach Verhältnismäßigkeisgrundsätzen) 加以權衡的。Vgl. Roman Loeser, *System des Verwaltungsrechts*, Band 1, Nomos-Verlagsgesellschaft, Baden-Baden, 1. Aufl. 1994, § 7. Rn. 97～99, S. 356～357.

註一七三　Ulrich Knoke, *Rechtsfragen der Rücknahme von Verwaltungsakten*, Duncker & Humblot, Berlin, 1989, S. 124.

註一七四　司法院秘書處，八十三年司法案件分析，八十四年六月，頁八〇五。

註一七五　藤田宙靖，前揭註九六書，頁二二一～二二二。

註一七六　Elmar Giemulla/Nikolaus Jaworsky/Rolf Müller-Uri, *Verwaltungsrecht*, Carl Heymanns Verlag, Köln, 1994, 5. Aufl., S. 221.

註一七七　藤田宙靖，前揭註九六書，頁二二二。

酌是否撤銷授予利益之違法行政處分時，除受益人具有：以詐欺、脅迫或賄賂方法使行政機關作成行政處分，對重要事項提供不正確資料或爲不完全陳述致使行政機關依該資料或陳述而作成行政處分、明知行政處分違法或因重大過失而不知等信賴不值得保護之情形外，依行政法上信賴保護原則，爲撤銷之行政機關固應顧及該受益人之信賴利益，但爲撤銷之行政機關行使裁量權之結果，倘認爲撤銷該授予利益之違法行政處分所欲維護之公益顯然大於受益人之信賴利益者，該機關仍非不得依職權爲全部或一部之撤銷（**註一七八**）。」行政機關爲此撤銷時，所稱公益顯然大於受益人之信賴利益者，必須是考量人民權益之保障後，非撤銷不足以擔保行政目的者（公益無法確保）始得爲之，否則如果僅以名目之公益之名（如國家安全、國防軍需、社會秩序等）而忽視人民之信賴利益或既得權利，將仍不免有濫用行政目的（公益）之嫌（**註一七九**）。

另外行政法院八十三年判字第五六○號判決謂：「……授予人民之行政處分，因違法而發生是否應予撤銷時，依一般行政法理，應委諸行政機關裁量，故行政機關對於公益與信賴利益之孰輕孰重，自應加以審酌衡量，如撤銷對公益有重大危害或受益人之信賴利益，顯然大於撤銷所欲維護之公益，且其信賴並無不值得保護之情形時，自不得輕言撤銷該違法之行政處分（**註一八○**）。」此時行政機關之撤銷處分裁量，實質地考量利益權衡，亦即爲撤銷之行政目的顯然悖於公益或人民之信賴利益顯然大於公益時，仍應容許該違法行政處分存續。此非形式化地濫用公益之名爲裁量，頗值得肯定。

行政處分之廢止（Widerruf）則與撤銷不同。它是以一符合法治主義之要求，適法且妥當之行政處分存在爲前提，而以事後發生之情事爲

註一七八 司法院公報，第三六卷三五期，頁五一。
註一七九 陳櫻琴，行政法上一般法律原則之適用及其位階，收於，城仲模主編，行政法裁判百選，月旦出版公司，一九九六年三月初版，頁一八六。
註一八○ 司法院秘書處，八十三年司法案件分析，八十四年六月，頁七七九～七八○。

事由，使之原則向將來消滅效力之行政處分之謂。行政機關出於何種事由或根據始得廢止原合法之行政處分？在二次大戰前後，通說是採「行政處分自由廢止原則（Regel der freien Widerruflichkeit）」。此時期之學者如 Fritz Fleiner 即認爲，行政不同於司法，法之實現並非其最終之目的，充其量只是達成目的之手段而已。行政作用之任務並非供給法的安定性(此爲民事判決之使命)，而是在法之限制內，實質地達成對國家有益之結果。爲了私人於處理其業務之際，使其命令、指示得以適應變化之利害得失，公行政亦有適應新的必要(註一八一)。此時學說承認廢止自由原則之根據乃求之於與司法目的（法實現之目的）或特質（維持回復法律平和之必要性）不同之行政目的（公益實現之目的）與特質（適應情事變遷之必要性）（註一八二）。在此吾人可以發覺「行政目的」對於行政處分之廢止上居於決定性之地位。

時至今日，對於行政處分廢止之法理已有改變。以授益行政處分爲例，其原爲合法之處分，僅因事後情事變更或公益之理由即可將之廢止，此一廢止無異是一種剝權行爲，依法治國原則，豈可任由行政自由爲之，視人民對規範之信賴爲無物，故以有法律根據爲當(註一八三)。因此對於行政處分之廢止，乃改以公益之必要，或因其他特定之事由存在爲據，方得爲之，稱「限制之廢止性（beschränkte Widerruflichkeit）」（註一八四）。至於，非授益之行政處分依德國行政程序法第四十九條第一項，原則上採廢止自由原則。基於人民信賴保護之重要性，德國行政程序法第四十九條第二項乃將授益行政處分之廢止，限於某些特定之事由，如

註一八一　Fritz Fleiner, Institutionen des Deutschen Verwaltungsrechts, 1922, S. 186; 引自，杉村敏正，行政行爲及撤回及法理，收於，氏著，法の支配と行政法，有斐閣，昭和四十五年十二月二十日初版第一刷發行，頁一五九。

註一八二　杉村敏正，同上註。

註一八三　藤田宙靖，前揭註九六書，頁二一六。

註一八四　杉村敏正，前揭註一八一文，頁一五八。

保留廢止權（Widerrufsvorbehalt）、受益人不履行負擔（Nichterfül-
lung einer Auflage）、行政處分所依據之事實或法律狀態之變更（Än-
derung der dem Verwaltungsakt zugrunde liegenden Sach-oder
Rechtslage）、以及公益之急迫性（Vordringliches öffentliches Inter-
esse）者始得爲之(註一八五)。另外依聯邦預算法（Bundeshaushaltsord-
nung, 18.7.1990）第四十四條 a 之規定，對於補助金給付之不合目的性
使用（zweckwidrige Verwendung von Subventionsleistungen）亦
得廢止之(註一八六)。除此法定廢止事由外，德、日亦均以受益者之同意
（Zustimmung）作爲廢止事由（註一八七）。

　　依上述說明，對於授與人民利益或免除人民義務處分之廢止，實際
上無異加諸新的權利與自由的侵害，所以得爲廢止之原因當只限於廢止
於目的上必要之場合始得爲之。此時，對於授益行政處分之廢止於目的
上所必要者，並不能僅基於行政機關自己之判斷爲之，毋寧是如上述已
有法定之事由作爲依循。行政法院五十年判字第三二號判例即謂：「官署
依照規定爲人民設定權利或能力之處分，非另有法規根據，不得予以『撤
銷(按：應係指廢止)』，爲行政法之基本法則。被告官署如爲整頓市容，
清除道路障礙，以達美化都市疏導交通之『目的』，有對以前核發營業許
可證之脚踏車保管業，予以整理取締之必要，自當呈請另訂法規，以便
通案執行。要不能獨對原告爲特殊之處遇，而將其設定權利之處分（營
業許可），無法規之依據而遽與撤銷（按：應係指廢止）(註一八八)。」至
侵益之行政處分，其廢止並不會損及相對人之法律上地位，甚至可以說

註一八五　Harmut Maurer, a.a.O. (Anm. 14), § 11. Rn. 41-44., S. 287-289; 我國行
　　　　　政程序法草案第一〇七條亦採此立法例，參閱，法務部，行政程序法草
　　　　　案，八十四年三月十六日，頁八六。
註一八六　Harmut Maurer, a.a.O. (Anm. 14), § 11. Rn. 44a, S. 289.
註一八七　乙部哲郎，行政行爲の取消撤回と信賴保護，神戶學院法學，第八卷一
　　　　　號，頁一一七。
註一八八　行政法院判例要旨彙編，八十一年六月，頁七八四。

是有利的，故容許依行政之目的自由決定廢止之。反之行政機關為特定
之行為後，因外部的事實關係變更而自為公益之判斷，若公益上有維持
行政處分存續之必要時，當然不得將之廢止(註一八九)。此時，行政可基
於其行政目的，判斷是否公益之所必要，以決定廢止與否。我國實務上
如行政法院八十三年度判字第一二二三號判決謂：「被告機關核發原告可
供加油站使用之土地證明書行為，自屬該機關對原告所為之合法授益之
行政處分。嗣被告機關如欲廢止該合法授益之行政處分時，依上述說明，
僅得於合乎前揭要件下（法規有准許廢止之規定、原處分機關保留行政
處分之廢止權、附負擔行政處分受益人未履行該負擔、行政處分所據法
規或事後發生變更、不廢止該處分對公益之重大危害等要件(註一九〇))，
始得為之。乃被告機關僅憑『為維護該校師生之健康與安全、及顧及社
區公益』等空泛理由，而未具體指出原告於係爭土地設置加油站將對公
益帶來何等重大危害，致有予以防止或除去之必要，抑未對原告指明如
因而受財產上之損失時，願給予何種程度之損失補償，率以……函廢止
原核發之可供加油站使用土地證明書，是否悉符廢止合法授益處分之法
理，非無研究之餘地 (註一九一)。」行政機關為廢止與否之裁量時，必然
地應考量人民之信賴利益損失，此時主導廢止與否之決定基準者，乃行
政機關為廢止之目的，亦即實質公益之要求，僅空泛之名目公益並非合
理之行政目的，乃本判決之要旨也。

㈣行政計畫與「行政目的」──依「計畫」行政

　　行政活動或多或少地以嚴格之法律規制形式而加以事先程序化
(vorprogrammieren)。這可能包括最嚴格的「條件程序 (Kon-
ditionalprogramm)」，即在一定之條件下行政即應如何活動。以及享有
較多自由(如法律概念之解釋與判斷餘地)之「事先程序 (Vorprogram-

註一八九　杉村敏正，前揭註一八一文，頁一八四～一八五。
註一九〇　法令月刊，第四五卷九期，頁四一。
註一九一　司法院秘書處，八十三年司法案件分析，八十四年六月，頁八〇七。

mierung)」，即行政法規在特定之法律要件下賦予行政決定之裁量
（Entscheidungsermessen）。另外一種最寬鬆之形式是行政法規並未
以特定之構成要件分配任務，或可稱爲「目的程序（Zweckprogram-
me)」。在此保留給行政以法律許可之手段去實現其任務。而行政在此應
做最合目的性（am Zwezkmässigsten）之決定。這種「目的程序」之
執行也正是對行政產生一種「計畫任務(Planungsaufgaben)」，它可能
有些類似較具節制目標（mit bescheidenerer Zielsetzung）的統治活
動（Regierungstätigkeit），例如城市之發展計畫(註一九二)。實則，現
代行政想採取權力性之手段或非權力性之手段，一般而言，在其具體之
活動中，被認爲是具有廣泛之裁量權的。因此，爲同時確保行政之綜合
性與體系性的具體妥當性，今日，行政上之計畫或計畫行政已在一些行
政領域中展開(註一九三)。而所謂「計畫」正意味著目標之預先設定以及
爲了實現該目標之必要措施的先行。其不僅是立於目標設定之觀點，同
時也是立於手段選擇之觀點而基於自治權（an Autonomie）所預設的一
種確切措施(註一九四)。現代行政大量地運用行政計畫已是不爭之事實，
基於行政之主動、積極、前瞻性格，甚至我們可以說現代行政已是「依
計畫行政」。而計畫中最重要之要素即是該計畫中目標設定之「行政目
的」，這種行政自主的特性並非全無法律之規制可能，事實上，「行政目
的」在此即扮演重要之節制功能。

註一九二　Reinhold Zippelius, *Allgemeine Staatslehhre*, 12. Aufl., C. H. Beck Ver-
　　　　　lag, München, 1994, § 31 III, S. 309 (310).
註一九三　室井力，前揭註四○書，頁一一。
註一九四　Harmut Maurer, a.a.O. (Anm. 14), § 16. Rn. 14. S. 406.

〔伍〕「行政目的」與其他行政法上一般法律原則之位階

　　行政法院七十一年判字第八一一號判決謂:「按行政裁量權之行使, 倘有違背法令、誤認事實、違反目的、違反平等原則或比例原則等情形 之一者, 揆諸行政訴訟法第一條第二項之規定, 仍不失為違法 (**註一九 五**)。」可知一般法律原則於行政機關享有裁量餘地時, 最能發揮其作用, 而法院於審查行政裁量權之行使時, 亦往往必須訴諸一般法律原則(**註一 九六**)。然而一般法律原則之間, 於裁量時常發生競合衝突時之排列取捨 或併用之難題。在此, 吾人初以為各個一般法律原則間並無固定之位階 關係, 毋寧應是在各種特定之法律關係中, 依其特性選取具重要性之法 律原則, 而於個案中分別判斷其間之效力。

一、「行政目的」與「立法目的」

　　原則上「行政目的」與「立法目的」理應無二致 (可能有具體與抽 象之別), 此乃法治主義之必然要求。因此, 原則上「立法目的」之位階 理應高於「行政目的」。如行政法院四十二年判字第三二號判例:「商標 法第十八條第一項第二款所定, 商標專用權註冊後無正當事由, 停止使 用滿兩年者, 商標局得依職權撤銷之。其『立法意旨』, 重在不妨礙及保 護其他呈請註冊者之權益。(**註一九七**)」其中所謂之「立法意旨」應即指 「立法目的」。又四十八年判字第二六號判例謂:「商標註冊後, 並無正 當理由, 迄未使用滿一年, 或停止使用已滿二年者, 商標主管機關, 得 依職權或據利害關係人之呈請撤銷之, 固為舊商標法第十八條第一項第

註一九五　司法院秘書處, 七十一年司法案件分析, 七十二年, 頁五七五。
註一九六　葉俊榮, 前揭註一〇七文, 頁二三〇。
註一九七　行政法院判例要旨彙編, 八十一年六月, 頁五六一。

二款所明定。惟所謂『迄未使用』或『停止使用』，必其自註冊後完全未
經使用滿一年，或完全停止使用滿二年者，始足爲撤銷之原因（註一九
八）。」從而，吾人可知行政機關爲撤銷（按：應係指廢止）之「行政目的」
必須符合「立法之意旨」。而此立法意旨無非意在保護公益（不妨礙及保
護其他呈請註冊者之權益），所以行政機關爲廢棄處分之裁量時，應就商
標註冊人之權益與「行政目的」（＝「立法目的」、「公益」）權衡考量。

　　另外行政機關於自頒法規命令時，亦受「立法目的」相當大之制約。
在法治主義之要求下，無論機關組織之職權或涉及人民基本權利之事項，
均應有法律之規定或法律明確授權之依據，此即所謂「法律保留原則」
（Prinzip des Vorbehalts des Gesetzes）（參照中央法規標準法第五
條）。然而因爲議會時間有限，加上法律案之通過有一定之程序；或因行
政項目繁多，甚多具專門性、技術性者；或因爲避免議會議事程序之繁
雜與迂緩，能迅速決斷，應付緊急事變；或因國會非終年開會，會期有
限（會議不連續原則），而社會變化則不定；法律授權行政機關自行制定
法規性命令（「委任立法」）遂有其必要性。至於何種範圍事項容許法律
授權行政機關自頒法規性命令（反言之，何種範圍事項禁止授權）。目前
有力之德國學說乃聯邦憲法法院於七〇年代所形成之「本質性理論（重
要性理論）」（Wesentlichkeitstheorie）。依此理論，立法者基於法治國
原則與民主主義原則，對於「所有本質性之決定（alle wessentlichen
Entscheidungen）」（以法治國家之基本權作爲基礎），被課與義務必須
自爲決定，不得委諸行政爲之（即所謂「議會保留（Parlamentsvorbe-
halt）」）（註一九九）。若依「本質性理論」，立法者基於基本權保障之考量，
對於事涉最本質性（最重要性）之事務，絕對要求議會保留以形式意義
之法律加以規範；對於次重要之事務，則亦容許法律授權特定之「制定

註一九八　同上註。
註一九九　Hans-Uwe Erischen/Wolfgang Marters (Herg.), a.a.O. (Anm. 16), § 6.
　　　　　Rn. 18.

法規命令者（Verordnungsgeber）」加以規範；至於不重要之事務則不需要法律保留（Gesetzsvorbehalt）（註二○○）。

司法院大法官會議解釋釋字第二四六號解釋之不同意見書中謂：「……無論是依憲法第二十三條抑中央法規標準法第五條第四款，有關限制人民權義事項之規定，都應以法律為之。可知，惟有法律始能限制規定人民權利。……本人即使同意涉及人民權利事項，也可以立法授權，但為彌補因此可能造成憲法第二十三條及中央法規標準法第五條保障人權之漏洞，在解釋上，不僅必須非常明確，且授與之權，不能與該法律核心基礎相違背，即『涉及該法律之重要原則性者』，不可授權，……（註二○一）。」當可謂「本質性」（重要性）理論之具體體現。至於何種事務最具本質性（重要性）並不確定，毋寧是一滑動之概念，一般求之於事務之價值（事務之本質──die Natur der Sache）。申言之，越是持續地干涉或威脅到個別人民之基本權者；或是越對一般公益有重要影響者；或越是屬於公法上爭議問題者，越是需要明確與緊密之法律規範；立法者因此承受更高之要求(註二○二)。對於此一規範密度（Regelungs-dichte）之決定即屬立法者之決定空間。準此，何事須由國會的確保留其立法權，授權行政立法之範圍、內容、程序及審查等問題才是屬於「法律保留原則」真正關心之問題(註二○三)。因此若基此法規性命令而對人民之權利、義務直接發生變動時，依「法律之『專權性』法規創造力原則」，法律之授權即屬必要（註二○四）。甚至為避免立法者無條件地推卸立法職責（立法怠惰），放任行政恣意擅為，應禁止空白而空泛之授權。空白授權之型態一般多以「概括授權（Blankettvollmacht）」之型態出

註二○○　Harmut Maurer, a.a.O. (Anm. 14), § 6. Rn. 11. S. 107.

註二○一　司法院大法官會議解釋續編(四)，七十九年六月初版，頁二二七～二二八。

註二○二　Harmut Maurer, a.a.O. (Anm. 14), § 6. Rn. 11. S. 107.

註二○三　城仲模，前揭註四書，頁四四。

註二○四　藤田宙靖，前揭註九六書，頁二七四～二七五。

現，透過「概括條款(Generalklauseln)」與「不確定法概念(umbestim-mte Rechtsbegriffe)」之使用，授權行政機關基於「公益」考量，得頒布法規性命令。惟此種授權型態如依領域之區分(Bereichsdifferenzier-ungen)是出現在刑罰規定、租稅之課徵規定等基本權之侵害規定上時，則有欠「法預見性」而應禁止(註二〇五)。對於此一問題，如德國基本法第八十條第一項即規定：「法律得授權聯邦政府、聯邦內閣閣員或邦政府，發布法規命令(Rechtsverordnung)。此際，法律應規定『授權之內容(Inhalt)、目的(Zweck)及其範圍(Ausmaß)。』」學者稱之爲「授權明確性之要求(Bestimmtheitsgebot)」。若授權規定不符此一要求，則不僅授權母法本身違法、無效，即根據該授權母法所訂定之行政命令亦因失其授權依據而歸於無效(註二〇六)。惟關於明確性要件之解釋，德國聯邦憲法法院已不採嚴格之明確性公式(Deutlichkeitsformel)，其解釋之特色有二，其一是對應規範領域或規範對象之解釋方法。在此前述領域的區分乃是觀察之重點。亦即依據領域之不同而個別地判斷授權明確性之要件。其二是當授權要件具體化之際，承認各要件之間具有具體的補償關係(Konkreitisierungskompensation)。其中「目的」居此三要件之中心，亦即「目的」明確的話，即足以補內容明確性之欠缺(註二〇七)。因此，行政機關基於法律之明確授權，即受立法目的之拘束，行政僅得於立法之目的範圍內制頒法規命令，行政目的基本上應與立法目的吻合。我國實務受到德國基本法第八十條規定之影響，迭有開創性之見解，如釋字第三一三號解釋認爲：「對人民違法行政法上義務之行爲科

<hr />

註二〇五　陳新民，前揭註一一二書，頁二〇二～二〇三；大橋洋一，現代行政の行爲形式論，弘文堂，平成五年九月十五日初版一刷，頁七（法律の留保學説の現代的課題——本質性理論(Wessentlichkeitstheorie)中心）。

註二〇六　關於「授權明確性」之概念，可參考許宗力，行政命令授權明確性問題之研究，收於氏著，法與國家權力，月旦出版公司，一九九三年四月增訂二版，頁二一五以下。

註二〇七　大橋洋一，前揭註二〇五文，頁七。

處罰鍰，涉及人民權利之限制，其處罰之構成要件及數額，應由法律定之。若法律就其構成要件，授權以命令為補充規定者，授權之內容及範圍應具體明確，然後據以發布命令，始符合憲法第二十三條以法律限制人民權利之意旨（註二○八）。」將「授權明確性」之要求明白地於我國行政法實務中展開（另參考釋字第二四六號解釋不同意見書、釋字第二七六號解釋不同意見書、釋字第三四五號、釋字第三四六號、釋字第三六○號、釋字第三六七號、釋字第三九七號解釋等）。

　　從而，吾人以為原則上「立法目的」之位階應高於「行政目的」。但是，「行政目的」在特殊的場合可能得到其他法律原則之助力而得凌駕「立法目的」，在此，「個案正義(Gerechtigkeit in Einzelfälle)（註二○九）」與「妥當性 (die Billigkeit)」正是其最大之助力。如文化資產保存法第五十二條規定：「生態保育區與自然保留區，禁止改變或破壞其原有自然生態。」而於八十三年十月間，國道南橫公路計畫穿越大武山自然保留區，農委會、保育團體、學界均以為第五十二條之規定是絕對地禁止任何的開發（註二一○）。但是有學者認為即使立法當時之意旨是禁止任何地開發，但是在土地開發之整體評估中，環境生態只是考量之價值之一而已，沒有絕對性。隨著國家內外政、經、社、文之變遷，並不排除國家對該土地開發之重新考慮，否則現行制度中之環境影響評估(EIA)無異虛設。臺灣目前所面臨的這些開發與保育之價值對立，因臺灣社會之特殊現象（註二一一），導致有些官署或學者無奈之餘，有意將某類標準絕對化，如

註二○八　司法院大法官會議解釋續編(六)，八十三年六月初版，頁五二～五三。
註二○九　參閱，范文清，試論個案正義原則，收錄於本書頁三八三以下。
註二一○　八十三年十月十九日，聯合報，第五版；中國時報，第七版；自由時報，第六版。
註二一一　學者黃錦堂先生認為，臺灣地區之問題應該在於憲政機關失去基本之功能與人民之信賴，包括行政機關的草率、推諉、掩飾過失，立法部門之粗糙審議，法院部門之不受人民尊重，而行政官員喜歡開發（因為可以帶來暴利），地方人民又大多未能覺醒，所以往往只剩下熱心的環保人士在苦苦奔走呼號，或甚至引發暴力衝突。參閱，氏著，國道南橫公路穿

水源區內距離水體一千公尺內絕對不准開發，以及本案中自然保留區絕對不許變更，這雖是快刀斬亂麻之作法，但不符合「個案之正義」(註二一二)。申言之，當行政於個案中所追求之公益（行政目的)具妥當性時，即是實現個案中之正義。如果法律是何謂正義之一般性標準，則妥當性乃是在個別案件中何謂正義之標準。妥當性是從正義的理念所導出，它是個別案件的正義（註二一三），因此，在個案正義（妥當性）之支持下，行政目的自非不得超越立法目的。

　　實務上司法院大法官會議解釋釋字第三四四號，即將「個案正義」用作「行政目的」超越「立法目的」解釋之有利論據。其理由書中謂：「臺北市政府基於主管機關之職權，為執行上述法律之規定，訂定臺北市辦理徵收土地農作物及魚類補償遷移費查估基準，其中關於限制每公畝種植花木數量，對超出部分不予補償之規定，乃為防止上述情事，以達公平補償目的所必要，與憲法並無牴觸。惟關於基準限制之數量，乃係斟酌一般情形而為規定，在個別案件，如有確切事證，證明其與真實正常種植狀況相差懸殊時，仍應由主管機關依據專業知識與經驗，審究其有無搶種或濫種之情形，妥為認定（註二一四）。」

二、「行政目的」與「公益原則」、「公共性原則」

　　將「行政目的」與「公益原則」、「公共性原則」並列比較，似乎會有矛盾之現象。因為事實上，行政目的即應是公益或公共性的實現。但是「行政目的」與「公益原則」、「公共性原則」實際上應有所區別。本文以為「行政目的」應是一種行政所欲追求之價值。吾人似可直接名之為「公益」。但是實際上，它應該是已經經過民主正當化之程序，衡量各

越大武山案評釋，新環境月刊，一九九四年十一月，頁六。

註二一二　同上註。

註二一三　陳清秀，稅法上個別案件正義——以稅捐稽徵法第四十條規定為例，財稅人員進修月刊，第一五〇期，頁一〇。

註二一四　司法院公報，第三六卷六期，頁二一。

種利害關係後所追求之利益。所以吾人以爲「行政目的」是一純化後之價值；而「公益原則」、「公共性原則」則是醞釀成「行政目的」所必經之公正、合理、公開、利益權衡之程序控制。所以「行政目的」若非經「公益原則」或「公共性原則」制約後之「行政目的」，仍不過是一名目之「行政目的」而已。所以行政在爲裁量時，選取「行政目的」作爲其基準時，必然地亦應結合「公益原則」、「公共性原則」之判斷，不可能各自獨立。因此「行政目的」與「公益原則」、「公共性原則」乃互爲表裏，理論上不會有適用之競合現象發生。而違反公益原則或公共性原則之行爲者，即屬不合(行政)目的之行爲(註二一五)。另外較有問題的是，認定公益之主體發生競合時如何決定此時之「公益」？例如，實務上曾發生在國家公園內採礦業者之採礦權到期時，其是否應予延展，內政部營建署與臺灣省礦物局分持不同之見解。因爲依據礦業法第三十四條規定主管機關認爲礦業申請於有妨害公益時得不予核准。主管機關對此申請之准駁本有裁量權，並應以維護礦工安全重視經濟效益爲煤業政策之基本原則(註二一六)。省礦物局因此認爲除非有損公益，否則應予延展；而營建署則以國家公園保育之目的爲由，主張應收回停採(註二一七)。此時有兩個法律政策，亦即兩個行政目的發生衝突。此時吾人可以發現「行政目的」並不等同於該個案中之「公益」。在判斷此時之「公益」過程中，這兩個「行政目的」代表兩種價值，而均應融入「公益原則」或「公共性原則」之裁量程序中，經過公開之民主程序過濾，以求得實質合理、公平之「公益」。

註二一五　劉宗德，前揭註一三〇文，頁二四二。

註二一六　參照，司法院大法官會議解釋釋字第三八三號，司法院公報，第三七卷八期，八十四年八月，頁一。

註二一七　八十三年九月二十七日，中國時報，第三版。

三、「行政目的」與「比例原則」

　　「比例原則 (der Grundsatz der Verhältnismässkeit)」原本是適用於干涉行政處分之作成，如今已指稱各種行政措施 (Massnahme) 之作成應具有目的與手段之關連(die Zweck-Mittel-Relation)，亦即行政所使用之手段爲達成特定之目的（結果）必須合於比例原則，其中包括「適當的 (genniget)」、「必要的 (notwendig)」與「合比例的 (verhält-nismässig)」(註二一八)。在此並不只抽象地考慮彼此間之份量及數量，也在於其間之可能性及強度。如果存有多種干涉可供選擇，而任何一種皆可達到同等之目的時，及要求禁止過度，也就是必須在相衝突之利益中，選擇最少干預之措施，因此，對利益之干涉不可超過必要之程度。換言之，即爲達到預定目的，所選擇之最佳干涉及手段(註二一九)。從而，吾人可以發現在行政法位階上之「比例原則」正是將「行政目的」置於「目的與手段之關連性」權衡天平之一端作爲裁量之內涵，基於特定「行政目的」所選取之手段若是不合「比例原則」將導致違法之效果。因此「行政目的」欲得正當性之支持，應該得到「比例原則」（但非唯一之考量）之背書。甚至於此一具憲法位階之法律原則，在「行政目的」所由導出之「立法目的」上即具有規制之功能 (註二二〇)，因此吾人以爲「比例原則」之位階應高於「行政目的」。實務上有行政法院八十年第一一四二號判例認爲，按日連續處罰，乃行政執行罰性質，故無所謂假日及工廠休息日可資扣除。惟訴願人檢具中華工程股份有限公司出具之已符當時放流水標準之試驗報告單，請求免罰，固於七十九年九月二十日始送

註二一八　Harmut Maurer, a.a.O. (Anm. 14), § 10. Rn. 17. S. 233; 中文著作資料請
　　　　　參閱，謝世憲，論公法上之比例原則，收於，城仲模主編，前揭註一七
　　　　　書，頁一一七以下。

註二一九　洪家殷，論違法行政處分——以其概念、原因與法律效果爲中心，東吳
　　　　　法律學報，第八卷二期，八十四年三月，頁七〇。

註二二〇　謝世憲，前揭註二一八文，頁一二三～一二四。

由原處分機關收文，惟檢閱該試驗報告單上載明中華工程股份有限公司收受送驗廢水之日期爲七十九年九月十三日，出具報告日期爲同年九月十九日，若上開試驗報告單上之檢驗結果可信，則似足以證明訴願人自七十九年九月十三日起，即已遵行改善完畢，所排廢水已符當時放流水標準，且經原處分機關複驗結果，亦屬合格。期間如無其他不合放流水標準情事，則原處分機關對於七十九年九月十三日至同月十九日期間之連續處罰，引據修正後之「水污染防治法第二十條執行要點」第二項第七款規定，拘泥於必自被告機關收受檢驗書日起，始停止處罰，是否盡符水污染防治法第二十條規定之精神，初非無疑，原處分即屬可議(註二二一)。行政執行罰當然有其迫使相對人民履行義務之行政目的存在。但是倘若業者已有改善之誠意(且可能眞的已經改善)，則行政機關一味地以連續處罰爲第一考量，其手段即不符合比例原則中之必要性或最小侵害性 (geringstmöglicher Eingriff) (註二二二)。

四、「行政目的」與「禁止不當聯結原則」

通常行政機關爲行政行爲人民發生效力時，往往課人民一定之義務或負擔，抑或造成人民其他之不利益，此固爲追求一定之「行政目的」使然，但對人民造成不利益所採取之手段，必須與行政機關所追求之目的間有合理之聯結關係存在，以維護人民之基本權利，並使人民能心悅誠服地接受行政行爲之拘束，此種目的與手段兼有合理之聯結關係，即爲「禁止不當聯結原則 (Grundsatz des Kopplungsverbot)」具體之表現(註二二三)。而此一原則在具體之法律行爲中，表現最爲明顯者大多是在行政契約與行政處分所附之附款中。以前者而言，若屬行政機關與

註二二一　王美琴，水污染防治法有關按日連續處罰法律性質之研究，收於，臺灣省政府訴願審議委員會，訴願案例研究彙編第五輯，頁二二六。

註二二二　耿至魁，高爾夫球場管制問題之研究，文化大學法律學研究所碩士論文，八十四年六月，頁八八。

註二二三　趙義德，前揭註一六三文，頁二二一。

人民締結行政契約，互負給付義務者，人民之給付與行政機關之給付應相當，並具有合理正當之關聯，此觀行政程序法草案第一二一條規定，可資參照(註二二四)。其立法理由乃爲避免公權力淪爲商品，以換取人民之給付，致影響公權力之威信(註二二五)。另外，此種合理之關聯性亦得作爲不當附加人民義務之限制。如前揭大法官會議解釋第三四八號解釋，就教育部與陽明醫學院學生，關於公費之提供與畢業後接受分發公立醫療機構服務之約定所成立之行政契約，認爲學生畢業後服務，與受服務未期滿前，其專業證書先由分發機關代爲保管等限制，「乃爲達成『行政目的』所必要，亦未逾越合理之範圍(註二二六)。」在本案中，「行政目的」成爲衡量作成行政行爲之裁量基準，大法官在此認爲就「目的」之達成與「手段」之選擇乃屬必要且合理。惟本文認爲此種限制手段之選擇，與爲解決公醫缺乏窘境的行政目的間，雖可能是一必要之措施，但是以確保公醫無缺之目的，而以限制（實則無異剝奪）人民職業自由權之手段聯結之，恐非「合理」，因此可能已違反「禁止不當聯結原則」。就後者而言，行政機關作成行政處分有裁量權時，得爲附款。而行政處分之附款不得違背行政處分之目的，並應與該處分之目的具有正當合理之關聯(註二二七)。實務上如發生在我國臺北縣汐止鎮徵收「回饋地方建設捐贈款（俗稱「鎮長稅」）」的問題上，該鎮公所徵收此一款項之目的乃在於代替建商處理完工交屋後留下滿目瘡痍之道路環境，建商如不繳交，鎮公所就以不核發「無損害公共設施證明」爲手段，使其無法請領使用執照。學者有認此種費用之徵收乃特別之公法上負擔(註二二八)。但是事

註二二四　法務部，行政程序法草案，八十四年三月十六日，頁九七。

註二二五　同上註，頁九八。

註二二六　司法院公報，第三六卷七期，頁二五。

註二二七　參照，法務部，行政程序法草案第七七條與第七八條，八十四年三月十六日，頁五六～五九。

註二二八　陳清秀，從法律觀點，探討鎮長稅與營業稅總繳問題，植根雜誌，第一〇卷六期，頁二六。

實上，行政機關不分有無損害公共設施一律加以徵收，且徵收費用非僅只於供修繕維護公共設施之用，尚供其他文化與藝術活動使用，與核發「無損害公共設施證明」的行政處分目的並不具有正當合理之關聯性(註二二九)。因此與「比例原則」相似，行政作用雖基於一定之「行政目的」而採取特定之手段，惟其行為之正當性並不能僅因「行政目的」而得其正當性，毋寧應是受到「禁止不當聯結原則」之檢驗，故適用位階上，「禁止不當聯結原則」應可高於「行政目的」。

五、「行政目的」與「信賴保護原則」

「信賴保護原則（Der Grundsatz des Vertraünschutz）」是一具有憲法位階之法律原則。依此原則，如行為罔顧人民值得保護之信賴，而使其遭受不可預計之負擔或喪失利益，且非基於保護或增進公共利益之必要或因人民有忍受之義務，此種行為，不得為之(註二三〇)。實務上如前揭行政法院八十三年判字第一五一號判決謂：「依行政法上信賴保護原則，為撤銷之行政機關固應顧及該受益人之信賴利益，但為撤銷之行政機關行使裁量權之結果，倘認為撤銷該授予利益之違法行政處分所欲維護之公益顯然大於受益人之信賴利益者，該機關仍非不得依職權為全部或一部之撤銷(註二三一)。」在行政機關裁量是否撤銷違法行政處分時，應有「依法行政原則」、「公益原則」、「法安定性原則」、「行政目的」、「信賴保護原則」發生取捨之競合。在授益處分之撤銷時，乃是行政一方所據之依法行政原則、行政目的（撤銷之公益）考量與人民一方所據之信賴保護原則、法安定性原則間之權衡。此時「行政目的」與「信賴保護原則」應無固定之位階高低，毋寧是應透過利益衡量之後，以決定何者

註二二九　同上註，頁二七。
註二三〇　林錫堯，行政法之一般法律原則，收於，氏著，行政法要義，法務通訊雜誌社，八十年元月初版，頁四五。
註二三一　司法院公報，第三六卷三五期，頁五一。

較具重要性。另外前揭行政法院八十三年判字第五六〇號判決謂:「依一般行政法理,應委諸行政機關裁量,故行政機關對於公益與信賴利益之孰輕孰重,自應加以審酌衡量,如撤銷對公益有重大危害或受益人之信賴利益,顯然大於撤銷所欲維護之公益,且其信賴並無不值得保護之情形時,自不得輕言撤銷該違法之行政處分(註二三二)。」此時裁量決定該處分是否撤銷時,乃是行政一方所據之依法行政原則、行政目的(撤銷之利益,但未必是公益)考量與人民一方所據之信賴保護原則、法安定性原則(可能即是公益)間之權衡。更足以說明「行政目的」與「信賴保護原則」間位階之未確定性。

〔陸〕違反「行政目的」之法律效果

　　行政機關作成行政處分時,若其行政處分違反其「行政目的」,乃屬一「不合目的」之行政處分(der unzweckmässige Verwaltungsakt)。因訴願法第一條上有「違法」與「不當」行政處分之區別。一般亦認為所謂行政處分「不當」係指稱行政機關為裁量行為時,客觀上「違背國家目的」,「不合公益」之不合目的性而言(註二三三)。亦即在裁量範圍內裁量有誤,而違反「行政目的」之不妥當行為(註二三四)。但是行政目的為行政法上重要之一般法律原則,根據現代依法行政之概念,行政處分違法應包括違反制定法與法律上之一般法律原則在內,果爾,則違反行政目的之不合目的的行政處分,恐非僅屬不當,而應已達違法之效果。

註二三二　司法院秘書處,八十三年司法案件分析,八十四年六月,頁七七九～七八〇。

註二三三　司法院第三五四號解釋;翁岳生,論「不確定法律概念」與行政裁量之關係,收於,氏著,行政法與現代法治國家,一九八九年十月九版,頁四二。

註二三四　高橋靖,行政裁量における違法性・不當性峻別論への批判,早稻田法學會誌,第三三卷,一九八三年,頁一五一～一五二。

故以下即針對「合目的性」與「合法性」兩者之間有無區別實益，加以討論，並分析違反「行政目的」之法律效果。

一、合目的性與合法性之區別

「合目的性 (Zweckmässigkeit; opportunité」與「合法性 (Rechtsmässigkeit; léglité」之區別應是肇因於公法上權利救濟制度的建構。即訴願制度之合目的性（當然包括合法性）統制與行政訴訟制度之合法性統制二分(註二三五)。對於「合法性」之問題於討論依法行政中之法律優位與法律保留時多已觸及，因此本文集中於「合目的性」之討論。德國行政法院法第六十八條稱「不合目的之行政處分 (der unzweckmässige Verwaltungsakt)」乃謂行政處分雖未違法或具有裁量上之瑕疵，然而行政官署卻未全然合乎所追求之目的或甚至超越之，如其內容雖為法規所容許且無不合比例之情形，但尚有其他合法之內容，得為較優的、較合目的或較合理的決定可能，或是根本放棄此不合目的之措施恐較為適切時，該處分即不合目的(註二三六)。一個(合法，特別是無裁量瑕疵之)行政處分是否符合所追求之行政目的，必須斟酌該項決定之政策的貫徹可能性，是否符合基準的政策計劃及目標，其經濟上統制效果，其由該決定所直接發生之成本及後續成本。如果此一處置可用另一個更適當的手段加以替換或者仍存有其他更好之裁量行使可能性時，則其處置即應認為不合目的 (註二三七)。這也就是行政在法律 (廣義的) 積極的授權或消極的默示，而有活動之自由時(受外部因素之支配)，其行為仍然需受其內部因素之指導，為合義務性之裁量 (pflichmässiges Ermessen)，

註二三五 阿部泰隆，行政裁量と行政救濟，三省堂，一九八七年十一月一日第一刷發行，頁六〇。

註二三六 Hans J. Wolff/Otto Bachof, Verwaltungsrecht, C. H. Beck'sche Verlag, München, 1974, 9. neu. Aufl. § 51. I. a; Mayer/Kopp, *Allgemeines Verwaltungsrecht*, 5. Aufl., Boorberg, Stuttgart, 1985, § 14. II. 5.

註二三七 Albert Günther, *Das Widerspruchsverfahren*, 2. Aufl., 1983, S. 21.

以促成其目的之實現（註二三八）。

二、違反「行政目的」之法律效果

在裁量範圍內之不合行政目的的不妥當行為，一般認為即為訴願法所稱之「不當（die Unbilligkeit）」行為。實務上如院解第三五四號解釋認為：「所謂違法處分，係指行政處分之違反法規者而言。至若法規無違反而實際上有害『公益』者，即屬不當處分。」持相同見解者尚有行政法院三十一年判字第六十二號判例、四十九年判字第一〇二號等判例。從而，行政行為不合乎行政決定之目的（政策計畫目標）或實際有害於公益者，構成「不當」之行為（註二三九）。但亦有學者認為，若一個行政處分可以「符合法規，卻實際違反公益（行政目的）」，從而認定為「不當處分」，在法治國家誠為不可思議。按所謂「公益」，在一個現代的憲政及法治國家，必須遵奉憲法所揭櫫的諸多原則，如法治國家原則、人權保障及比例原則等，尤其是維護人民之基本權利，更是構成公益內容之主要來源，所以一個法規之制定適用，必須符合公益不可，否則該法規及依該法規所為之行政處分，亦必會造成違憲暨違法之後果（註二四〇）。此得以從前揭行政法院三十一年判字第六十二號判例、四十九年判字第一〇二號等判例，自八十二年六月後行政法院不再援用得見（註二四一）。因此吾人以為違反行政目的、不合公益之行政行為應屬「違法」而非僅屬「不當」而已。復觀行政訴訟法第一條第二項規定：「逾越權限或濫用權力之行政處分，以違法論。」此種「權限濫用法理（détournement de pouvoir）」納入行政訴訟合法性審查之範圍內，本為世界潮流，同時

註二三八　翁岳生，前揭註二三三文，頁四〇。
註二三九　陳清秀，前揭註二一三文，頁九。
註二四〇　陳新民，前揭註一一二書，頁三四〇。
註二四一　行政法院判例要旨彙編，八十一年六月，頁八六一及頁一〇七五。

正顯示「違法」領域之擴大與「不當」領域之縮小（註二四二）。因此當行政機關爲裁量時，倘有違反一般法律原則（包括此之「行政目的」或「公益」）而濫用權限時，應該已屬於違法，行政法院七十一年判字第八一一號判決謂：「行政裁量權之行使，倘有違背法律……違反目的、……等情形之一者，揆諸行政訴訟法第一條第二項之規定，仍不失爲違法（註二四三）。」正適足以說明。由此可知，一般法律原則於「合法性」與「合目的性」之區別因此逐漸模糊；事實上，若行政訴訟已擴大至合目的性之審查，兩者有無區分實益，吾人亦甚懷疑。同時，「不當」的範圍在行政訴訟法第一條第二項之規定或權限濫用法理之援引下，事實上已無太多的空間了。

〔柒〕 結論

隨著國家職能之擴張，行政任務之範圍其實是無遠弗屆的。在一定之領域內確立一普遍地權威乃近代國家之共通要素，此種近代國家即所謂「國民國家(the nation-state)」，其存立之基礎乃置於全體國民之上，並以謀全體國民福祉而獲得其正當性之國家(註二四四)。誠然，現代國家中最優勢之權力乃行政權。其權力行使欲得其正當性，必以國民最大之福祉爲依歸，此當亦爲「行政目的」之所在。所以，「行政目的」理應是與所謂之「公益」密合的。而爲避免「公益」被名目化，因此「行政目的」又應符合「公共性」。所以，吾人可以說行政追求「行政目的」之實現，無非即是實質正當、公平之「公益」或「公共性」實現。

註二四二　阿部泰隆，前揭註二三五書，頁六一；阿部泰隆，フランス行政訴訟論，有斐閣，昭和四十六年八月三十日初版第一刷發行，頁一六一以下。
註二四三　司法院秘書處，七十一年司法案件分析，七十二年，頁五七五。
註二四四　片岡寬二，行政國家，早稻田大學出版社，昭和五十八年九月三十日初版第三刷發行，頁一〇五。

　　對於「行政目的」內涵之填充，原則上是應求之於憲法所表彰之價值。其亦是國民國家中最高之權威。行政之消極技術性格，實際上已不敷今日多變的社會環境，毋寧是應轉趨主動，凸顯其目的性格。但爲防止國權中最優勢之行政權得「行政目的」作爲護身符，走回警察國家的老路，因此行政主動積極地活動，其所本之「行政目的」，仍不得逾越憲法維護人性尊嚴、保障人權之基本價值。因此吾人必須說明，本文並無以「行政目的」取代行政法上重要之「法律保留原則」之意圖。事實上，行政在主動出擊時，雖無明確之法律規範，但是並非意指行政即可恣意濫爲，「人性尊嚴」所體現之行政程序要求即是一重要之法律規範。

　　在憲法之規範下，行政之積極性一方面受其拘束，一方面有相當之自主空間。在此，「行政目的」填充了當代「依法行政」之內涵，在若干行政領域中，「依『行政目的』行政」已不足爲奇。同時也確立了「行政目的」在法源中之地位。另外與「行政目的」同樣擴大法源內容之法律原則，如「立法目的」、「個案正義原則」、「妥當性原則」、「公益原則」、「公共性原則」、「比例原則」、「禁止不當聯結原則」、「信賴保護原則」等，在裁量時，彼此間有發生競合與位階衝突時，其實並無一定之判斷法則。

　　原則上，「立法目的」高於「行政目的」；但是具「個案正義」判斷時，「行政目的」可能結合「個案正義原則」、「妥當性原則」而高於「立法目的」。至於「行政目的」與「公益原則」、「公共性原則」之關係，本文以爲行政在爲裁量時，選取「行政目的」作爲其基準時，必然地亦應結合「公益原則」、「公共性原則」之判斷，不可能各自獨立。因此「行政目的」與「公益原則」、「公共性原則」乃互爲表裏，理論上不會有適用之競合現象發生。

　　再者，「比例原則」、「禁止不當聯結原則」等則是作爲「行政目的」正當化的判斷標準，其具有推翻基於特定「行政目的」所採不合理手段之作用。手段之瑕疵將可能導致「行政目的」無法實現，所以本文以爲

其位階高於「行政目的」。而「信賴保護原則」與「行政目的」之間，則呈現互爲消長之關係，無法概括認定其位階高低。

最後本文以爲，作爲行政法上一般法律原則之一的「行政目的」，將不再只是驅使行政在裁量範圍內，選取合適手段之基準。進一步，其更主導行政裁量中合法性之判斷，配合現行法（訴願法與行政訴訟法）之解釋，違反「行政目的」之效果與違反「公益原則」或「公共性原則」同，均將導致「違法」之效果。因爲，當吾人指稱行政之措施不合行政目的時，在現代行政強調嚴密程序控制之今日，恐已通不過合法性之審查，這也是本文所主張，認爲「行政目的」不僅只一抽象之價值內涵，更包括權衡利害，得出此一價值之程序之原因所在。

從行政法學觀點論立法目的

蔡達智

從行政法學觀點論立法目的

〔壹〕緒言

　　Rudolf Jhering(1818～1892)在他的鉅著「法之目的」(*Der Zweck im Recht*, 1877)一書中認爲「目的是所有法律的創造者」(註一)。因「人類的行爲，常依某種目的而決定，並不是無意義、無意識的行動。目的是人類社會生活的原動力，是一切制度的創造者。所以法律並不是在歷史過程中，無意識地自己發達，而是許多人類有意識地努力和活動的結果。在這種意義上，可以說目的是所有法律的創造者。」(註二)姑且不論此一學說提倡的時代背景，論點也有部份的缺陷(註三)，不過，目的既然是法律的創造者，反過來說，也就是任何法律均有其欲實現的目的。因此，法律目的爲何？必須先加以掌握(註四)。

　　法律形成需有立法行爲，故研究法律目的應以立法目的爲基礎。而立法是基於立法權之發動，承載立法者所欲達成如政治、經濟、社會、思想之「法律價值」，(註五)經過研議之程序、廣泛之討論，以形成共識，

註一　黃茂榮，法學方法與現代民法，一九八七年，頁二九八。*Der Zweck im Recht*，原書翻譯爲「法律中的目的」。

註二　林紀東，行政法學研究方法論，收於氏著，行政法論文集，一九七三年，頁一三。

註三　何謂「目的」，很容易流於解釋者自己本身主觀上的認知而恣意決定，尤其是爲得某種政治目的打算而運用法律，則會違背眞正法律目的。劉得寬，法學入門，一九九〇年，頁八二。

註四　楊仁壽，法學方法論，一九九四年，頁一五四。

註五　此等法律價值在成文法上以憲法爲最終依歸。因此憲法的目的即爲立法的最

在成文法國家並訴諸以法律文字公布施行。此等「法律價值」即爲「立法目的」，所有法律條文，皆以此等價值作爲理論基礎，並作爲執行法律的行政行爲或審判行爲的依據，以符合保障人民權利、實現法治國家、權力分立之需求。換句話說，立法目的即爲所有國家行爲與人民行爲的準則；立法行爲恆以立法目的爲依歸，行政機關或司法機關亦應以立法目的爲執行法律實踐法律的指標。

瞭解立法目的的意義（法律價值）與作用（所有國家行爲的準則）之後，則如何形成與如何得知「立法目的」便成爲首先應予以解決的問題。

立法機關制定法律，是依據立法程序，由立法政策決定法律的內容，並透過立法技術形成個別具體的條文，完成一部稍具完整且可適用的法律。因此，就立法目的的形成方法而言（註六），透過立法程序之進行可以得知法律承載之價值，而藉由立法技術上所應符合憲法以及中央法規標準法以及法律的一般原則，才能形成無衝突、較完整而可實現的立法目的。這是本文第一個要處理的問題，也就是從立法論來探討立法目的。

其次，不論行政機關或司法機關，爲實現立法目的必須執行、適用法律，而適用法律的第一步就是要解釋法律。如何解釋法律以符合立法目的，也是行政機關追求依法行政或司法機關追求依法審判等法治國家之要求。因此本文的第二個主要問題便要從解釋論來解釋立法目的。最後再探討有關違反立法目的之法律效果等問題。不過在此要先聲明，如標題所示，本文將僅限定行政法學領域作爲探討對象。

高目的。而憲法又以憲法前言中的「鞏固國權、保障民權、奠定社會安寧、增進人民福利」爲其最終目的。

註六 所謂方法就是把我們的動作在時間上做一個安排，方法之良窳，與其時間觀念之強弱，有絕對的關係。王伯琦，論概念法學，社會科學論叢，第一○期，一九五九年，頁三～四。

〔貳〕 立法目的之形成

一、立法程序中形成立法目的之因素

㈠議會中議員個人及其所屬政黨的影響

立法目的之形成首先需藉由立法政策具體化立法所欲達成「目的」的內容。因此瞭解立法目的的第一步，就是要明白如何形成立法政策。

立法政策一般來說是在國會當中形成，並由國會依據此一立法政策，按照立法計畫，藉由具體的立法行為逐步將其立法政策以及立法目的表現在法律條文上。因此，國會議員個人對於立法政策及立法目的的形成應該是最有影響力的主體。如果法案的制定與立法委員自身利益無關痛癢，便容易遭致擱置（註七）。

然而，議員個人的力量在採取多數決的議會中，並不如政黨運作所具有較大的影響力，也就是說，議會中對於立法政策、立法目的的形成最有影響力的莫過於政黨。

政黨可以約束議員的立場，以便達成政黨執政的目的（註八）。例如以減稅作為政見而當選的議員，由於政黨的壓力，「政黨本位」與「政策本位」將比議員當初競選時所承諾的政見更加重要。因此政黨的增稅政策將強迫該議員放棄原先的政見轉而贊成增稅（註九）。此外，為避免立法目的、立法政策上產生瑕疵，在法律制定之前，國會審理法案通常進行三讀會之程序，以充分討論法案內容是否合乎立法政策以及立法目的

註七　Walter J. Oleszek, 湯德宗(譯)，國會程序與政策過程，一九九二年，頁四三～四八。

註八　湯德宗(譯)，同註七，頁七。許志雄，立憲國家與政黨，收於氏著，憲法之基礎理論，一九九三年，頁二○二～二○三。

註九　佐藤功，日本國憲法 50 年の步み(座談會)，ジュリスト 1089，一九九六年五月，頁二八。

的要求，避免弊端產生。然而，法案送交議會審議時，往往是由政黨的運作以決定法案審查採用複雜或簡易的程序及法案審查的先後次序，藉以限制或擴張議員們在院會辯論：避免討論某些議題，或預見某些政策的結果(註一〇)。更重要的是，政黨（特別是執政黨）更可以掌控大多數的立法。因為現代立法多由行政機關提出法案(註一一)，而執政黨剛好是掌握行政機關的主要政策、推出法案的主體。如此一來，執政黨領袖如果又兼行政最高首長，政黨領袖個人就極可能操控政策的形成，也操控法律的制定，當然也就是形成立法目的的最主要因素，而不再是國會的議員或其他的團體(註一二)。例如，我國的汽車強制責任保險就是因為總統關切而導致政策形成、制定法律。否則汽車強制責任保險與立法委員的利益較無關連性，要制定此等相關法律恐怕仍要長時間的努力。

（二）議會外相關壓力團體與行政機關的立場

在議會之外，例如相關壓力團體，如新聞媒體、利益與遊說團體也是一股影響立法政策形成的強大力量。但是相對於議會以外的其他勢力而言，影響立法機關的立法政策或制定法律的立法目的，如前所述，主要還是來自由執政黨所主導的行政機關。說是由行政機關主導立法政策

註一〇　平井宜雄，法政策學，一九八七年，頁七。湯德宗(譯)，同註七，頁一四～一五。立法程序上的運用不當，就容易造成所謂「強行表決」、「拒絕審議」、「亂鬥國會」等脫序現象。高橋和之，日本國憲法50年の步み(座談會)，ジュリスト1089，一九九六年五月，頁二一。我國立法院便常連夜趕工、快速通過大量法案，形成違背立法程序正義，以至於立法品質出現瑕疵的結果。這種情形尤以著名的國安三法引以為鑑。關於國安三法，參閱，蔡達智，一個歷史的反思——大法官三四二號解釋之評釋，律師通訊，第二〇三期，一九九六年八月，頁四〇～五〇。

註一一　現在大部份的立法活動與人民並無直接關係，而是由官僚機構、政治角力進行立法活動。小林直樹，立法學研究——理論と動態，一九八四年，頁六、一一。要知道如果大部份的立法提案由行政部門所提出，法案通過之後也是由行政部門執行，如此便很容易降低議會民主制度原本為人民代表的功能，很容易使人民脫離政治參與。高橋和之，同註一〇，頁二二。

註一二　阿部泰隆，日本の立法過程管見，現代立憲主義の展開(下)，蘆部信喜古稀祝賀文集，一九九三年，頁三〇七。

或立法目的的形成亦不爲過，因爲立法政策主要是因應行政而來。當行政機能日益擴大的同時，行政機關當然只有不斷提出大量的政策並藉由立法機關形成法律，以保障人民權利並符合法治國家依法行政的需求。

此外，在立法時，即使立法委員們對於該項立法很有興趣，卻遭受到行政機關的強大阻力，也不容易形成立法。例如日本的環境影響評估法即因通產省、建設省、及電力業者的反對最後終遭停止制定的命運(註一三)。又如我國的行政程序法、行政執行法、與行政訴訟法等行政法基礎之法律案，因與行政機關有極大的衝突(註一四)，即使制定法律，也容易形成消極不適用法律，致使法律的規範拘束力形成空洞。

二、藉立法技術維護原本所欲達成的立法目的

知悉以上因素形成立法的目的之後，如立法政策上已確定要將立法的價值、立法目的依立法計畫落實於法律文字時，必須進一步遵循立法上應注意的方法原則，以避免使原有想達成的政策目標、立法目的產生瑕疵或無法實現。立法應遵循的方法原則有很多種，但主要不外乎法律文字必須要明確、必須依事物之本質合理公平適當的立法，而且在整體

註一三　阿部泰隆，同註一二，頁三〇八。

註一四　法務部林錫湖次長表示：「行政院行政程序法草案將法規命令、行政計畫、行政指導、陳情等章刪除，其共同理由係顧及本國尚未建立完整之法制體系，且人民及公務員之法治素養有待加強等現實問題，宜盡量簡化，以階段漸進之方法、方式爲之較爲可行，嗣將來配合主客觀環境在將其一一納爲規定，此爲立法政策之考量。」「行政程序法草案」公聽會綜合紀要，立法院院聞，一九九六年十一月，頁一〇二～一〇三。其他意見如：「行政院在沿用行政法的一般法律原則時行政機關常不以爲然。」「一般行政法原理原則的相關規定，政府官員未必能完全掌握。」前揭，頁九七～九八。又如：「公務員畏首畏尾，有功相競、有事相諉的不良心態，斲喪公權力應有之態勢。」城仲模，四十年來之行政法，收於氏著，行政法之基礎理論，一九九四年，頁九四二。(我國公務員服務法 (36.07.11) 第七條規定：「公務員執行職務應力求切實，不得畏難規避，互相推諉或無故稽延。」)

的法律體系上不致相互衝突以至於無法達成原有的目的(註一五)。茲分述如下：

㈠明確性

法律明確性，乃法治國家之根本原則。法治國家爲保障人民自由權利，必須藉「法」明確規定政府行使權力的權限範圍，如此才可預測、預見國家行爲的發展，並進而確定人民權利義務與責任之法領域，以及法律適用之人、事、時、地、物之關係（註一六）。

立法明確性之要求，具體之表現應使法律文字嚴守明晰、正確及簡明原則，避免使用不確定法律概念，並應注意該文字的表達能否達到立法目的(註一七)。行政院「行政機關法制作業應注意事項」中，有關法規案件之草擬作業即明白表示，草擬法規構想要完整、體系要分明、用語要簡淺、法意要明確、名稱要適當（註一八）。

相反的，法律規定如果欠缺明確，原本制定法律承載的法律價值與立法目的就不容易實現（註一九）。例如社會秩序維護法（80.06.29）第六十三條第一項第五款、第六款「散佈謠言足以影響公共之安寧。蒙面僞裝或以其他方法驚嚇他人有危害安全之虞者」；第七十條第一項第三款「驅使或縱容動物嚇人者」；第七十九條第一項第四款「虐待動物不聽勸阻者」；第八十三條第一項第二款「於公共場所爲放蕩之姿勢，而有妨害善良風俗者」等規定，如何判斷「謠言」、「驚嚇」、「嚇人」、「虐待動物」、

註一五　蔡志方，從立法裁量之界限論國家賠償法第十三條之合憲性，收於氏著，行政救濟與行政法學（二），一九九三年，頁二九〇～二九二。

註一六　蔡志方，同註一五，頁二九二。

註一七　林紀東，同註二，頁一三。陳文政，近代法典編纂的理論與意義，收於氏著，立法理論與法典編纂，一九九一年，頁四三。田島信威，法令の仕組みと作り方，立法技術入門講座（第二卷），一九八八年，頁七三～七九。

註一八　行政院臺七三規字第四八二一號函。

註一九　影響法律明確性的因素有法律不統一、法律漏洞的存在、法律概念之不確定、裁量權之範圍等因素。呂榮海，法之明確性，收於氏著，法律的客觀性，一九八七年，頁五六。

「放蕩姿勢」實屬不易，有違明確性之要求，易使行政機關任意扭曲社會秩序維護法「維護公共秩序、確保社會安寧」之立法目的，而行恣意侵犯人民權利之實。

㈡平等性

　　法律乃為一般性、抽象性，不可為個案及特定人立法(註二〇)，因此立法應契守平等原則。亦即，凡立法事項應依其「事物之本質」，相同或相似者應為相同或類似之處理，反之則應為不同之處理(註二一)。立法時必須依照平等原則做最妥切的運用，以免顧此失彼，使原先的立法目的造成不同族群的歧視等瑕疵。例如發放老農年金時除了考量政府財政收入的負擔之外，職業之間的關係如漁民、勞工是否亦應有相同之待遇，在未開放全民健保之前，僅有勞工保險以及公務人員保險，一般人民非勞工、非公務員僅能自費看病，以醫療費用如此昂貴之我國並不是一般人可負擔，如此容易形成窮人無法看病的不平等（註二二）。

㈢比例性

　　立法目的之範圍須作事先的立法政策需要性之釐定及遵守或執行能量之評估，而後確定為立法者該當時空務必立法之界限(註二三)。亦即，立法採取之措施及具體方法，必須與目的間存在比例性、必要性及有效性，遵守立法上之比例原則(註二四)。立法不能過於嚴苛或失於過寬，要

註二〇　淺野一郎，立法の過程，立法技術入門講座(第一卷)，一九八八年，頁四七。

註二一　淺野一郎，同註二〇，頁五一。憲法第一百十一條所蘊含之「事物本質」或「事物的實質關連性原則」，亦為限制立法之原則。蔡志方，同註一五，頁二九三～二九四。

註二二　目前社會安全預算如社會保險、醫療保健、社會救助及福利服務等，有著階級歧視的差別待遇。參閱，李聖隆，臺灣的病人人權，律師通訊，第一六八期，一九九三年九月，頁四九。

註二三　城仲模，從法治行政論「立法從寬執法從嚴」之處理，同註一四，頁四一。

註二四　比例原則，乃憲法之根本原則，其拘束立法權之範圍，應不限於憲法上人民基本權利及自由之限制而已，而應及於其他立法措施與立法目的之關係，亦即具有全面性之拘束力。蔡志方，同註一五，頁二九三。

兼顧規範事項廣度及密度之要求，避免法律漏洞的產生或是充斥過於繁瑣的不必要規定，導致執行上有不具期待可能性之情形(註二五)。因此禁止立法將無關聯之因素、客觀上不能之事項，列為須執行或須履行等不切實際之要求(註二六)。最好能夠調合個人的基本人權與公共利益、注意公權力應正當的行使、以及法律安定性等基本要求 (註二七)。

例如應盡量避免規定禁止規範卻無相關處罰規定，使禁止規範形成空洞 (註二八)。例如國籍法施行條例 (18.02.05) 第十條規定：「國籍法施行前及施行後，中國人已取得外國國籍，仍任中華民國公職者，由該管長官查明撤其公職。」實際上，國籍法施行條例並沒有任何關於違反本條的處罰規定，如此一來該規定就可能形成沒有效力的法律。又如即使有一般的福利行政規定，卻無適當的政府預算、經費資助或其他相關措施加以配合，即無法實現原先福利行政之立法目的(註二九)。又如殘障福利法於民國七十九年修正第二十三條規定：「舊有公共設備與設施不符合便於殘障者行動及使用設備設施者，五年後 (民國八十四年) 尚未改善者，應撤銷其使用執照。」實際上，五年後未符合殘障者使用的公共設備設施，很多並沒有撤銷使用執照。像這樣的法律不僅無法使殘障的弱勢團體信服，更導致我國法治基礎的重大傷害。

㈣體系一貫性

法律規範價值判斷之根據，必須合乎邏輯，符合經驗及自然規律，形成一有條不紊、彼此和諧之秩序，不得彼此矛盾，以符合立法之「體系性正義」(Systemgerechtigkeit) (註三〇)。體系的方法，乃從法規在

註二五　蔡志方，同註一五，頁二九〇～二九二。

註二六　淺野一郎，同註二〇，頁六五。

註二七　田島信威，同註一七，頁六九～七二。

註二八　田島信威，同註一七，頁六七～六九。

註二九　這裡會牽涉到國家財政與福利標準的問題，參閱，葛克昌，給付國家之公權力行使及其界限，收於，現代國家與憲法，李鴻禧教授祝賀論文集，一九九七年，頁一三二八。

註三〇　蔡志方，同註一五，頁二九一。體系正義的堅持是立法者的義務，在體系

整體法律秩序中，在個別法律中，在法律章節中，在段落的關連中的地位，認識法律目的（註三一）。

在體系內在意義的連貫上，法律條文意義的關聯基準，是要求斟酌前後條文的脈絡，維護法律概念用語之統一性（註三二）。斟酌法律內部和諧完整之外，也應斟酌法律的外在排列順序以及法律間的協調，避免衝突發生產生矛盾（註三三）。例如對於法律適用的從新從優以及特別法優於普通法之原則、以及所謂包裹立法（相關法令一併修正）等等作爲整體法規的協調所應具備之必要手段（註三四）。具體的法規如法律已明示法律之制定依據，則無須再明示制定法律之立法目的，以免相互矛盾遭致爭議。又如多數法規中明示「本法未規定者適用其他法律之規定。」像這樣的規定根本就是多此一舉，因爲法律即使沒有這樣的規定，並不表示其他法律不能適用，而且如此條文也不能表示衝突的法律中何者優先適用，所以這樣的規定形同具文，並沒有任何意義。

外在體系完整的要求，可以舉教師法（84.08.09）以及公務人員保障法（85.10.16）相關的行政救濟作爲比較。教師法第三十三條：「教師不願申訴或不服申訴、再申訴決定者，得按其性質依法提起訴訟，或依訴願法或行政訴訟法或其他保障法律等有關規定請求救濟。」本法立意良好，但如當事人選擇向教師申訴評議委員會申訴，其後又得向訴願會進行訴願，程序上未免有疊床架屋之感。不若公務人員保障法第二十二條：「復審、再復審之程序除本法令有規定外，準用訴願法之規定。」；第三

正義的觀念下，立法者的義務包括制定法律、修改法律等都應受此一原則的拘束。李惠宗，「體系正義」作爲違憲審查基準之探討——以釋字第二二八號爲素材，憲政時代，第一六卷二期，一九九〇年十月，頁二六～二七、三〇～三一。

註三一　陳清秀，稅法的法律解釋，收於氏著，稅法的基本原理，一九九三年，頁三〇六。

註三二　陳清秀，同註三一，頁三〇五。

註三三　陳清秀，同註三一，頁三〇五。

註三四　田島信威，同註一七，頁七二～七三。

十四條:「本法公布施行後, 依本法所定程序提起復審、再復審者, 不得依其他法律提起訴願、再訴願或其他類比程序。」等規定較符合救濟程序體系上之要求, 不致產生衝突與紛亂之感。

其次, 在外在的體系上應注意憲法為最高的位階, 不論是法律或行政命令都不可以違反。雖說立法有其形成自由(註三五), 但仍須以憲法之要求如權力分立或基本人權保障作為界限(註三六)。司法院釋字三四二號解釋文中即表示:「立法院審議法律案, 須在不牴觸憲法之範圍內, 依其自行訂定之議事規範內為之。」因此像全民健康保險法 (83.10.03) 第八十九條:「本法實施滿二年後, 行政院應於半年內修正本法, 逾期本法失效。」之規定即有違權力分立的原則, 造成違憲之實, 恐怕是立法上的一大瑕疵。

〔叁〕確定法律中立法目的之方法

一、文義解釋

遵循上述立法程序與技術所形成的立法目的及其價值所在之後, 便要交由執行法律的行政機關與司法機關來實現。而實現立法目的的第一步就是運用立法目的, 運用的立法目的的前提就是解釋立法目的, 而解釋的立法目的的方法首先即為文義解釋。展開立法目的的文義解釋, 以發現法律規定的立法目的為始。由法律明文規定立法目的的條文通常會出現在法律的第一條。例如, 臺灣地區與大陸地區人民關係條例(81.07.31)第一條:「國家統一前, 為確保臺灣地區安全與民眾福祉, 規範臺灣

註三五　這裡會牽涉到立法形成自由的問題, 參閱, 城仲模, 關於公法學上「裁量」之用語, 收於, 當代法學名家論文集, 一九九六年, 頁二五七～二七八。

註三六　宇賀克也, 立法と國家賠償, 收於, 現代立憲主義の展開(下), 蘆部信喜古稀祝賀文集, 一九九三年, 頁七八。李惠宗, 同註三〇, 頁二六。

地區與大陸地區人民之往來，並處理衍生之法律事件。」消防法（84.08.11）第一條：「爲預防火災、搶救災害及緊急救護，以維護公共安全，確保人民生命財產。」

　　然而，並不是法律第一條沒有明示立法目的，法律便失去目的。有些法律並沒有明示立法目的，而有些組織、程序上的立法目的，多半從第一條之規定也看不出來。但即使沒有明文規定立法目的，法律的每一章節也會有法律想要達成的目的，甚至所有的法令皆有其具體的目的(註三七)。林紀東教授所著述的「中華民國憲法逐條釋義」中，闡述憲法每一條文的立法目的，即可得知憲法中的每一條條文皆有其立法目的(註三八)。因此若欲探求法律更完整的立法目的，就必須倚賴其他的方法，如運用體系解釋的方法，從法規與法規之間的關連性得知其立法目的；或利用歷史的方法找尋當初的立法資料、立法者原意與立法當初的時空背景，即可以尋求較完整的立法目的。

二、歷史解釋

㈠主觀上立法者的原意

　　在前述立法程序部份中已說明，法律的價值實際上包含了制定法律當時的政治、經濟、社會與思想價值。因此要找尋立法目的必須將立法當時爲何制定法律的價值予以呈現，並回溯立法當初的時代背景與主要史蹟如法案理由書(註三九)、提案者的意見、政府官員的說明、討論的議事錄等資料，以解決法律之立法目的取向的爭議，否則無以實現較爲完

註三七　原田清司，法學·憲法，一九八八年，頁五七。
註三八　林紀東，中華民國憲法逐條釋義（一、二、三、四），一九九二年。
註三九　立法目的之確認，若能得法律制定的立法理由，即可收事半功倍之效。因爲獲知當初的立法理由可以掌握法典的精神，辨別良法與惡法，並可作爲法令解釋的重要基礎，而人民亦得基於立法理由評議司法。陳文政，同註一七，頁四五。

整的立法目的（註四〇）。

例如，司法院釋字第十四號解釋是有關監察院行使彈劾權的對象的問題，本號解釋指出：「制憲會議中，有若干憲法修正案中認為監察院行使彈劾權之對象，應包括立法委員、監察委員、國大代表等。討論結果並不採納，修正條文均未通過，即表示立、監委及國大代表等民意代表自不屬於監察委員彈劾之對象。」；釋字十五號亦提及有關監察委員兼任國民大會代表一事：「憲法草案第二十六條第一款第二款原列立法委員、監察委員得為國大代表，嗣有代表多人認為於理無當，提出修正案若干起，制憲大會依綜合審查委員會之意見，將該條第一、二兩款刪去，亦可為不得兼任之佐證。」

㈡客觀上法律合理的表現

就歷史解釋而言，找尋當初立法者的原意發現當初的立法目的固然重要，但是如前述立法程序所述，制定某一個法律、形成某一個法律的立法目的，其所可能影響的因素除了由議會多數決、政黨以及相關利益團體與執行法律者之間的利害關係，實際上很難尋找何者才為「真正的立法者」原意。而在所謂立法者的原意並非明確情況之下，若再加上眾多立法者倉促成立的法律，要探求所謂「立法者」的目的，猶如緣木求魚。而且法律在立法時本來就有預留的空間，如概括條款、不確定法律概念(註四一)，由執行法律者就該當時空之下為最合理的解釋與決定，此時探究立法者原意也了無助益。何況，社會是不斷的變遷，一味探求立法者的意思，若法律與社會現況不符時，法律與社會脫節的情形便很容

註四〇　林紀東，同註二，頁一四。上野裕久，憲法の科學解釋，一九八八年，頁一六。

註四一　黃建輝(譯)，客觀解釋論，植根雜誌，第一〇卷九期，一九九四年九月，頁三五八。例如，在一般性的規定或空白規範甚至是授權、裁量的規定，就是立法者為執行法律者預留的填補空間，藉以補充法律的不足或不明確的情形。鄧衍森，法律哲學上司法造法之若干問題，東吳法律學報，第一期二卷，一九七七年五月，頁一三八～一三九。

易產生(註四二)。特別是因時空的轉變，原先立法目的可能成為無意義、沒有人願意遵守之法律、甚至是惡法(註四三)，如此一來所謂立法目的就無法實現(註四四)。故法律解釋除瞭解立法當初立法者之意思與立法之時空背景之外，仍須探求現制下法律合理的意思（註四五）。

例如國家總動員法（31.05.05）第一條明示其立法目的為：「國民政府時期於戰時為集中運用全國之人力、物力，加強國防力量，貫徹抗戰目的，制定國家總動員法。」現今並無對日抗戰，如此的立法目的就出現不合時宜的結果。時至今日卻一直沒有修正，這不能不說是一種立法上之缺失。又如對於猥褻物品與藝術之分界，司法院釋字四○七號解釋指出：「對於猥褻出版品與藝術性、醫學性、教育性等出版品之區別，應就出版品整體之特性及其目的而為觀察，並依當時社會一般觀念定之。又有關風化之觀念，常隨社會發展風俗變異而有所不同，主管機關所為釋示自不能一成不變，應基於尊重憲法保障人民言論出版自由之本旨，兼顧善良風俗及青少年身心健康之維護，隨時檢討改進。」

㈢主客觀之衝突

解釋法律之立法目的是否應遵從立法者的意思或因應現行時空轉變的合理狀態而為解釋，會產生立法者原意不易得知、客觀的合理法律目的亦不容易得知的困境。這樣的結果也陷入傳統以來主觀主義與客觀主義解釋之爭辯（註四六）。主觀主義者認為「法律具有立法當時的時代特

註四二　林紀東，同註二，頁一四。Paton 說：「沒有一個進步的法律體系，就法律應追求之目的而言，可以不受其社會共同意願（Common Will）的影響。」轉引自，鄧衍森，同註四一，頁一四六。

註四三　「惡法亦法」指不完善而仍為有效之實證法。因並非所有實證法皆為正當，對於違反法價值理念之不完善實證法，應就時空與社會變遷之各種需求，依立法或解釋將其修正，避免產生強凌弱、眾暴寡之結果。洪遜欣，法理學，一九九一年，頁五二、四四二。

註四四　中央法規標準法第二十一條第一項第二款規定：「法規規定之事項已執行完畢，或因情勢變遷，無繼續施行之必要者」廢止之。

註四五　上野裕久，同註四○，頁一六。

註四六　江耀國，美國憲法解釋上的原始主義與中立原則，東吳法律學報，第六期

色」；而客觀主義者卻認爲「法律因時間的更迭而變動」（註四七）。

主觀說指責客觀說的主要理由是立法者才是擁有立法權之人，若按照客觀說的主張很容易導致誰來判斷客觀上立法目的、客觀標準何在、是否會使解釋法律者流於恣意的判斷，而對法律的安定性造成損害的困境（註四八）。以司法院釋字四二三號解釋爲例。解釋文指出：「有關交通工具排放空氣污染物罰鍰標準第五條，僅以當事人接到違規舉發通知書後之『到案時間及到案與否』，爲設定裁決罰鍰數額下限之唯一準據，並非根據受處罰之違規事實情節，依立法目的所爲之合理標準。……與母法授權之目的未盡相符。」解釋理由書中除將此一解釋文內容重述外，並明示：「法律既明定罰鍰之額度，又授權行政機關於該範圍內訂定裁罰標準，其目的當非僅止於單純的法適用功能，而係尊重行政機關專業上判斷之正確性與合理性，就交通工具排放空氣污染物不符排放標準者，視違規情節，依客觀、合理之認定，訂定合目的性之裁罰標準。」孫森炎大法官於部份不同意見書㈠5「若視通知書爲非行政處分，本解釋文謂『自與憲法保障人民訴願及訴訟權利之意旨不符。』是爲被舉發人保障行政救濟之途徑爲目的。」㈡2「罰鍰標準第五條規定以違規人到案接受裁決有所延宕，倍增其罰鍰至上限，係斟酌『行爲後之態度』所訂，難謂與母法授權之目的有違。」㈡3「對於違反空氣污染防制法第二十三條第一項規定之行爲人處以罰鍰，其目的在維護空氣品質，防制空氣污染。」「罰鍰處罰標準第五條，爲促使違規人自動到案接受裁決、繳納罰鍰、維持行政秩序、以到案期間延宕爲理由，倍增罰鍰數額，乃基於貫徹維護空氣品質，防制污染空氣之立法目的。」㈡4「本件解釋理由謂：處罰標準第五條之規定（縱）有促使違規人自動繳納罰鍰，避免將來強制執行

二卷，一九九〇年三月，頁一一三～一四三。

註四七 黃建輝(譯)，折衷觀點下之法律解釋論，司法周刊，第七五四期，一九九五年十二月十三日，頁三。

註四八 黃建輝(譯)，同註四一，頁三五九。

困擾之考量云云，若設此規定之意旨果有此用意，並可達成預期之效果。
豈非法律所以授權訂定處罰標準之目的所在?」

　　單從上述本號解釋之解釋文、解釋理由書以及部份不同意見書當中，
出現所謂「立法目的」、「法律授權目的」、「合目的性」、「目的」約有十
二次之多，對於解釋各項「目的」之內容又有相互歧異之處，可見對於
法律之執行法律或解釋法律之人，要避免流於主觀上之認知，達成其客
觀上普遍令人接受的觀點，並不容易。

　　不過，站在客觀說的立場，對於一個以無法完成實現立法目的，或
根本已經沒有法律意義的法律，依舊抱殘守缺只會引起對人民的侵害而
毫無幫助。沒有一個法律或解釋是完美無瑕疵的，既然立法上不可能十
全十美，為何一定要執著於立法者的原意呢? 更何況具體適用法律的人
是執行法律之人，並不是立法者。為避免解釋法律者對於立法目的的恣
意判斷，除如釋字四二三號解釋由多數不同專業、背景出身之大法官，
藉由審理程序詳加討論，避免產生解釋上的瑕疵，以決定之法律合理、
客觀之立法目的外，尚可藉由說明理由的方式，來說服適用該規範之人
（註四九）。

　　說明理由的方式，不僅不再是主觀與客觀之爭，而可避免多數決定
的失誤，並可使當事人信服，以還原或實現真正的合理的令人接受的立
法目的。反之如解釋立法目的無說明理由，或理由不足讓人信服合於該
法之立法目的，即使有多數法官決定也是枉然。例如四二三號解釋當中
孫森炎大法官於不同意見書㈡2之理由為:「罰鍰標準第五條規定以違規
人到案接受裁決有所延宕，倍增其罰鍰至上限，係斟酌『行為後之態度』
所訂，難謂與母法授權之目的有違。」然而實際上該罰鍰標準僅以「客觀」
上之「時間」決定違反法規之「行政罰」（每逾十日倍增罰鍰），似與行
為人「主觀」上「行為後之態度」決定「執行罰」無關。而且解釋文當

註四九　鄧衍森，同註四一，頁一五二～一五三。

中已解釋行政機關，應視違規情節，依客觀、合理之認定，訂定合目的性之裁罰標準，故單純以時間做為罰鍰倍增的基準並不符合「違規情節之客觀、合理、合目的性裁罰」。如此的罰鍰標準就不再像孫大法官的不同意見書中表示「難謂與母法授權之目的有違。」從而可見該不同意見書的理由不足以令人信服，也無法令人相信該不同意見書所言將合於法律授權行政機關制定罰鍰標準之立法目的。

三、體系解釋

在法律未明示立法目的時，除了上述的歷史解釋之外，為瞭解法律之立法目的，要從整體法律的內在結構體系間的關連性來觀察(註五〇)。體系方法，如前所述，應求法規在整體法律秩序中，在個別法律中，在法律章節中，在段落的關連中整合、分析法律所欲實現之「基本價值判斷」，因而認識法律目的，並應以憲法作為最終依歸(註五一)。例如省縣自治法（83.07.29）第一條規定：「本法依中華民國憲法增修條文第十七條制訂之。」如此探求省縣自治法之立法目的就必須再從憲法之規定得知。又如司法院釋字四二二號解釋認為，「憲法第十五條人民之生存權應予以保障；（憲法）第一百五十三條國家為改良農民之生活，增進其生產技能，應制定保護農民之法律，實施保護農民之政策」，而將無明確法律

註五〇　林紀東，同註二，頁一〇。

註五一　以憲法為依歸的體系解釋就必須談及合憲性解釋。合憲性解釋即若某法規有多數解釋可能，某部份的解釋結果是違憲的，而某部份的解釋結果是合憲的，那麼此一規範仍是合憲的，而且必須採取合憲的解釋。所以合憲性解釋既係規範解釋 (Normauslegung) 亦係規範控制 (Normkontrolle) 之方法。參閱，蘇永欽，合憲法律解釋原則，收於氏著，合憲性控制的理論與實際，一九九四年，頁七九～八一。

不過這裡也會產生一項疑問，如果某一部份的解釋已違憲，何以能捨重就輕採取合憲的解釋部份而置違憲部份解釋於不顧呢？有一部份解釋違憲，結果卻宣告為合憲，充其量只能說是一種利益衡量的結果罷了，倒不一定是一有合憲解釋的情況，每次都要宣告為合憲。否則可能使大法官喪失違憲審查的意義，進而限制了大法官不同意見的可能性。

規定立法目的的耕地三七五減租條例之目的，解釋為憲法所稱保護農民之法律，並具體實現在該法第十九條第一項第三款規定：「出租人因收回耕地，致承租人失其家庭生活依據者，耕地租約期滿時，出租人不得收回自耕，目的在保障佃農，於租約期滿時不致因出租人收回耕地，嚴重影響其家庭生活及生存權利。」本號解釋並進而導正偏離此一目的之行政命令（行政院 49.12.23 臺 49 內字第 7226 號令），宣示該命令（以固定不變金額作標準推計承租人之生活費用，未斟酌承租人家庭生活之具體情形及實際所生之困窘狀態）不應繼續使用。本號解釋可說是從體系上尋求法律之立法目的的模範，其從憲法導出法律的立法目的（實現憲法之功能）並由具體法律條文實現該法之憲法及法律之立法目的，而對於偏離此一目的之行政命令，加以導正，以符合憲法、法律、行政命令在體系上追求立法目的一貫完整性。

四、立法目的之競合與利益衡量

在整體法律秩序當中除了不同位階應符合憲法、法律、行政命令之嚴格位階要求外，如立法當初欠缺體系完整之處理，難免產生同一位階法律目的相互競合以至於產生法規適用上的衝突（註五二）。例如有關徵收公共設施保留地之補償費，在繼承補償費與課徵遺產稅方面，因土地法及都市計畫法之規定不同而產生法律碰撞。行政法院八十五年八月份庭長評事聯席會議決議認為：「補償費既已於被繼承人生前具領完竣，依土地法第二百三十五條前段規定，其對於被徵收公共設施保留地之權利義務及應於補償費具領完竣時終止，則再審原告所繼承者為補償費，而非該公共設施保留地，自不得依都市計畫法第五十條之一免徵遺產稅。」（註五三）此一決議形式上合乎土地法第二百三十五條之規定意旨，然而

註五二　蔡志方，從法益衡量原則，論大法官會議「延期失效」或「預告失效」解釋之妥當性——以釋字三六八號解釋為中心，月旦法學，第七期，一九九五年十一月，頁四二。

註五三　司法周刊，第七九六期，一九九六年十月九日，頁三。

卻忽略了都市計畫法第五十條之一「公共設施保留地因徵收而取得之加成補償費免徵所得稅，因繼承或因配偶、直系血親間之贈與而移轉者，免徵遺產稅或贈與稅」之規範意旨。這種具有同一位階的法規衝突並無法由體系上獲得解決。不過在本例由於都市計畫法對於土地法來說應屬特別法，依中央法規標準法第十六條之規定：「法規對於其他法規所規定之同一事項而爲特別之規定者，應優先適用之。」，因此都市計畫法第五十條之一應優先於土地法第二百三十五條而爲適用，可見本決議對於中央法規標準法而言或許有些瑕疵。

在這種法律目的衝突的情況下，並不一定是法律造成的，法律無法包括所有不同的事物，只能用一般性的條文表現出來而已，因此某些事物可能因一般性的規定而造成不公平的結果**(註五四)**。如能從體系上一位階的法律（如憲法）解決當然是最好。不過在同一位階的法律目的衝突也很有可能無法獲得上一位階的法律予以決定。最明顯的例子即爲憲法增修條文（83.08.01）第九條第二項「經濟及科學技術發展，應與環境及生態保護兼籌並顧。」如何使經濟及科學技術發展與環境及生態保護兼籌並顧，由體系方法幾乎無法得知。

如無法在體系上的最高位階——憲法獲得解決，最後應以法益衡量來加以解決。例如，集會遊行法（81.07.27）第二十六條規定：「集會遊行之不予許可、限制或命令解散，應公平合理考量人民集會、遊行權利與其他法益間之均衡維護，以適當之方法爲之，不得逾越所欲達成目的之必要限制。」

法益衡量的基準，可從利益位階與質量加以判斷，如人之生命與人性尊嚴相較於其他法益乃屬較高法益。其他不同公益、不同公益間與不同私益間之利益衡量，可藉由事物本質做爲評價的客觀的標準**(註五五)**。

註五四　鄧衍森，同註四一，頁一五四。

註五五　陳清秀(譯)，超越制定法的法律漏洞補充，植根雜誌，第一〇期九卷，一九九四年九月，頁三二三～三二四。

類似我國「兩利相權取其重，兩害相權取其輕」，亦不失爲一種比較的基礎（註五六）。

　　不過這樣的利益衡量幾乎都要個案判斷，沒有一定明確的標準，不見得能完全判斷何者法益優先。例如信賴利益的保護，原本應該是基於法安定性、保護人民之私益重於公益的表現，然而，行政法院八十三年判字第一五一號判決就表示對於信賴保護的私益固然重要，一旦保護的公益大於私益時，信賴利益保護原則就必須退讓（註五七）。又如行政秩序罰往往會與行政刑罰產生競合關係（併罰），或者一行爲同時造成違反數個行政法之立法目的（兩罰），應如何處斷？也沒有一定的標準，只能進一步衡量各項目的之間的利益（**註五八**）。

註五六　相關之司法院解釋並參閱，蔡志方，同註五二，頁四二～四四。在有關限制基本人權等利益衡量的問題上，以限制的手段所獲得的利益大於所失之利益，則限制基本人權即爲合憲，反之則屬違憲。山川洋一郎，利益衡量論，收於，蘆部信喜，講座憲法訴訟，一九八七年，頁三〇一。有關人權的利益衡量，通常一方面以未限制人權所能維持的利益，另一方面爲防止人權無限制自由發展的弊害而爲規範，兩者之間的差異而依個案比較衡量。蘆部信喜、池田政章、杉原泰雄（編），演習憲法，一九八四年，頁一八八。

註五七　司法周刊，第七六三期，一九九四年五月十八日，頁一。

註五八　行政刑罰與行政秩序罰之併罰問題，會因採取兩者之間有無本質上或僅是處罰必要的層次等量的差別而有所不同。如果是本質上有所差別，行政秩序罰與行政刑罰即可並存；反之如僅是量的區分，有行政刑罰即不應再處以行政秩序罰。然而我國不論學說或實務上之見解，皆未見一貫。學者有提出區別之基準應以㈠非難性之程度、㈡危險之程度、㈢法益之侵害、㈣發生之頻率與數量、㈤制裁制度之特性、㈥權力分立之理念等因素，在立法上分別考量是否該歸爲行政刑罰或行政秩序罰，而不再依本質上不同而分別處理。洪家殷，論行政秩序罰之概念及其與刑罰之界限，東吳法律學報，一九九六年八月，頁二四～三二。另外對於兩罰之處理，學者亦有主張：「除非法律有明文規定排除『一事不二罰』之原則，或是對於一違法行爲可同時採取數種罰則外，不能使人民因違反行政義務之一行爲而遭到數次之處罰。」否則即爲違反憲法上比例原則。陳新民，行政法學總論，一九九五年，頁二九二～二九三。

五、立法目的瑕疵的修正與漏洞的填補

立法當初如立法政策計畫技術不圓滿、程序草率，不符合立法上一般之明確、平等、比例、合乎體系之要求，或因立法後時空環境已有轉變，以至於形成立法技術上的缺失，或造成法律的漏洞(註五九)，而無法實現立法原有或適當之目的時，就必須要予以救濟。救濟的最簡單的方式就是由立法機關進行修法。修法的方式，除利用一般立法程序進行增訂、修正、與廢止各該法律之外，尚可藉由立法者所提復議案，或者由行政院依據憲法第五十七條之規定提出覆議案(註六○)，或依據我國司法院大法官審理案件法 (82.02.03)，第五條第一項第三款之規定「立法委員現有總額三分之一以上之聲請，就其行使職權適用憲法發生疑義或適

註五九　法律漏洞，乃指法律體系上違反計畫之不圓滿狀態。法律漏洞的產生，可能由於立法者思慮不周，或者是立法者自覺擬予規範之案件瞭解不夠，致使應該規定的事項卻漏未規定，不應規定的事項卻加以規定，造成法律之不明確性。而法律漏洞若係出自立法者疏忽所造成，可稱爲「自始的法律漏洞」，若係在制定法規時考慮不周延，對將來的情事發展未能預見，致未明文規範，嗣後因情勢變遷，致所立的法規出現漏洞，則可稱爲「嗣後的法律漏洞」。許劍英，法學方法論與立法技術，立法院院聞，第二二卷九期，一九九四年九月，頁一五。
　　　　法律漏洞的填補方式是類推適用、目的性限縮、目的性擴張等制定法內法律補充或司法造法之制定法外法律續造。黃建輝，普通法院對立法不作爲之造法補充，收於，現代國家與憲法，李鴻禧教授祝賀論文集，一九九七年，頁一一四九～一一五○。蓋因狹義的解釋界限是可能的字義範圍，超越此等界限，而仍在立法者原本的計畫、目的範圍內之法的續造，性質上乃是漏洞填補＝法律內的續造。假使法的續造逾越此等界限，惟仍在整體法秩序的基本原則範圍內者，則屬超越法律的法的續造。Karl Larenz，陳愛娥(譯)，法學方法論，一九九六年，頁二七八。
註六○　一九四九年之後我國行政院移請立法院進行覆議案共有四次，分別是第一屆第十四會期第一次會議有關兵役法施行法修正案、第一屆第八十六會期第八次會議有關勞動基準法修正案、民國八十二年有關立法院組織法修正案、以及第三屆第一會期第十五次會議有關行政院第四核能發電廠興建政策覆議案。劉淑惠，立法院議事過程的變遷，收於，現代國家與憲法，李鴻禧教授祝賀論文集，一九九七年，頁九四九～九五二。

用法律發生有牴觸憲法之疑義者」聲請司法院解釋憲法，以避免不當之
立法造成立法目的無法實現，或不合時宜之立法目的出現 (註六一)。

　　修法之外，如立法不圓滿僅僅是技術上有瑕疵，尚不至於出現法律
漏洞的情況下，可運用歷史解釋與體系解釋或利益衡量的方法解決(註六
二)。而若是出現法律漏洞，立法又不及修改的情況之下，就會形成違反
作為義務的立法不作為，應由憲法解釋、國家賠償制度(註六三)、創制權
之行使(註六四)、罷免權之提出或解散國會等方法解決之；或者由憲法上
之行政保留 (註六五)、緊急命令制度 (註六六)，以及司法造法 (註六七)

註六一　本條之意旨，即為救濟少數立委不當被侵害立法權之作用，並有監督法律
　　　　形成之作用。不過，此一法律卻引發另一層次的權力分立的爭議，因為立
　　　　法者本身即有立法權，毋需藉由司法機關解釋剝奪其立法權。

註六二　立法缺失在現行實定法秩序中仍可呈現圓滿狀態，因此不可遽謂係法律漏
　　　　洞，只不過就整體法秩序而言，依舊是有規範不盡完妥的不圓滿。黃建輝，
　　　　違憲審查與司法造法，臺大博士論文，一九九五年，頁六二。

註六三　關於此等立法不作為可否請求國家賠償之問題，理論上或可成立，但實際
　　　　運作上不見得可行。因為要證明立法不作為是否符合國家賠償各項要件，
　　　　皆有證明困難之感。立法行為的合法或違法，基本上應由政治及選舉過程
　　　　來加以解決，運用國家賠償制度未必適當。宇賀克也，同註三六，頁六五、
　　　　六八、九二。

註六四　羅孟浩，論不當立法的救濟，法學叢刊，第二期，一九五六年，頁三二。
　　　　我國憲法第十七條即規定「人民有複決之權」；第一百二十三條：「縣民關
　　　　於縣自治事項，依法律行使創制複決之權」；第一百三十六條之規定「創制
　　　　複決兩權之行使以法律定之」；省縣自治法第十條第一項：「省民、縣(市)
　　　　民、鄉鎮市民對地方自治事項有依法行使創制複決之權。」

註六五　司法院釋字二五九、二六〇、二七〇、二八九等號解釋即認為，在法律未
　　　　制定公布之前，相關行政命令仍可有效適用，以維持法秩序運作。學說上
　　　　有主張，立法機關可能因種種因素產生法律漏洞、立法不足的現象時，行
　　　　政機關除了可以類推適用其他相關的法律之外、不得不承認行政機關有補
　　　　充的立法權，使行政規則負有對世的外部效力，藉以補充適用高位階的法
　　　　律如憲法。有關補充規範漏洞及執行形式法律之行政規則與程序規範，具
　　　　有直接的一般外部拘束效力，此並非由立法權導出，而是視為原有之行政
　　　　權限。但此等行政規則，不可侵犯基本權利。陳春生，行政規則外部效力
　　　　問題研究，收於氏著，行政法之學理與體系(一)——行政行為形式論，一九
　　　　九六年，頁九五～一三三、一八四。

之方式加以填補，以救濟立法不作爲所導致不合時宜或無法實現立法目的的法律漏洞產生（註六八）。

註六六　特別是在立法不作爲而造成人民生命、身體、健康或其他重要法益產生重大損害的緊急情形，無待法律授權，行政權原則上即有權採取必要措施。例如衛生署發布的人工生殖管理辦法 (83.11.23) 即爲如此。但如果牽涉到人民權利的情況時，此等作法與法律保留原則有若干的衝突，必須要注意此一情況乃不得已的狀態，乃爲救濟法律的不足、填補法律的漏洞、追求更上位的憲法任務之下的產物，並不得依此擴張行政權使法律保留原則遭受破壞。郭介恆（等），立法怠惰問題座談會，憲政時代，第二一期一卷，一九九五年七月，頁一五～一六、二七、五五。又如並非不得已又非救濟法律不足的警察勤務「規範」第一百五十七條、第一百五十八條卻賦予警察進入他人住宅「臨檢」的依據。以這種非中央法規標準法規定「行政命令」名稱的「規範」作爲侵犯人民憲法第十條的居住自由，已嚴重違反法律保留與法律位階的要求，竟然長久以來存在我國警察實務，甚至以臨檢之名進行搜索之實，如此就無法讓人了解我國有無刑事訴訟法，也不知道我國是不是法治國。

註六七　由於法律出現缺失或漏洞，除了刑事法律、處罰法律與租稅法律受到法律主義的限制藉以保障人權之外，司法造法以及司法解釋以彌補法律不足並無法否定其存在之價值。因爲立法程序在無法迅速修正或重新制定一法律規則以救濟不合時宜的「不公正法律」(unjust law) 時，唯有法官於執行法律上，藉著解釋或創造性功能，才能避免由於法律本身的不合時宜而造成不公正法律下的無辜犧牲者。鄧衍森，同註四一，頁一四九。

不過，法院從事超越法律的法的續造會因避免僭越立法者之立法權而有其界限，因爲司法造法是司法機關對立法機關「優先立法權」之不作爲或未充分作爲的救濟，其僅具有候補立法權、調整現行制定法、以及個案拘束力的作用而已，不可侵犯到其他權力的核心以及法律甚至是憲法的目的。但有時該界限卻不易辨識。例如法院進行超越制定法的法律漏洞補充，由於立者長期怠於立法，而已經產生眞正的法律緊急狀態的情形，即爲不得已之情形。參閱，黃建輝，同註六〇，頁一一五〇～一一五一。黃建輝，同註六二，頁六二。陳清秀(譯)，同註五五，頁三二三、三二六。Karl Larenz，陳愛娥（譯），同註五九，頁三三三～三三四。

註六八　郭介恆（等），同註六六，頁五～一一。

〔肆〕違反立法目的之效果

一、違反一個或數個法律之立法目的

　　在違反法律之立法目的行為，一般情形即為違法。若人民行為違反行政法之立法目的，即可能遭受行政機關處罰；相對的，行政機關若為違反行政法之立法目的等違法行政行為，其附帶效果通常為行政救濟與國家賠償。蓋違法之行政行為即可提起訴願、行政訴訟；而違反立法目的之違法行為主體為行政機關，而人民遭受此一違法行為之侵害時，若該行政機關為該違法行為所適用之法律，如能確認該法律之立法目的在保護或增進人民之利益，即可認定人民有法律上之權利，一旦該權利受到侵害，即可請求國家賠償（註六九）。

　　反之，立法目的不明確，或違反立法一般原則而導致立法上有瑕疵或漏洞的情況，對於違反該立法目的的法律效果也會不明確。例如「不合目的」的行政處分，會導致訴願法第二條所謂「不當」與「違法」行政處分之爭議。因行政訴訟法規定僅能以「違法」之行政處分為訴訟標的，所以「不當」之處分在訴願法便十分重要。但所謂「不合目的」之「目的」究竟何所指？如果該目的是指「立法目的」，因違反法治國家依法行政之基礎，除有立法目的出現瑕疵的情況之外，應為違法。而如該目的是指「行政目的」，在未違反立法目的與其他法律一般原則的情況下，才有「不當」的情形發生（註七〇）。臺灣省訴願審議委員會編輯之「訴願

　　註六九　廖義男，國家賠償法，一九九三年，頁五四～五五。此即公權利與反射利益在國家賠償之區分實益。我國多數學說以及實務見解尚採取此等分類。不過亦有反對以反射利益排除國家賠償之適用者。王和雄，論行政不作為之權利保護，一九九四年，頁一八八。

　　註七〇　陳新民教授認為，若一個行政處分可以「符合法規卻實際上違反公益」，從而認定為「不當處分」，在法治國家實為不可思議。蓋因現代法治國家，必

法修正草案逐條釋義」一書中表示：「當不當乃涉及行政決定之合目的性問題，亦即就其所追求之行政目的而言，該項行政處分是否可以發揮功效，是否符合事物正義之問題。倘一項行政決定其內容固然可能合法，但並非必要或不適當或原本即可捨棄該處置者，其行政決定即屬不合目的。」（註七一）

另外，在立法目的不能達成時，違反該法之立法目的並不構成違法。立法目的不可能實現之情形可分爲「自始」或「嗣後」不能兩種。不過兩種不能達成立法目的之情形，雖有自始或嗣後之分別，但既然立法目的不能實現，即不可能爲違法。自始不能實現立法目的之法律，例如國家安全法第二條不得主張「分裂國土」一事，在司法院大法官釋字三二八號解釋都將「固有疆域」認爲「政治問題」不予以審查，一般人民又何能得知何者主張爲「分裂國土」？因此，該法律之立法目的自始即爲不能實現，即無違法可能。而在立法目的嗣後不能達成之情形如國家總動員法第一條之「貫徹抗戰目的」即是。時至今日已無抗戰之情事，又何能完成此項國家總動員法之立法目的？法律因時空的變遷而不適合於現代時空下人民的需求，在未修法之前，則因該立法目的事實上不可能實現，即使違反該法之明確立法目的，即無違法之可能。

二、合於一法律之立法目的而違反他法律之立法目的

體系上，違反一法律卻合於他法律之目的，其法律效果會產生衝突。在不同位階的衝突如違憲的法律，除因司法院大法官將爲違憲法律宣告

須尊奉憲法的許多原則，如比例原則、法治國家原則、人權保障等，皆構成公益的主要來源，所以一個法規的制訂適用，必須符合公益，否則該法規及一該法規所爲之行政處分，亦必會造成違憲及違法之後果。雖說「不當」處分，是以不當的行政裁量，爲其意義。但所謂「不當」，並不符合比例原則所要求的適當性原則，從而可能構成實質的違法。陳新民，同註五八，頁三六七～三六八。

註七一　臺灣省訴願審議委員會編，訴願法修正草案逐條釋義，一九九五年，頁一八～一九。

延期失效而有爭議之外（**註七二**），違反該法律之立法目的應不違法（**註七三**）。同一位階的不同法律之間若有立法目的的衝突，如前述的土地法與都市計畫法就有關「徵收公共設施保留地之補償費」是否可以課徵遺產稅的衝突，若以法律的適用原則（從新從輕、特別法優於普通法）、解釋方法還無法解決時，就必須視個案間的利益來加以衡量，不可一概而認定違反或合於一法律的立法目的即爲違法或合法。

〔伍〕結語

欲得知立法的價值及其目的之所在、爲求最簡化及最快速求得價值之實現，講究方法即成第一要義。得知立法目的的方法，本文以爲，就立法論而言，可以從立法政策與計畫、再加上立法程序與技術而得具體實現；至於執行法律之機關適用法律的立法目的時，最需要的就是去瞭解何者爲立法的目的。

在立法目的的形成方面，必須要密切注意立法目的與立法政策及立法計畫間之關連性。議會是國家制定法律的機關，同時更是國家討論決定政策的最後場所。爲實現立法目的落實立法政策則必須要有立法計畫，以確定目的、目標以及採行方法、步驟。知悉立法政策、計畫之重要性

註七二　相關問題參閱，蔡志方，同註五二。葉俊榮，司法院大法官附期限解釋憲法之分析，行政院國家科學委員會人文及社會科學研究彙刊，第六卷一期，一九九六年一月，頁一～二三。

註七三　反過來說，如行政機關爲行政行爲時適用的法律違反憲法，行政機關之行政行爲是否亦違法，日本學者宇賀克也採取保留的態度，也就是認爲違憲即違法說並不適當。宇賀克也，同註三六，頁九二。然而本文以爲行政機關亦有遵守憲法之義務，如將法律與憲法切割，進而認爲行政機關適用違反憲法之法律不違法的話，所謂司法審查宣示法律違憲的功能就無法實現。進一步討論，參閱，李建良，論法規之司法審查與違憲宣告：德國聯邦憲法法院裁判之分析，歐美研究，第二七卷一期，一九九七年三月，頁九一～一五二。蔡達智，從學術自由與大學自治應有之取向評釋司法院釋字第三八〇號解釋，憲政時代，第二一卷四期，一九九六年四月，頁五八～五九。

之後，便需要瞭解如何影響立法政策、計畫以形成立法目的。在這一方面，可以從政黨、議員個人、相關團體、及行政機關的立場加以探知立法目的形成的過程及其欲實現的價值所在，並可同時得知立法上之缺失。

其次，爲避免制定法的價值意義因法律制定的瑕疵而遭到破壞，在立法過程若能藉由方法學上所要求之原理原則，則立法目的就較能夠完整地顯現。例如：遵守憲法、中央法規標準法之規定並符合諸如明確性、平等性、比例性、合乎體系等一般原理原則，不僅可將法律做爲憲法具體化的表徵，亦可避免日後遭遇司法機關宣告法律違憲的風險，並可免去浪費衆人精神、勞力、時間、費用的消耗而成無積極意義的動作。

不過，立法程序當中影響法律目的的不特定因素很多。立法上因政策、計畫、因政黨、因個人或其他團體與執行法律之機關間以及客觀之法律規範對象、社會政治經濟環境等時空因素交互影響，要掌握原先的立法者之立法目的並不容易。甚至原先的立法政策或計畫可能產生缺失，立法技術上又未必能兼顧每一項立法原則，如此都有可能形成立法目的的瑕疵，或者不合時宜或者違反法律一般原則，以致造成違憲的法律。因此立法機關應時時檢討是否存在不合立法目的、政策、計畫、技術的法律而修正、增訂、廢止相關法律。

法律經由政策、計畫、技術形成並確定其目的之後，便需交由執行法律機關實踐。如前所述，立法目的爲所有國家行爲與人民行爲的準則，則執行法律機關執行法律時首先便必須適用立法目的，適用就必須要解釋。解釋立法目的之方法，一般在作用法方面，往往由各實定法律第一條之規定即可明知。不過並不是所有法律都會明示其立法目的，實際上每一條法律也都有其目的，不能只由法律第一條以求探知全部立法目的；仍應用盡各種方法如體系之間的關連性，或者是歷史解釋的方法加以探求(註七四)。不過每一個探求立法目的的方法，各有優劣，也不盡完美。

註七四　阿部泰隆，同註一二，頁三三一。

譬如歷史解釋方面，因立法者原意與時空轉變的不同而產生立法目的之主客觀解釋的歧異；但不論採取主觀或客觀都不是唯一的標準，關鍵是在運用時機的問題。何況採取客觀主義而排斥主觀主義的作法，首先就要去認定法律是否已達至惡法或不合時宜等不符合憲法或法律一般原理原則，可是，實際上要認定此等法律已達此等地步並不容易。又體系解釋之方法固然可由上位階之法（如憲法）加以指導控制，但是如果同一位階的法律目的相互衝突時，就不容易解決，有時得靠不怎麼有客觀標準的利益衡量來決定。

　　如此一來，既然解釋不成，而立法目的又出現漏洞的情況之下，為救濟此一缺失，除上述的修法之外，以行政規則（除刑事、處罰及租稅需嚴格要求法律之依據外）救濟立法不足或司法造法的方式，也就無可避免。但如何進一步尋求行政規則救濟立法不足或司法造法與原先立法目的三者之間的界限，或許是權力分立原理下一步要走的路。本文只能稍微提及，期望他日能有進一步的探討。至於違反立法目的的法效果，因為立法目的在各該時空之下表現的不同而異其結果。一般來說違反立法目的之行為即為違法。但若違反具有違憲性的立法目的或根本不可能實現的立法目的，即不應被認為違法。至於具有同一位階的法律之間相衝突的情況下，合乎此一法律之立法目的而違反他法律之立法目的，就必須要視各該情形加以衡量斟酌，不能單純逕為認定其係合法或違法。

論行政法上之平等原則

邱基峻、邱銘堂

亦表現爲平等原則

三、平等原則之判斷基準係憲法秩序、社會通念

四、平等原則仍可適用於高權行政及國庫行政

論行政法上之平等原則

〔壹〕前言

在人類歷史上，隨著國家型態的演變，民主思想一再被提起與受重視，迨至現代，民主已成爲現代各先進國家所同遵共守之一種生活方式。然民主畢竟僅係手段，而非目的，換言之，透過民主之方式以達成所欲追求之目標（例如公共利益、人民福祉等），方爲目的。從而，民主思想之內涵係由諸多理念匯聚融合而成，內涵中之基本核心要素，一般認爲至少應涵蓋自由、法治與平等等要項。其中，平等之理念起源甚早，在時空推移過程中，平等恐怕是人們最廣爲提及或使用之概念；然而，卻亦可能是受誤解最多者。再者，更進一步以法治主義之觀點來觀察，則平等落實在「法」上之體現爲何？方屬與人民之社會生活息息相關。否則，空泛之平等概念或主張，並無法彰顯其實益。

基於以上之體認爲出發點，本文之論述過程，首先，略論平等之概念。此部分包括平等思想之發展、平等之意義、平等之理論基礎以及平等之性質加以說明。其次，本文試圖探討平等原則之判斷基準。此部分係從平等原則之拘束對象爲開始，進而從立法例上尋繹合理差別待遇之概念，從而對合理差別待遇之基準作一分析。最後，回歸本文之思考主軸——平等原則落實在具體行政領域之體現。此部分係分從高權行政與國庫行政二大面向，加以檢視平等原則之作用。

〔貳〕平等之概念

一、平等思想之發展

平等，就其文義加以理解，係指身為人之價值與地位皆無差等、無特殊之謂。惟倘從人類思想發展史上觀察，所謂之「平等」並非如此單純。從古希臘哲學迄現代福利國家，各時期對平等概念之理解，略有不同，述之如下（註一）：

㈠希臘哲學之平等思想

在希臘哲學中，正義觀念代表人類秩序中的一個最高準則。亞里斯多德（Aristotles, 384～322 B.C.）以平等為正義之核心，而發展其正義學說。氏認為平等乃比例的、幾何的、類推的平等，並將正義分為兩種：1.對等正義，亦即天生不同的，但在法律上相等事物的正義，換言之，乃由法律置於同等地位的給付與對待給付的絕對平等；2.分配正義，為對多數人合乎比例關係的平等，乃依評價、能力、需要來分配權利義務（註二）。此種平等思想，亦是斯多葛學派（Stoics）自然法概念中的一個重要成分。斯多葛派哲學家深信，人們在本質上是平等的。由於性別、階級、種族或國籍不同而對人進行歧視是不正義的，是與自然法背道而馳

註一　亦有學者將平等思想之發展，分為古代、近代、現代三個時期討論，參閱：
田口精一，法の下の平等原理，收於，清宮四郎、佐藤功編，憲法講座2（國民の權利及び義務），有斐閣，昭和四十二年（一九六七），頁七七以下。另外，蘆部信喜氏則將平等思想之展開分為萌芽時期（古代、中世）與起源時期（近代），詳參氏著，平等思想の展開と實定化，載於法學教室，第一三七期，有斐閣，一九九二年二月，頁七二。

註二　Von Pro. Dr. h.c. mult. Arthur Kaufmann 著，正義理論——由難題史觀察，劉幸義譯，載於中興法學，第二七期，頁一一～一二。（文中所譯「對等正義」一詞，學者一般係稱為「平均正義」。）

的(註三)。斯時之奴隸制度、男女不平等及希臘人與外國人間之不平等，皆受到正義觀念之批判，此蓋因以平等爲核心的正義觀念認爲人之本質係平等的。

此時期之平等思想，係源自於希臘哲學中自然法上之平等思想。惟如此之思想並未直接形成近代民主國家之人權思想，蓋因當時均在政敎合一之國家形態下，人民與國家並未處於一種政治上的對立。

㈡宗敎革命後之平等思想

此時期之平等思想，從十六世紀開始之宗敎革命，而歷十七世紀之啓蒙時代，再進入民主思想發皇之十八世紀以迄十九世紀，其特質是人民要求於國家的權力前或法律前的一律平等 (註四)。

先期在敎會各種無理之措施下，馬丁路德(Martin Luther, 1483～1546) 以基督敎「神前平等」之敎義爲由，起而反抗敎會掀起宗敎革命。不過，斯時馬丁路德氏之平等主張，亦僅止於所謂的「神前平等」，氏在政治上的主張仍是專制的。嗣後，鑑於專制國家體制之不盡合理，乃有洛克 (John Locke, 1632～1704)、盧梭 (Rousseau, 1712～1778) 等大儒提倡主權在民、天賦人權等民主自由理論。斯時，平等與自由即爲民主理論之二大柱石 (註五)。

此種「神前平等」敎義的平等思想，嗣後發展爲否定封建社會因身份階級而生權力支配之平等學說，至於在實踐面上，平等主張已從政治上之理念轉化爲法律上之理念，即所謂之「法前平等」，主張應絕對禁止人之差別待遇。一七七六年美國獨立宣言以及一七八九年法國大革命之

註三　Edgar Bodenheimer, *Jurisprudence—the philosophy and method of the law* (博登海默著，法理學——法哲學及其方法)，結構群出版社編譯，七十九年十月初版，頁二三。

註四　田口精一，前揭註一文，頁七七。

註五　何孝元，法律思想研究，臺灣商務印書館，五十九年十月初版，頁三二～三三；李惠宗，平等權之概念，載於憲政時代，第一四卷一期，頁二六。

人權宣言，即爲此等平等思想之落實（註六）。

此時期之平等思想，旨在要求對國家意思形成之平等參與，並且特別強調特權之禁止。由於此種基於民主思潮之激盪而形成之平等權，主要在對抗國家，故其效力旨在拘束行政及司法，至於立法，並不在平等權之拘束範圍內（註七）。

㈢福利國家之平等思想

現階段平等思想之特質，乃基於分配正義之理念而主張實質的平等。亦即，鑑於現實社會生活上具體之不平等，特別是經濟生活上種種之不均衡，因而要求解放對各個人生存之威脅，以保障身爲人所應有之生活。此蓋因現實上各人之能力、財產及其他社會經濟之種種條件，皆存有顯著之差異，倘無視於此等事實而率皆要求形式上之平等，勢必造成此種差異更形增大，一般國民反而無法享有眞正的平等，故不再出現所有人皆須形式上平等地受待遇之主張，相對地，國家應積極對經濟上弱者加以保護。換言之，過去之平等思想，乃國家權力之「法制約」，主張國家僅消極維持治安即已足；惟一、二兩次大戰以來，福利國家（Wohlfahrtsstaat）、給付行政（Leistungsverwaltung）等新穎之國家目的觀及行政作用論漸被接受（註八），現階段所表現之平等思想，則要求改善現存之不平等，以增進國民福祉。從而，國家一方面有義務積極地實施政策，另一方面亦應承認國民享有社會權或生存權之基本權。因而，某些財產權等經濟上的自由權，即須受到限制。簡言之，今日所強調的福利國家或社會的法治國家，實係基於前述實質平等之觀念與分配正義之理

註六　例如美國獨立宣言中"all men are created equal"之宣示，法國大革命人權宣言第一條「人民是生而並長久具有自由平等之權利……」之揭示是。摘自：國民大會憲政研討委員會編，世界各國憲法大全，五十五年，頁三六九。

註七　田口精一，前揭註一文，頁七七。

註八　城仲模，論依法行政之原理，收於氏著，行政法之基礎理論，三民書局，八十年十月增訂初版，頁四。

念而來（註九）。

二、平等之意義

㈠學說上之分類

平等思想之發展，前已述及，至於平等之意義（某一方面來說，亦即係平等概念之內涵或分類），學者間之說法或歸納卻不盡相同。其中，最常爲討論之犖犖大者，約有下列數種：

1.事實上平等與法律上平等

事實上平等係要求人之存在事實上要平等；法律上平等乃要求法律規範適用上之平等，而不強求存在事實上之平等，亦即人民在法律上所享地位或機會平等，其立足點屬相同。乃在同一條件或相同情形下，法律所賦與之地位或機會相同(註一〇)。雖然，事實上平等不能經由法律上平等之處遇（rechtliche Gleichstellung）而達到，但國家毋寧必須負責除去事實上的不平；故平等在此意義上不是國家行爲出發點，而是目標（註一一）。

2.絕對的平等與相對的平等

人生而有其自然屬性，如性別、年齡、生理狀況、智慧、能力等方面，此等自然屬性有其本質上之差別。絕對的平等係不問事實上之諸種差異而在法處遇上一律給予平等對待，換言之，每個人不得有比鄰人更多的權利，亦不得比鄰人被課予更多的義務（註一二）。

絕對的平等係基於自然法上「人生而自由平等」之理念，主張在法

註九　田口精一，同註七，頁八一；李惠宗，前揭註五文，頁二六。

註一〇　管歐，中華民國憲法要義，七十九年十一月四版，頁四。

註一一　Vgl. Starck, Die Anwendung des Gleichheitssatzes, in : Link (Hrsg.), *Der Gleichheitssatz in modernen Verfassungsstaat, symposion zum 80. Geburtstag von Leibholz*, 1982, S. 56. （轉引自，李惠宗撰，從平等權拘束立法之原理論合理差別之基準，七十六年臺灣大學法律研究所碩士論文，頁一三。）

註一二　和田鶴藏，日本國憲法の平等思想，三和書店，昭和四十六年(一九七一)，頁一六六。

律上一律給予平等之對待。惟絕對平等之主張事實上乃極不合理，遂有修正的「限制的絕對平等說」之產生。此說以爲：1.法律上對人之對待，其考慮點限定於事實上的條件或事由（例如性別、人種、社會身分等）；2.要求平等對待之事項，其範圍係受限制的（例如選舉權、教育、社會保障、納稅等）；3.此等事實上之事由與平等對待之事項必須同時考慮；在前述三者之限度內，必須實現絕對的平等（註一三）。

至於相對的平等，乃事物本質相同者，立法者在法律上即應爲平等之處置，而對於具體之個別差異，應依事物本質爲不同之立法。從而，就具體事實上之差異爲不同之規範，即符合平等原則。惟不平等不限於以法律正當化其差別待遇，即事實上的差別，法律若無視於其重要關聯，未爲分別處置，亦屬違反平等原則（註一四）。

3.形式的平等與實質的平等

形式的平等與實質的平等，在所有之平等的概念中，恐怕是使用得最多，且界定最分歧的概念（註一五）。學者間之定義，並非一致，有謂「不相應於事實上之差異而爲處遇上之平等係形式的平等；相應於事實上之差別，即事實的同一始爲同一之處遇，事實的不同即爲不同之處遇，進而，依事實的差異而爲比例的處遇才是實質的平等。」（註一六）有謂「消極的不採取不平等的措施係形式的平等，積極的採取合理的不平等措施乃實質的平等。」（註一七）有謂「憲法上所謂任何國民不因人種、信仰、

註一三　阿部照哉、野中俊彥，平等の權利，法律文化社，一九八四年六月三十日第一刷，頁六二。

註一四　阿部照哉、蘆部信喜編著，憲法 II（人權）（一），有斐閣，昭和五十三年六月初版，頁二一五～二一六。

註一五　李惠宗，前揭註一一文，頁一六。

註一六　安部義信，法的平等についての理論的考察，載於公法研究，第一八號，一九五八，頁三四（轉引自，和田鶴藏，憲法と男女平等，法律文化社，一九七四增補二版，頁一一）。此種見解，似與絕對平等及相對平等之概念相近。

註一七　安部義信，同前註，頁三四。

性別、社會身分或門第而有差別之規定係形式的平等，基於此等性別、年齡上的差異，在合理的理由下不禁止差別待遇乃實質的平等。」（註一八）亦有謂「十八世紀自由主義的平等爲形式的平等，二十世紀社會主義的平等爲實質的平等。」（註一九）

4.機械的平等與比例的平等

無視於個體自然上或後天環境之差別，而爲相同之處置，乃機械的平等、數學上的平等。對於人類社會上法律地位或國家性勤務關係與具體個案事實相稱，即符合比例平等之原則（註二○）。比例的平等即認爲「正義須區別」(Gerechtigkeit Macht Unterschied)，乃依能力之強弱而享有不同的社會地位；依其犯罪行爲對社會公共秩序及法益損害之輕重爲量刑之高低；依經濟能力定賦稅之多寡（註二一）。

㈡本文之見解

平等之意義，學說上固有如上之分類，惟細究上述數種概念組合，吾人不難發現，其中，或僅就事實爲單純之描述，並無實益；或兩組（或多組）概念間似有重疊之處，益增混淆。例如，第一組概念中，事實上平等係要求人之存在事實上要平等，惟此種單純的描述仍無法窺得其內涵與作用爲何，而法律上平等僅要求法適用上之平等，缺漏法制定上平等之要求。再者，第二組概念之絕對的平等，在邏輯上與實際上顯不合理，亦不可能；而限制的絕對平等說，主要係要求對人之平等（或不平等）對待應限定於事實上的條件或事由，此種主張與相對平等謂事物本質相同者應爲平等處置之概念相去不遠，實無必要另成一說；徒增混淆。

註一八　野村敬造，憲法要說，一九六○，頁一四七。（轉引自，和田鶴藏，前揭註一六書，頁一三。）另外，浦部法穗亦同此見解，參閱氏著，憲法學教室(I)，日本評論社，一九九○年十二月第一版第三刷，頁一二六。

註一九　伊藤正己，法の前の平等，載於國家學會雜誌，第六四卷一號，一九五○年，頁五三（轉引自，和田鶴藏，前揭註一六書，頁一二）。

註二○　阿部照哉、蘆部信喜編著，前揭註一四書，頁二一○。

註二一　李惠宗，前揭註一一文，頁一八。

至於機械的平等與比例的平等，似與絕對平等及相對平等同義(註二二)。

因此，為求精簡並避免困擾起見，本文以為僅保留形式平等與實質平等此一概念組合即可。不過，學者間對此之定義，亦非一致，甚且有與絕對平等及相對平等概念相似者。在此，本文以為學者安部義信氏之見解較為可採，亦即「消極的不採取不平等的措施係形式的平等，積極的採取合理的不平等措施乃實質的平等」(註二三)；換言之，形式平等係要求國家機關不可恣意地為差別對待，實質平等則要求國家機關應積極彌補不平等的情形。

採取如此之定義，其理由或作用有三：首先，如同本文前述，平等思想之起源可溯及至古希臘時代哲學，而正義係希臘哲學中之一核心觀念。亞里斯多德將平等與正義結合，因而認為正義分為二種：對等（平均）正義與分配正義。分配的正義乃指，對多數人合乎比例關係的平等；既曰「比例關係的平等」，因而可以依評價、能力、需要等來分配人之權利義務；換言之，平等在分配正義之理念下，係允許得在某些特定考量下存有不平等──即差別待遇。另一方面而言，彼邦德國、日本及我國學說與實務長久以來戮力所追求之平等原則之判斷基準(詳後述)，乃是在「平等可以存有差別」之體認下，企圖建構一套合理化其差別待遇之標準，以為立法、行政、司法三者所得依循。如此之依循標準，必須是以非恣意的為前提，否則邏輯上即生矛盾。因此，禁止差別待遇之概念落實在平等問題上之價值，嚴格地說，應係指「禁止恣意的差別待遇」。從而，對平等採取前述之定義可以反映平等並非禁止差別待遇，而係禁止恣意的差別待遇進而謀求合理的差別待遇這一層意義。

至於其次之理由，則是可以配合中華民國憲法增修條文第九條第五項首次採用「實質平等」之用語。第三個作用，則是表現在平等此一概

註二二　安部浜男，平等について，收於渡邊宗太郎博士還曆紀念文集，一九五六年，頁八九～九〇（轉引自，和田鶴藏，前揭註一六書，頁四〇八）。

註二三　同註一七。

念究係做爲主觀公權利或客觀法秩序此一價值上。此部分，本文將在後述之「平等之性質」中一併詳述之。

三、平等之理論基礎

平等思想之理論基礎，或曰平等思想之依據，求諸實定法上之明文規定者，固無疑問；惟從中外學說及人類思想之發展歷程以觀，平等思想之超實定法上之理論基礎亦得到肯認。本文以下即以此二方向爲主軸論述之。

㈠超實定法上之理論基礎

1.人性尊嚴

德國基本法第一條第一項規定：「人性尊嚴不可侵犯，對其之尊重與保護是所有國家權力的義務。」此一條款明確揭示了人性尊嚴做爲憲法價值秩序中之根本原則(註二四)，甚至已成爲憲法價值體系之基礎(註二五)，日本憲法第十三條前段規定「個人之尊重」，第二十四條規定「個人尊嚴」，通說認爲二者屬於同義語，並且與德國基本法第一條第一項所稱「人性尊嚴」旨趣相同(註二六)。由於「人性尊嚴」（Die würde des Menscheni Die Menschenwürde) 此一名詞本是一個基於人本思想，而在文化上、宗教上被廣泛使用之概念，其意義本屬抽象、不確定，德國基本法該條項雖首開於憲法中明文保障人性尊嚴之先例，惟此條款於法律上究具何等意義，學者間之見解亦不一致。綜言之，學說上得大別爲正面積極之

註二四　Klaus Stern, *Das Staatsrecht der Bundesrepublik Deutschland*, Band Ⅲ/1 (Allgemeine Lehre der Grundrechte 1. Halbband), 1988, S. 28 （轉引自，李震山，人性尊嚴之憲法意義，載於律師通訊，第一五〇期，頁三五）。

註二五　Dürig, in: Maunz/Dürig, *G G Kommentar*, 1990, Art.1, Abs. I, Rdnr. 1 （轉引自，李震山，前揭註二四文，頁三五）。

註二六　許志雄，憲法上之個人尊嚴原理，載於東海大學法學研究，第七期，頁二二。

定義方式與反面消極之定義方式(註二七)。前者企圖從正面而積極地描述人性尊嚴之意義，後者則體認人性尊嚴乃一極不確定之法律概念，爲使其在法律上便於實現，乃從其受侵害過程之角度加以觀察（註二八）。

誠然，人性尊嚴係屬相當抽象而難以掌握之概念。通常，吾人日常社會生活中習以爲常之人性尊嚴一詞，係泛指個人於社會上獲得大衆尊重、景仰之謂。惟由此所得對人性尊嚴之理解係側重於對個人價值之外部評價、社會評價，基於保障權利之觀點，此不免流於偏頗、失之公平。事實上，人之所以爲人，乃在於人有其人格尊嚴、地位與價值之故。人性尊嚴之概念中心可以描述爲人類爲其本身，而不是他人之財貨及目的之自身的價值。換言之，個人存在的價值係因其生而爲人，只要其係一個具有生命的個體，其即具備了人性尊嚴的權利主體適格，不因其身份、年齡、職業、性別、地位、階級、黨派、信仰、種族、能力而有所不同，亦不因其對於社會之貢獻程度不同而異其評價。本文前述謂在法學上探討人性尊嚴時應側重人格之內在價值，而不注重人格之社會評價，其故即在此。至於日本憲法之人性尊嚴（姑不論其用語係個人之尊重或個人尊嚴），雖係植基於「個人主義」之原理，惟日本憲法上之個人主義，乃認爲人類社會中之價值根源在於個人，尊重個人勝於一切之原理。此處所謂之個人，非抽象之一般人，而是具體有生命之個人。個人主義一方面反對犧牲他人而追求自己利益之利己主義，他方面否定爲了「全體」而犧牲個人之全體主義，認爲任何人皆具備自主性人格，平等受尊重。其爲現代意義之個人主義，似與德國基本法之精神無異（註二九）。

註二七　黃桂興，淺論行政法上的人性尊嚴理念，收於城仲模主編，行政法之一般法律原則(一)，三民書局，八十三年八月初版，頁一〇～一一。

註二八　前者，有謂人性尊嚴係「之所以形成人格者」，或謂係「人之固有價值」；至於後者，德國聯邦憲法法院在判決中曾謂「當一具體的個人，被貶抑爲物體，僅是手段或可代替之數值時，人性尊嚴已受傷害」（以上參閱黃桂興，前揭文，頁一〇～一一）。

註二九　許志雄，前揭註二六文，頁二三～二四。

　　從而，雖然德國基本法採取「人格主義」之立場，日本憲法植基於「個人主義」之原理，惟兩者所揭示之人性尊嚴，其精神則同一。換言之，個人的尊嚴與價值乃隨生命之誕生而俱來，基於生命等價之原理，人性尊嚴亦有其平等性，反面推論之，則每一個人亦應有其平等性，應平等受尊重，此蓋因平等對待乃人性尊嚴本質的要求，此種要求亦即形式平等思想的體現。

2.正義

　　自然法思想肇始於希臘哲學，經羅馬時代、中世紀、宗教革命，而至近世，每一時代歷程中之自然法論者，均有其獨創見解，然歸納其共通點則認為，人類社會生活所適用之行為規則，並不限於國家或政府制定之法律。於國家所制定之行為規則外，尚有性質更為普遍之行為規範，適用於任何人、任何時間與空間及不同之社會中(註三〇)。換言之，自然法論者普遍承認有一種較高或理想之「法」存在，以之為實證法之終極根據，且承認其絕對價值，而追求絕對的正義(註三一)。例如斯多葛學派（the Stoics）創始者齊諾（Zeno, 350～260 B.C.）認為，「自然」與「理性」合而為一，自然的法則亦即理性的法則。理性亦成為法律與正義的基礎。宇宙間存有以理性為基礎之共通的自然法則，拘束整個人類，故不應有不同的城市國家以及其個別法律或正義制度。由此，乃發展成一種以人類平等以及法律普遍性為根據之世界性的哲學（註三二）。

註三〇　例如，自然法學派大師葛羅休斯（Hugo Grotius, 1583～1645）曾留下一著名命題：「即使上帝不存在，自然法仍不失其有效性。」——參閱A. P. d'Entrèves 著，自然法——法律哲學導論（*Natural Law: An Introduction to Legal Philosophy*），李日章譯，聯經出版公司，七十九年二月初版第三刷，頁六八。

註三一　馬漢寶，西洋法律思想論集，漢林出版社，六十六年一月再版，頁一一二～一一四。此外，羅馬自然法學者西塞羅（Cicero, 106～43 B.C.）深受斯多葛學派影響，亦明白主張所有人類一律平等的觀念（詳參：A. P. d'Entrèves 著，前揭註三〇書，頁一六）。

註三二　John Wild, *Plato's Modern Enemies and the Theory of Natural Law*, Uni-

事實上，早在斯多葛學派之前，亞里斯多德便將平等思想蘊含於正
義之中而發展其正義理論。不過，斯時氏並非從自然法之角度出發(「自
然法」一詞在氏著作之原文內並不多見) 毋寧係立於政治的立場爲發展。
氏以平等爲正義之核心，氏將正義區分爲對等正義（平均正義）與分配
正義。原則上前者被理解爲係支配私人間關係，尤其是契約當事人間之
正義；後者則被理解爲全體對個人，尤其是國家與人民關係之指導理念
（註三三）。

亞里斯多德之分配正義理念，亦即後來西塞羅所稱之「使各得其分」
原則(註三四)。嗣後，現代學者將此原則演繹爲二大規則：首先，原則上
要求一律相同分配；其次，依其功績、工作、需要、階級、法律與能力
加以分配(註三五)。這些規則可歸納出一個共通點，即無論其決定分配之
重要特徵爲何，只要具備相同之各該重要特徵之人，皆應爲相同之分配。
從而，「相同之事物應爲相同之對待」之平等理念遂成爲分配正義之核心
要素。是故，本文肯認正義亦同係平等思想之理論基礎。

㈡實定法上之理論基礎

1.憲法

如本文前述，平等思想之起源，可上溯至古希臘之哲學思想。嗣後，
基督教教義所謂之「神前平等」的自然法原則，爲十七、十八世紀之合
理主義所世俗化，進而有「法前平等」等實定法上之宣言產生 (註三六)。
最早將「法前平等」理念落實於實定法者，首推一七七六年美國獨立宣
言。隨後之法國大革命人權宣言亦有「人生而平等」之宣示 (註三七)。

---

versity of Chicago Press, 1959, p. 136 （轉引自，馬漢寶，同前註，頁一
一三）。

註三三　Vgl. K. Tipke, Steürgerechtigkeit, 1981, S. 10. （轉引自，盛子龍，西德
基本法上平等原則之研究，載於憲政時代，第一三卷三期，頁六一。）

註三四　Arthur Kaufmann, 前揭註二文，頁一〇。

註三五　Vgl. K. Tipke, 前揭註三三文，頁六一 （原著頁一一）。

註三六　阿部照哉、野中俊彦，前揭註一三書，頁一〇。

註三七　同註六。

平等思想經此一重大發展之後，各先進國家莫不於憲法上進一步落實平等理念。例如美國憲法修正案第一四條規定：「任何州不得對其管轄範圍內之任何人，否認法律的平等保護。」德國基本法第三條第一項：「法律之前人人平等」(註三八)，以及日本戰後新憲法第一四條第一項：「任何國民在法律上一律平等」之規定是 (註三九)。

至於平等思想在我國「憲法位階」上之落實，我國自清末立憲運動以來，亦以西方民主社會爲取範對象，民國成立之後，「平等」即爲各制憲者所置重而未嘗忽略。例如民國元年三月十一日公布之臨時約法第五條「中華民國人民一律平等，無種族、階級、宗教之區別」；民國三年五月一日公布之中華民國約法第四條「中華民國人民無種族、階級、宗教之區別，法律上均爲平等」；民國二十五年五月五日公布之五五憲草第八條「中華民國人民在法律上一律平等」(註四〇)之規定是。現行憲法承續前述平等思想之主張，除於第七條規定：「中華民國人民無分男女、宗教、種族、階級、黨派，在法律上一律平等」之外，第五條「中華民國各族一律平等」、第一五九條「國民受教育之機會一律平等」等規定，亦是平等思想之體現。此外，憲法第一三四條各種選舉婦女保障名額之授權規定、第一五三條對勞工及農民之特別保護、第一五六條之保護母性及實施婦女兒童福利政策、憲法增修條文第九條第五項對促進兩性地位實質平等及同條第七項對原住民地位及政治參與之保障規定等，更是實質平等理念之具體落實。

2.法律

除了於憲法上明定平等理念外，各先進國家莫不以法律之明文規定，實踐平等之要求。此等規定，不勝枚舉，例如美國維吉尼亞州市民權法

註三八　劉慶瑞，中華民國憲法要義，三民書局，七十七年九月修訂一七版，頁五〇。

註三九　有倉遼吉、時岡弘編，條解日本國憲法，三省堂，一九八九年六月三十日改訂版第一刷，頁六六。

註四〇　荊知仁，中國立憲史，聯經出版公司，七十四年，卷首語，頁三。

第一九八一條規定：「美國合衆國管轄內之所有人，關於契約之締結及要求履行，享有與白人相同之權利。」(**註四一**)該項規定主要係爲促進種族平等而設，可視爲前述美國憲法修正案第一四條之進一步具體落實。又如英國於 1928 年之平等選舉法（The Equal Franchise Act）廢除對婦女所爲選舉條件之限制，普遍承認婦女之參政權(**註四二**)；日本於昭和六十年（1985）五月十七日通過「男女僱用均等法」(**註四三**)，均係男女平等之具體實踐。至於我國，例如依民法之規定，兄弟姊妹對父母遺產之繼承，有相同的權利(民法第一一三八條)，配偶間有相互繼承遺產之權（民法第一一四四條）；又如就業服務法第四條「國民具有工作能力者，接受就業服務一律平等。」第五條「爲保障國民就業機會平等，雇主對求職人或所僱用員工，不得以種族、階級、語言、思想、宗教、黨派、籍貫、性別、容貌、五官、殘障或以往工會會員身分爲由，予以歧視，」等規定，皆屬平等思想之表現。

四、平等之性質

通常，吾人於日常中言及或使用「平等」此一字詞時，平等有一最基本意義乃是「相同之事物應爲相同之處理，不同之事物即爲不同之處理」。如此之理解普及於日常生活中之各個層面，惟法律上所置重者並非僅止於如此基於文義解釋所得之理念或結論，毋寧謂係平等思想於法律上所具有之性質或地位爲何，方具具體意義。此等問題即爲本節論述之重點。

(一)平等權

現代立憲主義下之成文憲法大都由二大構成要素組成：其一爲有關

註四一 塚本重賴，アメリカ憲法研究——違憲性的審查基準，酒井書店，一九八九年八月二十五日再版，頁二六四。

註四二 劉慶瑞，前揭註三八書，頁五一。

註四三 李惠宗，前揭註一一文，頁九二。

統治組織之規定，另一則爲有關基本人權之規定(註四四)。人民之基本權
(Grundrecht)不僅表現在憲法上之明文規定，甚且，任何政府體制的
設計與架構，應以如何能完善確保基本人權，爲最重要之基本考量(註四
五)。

　　基本權之重要性，固無疑問；惟欲對基本權做一定義性的描述，事
實上並不容易，即便如德國聯邦憲法法院的裁判長期以來密集地對基本
權利作法釋義學上的精細雕劃，已使基本權利，至少就其結構上的部份
領域而言，成爲相當穩定的規範性標準，但還是存有基本權利理論方面
的原則性爭議(註四六)。故有學者謂「基本權就像概括條款般的不明確，
所以解釋時留有一個很大的遊戲空間」(註四七)。誠然，基本權之定義既
屬如此之不易確定，從而，本文以爲，倘憲法已具體列明之權利，宜視
之爲基本權並無疑問；反之，未爲憲法明文保障者，僅能委諸法院之解
釋，不過，基於基本權與時俱進之本質，司法運用解釋時，不妨儘量爲
較有利於人民之解釋。從這樣的角度加以觀察，平等既爲憲法（不論係
德國、日本或我國）所明定之人民基本權利之一，從而，將平等視爲一
種基本權而名之曰「平等權」，並無不妥(註四八)。

　　至於基本權的功能，以德國基本法爲例，對於基本權有何功能，並
未提供充分的提示；然而，聯邦憲法法院自一九五一年以來，有關基本
權之發展的判決，使基本權之功能大爲擴張，計有：防禦權、分享權、

註四四　李鴻禧，保障基本人權思想之本質與變異之研究分析──以立憲主義思想
　　　　爲基座，收於氏著，憲法與人權，臺灣大學法學叢書，一九九一年四月七
　　　　版，頁二四五。
註四五　許慶雄，憲法入門，月旦出版公司，一九九二年九月初版，頁四七。
註四六　Christian Starck，基本權利的解釋與影響作用，許宗力譯，收於氏著，法
　　　　與國家權力，月旦出版公司，一九九三年四月增訂二版，頁四八一。
註四七　Christian Starck，同前註。
註四八　此爲現時德、日之通說。參閱，李惠宗，前揭註一一書，頁三五；齋藤孝，
　　　　法の下の平等條項の法的性格──權利説の批判的檢討，載於法學新報，
　　　　第一〇〇卷三、四號，一九九四年四月，頁一九六。

給付請求權、制度保障、程序保障、客觀價值秩序、行為授權及憲法委託、社會行為規範、國家保護義務諸項(註四九)。不過，限於篇幅，本文在此並不打算一一簡述上列基本權功能，所欲置重者，毋寧係本文前所述及平等之意義一節中所採取之形式平等及實質平等概念為出發點，對於平等理念表現為平等權此一性質究屬公法學上之主觀公權利抑或是客觀法秩序為論述。因此，首需解決之課題係：憲法所保障之基本人權，何種情況下可視為主觀公權利？對此問題，簡言之，從憲法上之基本權做為防禦權 (Abwehrrechte) 之功能以觀，基本權具有主觀公權利之性質。進一步言，防禦權係基本權傳統上之功能，其目的係為了使人民得以防衛憲法所賦予之自由、權利，故其作用乃消極地要求國家機關不可介入、干涉人民本來之自由、權利；倘國家違反此一限制，有關之人民擁有不作為請求權(主觀之權利)，可依司法救濟途徑排除公權力對基本權之保護領域的干預 (註五〇)。另一方面，從基本權做為客觀法秩序 (Objektive Wertordnung) 之價值標準以觀，基本權不具有主觀公權利的性質。換言之，基本權形成一種客觀的價值秩序，這個價值秩序，提供立法、行政及司法之指針及刺激 (impulse)；國家在可能的範圍及考量立法者的立法形成權下，有義務創造法律上、組織上及財政上之條件，使人民事實上有可能利用及行使基本權；不過，個人不能僅從基本權之「價值決定的原則規範」此一要素中導出請求權 (註五一)。

從上述的角度加以理解，則本文前述「平等之意義」一節中採取「形式平等與實質平等」此一概念組合便顯現其實益。蓋形式平等乃謂，人

註四九　Vgl. A. Bleckmann, *Staatsrecht II-Allgemeine Grundrechtslehren*, 2 Aufl., 1985, S. 173 ff.(轉引自，莊國榮，西德之基本權理論與基本權的功能，載於憲政時代，第一五卷三期，頁三三。)

註五〇　H.D. Jarass, Grundrechte als Wertentscheidungen bzw. objektiverchtliche Prinzipen in der Rechtsprechuung des Bundesverfassungsgerichts, *AöR* Vol. 110, 1985, S. 364 (轉引自，莊國榮，同前註，頁四〇)。

註五一　A. Katz, Staatsrecht-Grundkurs im Öffentlichen Recht, 7. Aufl., 1985, Rdnr. 574. f., (轉引自，莊國榮，同前註，頁四五)。

民要求國家機關不可恣意地爲差別待遇；如此解讀恰與防禦權概念不謀而合；故從形式平等理念檢視平等權，係具有防禦權功能而使平等權得視爲主觀公權利。反之，實質平等則謂，人民要求國家機關積極地爲一定作爲來彌補事實上的不平等；然而，這樣的要求僅是對於國家權力的一種指針或刺激，此際，平等權本身表現爲一種客觀法秩序，從而，人民並無主觀公權利以之請求救濟。(不過，當人民之平等權遭受國家公權力不法侵害時，由於此時通常亦伴隨當事人之其他「基礎的基本權」"Basis-Grundrecht"受侵害，當事人仍可結合二者，請求救濟(註五二))。綜合言之，從形式平等及實質平等之理念發展，可推論出平等權本身做爲基本權時，係表現爲主觀公權利與客觀法秩序二種功能面向。(註五三)

㈡平等原則

　　所謂行政法之一般法律原則(Allgemeine Rechtsgrunds)，究何所指？不僅其內容上包含之範圍，尙未一致，甚且於名稱用語上，學說上亦各有不同之稱謂(註五四)。行政法上一般法律原則，一般而言，其係不成文的，藉由學說文獻、法院或行政實務所發展而來，並且被承認爲法

註五二　是故，在德國，有學者認爲，將基本權予以類型化時。則諸基本權中，乃以平等權爲基礎。參閱，Leibholz/Rinck, *G G*, 5. Aufl., Köln 1975, S. 100（轉引自，李惠宗，前揭註一一文，頁二八）。

註五三　德文基本權利 Grundrecht 中的權利 Recht 一詞，不僅可解爲「權利」，也可解爲單純的「法」，所以 Recht 一詞，可解讀爲指可以請求的「主觀」的權利，或是不能請求，只單純課與國家義務的「客觀」的法。(參閱，許宗力著，基本權的功能與司法審查，刊於國家科學委員會研究彙刊——人文及社會科學，八十五年一月，第六卷一期，頁三三。)

註五四　例如葉俊榮氏以爲「如果吾人將一般法律原則定性爲『行政法上』之一般法律原則，必然造成某些取捨上的困擾。爲表彰此等原則於公權力行使上的適用，似以『法治國家一般法律原則』稱謂爲妥。」(參閱氏著，行政程序法之研究，收於法務部委託臺灣大學法律研究所草擬行政程法草案附錄之研究報告四，頁二二八)；陳敏氏則逕稱爲「依法行政原則」(參閱氏著，行政法院有關依法行政原則裁判之研究，收於政大法學評論，第三六期，頁一〇九)。本文之用語，係參酌城仲模氏之定義(參閱氏主編，前揭註二七書序)。

則(Rechtssatz)(註五五)。從其功能面觀察，在依法行政之現代意義下，行政除須以形式法律爲根據外，尚須受實質法律（如規章命令）之支配；同時，亦應受到公益及行政目的、誠信原則、行政道德、法之一般原理及行政法院判例等之規範(註五六)；換言之，對成文的實定法而言，必須透過行政法之一般法律原則，掌握其含義、或加以修正；對法無明文者，則亦直接引用一般法律原則（註五七）。

平等，表現爲基本權之性質，已如前述；其中，平等權蘊含客觀法秩序之功能，此種價值秩序，係作爲憲法之根本決定，所有國家權力有義務盡最大可能實現基本權（平等權）蘊含之指導原則，這些指導原則是立法權、行政權及司法權行爲的準則、解釋法律的規則、權限的規定及權力的界限。基此體認，平等，不僅表現爲平等權，事實上，亦表現爲平等原則，屬行政法之一般法律原則(註五八)。再者，平等原則本身來自憲法所明定，故屬具有憲法位階之行政法一般法律原則。

不過，平等原則雖具高位階，但在適用上卻僅居補充的地位。換言之，法律若已有明文規定，則應優先適用該等法律規定；反之，若是形式的法律規定有所未迨，或是立法者有意無意地授予行政機關裁量餘地，

註五五 Vgl. Mayer/Kopp, *Allgemeines Verwaltungsrecht*, § 5 II f.; Maurer, *Allgemeines Verwaltungsrecht*, § 4Rn. 23; Ossenbühl in; Erichsen/Martens, *Allgemeines Verwaltungsrecht*, § 7. IX 1. (轉引自，洪家殷，論違法行政處分──以其概念、原因與法律效果爲中心，載於東吳法律學報，第八卷二期。八十四年二月，頁六七。)

註五六 城仲模，前揭註八書，頁一二。

註五七 Frauz Mayer/Ferdinand Kopp, *Allgemeines Verwaltungsrecht*, 1985, S. 294 ~308(林錫堯譯，行政法之一般法律原則，刊於財稅人員進修月刊，第六五期，頁一四)。

註五八 此種結論，乃德、日之通說。參閱：Rudolf Wendt, Der Gleichheitssatz, *NVwZ* 1988, Heft 9. S. 778~786 (林錫堯譯，平等原則，刊於財稅人員進修月刊，第七九期，頁一八)；橋本公亘，憲法原論(新版)，有斐閣，昭和五十四年一月三十日，三版第七刷，頁一七八、一七九。

平等原則便能充分發揮其「補充」的功能（註五九）。

〔叁〕平等原則之判斷基準

一、平等原則之拘束對象

　　平等思想之發展進入普遍要求「法下平等」（或稱「法前平等」）之時期後，各國莫不於憲法上以文字明文規定之。例如德國基本法所稱之「法律之前人人平等」（基本法第三條第一項）、日本新憲法與我國憲法所謂之「在法律上一律平等」（日本憲法第十四條第一項、中華民國憲法第七條）。然而，「法下平等」之概念，其所指範圍爲何？換言之，平等原則所欲拘束之對象爲何？解釋上曾有爭議出現。歸納學者間之見解，得大別爲二類（註六〇）：

㈠法適用平等說

　　此說以爲，「法下平等，乃國家適用法律時，應對全體國民爲平等對待之謂」（註六一）。既曰「國家適用法律時」，從而，平等原則之拘束對象，依此說係指行政、司法二者而言。此種主張，在二次戰前之歐陸，特別是威瑪憲法時代之德國，居於通說之地位。二次戰後，日本繼受德國之

註五九　葉俊榮，前揭註五四文，頁二三〇。

註六〇　此種分類法，參閱，蘆部信喜，法の下の平等の意味，載於法學教室，第一三八期，有斐閣，一九九二年三月，頁五四、五五。另外，阿部照哉、野中俊彥氏則分爲：「立法者非拘束說」與「立法者拘束說」（參閱：前揭註一二書，頁四五～五〇）。我國學者陳新民則分從「法律適用之平等」與「法律制定之平等」二方面討論之（參閱氏著，平等的憲法意義，收於憲法基本權利之基本理論（上），自刊，八十一年一月三版，頁四九八～五〇二）。上述學者間之分類名稱雖有不同，惟論述內容則一。

註六一　佐佐木惣一，法的平等の權利と生活規制無差別の權利，收於氏著，憲法學論文選（一），有斐閣，平成二年九月十日，復刻版第一刷，頁一一六。田畑忍氏亦同此見解（參閱氏著，法の下の平等，載於公法研究，第一八號，頁一一）。

思想，於日本國憲法施行後之初期階段，採此立場之學說成爲有力見解。

㈡法內容平等說

此說主張「法下平等」之理念不應僅僅適用於「適用法律時」，進一步更要求法律的內容本身亦應符合平等。蓋「法律適用的平等權利，若只是拘束行政權及司法權，要求對法律『公正』的執行，這種注重『形式』的平等權理論，並不能清晰了解法本身應該如何『實踐』此平等權利之內容。倘若一個法律本身即『不公正』（例如採行種族歧視、男女不平等政策），那麼透過毫不打折扣的『法適用平等』原則，適足以加重本惡法造成之弊害。」**(註六二)** 從而，本說以爲平等原則之拘束對象應包括行政、司法與立法。德國戰後制定之基本法，於第一條第三項明文要求立法權應受平等原則之拘束；日本戰後之新憲法雖無類此德國基本法之規定，惟目前之學說與判例亦皆以本見解爲當然（**註六三**）。

對此問題，本文以爲：倘平等原則之拘束範圍僅限於行政權與司法權，則法律於立法者決定後，即產生法的拘束力，行政及司法權基於法治國家原則亦同受拘束，人民要求執法者公正（平等）執行法律之基本權利，此時如同其他古典之人權（例如自由權）一般，僅具有防禦權（Abwehrrecht）之性質。然而，如本文前述，平等具有雙面之性質，一方面係人民憲法上之基本權，他方面表現爲拘束國家行爲之平等原則；上述要求國家公權力消極「不作爲」來保障人民基本權之觀點，與現代法治國家之人民基本權利應具積極性之時代潮流，非但不能配合，並且，就平等作爲一種原則之功能面以觀，亦將使平等原則不具實益。因此，本文從現時德、日學界及實務之通說，亦肯認平等原則之拘束對象應包括行政、立法、司法三者。

註六二　陳新民，前揭註六○書，頁五○一。
註六三　蘆部信喜，前揭註六○文，頁五五。

二、平等原則(合理差別)之判斷基準

平等原則之最基本概念係「相同之事物應爲相同之處理，不同之事物應爲不同之處理」，此種概念，從反面邏輯推論之，即係指「相同之事物不應有差別待遇，不同之事物可以有差別待遇」；再者，從形式平等之內涵──國家機關不可恣意地爲差別待遇以觀，皆可以推知平等原則所欲禁止者乃恣意的差別待遇，所欲建立者則係一套合理差別待遇之判斷基準。又，平等原則同時拘束行政、立法、司法三領域，在立法、司法方面，主要係要求、審查法內容之平等；在行政方面，除了法適用之平等外 (此部分本文第肆章將詳述之)，在行政享有立法權之情形 (例如行政命令)，亦同受法內容平等之要求。是以，從「量」的方面爲比較，亦是爲行文之便，本文下述「合理差別之判斷基準」一節主要係從法內容平等此一面向爲論述，不過，這樣的考量並無礙於此等判斷基準亦同時適用於立法、司法、行政三者，合先敍明。

(一)德國

綜合德國學界與實務對平等原則之判斷基準所表示之見解，其重要之理論有下列數項：

1.立法形成之自由 (註六四)

所謂立法形成之自由，乃由立法者依其理智，爲合目的性考量，而

註六四　我國學說及實務界大多數係援引日本語，稱此爲「立法裁量」，惟本文以爲此用語並不妥當，蓋除了類如立法者在立法過程中爲瞭解專門，科技性問題所召開聽證會裡的個案「暫定性選擇」，或可稱爲「立法程序中局部的裁量 (擇)」外，不宜泛稱「立法裁量」，而應代之以「立法形成之自由」、「立法權限」、「立法者的權衡」、「立法衡量 (Gesetzgebungsabwagung)」、或「立法衡酌 (Gesetzgebungserwagung)」等，或許是比較信達而貼切的概念符號。(以上參閱，城仲模著，關於公法學上「裁量」之用語，收於當代法學名家論文集，法學叢刊雜誌社，八十五年一月出版，頁二七二～二七三。)

區別平等之合理差別(註六五)。德國憲法學界早在威瑪憲法時代，即有學者 F. Stier-Somlo 認為，當立法者的立法形成權力，未有符合公益需求之「理智理由」(ohne vernünftige Gründe)而行使時，即屬權力濫用，其因而侵及平等權，即不許可之(註六六)。倘此說係指單純委由立法者就法律是否為合理差別對待加以衡量，本文以為理論上似有未妥。蓋某法律對某相同事物為不同處遇而未違反平等原則，乃因該不同處遇係屬合理之差別；此種合理之差別依據何在，方屬問題之重心，非謂將是否違反平等原則之判斷權交由立法者衡量即可，此際，該判斷基準本身為何之問題仍然存在，問題並未解決。退一步言，縱此說係謂委由立法者依其「理智理由」加以衡量，惟何謂「理智理由」並未見氏進一步加以說明，其概念未免流於抽象空泛，本身在功能上並無法做為判斷之基準。（依此說，可能做為判斷基準者，僅餘「符合公益需求」耳！惟氏是否有此意圖，本文不得而知。）

2.正義理念

以正義理念為是否違反平等原則之判斷基準，首見於聯邦憲法法院一九五二年四月三十日對「手工業規則」一案之判決，其認「平等原則並不對立法者課予義務，使其在所有情況不同的事物仍為不同的處遇。它毋寧要求，依據正義理念(Gerechtigkeitsgedank)，事實上的不同是否總是在立法者考慮中的關聯上具有意義，以致立法者在制定規則時，必須注意之」(註六七)。儘管此後仍不乏有以正義觀念為說明之判決出現，然何種樣態之法律始合乎正義，聯邦憲法法院仍只能作事後的審查而無

註六五　陳志全，平等原則之合理差別基準——兼論釋字二一一號解釋與釋字二二四號解釋，載於法律評論，第六一卷九、十期合刊，頁二〇。

註六六　F. Stier-Somlo, Art. 109, Gleichheit vor dem Gesetz, in: *Die Grundrechte und Grundpflichten der Reichsverfassung* (Hrsg. H.C. Nipperdey), Bd. I. 1930 (1975 重印), S. 184. (轉引自，陳新民，前揭註六〇書，頁五〇四～五〇五。)

註六七　BVerfGE 1, 264. (轉引自，李惠宗，前揭註一一文，頁一四〇)。

法代替立法者具體決定，從而聯邦憲法法院於一九六四年四月十四日之判決認為「依聯邦憲法法院的判決，如果立法者沒有顧慮到所欲規範具有意義的生活關係的事實上平等或不平等,那麼法律才會違反平等原則。具有意義的生活關係必須依正義思想而予觀察，立法者據此而有一個非常廣大的形成自由。立法者是否制定最合理及最合乎目的的規定，並非聯邦憲法法院所應審查，毋寧僅有最外面的界限才受審查。」(註六八)換言之，「正義」於平等問題之審查上並非首先欲使用之基準，其乃係在法律所欲規範之生活關係下，立法者最外圍的衡量界限所在。

　　3.恣意之禁止

　　聯邦憲法法院採納 G. Leibholz 於一九二五年提出之見解，建立下述恣意禁止之公式：「平等原則係被違反，如果對一個法律上之區別對待或相同對待不能探獲一個合乎理性，得自事物本質或者其他事理上可使人明白之理由，簡單說，如果該規定必須被稱為恣意（Willkür）時。」（註六九）

　　所謂恣意，從文義上解析可得其包括隨意以及缺乏準則之力此二者主觀及客觀要素。惟聯邦憲法法院於使用恣意此一概念時，係脫離了一般之語義，其並非批評及指責立法者「主觀」的「妄為」，而係指客觀意義的恣意，也就是「規範本身對被規範的對象而言具有事實的與明顯的不適當性」(註七〇)。雖然聯邦憲法法院此一見解在其後的判決中一再被使用，然而，恣意禁止之公式對於「何者係重要的相同而不得為區別對待」仍未能提供足夠的線索而足以形成可供法官進行涵攝之大前提，從而，恣意之禁止於平等問題上事實上僅於形式上提供界限，其本身並不

註六八　BVerfGE 17, 319 (330) (轉引自，李惠宗，同前註，頁一四一～一四二)。

註六九　盧子龍，前揭註三三文，頁六五。同意此種見解之學者，如：R. Schmidt, *Natur der Sache und Gleichheitsatz, Jz.* 1967 S. 402. (轉引自，盧子龍，同前註，頁六八)。

註七〇　Christian Starck, 基本權利的解釋與影響作用, 許宗力譯, 前揭註四六書。

提供特定之內容(註七一)，而須委諸如其公式中所言之「事物本質或其他事理上可使人明白之理由」，故德國聯邦憲法法院之實務，已逐漸擺脫以「禁止恣意」爲判斷標準（註七二）。

4.事物本質

「事物本質」（Natur der Sache）概念爲聯邦憲法法院在諸多判決中所引用，其本係法哲學上的一個概念，學者 Gustav Radbruch 將法秩序中的「事物的本質」解釋爲那些可以爲法律命題提供「素材」的，「一般人的概念中旣存的社會生活事實」（註七三）。K. Larenz 氏則認爲，事物之本質係一種「有意義的，且在某種方面，已具備規律性的生活關係」，也就是社會上一種「已存在之事實及存在之秩序」（註七四）。換言之，事物本質係指，內存於一特定生活關係中的旣存的秩序(註七五)，事物之本質必須以「人類生活之整體事務」面來觀察，不是由法律的體系內產生之(註七六)。聯邦憲法法院對此概念首度出現較爲具體之闡示者，係一九五七年一月二十三日於有關「聯邦選舉法」之判決中表示「平等原則是否容許以及在何程度內容許對於特定事情的秩序加以區別，視現存的事物範圍的本質而定。對於選舉的事物範圍是依歷史的發展及基本法民主

註七一 由於聯邦憲法法院此一禁止恣意公式，甚且有學者認爲「使得恣意禁止原則與平等原則成爲一體之兩面」。（參閱：Maunz/Zipplius, Deutsches Staatsrecht, 1982, S. 196, 轉引自，盛子龍，前揭註三三文，頁六五）。

註七二 Rudolf Wendt, *Der Gleichheitssatz, NVwZ* 1988, Heft 9, S. 778～786. （林錫堯譯，前揭註五八文，頁一九。）

註七三 Erik Wolf 原著，陳愛娥譯，Gustav Radbruch 的生平及其著作，載於，政大法學評論，第五一期，頁一二四。

註七四 K. Larenz, Wegweiser zu richterlicher Rechtsschöpfung, in: *Festschrift für A. Nikisch*, 1958, 275 ff.(轉引自，陳新民，前揭註六〇書，頁五〇八。)

註七五 Jörg Neuner, *Die Rechtsfindung contra legem*, 1992 S. 77 ff.（轉引自，陳愛娥著，立法怠惰之回應，載於，憲政時代，第二一卷一期，頁三六）。

註七六 W. Maihofer, *Die Natur der Sache, ARSP* 44 (1958), SS. 145. （轉引自，陳新民，前揭註六〇書，頁五〇八）。

平等的基礎而定。」（註七七）

　　5.比例原則

　　比例原則之內涵，依傳統之三分法，係指適當性(Geeigenetheit)、
必要性　(Erfordlichkeit) 及狹義比例性 (Verhältnismäßigkeit im
engeren Sinne)（註七八）三者。簡言之，比例原則乃國家之行爲涉及人
民基本權利時，其「目的」與「手段」間，有無適當之關聯之謂。以比
例原則作爲平等原則之判斷基準，理論上曾存有不協調性，茲以人民之
自由權及平等權爲例說明之。使用比例原則以保障人民之自由權，是在
國家權力，爲了公益所需，並依法律保留 (Vorbehalt des Gesetzes)
之制度，來侵犯人民之自由權，因此，自由權本身即是一個「可侵犯」
的人權(註七九)。至於憲法所保障的平等權，係要求同樣的情形，必須要
同樣的對待；不同的情形，必須要差別對待。此平等權本身係「絕對性」
的，不受國家侵犯，更無任何理由可授權立法者來對此一鐵則予以限制。
比例原則於涉及限制人民自由權方面，係以「最少侵害」爲中心思想，
通常，國家最好以不作爲爲佳，使人權「未受限制者，即爲自由」。惟於
平等權，並非此種消極式立法態度。立法者毋寧負有積極之義務，公正
界分「同同、異異」，此即一面是「平等對待」，不然即「差別對待」。法
律保留之情形亦然。傳統古典之法律保留理念，法律保留僅及於限制人
權之法律爾（如我國憲法第二十三條之狹義概念）。倘遵從此概念模式，
如前所述，平等權之鐵則，不可被侵犯，則以平等權之「限制」爲目的，
即不能適用本原則。惟依現代已予擴張之法律保留制度（如我國中央法
規標準法第五條第二項規定涉及人民之權利義務者，應以法律定之），自

註七七　李惠宗，前揭註一一文，頁一四三。
註七八　詳參，謝世憲，論公法上之比例原則，收於城仲模主編，前揭註二七書，
　　　　頁一二二。
註七九　M. Klöpfer, Gleichheit als Verfassungsfrage, 1980, S. 54（轉引自，陳新
　　　　民，前揭註六〇書，頁五一二）。

然亦包括立法的「界定」行爲有「涉及」人民平等權者（註八〇）。

此種由立法者透過立法的手段來檢視其與平等權之關係，乃係立法者在「區分」法律對象（及決定法律效果）之同異上，勉強擷取比例原則之理念。儘管理論上似存在此等不協調性，惟德國學界普遍仍支持比例原則（及法律保留原則），適用在拘束立法者的「區別」（界定）行爲之上（註八一）。至於聯邦憲法法院，亦經常運用比例原則以從事合理差別之審查。其以爲，平等原則雖不禁止區別，惟倘區別規定違反適當性、必要性或比例性時，即可能導致區別不合理而構成違反平等原則（註八二）。

(二)日本

歸納日本學界及實務界對合理差別向來之見解，可大別爲「單一基準說」、「二重基準說」及「三段審查基準」三大類：

1.單一基準說

判斷差別對待是否合理而不違反平等原則時，認爲以一種標準予以判斷者，稱爲單一基準說。此等標準，學說上與實務上認爲較重要者有：

(1)自然法上的界限

以自然法上的界限爲判斷基準，乃因人民自然事實上的差異，而採取不同的對待者，不違反平等。亦即，人本來即有事實上的不平等，故自然法上平等的要求即成爲其內在的制約（註八三）。最高裁判所曾於昭和二十五年十月十一日就刑法上殺害尊親屬罪之加重處罰規定是否合乎平等原則爲判決，其以個人「年齡」、「自然素質」、「職業」、「人與人之特別關係」等作爲差別待遇的合理化事由，即屬所謂自然法的事由，爲合

註八〇　陳新民，前揭註六〇書，頁五一一～五一三。

註八一　陳新民，同前註，頁五一三。

註八二　BVerfGE 13, 290 f.; BVerfGE 18, 121 (124 f.)，詳參，李惠宗，前揭註一一文，頁一四六～一四七。

註八三　和田鶴藏，前揭註一二書，頁七〇七。

憲性判決（註八四）。

　(2)正義理念

　　此說以爲，相對平等的決定基準，乃是正義。學者橋本公亘氏並舉例說明，「由於成年人與少年在精神及身體方面均有差異，少年法基於此等差異而對少年爲特別對待之規定乃是爲了健全少年之成長而設計，係屬合理。」「同理，對於公務員犯罪之特別規定；以及對於特殊職業者要求特別資格的注意義務，亦屬合理」（註八五）。惟就此說之內涵觀之，似與前說頗爲類似。

　(3)憲法上的界限

　　所謂憲法上的界限，即以憲法上已有特別規定者，依特別法優於普通法之原則，以之爲判斷基準（註八六）。亦即，倘憲法上明文之不平等規定，則無問題，例如日本憲法第二條「皇位必須世襲，依國會議決之皇室典範之規定繼承之」之規定是。雖然主張此說之學說並認此基準並不當然排斥其他基準，惟倘僅使用此基準爲差別判斷，則對於其他憲法所未規定之不平等情形究應如何審查，即失其依據，從而，本文以爲此說不足以形成單獨之判斷基準，必須佐以其他判斷基準始可。

　(4)公共福祉

　　由於日本憲法第十二條規定「本憲法對於國民所保障之自由及權利，須恃國民之不斷努力保持之。國民須負經常減實爲公共福祉而予享用之責任，不得濫用。」故「公共福祉成爲一般基本人權制約之法理，亦適用於平等權，從而於審查差別是否合理時，須視該差別是否爲促進公共福

註八四　最大判昭和二十五年十月十一日刑集第四卷一〇號二〇三七以下。不過，後來之判決卻宣告該規定係違反憲法之平等原則。（最大判昭和四十八年四月四日，刑集第二七卷三號，頁二六五。）

註八五　橋本公亘，憲法原論（新版），有斐閣，昭和五十四年一月三十日，第三版七刷，頁一七八～一七九。

註八六　和田鶴藏，前揭註一二書，頁七〇七～七〇八。

祉」(註八七)。而所謂的公共福祉，實務曾從利益衡量的觀點加以闡述：對於國家公務員法限制公務員之政治行爲是否合理，最高裁判所昭和四十九年十一月六日之判決認爲「憲法第十五條第二項旨在使公務員不偏於某黨派，而嚴守其中立之立場，以遂其職務。因此種必要，故禁止此種有損中立性的行爲，並未逾越憲法容許之合理範圍。在此限度內要考慮政治行爲禁止的目的及其目的與被禁止之政治行爲之關聯性；換言之，即應以因禁止政治行爲所生之利益與所失利益是否均衡爲斷。」(註八八)依此見解推論，似認：限制基本人權所能得到的利益，較不限制所能得到的利益更高時，即可考慮限制基本人權。

(5)民主合理性基準

宮澤俊義氏以「社會國」概念再加上「民主合理性」爲判斷基準，以補充前述「公共福祉」之概念。其認，「民主主義的合理性，自民主主義本質言，係指適合於人性之尊重或個人尊嚴之謂。此際，厥爲重要者乃非從自由國家之立場，而是立於社會國家之立場，以決定民主主義合理性之內容。社會國家既欲實質地尊重人民，則所要求的平等，並非單純形式的平等，而必須是社會國理念下的實質平等，則民主主義的合理性也應自此角度加以理解」(註八九)。

2.二重基準說

此說乃相對於前述「單一基準說」而生，認爲於判斷差別立法時，不能一概以同一種「態度」爲審查，而應分別情形，異其審查態度；換言之，因差別事項的不同可以有寬嚴不同的審查基準。例如，早期曾有學者主張「精神自由與財產自由之二重基準說」，認爲就人民之精神自由而言，規制之法律是否違憲，應受較嚴格之審查；反之，在財產自由或

註八七　和田鶴藏，同前註，頁七〇八～七〇九。

註八八　最大判昭和四十九年十一月十六日刑集第二八卷九號，頁九。

註八九　宮澤俊義，憲法Ⅱ——基本的人權，載於憲法學全集第四卷，有斐閣，昭和六十二年五月二十日，初版第三八刷，頁二八九～二九〇。此說亦可稱爲「社會國的公共福祉」。

經濟自由之規制立法，法院則容許其有較大的立法形成自由，從而審查之基準即較寬。如戶松秀典氏即謂「關於精神之自由及其他基本人權以及『種族、信仰、性別、社會身分或地位』法律爲差別待遇之主張時，法院應認爲係相當於不愉快的差別(不當的差別)，進而應排除其合憲性推定並進行嚴格審查,」「至於不屬於嚴格審查的差別事由，則委由立法衡量」「法院僅依據單純的合理性基準爲審查即可。」(註九〇)

惟此說並不爲大多數學者所贊同，如蘆部信喜氏即曾批評「基本人權本身並無優劣之分，僅係於民主政治之過程中，精神自由之表現等自由與之有特別的關係，而有優越性。實際上，此種二重基準說亦未必能完全確保基本人權。蓋自一九五〇年代以後，經濟自由與精神自由常混在一起。」(註九一)從而，蘆部氏進一步主張「差別目的與差別程度之二重基準說」，乃謂原則上於判斷差別目的時，持「合理性基準」爲寬緩的審查，至於「差別程度」的審查，則需「嚴格的審查」(或稱嚴格合理性的審查)。換言之，「立法者要對基本權加以限制時，在合目的性方面，要求一般『合理性』，但在規制手段的必要性上，則要求需『嚴格的合理性』。」(註九二)由上述觀之，此說實質上即以比例原則而發展，有漸成通說之趨勢 (註九三)。

3.三段審查基準

有關法下平等其差別合理性之審查,在美國發展出三種基準： 第一，單純合理性基準。乃以立法形成權爲前提，認爲只有立法明白地逾越、濫用其衡量時始構成違憲。第二，嚴格審查基準。即要求爲差別對待之

註九〇　戶松秀典, 平等原則; 收於蘆部信喜編, 憲法の基本問題(ミリーズ.2.),
　　　　有斐閣, 昭和六十三年七月二十日, 頁二〇一～二〇三。

註九一　蘆部信喜, 司法のめり方と人權, 一九八七, 頁八七。(轉引自李惠宗, 前
　　　　揭註一一文, 頁一一五)。

註九二　李惠宗, 同前註, 頁一一九。

註九三　例如下列學者亦同此見解: 阿部照哉、野中俊彥, 前揭註一三書, 頁九三
　　　　～九四; 浦部法穗(氏逕以比例原則稱之, 參閱氏著, 前揭註一八書, 頁
　　　　一三六～一三七)。

立法目的須有絕對不得已（compelling）的強烈必要性，此時須就手段
與目的間之不可欠缺關係，負舉證責任。第三，介於上述二者間之嚴格
的合理性基準。乃謂爲差別對待時，於立法目的上即使不能說是絕對的
不得已，也是重要的（important），且差別手段與達成目的間須有實質
關連的必要性（註九四）。事實上，前述之「差別目的與差別程度之二重基
準說」即是繼受美國之思想而發展，只是，對於第二與第三兩種基準，
日本學者運用時並未嚴格加以區分。不過，蘆部信喜氏在後來之文章中
則明文主張前述之三重審查方式，稱爲「三段審查基準」，其並將前述之
第三種基準名之曰「中間審查」，同時主張於嚴格審查時，必須該爲差別
對待之立法其立法目的具有「必要不可欠缺之公益」，始能謂合乎合理差
別（註九五）。

㈢我國

關於平等原則之判斷基準問題，我國學說上少有清晰具體之論述；
至於實務界，行政法院之裁判與司法院大法官會議之解釋，爲數尚不少。
本節之討論係以學說上及實務上與本問題有相關之論述爲出發點，推敲
其意旨，歸納數項判斷基準，述之如下：

1.合目的性考量

實務上歷來有關平等之裁判與解釋，大多以「合目的性」作爲合憲
解釋之基礎。例如司法院大法官會議釋字第一七九號解釋：「民事訴訟法
施行法第九條所定上訴人有律師爲訴訟代理人，而來繳納裁判費者，法
院得不定期間命其補正，乃在避免延滯訴訟，於人民訴訟權之行使及人
民在法律上地位之平等，尚無妨礙……」，參酌解釋文前段所稱「……爲
免延滯訴訟……」，似可推論本號解釋係以「合目的性」作爲「合理」之

註九四　中村睦男，法の下の平等と「合理的差別」，載於公法研究，第四五號（一
　　　　九八三），頁三九；（轉引自，李惠宗，前揭註一一文，頁一一九）。
註九五　蘆部信喜，憲法十四條一項の構造と違憲審查基準，載於法學教室，第一
　　　　三九期，有斐閣，一九九二年四月，頁九二～九三。

內涵。另外，釋字第二〇五號解釋理由書認爲「按中華民國人民，無分男女⋯⋯爲憲法第七條所明定，其依同法第十八條應考試服公職之權，在法律上自應一律平等。惟此所謂平等，係指實質上之平等而言，其因事實上之需要及舉辦考試之目的，就有關事項，依法酌爲適當之限制，要難謂與上述平等原則有何違背。」本號解釋以「因應事實上之需要」及「舉辦考試之目的」作爲實質平等的基礎即合理差別之基準，亦係基於合目的性之理念。

此外，行政法院七十五年判字第二四三號判決則謂「政府釐定考試政策，訂定各種考試類科與應考資格，均係基於國家掄才之本旨與需要，以客觀標準，審愼制定，與各大學或獨立學院各研究所招收研究生之性質旣不相同。縱予原告可以其報業行政科畢業之學歷，報考各大學有關研究所，然亦不能以此作爲原告有報考高等考試普通行政人員法制組資格之有利認定。」(註九六) 該判決認爲高等考試與各大學研究所考試「性質並不相同」，推其意旨，似亦立於「合目的性」之概念爲考量。

2.立法形成之自由

針對房屋稅條例中不分自住房屋與其他住家用房屋，均適用相同免稅額之規定，司法院大法官會議釋字第三六九號解釋認定此屬立法機關裁量 (註九七) 之範疇，即使因此使得出租之住家用房屋於一定金額範圍內，亦同獲免徵房屋稅之優惠，亦無牴觸憲法保障人民平等權之本旨。其論理在於認定此一規定旣係出諸立法之明文，而「法律所定之內容於合理範圍內，本屬立法裁量事項」，致無違憲之情事。

3.事物本質

司法院大法官會議釋字第三六五號解釋係有關對未成年子女權利之

註九六　行政法院裁判要旨彙編，第六輯。
註九七　大法官會議解釋文中直接使用「立法裁量」之用語者，爲數不少 (釋字第二〇四、二二八、二四六、二九九、三〇二、三三七、三六九號解釋等是)，惟「立法裁量」此一用語之不妥，本文前已述及，故此處標題逕以「立法形成之自由」稱之。

行使，父具有優先權之民法規定，爲大法官宣告違憲，並限期失效。解釋理由書中清楚指出因性別所生之差別待遇，僅於特殊例外之情形，即因「男女生理之差異或因此差異所生之社會生活角色上之不同」，始非憲法所禁。參酌本文前述大多數學者對「事物本質」之理解係指「內存於一特定生活關係中的既存的秩序」概念以觀，則本號解釋具體明確將合意之男女差別待遇侷限於兩種特定例外情形之見解，應係本於「事物本質」之理念爲考量。

4.憲法第二十三條

我國憲法第二十三條之規定，一般係認包含比例原則與法律保留原則之概念。司法院大法官會議於諸號解釋中，嘗援引憲法第二十三條之內涵，爲判斷合理差別與否之基準。例如，釋字第二一一號解釋，以增進公共利益所必要，而支持海關可要求限期繳納原處分或不足金額二分之一保證金或提供同額擔保，否則不得聲明異議法律（海關緝私條例）之合憲性(註九八)。此外，釋字第三四○號解釋將公職人員選舉罷免法中對有無政黨推薦之公職候選人，繳交不同保證金之規定，認係「對人民參政權所爲不必要之限制，形成不合理之差別待遇」，與憲法第七條規定意旨不符，宣告違憲。

㈣本文之見解

關於平等原則之判斷基準問題，在德國，聯邦憲法法院早期之理論係以「禁止恣意」爲基準，惟因禁止恣意之公式本身並不具實質內涵，無法提供判斷準據；嗣後，聯邦憲法法院以「事物本質」爲審查範圍，以正義理念爲立法形成之最外圍界限，並輔以比例原則爲審查方式。至於日本之情形，彼邦鑑於「單一基準說」所能提供之判斷基準似嫌薄弱，故學說與實務係以「差別目的與差別程度之二重基礎說」爲現時之通說。

然而，前述德、日學說或實務所發展之數項基準，其中仍不乏可議

註九八　不過，對於稅捐稽徵法中類似之規定，釋字第二二四號解釋則認係對人民訴願及訴訟權利所爲不必要之限制，進而爲違憲宣告。

之處。首先，以正義作爲拘束立法形成之最外圍界限而言：正義，係法律理念首先構成要素，正義是一種絕對價值，是一種不可能來自任何其他價值的價值。這裡講的正義是指衡量實定法的正義，而不是指由實定法來衡量正義。從這一意義上講，正義的意思是平等(註九九)。事實上，「平等的原理」也常被許多法學家認爲即是正義(註一〇〇)。不過，雖然正義是法律的理念，惟此非謂以正義爲基礎即足矣，因爲，正義要求平等的人平等對待，不同的人按照他們的區別不同地對待，但它並未表明誰應平等或不同以及如何對待他們。換言之，正義僅規定了法律形式而來決定內容(註一〇一)。從而，以正義即平等這樣的角度來觀察，即使以正義作爲立法形成之最外圍界限，仍有未妥。其次，就「事物本質」而言，事物本質係充滿歧義性之名詞，二次戰後，雖德國學者諸般討論，惟對於事物本質本身是否具有規範性或實質上之意義，迄今仍未有定論(註一〇二)。按平等原則基本上係禁止恣意，事物本質又作爲禁止恣意之具體化標準，事物本質結合主要之價值觀點，後者在本身亦爲一體系化之事物，於此層層推衍之下，事物本質缺乏實質之內容，僅係空洞之概念，從裁判規範 (Entscheidungsnorm) 之觀點出發，事物本質於此並無其於方法論上獨立之地位 (註一〇三)。至於日本之「二重基準」或「三

註九九　沈宗靈著，現代西方法理學，北京大學出版社，一九九二年六月，頁四三；
　　　　鈴木敬夫，法律哲學上的相對主義——關於賴特布魯 (Radbruch) 價值哲
　　　　學的基本立場，收於札幌學院法學，第七卷一號，札幌學院大學法學會，
　　　　一九九〇年九月出版，頁三四。

註一〇〇　林文雄，法實證主義，臺灣大學法學叢書編輯委員會，一九八二年十月，
　　　　增訂三版，頁二二七。

註一〇一　所以，賴特布魯 (Gustav Radbruch 1878～1949) 認爲法的理念由正義
　　　　(Gerechtigkeit)、合目的性(Zwechmäßigkeit)、法的安定性(Rechtssi-
　　　　cherheit) 三個側面構成。(參閱，鈴木敬夫，前揭註九九書，頁三四)。

註一〇二　高文琦，事物本質之概念及在法學上之地位，臺灣大學法律學研究所碩
　　　　士論文，七十九年六月，頁一五四～一五五。

註一〇三　Friedrich Müller, *Juristische Methodik*, 1971, S. 27 (轉引自，高文琦，
　　　　同前註，頁一二九)。

段基準」，皆係援引自美國，此等基準本身即充滿不確定概念，惟美國幸賴多年來豐富之法院、判決致形成相當程度之共識，類此共識於吾國司法實務（無論行政法院抑或大法官會議）目前並未形成。

不過，從以上德、日兩國之情形觀察，至少可以得知，採取單一的判斷基準殆不可行。從此體認為出發點，事實上，平等原則（平等權）本係來自於憲法之明定，是以於判斷合理差別之基準時，不妨回歸整體之憲法秩序為考量。首先，除憲法第七條係公平權之明白宣示外，尚有其他規定屬憲法「特別制度」所生之「差別待遇」，如總統個人專屬的刑事豁免權(五十二條)、中央民意代表的言論免責及不受逮捕權、法官地位之保障權（八十一條）等。這些差別對待之規定，立法者少有形成權運用之可能。至於其他如婦女當選名額之保障(一三四條)、對勞工、農民、婦女及兒童的特別待遇（一五三至一五五條）、貧苦學生之照顧（一六二、一六三條）、文化工作者、邊疆人民的特殊照顧(一六五、一六九條)、原住民之保障（增修條文第九條）……等，皆係憲法賦予立法者為差別對待之憲法委託條款。其次，憲法第二十三條（包括二十二條）揭櫫四項的公益條款(防止妨礙他人自由、避免緊急危難、維持社會秩序、增進公共利益)，亦作為立法者界定「同同、異異」後所生的法律後果之正當性理由（註一〇四）。此外，「社會通念」亦應作為差別是否合理之判斷基準，換言之，差別待遇的態樣及程度，必須在「社會上通念」所容許的範圍(註一〇五)。固然，運用「社會通念」恐遭不確定法律概念之譏，惟此種情形並非公法上獨見，其他之法領域亦然，可謂係立法上「必要之惡」。是故，判斷差別待遇是否合理，本文以為首應從憲法秩序包括憲法委託條款、公益條款、憲法價值體系（如法治國理念、社會國原則）

註一〇四　陳新民，前揭註六〇書，頁五一四～五一五。
註一〇五　橋本公亘，日本國憲法，昭和五十七年(一九八二)，頁二〇一。日本最高裁判所於「罰金刑差異」判決認為「罰金刑依受刑者貧富程度，……依一般社會通念，可認為其有合理的依據。」(最大判昭和二十五年六月七日刑集第四卷六號，頁九五六，引自，橋本公亘，同上註，頁二〇二)。

——爲出發點，結合社會通念爲考量，以落實差別待遇之正當性及必要性，方符合理。

〔肆〕平等原則於吾國具體行政領域之體現

欲探討平等原則於吾國具體行政領域之體現，必須先對行政領域之範圍先做分類上之整理；由於行政本身富含多樣性與複雜性，故而隨著分類方式之不同，論述之重點及結果亦將有其差異；平等權雖然如前文述及，可以同時拘束行政、立法及司法三大領域(註一○六)，然由於本文討論之重點係「平等原則」於具體行政領域之體現，如本文〔貳〕所述，「平等原則」相較於「平等權」，前者乃係用以拘束行政行爲之一種法律原則，而一旦行政機關或行政主體違反「平等原則」時，論理上，吾人可以行政行爲違「法」（Recht）而主張救濟，是以本文探討之範圍將以「行政領域」爲重，至於立法、司法領域則因係憲法「平等權」適用之範圍，故本章不欲列舉述之，合先敍明。

由於行政行爲因觀察角度之不同，而可得出各式各樣之行政分類，故本文擬依行政行爲之法律形式（Rechtsform）不同，做如下之區分(註一○七)

1.高權行政 (hoheitilche Verwaltung)

或可稱爲「公權力行政」，是最傳統、最典型的行政，係指國家或行政主體居於統治權主體之地位，適用公法規定而爲權力之實行(註一○八)

註一○六　戰後德國基本法第三條第三項規定「……下述基本權利視同直接有效的法，拘束立法、行政及司法權。」而於同法第三條第一項揭示了「法律之前人人平等」之平等權概念。

註一○七　Hartmut Maurer, *Allgemeines Verwaltungsrecht*, 6. Aufl. 1988, S. 28 Fritz Ossenbühl, *Staatshaftungsrceht*, 1976, S. 16 ff.

註一○八　陳新民，前揭註六○書，頁二七。吳庚，行政法之理論與實用，自刊，八十一年九月初版，頁一○～一一。

行爲均屬之。

2.國庫行政 (fiskalische Verwaltung)

亦有學者稱之爲私經濟行政(Privatwirtschaftsverwaltung)(註一○九),乃係指國家或行政主體並非居於公權力主體地位，且與統治權 (imperium)之行使無關，而係處於與私人相同之法律地位，並依私法之規定，爲其各種行爲 (註一一○)。

本文擬粗略地將行政領域劃分爲此兩大領域，由於一爲公法形式之行政，另一爲立於私人或財產權地位之行政，則做爲拘束國家或行政主體之行政行爲的「平等原則」是否可以毫無區別地一體適用於此兩大部分，是主要論述重點，再者依各大領域內部構造及細目分類之不同，「平等原則」體現後及違反後之效果又將如何？亦是本章所欲闡述，因此，做這樣的體系分析，主要係恐其他分類方法或有疏漏，而非其有若何錯誤，合先說明。

一、平等原則於高權行政 (hoheitliche Verwaltung) 之體現

前已述及，在高權行政之範疇，主要乃係國家或行政主體立於統治權主體之地位，而爲各種行政行爲，但學者亦更有從其行爲態樣之結果是否科予相對之人民命令、強迫或形成性之手段，而區分爲「統治管理之行政行爲 (hoheitich-obrigkeitliche) 與「單純統治之行政行爲」 (schlichthoheitliche Verwaltung) 兩種不同之形式 (註一一一)、(註一一二)，而這樣之區分方法不外乎係爲討論行政行爲之作用方式不同所

註一○九　吾國行政法院亦常使用，判例之用語爲私經濟行政（四十九判字第八號），參照吳庚，前揭註一○八書，頁一三註二六。

註一一○　Mayer/Kopp, 同註五五, a.a.O., S. 63 ff.

註一一一　Hartmut Maurer, 同註五五, a.a.O., S. 28.

註一一二　上述分類中文用語不一，有以「高權行政」與「單純高權行政」稱之，或「官方行爲」與「單純公權力行爲」稱之。本文之譯法乃參照廖義男，

爲，與本文所欲討論之平等原則於高權行政之體現並無直接關係，故於此「高權行政」部分，再依行政行爲所受到之拘束範圍大小，依其外來之決策成分（heteromen　Determinanten），與自主之決策成分（autonomen　Determinanten）之不同（註一一三），區分羈束行政（gebundene Verwaltung）與裁量行政（Ermessensverwaltung）兩者，做爲討論平等原則於高權行政之體現結構。

㈠**羈束行政**（gebundene Berwaltung）

所謂羈束行政，是指行政主體之行爲，被「法規」嚴格侷限於固定範圍內，而由立法者，或上級行政機關將行政行爲的要件，行使之方式及行使效果，做一具體之規定。

一般而言，羈束行政之產生，不外乎係透過「法規」而來，而此處之「法規」，實際上可包含法律、行政命令、行政規則三種；廣義言之，行政係立於法規範之下，因「依法行政」及「行政一體」原則之拘束，而使行政行爲，必須遵守形式法規範之要求，而不得爲歧異之處理，因此，法律、行政命令、行政規則既是行政行爲依循之「標準」，則該標準之制定本身，便須合於「平等原則」。

1.法律

在拘束行政之要求下，認事用法之行政機關只能依具體事件，援引法規，並做其決定，此時之平等原則只是表現於「法規適用上」之平等，而這種法規適用上之平等，充其量僅係「形式上」之平等，亦即依法規範所表示之效果，於事實上相同時，即應在法規範上給予相同效果（註一一四）；故而倘平等原則於羈束行政上之適用僅此即爲滿足，則前文所提

　　　國家賠償法，自刊，八十二年七月，頁三一。

註一一三　Vgl. A. Merkl, *Verwaltungsrecht*, 1927, S. 142; dazu auch Perter Bebárd, *Gebundenheit und Ermessen*, in Antoniolli-Festschrift (hrsg.), von F. Ermacora, G. Winkler et al., 1979, S. 89 轉引自：吳庚，前揭書，頁七四。

註一一四　和田鶴藏，前揭註一二書，頁三九〇。

及之平等的眞正內涵反而無法彰顯。故追求的，應是法內容之平等，亦即法的正確的實現方是實質的平等（註一一五）。

法內容之平等，可能表現於「法律」、「行政命令」或「行政規則」中，法律之制定，依權力分立原則及各國憲法之實踐，係隸屬於立法權之範圍，透過「立法形成自由」由國會議員本其良知而爲立法之表現，故「法律」本身，其內容是否符合「平等」此實已屬憲法層次之課題，當然倘若立法違反「平等」，則可藉由司法權（在我國爲大法官會議）宣告該「法律」違憲而無效（註一一六），自不待言。

2.行政命令

至於「行政命令」則容有討論之必要，蓋在現代法治國家或由於國會議員專業知識之欠缺、或受到國會會期不連續之影響，不得不行使行政機關擁有一定之「法規制定權」，然此必然性與必要性終究非法治國家與民主國家之常態，故往往要求授權母法須符合「授權明確性」之要求（註一一七），因此倘若授權母法，授權予行政機關訂定行政命令之權限時，行政命令之內容，亦須符合「平等原則」；在我國審判實務上，認爲行政命令違反平等原則者，如八十年判字第二○八○號判決，其要旨乃依營利事業所得稅結算申報查核準則第九十四條規定之備抵呆帳損失及同規則第九十四條之一規定之外銷損失準備等，既係以行政命令規定准以損失列報，則對依證券商管理規則第十二條規定之違約損失準備，彼此性質相同，依「公平原則」，自不宜爲相異之處理（註一一八），是其適例。

註一一五　和田鶴藏，前揭註一二書，頁二三四。

註一一六　我國大法官會議解釋例上，應法律違反平等權而被宣告違憲之案例不少，如釋字第二一一、二二四、三一八、三四○等號解釋觀之。

註一一七　德國基本法第八十條第一項第二句，要求授權母法的授權規定本身必須明確規定此項授權之內容（Inhalt）、目的（Zweck）與範圍（Ausmaß）。吾國大法官會議釋字第三一三、三六○、三六七、三九○等號參照之。

註一一八　見行政法院裁判要旨彙編，第一一輯，頁三一六。

　　抵觸「平等原則」之行政命令，內容上已構成瑕疵，是否即為無效，對此，吾國法制規定上並未見其明文，蓋憲法第一百七十二條雖明示命令與憲法或法律抵觸者無效；但行政法之一般法律原則，可否解釋為相當於憲法或法律？恐怕尚有爭執；縱使可以「類推適用」之，是否行政命令抵觸之即為無效(註一一九)？對此學者有認為，僅得由有「非難權限」之機關（如大法官會議或上級行政機關）予以非難撤銷後，方為無效，若僅係普通法院及行政法院者，則依大法官會議釋字第一百三十七號及第二百十六號解釋僅有拒絕適用之權耳（註一二〇），而非當然無效。

㈡**裁量行政**（Ermessensver waltung）

　　所謂之裁量行政，係指立法者給予行政主體，在授權之範圍內，針對各種客觀的情事，在方法及時間上，採行某種行政措施，行政主體因而被賦與一定之裁量權(註一二一)，裁量行政既是立法者透過一定之法律程序，授權予行政機關為某種行政行為之選擇與決定權，則基本上其為職權之行使時，得為自由判斷，但裁量並非完全放任，行政機關行使裁量權為行政行為時，仍係行政之範疇，故「依法行政」中之「法律優越原則」（Vorrang des Gesetzes），乃至於其他行政法之一般法律原則仍有其適用。

　　然隨著行政行為之多樣化，在裁量行政中，行政機關或行政主體，本其裁量權，而為各種行政行為仍有可能，故而「行政命令」、「行政規則」、「行政指導」、「行政處分」、「行政契約」、「行政計劃」乃至於「行政執行」等均有裁量行政範疇，只是不同於羈束行政者，係行政機關就

註一一九　欠缺合法要件之行政命令，在立法例及比較法上一向有無效主義及撤銷主義（Nichtigkeits-und Aufhebungsgrundsatz）之分，我國學者因受德國法制影響，對於命令傾向於採無效主義。參照吳庚，同註一〇八前揭書，頁二三〇。

註一二〇　許宗力，論國會對行政命令之監督，收於氏著，同註七〇前揭書，頁二六九～三〇〇。

註一二一　陳新民，同註六〇前揭書，頁三九。

各該行爲有其裁量之空間，此時行政法之一般法律原則更能發揮其實質補充功能，蓋在法形式上，旣授予裁量權，則外觀上只要不凌越裁量之外部界限，形式上很難認定其違法，不過行政法上之一般法律原則正足以審定行政行爲實質內容上，是否合法。無怪乎論者嘗謂一般法律原則於行政機關享有裁量餘地，最能發揮其作用，同時法院於審查行政裁量權之行使時，亦往往必須訴諸一般法律原則（**註一二二**）判斷之。

　　裁量行政違反平等原則之效果，依行政作用方式之不同，亦將有不同之效果產生，行政機關依裁量權發布行政命令與行政規則時，其違反之效果，事實上已同上節所言，茲不再贅述，而行政計劃與行政指導兩者，因前者本具有法律效果與事實效果兩種，若其係具備法律效果者，則依個案來判斷該計劃之性質係類同於法規命令（大法官會議釋字第一四八號參照）、或行政處分（大法官會議釋字第一五六號參照）而爲處理之；而若僅係一不發生法律效果之事實行爲者，則其與行政指導同，對人民造成立即性侵害之機會較少，而「行政契約」之內容違反平等原則之機會，並非不可能，只是行政契約之締結旣是當事人所可預見，則本於自願受限制而以意思表示合致之過程觀之，其於違法性之判斷重點，反較重於締約權限及履行契約之問題較多，故而，實際上，最能展現平等原則於裁量行政之重要性者，當推「行政處分」之範疇。

　　探討裁量處分違反平等原則之另一意義，係吾國乃公私法救濟二元治之國家，而公法之救濟程序，依現行法僅行政處分方得提起行政救濟，配合訴權理論及人民主觀公權利理論之發展，更見其實益性。

　　亦即，行政處分若違反平等原則固屬違法，然相對人民是否即可主張救濟？則尚須人民之主觀公權利受侵害方可提起，故而配合訴權之理論觀之，人民欲主張行政處分違反平等原則係違法，而提起行政爭訟，則須該法係爲保護個人或至少兼含保護個人爲目的方可。因此，在有形

註一二二　葉俊榮，同註五四，前揭文，頁二三〇。

式法規之情形，不管該形式法規是否授予行政機關裁量權，只要行政機關依該法而爲裁量處分之時，違反平等原則且該法係賦予人民主觀公權利者，人民當然可依法主張救濟（註一二三）、（註一二四）；而若無形式法規爲依據時，通說認爲可以援引憲法基本權作爲請求權基礎。

因此，在前述欲直接以基本權受侵害爲請求之場合（無其他形式法律、命令爲依據時），人民即不得單以行政機關之裁量處分違反「平等原則」，即可主張救濟；尚須某一基本權受侵害方可。故此時若欲以「平等」概予主張，則本文認爲此時應主張「平等權」受侵害方可，然平等權因並非保障「實質的自由領域」（Substanieller freiheitbereich），或「法益」（Rechtgut），而僅保障「遵守一定之比例」（das Einhalten einer bestimmten Relation），因此論者嘗認爲惟有涉及任何人之其他公權利時，方可主張平等權，這些其他公權利可得稱爲「基礎權利」（Basisrecht）（註一二五）、（註一二六），亦即事實上侵害平等權之問題，須有其他「基礎的基本權」（Basis-Grundrecht）被侵害之比較事件產生後，方得依平等之精神，主張平等待遇請求權。

在吾國行政法院之裁判上，針對行政機關之裁量處分違反「平等原則」而受非難之實例亦復不少，如四十七年判字第二六號判例「……被告官署單獨通知原告將該項舖屋拆除，而鄰近同樣房屋，均未同時取締，

註一二三　林錫堯，平等待遇請求權之要件，載於財稅人員進修月刊，第八七期，頁一六～一九。

註一二四　在德國聯邦行政法院認爲，行政機關就兵役義務人之選擇之徵集時間之決定，所爲之裁量，原告不享有無瑕疵裁量請求權，不得主張平等原則，蓋授權此項裁量，並非因相對人之利益而規定，而是爲國防人力計劃而規定（BverwGW 45, 197），林錫堯，前揭註一二三文，頁一七。

註一二五　林錫堯，前揭註一二三文，頁一六。

註一二六　西德聯邦行政法院在某一商店所有人主張行政機關特別准許另一商店（競爭者）逾時營業係屬違法之案件，亦表明，主張平等原則以其他公權利遭受侵害爲前提（BVerwGE 65, 167 (173)），林錫堯，前揭註一二三文，頁一九。

顯難認爲其係因妨礙都市計劃而有拆除之必要……。」(註一二七)、(註一二八) 等參照觀之。皆以行政機關之處分違反平等原則爲違法之適例。

二、平等原則於國庫行政（fiskalische Verwaltung）之體現

在國庫行政之領域，雖其行爲係採私法之形式爲之，但因其僅不過係國家或行政主體爲達「行政目的」之前提下，依不同之法律行爲方式展現而已，因其乃在直接完成公共任務，作用上仍屬一種行政行爲，故行政法上之一般法律原則多少仍應予以適用，如平等原則、比例原則、禁止過當原則等之拘束(註一二九)。亦即在國庫行政之領域中，做爲保障人民之基本權及各行政法之法律原則對於爲私法主體地位之國庫仍有作用。唯基本權及行政法之一般法律原則對於國庫行政之拘束，其強度是否仍與居於統治權地位之國家相同？亦即行政法上之一般法律原則是否可以如在高權行政領域般完全而且強勢地進入？程度上是否有差別表現？此其實乃是「基本權對國庫行爲效力」之問題，蓋若可直接拘束之，則本做爲拘束、檢測高權行政行爲之一般法律原則及基本權，將全面適用；反之，若持否定見解，則私人與私人間一向主張之私法自治，契約自由原則將優先考慮，則基本權及行政法之一般法律原則其拘束力將形退縮。

對於上述命題，基本上學說可以分爲以下論述：

㈠全面直接適用說

此說乃認爲國庫與國家實爲同一體，國家並不因其「脫下制服，換

註一二七　行政法院判例要旨彙編，頁六八三。

註一二八　除此之外，尚有七十九年判字第一九一九號、七十九年判字第一〇九八號判決（見行政法院判例要旨彙編，第一〇輯，頁五四二、一〇四二）、八十一年判字第五四九號判決（見行政法院裁判書類彙編，八十一年第一期，一冊，頁一〇六三）。

註一二九　廖義男，前揭註一一二書，頁三六。

上便服」（註一三〇）而免除其爲國家之本質，基本權既係對於國家之行使
公權力有直接拘束作用，則對於國庫行政，亦當然有其適用（註一三一）。
論者對於此說批評之重點，泰半認爲倘若國家之任何私法行政行爲，不
論係購買辦公文具亦或爲私法組織之公營事業，都受憲法基本權，乃至
於「平等原則」之適用拘束，則不僅使國家活動之形成自由受到限制，
甚者將導致「基本權對第三人直接效力問題」（unmittelbare Drittwir-
kung der Grundrechte）（註一三二）之產生，而崩壞整個私法自治之制
度（註一三三）。

㈡部分直接適用說

　　此說乃認爲基本權對於國庫行政之拘束，依國庫行爲之類型不同，
更區分「行政私法論」與「個案區分理論」（註一三四）分論之，亦即在國

註一三〇　Walter Jellinek, *Verwaltungsrecht*, 3 Aufl., 1931, S. 25, 轉引自，許宗力，
　　　　　基本權利對國庫行爲之限制，收於氏著，同註七〇前揭書，頁二。

註一三一　主張此說者如 Hesse, *Grundzüge des Verfassungsrechts der Bundersrepub-
　　　　　lik Deutschland*, 4. Aufl. 1970 S. 142 ff.等，詳細請參閱，許宗力，前揭
　　　　　註七〇書，頁二六。

註一三二　有關「憲法基本權對第三人效力問題」可參考陳新民，前揭註六〇書，
　　　　　頁五七～一三九。涂朝興，行政私法之研究，國立政治大學法律研究所
　　　　　碩士論文，七十九年六月，頁二六五～二七四。許宗力，前揭註七〇書，
　　　　　頁一～七二。

註一三三　「行政私法論」，依行政法學者 Hans, J, Wolff 之見解，以「公行政目的
　　　　　之追求」做爲辨認行政私法行爲之標準，聯邦普通法院接受其見解，並
　　　　　加以修正，改以「公行政任務之直接履行」（unmittelbare Erfüllung der
　　　　　Verwaltungsau fgaben）做爲判斷標準，通說而言私法形式之給付行政
　　　　　行爲，例如水、電、瓦斯等「生存照顧行爲」（Daseinsvorsorge），以及
　　　　　經濟引導（Wirtschaftslenkung）目的之行爲均屬爲之。許宗力，前揭
　　　　　註七〇書，頁一五。在此部分，學者認爲憲法之基本權可以直接拘束。

註一三四　「個案區分理論」係由一九六一年德國學者 Otto Bachoff 撰文指出國家
　　　　　不能假藉法律行爲方式之恣意變換，而免除「國家行爲之特殊責任」，尤
　　　　　其當國家提供人民「生存必需之給付」或擁有「法律上或事實上之壟斷
　　　　　地位」時應視爲「公權力」之行使，而應受公法規定（例如平等原則）
　　　　　之拘束，不論其所採行爲之方式係公法抑或私法。許宗力，前揭註七〇
　　　　　書，頁二二～二三。

家之行爲目的係爲直接達到行政目的之要求時，雖係以私法之型態爲之，仍係公權力之行使，或當國家之行爲係基於人民「生存所必需」或屬「法律上或事實上壟斷地位」時，基本權可以爲直接之拘束。然此說之共同缺點，均在於「灰色地帶」判斷不易，容易引發爭議（註一三五）。

㈢間接適用說

此說學者認爲完全否認憲法基本權對國庫行爲之作用，則易使行政行爲利用其行爲形態之選擇自由，因相對人之黨派、政治理念或宗敎信仰不同，而爲差別待遇者，似與憲法理念有所不合(註一三六)，故爲避免「直接適用說」之戕傷私法自治制度及全盤「否認基本權對國庫行爲之拘束」所可能產生牴觸憲法「平等理念」之偏差，宜折衷之，認其應透過民法或私法之概括條款，諸如民法第二條、第七十二條、第一百四十八條等規定，適用時，將憲法之基本權精神融入其間予以適用，使其基本權之價值也能「投射」到私法關係中（註一三七）。

上述各說固自成理，然本文認爲，其討論結果亦僅不過是討論憲法基本權及行政法上之一般法律原則，其拘束效力之強弱問題，事實上，以「平等原則」做爲行政法之一般法律原則觀之，則國庫行政終不免其行政行爲之色彩，旣然如此，則行政法上之一般法律原則自仍有其適用；所不同的是，倘若國庫行爲違反平等原則時，其司法救濟途徑，在公、私法救濟分治之吾國，仍應依私法之救濟方式爲之，蓋國庫行爲縱受基本權或行政法一般法律原則之拘束，仍不失其爲私法行爲之性質(註一三八)。

註一三五　許宗力，前揭註七〇書，頁五三～五四。

註一三六　廖義男，前揭註一一二書，頁三八～三九。

註一三七　王澤鑑，勞動契約法上之單身條款，基本人權與公序良俗，收於氏著，民法學說與判例研究，第七冊，自刊，一九九二年九月版，頁三六～五五。

註一三八　Karl Zeidler, Schranken nichthoheitlicher Verwaltung, *VVDStRL* 19 (1961), S. 239。轉引自，許宗力，前揭註七〇書，頁七〇。

　　吾國行政法院實務對國庫行政部分依四九年判字第一一二號判例，關於電信之利用關係；暨五十五年裁字第五○號判例等均以私法法律關係處理之；因此國庫行爲是否違反平等原則，亦將僅能藉由「概括條款」之適用來論斷之（註一三九）。

三、結語

　　平等原則於吾國具體行政領域中，均有其體現，其不僅做爲限制國家行爲之規制基準，更是司法審判機關於個案判斷時，衡量認證之原則，只是「平等原則」之用語，旣與「平等權」分開，則其展現範圍，旣應限於做爲規制國家行政行爲之基準，此與做爲人民公權利基礎之「平等權」終究不同，一般著作雖未嚴予劃分此名詞上之不同，然本文認爲爲論述方便起見，仍執意做名詞上之分類，因此在行政救濟中，似不能僅以「違反平等原則」做爲救濟之依據，而仍須尋得做爲人民主觀公權利基礎之法規方可，除有形式法規明文或透過解釋具有保護個人利益者外，在無形式法規時，通說咸以爲，可以憲法基本權爲依據，而「平等權」旣爲人民之主觀公權利，則本可以之爲公權利之基礎，然因「平等權」本身並不似其他如「財產權」、「生命權」般具有實質之保障內容，故一般論者認爲，其乃係一平等待遇請求權，適用上，仍須行政行爲先侵及其他之「基礎基本權」後，方得爲比較基準而主張「平等權」，倘僅「平等權」受侵害，則似尙無法構成救濟之基礎。

　　另平等原則雖具體適用於各種行政領域，包括高權行政或國庫行政，唯行政行爲若違反平等原則，則人民之救濟管道並非全體一致，在公、私法救濟二元治之吾國系中，依其所適用之法律形式（公法或私法），而

註一三九　臺灣高雄地方法院七十八年度法律座談會對於「單身條款」問題，其結論係以違反憲法保障男女平等原則，並限制人民之工作權及有關結婚之基本自由及權利爲由，認爲違反民法第七十二條之善良風俗規定（參見，司法院公報，第三一卷九期）。

分別由行政法院或普通法院審理之，自不待言。

〔伍〕 結論

當平等思想經過時空推移，而落實作爲行政法上之一般法律原則時，此一「平等原則」將貫穿行政法全部領域，而成爲規制及指導行政行爲之一。

然「平等」用語，人人皆可朗朗上口，但究竟何謂「平等」及平等於法概念上之「地位」及「性質」爲何？本文嘗試就「平等原則」概念之起源與變化，及其性質暨合理差別待遇之判斷基準嘗試加以論述，最後並就平等原則於具體行政領域之體現加以分析，故爲說明方便起見，茲歸納如下：

一、平等係形式的、實質的平等

在這樣的概念組合下，形式平等係要求國家機關不可恣意地爲差別對待，實質平等則要求國家機關應積極彌補不平等的情形；從前者推論出平等權係具有防禦權功能而使其得視爲主觀公權利，而在後者之概念下，平等權本身則表現爲一種客觀法秩序。

二、平等理念於「法概念」之體現上，不僅表現爲平等權，同時亦表現爲平等原則

平等思想於法概念上，當其做爲人民請求、防禦之基礎時，從法技術層面與功能層面觀之，在憲法位階不僅可躍昇爲基本權之一環，同時在實證法規中，平等更已然形成人民對抗不平等處遇之請求權基礎。

而爲具體彰顯此一內涵，其更成爲拘束全體秩序之基本原則，從而國家之所有行爲概皆須符合「平等原則」之規制，使平等理念於另一種面向觀之，其具有拘束與指導國家行爲之原則性存在，故倘若國家之行

爲破壞了「平等」所導引出之權利及價值秩序時，將可透過司法權或其他非難權限機關之質疑，而予以評價。

三、平等原則之判斷基準係憲法秩序、社會通念

平等原則（平等權）本係來自於憲法之明定，是以於判斷合理差別之基準時，不妨回歸整體之憲法秩序爲考量。故而，判斷差別待遇是否合理，本文以爲首應從憲法秩序包括憲法委託條款、公益條款、憲法價值體系（如法治國理念、社會國原則）——爲出發點，結合社會通念爲考量，以落實差別待遇之正當性及必要性，方符合理。

四、平等原則仍可適用於高權行政及國庫行政

惟因吾國公、私法救濟體制之不同，其所據以訴訟救濟之法律形式應分別由行政法院或普通法院審理之：

平等原則既做爲指導與拘束國家行政行爲之法則，則自不因其所選擇之法律形式不同而有差異，然倘國家之行政行爲有違平等原則時，人民據以主張救濟之訴訟型態，將因吾國之公、私法救濟體制之不同而有不同訴訟管道，故而，在國庫行政部分，姑不論基本權及行政法之法律原則其適用程度之強弱，惟仍不否認其具有行政性，但因其係適用私法之相關規定，故不論拘束強弱爲何，仍須以私法之訴訟救濟型態爲之，同時通說認爲，可透過私法中之「概括條款」（如民法第二、七十二、一百四十八條等），將憲法平等權之精神融入其間，做爲司法審酌之內涵。

法國大革命人權宣言（Aug. 26, 1789）第一條即稱「人民是生而並長久具有自由平等權利……」(註一四〇)，孰爲平等？孰爲正義？將是吾人不斷努力奮鬥與實踐之路程。

註一四〇　前揭註六書，頁三六九。

論行政法上之公益原則

陳恩儀

論行政法上之公益原則

〔壹〕前言

公益向來爲國家所積極追尋的目標之一，雖然自古至今國家之類型與職能多有遞嬗，公益概念之內涵亦隨之時有變化，但是公益卻始終爲國家社會所存在之目的。詳言之，國家的發展，約可分爲以下四個階段（註一）：十六、十七世紀以前的封建國家（Feudalstaat）時代，尚未發展成單一且獨立的國家權力，僅係由各宗族所形成，而以某一貴族爲領導中心的「人的團體」（Personenverband）（註二）。各團體領導者的任務在於調息屬民之間或宗族內部的衝突，以及對外保護該宗族，因此該宗族屬民對於領導者往往有強烈的依賴性，領導者對於各自範圍內和平與正義之維持，多少含有公益色彩。到了十八世紀盛行的警察國家（Polizeistaat），由於人民對於公共事務之依賴性，造成國家的權力大增，經常在「促進公共福祉，維護民衆利益」的口號下，干涉人民自由，只要有助於公益的達成，即使是侵犯人民的權利，也無須法律授權。在此種專制的警察國家時代，「公益」遂成爲蹂躪人民權益的藉口，且係一不具實質內涵的空洞概念。由於對以往專制的畏懼，便形成法治國家（Rechtsstaat），國家和全民的行止一律以法律爲準繩，同時因爲個人主義、自由

註一　城仲模，四十年來之行政法，載於法令月刊，第四一卷一〇期，七十九年十月，頁六四～六五。

註二　Vgl. Hans. J. Wolff/Otto Bachhof, *Verwaltungsrecht I*, Verlag C. H. Beck, 9 Auflage 1974 S. 33.

主義思想之高漲，「最好的政府，就是管理最少的政府」之說頗爲盛行，是故，此階段國家的功能僅限於維護安全，及爲人民的財產守夜，因此有稱爲「夜警國家」或「形式法治國」(註三)，在此情況下，公益並不受到重視，或可謂公共利益就是自由權及財產的保護。國家職能的萎縮，使得資本家濫用社會工業化的成果並個人對其之依賴，造成勞資雙方的對立，社會低階層者受到資本家的剝削，貧富差距日益擴大，爲了緩和當時不公平的現象，德國於西元一九一九年公布施行的威瑪憲法 (Weimare Reichverfassung) 一反以往強調國家應趨向保守、消極的態度，首先主張國家應對於經濟生活之秩序加以保障，以使個人獲得人類應得之生活爲目的，其形成且合乎正義之原則(第一五一條)，於是國家開始介入社會秩序的形成並自爲管理主權之國家，國家的類型逐轉變爲福利國家 (Wohlfahrtsstaat)、給付國家 (Leistungsstaat)，以照顧人民生計爲其目的，國家之任務非僅侷限於行政組織、警察、軍政、司法行政、外交及財政，進而包括經濟、交通、教育、衛生、勞工等範圍，而呈現多樣性，如同 Forsthoff 教授所稱「本質上，當今的行政應係給付主體」(註四)，於此公益方受實質之注意。

　　從以上論述可發現，公益概念不論在何種類型的國家中，都扮演著極重要的角色，尤其在以依法行政爲核心的現代法治國家裡，法律的制定、執行皆以公共利益的實現爲其終極目標，由此可見公益實係貫穿公法領域之重要概念，然由於公益概念的抽象、不確定，因而有具體化之必要 (註五)，爲了不使爲政者假藉公益之名，而行戕害人民權利之實，有必要對於公益概念本身與其實質內涵做一探討，另外本文欲就公益在公法上之地位，以及基於法治國家的精神，針對公益具體化原則和方法

註三　蔡志方，法治國家中司法之任務，臺灣大學法律研究所碩士論文，七十年六月，頁一八。

註四　Vgl. Ernst Forsthhof, *Lehrbuch des Verwaltungsrecht*, I. Bd. Allgemeiner Teil, 9 Aufl. 1966 S. 35.轉引自，城仲模，前揭文，頁六五。

註五　Vgl. Fritz Ossenbühl, *Staatshaftungsrecht*, C. H. Beck 4. Aufl. 1991 S. 165.

加以闡釋，最後將介紹公益在我國適用的情形。

〔貳〕公益概念之法律上用語及其內涵

一、公益概念之法律上用語

我國法規中，對於涉及「公益」概念之法律用語，為數甚夥且富變化，可在各種不同層次的法規範內見之，目前制定法上之用語，大體可歸納如下：

1.人民福利——憲法前言、第四十八條；警察法第二條。

2.公共利益——憲法第二十二、二十三條；土地法第二〇八條第一項第九款。

3.公益——礦業法第八十一條；證券交易法第一四八、一六一、一六三條。

4.公共福利——廣播電視法第一條；公路法第一條。

5.社會福利——建築師法第四十一條第二款；私立學校教職員保險條例第一條。

6.社會福祉——國民住宅條例第一條。

7.社會安全、公共安全——勞工保險條例第一條；都市計劃法第七條第一項第六款。

8.社會公益——森林法第二十四條。

9.國家利益——刑事訴訟法第一七九條第二項；電影法第二十六條第一項第一款。

在諸多表示「公益」概念的法律用語中，所可能引發的問題是：各個用語之意義、範圍是否等同？事實上這些法律用語，學說上稱之為「不確定法律概念」(unbestimmte Rechtsbegriffe-od. besser: unbestimmte Gesetzesbegriffe)(註六)，故對此等內涵具有流動性之「公益條款」，並不能從該名詞本身獲得一個放諸四海而皆準的定義，恆須依各該法律制定所欲追求之目的，具體、個別的探究。據此，若要對所有表現出「公益」概念之法律用語，作出嚴格的區分，似乎不可能也沒有必要(註七)。

二、公益概念之內涵

「公益」從字面上解釋，可認爲係「公共利益」。因此在探討公益概念之內涵時，著重之點有二：其一爲「公共」之範圍何所指？另一則是「利益」的內容爲何？前者乃利益主體範圍之問題；後者則與價值判斷有關。公益概念最特別之處，在於其概念內容的不確定性，這種內容的不確定，不僅表現在受益對象，及公衆範圍的不確定，其利益內容亦不確定，故公益算是典型的不確定法律概念。以下分別就公共的範圍，和利益的內容加以論述：

㈠「公共」之範圍何所指？

公共、民衆、大衆等此類用語，皆含有相對性，在概念上幾乎可以任意或寬或窄的予以理解，故根據初步的了解，「公共」是一個變化不定

註六　Vgl. Hartmut Maurer, *Allgemeines Verwaltungsrecht*, 8 Aufl. 1992 S. 117 Rn. 28 (§ 7).

註七　在德文方面就有許多代表「公益」概念的類似用語，最常被使用的就是 öffentliches Interesse（公益）與 Gemeinwohl（民衆福祉）二詞，對於這兩個用語之概念是否同義？德國學者有不同看法，否定說學者 Hans Ryffel 認爲將彼此相衝突的「公益」予以協調，並分列高低後所得到的一種「特別更高層次的利益」，方屬「民衆福祉」。Roman Schnur 的觀點則係以個人私益之追求是否能促成公的目的爲區分標準：倘爲達成公共事務所欲成就的目的，個人必須放棄私益時，便涉及「民衆福祉」；反之二者若是並駕齊驅，則屬「公益」的範疇。其實關於「民衆福祉」與「公益」是否同義？常會因著重點不同而異其結果，故德國公法學者 Carl Hermann Ule 曾謂，其間的異同並不能一般概括的提出，僅能在個別法律中去探討。參照李建良，從公法學之觀點論公益之概念與原則，中興大學法律研究所碩士論文，七十五年六月，頁一〇〇～一〇七。

的構成體，無法單義的確定其範圍 **(註八)**。雖然如此，學理上卻達成一共識，即「公共」非與「全體國民」等義 **(註九)**。因此公益所指涉的對象，可以是任何人的利益，但不必是「全體國民」的利益。職是之故，在全體國民之下的某一部份人群，仍得稱之爲「公共」或「大衆」，而爲公益之主體。

何謂公共？若是只採簡單的二分法，將其界定爲相對於個人的概念，似乎無法清楚表達出公共的定義。因爲個人是公衆的基本單位，究竟要多少人方構成公衆？就必須要有明確的標準。早先曾有學者以「地域」做爲判斷基礎，而區域的劃分則係以國家的政治或行政組織爲單位，因此同一區域內大多數人之利益，便足以形成公益 **(註一〇)**。惟以行政區域作爲計算區域內大多數人利益的準據，雖可據以解釋行政機關之一項措施，可否嘉惠該區域內「大多數」之人民，但即使是屬於別的區域內之人民，也有越區而受利益之可能(例如越區使用交通、文教設施等)，故以地域作爲區分的一個標準，並不能阻絕利益的賦予，也不足以完全解釋公共的概念 **(註一一)**。

要替「公共」下一個正面而精確的定義，並不容易 **(註一二)**。德國的

註八　Vgl. Wolfgang Martens, *öffentlich als Rechtsbegriff*, 1969 S. 177, 轉引自, 李建良, 前揭論文, 頁一三〇。

註九　Vgl. Martens a.a.O. S. 177; A. Merkl 謂：公益本質在於大多數社會團體之整體利益, 但非真正的整體利益; Hans Heinrich Rupp 更清楚表示, 公益絕非整體個人利益在數學上之總和。轉引自, 李建良, 前揭論文, 頁一三一。

註一〇　Vgl. C. E. Leuthold, öffentliches Interesse und öffentliche Klage im Verwaltungsrecht, Hirths Annalen des Deutschen Reiches 1884, S. 322 ff.轉引自, 陳新民, 公共利益的概念, 收錄於氏著, 憲法基本權利之基本理論(上), 頁一三七。

註一一　Vgl. Erwin Krüger, Die Lehre vom "öffentlichen Interessen" in der Verwaltungsrechtswissenschaft, 1932, S. 40.轉引自, 陳新民, 前揭書, 頁一三八。

註一二　程明修, 從行政法之觀點論行政之公共性, 收錄於, 城仲模主編, 行政法之一般法律原則(一), 八十三年八月初版, 頁九九~一〇一。

立法者、司法界及學術上提出「某圈子之人」(Personenkreis) 做爲公衆的相對概念，並間接的勾勒出判斷公共的標準。所謂「某圈子之人」係指由一範圍狹窄之團體（例如家庭、家族團體，或成員固定之組織、或某特定機關之雇員等等之類），加以確定的隔離；或是以地方、職業、地位、宗教信仰等要素作爲界限，而其成員之數目經常是少許的(註一三)。由上述定義可以看出「某圈子之人」有兩個特徵：第一、該圈子非對任何人皆開放，具有隔離性；第二、該圈內成員在數量上是少許者。從其反面推論，對於公共的判斷就至少具備了兩個標準：⑴非隔離性；⑵數量上須達一定程度的多數，茲分述如下：

1.非隔離性

非隔離性即爲開放性，意指任何人在任何時候，都可以自由的進出某一團體，無須有特別條件的限制，該團體不封閉也不專爲某些個人所保留，其內之多數人，不具排他性(註一四)。而隔離性存在與否，則視進入之難易，例如某一城市之住民，或某街道之住民，其雖因行政區域之劃分而與別的城市相分離，惟此只不過是透過地方上之界限，使某一群人聚居在某一區域，任何第三人皆可經由住所之設定，而成爲該區域之成員。據此，某一城鎮並非是閉鎖的圈子，其有非隔離的特性，其內之居民可成爲公益之主體 (註一五)。

2.數量上須達一定多數

僅以「進入某圈子之難易」作爲判斷公共的要素，並不足夠。蓋某些團體，雖然基於地方、職業、宗敎等因素，屬於隔離性團體，惟其成

註一三　參照西德稅捐調整法 (Steueranpassungsgesetz) 第十七條第四項。另外該條係稅法上「公共利益」(Gemeinnützigkeit) 概念之立法定義，其第一項謂：某一目的之實行，係直接爲了公衆 (Allgemeinheit) 者，該目的是對公衆有利的(gemeinnützig)。而所謂公衆雖非全體國民，至少亦非某圈子之人。

註一四　陳新民，前揭書，頁一三八；李建良，前揭論文，頁一三六。

註一五　Vgl. Bernhard Wilhelm, Grundsätz des materiellen Enteignungsrechts, in: *DÖV*, 1965, S. 400.

員數目可能不在少數，假使因此類團體不具備開放性，而將其摒棄於公共的概念之外，不免與實際情況不符。是故，在決定是否爲公共的兩個基準當中，「數量上達多數」要比「非隔離性」來得重要（註一六）。換言之，某範圍之人儘管依特定要素有所界限，但因其成員之數量甚大，仍可稱之爲公衆（註一七）。這種以受益人多寡的方式來決定公共的概念，主要是強調「數量」上的特徵。而且以過半數人的利益作爲公益的基礎，也符合民主多數決定少數，少數服從多數的理念（註一八）。

㈡利益的內容爲何？

　　一般對於利益的理解，不外是一個主體對一個客體的享有（註一九），或是在主體和客體的關係中存有「價值判斷」（Werturteil）或「價值評判」（Wertschätzung）（註二〇）。而價值爲利益的中心要素，價值的產生要經由評價（Wertung）的過程，當任何人（評價主體）根據某一評價標準，對某客體爲評估，就評價主體而言，該客體所獲得的特定價值，即爲利益。因此價值的形成，是評價客體與評價標準結合的結果，而非該客體本來具有的特性。

　　評價標準是連接主、客體間的橋樑，關於評價標準到底是一主觀產物？抑或是一客觀的標準？學者間一直爭論不休，這個問題牽涉到是否有「客觀利益」的存在？持否定見解的學者認爲，利益只是一種價值判斷，所有的價值概念（Wertbegriff）都是主觀的，恆係由人類的思想、精神判斷所獲致，並沒有任何獨立於人類之外的客觀利益存在，進一步

註一六　李建良，前揭論文，頁一三九。

註一七　Vgl. Walter Klein, Zum Begriff des öffentlichen Interesses, Diss. Münster, 1969, S. 36.

註一八　Vgl. W. Klein a.a.O., S. 46.

註一九　Vgl. H. J. Wolff/O. Bachhof a.a.O., S. 36.

註二〇　Vgl. Walter Jellinek, Verwaltungsrecht, 3. Aufl. 1948, S. 43; M. Layer, Prinzipien des Enteignungsrechts, 1920, S. 207.轉引自，陳新民，前揭書，頁一三四。

言之，判斷標準絕不可能與評價主體相分離(註二一)。反之，贊成有客觀
利益的學者則謂：客觀利益雖然也是主體與客體間之關聯，惟對客體之
評價，非依評價主體之標準，而係以客觀之標準作爲決定之基礎，這種
客觀利益係超乎個人利益，而爲對一般大衆具重大意義的事物、目的或
目標 (Dingen, Zwecken, Zielen von allgemeinen groß er Bedeu-
tung) (註二二)。事實上正反兩說間，並非對立而不相容，只不過雙方所
強調之處不同而已。一個置重於評價主體本身，另一則著眼於評價標準
之特性上，換言之，其間最大的差別乃在於評價標準的來源不同，評價
主體可能藉由其「個人」所選擇的目的爲標準；另外，也可能使用一個
獨立於其自身之外，由「他人」所設定或承認的標準，也就是「客觀評
價標準」，如此來理解所謂的「客觀標準」就不會產生評價完全與主體無
關的誤解 (註二三)。

利益的形成及利益價值的認定，恆以當時「客觀事實」(sachliche
Gegebenheit)所左右，公益的內容自然是隨著發展的及動態的國家社會
情形而不同，評價標準倘繫於個人所設定的標準，恣意的進行公益的判
斷，必定會導致法秩序的紊亂，因此，應將公益的判斷標準，置於客觀
的基礎之上，所謂「客觀」是由大多數人之評價而生，在現代民主法治
國家中，此客觀標準應爲法秩序，蓋法制度所包含的目標是針對現存的
價值，而脫離個別利益主體的影響，對不確定多數人產生效力，同時，
限制個人主觀目標而具有優越性 (註二四)。Hans Kelsen 曾謂：整個法
制度不過是公益之明文規定 (die ganze Rechtsordnung nur der

註二一 Vgl. E. Krüger, a.a.O., S. 28-33; G. Dürig, Die konstanten Voraussetzun-
gen des Begriffes "Öffentliches Interesst", Diss. 1949, S. 12 f., 20 f.; M.
Layer, a.a.O., S. 207 ff. 轉引自，李建良，前揭論文，頁一五○～一五一。

註二二 Vgl. Wolff/Bachhof a.a.O., S. 166 ff., E. Krüger, a.a.O., S. 13.轉引自，李
建良，前揭論文，頁一四九～一五○。

註二三 Vgl. W. Klein a.a.O., S. 19.

註二四 Vgl. W. Klein a.a.O., S. 53.

Ausdruck des öffentlichen Interessesist）（註二五）。更具體的說，在法制度中最重要者乃憲法所揭櫫之理念，像是人身自由、意見自由、職業自由、平等權及財產權之保障、國家之民主和社會體制、依法行政之原理等；除此之外，法律及法規範亦為客觀評價標準，尤其是決定人類及其生活條件理想存在之法規範。

　　公益的內容必須彈性的由社會、國家法秩序的價值概念來決定，然而國家公益的需求，往往會因不同的價值標準而有差異，如此使得在同一事件上，出現不同公益相衝突的情形。譬如環境保護與經濟建設所帶來的公益何者較優？誠然，促使國家經濟之發展，是公益所需求；同時，人民生存環境權之維護也具有公益的意義，如何解決這些公益間的衝突，根本之計，在於「價值的比較」（註二六）。亦即在諸多待斟酌的價值標準中，選擇一個最優先考慮的價值標準，而後方形成公益。惟又以何種標準來決定各個價值標準的先後？學者 Walter Klein 提出形成公益的價值標準必須是「量」最「廣」（Maximale），且「質」最「高」（Optimale）。所謂「量最廣」是指受益人的數量最多，儘可能使最大多數人均霑福利；不僅於此，在「質」方面的要求，以對受益人生活需要的強度而定，凡是與人類生存愈有緊密關係的要素，愈符合「質最高」的標準（註二七）。因此，國家基於扶助弱者的立場，對於少數私益的保護，雖不具備量最廣的標準，卻含有質最高的精神在內，此等少數人之利益便足以形成公益。總之，公益並沒有一個放諸四海而皆準的內涵，不如就具體的案例，為個別的闡釋。

註二五　Vgl. Hans Kelsen, zur Lehrer von öffentlichen Rechtsgeschäft, in: *AÖR* Bd. 31, S. 79.

註二六　陳新民，前揭書，頁一七二。

註二七　Vgl. W. Klein a.a.O., S. 74～76.

三、小結

表示公益內涵的法律用語多不勝數，吾人亦無法從各該用語中歸納出劃一的標準。只有從具體的法規範中，個別的探求法律制定的宗旨或目的。

公益雖是一不確定法律概念，而利益、價值的比較經由不同的評價標準，亦將呈現不同的結果。惟可確定的是公益概念的界定，必符合「量最廣」且「質最高」的標準。倘在同一事件中，發生不同公益相衝突的情形，此時則取決於「質」的比較，質高而量寡者優先於量多而質少者。

〔叁〕公益原則在公法上之體現

一、公益原則之法律性質

公益原則（註二八）在現今民主法治國家中，具有相當重要之地位，然其法律性質如何？處於何種效力之法位階？則有待進一步探究。

㈠憲法原則

1.憲法原則之定義

憲法原則是指受憲法承認，具有憲法位階之法律原則。內容包括⑴憲法明文規定之法律原則，如憲法第七條的平等原則；⑵基於憲法規定所引伸出來的法律原則，如依法行政原則或罪刑法定主義；以及⑶憲法本身未明文規定，但卻爲整部憲法之基本決定原理，如五權分治、平等相維之憲政體制（註二九）。由上觀之，憲法原則具有下列兩大特性：

⑴法律原則

註二八　「公益原則」實係「增進公益之原則」或「顧及公益之原則」之簡稱，相較於靜態的公益概念，其類似於動態的作用。

註二九　參照司法院大法官會議釋字第三號解釋以及第一七五號解釋。

因此其性質如同一般法律原則具有一般性、抽象性、倫理性、法源性和補充性（註三〇）。

(2)憲法位階

由於憲法原則乃是具有憲法位階之法律原則，因此具有最高規範性，憲法以下之法規範，包括法律、命令等，均不得與憲法原則有所牴觸。但各憲法原則間並無優劣的位階關係（註三一）。

2.公益原則是否為憲法原則之檢視

(1)公益原則是限制憲法上基本人權之原因

我國憲法第二十三條已將「公共利益」規定為限制基本人權的要件之一(註三二)，而人民之基本權是受憲法明文保障之權利，因此若要成為限制憲法上所保障之基本權的原因依據，自當與憲法之最高規範有同等效力，否則低於憲法效力之原則又如何能拘束或限制上位階之憲法權利，因此公益原則應有憲法位階之效力（註三三）。

(2)公益原則是容許法律溯及既往之理由

法律之溯及力（rückwirkende Kraft）自來即被認為是不允許的，其乃導源於法律安定性（Rechtssicherheit）及信賴保護（Vertrauenss-

註三〇　林合民，公法上之信賴保護原則，臺灣大學法律研究所碩士論文，七十四年六月，頁五九。

註三一　李建良，前揭論文，頁八〇；林合民，前揭論文，頁五九。

註三二　德國基本法中雖無明文，惟聯邦憲法法院於一九五八年著名之「藥房判決」(Apotheken-Urteil)中已肯定，為了防止對特別重要的公益之可證明的或有最高或然性的嚴重危害時，即可依基本法十二條第一項之規定，限制人民之執業自由。參照劉建宏，德國法上之職業自由，載於，憲政時代，第一八卷二期，八十二年一月，頁七〇。另外，日本憲法第十二條規定：「本憲法對於國民所保障之自由及權利，須恃國民不斷努力保持之。國民須負經常誠實為公共福祉而予享用之責任，不得濫用。」故「公共福祉」即成為一般基本人權制約之法理。參照李惠宗，從平等權拘束立法之原理論合理差別之基準，臺灣大學法律研究所碩士論文，七十七年六月，頁一〇六。

註三三　洪培根，從公法學之觀點論法律不溯及既往原則，中興大學法律研究所碩士論文，八十一年一月，頁一四八。

chutz)之原理。對於眞正溯及生效之法律，原則上違憲，但在具體的案例上，如果衡量國家與人民之利益狀態後，發現公益之要求較人民之信賴保護更形迫切需要時，此時信賴保護應退居公益要求之後。是故，基於重大公益之理由（Zwingende Grünede des gemeinen Wohls）所制定溯及效力之法律，不能認爲違憲(註三四)。於此意謂公益原則在某些情況下優先於法律安定性與當事人信賴保護原則而適用，而「法律安定性原則」與「信賴保護原則」均屬憲法原則(註三五)，此時公益原則若未具備憲法原則之位階即無從對抗之。誠如 Norbert Achterberg 所言，只有憲法原則才能對抗憲法原則（註三六）。

由以上兩點之論述即可充份說明公益原則具有憲法位階之效力。

㈡行政法之一般法律原則

1.行政法上一般法律原則之意義

由於行政法學發展較晚，加上現代行政日趨專業性和技術性，使得統一行政法典的訂立十分困難。因此，行政法的一般法律原則具有十分重要的意義。對於成文的實定法而言，必須透過行政的一般法律原則，掌握其含義，或加以修正；對法無明文者，則亦直接引用一般法律原則（註三七）。

何謂行政法之一般法律原則，並無一致的概念。大體言之，係指能適用於所有的行政法領域上的法律原則，這些法律原則通常係附麗於學說和法院判決先例上逐漸發展成型，故常與判例法(Richterrecht)或習慣法 (Gewohlheitrecht) 呈現交錯的現象(註三八)。其主要目的在於補

註三四　林合民，前揭論文，頁七〇。

註三五　關於信賴保護原則是否爲憲法原則，較有爭議，惟目前德國通說均肯定信賴保護原則之憲法位階。參照林合民，前揭論文，頁五八以下。

註三六　Vgl. Detlef Merten, "Bestandskraft von Verwaltungsakten", *NJW* 1983 S. 1994.

註三七　林錫堯，行政法要義，法務通訊雜誌社出版，八十年十月再版，頁三九。

註三八　Vgl. Fritz Ossenbühl "Die Quellen des Verwaltungsrechts"im: *Allgemeines Verwaltungsrecht*, 6 Aufl. 1983 S. 113～114.

充法規之欠缺，或調和適用實定法規時所產生的僵化不合理現象。

行政法之一般法律原則可歸納爲下列幾個特點：

(1)一般性

此等原則得適用於所有行政法領域。

(2)倫理性

此等原則都蘊含濃厚的倫理價值判斷於其中，富有自然法意味。據此，受制於個別生活關係的特殊法律原則，並不包括在內（註三九）。

(3)抽象性

此等原則涵蓋面廣，不免抽象，倘無法掌握內涵，有被濫用之虞。因此縱在法律明文規定之場合，仍有逐漸以判例、學說予以具體化之必要（註四〇）。

(4)補充性

此等原則具抽象、價值判斷色彩，雖有較高之法位階，在適用順序上，體系構造中之下位階規範優先於上位階適用（註四一）。換言之，對於行政爭議事件應儘先適用較具體的法規範，如法律、命令等解決，只有當下位階規範發生欠缺或不合理時，始能適用行政法上一般原則解決（註四二）。

(5)開放性

此等原則並無封閉的範圍，隨社會情勢、領導思潮的演變，亦可能再次導出新的原則，或是從其他原則中獨立出來（註四三）。

2.公益原則在行政法中之地位

註三九　葉俊榮，行政程序法與一般法律原則，收於經建會委託臺大法研所所擬之行政程序法草案，頁二二八；林合民，前揭論文，頁五六。
註四〇　同註三九。
註四一　黃茂榮，法學方法與現代民法，國立臺灣大學法學叢書(三二)，七十一年增訂再版，頁八八。
註四二　Vgl. H. J. Wolff/O. Bachhof a.a.O., S. 123.
註四三　葉俊榮，前揭文，頁二二八。

(1)德國學說及實務界之見解

學者Hans. J. Wolff區分法律原則爲「一般法律原則」(allgemeine Rechtsgrundsätze)與「特殊法律原則」(die besonderen Rechtsgrundsätze)，前者自法律原理 (Rechtsprinzip) 或法律思想 (Rechtsidee) 直接導出，後者則反之(註四四)。公益原則僅係特殊法律原則，其係基於正義原理的適用而產生之基礎規範，惟僅限於時空上個別之社會生活關係、法秩序或部份法秩序之內。其與一般法律原則最大的不同，在於其並非不可變更，往往因其基礎秩序與個別利害關係，而有轉變之可能(註四五)。因此在德國普遍承認的一般法律原則中並不包含公益原則在內(註四六)。

然而，聯邦行政法院之判例，則認爲「公益」在制定法外，扮演十分重要的角色。尤其在關於違法授益處分應否撤銷的問題上更顯重要。依照聯邦行政法院之判例所示，當在依法行政之公益超過被授益者對於行政處分存在之信賴時，得將違法之授益處分撤銷之(註四七)。另外在一九五六年 Berlin 高等行政法院曾提到：違法授益處分之繼續存在與「強烈之公益」(zwingende öffentliche Interssen)並非相衝突時，行政機

註四四　葉俊榮，行政裁量與司法審查，臺灣大學法律研究所碩士論文，七十四年六月，頁一一三。

註四五　Vgl. H. J. Wolff/O. Bachhof a.a.O., S. 122.

註四六　Fritz Ossenbühl 例示 1.人性尊嚴的尊重原則(Grundsatz der Achtung der Würde des Menschen) 2.平等原則 (Grundsatz der Gleichheit) 與恣意禁止 (Willkürverbot) 3.誠實信用原則 (Grundsatz der Treu und Gelauben) 4.比例原則 (Grundsatz der Verhältnismäßigkeit) 5.法安定性原則 (Grundsatz der Rechtssicherheit) 6.個案正義原則 (Gerechtigkeit in Einzelfälle) 7.行政自我拘束原則 (Selbstibindung der Verwaltung) 8.合法聽證的原則 (rechtliches Gehör) 9.強制敍明理由的原則 (Begründungszwang) 10.不當聯結禁止理由 (Koppelungsverbot) 11.應予衡量原則 (Abwägungsgebot) 及 12.信賴保護原則 (Grundsatz des Vertraunschutzes) 爲普遍被承認的原則。參照，葉俊榮，同註四四，頁一一二。

註四七　BVerwG v. 24.8.1964, E Bd. 19. S. 188 ff. (189).

關必須忍受該處分之存在(註四八)。換言之，強烈之公益上理由，可以優先於人民之信賴利益而受保護。此外，聯邦憲法法院在提出「法治國原則——法安定性——信賴保護」的審查模式，雖肯定一個眞正溯及生效之法律，原則上不被容許外，但發展出幾種例外事由(註四九)，其中之一就是，凌駕於法安定性要求之上的公共福祉的重大理由（zwingende Gründe des gemeinen Wohls），可以阻卻溯及生效法律之違憲性（註五〇）。雖然比起其他正當化事由，「公共福祉之重大理由」顯得格外抽象、模糊而更容易流於主觀、恣意的內容填充，但仍不能否認公益原則爲不成文之法律原則。

(2)我國學術及實務界看法

對於公益原則在行政法中之地位，城仲模先生認爲，在依法行政原理的現代意義中，行政除須以形式法律爲根據外，尚須受實質法律（如規章命令）之支配；同時，亦應受到「公益」及行政目的、誠信原則、行政道德、法之一般原理，及行政法院判例等之規範(註五一)。另外林錫堯先生謂：「國家或其他公權力行爲應重視公益，已成爲行政法上重要原則，且具有憲法層次之效力。國家或其他公法人之機關所爲之行爲，不論以公法方式或私法方式爲之，必須以達成公益爲目的。……」(註五二)。此外，吳庚先生亦將公益原則當作行政法之一般原則。蓋行政作用需遵守法律之規定，於例外情形（如裁量行爲）或可不受法律拘束，但無法

註四八　VBl. 1957. S. 503 ff.轉引自，李建良，前揭論文，頁九三。

註四九　法律溯及生效之正當化事由有五：1.法律新規定的預見可能性；2.不明確及混亂不清的法律狀態；3.一個無效規範的法外觀；4.公共福祉的重大理由；5.輕微保留。參照陳雍之，法律之溯及效力——從德國判例及學說論法律變更時人民權益之保護，臺灣大學法律研究所碩士論文，八十年六月，頁五三～六二。

註五〇　BVerfGE 2, 380 (405).轉引自，陳雍之，前揭論文，頁五三。

註五一　城仲模，論依法行政之原理，收錄於氏著，行政法之基礎理論，七十七年八月第五版，頁二二。

註五二　林錫堯，前揭書，頁五一。

免於公益之考慮；國家機關之作爲，倘若背離公益將失其正當性。在以民主法治爲基礎之現代國家，憲法及法律之內涵本身，即屬一種公益之顯示，故忠實執行憲法及法律，乃實現公益之主要手段(註五三)。而李建良先生對於公益原則在我國行政法上，具有一般法律原則的地位亦予以肯認(註五四)。由此可見，我國學界有承認公益原則爲行政法一般法律原則的傾向。

在我國司法裁判上引用公益條款作爲判決之依據者，不勝枚舉，試舉數例加以印證，如早期二十三年判字第三號判例：「行政官署以行政處分爲人民設定之權利，事後非具有法令上原因，或本於公益上之必要，原不得任意撤銷。」並且尚有在法規欠缺依據時，逕以公益原則支持行政處分之例：六十九年判字第二五六號判決，對於原告申請著作權註冊，主管機關否定該註冊事件，駁回原告之訴，其理由稱：「按著作權法之立法目的，除在保障個人或法人智慧之著譯，使著作物得爲大眾公正利用外，且重在文化之健全發展，故有礙社會秩序之維持，或違背公共利益之著述，依我國憲法第二十三條之立法精神，自在不准申請著作權註冊之列。」(註五五)事實上尚有許多以公益作爲行政法理之判例，可看出行政法院試圖將「公益原則」帶入行政法領域之決心，惟此等原則在運用上應趨向於謹慎的態度，以具體化爲適用之要務，才不至於因其內容過於抽象、空洞，動輒以公益作爲撤銷違法授益處分，甚至限制人民基本權之理由。

綜合以上學術及實務之看法，公益原則爲行政法上之一般法律原則，且具憲法層次，係無庸置疑者(註五六)。因此前所揭示行政法一般法律原則的性質，自然也適用於公益原則，尤要注意公益原則在適用上具有補

註五三 吳庚，行政法之理論與實用，自刊，八十一年九月初版，頁五七〜五八。
註五四 李建良，前揭論文，頁九八。
註五五 裁判要旨彙編，第二輯，頁一一四一。
註五六 洪培根，前揭論文，頁一八四。

充性，應僅在制定法之規定發生僵化、闕漏時，始有適用之餘地；再者，富有濃厚價值判斷色彩之公益原則，在適用上必須具體化、系統化，否則凡事皆援引公益原則來處理法律問題，必然會造成現行法律體系的癱瘓，故在適用時不得不謹慎。

二、行政裁量之界限與公益原則之關係

㈠行政裁量之界限與裁量瑕疵之救濟

就法治主義的立場而言，當法律授權行政機關行爲之際，若能就所有行政活動的要件與效果以明確概念規定者故屬理想，然實際上欲就複雜多歧的行政過程全部加以明確拘束則不可能。故法律對行政機關之活動爲包括的授權，使得行政機關在法律構成要件實現時，得就法律效果在授權範圍內有決定或選擇之自由，俾保障行政活動得以因時制宜，此即「行政裁量」存在之理由（註五七）。

「裁量」雖意味著在法律所未及之範圍內，行政享有某種程度的決定空間，但仍應受法律之拘束。根據德國基本法二十條第三項：行政與司法應受「法」（Recht）與「法律」（Gesetz）之拘束。所謂法與法律，乃包括實質與形式意義之法律而言。行政裁量行爲既爲行政行爲之一種，當然亦不例外（註五八），而有其應遵守的內外界限。在外部界限上，不得逾越裁量權，亦不得有其他違反法律的情形。在內部界限上，不得濫用裁量權，或有裁量不足、考慮不周或權衡不當之情形（註五九）。故裁量並非行政的自由或任意，沒有所謂「自由裁量」（freies Ermessen），只有「合義務之裁量」（ein pflichtgemäß es Ermessen）或「受法約制之

註五七　劉宗德，行政裁量之司法審查——試以日本行政裁量理論評釋我國行政法院判決，載於輔仁法學，第七期，頁二二七。

註五八　翁岳生，論「不確定法律概念」與行政裁量之關係，收於氏著，行政法與現代法治國家，七十八年二月八版，頁五三。

註五九　陳敏，行政法院有關依法行政原則裁判之研究，載於，政大法學評論，第三六期，七十六年六月，頁一一八。

裁量」(ein rechtlich gebundenes Ermessen)(註六〇)。行政裁量有其
應遵守之界限，不僅爲行政法學通說及判例所承認，更行之於法律明文，
我國法務部八十三年四月版行政程序法草案第一〇二條:「行政機關行使
裁量權作成行政處分時，除應遵守一般法律原則外，應符合法規之目的，
並不得逾越法定之裁量範圍。」(註六一)，由此規定可看出，裁量除了要遵
守現行有效的成文法律規定外，尤應著重未成文之一般法律原則。

　　所謂「裁量瑕疵」(Ermessensfehler)，係指行政機關未遵守裁量之
界限。造成裁量瑕疵之情形有「裁量逾越」和「裁量濫用」。前者係指行
政機關未在裁量規定之範圍內選擇法律效果或爲行爲，不論是超越裁量
範圍之上限，或未達裁量範圍之下限均屬之；後者乃行政機關爲裁量之
際，未注意法律目的，或未充份衡量有關裁量的重要觀點，像是基本權
及其所產生之憲法上價值判斷，及行政法一般原則，而構成濫用裁量權
之情形(註六二)。於此會產生一個問題:人民因行政機關有瑕疵之裁量，
致權利遭受損害，可否提起行政訴訟? 依我國行政訴訟法第一條第一項
規定，行政訴訟之提起，以行政機關之「違法」行政處分侵害人民權利
爲要件，倘僅係「不當」，法院不得受理，否則會造成司法過度干預行政
之情況。同條第二項係規定「逾越權限或濫用權力之行政處分以違法論」。
據此，問題的焦點應集中在「逾越權限或濫用權力」條款是否專爲裁量
處分而規定?

　　行政訴訟法第一條第二項之「逾越權限或濫用權力」條款，係民國
六十四年行政訴訟法修定時所增訂，考其當時立法背景，乃部份立委主

註六〇　Vgl. Maurer a.a.O., S. 113.

註六一　早於法務部草案之先，經建會版行政程序法草案第六十五條有幾乎相同之
　　　　規定:「行政機關行使裁量權，除應符合法令授權之目的，並不得逾越法定
　　　　之裁量範圍。」該條之立法主要係參考德國行政程序法 (VwVfG) 第四十條
　　　　之規定:「官署被授權依裁量作成決定時，其裁量權之行使應符合授權之目
　　　　的，並應遵守法律規定之裁量範圍。」

註六二　林錫堯，前揭書，頁一六九～一七一。

張擴大行政訴訟之範圍，使及於「不當」的行政處分，以保障人民權利，然而，行政法院應嚴守其司法者的立場，避免介入行政，破壞憲法權力分立之體制，故上述主張終不可採。惟在行政裁量之司法審查上，應該把行政機關自由裁量權之行使，顯然逾越不當之情形予以明文規定視同違法，否則濫用之時，就難以司法救濟。因此參酌德國行政法院組織法第一一四條與日本行政事件訴訟法第三十條有關法院審理裁量處分的規定，而增訂該項「逾越權限或濫用權力者以違法論」(**註六三**)。因此行政訴訟法第一條第二項中雖無「裁量」字樣，但從立法史上觀察，確係為行政裁量行為的司法控制而生(**註六四**)。綜上所言，裁量處分有瑕疵相當於行政處分違法，行政法院對之有審查的權限，換言之，行政法院可逕行審查行政裁量有無逾越其應遵守之內外界限而構成違法。

㈡行政裁量應否受「公益原則」之拘束？

裁量並非恣意，行政機關尤須顧及公益之考量，關於這一點行政法院在諸多判決中都加以承認，例如：五十九年判字第六五二號：「被告官署基於公益上之要求，對於特定事件，在不違反現行法令範圍內，自有行政裁量權。」五十七年判字第四四六號：「被告官署在其職權範圍內，為謀公共利益，自由裁量以變更公有道路之路線，尤無違法之可言。」問題在於「公益原則」是否對行政機關有法的拘束力？亦即司法機關是否得對裁量行為有無符合公益加以審查？

我國行政法院曾認為，行政機關所為之裁量，倘不符合公益時，係屬「不當」之問題，人民不得提起行政訴訟。三十一年判字第六十二號

註六三　德國行政法院組織法第一一四條：「如行政機關經授權，依其裁量而為時，法院仍得審查行政處分，與拒絕以及不作為之行政處分是否因裁量行為超越法定範圍，或因與授權目的不相符合之方法行使裁量權，而導致違法。」日本行政事件訴訟法第三十條：「關於行政機關裁量處分，限於逾越裁量權之範圍或有濫用之情形，法院得撤銷該處分。」

註六四　葉俊榮，同註四四，頁二八四以下；陳敏，前揭文，頁一一八；林錫堯，前揭書，頁一六九；吳庚，前揭書，頁四五六。

判例謂:「關於公用道路之開闢廢止與變更，主管行政機關，爲了公共利益起見，於不違背現行法規範圍以內，當然有自由裁量之權。其裁量縱有錯誤亦僅爲公益上之不當，不發生違法損害權利問題，人民對之不得提起行政訴訟。」另一例是有關於財團或以公益爲目的社團之設立，依照民法第五十九條及第四十六條之規定，於登記前應得主管機關之許可，四十九年判字第一〇二號判例進一步指出:「……惟其許可設立與否，當屬法律賦予主管機關之職權。縱主管官署於審查決定其應否許可時，仍需斟酌國家之政策以及是否合乎一般之公共利益，但此屬主管官署於職權內得以自由裁量之範圍，只有當否之可言，應不發生違反法律之問題。……要難以該項行政處分係違背法律規定，而向本院提起行政訴訟，以求救濟。」蓋其立論基礎在於，行政裁量行爲如在法律授權範圍內，其斟酌選擇之任何行爲，因無違反法規之可言，在法律上均爲合法行爲；法律消極默許之行政裁量行爲，既無法規限制之明文，更無違反法規之可能。此種行政裁量行爲，縱使客觀上違背國家目的，不合公益，亦僅屬不當處分(註六五)，並不違法。爲了不混淆行政與司法之界限，行政法院不得對裁量行爲是否適合公益加以審查，祇有其上級機關，依其行政監督權，得加以改正而已 (註六六)。

三、小結

　　行政法院對於行政機關所爲之裁量有無符合公益是否完全不能審查? 似有進一步探究之餘地。首先本文已花了相當的篇幅來探討公益原則的法律性質，並承認其爲憲法上及行政法上之一般法律原則，而行政裁量應受到一般法律原則之拘束爲衆所周知，因此行政機關爲裁量時，自當符合公益原則，否則不僅是「不當」而已，尚涉及「違法」之問題

註六五　十九年司法院第三五四號解釋。
註六六　翁岳生，前揭書，頁四二、五七。

（註六七）。另外，行政機關濫用裁量權，依照行政訴訟法第一條第二項之規定係屬違法。而所謂「裁量濫用」，通常係指違反授權法律所規定之目的，而法律本身即爲公益的具體化，「公益」可謂係法律之目的，倘行政機關有所違背時，則屬違法。惟每一個法律所欲達成之目的並不相同，連帶所追求之公益也有出入。故行政機關在爲裁量時，應探求所適用各該法律之目的，做爲考慮之基礎。而行政法院所應審查者，亦僅以該法律欲達成之公益爲對象，檢視行政機關是否配合，當不應以與該法律無關之公益，責令行政機關配合之(**註六八**)。衡諸以上兩點理由，實不宜完全否認公益原則對行政裁量之法的拘束力。

〔肆〕 公益原則之具體化

公益這個動態概念，會隨著國家任務範圍之擴充，以及法治國原則、民主理念、基本人權保障等之實踐，而改變舊有的公益內涵，並據以形成新的公益內容，如此使得立法者若想爲公益作界定或說明，往往由於拙於概念之用語而遭失敗(**註六九**)。另一方面，公益概念最被普遍運用的範圍，就是可以作爲限制人民基本權之理由；其次，在關於授益處分的廢棄方面，通常皆以公益作爲合法化之事由。無論如何，公益並非先驗

註六七　李建良，前揭論文，頁二二一。

註六八　李建良，前揭論文，頁二二二～二二三。

註六九　奧地利「卡特爾法」(Kartellgesetz) 中之合法化條款，其立法及演變之經過，可作爲公益概念立法上失敗之是例。該規定謂固定價格或限制產銷之卡特爾是不被允許的，一九五八年，立法者以一尚須補充之規範加以規定：卡特爾之協定必須有利於「全民經濟」，方爲合法；到了一九六二年，在嘗試對其內容予以補充，結果成效不佳。當時之規定爲：「卡特爾之協定是許可的，當該協定在特別顧及『最後消費者』之下，方顯示其國民經濟之合法性。」然而社會之成員無一不是最後消費者，以至於從本條項無法導出所要顧及利益之對象。而且所謂國民經濟利益往往與消費者利益等置，如此多加「最後消費者」之說明，對於法律之解釋毫無助益，只不過造成用語重複使用罷了。參照，李建良，前揭論文，頁二八九～二九○。

的存在，而是在諸多相衝突的利益中，經由折衝、協調，尋找出具有最高價值理念的公益概念。在形成公益的過程中，「利益衝突」係不可或缺的，而衡量的基礎何在？衡量的限制等，都是公益具體化的重要內容。

一、公益原則具體化之指標

現今的社會是一個價值多元化的社會，其內的成員有不同的職業、教育程度、宗教信仰，甚至於價值觀和人生觀，每個人所追求的利益勢必複雜且多樣化，不僅如此，在多數的利益間必定會發生衝突。倘個人純粹由自己好惡之取捨，來作為公益的決定標準，整個社會將會陷入混亂、無秩序之狀態。故此，在民主法治的國家中，當以憲法為最高指導原則，憲法內所揭櫫之理念，都是國家所欲達成之最高價值，蓋憲法可使社會中多樣之利益及行為意向趨於一致。

憲法是國家法規範中之最高規範，憲法內所規定的條款，皆為立憲者受到立憲當時的思想潮流以及選民付託所影響，而做的價值判斷和決定，因此國家的任務和功能會隨著時代背景的變遷而有不同。由此可看出，憲法本身具有一個開放、動態的內涵，可以隨時接受社會中各種分歧的衝擊力，並將之包容，進而形成正當的社會力，故有學者稱憲法存於公共活動之中（註七〇）。

憲法本身包含許多價值要素，可作為公益具體化出發點，憲法中除國家任務外，另有許多重要的立國原則，例如：法治國家、主權在民，以及人民基本權利之保障，皆可形成公益的內容。因為此種形成國家基本制度及原則的理念，還可衍生出其他符合公益的價值，像是由法治國家理念，可發展出法安定性原則、法律不溯及既往原則；透過三權分立，而產生依法行政、依法審判、保障司法獨立之理念等，故應以憲法理念作為公益決定之基礎。惟在憲法內經由不同的價值標準，所形成各種不

註七〇 Vgl. Peter Häberle, "Gemeinwohljudikatur" und Bundesverfassungsgericht, in: *AÖR*, Bd. 95. (1970) S. 291.

同的公益型態產生矛盾時，該如何取捨？就必須借助前面曾提及「質最高、量最廣」之標準。一般而言，在「量」的判斷上較無問題，而關於「質」的方面，公益確有不同層次的界分，除「絕對的重要公益」外，尚包括「相對的重要公益」在內。詳言之，所謂「絕對的重要公益」，係指為一般所公認的，獨立於社會共同體當時的政治之外，並且先於立法者存在之公共價值。至於「相對的重要公益」，則基於立法者特別之經濟、社會政策所產生，透過立法者之設定而具有重要位階之公共價值（註七一）。二者相較之下，「絕對重要公益」的質，要高於「相對重要公益」，如同 Karl Larenz 所言，以「人民之生存及人類尊嚴」為最高的價值（註七二）。

二、公益原則具體適用時之制約

㈠比例原則

　　當立法者欲根據公益之理由來限制人民之基本權時，一方面必須考慮到對基本權利之保障，是國家公共利益所必需；但另方面，對於限制人民基本權利，也必須是基於公益方可為之。在此意義下，基本人權本身即為公益之課題。換言之，在利益衡量之天秤上，其兩端皆係公益，基本人權不但可被當作公益，而且還可經由公益加以限制。是故，公益和基本人權間之衡量，實際上乃對多種公益間本身相衝突之調和。在此必須透過比例原則（Grundsatz der Verhältnismäßigkeit）之運作，

註七一　此為德國憲法法院在「手工業判決」（Handwerksurteil）中所揭。其認為：所謂重要公益，並不僅限於一般社會通念所承認之公益（如國民健康），亦可能是由立法者之特定經濟政策或社會政策目標所導出的社會價值。立法者得以在基本法之基本決定所允許的範圍內，追求其合理的目標，而這些目標不因其本身具有爭議性即當然喪失其作為重要公益之地位。因此聯邦憲法法院認為：手工業法中關於手工業技師應經技師考試及格、或經主管官署特許之規定，其所保護的重要公益為「維護並促進手工業之健全發展」。參照劉建宏，前揭文，頁八八。

註七二　Vgl. Karl Larenz, *Methodenlehre der Rechswissenschaft*, 4. Aufl. 1979, S.401.

以便形成對抗個人基本權利侵害之保護（註七三）。

比例原則係指公權力行使與其所意圖實現的目的間，需具有合理的比例關係而言。其本身並非單一的概念，通說皆將之分爲所謂適當性原則、必要性原則，及狹義比例原則（註七四），依序分別說明如下：

1.適當性原則（Geeignetheit）

指國家所採取之限制手段須適合及有助於所欲追求目的之達成，並且爲正確的手段。惟該措施不必要求其爲目的達成上的唯一有助益的手段，只要該手段之採行較能「促進」目的之達成即可。

2.必要性原則（Erforderlichkeit）

或可稱爲「最小侵害原則」，立法者或行政機關針對同一目的，面臨數種手段可資運用時，應選擇對關係人負擔最小的手段。

3.狹義比例原則（Verhältnismäßigkeit im engeren Sinne）

乃指國家爲追求一定目的所採取之限制手段的強度，不得與達成目的之需要程度不成比例。即因該限制手段所造成之侵害，不得逾越所欲追求目的而獲致之利益。

當公益的追求與個人基本權的保護呈現對立的情況時，爲了公益的追求，於事理上承認人民的自由權利應受到限制；然而，另一方面，亦執著於此種自由權利之「侵害或限制」不可漫無邊際，應以該被認可的公益之達成所「必要」者爲限（註七五）。故可看出公益原則在適用時，並非毫無限制，必須受到比例原則之牽制。詳細言之，衡量限制人民基本權所使用之手段，是否爲達成公益所必要，首先須確定經由國家行爲所欲保護之利益爲「公共利益」，並判斷因此而侵害之利益，能夠促成該公益之實現；進而對「必要性」加以審查，即在多數可達成公益的手段中，

註七三　李建良，前揭論文，頁二七二。

註七四　謝世憲，論公法上之比例原則，收錄於城仲模主編，行政法之一般法律原則(一)，頁一二二。

註七五　葉俊榮，論比例原則與行政裁量，憲政時代，第一一卷三期，七十五年一月，頁七九。

所選擇的手段，是侵害強度最小的；最後，所侵害的利益與欲保護的公益之間，要合乎一定之比例。行政法院對此曾謂：「人民因行政處分而取得某種權利或利益，嗣因行政處分爲違法而予撤銷或另爲行政處分，雖應權衡公益上之必要，應就人民保持該權利或利益，對於國家社會之法律秩序之影響加以比較考慮，倘其對於國家社會之法律秩序不生破壞或鮮有影響，故不應輕言撤銷該行政處分，倘因其保持旣得權益，致發生破壞現有之法律秩序或所生影響匪淺，即屬具有公益上之必要，自應予以撤銷。」(註七六)在本案中可清楚地看出，人民旣得權益之維護，必須造成對國家或社會法律秩序之危害時，方可基於公益上理由，予以限制。此見解已打破以往「公益優先於私益」之傳統觀點，其間便是以比例原則來作衡量之基準。

㈡明確性原則

所謂明確性的要求，係指立法者以公益作爲限制人民基本人權之理由時，在立法技術上應力求明確、詳盡，以防止行政機關恣意亂爲，並使人民有所遵循(註七七)。明確性原則的憲法依據，係來自於法治國原則和民主原則，而明確性所要求的具體內涵，表現在授權的內容、目的與範圍三方面(註七八)。如此，對國民而言，該侵害之範圍方屬可預見。惟在社會已趨多元化的今日，倘若欲以僵硬明確的法律條文來規範社會龐雜的事務，恐無法與時俱進，故「不確定法律概念」之採用，是實證法主義國家所無法避免的趨勢。乍看之下，立法者授權侵害人民權利時，若以「公益」或其他類似之「不確定法律概念」爲法律要件者，便不符明確性原則之要求。實係不然，在立法技術的必要性上，可以使用如「公益」之空白規定，以便國家之權力能夠隨時因應社會上各種不同的利益，

註七六　裁判要旨彙編，第三輯，頁七四三。
註七七　李建良，論公益概念具體化在立法及法律上之原則，憲政時代，第一二卷三期，七十六年一月，頁七九。
註七八　許宗力，行政命令授權明確性問題之研究，收於氏著，法與國家權力，自刊，八十一年四月，頁二一八以下。

此時應透過比較詳細而可測量之規範技術，使立法者之意向明白表現出來。如此已掌握了明確性原則之精神。總之，行政機關所爲之行爲，僅能在法定職權範圍內，始能獲充份之合法性。因此，立法者不僅須將其所設定之基本思想與目標，完全明白的表現出來，並且應將公益之空白規定所引起的不確定，限制在立法技術絕對必要的標準上。當以嚴謹之規定仍可規範不斷變化的公益並促其實現時，則不宜使用開放概括之條款（註七九）。

授權明確性要求，在我國長期以來並不受重視，立法院在有授權行政機關以命令規定之必要時，通常僅簡短以「本法施行細則由××機關定之」，並無進一步有關實質內容的明確授權，該等空白授權規定長久以來被視爲理所當然，未嘗遭到學界與實務界之質疑。直到釋字第三一三號解釋才揭示授權明確之要求，其謂：「對人民違反行政法上義務之行爲科處罰鍰，涉及人民權利之限制，其處罰之構成要件及數額，應由法律定之。若法律就其構成要件，授權以命令爲補充規定者，授權之內容及範圍應具體明確，然後據以發布命令，使符憲法第二十三條以法律限制人民權利之意旨。」（註八○）此後，接著有釋字第三四五、三四六、三六○、三六七、三九○、三九四、四○二號解釋對明確性原則加以承認。可見明確性原則日受重視，此無疑於以公益原則限制人民基本權時，多了一層保障。

㈢程序上之要求

公益原則在具體適用的過程中，除了以比例原則、明確性原則限制其適用外；決定程序之公開及合法化亦是不可或缺。

決定程序之公開，可使關係人有機會參與意見，或在期間內主張其利益，對於參與其中之利益，不僅是表達對個人權利之保護，更重要的是，藉由私益的參與折衝，可以達到公、私益之調和，進而形成理想的

註七九　李建良，同註七七，頁八○。
註八○　法令月刊，第四四卷五期，頁二八。

公益。

　　另外聽證程序亦爲現代行政程序法的核心問題之一(註八一)。行政機關作成行政行爲前舉行聽證，在積極方面，可集思廣益、加強溝通、促進參與，在消極方面，則可防止偏私、杜絕專斷。尤其是在做成與一般大眾利益相關之決定時，如核電廠之興建、水源、空氣、土地之維護，以及工廠建造地點之選擇等，應讓一般民眾表達意見，如此方能顧及一般大眾利益。參與者之數目越多，則所涉及之利益成爲公益之可能性越大（註八二），足見聽證程序對公益之確定，占有舉足輕重的地位。

三、解釋公益之方法

　　在適用法律的過程中，有三個必須履踐的步驟，首先是事實認定，進而解釋法律構成要件，最後將具體的事實涵攝於抽象的法規中。故任何法律的適用，或多或少都要經由解釋，尤其在碰到抽象、富價值判斷色彩的不確定法律概念，唯有透過解釋，才能尋找出其眞正的內涵。公益的適用也是如此，對於公益概念的解釋，德國早期行政法學者 F. Fleiner 指出，無法將公益概念導入單一之體系內，只能依個別法律規定之構成要件去探求其內涵(註八三)，因此遇到公益概念的規定時，應從法規解釋方法上的幾個原則著手：(1)此概念之字義；(2)此概念在關係法規或整個法體系中之關聯；(3)立法者之原意；(4)法規範之目的；(5)做爲此概念基礎之利益對象。其中以法規範之目的特別重要，亦即應從法規範所欲保護之利益，做個別案例之解釋。故適用法律者，依個案建立起解釋的出發點後，首先應審酌該特定法規所欲保護之公益爲何，進一步探

註八一　相關討論可參閱陳志揚，行政程序法中聽政制度之研究，收錄於，城仲模主編，行政法之一般法律原則㈠，頁二九七以下。

註八二　Vgl. Walter Schmidt, Einführung in die Problem des Verwaltungsrechts, 1982, S. 36.

註八三　Vgl. Fritz Fleiner, *Institutionen des Deutschen Verwaltungsrechts*, 8., Aufl. 1928 S. 143. 轉引自，李建良，同註七七，頁八二。

究所確定之事實是否與此公益相涉，並判斷其是否與法律規定之內容相符。是故，雖然同爲公益的解釋，但因其所處之法規不同，會得到個別的含義，使得公益概念透過不同的法規範目的來確定。

茲舉公用徵收爲例，徵收係賦予公權力可以合法侵害人民財產權的一種制度，雖然我國憲法十五條揭示了人民財產權受保護的理念，但只在同法第一〇八條規定有關公用徵收的立法權限，憲法中並未規定徵收制度的任何要件。然而在公用徵收制度下，人民的財產權受到強制性的侵犯，國家必須有合法的理由方可爲之，這個合法的理由，就是要爲公共利益的緣故(註八四)。德國基本法第十四條第三項第一句就有明確的規定：公用徵收只有爲了公共利益之理由，方允許之。對於此公益概念的具體內容，巴登邦的邦高等法院 (Bad.Staatsgerichtshof) 在一九五〇年七月三日的判決中闡釋了兩個重要觀點：第一、公益非依國家之利益或目的之衡量所追求之每個利益，至少「國庫利益」即非徵收法上所謂的公益(註八五)。蓋政府爲了解決公共財政所採行的措施，雖然使公共財產單純的增加而有利於國庫，卻非該法意義下之公益，因爲公共資金本身即是爲了公益之用，若允許此種徵收，則任何一個財產權的移轉而有利於國庫之收入，皆可被視爲合法的徵收，如此對人民財產權之保護，似嫌不足。因此公用徵收所要求之目標應超出國庫之目的以外(註八六)。第二、公用徵收所追求的「公益」，只有在對全體國民帶來重要且無疑問的利益時，方爲合法 (註八七)。此種見解強調於徵收計劃的「公用性」，公用徵收旣是以公益爲目的，而對私人的財產權予以侵犯 (多以剝奪所有權方式行之)，因此在徵收標的上，原所有權人自由使用、收益該標的

註八四 陳新民，公益徵收的目的，收於氏著，憲法基本權利之基本理論(上)，頁三五六。

註八五 陳新民，前揭書，頁三六〇；關於「國庫利益」是否爲公益？參閱李建良，同註七，頁一八三以下。

註八六 李建良，同註七七，頁八三；陳新民，前揭書，頁三六五。

註八七 李建良，同註七七，頁八三。

之「私用性」(Privatnützigkeit)，因重大公益而遭貶抑（註八八）。國家必須爲了「公用事業」的需要，才可徵收私人財產，我國土地法二〇八條即爲是例。由上可看出，對於公益內涵之探究，主要係從法規的目的著眼，以尋找出最適切的公益內涵。

對於適用法律的行政機關及司法機關而言，經常負有一個任務，即要把「公益概念」當作法律之構成要件要素，予以解釋及適用。因此公益應爲一法律概念，非行政機關所能恣意判斷，其須受到司法機關之制約，以司法權來防止公益條款被濫用（註八九）。

四、小結

公益原則在具體適用時，當以憲法所揭示的理念爲指標，並且透過比例原則、明確性原則，以及程序上的要求，從實質面與程序面就公益的概念加以限制；另外，關於如何去尋求公益的內涵，必須從各個法規範的目的著手，如此，方不致使公益概念流於過分空泛。

〔伍〕公益原則在我國法制上之運用

公益原則旣爲法治國家之重要憲法原則及一般法律原則，其在我國法制中適用情形如何，殊值得注意。以下分別就制定法上有關公益之規定，以及司法實務中援引公益條款者加以介紹。

一、制定法方面

㈠憲法

公益原則在我國憲法上，主要係表現在下列兩個條文中：

註八八　陳新民，前揭書，頁三六二～三六三。

註八九　Vgl. Wolfgang Meyer-Hesmann, *Methodenwandel in der Verwaltungsrechtswissenschaft*, 1981, S. 154.

第二十二條「凡人民之其他自由及權利，不妨害社會秩序公共利益者，均受憲法之保障。」

第二十三條「以上各條列舉之自由權利，除爲防止妨礙他人自由、避免緊急危難、維持社會秩序或增進公共利益所必要者外，不得以法律限制之。」

按人民之自由權利，在不妨害公共利益的前提之下，皆受到憲法的保障，並且不得以法律加以限制之。反面言之，公益條款是限制人民基本權的原因之一，這足以說明公益原則在我國具有憲法層次之效力。

㈡法務部版行政程序法草案

在我國多如牛毛的法律、命令中，被涵蓋於「公益」這個籠統概念中的用語，是不計其數，此可從本文有關公益概念之法律用語的介紹中窺知，因此，吾人不多做說明，惟僅就和行政法總則密切關連的「行政程序法」中牽涉公益者加以闡述(註九〇)。蓋現代民主法治國家，莫不致力於統一行政程序法典之制定，我國亦不例外，雖然目前尚乏正式通過之法典，但各界之研議卻由來已久，並有數種不同的版本，本文欲以民國八十三年四月法務部研擬通過的行政程序法草案爲例，試將其中有關公益之規定列舉如下：

1.聽證制度乃現代行政程序法核心問題之一，關於聽證應否公開？該草案鑑於保障人民權益、擴大民衆參與之觀點，原則公開，例外不公開。而例外事由之一，便是「公開顯有違背公益之虞者」(參該草案第七十七條)。故聽證公開若顯然違背公共利益時，則採取不公開之方式。

2.行政機關作成不利之行政處分時，原則上必須給予相對人有陳述意見之機會，如此方可避免行政機關擅斷，以保障相對人權益。然若符合該草案第一〇九條所定六款情形之一者，行政機關例外得不給予相對人陳述意見之機會，其中第二款所規定者爲「情況急迫，如予陳述意見

註九〇　翁岳生，前揭書，頁一八八。

之機會，顯然違背公益」，是故，當事人陳述其意見之自由，會因違背公益的要求而受限縮。

3.對於違法的行政處分，基於依法行政原則，行政機關本應依職權撤銷，但爲免除法律狀態長期處於不確定中，乃明文規定法定救濟期間經過，行政處分發生形式確定力後，違法行政處分是否撤銷，授權行政機關，爲全部或一部之撤銷（參該草案第一二〇條）。惟撤銷對公益有重大危害者，則不得撤銷，在此情況之下，行政機關之撤銷權便受限制。

4.授益處分在作成時既屬合法，相對人因而具有信賴處分存續之利益，該處分之廢止應受較違法處分撤銷時更嚴格的限制（註九一）。該草案第一二六條即爲規定授益處分廢止的原因，除第一至第四款爲列舉的事由外，尚包括「爲防止或除去對公益之重大危害」此概括之原因。因此基於人民之信賴，授益處分僅在一定法律要件之下始得被廢止。

5.在行政計劃部份，計劃尙未實施或實施未完成前，因法規或事實之變更，或終止不再繼續進行者，確定計劃機關於此情形，應依一定之程序，以裁決方式將確定計劃之裁決廢止（參該草案第一六八條第一項）。同條第三項進一步規定「爲維護公益或防止他人權益受損而有必要時，廢止確定計劃之裁決，應命擬定計劃機關回復原狀或採取其他適當措施」，即在計劃中輟後，爲維護公益或防止他人權益受損所必要，應課予擬定計劃機關回復原狀或是採取其他適當措施之義務。

上開行政程序法草案中，涉及公益之規定有一共通的特色，即對公益侵害的強度，程度要求上較高，法條上用語類如：「顯然」違背公益；對公益有「重大」危害；或維護公益所「必要」。如此設計可能和公益的抽象性有密切關係，尤其在利益的權衡上，使適用法律者不致動輒以公益爲由而限制私益。

註九一　吳庚，前揭書，頁三一七。

二、實務方面

㈠大法官會議解釋

　　大法官會議援引公益條款作爲審查違憲與否之解釋，並不在少數(註九二)。大部分之解釋文都是以「爲增進公共利益所必要，與憲法並無牴觸。……」之形式，輕描淡寫的帶過，對於所增進之公益，具體到底爲何？經由大法官會議所確認合憲之法令，其所追求的利益與犧牲的利益間是否合乎一定比例？採取的手段果眞是增進公益所「必要」？其間的推論過程付之闕如，較難令人信服。例如釋字第三二四號，其解釋文前半段謂:「財政部中華民國七十四年六月十八日修正發布之海關管理貨櫃辦法，其第二十六條前段，關於貨櫃集散站由於非人力所不能抗拒之原因，致貨物短少時，海關得於一定期間停止受理其申報進儲業務之規定，旨在確保海關對於存站貨物之監視效果，防止走私，爲增進公共利益所必要。……」，該號解釋強調海關依海關管理貨櫃辦法二十六條前段規定，停止受理申報進儲之業務，目的在於加強監視、防止走私、此係爲公共利益之故，並無疑異，然而其規定所稱,「於一定期間停止受理其申報進儲業務」，實質上相當於停止貨櫃集散站之營業。已涉及限制人民營業之權，明顯發生利益衝突的情況。大法官會議在解釋理由書中並無利益衡量之論證，而逕以「增進公共利益所必要」爲由，似欠允當。

　　關於這個問題釋字第二六五號有較清楚的說明，本號解釋主要在陳明動員戡亂時期國家安全法第三條第二項第二款關於入境限制之規定與憲法並無牴觸。其解釋理由書第一段謂:「……動員戡亂時期國家安全法第一條明示該法係動員戡亂時期爲確保國家安全，維護社會安全而制定。

註九二　例如：釋字第二〇〇、二一五、二二二、二八一、三〇一、三〇二、三一七、三二四、三三六、三四五、三五六、三五九號等；另外雖未在解釋文中提及「公共利益」，但於解釋理由書中援用者，尚有釋字第一五四、二二五、二二九、二四〇、二四九、二六五、二九一、三一八號等。

其中第三條第二項第二款關於有事實足認爲有妨害國家安全或社會安全之重大嫌疑者，得不許可入出境之規定，即係對於人民遷徙自由所爲之限制。就入境之限制而言，當國家遭遇重大變故，社會秩序之維持與人民遷徙之自由發生衝突時，採取此種入境限制，旣爲社會秩序所必要，與憲法並無牴觸。」雖然該號解釋係援引憲法第二十三條中之「維持社會秩序」來限制人民行動自由，惟社會秩序維持之目的亦係爲公衆之利益，故在理由中約略可見釋憲者對於衝突利益間之審酌。

□行政法院判決

　　我國行政法院之判決中，對於公益概念之解釋，雖乏系統性之論述，但在個別案件中，仍有公益之提示，如七十年度判字第一三〇四號判決：「按公墓暫行條例第二十九條規定：『凡有墳墓地點，足以妨礙軍事建築及公共衛生或利益者或田中之墳墓，足以妨礙耕作者，或浮厝或露宿者之舊墓，應遷葬於公墓內』本件原告以其所有坐落……等三筆土地上，有……墳墓九座，曾經多方查尋，均無法知悉其後裔，該墳墓妨害磚廠整地與採土爲由，……，向被告機關申請派員勘查，報奉……號函復以原告申請事由，『僅屬土地利用，不能視爲公益』，被告機關即以……號函轉知原告，不同意公告遷葬，揆諸首揭法條規定，並無不合。」（註九三）本案法院引用被告機關「土地利用不能視爲公益」之見解，駁回原告之訴，係屬反面解釋方法，若能提供「公益」之正面解釋，則更具法學上之價值。

　　另七十年判字第一〇四二號判決：「……查抽水站係屬水利事業之一，都市計劃法臺北市施行細則第十一條並未規定住宅區不得設置抽水站，而本件抽水站之設置，於颱風季節暴雨來襲之際，可用於迅速排水，以維市民生命財產之安全，揆諸都市計劃法第三十四條、第五十二條規

註九三　載於行政法院裁判要旨彙編，第二輯，司法院第三廳編輯，七十二年七月，頁一二一〇。

定，並無不合……」(註九四)，本判決即以「公益」作爲審查行政命令違法與否之依據。

八十三年判字第一五一號判決，對於公益與信賴利益間的衡量，有較清楚的說明：「行政機關於審酌是否撤銷授予利益之違法行政處分時，除受益人具有：以詐欺、脅迫或賄賂方法使行政機關作成行政處分，對重要事項提供不正確資料或爲不完全陳述使行政機關依該資料或陳述而作成行政處分、明知行政處分違法或因重大過失而不知等信賴不值得保護之情形外，依行政法上信賴保護原則，爲撤銷之行政機關固應顧及該受益人之信賴利益，但爲撤銷之行政機關行使裁量權之結果，倘認爲撤銷該授予利益之違法行政處分所欲維護之公益顯然大於受益人之信賴利益者，該機關仍非不得依職權爲全部或一部之撤銷。」(註九五)，此號判決顯示出：撤銷違法受益處分所要保護的公益，必須「顯然大於」相對人的信賴利益時，才可爲全部或是一部的撤銷。

行政法院在違法授益處分應否撤銷的問題上，於八十三年判字第五六○號判決進一步指出：若受益人之信賴利益，顯然大於撤銷後所維護的公益，且其信賴並無不值得保護之情形時，自不得撤銷該違法之行政處分。此見解打破以往一切以公益爲優先之原則，而實際衡量公益與信賴利益之輕重，若維持違法授益處分，爲人民所帶來的信賴利益，顯然大於違法處分撤銷後所維持的公益，此時則不得撤銷該處分。

八十三年判字第一二二三號判決認爲，行政機關不得任意廢止對人民有利的合法授益處分，若以公益理由廢止，致使人民因信賴該處分，遭受財產上的損失，應給予合理之補償 (註九六)。

將本案事實說明如後：

高雄市泉發加油站公司擬在高雄市十全一路及孝順路口籌設十全加

註九四　同註九三，頁一二四八。
註九五　司法院公報，第三六卷五期，頁五一。
註九六　法令月刊，第四五卷九期，頁四一以下。

油站，民國八十一年五月十二日即向高雄市政府申請核發「可供加油站使用土地證明書」，高雄市政府於同年六月核准，經濟部亦於同年八月函示同意。但當泉發公司施工後，即遭民眾抗議，高雄市政府於八十二年五月十日函示廢止原核發的證明書，泉發公司循訴願、再訴願，均遭到駁回後，泉發公司乃提起行政訴訟。

被告機關辯稱：所以廢止原處分，是「基於維護三民區愛國國小師生之健康與安全及社區公益」為由，廢止原處分，是基於職權自由裁量，因而原告依法不得提起行政訴訟。其次，依我國現行行政上補償制度，關於補償金額的決定方法，均以法律規定為前提，有關「高雄加油站用地設置審查要點」暨經濟部所頒之「加油站管理規則」，對於廢止授益處分後之損失補償及其金額，並無規定，故於廢止授益處分時，未同時以適當補償為附帶條件。

行政法院判決理由指出，被告機關僅憑「為維護該校師生之健康與安全、及顧及社區公益」等空泛理由，而未具體指出原告於係爭土地設置加油站將對公益帶來何等重大危害，致有予以防止或除去之必要，亦未對原告指明如因而受有財產上之損失時，願給予何種程度之損失補償，是故，被告機關廢止原核發之可供加油站使用土地證明書，是否悉符廢止合法授益處分之法理，非無研究之餘地。由本院將再訴願決定及原處分均予撤銷，由被告機關查明後，為適法之處置。在本案中可看出，行政法院已經對於行政機關廢止合法授益處分時，所持之公益理由加以實質的審查，頗值贊同。蓋加油站之開放民營，為政府考量公平競爭，社會需求及地區發展等因素而政策性開放，其所本之公益具全國性，本案之設置對於該地區之發展、繁榮之促進及高雄市民之便利性等亦係「公益」，被告機關僅因少數民眾抗爭，即謂其等之主張乃「公益」，復未具體指明其所謂之「公益」為何，欠缺具體事證，及利益之衡量，顯係將「公益」與「少數民意」相混淆。

三、小結

近來行政法院在授益處分的廢棄上，以公益作爲理由時，對於個案中所牽涉到的公益的實質內涵已有所討論，較先前有所進步，盼望日後大法官會議解釋，對於公益具體化的解釋，有較多著墨。

〔陸〕結語

公益是個典型的不確定法律概念，不僅利益內容不確定，受益對象的多寡也無絕對之標準。因此公益的判斷要經由價值的比較，而形成公益的價值標準必須是「量廣且質高」者。另外，公益在具體適用時，要依其所屬具體個別法規範之目的去探求公益的實質內涵，並且須受到「比例原則」、「明確性原則」、以及程序上要求的制約，也就是當立法者欲以「公益」爲理由，來限制人民之基本權利時，所採取的手段，不僅能達成該公益之實現，且對人民侵害的程度最小，最後，侵害的利益和保護的公益之間要合乎一定之比例；在明確性方面，要求立法者在法律制定上應盡量詳細、明確，以排除公益之空白規定所引起的不確定。

「公益原則」在我國憲法中，是限制人民基本權利的原因之一，況且基於重大公益之理由，可以排除人民之信賴保護，溯及使法律生效，公益原則若非屬憲法原則，如何能限制憲法上所保護之基本人權，並且對抗具有憲法層次之信賴保護原則？因此公益原則應屬憲法原則。除此之外，本文亦肯認其爲行政法上之一般法律原則，既然如此，行政機關在裁量時，除了要遵守現行有效的成文法規範外，未成文之一般法律原則更是不可逾越的界限，公益原則自不能例外。據此，倘行政機關所爲之裁量，不符合公益，屬裁量有瑕疵，而構成行政訴訟法第一條第二項之「違法」，司法機關得對之加以審查。

我國法制上運用公益的情況，相當普遍。但在每個具體的案例中，

當司法者援用公益為理由時，卻很少去深究，到底該公益的具體內容是什麼？並且對於利益衡量的過程，也少有交代。因此若要使「公益」概念落實，學理上架構之建立，實係不可或缺；此外，完備的法制，優秀的公務員及獨立之司法制度，更是公益概念獲致正確理解的保證。

行政法學上之誠實信用原則

謝孟瑤

行政法學上之誠實信用原則

——誠實信用原則得支配公法領域，一如其於私法領域然，

苟無誠實信用，則立憲制度將不能實行，

誠實信用爲行使一切行政權利的原則，亦其限制——

Paul Laband.

〔壹〕前言

　　誠實信用一詞原是有關道德、倫理等之抽象用語，若直接適用於法律領域，誠實信用原則將有如刀之兩刃，若漫無標準，則有流爲用法者主觀擅斷之工具之虞，破壞法律之安定性至大，但如爲避免流弊而將其廢置不用，又將喪失維護實質正義公平之功能，本文嘗試就法律層面探討其意義及用法。

　　誠信原則，不但於私法上債之關係有其適用，有關一切權利之行使與義務之履行均應遵守此一原則，此爲今日立法例及學說所承認。有關誠信原則能否適用於行政法，且其適用之範圍有何限制，是一個值得深入探討的問題。

　　由於誠信原則十分抽象不易掌握，本文嘗試以行政法規及行政作用上誠實信用原則具體適用之各類型爲例，來探討誠信原則適用於具體的事件上，其要件上的要求，及產生的法律效果；另外，試以幾則大法官會議解釋及行政法院判決適用誠信原則之案例，深入探討目前我國實務上運用誠信原則之狀況。

〔貳〕誠實信用原則之理念發展

誠實信用其理念之發展，本文以兩方面來探討，其一由於其自然法上之色彩濃厚，以自然法上之變遷作一探討；其二，在成文法上之沿革，以誠實信用原則在各國法制債法上之立法過程作一介紹。最後，加以深入探討誠實信用之意義所在。

一、自然法上之變遷

誠實信用原則源自於羅馬法當事人間之善意與衡平觀念，而羅馬法「善意」與「衡平」觀念傳至德意志，於其古代德意志法即成為「依據誠實信用原則方法而作誓約」。此項誓約有確保履行契約上義務之作用，違反此項誓約者，依相對人之請求，得課以背信的罪罰（註一）。

希臘大哲學家亞里斯多德曾說：「衡平法及不成文法，其根據係基於自然，是包含有道德之基本原則。」因此，早期誠信原則其道德色彩十分濃厚，故有「法律與道德並用時，誠信原則及衡平法即有其適用，法律與道德分裂時，誠實信用原則及衡平法即無適用餘地」情形發生（註二）。因之，誠信原則之適用，或寬或簡，時有所宜，要均以當時之社會理想與社會狀態為依歸。

羅馬法制含有兩種成分：一為市民法（jus civilis），二為萬民法（jus gentium）。市民法者，乃支配羅馬市民，而對於外國人不予保護之法律；萬民法，乃受自然之理性所指使，而為一切人類所設立之法律，又名自然法或理性法，意味出自於自然之衡平，及自然之理性也。萬民法之基本原理取於希臘自然法之哲學思想，自羅馬征服希臘後，自然法學說盛

註一　蔡章麟，論誠實信用的原則，社會科學論叢，第一輯，頁四。
註二　何孝元，誠實信用原則與衡平法，三民書局，一九八四年九月重印修訂初版，頁一二～一三。

行於羅馬法社會，羅馬之法律家甚至以爲昔日之萬民法實爲自然界所原有而今已遺失之法典（註三）。

自然法思想主要認爲人類社會生活所適用之行爲規則，並不限於國家或政府制訂之法律。國家所制訂之行爲規則之外，尚有性質更爲普遍之行爲規範，適用於一切的人，而非只適用於一個人或某一時間及空間內之某一社會。此等人類行爲規範並非由任何人所創，而係根據具有理性之人之基本需要而存在者，故人憑藉其理性即得察知之或認識之。此等規範形成一切個別行爲規則之泉源；並構成批判一切人爲規則之內容爲善爲惡，公平與否之標準，換言之，自然法學者均承認有一種較高法或理想法之存在，作爲實證法之終極根據（註四）。

到中世紀，自然法思想衰落。從十一世紀到十五世紀，羅馬法的傳習雖仍不乏其徒，但只是法條的註釋，對於學理及其歷史方面完全忽略。因此對於許多制度的眞正意義，不能深切瞭解；而自然法的思想當不能有滲入之餘地。從十三世紀阿糾司（Accuse）的註釋大全完成後，研究羅馬法的態度，略有改變。除解釋法典外，對於理論及一般原則之建立，亦能注意，而使羅馬法與當時義大利地方及寺院法，相互融化（註五）。

自然法思想到十七八世紀，已成爲一種有系統的學問，而法學亦成爲倫理學的一部份，任何規範，倘若不合於倫理規範不能成爲法律規範，任何權利義務的應否發生，亦以是否合於理想道德爲準繩。司法實務上，把中世紀以來嚴格的羅馬法極度道德化，以道德的理想爲依據，來追求法律的目的。這種自然法或道德律，從出發點而論，是以具有理性的個人爲基礎的，從其作用上而論，是藉以充實或滋養當時枯槁或不合理的法律（註六）。

註三　何孝元，前揭註二書，頁二六。

註四　馬漢寶，西洋法律思想論集，一九七〇年二月初版，頁一一二。

註五　王伯琦，近代法律思潮與中國固有文化，法務通訊雜誌社，一九九三年四月五版，頁二八～二九。

註六　王伯琦，前揭註五書，頁二九。

　　自然法發展到十八世紀末，已到了登峰造極的境地。直到了康德
（Kant 1724-1804），就起了變化，他的出發點是一個抽象的自覺的且有
自由意志的個人，如何使各個人的自由能相互調和的原則，這就是自然
法；其並非如十七八世紀作爲創造法律的楷模，而是以來批判現有法律
的原則，他認爲各個自由意志間的調和，調和的方法就是要確定各個人
自由的界線，確立這界線的法則，就是法律（註七）。

　　惟十九世紀初，可說是分析法學派與歷史法學派之鼎盛時期，乃法
典中心主義甚爲強烈之時代，法律只等於國家法典，法典之外無所謂法
律之意識，加上法律解釋限於概念及其邏輯體系之闡釋學風，自然法思
想受到相當的壓抑，誠實信用原則當時自然不被重視（註八）。

　　分析法學派代表學者奧斯丁（John Austin 1790-1859）認爲「法律」
的定義：即爲一理性人所設定之指導法則，此法則乃係由另一擁有較高
權力之理性人所制訂者（註九）。而法官之職責，僅限於運用邏輯的方法
適用法律，法律本身業已「自給自足」，無待他求，法官僅能以法律中所
蘊含的「概念」作大前提，運用邏輯去推演解決一切問題。

　　歷史法學派代表學者薩維尼（Savigny 1779-1861），則認爲法律是
民族精神之產物，沿襲的慣行，與政治力量並無關連，民族對法律的確
信，是在漫長的歷史演變過程中凝積或逐漸潛移默化而形成的，強調法
律的發展是冥冥中有種看不見的精神力量來促其發展，且法律是在無意
識中發展的，故法律不可能由人有意識的去加以創造，或以一定之目的
來改變之，法律正如同民族精神的表露，立法只是整個過程的最後階段，
換言之，法律首先是風俗習慣與民眾的確信，其次是由於法學的著作而
來的，故無論何處之法律均非由於立法者的恣意。而是由於內在沈默作

註七　王伯琦，前揭註五書，頁三四。

註八　邱聰智，民法債編通則，一九九一年版，頁二四一。

註九　John Austin, *Lectures on Jurisprudence*, p.86, Conbell, 1876. 轉引自，林榮龍，
　　　　誠實信用原則在民法解釋學上功能之探討，文化大學法律研究所碩士論文，
　　　　一九九二年六月，頁一三。

用的力量發展而成的(註一〇)。受分析法學派與歷史法學派時期的法學之影響，十九世紀的法學一般被稱爲「概念法學」(註一一) (Jurisprudence of conceptions)，其僅重視法律的概念之建立與探求，對於法律本身所存在或欲表現之價值，及含有之正義與道德因素，均不加以考慮，因此，誠實信用原則在此時期非但不能發揮功能，反而幾乎毫無存在餘地，所謂「惡法亦法」即爲此時堅守不破之信條 (註一二)。其最大的缺陷在於，過分強調概念分析的重要性及邏輯推演在法學上的應用，此點導致法學在解決問題時，忽視社會上許多現實條件，社會經濟條件的變遷，而使法學不能合乎社會的需要。

及至十九世紀末，社會生活方式日趨複雜化，法典之規定有時不足以應付錯綜多變之事實，法律之運用，遂趨向以客觀存在之事實，及法律應有的原則與精神，作客觀合目的性之解釋。產生一「自由法運動」，他們承認在國家制訂法以外，尚有妥適於現實社會的「活法 (Lebendes Recht)」，否定法體系之完結性，承認法的缺陷，爲塡補其缺陷，提倡對「活法」科學上的探求(註一三)。人爲法律僅不過以有限之條文，對於諸般人類之社會生活的「當爲」所爲有限之素描而已。因此法之不備與缺陷之發生自屬不免，何況社會之結構及市民生活的方式，一直不斷地在演進、蛻化，是故法解釋學之態度，自應衝破自來「概念法學」之局限，而以自由的精神，綜合各種客觀存在事實，作合目的性之解釋。因此，以誠實信用原則爲補充法律之需求漸多，誠實信用逐漸爲學者所重視，

註一〇　林文雄，法實證主義，一九八九年四月四版，頁五。

註一一　「概念法學」名稱之由來，是德國法學家耶令格 (Jhering) 在其所著一篇「法學戲論」之文章中，批評當時的法學者皆生活在概念的天國中，而後人沿用而來。

註一二　對此，我國學者王伯琦在其所著「近代法律思潮與中國固有文化」一書中，即舉一八〇四年法國民法爲例，痛陳概念法學下適用法律之矛盾與弊病。詳見王伯琦，前揭註五書，頁七八～七九。

註一三　林榮龍，前揭註九碩士論文，頁一四～一六。

其地位也漸趨確定（註一四）。

二、成文法上之沿革

㈠法國法

　　誠實信用原則最早見於法典文字，乃是西元一八〇四年之法國民法，該國民法第一千一百三十四條第三項規定：「契約應依誠信履行。」西元一八六三年制訂之薩克森民法，在其第八百五十八條中規定：「契約之履行，除依特約或法律之外，應謹守誠實信用之原則，依誠實人之所應爲者爲之。」算是正式將誠信原則明文化。由於法國大革命思想的影響，法律的中心思想，在於尊重人權，崇尚自由，個人之財產，無條件應加以保障，個人之意思表示，法律亦無限制應加以尊重，且囿於法實證主義「法律本係萬能而且至善」之思想，乃採取「概念法學」之態度以探索立法者主觀意思之方法，從事法律解釋的工作（註一五）。因此，法律之誠信原則，僅爲備用條文。而上開法國民法誠信原則規定之基本旨趣，不在限制權利人之行使債權，而在加強債務人履行債務，並進而補充契約應予尊重之原則。至於，薩克森民法規定，仍舊不能超出尊重契約自由的原則之範圍。故大致與法國民法前開規定一樣，在當時並不能受到相當程度之重視。

㈡德國法

　　而德國雖在普通法時代，已將此原則視爲一要素，但德國民法第一草案仍不重視此一原則，惟於討論第二草案時，始於該草案第三百二十條第二項，第一百六十二條，再三申述該原則適用。至此，誠實信用原則在大陸法系中確立其地位，其後之於西元一八九六年八月十八日公佈，一九〇〇年實施的民法，即於第一百五十七條及第二百四十二條分別規定「契約應斟酌交易上之習慣，遵從誠信以解釋之。」（第一百五十七條）

註一四　施啓揚，民法總則，一九八七年版，頁三九〇。
註一五　朱柏松，現代契約法解釋問題之研究，法學叢刊，第一〇八期，頁五二。

及「債務人應斟酌交易上之習慣，遵從誠信負給付之義務」（第二百四十二條）德國民法此種規定，可說是奠定了誠信原則在債法上的地位。

㈢瑞士法

　　誠信原則，在西元一九〇〇年實施的德國民法，仍只規定於該法之債編（德國民法第二百四十二條），雖其後該國無論判例及學說均認爲德國民法第二百四十二條蘊含一項法律基本原則，不僅得適用於全部民法領域，更且公法及訴訟法均應受其規律，但眞正於立法例上，直接將誠信原則作爲全部民法的通則，則屬一九〇七年十二月十日公佈，一九一二年一月一日開始生效的瑞士民法，該國民法例於法例章中即明訂瑞民第二條「行使權利，履行義務，應依誠實及信用而爲之。」至此，誠信原則得爲全部民法之適用原則，甚至一切權利義務行使與負擔應遵循的原則，已爲不變的地位（**註一六**）。將誠實信用原則發揮至極致之境界。易言之，乃將誠實信用原則適用於一切權利、義務關係，而成爲所有法律關係的最高指導原理。

〔叁〕誠實信用原則之意義

　　誠實信用原則，最早在羅馬法時代稱之爲 bona fides（善意）或 aequum et bonum（善意與衡平）等觀念而來，因此有謂與羅馬法之一般的惡意抗辯同一意義，惟其意義如何，大體上言之，誠實信用原則之概念標準大致分爲傾向由主觀探求者，與傾向以客觀標準探求二種類型。

一、私法上所展現的意義

　　其他如日本學者野津氏認爲誠實信用原則其主觀的意義，要求保護法律行爲當事人間信賴關係；於其客觀的意義上，爲實現具體事件上處

註一六　關於誠信原則在瑞士民法上之適用，可參閱 P. Tuor, *Das Schweizerisches Zivilgesetzbuch*, 1968, S. 42 f.

理之正義與公平，以「利益衡量」及「交易習慣」作爲客觀化標準，除其表現方式不同之外，在根本構造上與以上之見解均相類似（註一七）。

鳩山秀夫之見解稍有不同。其認爲誠實信用原則內容認定標準，首先於交易習慣部份，與前述客觀說接近，而除交易習慣外，其另舉文化規範爲標準；更進一步，若主張依以上方法定誠實信用原則時，需以社會上正常人的合理判斷爲標準，則又與主觀說接近（註一八）。

最後牧野英一之見解，認爲誠信原則乃一「法律的倫理的綜合原則」，衡平乃至正義同爲抽象形式的概念，僅得依具體個案的適用狀況加以分析。更進一步，該原則之適用被區分爲三方面：「信義則」爲第一個評定爲法律上行爲價值之標準，即爲誠實信用之標準，主要爲衡量法律行爲之解釋；第二，於法律關係債務內容，亦即爲「誠實信用請求」，主要在衡量權利之行使，債務之履行；第三，以「善意之保護」，主要作用是保護符合誠實信用之當事人爲信義原則之內容（註一九）。

依以上之各種說法，誠實信用之概念均由私法領域來理解，進而探求其概念訂定標準，上述之學說並未表示明確之標準。

二、公法上誠實信用原則之意義

㈠主觀說

乃以理性的人或於其社會中正常的人之合理判斷爲標準。德國學者 Stammler 亦認爲法律應以社會之理想，以愛人如愛己之人類最高理想爲標準（註二〇），即「己所不欲，勿施於人爲誠實信用」，誠實信用原則

註一七　詳見原龍之助，行政法における信義誠實の原則序説，刊於，佐佐木博士還曆記念──憲法及行政法諸問題，田村德治編，有斐閣，一九八七年十月十日版，頁一〇～一三。

註一八　鳩山秀夫，債權法に於ける信義誠實の原則，法學協會雜誌，第四二卷一號，頁一三。

註一九　詳見原龍之助，前揭註一七文，頁一三。

註二〇　Vgl. Stammler Die Lehre von dem Richtigen Rechte, S. 35.

即須以此理想為判斷，用以補充法律及契約之不足，將主觀上自己認為之善惡作為標準，如法律或契約與誠實信用原則不符，即得摒斥之。而對於該說，如何的人屬於理性或正常的人，該如何加以認定？即使有這樣的人存在，在具體情形下此人之判斷是否真的合理要如何判斷？實無法給予解答，蓋於問與答之間容易陷入循環論證之困境（註二一）。

㈡客觀說

屬於此說者，有以下幾種類型：

1.以「交易習慣」作為誠實信用原則之標準

Danz 認為誠實信用意味著基於對於相對人約定的信賴之信賴性及公正，特別是要求不得違背相對人對於自己的信賴。相對人應保護的信賴指期待以一般人客觀的交易關係來處理之信賴。因此，誠實信用之標準不得超越交易習慣。其適用限於非歸責於信賴者一方，要求保護其信賴或善意，考量其限度乃以「交易習慣」與「一般的信賴關係」為誠實信用原則之標準（註二二）。

Walter Jellinek 認為違背誠實信用則是違反了信賴保護，信賴對方負有的義務與態度為基礎，對方所負義務乃為法律所明訂時，則無適用誠實信用的餘地；相反的，法律關係因非預期之違背行為而發生，其存在認為是違反不成文的義務 (ungeschriebene Pflicht)，以及其存續基於對方行事乃違背既存的正當期待的行為時，則產生違背誠實信用原則（註二三）。

Schüle 認為誠實信用為法律交易上對當事人正當的態度 (wohlanstandigen Verhalten) 之要求，特別是要求不得為他人無預期之行為，大體上與 Jellink 看法相近。該見解對於誠實信用之標準以要求法律關

註二一　勝本，民法における事情變更の原則，頁四九〇以下。

註二二　Danz, Auslegung des Rechtsgeschaft. S. 153 ff. 轉引自，原龍之助，前揭註一七文，頁一四～一五。

註二三　Walter Jellinek, Treu und Glauben im Verwaltungsrecht, Ru PrVerwB1., Bd. 52, S. 805 ff. 轉引自，原龍之助，前揭註一七文，頁一五。

係當事人客觀的信賴關係之保護之點上，與前述 Danz 之見解大體上類似（註二四）。

2.以當事人雙方利益之公平衡量求之

採此說之代表人物為 Schneider。其認為誠實信用之法律規範乃當事人雙方利益衡平考量，要求法官為正當及中庸之判斷(註二五)。該標準也不盡完全描述誠實信用之概念內容，僅得作為誠實信用的客觀標準之一。

3.前述 1.、2.說之綜合說

Kuhlenbeck 以及 Kober 探之。此說認為，誠實信用乃個別的正義（individualisierende Gerechtigkeit），其並非抽象又不融通的均衡尺度，對於整個情況，應超越訴訟當事人之立場出發為價值判斷，且是客觀的比較的價值判斷，以各種利益衡量平衡的考量，交易安全的顧慮等，應被作為價值判斷之標準（註二六）。

Giese 認為誠實信用與公序良俗是相同地於威瑪憲法第一百五十一條第一項以實定法表現，指示法的秩序最高目標為正義理念(Gerechtigkeitsidee)，一方面作為公法法規及公法契約之共通的解釋規範；他方面在公法上交易行為及給付上具有規範作用（註二七）。

Praun 則認為誠實信用乃適合依個別情形之特殊性而適用於具體事件之一般法律思想（allgemeine Rechtsgedanken）及衡平思想

註二四　Schüle, Treu und Glauben im deutschen Verwaltungsrecht, Verw Arch., Bd. 38, S. 404 ff. 轉引自，原龍之助，前揭註一七文，頁一五。

註二五　Schneider,Treu und Glauben im Recht der Schuldverhältniss des B.G.B. 1902. S. 18 f. 轉引自，原龍之助，前揭註一七文，頁一二。

註二六　詳見，原龍之助，前揭註一七文，頁一〇～一三。

註二七　Giese, "Welche Massnahmen empfehlen sich, um dem Grundsatz von Treu und Glauben und dem Verbot sittenwidrigen Handels auf dem Gebiete des öffentlichen Rechts Geltung zu verschaffen." *Sechster Deutscher Juristentag in der Tschechoslowakei*. 1933. S.114. 137 ff. 145 ff. 轉引自，原龍之助，前揭註一七文，頁一五～一六。

(Billigkeitsgedanken)，由於其具有修正調整兩造當事人之利益之法律關係，於公法關係其權利義務之行使、法律行爲當事人之態度等，均受該原理規律（註二八）。

又 Ferdinand Gowa 認爲誠實信用，乃信賴者及其對造「交互作用 (Wechselverhaltniss)」關係之意義，該倫理的規範適合法律關係時，在此法律生活及法律交易上產生要求誠實信用。而該法律規範，作爲規律意思表示之解釋、給付、及在法律行爲當事人態度三方面賦予其內容。以上之諸見解均大同小異，根本上均與牧野英一之見解相近似（註二九）。

三、小結

大體上，主觀說傾向以正常人心中主觀之合理判斷，或者以當事者間之信賴關係之保護作一主觀的標準；而客觀說者則傾向以社會一般公認之利益爲衡量、一般的信賴關係之保護、交易習慣之顧慮、或交易之安全爲標準。誠實信用原則原本爲契約解釋補充之原理，具有規律當事人權利關係主觀色彩，漸漸主觀色彩淡化，與今日之公序良俗合而成爲規律一般的法律關係之客觀標準，權利之行使、義務之履行、法律行爲之解釋等等，一般認爲均須合乎該原則。

本文以爲誠實信用原是發乎人性中純良善美的道德標準，容易因人而異，屬於自然法上的抽象法之概念，具體表現於法秩序時，成爲「善意」與「衡平」，以大多數人的主觀所形成之客觀標準作爲「善意」之基礎，在當事人間利益不均衡的狀況下，發揮「衡平」之作用利益衡量，這整個過程即爲「誠信原則」之內涵。

註二八　Praun, Treu und Glauben in der Verwaltungsrechtsprechung. Erlanger Diss. 1933. S. 2 ff. 8 ff. 轉引自，原龍之助，前揭註一七文，頁一五～一六。

註二九　Ferdinand Gowa, Die Rechtsnorm von Treu und Glauben im Verwaltungsrecht. Hamb. Diss. 1933. S. 21 ff. 轉引自，原龍之助，前揭註一七文，頁一五～一六。

〔肆〕誠實信用原則於行政法上之地位

一、概說

由誠實信用原則之理念發展來觀察，不難發現，其已是支配著私法領域之根本原則，約束著一切私人間的權利義務關係；在公法私法區別的論爭中，如否定公私法之區別，則行政行為當與一般私人之法律行為毫無二異，得適用於私法領域之原理原則，自無區分必要，可適用於行政法關係上；但若承認公法有其別於私法之特殊性，則適用於私法之原理原則，若欲套用於行政法關係上，則需先考慮行政行為之特殊性，加以取捨。蓋行政法為規定行政權之組織及其作用之國內公法總稱，所規律者多為國家與人民之關係，與民法規範私人與私人之關係，有所不同，實具有特殊性。

誠實信用原則於行政法之地位如何，需由行政法關係之特殊性上加以分析。再進一步探討，濫觴於私法領域之誠信原則，如何適用於行政法上，以及能發揮如何之作用，以下就此數方向加以闡述探討之。

二、誠實信用原則如何適用於行政法

誠實信用原則乃為法律最高指導原則，依我國現行法律中明文規定誠實信用原則者，僅有民法第一百四十八條第一項、第二百一十九條，消費者保護法第十二條第一項，證券交易法第九十二條、第一百一十條第一項第三款，貿易法第二十六條，建築師法第二十條，電腦處理個人資料保護法第六條等（註三〇）諸條文；由條文內容規定觀之大都屬於私

註三〇　消費者保護法第十二條第一項：定型化契約中之條款違反誠信原則，對消費者顯失公平者，無效。證券交易法第九十二條：證券商同業公會之理事、監事有違反法令急於實施該會章程、規則，濫用職權，或違背誠實信用原

人間行為之規範，可見私法上之權利義務關係，以誠實信用原則為最高法律原則；本文所探討之行政法領域中，未設有誠實信用原則總則性規定，誠信原則應如何運用？以下首先針對誠信原則是否得運用於行政法領域，以及在肯定見解下以如何的方式將誠實信用表現在行政法上作一探討。

(一)否定說

該說學者認為行政法為公法，與私法不同，私法多為任意規定，公法多為強行規定，私法上意思自由原則，為公法上所不許，蓋在公法具有嚴格性，法規所規定者必須嚴格遵守，誠實信用原則之主要作用則在於補充法規之不備，如適用於公法上勢將破壞法規之嚴格性(註三一)，故否定誠信原則得適用於行政法上。

Otto Mayer 完全否定公法與私法之關連，試將其論點整理如下(註三二)：

1.私法規定不得補充公法規定之欠缺。

2.法的一般原則並不存在。

3.具有直接私法上效果之公法上法制度並不存在。

4.公私法混合關係並不存在。

十分強調公法與私法乃分離獨立的，在公法上，即使使用與私法相

則之行為者，主管機關得予以糾正，或命令證券商同業公會予以解任。證券交易法第一百一十條第一項第三款：交易行為違背誠實信用，足致他人受損害者。貿易法第二十六條第一項：出進口人應本誠信原則，利用仲裁調解或和解程序，積極處理貿易糾紛。建築師法第二十條：建築師受委託辦理各項業務，應遵守誠實信用之原則，不得有不正當行為及違反或廢弛其業務上應盡之義務。電腦處理個人資料保護法第六條：個人資料之蒐集或利用，應尊重當事人之權益，依誠實及信用方法為之，不得逾越特定目的之必要範圍。

註三一　林紀東，行政法與誠實信用之原則，法令月刊，第四一卷一〇期，頁一六七。

註三二　塩野宏，オットーマイヤー行政法學の構造，有斐閣，一九七九年十一月十日，頁二七七〜二七八。

同的法律名詞之情形，由於其乃立於完全不同的基礎上，關於公權力之行使，由於權利主體立於不平等地位，否定公法之欠缺得由私法規定加以補充。

(二)肯定說

行政法其誕生及發展，由今日作為前輩法學私法大宗之民法中之規定、用語上或解釋原理得到不少援助，行政法學與民法由於相較下屬新興領域，民法許多用語及解釋原理法援用或乃不可或缺的；但行政法有其特殊性，因此不允許一成不變，機械性的援用民法規定(註三三)。因此，須考量行政法中特有的原理、規定，例如行政主體之優位性、高權性、公共性，行政權之公定力、行政救濟、公權移轉之限制等特殊問題，作為援用民法概念之前提。

誠實信用原則得否適用於行政法領域，在德國法學界，同樣存在著問題。實務上於戰後誠信原則出現於行政事件之裁判上。因此，誠信原則於行政法領域中，理論的實際的開始成為討論焦點，乃是第一次世界大戰後的事。但，在今日德國已將該原則作為行政法上判決之根本原理，德國法院及高等行政法院均採用。

學說上有不同的見解肯定誠信原則適用於行政法領域中，以下茲將德國學說見解，區分為以下三說分別說明：

1.由私法類推適用的理論

類推適用，乃比附援引之謂，即關於某種事項，在現行法上尚乏規定，法院在處理此種事項時，得援引其性質相似之法規，以資解決(註三四)。法的類推，可區分為法的內部類推以及外部類推；內部類推，即於特定之法中，例如行政法、刑法、民法於其本身內部規定間相互類推適用的情形；又其外部類推，即例如將私法領域中的規定類推於公法領域

註三三　和田英夫，行政法總論編，自治日報社，一九六七年七月一日，頁八六。
註三四　王澤鑑，民法實例研習叢書(二)民法總則，一九八六年五月三版，自刊，頁二一。

的情形。有關法之內部類推，理論上並不認為無限制。如僅於行政法關
於個人利益，以及刑法上關於犯人的利益上承認類推。誠實信用原則得
否適用於行政法領域，屬於前述法領域外部類推的問題，而非內部類推。
曾經德國法院並不承認外部類推，因此民法與行政法之間並不許互相類
推適用。但在今日，法院實務上基於類推承認誠實信用原則適用於行政
法，於西元一九二六年六月十四日德國行政法院判決，在該判決中廣為
援用。該判決中指出「國家作為立法者以及法的監督者，若課予國民特
別義務，於國民私法關係，相互遵守誠實信用乃正當的要求；且國家對
於個別國民在國家公法關係上，該誠實信用原則亦是妥當的。」即宣示了
誠實信用原則不僅於國民之間，對於與國民相對立之國家（國家機關）
也是妥當的（註三五）。

　　在學說上，關於行政法上的誠實信用原則承認由私法的類推適用學
者有:其代表者為 Hedemann（註三六）與 Hamburger（註三七），肯認誠
實信用原則基於類推方法適用於行政法。Hamburger 認為誠實信用原
則適用於公法上，基於類推，補充行政法中現存的缺陷之必要，承認類
似的私法上規定。

　　2.一般的法律思想之理論

　　基於一般的法律思想認為誠實信用原則於行政法領域上乃妥當的。
往往與類推相混，必須加以區分。類推，乃是其相關的法律原則不存在
的情形，而由其他所拿來的原則，而將其適用而成立；而一般的法律思
想之理論，與類推的情形不同，其相關原則並非不存在，由於該原則乃

註三五　詳見，高橋貞三，行政法における信義誠實の問題，收錄於佐佐木博士還
　　　　曆記念——憲法及行政法及諸問題，田村德治編，一九八七年十月十日，
　　　　有斐閣，頁一〇。

註三六　Justus W. Hedemann, Die Flucht in die　Generalklauseln, eine Getahr
　　　　für Recht und Staat. 1933. 轉引自，高橋貞三，前揭註三五文，頁一〇。

註三七　Max Hamburger, Treu und Glauben im öffentlichen Recht. In Leipziger
　　　　Zeitschr., 1931. 轉引自，高橋貞三，前揭註三五文，頁七〜八。

根本自始地存在的，並非由其他原則借用而來。乃於創新的公法領域中
發現其中既已存在之原則而使用之 (註三八)。

　　向來德國法院主張公法與私法其基本的性質是相異的，排除類推適
用的方式，採用一般法律思想理論，承認行政法上有誠實信用原則(註三
九)。即帝國法院以在德國法中私法與公法特別是行政法之間，具有密接
關係之一般性質的法律思想為前提，認為凡於私法規定之一般法原則，
雖並未規定於公法之情形，不能當然說不存在於公法中。因此於私法規
定之一般的法原則，也適用於公法，其並非基於私法規定之類推，而是
既成潛在於公法之相同原則，只是私法對於上述原則較早發現。西元一
九一一年帝國法院，首次運用一般法律思想之理論，主張德國民法第六
百一十八條 (註四〇) 含有社會的保護思想，適用於公務員法。因此，帝
國法院主張德國民法，扮演發現一般的法原則寶藏之角色，再，主張依
民法第六百一十八條規定存有法律上之規則，在此存在著一般的法律思
想，並且表示是必然的存在。法官並非依類推的方法，而是由創新的公
法中取出，來補充行政法上的缺陷，誠實信用也依此方法產生於公法中。
此不僅德國帝國法院之態度，其他高等法院也採此方法 (註四一)。

　　裁判上，採納該一般的法律思想之理論，在學理上，肯認依該理論

註三八　詳見，高橋貞三，前揭註三五文，頁一一。

註三九　Schüle, a.a.O., S. 405. K.H. Schmitt, Treu und Glauben im Verwaltung-
　　　　srecht. 1935. S. 44. 轉引自，高橋貞三，前揭註三五文，頁一〇。

註四〇　德國民法第六百一十八條：〔保護措施的義務〕勞務權利人應適當地對執行
　　　　勞務之處所、設備或工具器械給予置備和保養，並應適當調度在其安排和
　　　　領導下之勞務給付。如義務人參加權利人家庭共同生活，勞務權利人在起
　　　　居和臥室、給養和工作時間及休息時間方面，應從義務人之健康、道德和
　　　　宗教方面考慮，提供必要之設備。如勞務權利人不履行對義務人之生命和
　　　　健康方面之義務時，對其所負之損害賠償義務，準用第八百四十二條至第
　　　　八百四十六條侵權之規定。譯文引自，趙文伋、徐立、朱曦合譯，德國民
　　　　法，一九九二年版，五南，頁一二八～一二九。

註四一　Karl Hermann Schmitt, a.a.O., S.45. 轉引自，高橋貞三，前揭註三五文，
　　　　頁一二。

將誠信原則於行政法領域上之學者，有 Gowa、Kuchenhoff、Jellinek、Praun、Fleiner 等人。

Ferdinand Gowa 認為誠實信用之妥當應是一般的法律思想理論之論理的必然性，如果誠實信用原則乃法律上交易重要原則之一，在所有法律秩序中具有規範法律上交易之任務，誠實信用原則之妥當必須視為當然，於行政合法性原則下之行政法，往往不能無視誠實信用原則作為規範法律上交易法律秩序之一部份（註四二）。

再者，Gunter Kuchenhoff 對於誠實信用原則於行政法上，認為該原則乃作為對於保護人類之繼續生活關係之強制性規定之一致性的法的一般概念之基因（註四三）。

W. Jellinek 認為誠實信用原則「作為明白的精神財產，其認知不專門委由民法法典所得到」（註四四）。

Praun 視誠實信用原則為倫理的概念，不是法律秩序之一規定，而限於其與法結合時，始成為國民法全體之共有財產（註四五）。

又，Fleiner 認為於公法體系中隱含的缺陷，並非依類推適用借用私法之規定來補足，而是依據由公法之思想領域所產生的規定即已足夠（註四六）。

以上所述誠實信用原則於德國法院實務上或學說上，無論由私法類推的理論，或者以一般法律思想之理論，在今日均漸漸被承認。

3.由法之本質來觀察

K. H. Schmitt 主張「法乃是由國民法意識所成立之價值判斷」，法

註四二　Ferdinand Gowa, a.a.O.,轉引自，高橋貞三，前揭註三五文，頁一二。
註四三　Günter Küchenhoff, Rechtsverwirkung im öffentlichen Recht. In Ru PrVerw Bl., Bd. 52, S. 275 ff. 轉引自，高橋貞三，前揭註三五文，頁一二～一三。
註四四　Walter Jellinek, a.a.O., S. 805 ff. 轉引自，高橋貞三，前揭註三五文，頁一三。
註四五　Praun, a.a.O., 轉引自，高橋貞三，前揭註三五文，頁一三。
註四六　Fleiner, a.a.O. S. 56. 轉引自，高橋貞三，前揭註三五文，頁一三～一四。

意識乃是肯認正當之行爲以及不肯認不正當的行爲，由該法意識所判斷的事實構成將來行爲之標準之規範。此乃由種族集團之意識標準所得到的法規範。在該法規範之中，程度高的概括性規範包含程度低的。前者即作爲法之根本原則等，誠實信用原則、公益優先於私益原則及義務權利等原則。總之，正當的事於公法、於私法均必須被實現，而不法的事，無論公法或私法均不被承認。其根本要求乃誠實信用原則，作爲根本要求的誠實信用原則，因此構成法規範。誠實信用原則乃爲了克服法規範於個別事件中適用而產生不法結果時，屬於輔助手段，該誠實信用原則全面的直接適用於所有法規範中，適用於在國民相互間的法律關係，亦適用於國民與國家間之法律關係。私法之法與公法中的法是沒有區別的。法於私法及於公法並沒有不同，以國民而言，作爲法而存在其相互間不同的只不過是法的事實(Tatnestände)。因此，有謂誠實信用原則乃是將結合在私法中實行具體的法要求移入公法中，此乃錯誤的（註四七）。

K. H. Schmitt 認爲此所謂誠實信用原則，乃基於國民法的意識所成立根本法的要求，而於法之所有體系中均妥當，即無論公法或私法均妥當的──其本不認爲公法與私法之區別──但由於所結合具體法要求不同，而產生誠實信用原則的限制。前述類推理論與一般的法律思想理論，均以公法、私法區別爲前提而立論，直至 Schmitt 以否認該區別而立論，並認爲誠實信用原則乃法共通之原則方屬妥當；此乃二者間重大的差異（註四八）。

(三)小結

誠實信用原則依其發展淵源觀之，其乃是一自然含有道德規範色彩的基本原則，共通於所有法領域之間，其屬於超越成文法之上位法理，衡諸於各種法領域，本文肯定誠信原則在行政法上適用，且傾向第三說之見解，認爲誠信原則爲法之本質內涵之一，與正義、公平同爲法之內

註四七　Schmitt, a.a.O. S. 98～125. 轉引自，高橋貞三，前揭註三五文，頁一四。
註四八　詳見高橋貞三，前揭註三五文，頁一四～一五。

涵。而誠信原則表現在各不同法領域會因各法領域其特殊性，而有所調整。但今日通說採第二說者較多，我國實務上也由類推適用說轉而採直接適用說(註四九)，認爲誠信原則乃公法私法共通之一般法律原則，且第二說與第三說之區別，只有在學理上有其意義，其適用於具體案例上效果大致是相同的。本文以下內容仍以通說見解加以論述。

關於公私法區別問題，宜認爲仍有承認公私法區別之必要，惟公私法除因主體不同，各有其特殊性外，尚因其同爲社會生活規範之法律，而有相當之共通性，固不應囫圇吞棗，謂二者並無差異，行政法無可以注意之特徵；亦不宜查其異而忽其同，遂謂行政法與私法之間，無任何類似之處，民法規定，對行政法關係絕對不能適用也。

依上述所言，誠實信用原則並非私法所特有，且亦非於公法所僅有特殊原則，筆者將其理解爲誠實信用乃是基於公法私法所共通的法之理想，所形成的一般法律原理。

三、誠實信用原則於行政法上之作用

㈠行政行爲（行政法關係）之特殊性

該問題首先，私法與行政法其法律關係乃不同的。私法乃是個人與個人之間所存在之法律關係，而行政法乃是身爲公權力主體的國家（其代表之機關）與個人對立的法律關係，個人與行政機關爲不相同之規定（註五○）。如 Schüle 誠實信用原則若被視爲倫理的命令，則產生個人對於國家機關得否要求相同的倫理性要求的問題。因此，不能斷定在私法上妥當的誠實信用原則直接用於行政法上之可能。但是，Schüle 認爲，基於「以行政機關活動的公務員不得完全排除於人的倫理的命令之外」

註四九　五十二年判字第三四五號判例、五十二年判字第三六一號判例及六十八年判字第四一七號判決採類推適用說；七十年判字第九七五號判決以及七十五年判字第一八五號判決採直接適用說。

註五○　高橋貞三，前揭註三五文，頁七～八。

之觀念，因此於私法上交易對於個人所要求的誠實信用原則，也同樣的
拘束公務員(註五一)。其次乃行政法規嚴格性的問題。對於私法一般爲任
意規定，公法一般則爲強行規定，於公法中一般並無類似私法自治觀念，
而有必須遵守法規規定之法規嚴格性之要求。即產生誠實信用原則作爲
法規欠缺補充的角色，於具體的事件中排除、阻止、或緩和法規的嚴格
性，是否妥當的問題。更產生一問題，誠實信用原則成立之法律關係，
乃必須以其法律關係之當事人間基於密切的、協同的關係而有協力情形，
其基礎爲當事人相互間有互相信賴狀態存在爲前提。於私法與公法特別
是行政法中，是否得要求該密切關係的問題，與誠實信用原則是否妥當
的運用於行政法中有關。

公法上具有異於私法之特殊性。在此需由向來公法關係之特殊性來
理解，探討誠實信用原則於行政法適用之界限，必須以上述的誠實信用
原則及其於行政法上妥當的根據爲基礎。現在先以一般界限問題與行政
法其特殊性之關係之問題，概括的舉出二、三個論點嘗試加以探討。

1.權力性與誠信原則

在討論行政法關係之特殊性時，首先必須釐清一個觀念，所謂公法
關係，與舊專制時代的絕對對權力服從之事實關係不同，關於其爲權利
義務之關係一點上，和私法關係並無本質上差異，此於法治國思想發達
的今日，受到一般學者的承認。今日所稱「公法關係」並非完全是依公
權力的公法原理下所規律的單一性質的法律關係，其在某些方面、程度
上，其亦是由私法規律所支配的，本文嘗試採納將有關行政活動的法律
關係，區分爲支配關係(權力關係)、與公法上的管理關係、私法關係三
者之見解 (註五二)。

註五一　Schüle, a.a.O., S. 399. 轉引自，高橋貞三，前揭註三五文，頁八。
註五二　有關三分說其理論上之性質及學說上意義，詳見，田中二郎，新版行政法
　　　　(上卷)，弘文堂，平成二年版，頁七八～八三；藤田宙靖，現代及行政と
　　　　行政法學，公法研究第四六號，頁一一九以下。

　　所謂支配關係(權力關係)，指國家及公共團體等，以法律上優越之意思主體資格，與個人所生之關係而言。例如警察作用、課稅徵收租稅等，依行政主體一方的強制命令所支配的關係，於該部份「除了民法典中爲全體法共通的一般原理或一種法技術上的約束規定外（例如：民法所規定的誠實信用原則、權利濫用禁止、及期日期間的計算等)」，完全排除一般私法規定之適用，而以特殊的公法原理（行政法原理）支配。此種關係於個人相互間之私法關係，大有差異，故多不能適用私法之規定（註五三）。

　　所謂公法上的管理關係，指國家或公共團體，因公共利益之必要，經營事業或管理財產等時，與私人所生關係而言。此時國家立於準私人之地位，例如公物之設置、維持管理、公企業的經營管理等法律關係，本來應適用規律對等私人間相同的法，即適用私法規定，但由於該作用乃是爲了公益，具有與公益密切相關的關係，爲實現公益，需課與私人間所沒有的特殊規律；該情形下，明文規定了與私法原理相異的特殊規律(註五四)。因此，在此類關係中僅在明文與私法原理相異的特殊規定存在時，以及具有純粹與私經濟關係相區別之公共性存在的情形下，適用公法（＝行政法）之原理而不限於受私法原理支配（註五五）。

　　最後在私法關係上，例如一般事物用具的購入等，完全屬於私人間經濟交易行爲的情形，自不待言，全面的適用私法規定。

　　以下表略示行政法關係之分類（註五六）：

註五三　佐藤英善，行政法總論，日本評論社，一九八四年十一月版，頁一一五以下。

註五四　塩野宏，公法と私法——第二次大戰前における學説の課題と展開，收錄於，田中二郎古稀記念——公法及理論（上）雄川一郎編，一九七七年十二月版，有斐閣，頁一六五～一七〇。

註五五　藤田宙靖著，行政法Ⅰ（總論）第三版（改訂版），一九九五年二月二十日，青林書院，頁三一～三二。

註五六　藤田宙靖著，前揭註五五書，頁三二。

```
                    ┌→公法關係─→ 支配關係        →排除私法規定之適用
       行政法關係─┤              └→公法上管理關係→原則上適用私法之規定
         (廣義)   └→私法關係 →純粹的私法關係→僅適用私法規定
```

公法關係之特殊性上「權力性」常常是被列舉者(註五七)。德國法院之判例中，認為公法關係分為權力關係與非權力關係；前者傾向於否定誠實信用原則的適用，學說上也有支持其見解者(註五八)。其理由並不明確，大體上言，誠信原則原來是規範對等關係的原理，一般在任意法上有這種理論，從而，未被認為對等關係或在法律上有必然的強行法性質的權力關係，原則上誠信原則之適用必須被排除。

純粹的支配關係，一般而言，乃是異於規範相對者間的私法規定之特殊領域，少數純粹為私法原理的適用，不被認可在支配關係上適用。但誠信原則，為一般法律原則，並非任一法所獨有，在支配關係上亦適用之。

國家對於私人或準私人的關係上，一方面為行政目的或重視國家公權力的特殊性，應犧牲特定法益而實現上述目的，並非無理由。另一方面，國家當然也作為法律秩序中活動的一個主體，應保護對方當事人或第三人之信賴關係，以及各種利益關係或法安定性，因此符合誠信原則形式，乃是法治國家當然的根本要求之一。從而，在具體的權力關係，是否有誠信原則的適用上，雖然其具有權力性強行性，但在犧牲各種法益時，仍有特別考慮應否貫徹其旨趣的必要。所以在個個具體問題上，國家公權力的社會機能或強行規定的理想與這些受影響的法益之間，應加以比較衡量以決定其適用(註五九)。因此，模糊的以權力性為理由，而

註五七　宇賀田順三, 公法原理の確立, 美濃部教授還曆記念──公法學の諸問題
　　　　(第一卷), 宮澤俊義編, 有斐閣, 一九三四年十二月版, 頁一四。
註五八　K. H. Schmitt, a.a.O., S. 48 ff. 轉引自, 原龍之助, 前揭註一七文, 頁二
　　　　四。
註五九　行政行為之解釋, 特別是違反強行法規之行政行為之效力, 該問題詳見,
　　　　田中二郎, 行政行為及瑕疵, 法學協會雜誌, 第四九卷一號, 頁三一以下。

排除該原則之適用，應該並不妥當。準此，權力關係與非權力關係之區
別對立上，關於誠信原則之適用本質上沒有差異，可以見得其僅僅是相
對性的差異。

2.公益性與誠信原則

行政是以追求公共的福祉為任務。從而公益性乃為行政法上特殊性
格之一。該特殊性格與公益的關係乃成為以下所要探討的問題。

德國學說及判例一般見解將公益性作為誠信原則在行政法適用的限
制主要原因之一。一般而言，誠信原則乃作為要求當事人利益考量的原
理，並以之作為理由，在當事人間利益考量與公共利益不相容的情形，
該原則必須在公益的要求下退讓。

然而，該見解認為以公益性為理由，發生排除誠信原則之適用，是
有疑問的。本質上，公益概念是頗為抽象的，而其內容也因時因地而有
所變化不確定，其與私益概念並非絕對的對立，公益概念是指不特定多
數人之一般利益，而私益是指普通的個人利益所在，其差異不過如此。
而個人的利益並不能從整個社會孤立出來，事實上其或多或少與其他法
益關連，從而，公益與私益僅僅是相對的比較概念而已。進一步，謂「公
益優先於私益」、「私益在公益前應退讓」，大體上可能是正當的。而認為
以抽象的公益性為理由而排除誠信原則之具體適用，則言之過早。關於
其意義，依 Hamburger 教授之意見，一方面認為由於行政的公益性為
公法上適用誠信原則限制的唯一原因，另一方面，認為公益的程度有種
種不同的階段，「要如何以公益來限制誠信原則的適用，往往須在個個場
合加以檢討。」（註六○）其不僅僅以公益為理由，算是有一些進步。

誠信原則乃依法律關係當事人間之利益作比較衡量。從而，依照個
個具體問題，關於行政的公益性與對方當事人的利益關係或與其關連的
一般社會的信賴或法的安定等各種法益──某種意義的公益──依這種

註六○　Max Hamburger, a.a.O., Giese, a.a.O., S. 143 ff. 148. Praun, a.a.O., S. 54.
　　　　轉引自，原龍之助，前揭註一七文，頁二七～二八。

比較衡量開始，而誠信原則關於行政法上適用的界限，得以被賦予根據。假如於後者被認爲較具價值時，始犧牲前者加以保護後者，反之亦然。要言之，公益概念並非是絕對的，而是基於價值判斷相對的概念。從而，以模糊的公益爲理由而否定誠信原則之適用，並不妥當。

國家與人民之關係上，國家一方面爲達行政目的而立於特殊地位，另一方面其亦屬法律關係中活動主體之一；其一方面爲追求公益而使特定利益犧牲，另一方面，這種犧牲也必須建立在誠信原則所要求之利益衡量上，以保護當事人或第三人之信賴關係，以及法律安定性(註六一)。因此，即使是高權性質的行政，亦應適用誠信原則，以調和行政之目的性與人民自由權利之保護，必實現法律之公平與正義。

基於以上說明可知，公益的重視與誠信原則並不衝突，且不論是高權性質或非高權性質，均可能受誠信原則之規則。一個行政法上法律關係中，不僅行政機關依職務行事時應予注意，且人民在行使權利履行義務時亦應注意。不論權利之行使或義務之履行、不論人民對國家或國家對人民，均可能因不符誠信原則而有所主張 (註六二)。

㈡誠實信用原則於行政法規中之體現

誠實信用原則由前述我國法制上之適用可知，大多出現於私法法規之中，明文規定於行政法規上的僅有極少數，誠實信用原則在日本行政法規上已有具體運用，以下嘗試就日本法制介紹。

1.情況判決、裁決與誠信原則

行政事件訴訟法第三十一條第一項，承繼舊行政事件特例法第十一

註六一　德國早期若干邦的最高法院，在違法授益行政處分上，由誠信原則以及社會國原則發展出信賴保護原則，接著又有一系列聯邦行政法院判決從之。Vgl. Hans Peter Bull, *Allgemeines Verwaltungsrecht*, 1982, S. 251.

註六二　Frauz Mayer/Ferdinand Kopp, *Allgemeines Verwaltungsrecht*, Richard Boorberg Verlag Stuttgart. München. Hannover, 5 Aufl. 1985, S. 299. 轉引自，曾昭愷著，德國行政法上情事變更理論──以行政契約、行政處分爲中心，中興法研所碩士論文，一九九五年六月，頁六四。

條第一項之規定「有關撤銷訴訟，處分或裁決雖然違法，但因撤銷將會對公益產生顯著損害時，衡量原告所受損害程度、損害之賠償或防止之程度及方法等一切情事後，認爲撤銷處分或裁決並不適於公共福祉時，法院得駁回該請求。此時，於該判決的主文中，必須宣示該處分或裁決違法。」上述規定雖未直接使用誠信原則，但學者原龍之助認爲這便是誠信原則的一種具體展現(**註六三**)。比較衡量當事人間法的價值、公共利益及其他事情，經合理的判斷後欲於判決中具體地獲致妥適之結果，此正爲誠信原則於法規範之表現 (**註六四**)。

　　2.作爲法一般原則之誠信原則

　　作爲法的一般原則，誠信原則展現在各個法域，於法規中亦得以發現。如日本行政事件訴訟法第三十一條之情況判決、行政不服審查法第四十條第六項之情況判決、同法第五十七條、第五十八條之教示制度與第十八條第一項、第十九條之錯誤教示之效力等相關規定等 (**註六五**)。

　　3.告知制度 (教示制度) 與誠信原則

　　行政不服審查法爲確實地實現各式各樣行政法規之目的與機能，以及充分發揮不服申立制度的機能，要求處分機關對行政處分相對人諭知有關不服申立制度即所謂告知制度。此種處分機關之教示，需符合誠信原則，告知不見得都沒有錯誤。因此基於信賴錯誤之告知，處分相對人所爲之不服申立，嚴格言之係違法的，但於同法第十八條、第十九條設有該處分相對人之救濟制度。首先於第十八條第一項規定「關於得請求審查之處分 (得申立異議者除外) 處分機關誤將非審查機關之行政機關作爲審查機關而爲告示的情形，對該諭示之行政機關以書面請求審查時，該行政機關應速將請求書正本及副本送交處分機關或審查機關，且必須

註六三　原龍之助，公法關係における私法規定の適用，行政法講座，第二卷，頁
　　　　　四九。

註六四　大塚隆志，行政法における信義誠實の原則——わか國行政法學說を中心
　　　　　として，名城法學論集，第一號，頁二五以下。

註六五　大塚隆志，前揭註六四文，頁二五。

將該情形通知請求審查之人。」於第二項規定「依前項規定處分機關於收
受審查請求書正本及副本時，處分機關應儘速將正本送交審查機關，且
將其情形通知請求審查之人。其次，第三項「關於第一項處分之情形，
處分機關誤爲得聲明異議之告示時，如向該處分機關聲明異議，處分機
關應即刻將聲明異議之登記書（即依第四十八條準用第十六條後段之規
定，登記陳述內容之書面，以下皆同）送交審查機關，且將該情形通知
聲明異議人。」第四項規定「依前三項規定審查請求書正本或異議聲明書
或聲明異議登記書送交審查機關時，視爲自始即已送交審查機關。」進而，
於第十九條規定「處分機關爲錯誤告示較法定期間長之請求審查期間時，
於該告示期間內請求審查者，該審查請求視爲於法定期間內所爲。」以上
規定，對於錯誤告示之救濟制度，於有應歸責行政機關自己之事由時，
認定基於該告示所爲之聲明爲有效，乃是基於保護相對人之信賴、要求
行政機關誠實的行爲等，可解釋爲誠實信用原則明文表現之一。再者，
關於申請公害調整委員會裁定之告示，準用上述法律規定（註六六）。

㈢展現在行政作用上之誠信原則

1.私人的公法行爲與誠信原則

在公法關係中，私人所爲之行爲稱爲私人的公法行爲，但尙無關於
此種行爲之行政法上一般規定。因此，除有明文規定的情形外，一般而
言，不外考量該行爲的性質、以解釋論的方式解決，所以有關該決定應
肯認誠實信用原則爲解釋而須予以適用（註六七）。

⑴意思表示

行政法上雖然欠缺有關意思表示一般的規定，但由於將民法相關的
規定認作法律名詞，故亦應類推適用於行政法，於今日並無異論。因此，
有關在行政法關係上意思表示之解釋，係法一般原理原則之誠信原則，
得作爲解釋標準而適用之。從而「意思表示之表意者不問係行政機關與

註六六 大塚隆志，前揭註六四文，頁二七～二八。
註六七 田中二郎，行政法總論，法律學全集六，頁二四六。

個人」該意思表示必須依誠信原則作解釋（**註六八**）。

(2)申請

行政法上，對於行政機關請求為一定行為的私人公法行為，稱之為申請或聲明，私人的公法行為一般並非要式行為，例外的異議的聲明或租稅扣除申請等必須以書面為之。再者，有關表意者意思欠缺或意思決定的瑕疵該行為效力產生如何的影響必無一般的規定（**註六九**）。在此，有關該情形的解釋上，必須要考量對於相對人信賴的保護、公益及其他價值的判斷作合目的解釋。誠信原則得作為其解釋的基準。

(3)撤回

私人的公法上行為原則上得自由撤回、補正、更正，但是已依據私人的公法行為作成行政處分後則不得自由撤回意思表示。然而行政處分作成前，亦有以訴狀之方式始得撤回之法律上限制（**註七〇**）。

2.公權力行使與誠信原則

誠信原則做為法一般原則適用於行政法上所有作用，當然非權力關係與權力關係均妥當適用之原則。在此，基於權力關係之特殊性及形式性之尊重，依行政法目的論之解釋，為了得到具體妥當的結果需比較衡量公共福祉、法的安定、第三者之信賴保護及其他法律價值，認為誠信原則有其適用，且形成具體誠信原則適用之界限（**註七一**）。但是，公權力之行使乃是為了達成行政目的、維持增進公共福祉。職是之故，公權力一般認為具有優越性，即行政主體具有對於相對人之命令強制之權力。但是，有關公權力行使本身是否亦有誠信原則之適用，學說上認為誠實信用原則做為法一般原則適用於權力關係，在戰前萌芽產生，在戰後已成為一般的通說。

註六八　杉村章三郎，行政法規解譯論，法學協會雜誌，第五四卷四號，頁六六八。
註六九　田中二郎，前揭註六七書，頁二四六以下。
註七〇　大塚隆志，前揭註六四文，頁三一～三三。
註七一　原龍之助，前揭註六三文，頁四九；前揭註一七文，頁四二〇。

3.自由裁量與誠信原則

所謂自由裁量，乃行政機關依行政目的或者適合於公益而作裁量，即在法律未爲明文訂定判斷準則，而委由行政機關自由判斷；即使行政機關爲錯誤的判斷，僅生妥當與否的問題，原則上不生違法的問題。但是，自由裁量並非完全自由，須限於法的範圍內的自由判斷，超越界限的裁量行爲即爲裁量權的逾越；若濫用裁量權限的情形則爲裁量權濫用。誠實信用原則適用於自由裁量之界限的問題，無寧說現行法的規定大多是由誠信原則所演繹而得來的。誠實信用原則的適用產生關於裁量權行使的方法，即在法規所認可的界限內行政機關得自由的行使裁量權，若是裁量權行使的誤用乃至濫用，即得解釋爲行政機關違反誠實信用原則，得對此進行訴願或其他行政上之爭訟。以上見解爲今日通說之看法（註七二）。

4.撤銷權的限制與誠信原則

瑕疵行政處分之撤銷，以行政處分成立時具有瑕疵爲理由，喪失其效果之獨立之行政處分。其撤銷權由具有正當權限之行政機關與法院來行使。但是，既然有效的行政處分成立，形成新的法秩序作爲其基準運行者，一旦將其撤銷乃違反法治主義侵害法律生活安全。因此在撤銷的情形下，法理上的限制外、必須依公益上的理由或其他法價值及第三者的信賴保護等之比較衡量作一合理的判斷。有關此方面田中二郎先生認爲有關撤銷權的行使適用失權的法理及誠實信用原則；即「由安定的法律生活的角度而言，經過相當時間不行使的權利（例如行政行爲的撤銷），其權利法律關係確定的消滅，在行政法領域中當然應該肯認之。」失權法理之適用「對於處分相對人，設有訴願期間、起訴期間之限制，由誠實信用原則的角度言之，乃爲謀求法律生活的安定，當然應予肯認之。」（註七三）

註七二　杉村章三郎，前揭註六八書，六五〇條以下。
註七三　田中二郎，前揭註六七書，頁一八三～一八四、二四二。

如前所述。誠信原則爲人際往返的「善意」與「衡平」法則，最初用於契約嚴守的約制，爾後在私法各領域的適用，亦均係以一定的「法律關係」存在爲前提，縱使在公法領域，誠信原則的適用亦不能脫離一定的「法律關係」。

在行政處分的撤銷或廢止上，由於已存在先前的行政處分，基於該行政處分與人民之間造成了一個權利義務關係，因此在行政處分的撤銷與更正上，承認有誠實信用原則之適用。此外，須人民協力的行政處分，如經由人民的申請而作成的行政處分，得將人民的申請視爲形成處分的先行爲，在人民向行政機關提出申請時，行政機關與人民之間已形成權利義務關係，行政機關基於該申請作行政處分時須斟酌誠信原則。

5.瑕疵行政處分的治癒及轉換與誠信原則

瑕疵的行政處分原則上其法律效果爲無效或者得撤銷，但是其無效或得撤銷之行政處分，相對人已眞切信賴，且危害法律生活之安定對於社會公共福祉造成重大的影響的情形下，並不拘泥於其瑕疵之存在，而不主張其無效或撤銷，不得不將其作爲有效來處理。即所謂的瑕疵行政處分的治癒或者無效行政處分之轉換。原龍之助先生認爲瑕疵行政行爲之治癒或者是無效之轉換理論上均是誠信原則的一種表現。

6.行政指導與誠信原則

行政指導並非法律上之用語，而是行政機關爲達成一定之行政目的，對於私人或公私團體所做的勸告、警告、助言、指導等，以非權利性的、任意的手段，給予相對人推動或協力，期待相對人朝向行政上所期待的方向前進的行爲，即所謂的行政指導。行政指導之根據也有法律明文規定的情形，一般來說欠缺法律直接的根據，大都以行政機關的許可、認可的權限及下命權等公權力爲基礎，爲達成行政上目的而爲行政指導。該行政指導特別在依法行政的今日、公害防止爲開端，爲實現各種行政

目的具有重要機能。因此該傾向漸漸增加（註七四）。

7.課稅與誠信原則

　　誠實信用原則抑或是信賴保護原則或是禁反言原則適用於租稅法領域中產生如何能妥當而不抵觸租稅法律主義的問題。有關該問題田中二郎先生認爲「租稅法律主義是無法排除誠實信用原則作爲有關租稅法之解釋原理。」（註七五）意即，即使在租稅法中未明文規定的情形，誠實信用原則作爲一般法律原則成爲法的基礎、補充法的欠缺，作爲法律解釋原理之機能，具有廣義的租稅法之法源之意義（註七六）。

8.行政契約與誠實信用原則

　　學說上保守見解認爲誠實信用原則之發展形成，係以私法爲成長園地，此點「歷史性格」不容忽視。申言之，誠信原則之適用應以權利義務關係之存在爲前提，誠信原則所規範之對象係權利之行使或義務之履行方法，若無權利義務關係存在即無誠信原則之適用（註七七）。由此可知，誠實信用原則規範對象似須受到具備前提的權利義務關係之限制。

　　行政契約與私法上契約相同，均係因契約當事人意思表示一致，而生法律上效果之行爲；無論是隸屬關係契約（註七八）、或平等關係契約（註七九），均是由當事人合意而負擔一定之義務。此時產生權利義務關係，自然受到誠實信用原則之拘束。

四、結語

　　本文認爲，人類的社會生活變化無窮，法律生活中靜的安全與動的

註七四　成田賴明，現代の行政，現代法(四)，頁一五五。
註七五　田中二郎，租稅法，頁一一九。
註七六　田中二郎，前揭註七五書，頁九七。
註七七　林合民，公法上之信賴保護原則，臺大碩士論文，一九八五年六月，頁二九。
註七八　又稱垂直契約，乃指契約當事人之間，具有上下服從關係者。
註七九　又稱水平契約，是指由居於平等地位當事人所訂之契約，尤其是高權主體間所訂者。

安全往往互相衝突矛盾，須有一更具彈性靈活性的法則規範之。且以自
然法的觀點言之，人類社會生活所適用行為規則，並不限於國家或政府
制訂之法律；在國家所制訂的行為規則外，尚有性質更為普遍的行為規
範。乃對於法律應規定而未規定之事項，依法律規範意旨而加以補充；
並適用於一切的人類社會生活，得以調節社會生活中動的安全(註八〇)。
誠信原則正為此等規範之典型，其非由何人所創，乃根據一般人所認可
之基本需求，無怪乎有學者稱之為「具有變化內容之自然法」(註八一)。

　　誠實信用乃是一個極為抽象的不確定法律概念，若能妥適運用，其
效用比公序良俗更大。因為公序良俗只能供為「無效」乃至「違法」的
規矩準繩，誠信原則則除無效外或違法外，對於衡平性，妥當性，蓋然
性又可給予基礎 (註八二)。誠信原則可以視為比任何原則均為上位的概
念。

　　單純的行政機關作成行政處分，如稅捐稽徵機關所作成之課稅處分，
乃基於與納稅義務人間的稅捐債權債務關係，其稅捐債權債務關係乃是
經由法律嚴格的規定，亦承認有誠實信用原則之適用。在憲法上以規定
國家對於人民有照管的義務是否可基於憲法之規定，而認定行政機關與
人民之間有權利義務關係存在？前述的「行政法上債之關係」國家對於
人民有生活照管義務時，人民具有請求權，因此，由法律或憲法所規定
所形成之「行政法上債之關係」，有誠實信用原則之適用。

註八〇　鳩山秀夫，法律生活の靜的安全及び動的安全の調節を論ず，債權法にお
　　　　ける信義誠實の原則，有斐閣，頁一～三六。

註八一　Stammler, *Wirtschaft und Recht*. S. 17. 1921, 轉引自，蔡章麟，前揭註一
　　　　文，頁一三，註四五。

註八二　詳見 常盤敏太，信義誠實之原則，東京商大法學研究，頁一九七。韓布爾
　　　　格謂：「信義律係法律秩序之固有的構成部份。反之，依通說見解，善良風
　　　　俗為道德律，因而不屬於法律範圍。違反善良風俗的效果與違反信義律的
　　　　效果，固然各一齊範圍。但是違反善良風俗必定違反信義律。而違反信義
　　　　律者卻未必就是違反善良風俗」，轉引自，蔡章麟，前揭註一文，頁一四～
　　　　一五。

　　本文認爲行政除須以形式法律爲根據外，尚須受「法」──實質法律之支配，即應受命令、學說、解釋、行政先例、行政法上一般原則等之規範；而誠實信用原則便是行政法上一般原則之一(註八三)。行政裁量應受法律拘束，此基本概念已無疑問。根據德國基本法第二十條第三項：行政與司法應受「法」(Recht) 與「法律」(Gesetz) 之拘束。所謂法與法律，乃包含實質與形式的法律而言。行政裁量行爲，旣爲行政行爲之一種，當然不例外。而誠實信用原則乃行政裁量之最高法律原則屬於裁量的客觀外部界限 (註八四)。

　　本文企圖基於以上推論而提出以下誠實信用原則規範對象之界限：私法上誠實信用原則是規範雙方當事人權利義務關係之作用，私人間需基於約定契約或者其他債之發生原因而產生權利義務關係；誠實信用原則適用於行政法上之法律關係，在狹義行政法上債之關係，例如行政契約上已無疑義，而是否得擴大至廣義的行政法上債之關係，學說上除少數保守見解採否定說外，大多數贊同。此外，於行政裁量上其亦是重要的外部制約界限，裁量若違反誠信原則則屬違法。

　　再者，行政機關與人民之法律關係之發生原因複雜而多樣化，可能因行政處分而發生國家與人民間之權利義務關係，現代的人民生存在社會中已默示的與國家間存有一個類似契約關係，人民與國家之間存在著錯綜複雜的法律關係。宜承認誠實信用原則乃行政機關爲行政裁量上的一個重要基準。

註八三　詳見，城仲模，依法行政原理之現代意義，刊於，月旦法學雜誌，試刊號，一九九五年三月，頁五二～五四。

註八四　詳見，翁岳生，論「不確定法律概念」與行政裁量之關係，收錄於，行政法與現代法治國家，一九九〇年版，頁五三。

〔伍〕以租稅法上之具體適用爲例

一、概說

租稅法爲行政法中的一環，租稅法律關係乃涉及國家以公權力來侵害人民的財產權，財產權的侵害需有法律保留之規定，稅務機關需有法律明文之規定始得對人民課與租稅，此即嚴格的租稅法定主義。由於課稅行爲屬於經常性的與人民發生關係，許多紛爭也因此產生。本文特別以租稅法律關係爲例，論述誠實信用原則在具體適用上的要件與效果，企圖落實誠實信用原則。

租稅法是強行法，只要滿足課稅要件，租稅行政機關就無租稅減免的自由，同時亦無不徵收租稅之自由，及必須徵收依據法律所規定之稅額，此稱之爲合法性原則。此原則乃是租稅法律主義之一環(註八五)，但是，對於合法性原則，必須注意以下三個制約原理 (註八六)：

第一，成立減輕或免除納稅義務等有利於納稅者之行政先例法之情形，租稅稽徵機關需受其拘束，不得爲相反的處分。

第二，稅務機關廣泛一般性的進行有利於納稅者之解釋、適用，其未經改正時，在無合理的理由下，儘管對納稅者爲不利的措置，仍不得違反平等對待原則。

第三，於租稅法個別救濟之原則，得適用誠信原則或禁反言之法理，於其範圍內，合法性受其制約。

誠實信用原則之適用，可能發生藉由對租稅法之解釋而擴大或縮小，此顯然有背於租稅法律主義之精神；且誠信原則本來具有調整利害對立

註八五　金子宏，租稅法，一九八二年十二月二十日補正版，蔡宏義譯，財稅人員訓練所，頁六六。

註八六　金子宏，租稅法，平成四年三月第四版，弘文堂，頁七九。

者的機能，租稅法律主義目的究極在於確保納稅者的法安定性、預測可能性，而所謂課稅的公平性、平等性，乃是形式上的公益性，與具體的要求信賴保護之實質面私的保護之間的比較衡量(註八七)。綜上所述，租稅法中誠信原則的適用與否，最後乃歸於究竟是貫徹租稅法律主義中要求之合法性原則，或重視另外法之安定性要求及信賴保護，其所謂租稅法律主義內部中價值之對立問題。

在此兩種價值對立的狀況下，應以比較衡量之手段，於犧牲合法性原則，而認為必須要保護信賴者，此種情形下，應肯定誠信原則之適用。

二、適用要件

為避免租稅行政機關的隻字片語，即可適用誠信原則，使誠信原則適用過於浮濫，漫無標準，犧牲合法性原則，違背實質正義，故對誠信原則用於租稅關係必須十分愼重，須滿足以下要件（註八八）：

㈠稅務機關必須對納稅人表示公的見解，以作爲信賴之對象

所謂「公的見解」乃指稅務機關所爲的稅務詢問、指導，即不僅包括事實，亦包含對法令解釋相關的見解。在租稅法規極其複雜之今日社會中，主要有關法令之解釋就可承認保護納稅人之信賴；例如：租稅解釋命令中一般納稅人之公開表示，對於個別納稅人之申報指導等均是公開表示；以及對於納稅人之表示中有核對之回答、通知、忠告、指導等各種型態，這些行爲不得私下行之，必須作成行政活動之一環公開行之（註八九）。

且，該「公的見解」，必須符合明確性原則，及稅務機關必須爲明白

註八七　松澤智，租稅法の基本原理——租稅法は誰のためにあるか，一九八三年七月（第二版），中央經濟社，頁一五六。

註八八　金子芳雄，租稅法と信義則，別冊ジュリスト，第一二〇期，頁二六～二七。金子宏，前揭書，頁一一九～一二三。松澤智，前揭書，頁一五五～一五七。

註八九　金子宏，前揭註八六書，頁一二〇。

的表示，而不包含單純行政機關其不作爲等消極表示事實狀態的繼續(註九○)。

此外，該「公的見解」之作成者，必須是一定行政責任立場之稅務人員，其正式表示才可算是構成信賴之對象（註九一）。

㈡納稅者因信賴該表示，而有所行爲

納稅義務人僅是信賴稅務機關錯誤的表示，並無犧牲合法性以保護納稅人利益之問題；納稅人必須有進一步的因信賴表示而有所行爲時，其利益狀況才有所變動。稅務機關的表示、納稅人產生信賴與有所行爲三者之間，必須具備因果關係。

其次，納稅義務人產生信賴並無過失，並無可歸責於納稅人，即「無過失原則」(註九二)。亦有謂納稅人之信賴必須值得保護；稅務機關之錯誤表示並非因納稅人方面的隱匿事實或虛僞報告，或者稅務機關所爲錯誤表示乃易於分辨時，該信賴之產生納稅義務人有過失，屬不值得保護的信賴（註九三）。

且，此處所指納稅義務人的行爲，不僅包括作爲，同時包含不作爲（註九四）。

㈢稅務機關爲與先前表示相反的課稅處分，使納稅者遭到經濟上的不利益

稅務機關其後所爲之課稅處分，必須是一個適法的行政處分，即具備合法性。若其係違法行政處分，即具有瑕疵，無須再討論有無符合誠信原則之問題。

而納稅者所受之「經濟上不利益」，所指爲何？依一般通念，其乃指

註九○　松澤智，前揭註八七書，頁一五六。
註九一　松澤智，前揭註八七書，頁一五六。名古屋地判昭和六十一年三月二十四日稅資第一五一號，頁二四三。
註九二　松澤智，前揭註八七書，頁一五六。
註九三　金子宏，前揭註八六書，頁一二一。
註九四　金子宏，前揭註八六書，頁一二一。

金錢上所失利益以及所受損害。如係原來依法應納付之稅金，因稅務署長的作爲或不作爲，而免於納付時，其後更改表示向納稅人請求納付原應繳納之稅金時，是否爲經濟上的不利益? 或喪失利益? 此乃一重要問題（註九五）。

㈣無其他救濟手段（補充性原則）

凡裁判無法可資根據時，應以誠信原則爲最後法源，此乃「補充性原則」（註九六）。如符合上述之諸要件時，必須無其他救濟手段以保障納稅者之權益時，才以誠信原則來維護現有法秩序所無法保障的實質正義。

三、適用效果

㈠概說

一旦稅務機關之課稅行爲違反誠實信用原則時，其法律效果爲何? 由適用要件的探討可知，誠實信用原則是於無其他救濟手段時，而又違背實質正義的情況下，才加以援用，有如一張最後的王牌; 爲避免流於感情法學取代法律的地位，誠實信用原則僅能在具體的法律關係中，作爲對抗個別不公平的效果之手段，而不得一般普遍的將法律部分廢止，亦不能使稅捐債務發生或消滅，但可修正變更稅捐債務關係，並可阻止稅捐債權或權利之行使（註九七）。

㈡學說實務綜合見解

茲將課稅行爲違反誠實信用原則之法律效果，其學說、實務見解所採態度分述如下:

1.無效說

一般言之認爲違反誠信原則之課稅處分乃屬違法行爲，原則上取消其效力，且日本東京地裁判決也指出，違背誠實信用原則乃是違反法的

註九五　金子芳雄，前揭註八八文，頁二七。
註九六　蔡章麟，前揭註一文，頁一〇～一四。
註九七　陳清秀，稅法上誠實信用原則，軍法專刊，第三六卷七期，頁七。

根本理念，該課稅處分為無效。即將違反誠實信用原則解釋為，課稅處分無效原因之一（**註九八**）。

2.得撤銷說

依我國實務上行政法院五十九年判字第五四七號判例（**註九九**），以法律貴在衡平，而稅收之指示與執行，自應以公平合理為原則作為理由，認為核定營業稅額既不正確，再據以核定當月份之統一發票印花稅款，係違背誠實信用原則，撤銷原決定及原處分（**註一〇〇**）。此即採得撤銷說之見解。

3.成立私人的行政義務請求權說

認為先前有誤的稅務行為，使人民產生信賴，即成立類似「契約（確約）」（**註一〇一**）之法的拘束力，不許將該行為取消或撤回，而其後雖有一與此相反之課稅處分，使人民產生不利益，如符合前述誠信原則之要件，則認為人民有請求稅務機關履行「契約（確約）」的請求權，此乃私人的行政義務請求權（**註一〇二**）。

㈢小結

適用誠實信用原則的目的在於調整法秩序及實質正義之間利益衡量，為追求真正合理公平。法治國原理依法行政原則中，誠實信用原則乃居於法理的地位，行政機關從事行政行為必須依法行事，自不得違反

註九八　北野弘久，現代稅法の構造，勁草書房，一九八三年四月版，頁二九四。東京地裁昭和四十年五月二十六日判決。

註九九　詳見中華民國裁判類編，第一八冊，頁五七四～五七六。

註一〇〇　吳庚，行政法之理論與實用，八十一年九月初版，自刊，頁五三。

註一〇一　「確約」類似於德國法上之 Zusage(承諾)；承諾是行政機關依其性質對於特定的表示相對人所為之高權的自我課予義務。參閱陳傳宗，論暫時性行政處分與行政法上承諾，臺大法律研究所碩士論文，一九九〇年六月，頁一六〇～一六一。

註一〇二　乙部哲郎，租稅法と禁反言則(一)、(二)，民商法雜誌，第一〇〇卷三、四號，頁六八〇～六八一。

誠實信用原則。而一旦違反時，應予以法律上之非難(註一〇三)。該課稅行為之效力，需視該瑕疵是否重大而明顯，而決定其效力為無效或得撤銷。

依現行法制而言，原則上以得撤銷為妥；第一，誠信原則雖為法之一般原理原則，但在具體個案中，居最後把關的地位，試問一課稅處分之作成，外觀上完全符合法令，與實質正義相左，而達重大明顯之瑕疵課稅處分，此時現存的法秩序恐怕有相當大的缺失，而必須由立法方式加以補救；第二，依國家行為受有效推定的角度言之，由相對人或利害關係人提出異議，要求撤銷課稅處分之效力似較為妥當。蓋於無人提出異議時，該課稅處分即受有效推定，仍保有其效力，得維持法安定性之要求；第三，目前行政訴訟法之訴訟類型僅有撤銷訴訟一種，並無確認無效之訴。因此，人民發動之行政救濟，僅能要求行政機關撤銷所為之違法行政處分，並不能要求確認行政處分為無效；基於現實救濟制度之不足，僅能原則上認為違反誠信原則之課稅處分，其效力為一得撤銷之處分。

此外前述第三說之觀點，認為私人之行為義務請求權，乃積極要求某種行政行為，似可解釋為行政訴訟制度中給付訴訟之訴訟標的所在；於行政訴訟法正值修法之際，有其探討必要。但依目前行政訴訟法修正草案中，所增定之訴訟類型，只有對於行政機關應作為而不作為時，請求行政機關應為行政處分之訴訟(修正草案第五條)，而於給付訴訟上亦只限於金錢給付之訴（修正草案第八條）(註一〇四)；是否包含前述私人之行政義務請求給付訴訟，尚有待討論。

註一〇三　Wolff/Bachof, *Verwaltungsrecht I*, S. 178, 亦主張所謂「禁反言」(Estoppel-Grundsatz)認為行政機關不得利用或導致他人之錯誤，受詐欺或及急迫。否則即違反依法行政原則之要求。轉引自，陳敏，行政法院有關依法行政裁判之研究，政大法學評論，第三六期，一九八七年十二月，頁一一六～一一八。

註一〇四　立法院議案關係文書，院總第一五七二號，行政訴訟法修正草案，頁六八～六九。

四、結語

於租稅法律關係中，雖租稅法律關係之內涵有其特殊性，非全然屬於公法或私法，但並不影響誠信原則得適用於租稅法律關係中。日本及德國對公法上誠信原則均多有探討，且多有實務上的裁判具體肯定援用誠信原則以調和當事人間之法律效果，而我國實務向來多偏重於課稅合法性上，以達維護公益之目的，鮮少考量稅法上之誠實信用原則之適用。就保障人民的私權之立場而言，形式上的法律必定有其漏洞，誠實信用原則正可彌補此缺漏。

〔陸〕誠實信用原則在我國行政法上的實踐

一、概說

我國實務上雖亦肯定誠信原則在行政法上之適用，惟早期之態度較為保守，認為只能以類推適用之方式，如五十二年判字第三四五號判例、五十二年判字第三六一號判例及六十八年判字第四一七號判決（註一○五）等。其後則接受可直接適用之理論，如七十年判字第九七五號判決（註一○六）以及七十五年判字第一八五號判決（註一○七）等。

近日在適用上已較為普遍，如七十九年判字第二○九五號判決（註一○八）、七十九年判字第一二一七號判決（註一○九）、七十九年判字第一三

註一○五　行政法院判例要旨彙編，頁二二九；行政法院判例要旨彙編，頁七七四；
　　　　　行政法院裁判要旨彙編，第一輯，頁三五四。

註一○六　行政法院裁判要旨彙編，第二輯，頁九三七。

註一○七　行政法院裁判要旨彙編，第六輯，頁三五一。

註一○八　土地登記簿內容塗改處理事件，詳見行政法院裁判要旨彙編，第一○輯，
　　　　　頁一二○一。

註一○九　畸零地合併使用協議補償事件，詳見行政法院裁判要旨彙編，第一○輯，
　　　　　頁四八九。

八五號判決(註一一○)、八十年判字第一三七四號判決等，皆有關誠實信用原則之裁判。

以下試舉幾則大法官會議解釋及行政法院裁判，說明我國實務上運用誠實信用原則之情形。

二、大法官會議解釋

㈠釋字第三百四十八號解釋

大法官會議第三百四十八號解釋文：行政院中華民國六十七年元月二十七日臺（六七）交字第八二三號函核准，由教育部發佈之「國立陽明醫學系公費學生待遇及畢業後分發服務實施要點」，係主管機關為解決公立衛生醫療機構醫師補充之困難而訂定，並作為與自願接受公費醫學教育學生，訂立行政契約之準據。依該要點之規定，此類學生得享有公費醫學及醫師養成教育之各種利益，其第十三點及第十四點因而定有公費學生應負擔於畢業後接受分發公立衛生醫療機構服務之義務，及受服務為期滿前，其專業證書先由分發單位代為保管等相關限制，乃為達成行政目的所必要，亦未逾越合理範圍，且已成為學校與公費學生間所訂契約之內容。公費學生之權益受有限制，乃因受契約拘束之結果，並非該要點本身規定所致。前開要點之規定，與憲法上無抵觸。

㈡評釋

其解釋理由書中提及：「行政機關基於其法定職權，為達特定之行政上目的，於不違反法律規定前提下，自得與人民約定提供某種給付，並使接受給付者負合理之負擔或其他公法上對待給付之義務，而成立行政契約關係。……經學校與公費學生訂立契約（其方式如志願書之類）後，即成為契約之內容，雙方當事人自應本誠信原則履行契約上之義務。……」

註一一○　請求返還代繳土地增值稅事件，詳見行政法院裁判要旨彙編，第一○輯，頁一三四四。

該解釋認為行政機關得基於行政目的、公益之要求而與人民締結行政契約，即基於前述「行政基礎」，本案行政機關基於「國立陽明醫學系公費學生待遇及畢業後分發服務實施要點」與人民訂立契約，要求依誠實信用原則履行義務，該論點殊值贊同；但，對於契約內容的解釋也須符合誠信原則，該契約之內容是否合乎客觀上交易習慣、公平，均須考量。該解釋並未對於契約是否符合誠信原則加以斟酌，僅純以合乎行政目的為考量基準，似有欠缺。

三、行政法院判例判決

㈠行政法院七十九年判字第二〇九五號判決

判決內容大致為：被告機關為係爭土地登記簿使用編定欄之記載遭塗改，有塗改痕跡可按，卻未見將違法者移送法辦，參酌內政部所擬處理原則，縱然土地使用編定內容遭違法塗改，為維護善良第三人權益，其已完成建築或已辦理移轉或另設定他項權利者，如經查明承受人確無惡意或不法者，允宜維持其變更後狀態之旨意，倘原告亦屬善意，雖其土地權屬尚未移轉，是否仍宜維持其變更後之狀態而不予撤銷更正原公告編定，非無斟酌餘地。衡以原告如屬惡意(知情)，早將係爭地及房屋脫手，如其善意而終不獲保全，則原處分無異保護惡意違法者（即知情早出售者）而懲處善良百姓，其處分有失誠信公平，難免權力濫用之嫌，自應以違法論。

㈡八十年判字第一三七四號判決

判決要旨大致為：以被告機關於徵收該土地時竟未依徵收當期（七十八年）公告土地現值補償地價，仍依七十五年度之公告土地現值作為計算補償之依據，並抗辯：重新規定地價期間，因作業疏忽列印錯誤而未及時察覺更正所致，已函請稅捐稽徵機關退稅云云，似有違誠信原則及信賴保護原則。

㈢評釋

該二判決行政法院均以誠信原則爲根據，調整人民信賴利益，殊値贊同。行政機關所爲的公法上的意思表示，由於其立於國家的地位，通常會使人民信賴其爲眞實正確的，基於此始有行政處分公定力之概念；行政機關對於行政處分之撤銷廢止或更正，本可自行依職權爲之。但人民已對於先前之錯誤的行政處分形成信賴，且基於該信賴爲某些行爲，而因事後行政機關之更正先前處分，產生經濟上的不利益。此時依誠信原則行政機關自行更正行政處分的權限須與人民的信賴利益相衡量，而受到約制。

〔柒〕結論

誠實信用原則，由法律文字觀之，頗富有彈性與伸縮性。因此其可隨時代變化，有具體的新內容。這個原則因其措辭是抽象的，所以其涵蓋範圍很廣，運用得當。本文認爲誠信原則如同正義一般，是一種超越法規的法意識，抽象而不易掌握，因社會思潮的不同，而有不同的意義。

表現於行政法上之誠信原則，會因行政法上之特殊性有些調解，由本文的探討可知，行政法關係之獨特性質並非絕對的限制誠信原則之適用，而是相對的衡量相較之下才作一取捨；在適用對象上，傳統上認爲須以當事人間有法律關係爲前提，而本文認爲行政機關於任何爲行政裁量時均需合乎誠信原則，如此使能符合其爲「帝王條款」之稱號。實定法規在立法之時便落於時代之後，跟隨不上社會的變遷，此時誠信原則在用法有所不足時，得發揮補充解釋的作用。

本文最後的企盼：誠信原則是一至高的原理，無待乎立法明文規定，爲依法行政中重要法原則之一，行政機關能夠多運用誠信原則在行政裁量行爲上，衡量人民與行政機關間之利益衝突，在行政目的公益要求下，也能多考慮人民之私益，使國家與人民之間相對立關係加以緩和。

公法上信賴保護原則初探

吳坤城

〔壹〕序說

〔貳〕要件

一、信賴基礎 (Vertrauenssgrundlage)

二、信賴表現 (Manifestierung des Vertrauens)

三、信賴值得保護 (即正當的信賴 Berechtigte Vertrauen)

四、公益是否為信賴保護之要件

〔叁〕理論依據

一、誠信原則說

二、法安定性原則說

三、社會國家原則說

四、基本權說

五、結語

〔肆〕保護方式

一、存續保護

二、財產保護

三、判斷基準——代結語

公法上信賴保護原則初探

〔壹〕序説

　　信賴，在人與人的交往中扮演了重要的角色；在作爲社會支柱之一的法律體系上，亦復如是：在民法有所謂「信賴利益賠償」(註一)、在刑法有所謂「信賴原則」(註二) 等，此二者適用在人民與人民之間。至於人民與國家間亦存在著信賴關係，自不待言。尤其現代國家之任務已與往昔不同，行政作爲一給付之主體，開發社會文化、增進人民福利、提昇人民生活素質，已成爲國家責無旁貸之職責 (註三)，人民生活與國家緊密結合，對國家之信賴更形加重。因此，國家應揚棄「朝令有錯，夕改又何妨」之心態，致力於提昇公信力，以維法秩序之安定平和，並保障人民之信賴。基於這樣的認知，在公法領域內漸次形成「信賴保護原則」(Der Grundsatz des Vertrauensschutz)。

註一　所謂信賴利益賠償，指法律行爲外形上雖成立，但實質上無效，當事人之善意無過失信其有效致受損害之賠償也。參照：林誠二，信賴利益賠償之研究，收錄於氏著，民法理論與問題研究，興大法學叢書(三)，八十年七月，頁二七一。王澤鑑，信賴利益之損害賠償，收於氏著，民法學說與判例研究，第五册，七十六年五月，頁二二九。

註二　所謂信賴原則，指行爲人於實施某種危險行爲之際，倘可認爲被害人或第三人亦會採取適當行爲，倘此信賴屬於相當者，即使行爲人所實施之行爲，促使結果發生，亦不必對此負責。蔡墩銘，中國刑法精義，漢林出版社，七十一年九月，頁一七九。

註三　參照：城仲模：現代行政法學發展的新趨勢，收於氏著，行政法專輯(一)，臺北市公訓中心印行，一九九〇年，頁一二六。

公法上信賴保護原則肇始於德國，而其起源學者有不同說法(註四)：學者 J. Mainka 認為信賴保護的法思想於第一次世界大戰後，在各邦行政法院之判決即已出現；另一學者 F. Gowa 則認為信賴保護乃誠信原則適用之例，因此早在一九〇一至一九〇六年間，各邦行政法院在行政處分撤銷、廢止之限制的案例上，即已援引。惟蔚成討論風氣與學說之形成，則於第二次世界大戰之後，首先提出者為 H. P. Ipsen，踵繼者有 U. Scheuner、H. Kyueger、C. D. Ehlermann、M. Kriele、L. Froehler 等人(註五)。眞正奠立信賴保護原則地位者為一九七三年十月所召開之德國法學者大會，其第二議題選定「行政上之信賴保護」為主題 (註六)，引起廣泛之議論與重視。甚至，信賴保護原則也被明文規定於德國行政程序法第四八、四九條、租稅通則第一七六條、聯邦建設計劃法第四十四條等條文上。此後信賴保護原則不僅成為行政法上之一般原則 (註七)，甚至被認為是憲法原則 (註八)。

註四 參照：J. Mainka, *Vertrauensschutz im öffentlichen Recht*, 1963 S. 2 f.及 F. Gowa, *Die Rechtsnorm von Treu und Glauben im Verwaltungsrecht*, 1933 Diss. Hamburg, S. 60 ff., 66 Anm. 1. 轉引自，乙部哲郎，行政法における信賴保護，公法研究，第三九號，一九七七，頁一六六～一七〇。

註五 參照：林樹埔，論都市計劃與人民權益之保護，臺大法研所碩士論文，六十九年十二月，頁一三〇。

註六 本主題之報告人為 G. Kisker，副報告人為 G. Püttner，全文載於 *VVDStRL* Heft 32, 1974, s. 150 ff. 參照，乙部哲郎，註四文，頁一六七；並參照，保木本一郎，ドイツ行政法における信義則，收於，公法理論(上卷)，有斐閣，昭和五十二年，頁二八四。

註七 德國學者 Ossenbühl 例示該國行政法之一般法律原則中包含信賴保護原則，參照：葉俊榮，行政裁量與司法審查，臺大法研所碩士論文，七十四年六月，頁一一四。並參照：Maurer, *Allgemeines Verwaltungsrecht*, 8 Aufl. 1992, S. 20 Rn. 17, §2 及城仲模，依法行政原理之現代意義，月旦法學雜誌，試刊號，一九九五年三月，頁五四。

註八 亦有德國學者持反對意見；但在違法行政處分按「依法行政原則」(屬憲法原則)應予撤銷之情形，倘信賴保護原則未具備憲法原則之位階，焉能對抗之？故通說均採肯定說。參照：N. Achterberg 於前述德國法學者大會上之發言，載於 *VVDStRL* Heft32, 1974, S. 233. 轉引自，林合民，公法上之信賴保護原

　　在我國，信賴保護原則早期並未被重視與提倡，近年來學者在論文與教科書上已多所闡述；行政法院亦有數則判例出現；且大法官會議解釋釋字三六二號揭示人民因信賴法院判決而有信賴保護原則適用之旨；甚至行政程序法草案中亦明白規定有關信賴保護之條文。可見本原則目前在我國已受相當程度之重視。

　　本文擬對信賴保護原則之要件、理論依據、保護方式及其在行政法上諸多領域之體現加以論述，並檢討我國在各該領域上實踐的情況。

〔貳〕要件

　　要適用信賴保護原則須具備一定之要件，而此要件會因適用於不同的案型而稍有差異，但大致上須具備以下三個要件（**註九**）：

一、信賴基礎（Vertrauenssgrundlage）

　　要構成信賴保護之大前提爲：人民信賴什麼？信賴之客體爲何？亦即先要有一有效表示國家意思的「法的外貌」（Rechtsschein）（**註一〇**），例如：行政機關之行政處分、行政計劃、承諾之表示等。然而信賴基礎並非只限於國家的具體行爲，在法律、行政命令變更之溯及效力這種「抽

則，臺大法研所碩士論文，七十四年六月，頁六〇。

註九　參照：乙部哲郎，租税法と信義則，禁反言則㈡，民商法雜誌，第一〇〇卷四號，頁六七一以下，引自，洪培根，從公法學之觀點論法律不溯及既往之原則，中興法研碩士論文，八十一年一月，頁一一九。日本學者芝池義一提出以下要件：1.個別的具體的措置，2.實行活動，3.客觀的依存性，4.其他的條件。參照氏著，行政法總論講義，有斐閣，一九九二年初版，頁六一～六四。亦有論者援引民法上信賴利益賠償之要件而提出下列六項要件：1.須行政行爲有效成立，2.須行政行爲嗣後經變更，撤銷或廢止，3.須行政行爲之相對人受有損害，4.須信賴值得保護，5.須損害與行政行爲之變更間具有因果關係，6.須信賴善意無過失。林樹埔，前揭碩士論文，頁一三四～一三五；及洪培根，前揭碩士論文，頁一二〇。

註一〇　參照：林錫堯，行政法要義，法務通訊雜誌社，八十年十月，頁四八。

象的信賴保護」案型所信賴者爲現存的法律狀態(註一一)。此信賴基礎不論係合法或違法的均足當之，但例外於因重大明顯之瑕疵而致無效的行爲，則無法成爲信賴基礎（註一二）。

二、信賴表現（Manifestierung des Ver-trauens）

信賴表現係指人民因信賴而展開具體的行爲，亦即爲一定的處分行爲(不作爲亦可)。但人民單只爲信賴之意思表示則不包括在內(註一三)。而在抽象的信賴保護類型，由於人民對現存法秩序之信賴，通常須法律狀態發生變動時方能表徵出來，因此無法要求須有具體之處分行爲，此時之信賴表現應認爲是虛構或推定的(註一四)。另須注意的是信賴表現與信賴基礎二者間須有因果關係（註一五）。

三、信賴值得保護（即正當的信賴 Berechtigte Vertrauen）

值得保護之信賴須是「正當」的信賴。所謂正當，係指人民對國家

註一一　林合民，前揭碩士論文，頁六八。而所謂「抽象信賴保護」類型，依林合民之見解爲：信賴基礎係具抽象性質之國家作用，人民對之所生之信賴可說是虛構或推定的，因此，也不以人民須有具體之信賴表現（如因信賴而爲財產之處分行爲）爲要件。氏著前揭碩士論文，頁八五。

註一二　S. Neumann, Die Grenzen des Vertrauensschutzes im öffentlichen Recht, *NJW*, 1962, S. 1086. 轉引自，林合民前揭碩士論文，頁六八。

註一三　參照：山田幸男，市原昌三郎，阿部泰隆，演習行政法(上)，青林書院新社，昭和五十八年，頁一一一。

註一四　參照，H. Huber, Vertrauensschutz, 載於, *Verwaltungsrecht zwischen Freiheit*, Teilhabe und Bindung Festabe aus Anlass des 25 jährigen Bestehens des Bundesverwaltungsgerichts, 1978, S. 326. 轉引自，林合民，前揭碩士論文，頁六九。本文以爲：此時信賴表現應係指人民遵守原來的法狀態而不去違反破壞之「不作爲」，蓋行爲包括作爲與不作爲。

註一五　同註一〇。

之行為或法律狀態深信不疑，且對信賴基礎之成立為善意並無過失(註一六)；若信賴之成立係可歸責於人民之事由所致，信賴即非正當，而不值得保護。通說認為下列事由為信賴不值得保護（註一七）：

1.信賴基礎基於當事人惡意詐欺、脅迫或其他不正當方法而獲得。蓋「任何人均不得因自己之違法行為而獲益」之法諺在此有其適用（註一八）。

2.當事人對重要事項為不正確或不完全之說明。

3.當事人明知或因重大過失而不知信賴基礎違法，亦不值得保護。

4.其他如預先保留變更權、顯然錯誤之信賴基礎等，亦不值得保護。

四、公益是否為信賴保護之要件

論者於言及信賴保護原則時，率皆會提到其與公益（公共福祉）間衡量的問題(註一九)；因此公益與信賴保護二者間的關係殊值討論。或有將公益列為信賴保護之要件者，例如：林合民氏將「強烈的公益要求」列為信賴保護之「消極要件」，若符合此要件即無法成立信賴保護（註二〇）。而林錫堯氏則謂：「所謂值得保護之信賴……更須斟酌公益，如公益

註一六　參照：林錫堯，西德公法上信賴保護原則(上)，司法周刊，第一〇五期，七十二年四月十三日。

註一七　關於信賴不值得保護之情形，德國行政程序法第四十八條，我國法務部版行政程序法草案（八十四年三月）第一〇三條，均有明文例示。

註一八　參照：吳庚，行政法之理論與實用，八十一年九月，自刊，頁二九二。大法官會議釋字第三七九號解釋即為適例，解釋理由書謂：「……私有農地承受人有無自耕能力，係由核發自耕能力證明書之機關認定，承受人明知無自耕能力，猶提供不正確資料以為自耕能力證明之申請，即屬不法，當不生信賴保護之問題……。」

註一九　例如：佐藤英善，信賴保護の原則，法學教室，第一四五期，一九九二年十月，頁三二；原田尚彦，企業誘致政策の變更と信賴の保護，ジュリスト，第七三七期，一九八一年四月，頁一六；遠藤博也：實定行政法，有斐閣，一九八九年初版，頁一三七以下。

註二〇　林合民，前揭論文，頁七〇。

之要求強於信賴利益，則信賴不值得保護。惟如行政處分受益人已使用行政處分所提供之給付，或已作不能回復原狀、或只能在不可期待之損失下始能回復之財產上處分者，通常可認為信賴值得保護。」似認為公益為判斷信賴是否值得保護之要素（註二一）。

以上兩種看法，本文認為皆有待商榷。蓋從文義而言，既稱為「要件」或「作為判斷是否符合要件之要素」，則必須符合此要件，方有信賴保護原則適用可言；倘不符合，則無由成立信賴保護也，更談不上信賴保護原則之法律效果——「存續保護」或「財產保護」之方式。舉例言之：在撤銷授益性行政處分之情形，若相對人已符合本文前述之三要件後，倘因撤銷之公益大於信賴利益，依林合民氏之說法，此時不能成立信賴保護；同樣地，依林錫堯氏之見解，只符合第一、第二兩個要件，但不符合「信賴值得保護」此一要件，應不能成立信賴保護。但二者卻一致認為此時仍能撤銷該授益性行政處分，於撤銷後，行政機關應對人民因信賴原處分存續所受之損害，給予補償。既然認為不成立信賴保護原則，卻又認為應採用其法律效果之「財產保護」方式，似乎是說不通的。

因此本文認為公益不能作為信賴保護原則之「要件」，在實際案例之判斷上即可知二者實為先後不同之層次。倘不具備前述三個要件之任何一個，無由成立信賴保護原則，此時根本毋庸考慮公益的問題。只有三者皆具備後，方產生「信賴利益」，才有衡量公益與信賴利益孰輕孰重可言，亦才能決定究竟係採「存續保護」或「財產保護」之方式。

〔叁〕 理論依據

關於信賴保護原則之理論根據，依學者的論述，大抵有如下幾種說法，但亦有主張信賴保護原則並非依據於其他原則，而是一獨立的法原

註二一　林錫堯，前揭書，頁四八～四九。

則（註二二）。

一、誠信原則說

民法第一百四十八條規定：「行使權利、履行義務，應依誠實及信用方法。」此爲民法上誠信原則之明文化，進而爲一切私法上法律行爲均具有規範作用之法則，故有「帝王條款」之稱。關於誠信原則能否適用於公法領域，在德國及日本通說皆持肯定的態度（註二三）。在我國，學說亦持肯定之見解（註二四），實務上行政法院五十二年判字第三四五號判例首先表明：「公法與私法，雖各有其特殊性質，但二者亦有其共通之原理。私法規定之表現一般法理者，應亦可適用於公法關係。依本院之最近見解，私法中誠信公平之原則，在公法上應有其類推適用。」而行政法院七十五年判字九七五號則持「直接適用」而非僅能「類推適用」之見解。

認爲誠信原則爲信賴保護原則之依據的學者所採之理由如下（註二五）：

1.從字面上立論，誠信原則在德文爲 Treu und Glauben，所謂 Treu，爲有秩序而有信憑性的行態（ordnungsmäßig, zuverläßige

---

註二二 參照：鍋澤幸雄，取消權的制限——公共の福祉と保護，收於行政法總則，川西誠、矢野勝久、奧原唯弘編，成文堂，昭和五十年初版，頁一九七。及乙部哲郎，註四文，頁一七一。

註二三 參照：波多野弘，行政法における失效の原則，名城法學，第一一卷二、三號，頁七三。

註二四 參照：林紀東，行政法與誠實信用之原則，收於氏著，行政法論文集，六十二年，頁九三以下。

註二五 乙部哲郎，註四文，頁一七三。甚至有學者認爲將信賴保護原則，「合併於誠實信用原則亦無不可」，參照：葉俊榮，行政程序法與一般法律原則，收於，行政程序法之研究（行政程序法草案），經社法規研究報告一〇〇七，頁二三四；而該草案第八條規定：「行政行爲，應以誠實信用之方法爲之，並應保護人民正當合理之信賴。」該條文之說明亦謂：「信賴保護乃誠實信用原則之重要內涵。」日本學者佐藤英善亦認爲信賴保護原則爲誠信原則之「核心構成要素」，參照氏著前揭文，同頁。

Verhalten）另一方當事人則對之寄以 Glauben，而 Glauben 即 Vertrauen，有信賴之意。若引用在行政法關係上，行政機關負有為合法性行政作用的義務，而相對人則信賴該行政作用是適法的；其後，倘若行政機關基於行政作用之違法性等理由而否定其效力，則因未顧及相對人之信賴而違反了誠信原則。

2.誠信原則在適用上以具體法律關係之存在為要件，而行政法之法律關係乃具體關係，適於誠信原則之適用。故誠信原則適合說明信賴保護原則。

然而基於下列理由，實無法贊同信賴保護原則之理論依據為誠信原則：

1.單從 Glauben 與 Vertrauen 二字意義相同上立論，而導出上述理論，過於牽強（註二六）。

2.在某些信賴保護原則適用之領域上，以誠信原則為依據是適切妥當的，但關於法律溯及效力之信賴保護則無法說明（註二七），蓋在此立法機關與人民間並無具體關係，如何適用誠信原則？

3.亦有學者以信賴保護原則為憲法層次的原則，誠信原則則否，而加以批判（註二八）。蓋憲法原則如何能以非憲法原則為依據？

4.要掌握誠信原則之概念與機能是困難的；故以之為信賴保護原則

註二六　參照：Püttner: Vertraünsschutz im Verwaltungsrecht, *VVDStRL* 32, 1974, S. 202. 轉引自，林合民，前揭碩士論文，頁三〇～三一。

註二七　參照：R. Zuck: Der Schutz der Rechtsstellung der ehrenamtel Verwaltungsgerichten, *DÖV*, 1960, S. 581 f. 轉引自，乙部哲郎，行政行為の取消撤回と信賴保護，神戶學院法學，第八卷一號，頁九〇。而 Ossenbühl 認為，即使於具體行政法關係，信賴保護原則之適用案型亦非均能依誠信原則說明，參照：Ossenbühl: *Die Rücknahme fehlerhafter begünstigender Verwaltungsakte*, 1965, S. 97～98, 轉引自，林合民，前揭碩士論文，頁三一。

註二八　參照：乙部哲郎，行政法上の禁反言、信賴保護、自己拘束，收錄於，行政法の基礎，杉村敏正、室井力編，青林書院新社，昭和五十二年初版，頁四七。

之依據是不適合的（註二九）。

二、法安定性原則說

法安定性原則源自於人類本能上對不規則或無法預測之現象的恐懼，亦即對安全之需求，以便能安排、遂行個人之社會生活，而此需求包括規範秩序在內(註三〇)；而法律規範乃社會生活中之重要環節，故法安定性成爲法規範之重要理念。法安定性原則大致上可透過以下兩點來理解：一是法安定性之安定係「藉由法所達成之安定狀態」，二是法安定性所指稱者爲「關於法本身之安定狀態」(註三一)。而其特徵依德儒 Radbruch 之見解有以下四點 (註三二)：

1.法律必須是實定的，並要求法律是制定法。

2.此被制定的法律必須是安定的，亦即是基於事實的基礎而建立者。法官對於個案，不得依自身之價值判斷，尤不能以「信義誠實」、「公序良俗」等一般性、原則性之條項，爲判斷之依據。

3.爲法律基礎之事實，盡可能無誤地被確定，而且該事實須是「實用的」(Praktiabel)，不得僅把握事實之梗概作爲法律之基礎。

4.法律安定性必須被保障「牽制與均衡」，議會制度下各機關之愼重，即可謂係法律安定性的一個保障。

支持法安定性爲信賴保護依據者認爲，信賴保護之對象，不外是人

註二九　乙部哲郎，註四文，頁一七四。而氏以爲依誠信原則來解決具體案例，會受到「逃避到一般條項」之批評；爲避免這種批評，不如將誠信原則內容之重要構成部份的信賴保護抽離出來，直接以信賴保護之名稱，使誠信原則能具體化。參照氏著，行政法と信義則，收錄於，行政法の爭點(新版)，成田賴明編，有斐閣，平成二年，頁二一。

註三〇　參照：H. Henkel: *Einführung in die Rechtsphilosophie*, 2 Aufl. 1977, S. 437. 轉引自，林合民，前揭碩士論文，頁三二。

註三一　參照：阿南成一、野田良之譯，法哲學入門，收錄於，ラートブルフ著作集，第四卷，實定法と自然法，東京大學出版會，頁六三。

註三二　同前註，頁六三以下。

民對舊法律狀態存續性之信賴，並防止事後溯及地破壞人民處分之基礎
（註三三）。且依德國聯邦憲法法院一貫的見解，對人民而言，法安定性主
要係指信賴保護，亦即在要求，人民對國家可能之侵犯，得以事先預見、
妥為因應（註三四）。另外，法安定性原則為法治國家原則之重要構成部分，
具憲法位階的效力，以之作為信賴保護原則之依據亦較為妥當（註三五）。

然而學者亦提出如下之批判：

1.法安定性中之法律不可破壞性、恆久性只有在行政行為合法時，才
得到保證；故對信賴違法行政行為存續之保護而言，將與法安定性原則
相抵觸（註三六）。

2.倘以法安定性原則為信賴保護原則之依據，由於須維持舊的法律
狀態，則適用在撤銷因受益者使用詐欺等不正當手段而得之違法授益性
行政處分的案例，從法安定性原則的立場是難以說明的（註三七）。

3.學者 Ossenbühl 則認為，在信賴保護原則適用案型之一的違法授
益性行政處分之撤銷，可從法安定性的原理來尋求其法的根據；但在侵
害性行政處分之撤銷，從人民的角度言，並未侵害法的平和、安定，因
此，信賴保護原則無法從法安定性原則導出（註三八）。

三、社會國家原則說

德國基本法第二十條第一項規定：德意志聯邦共和國，係一民主與
「社會」（Sozialer）聯邦國。其聯邦憲法法院將之稱為「社會國條款」，

註三三　參照：J. Mainka: *Vertrauensschutz im öffentlichen Recht*, 1963, S. 10. 轉引
　　　　自，林合民，前揭碩士論文，頁三四。
註三四　參照：洪家殷，行政處分撤銷之研究，政大法研所博士論文，八十一年六
　　　　月，頁三一九。
註三五　乙部哲郎註四文，頁一七二。
註三六　同註三三。
註三七　乙部哲郎註二七文，頁九一。
註三八　Ossenbühl 註二七文，頁七四～七八，轉引自，乙部哲郎，註二七文，頁
　　　　八九。

學者則解釋爲「社會國原則」（Sozialstaatsprinzip）（註三九）。關於社會國原則之概念至今仍未有一致性的看法，大體上有以下之內涵（註四〇）：一是實現社會正義，即扶持經濟上之弱者，與分擔社會風險；二是建立社會安全制度，即欲追求社會正義與分擔風險的最好方法，爲創設制度，使個人之危險與緊急狀況，經由制度能公平分配資源，予以扶助；三是建構社會平等秩序，及著重利益之均衡與照顧，進而對社會弱者須特別保護。由於經濟弱者與特別須要保護者對給付行政之信賴須予保護，在此角度上將與信賴保護原則有所關聯（註四一）。

但基於下列理由，實難同意社會國家原則可爲信賴保護原則之依據（註四二）：

1.社會國家原則之目的在於積極之協助、給與及拯救危險，此與信賴保護之本質上無太大關聯。

2.社會國家原則著重於針對社會之弱勢階層，信賴保護原則則涵蓋了一般人民。

四、基本權說

在德國近來爲克服前述學說之難點，將信賴保護原則之依據求諸於基本權利之保障的見解日漸抬頭（註四三）。惟此基本權究何所指，有如下看法：

㈠財產權說

註三九　參照：Klaus Stren, *Das Staatsrecht der Bundesrepublik Deutschland*, Band 1, 1984, S. 877. 轉引自，李鏵漵，我國憲法上民生福利國家原則之研究——以德國基本法第二十條社會國原則爲借鏡，輔大法研所碩士論文，八十三年七月，頁一～二。

註四〇　同前註，頁四一以下。

註四一　洪家殷，前揭論文，頁三一六。

註四二　同前註。

註四三　Maurer, a.a.O., Rn. 26 § 11. S. 259.

　　信賴保護與財產權之關聯，是隨著公法上的信賴損害觀念或制度建立以後而受到重視，甚至發展出以財產權爲信賴保護原則基礎的學說(註四四)。

　　主張本說者認爲，憲法保障基本權利之目的，在於保護人民有利的法律地位，對抗國家之侵害，且不論此侵害是未來或溯及的，亦不論人民是合法或非法取得利益；而權利侵害皆能通過財產權之保障及徵收補償之途，對人民加以保護。是以人民信賴舊法令狀態而招致之損害，可經由財產權保障、徵收補償之規定加以保障。由此可知，信賴保護原則係以財產權之保障爲依據 (註四五)。

　　然而採本說仍未盡完善，蓋並非所有的信賴損害，尤其對多數不具財產價值之信賴(如國籍、考試評分之決定)，以財產保障並無法提供適切之保護 (註四六)。

(二)自由權說

　　主張本說者認爲，憲法上自由權之概念包含國家對個人意願之不干預，及保障人民之行爲可能性(Handlungsmöglichkeit)；亦即自由權包括人民因信賴法律、行政處分等而實現其行爲之可能性。倘將法律、行政處分等加以「撤銷」，即侵害了自由權，故信賴保護乃自由權之保護(註四七)。

　　但憲法所保障之自由權並不提供人民不合法行爲之可能性，憲法亦不保障人民有享受違法利益或優惠地位之基本權利，因此在信賴保護之

註四四　參照：蘇永欽，財產權的保障與司法審查，國家科學委員會研究彙刊，人文及社會科學，第六卷一期，八十五年一月，頁六四。

註四五　參照：W. Schmidt, Vertrauensschutz im öffentlichen Recht, *JuS*, 1973, S. 529 f. 轉引自，林合民，前揭論文。

註四六　參照：Püttner: Vertrauensschutz im Verwaltungsrecht, *VVDStRL* 32, 1974, S. 204. 轉引自，洪家殷，前揭論文，頁三二三。

註四七　參照：E. Grabitz: Vertrauensschutz als Freiheitsschutz, *DVBl*, 1973, S. 675 f. 轉引自，林合民，前揭論文，頁三五。

適用類型之一的違法行政處分撤銷之問題，自由權說就無法適切說明(註四八)。

五、結語

綜上所述，似乎採任何一說皆無法單獨作爲信賴保護原則之依據。本文以爲以法安定性原則作爲信賴保護原則之依據，似乎較他說爲可採，理由如下：法安定性原則應非只在國家行爲合法時才得到保證；蓋不管是否合法，除了重大明顯之瑕疵或其違法係可歸責於相對人者外，國家行爲一經作成而表露於外，人民通常會對其所造成之法律狀態的存續寄以信賴，以之作爲行爲的依據，故人民此種信賴應被保護，並不牴觸法安定性原則。至於論者所批評之撤銷違法授益性行政處分之案型，若以法安定性原則爲依據，會造成一概維持舊法律狀態，實屬不然；因爲要否行使撤銷權改變原來之法律狀態，除了法安定性原則，還要考量公益、依法行政原則，並不一定就維持舊法律狀態。所以法安定性原則作爲信賴保護原則之依據，較爲妥適（註四九）。

〔肆〕保護方式

當人民符合信賴保護原則之要件後，面臨國家欲變更、消滅原來人民信賴之法律狀態時，將產生如何之效果，即應如何保護人民之信賴，

註四八　同註四四。

註四九　本文以法安定性原則作爲信賴保護原則理論依據，意思非後者被包涵於前者之內，沒有獨立作爲一原則之必要。林合民氏以各個說法均無法單獨作爲信賴保護之依據，故認爲信賴保護原則爲一獨立原則。此種論證方式似乎是檢證各個原則能否包含信賴保護原則，若可，則信賴保護原則無單獨成一「原則」之必要；若否，則爲一單獨「原則」。本文認爲是否成爲一原則，恐怕是經反覆討論提倡，並爲實務所採用，「造成事實」後而成。況且，以他原則爲依據，並不必然表示信賴保護不能成爲原則，毋寧應說是被「衍生」出來的原則。

通說認爲須探以下兩種方式：一是存續保護(Bestandsschutz)，另一爲財產保護（Vermögensschutz）。

一、存續保護

所謂存續保護，係指不論現存法律狀態是否合法，一律穩定人民所信賴之法律狀態，亦即維持原來之信賴基礎。德國早期的實務及學說均只採存續保護方式來保護人民之信賴；這種作法有一甚大的缺點，即「全有或全無」，例如在授益性行政處分之撤銷上，只能二者擇一：一是撤銷該處分，不管其原本係對人民有利；一是顧全人民利益而不加撤銷，而不管對公益會造成更大損害（註五〇）。如此，勢必無法兼顧公、私益。

二、財產保護

爲了彌補上述困難，德國行政程序法第四十八條第三項另創新徑，提出財產保護之方式(註五一)。所謂財產保護，係指破壞原來的信賴基礎，適用新的國家行爲，但予以適當的財產補償。

然而採用財產保護方式仍有不周全之處，在某些具體情形甚難估算信賴利益，例如授與國籍、給予居留許可、同意免服或緩徵兵役之處分，在本質上不宜以金錢計算，亦難以估算，如何以財產彌補恐成問題(註五二)。

三、判斷基準──代結語

判斷採用存續或財產保護之方式，首要考慮的是原來法律狀態是否對人民有利：倘對人民有利，原則上應採存續保護之方式，以保障人民

註五〇 Maurer, a.a.O., Rn. 26 § 11, S. 259.
註五一 該條項規定：前項以外之違法行政處分被撤銷時，官署應依聲請對關係人補償因其信任此行政處分存續而引起之財產上損失，但以其信任，經斟酌之公共利益，認爲值得保護者爲限。
註五二 洪家殷，前揭論文，頁三八〇～三八一。

之既得權；倘對人民不利，則改變原本法律狀態，原則上與採用那種方式無涉。其次，須考慮到私益與公益衡量的問題：在原本法律狀態對人民有利時，本來應採存續保護之方式，但在公益之要求大於人民之信賴利益之保護時，後者不得不退讓，爲彌補人民利益的損失，此時應採財產保護之方式。綜上可知，公益在判斷信賴保護原則之效果時，居於判斷基準之地位。

〔伍〕在公法上的體現

由於國家與人民間不可避免地具備了信賴關係，且國家行爲態樣具有多樣性，因此信賴保護原則既作爲公法上一般原則之一，自然會在公法之各個不同領域內，呈現不同之面貌。本文以下將對信賴保護原則所適用的不同案型，舉其要者加以論述。

一、行政處分之職權撤銷

㈠概說

以往基於依法行政之原則，只要行政機關爲違法之行政處分後，該機關有予以撤銷之義務(註五三)，不得任違法狀態繼續存在，始符合法治國家要求。惟行政機關處於優越地位，行政處分一作成，即受有效之推定，爲保護信賴該處分合法之人民的權利，違法行政處分之撤銷不能不有所限制。在此，依法行政與信賴保護兩原則互相衝突，決定撤銷與否，應是經權衡兩原則相互關係的結果，而非一意維護合法性 (註五四)。

另外值得討論者爲實質存續力與撤銷、信賴保護原則的關係。所謂

註五三　遠藤博也，前揭書，頁一四○。
註五四　參照：塩野宏，行政法Ⅰ，有斐閣，一九九二，頁一二九。而少數反對者如 Forsthoff 認爲依法行政原則須受絕對尊重，除非法有明文，否則無信賴保護之問題，Maurer, a.a.O., Rn. 25 § 11, S. 258.

實質的存續力乃是行政處分就其內容對相對人、關係人、原處分機關均發生拘束之效力(**註五五**)。行政處分是否有實質存續力，學者間非毫無爭議，惟基於公益，通說認爲原處分機關雖受拘束，仍能撤銷或廢止該處分。因此行政機關對行政處分之有限制的廢棄可能性 (beschränkte Aufhebbarkeit) 與實質存續力，有一互爲消長之關係(**註五六**)。是以應視行政處分之性質爲負擔或授益，合法或違法，「人民之信賴是否值得保護」等，在個案中加以衡量，來決定要否廢棄該處分。因此，若處分相對人之信賴得到存續保護，該處分有實質存續力；若處分相對人不符信賴保護要件或雖符合要件，但基於重大之公益而廢棄該處分，則該處分無實質存續力。由此可知，信賴保護原則爲判斷行政處分有無存續力之基準。

由於信賴保護原則在行政處分撤銷上，會因原行政處分對相對人有利與否，而有不同之情形，故以下擬就原處分爲授益、負擔或附第三人效力之行政處分，分別論述。

㈡授益處分之撤銷

當行政機關作成授益行政處分後，受益人往往會信賴該行政處分之存續，而有所作爲，況相對人所受之利益乃是既得權；因此若該處分之作成係違法，基於依法行政原則，對於相對人之信賴問題，不得不爲行政機關撤銷裁量之考量因素(**註五七**)。故撤銷與否，至少須做以下之考量：

首先須考量行政處分相對人是否具備信賴保護原則之要件，具備要件之後，即進入公益與信賴利益之衡量。行政機關依其裁量，如認爲撤銷行政處分之公益小於值得保護之信賴利益，基於法治國家之信賴保護原則及比例原則，行政機關之撤銷權在此應受限制(**註五八**)，即是採存續

註五五　吳庚，前揭書，頁二八八。

註五六　參照：翁岳生，論行政處分，收錄於註二五前揭報告，頁二七四。

註五七　洪家殷，前揭論文，頁一一一。

註五八　註二五前揭研究報告，頁二八四。

保護之方式。反之，撤銷之公益大於私人信賴利益時，即可加以撤銷；在此，相對人之信賴值得保護，故應補償受益人之損失(註五九)，此即採財產保護之方式。在實務上，最近之行政法院八十三年判字第一五一號(註六〇)、第五六〇號判決(註六一)，及法務部版行政程序法草案第一〇一、一〇二條之內容，均同此意旨。

(三)負擔處分之撤銷

在負擔處分撤銷之情形，撤銷與否，可謂行政機關在依法行政原則與法的安定性間作利益衡量(註六二)。負擔處分既對人民不利，其撤銷通常不發生既得權或信賴保護之問題；故行政機關對違法之負擔處分，原則上得隨時加以撤銷，使回復合法之狀態(註六三)。然而是否信賴保護原則在此就不重要？仍有待商榷；蓋下列情形可能仍會發生須保護相對人信賴的問題(註六四)：一是違法負擔處分，由一對人民更不利之合法處分所取代。二是相對人由於遵守處分內容，已消費或處置標的物，以致無法或很難再回復。其理由在於除了明顯之違法行政處分外，難以要求人

註五九　翁岳生前揭文，頁二八四。

註六〇　八十三年判字第一五一號：「行政機關於審酌是否撤銷授予利益之違法行政處分時，除受益人具有：以詐欺、脅迫或賄賂方法使行政機關作成行政處分，對重要事項提供不正確資料或為不完全陳述致使行政機關依該資料或陳述而作成行政處分、明知行政處分違法或因重大過失而不知等信賴不值得保護之情形外，依行政法上信賴保護原則，為撤銷之行政機關固應顧及該受益人之信賴利益，但為撤銷之行政機關行使裁量權之結果，倘認為撤銷該授予利益之違法行政處分所欲維護之公益顯然大於受益人之信賴利益者，該機關仍非不得依職權為全部或一部之撤銷。」

註六一　八十三年判字第五六〇號謂：「……此種授予人民利益之行政處分，因違法而發生是否應予撤銷時，依一般行政法理，應委諸行政機關裁量，故行政機關對於公益與信賴利益之孰輕孰重，自應加以審酌衡量，如撤銷對公益有重大危害，或受益人之信賴利益顯然大於撤銷所欲維護之公益，且其信賴並無不值得保護之情形時，自不得輕言撤銷該違法之行政處分。……」

註六二　參照：董保城，行政法講義(上)，八十二年五月，自刊本，頁一三七。

註六三　吳庚，前揭書，頁三一五。

註六四　洪家殷，前揭論文，頁二〇七。

民在遵守違法處分前，會徵詢法律專家之意見，或稍有懷疑，即對該處分提起行政救濟；應認爲人民原則上會確信行政機關必定依法行政，更何況上述情形撤銷行政處分，對人民反而更加不利。是以此信賴不應否認。

從上可知，信賴利益保護不僅在授益處分上有適用，於負擔處分之撤銷亦有可能發生。在信賴值得保護時，仍須由行政機關斟酌其他因素之後，決定撤銷與否。

四附第三人效力之處分

行政處分除了授益處分、負擔處分外，還有所謂的「附第三人效力之行政處分」(Verwaltungsakt mit Drittwirkung; Verwaltungsakt mit Doppelwirkung) (註六五)。其定義爲：對一人授益而同時對另一人生侵益效果之行政處分；其特點在於相對人之受益或受不利，與第三人之受不利或受益，有互爲條件之關係，突顯出多數關係人對同一行政處分之成立、存續與解消所具之利益對立狀況(Interessengegensatz) (註六六)。以下分兩種情形來說明：

1.處分對相對人爲授益，對第三人爲負擔

依德國通說，撤銷此種處分，應當作前述授益處分來處理，其理由爲(註六七)：若因第三人承受負擔，即自始剝奪受益人之信賴利益，則信賴保護原則無法貫徹；況受益人通常不知悉第三人不利之情況，而信賴該處分之合法有效，已終局或難以溯及之情形下爲財產之支配；而且第三人如有不服該處分，仍能提起行政救濟。但該第三人如對處分提起異

註六五　今日德國學界針對此概念，大都已使用 Verwaltungsakt mit Drittwirkung (Doppelwirkung)之用語。參照：李庭熙，論附第三人效力之行政處分，臺大碩士論文，七十九年六月，頁八。在日本則有用二重效果的行政行爲、複數當事者の行政行爲、複合的行政行爲……等；參照：芝池義一，行政決定と第三者利益の考慮，法學論叢，第一三二卷一・二・三號，京都大學法學會，平成四年，頁九九。

註六六　李庭熙，前揭論文，頁一一。

註六七　洪家殷，前揭論文，頁一五五。

議或行政訴訟，則因受益人可預期處分有被撤銷之可能，在程序進行中無法對處分之存續產生信賴，應無信賴保護的問題。

2.處分對相對人爲負擔，對第三人爲授益

由於第三人之獲益非直接從行政處分內容而來，而只是純粹事實上之效果；且如第三人有公法上請求權，亦得提起課予義務之訴，要求行政機關重爲該處分，因此，第三人之信賴保護不能與授益處分之信賴保護相比，故德國通說認爲應依負擔處分撤銷之法理解決（註六八）。

㈤小結

綜上所述可知在授益處分撤銷時，相對人若已具備信賴保護要件，則行政機關在裁量要否撤銷時，須將之與公益作一利益上衡量；倘信賴利益大於公益，則採存續保護之方式，不得撤銷；反之，採財產保護方式，可得撤銷。在負擔處分時，並非沒有信賴保護原則之問題，信賴保護仍是行政機關決定撤銷與否所須考量的因素之一。而在對第三人爲負擔之附第三人效力處分，則如同授益處分撤銷之情形處理；在對第三人爲授益者，則依負擔處分之情形處理。

二、行政處分之廢止

㈠授益處分

相較於前述對於違法行政處分之撤銷，廢止乃係對「合法」行政處分，因某種理由使失其效力而言。行政處分作成時係合法，若相對人又符合信賴保護之要件，其廢止應受較嚴格之限制；蓋在授益處分之撤銷，發生了依法行政與信賴保護二原則之衝突，但在授益處分之廢止，反而使二者相結合，信賴保護原則在此之地位，更顯得重要（註六九）。

授益處分廢止並非行政機關錯誤之決定，而可能是客觀狀態變動或其他原因，故不像撤銷視個別狀況而定，廢止之原因常是法定的。參照

註六八　林錫堯，前揭書，頁一三八。
註六九　董保城，前揭書，頁一三八。

德國行政程序法第四十九條第二項、法務部版行政程序法草案第一○七條之規定及學者通說,授益處分之廢止非有下列情形,不得爲之(註七○):

1.法令准許廢止或該處分保留廢止權者。

2.行政處分附負擔,而相對人不履行負擔,或未於法定期限內履行。

3.行政處分所依據之法規或基礎事實發生變更,致該處分繼續存在,將危害公益而言。

4.爲避免公益遭受重大損害。

上述之1、2,乃相對人可預見或可歸責之事由所致,無法構成信賴保護之要件。在3、4項,若相對人已符合信賴保護要件,則行政機關在裁量廢止與否時,須加以考量,依前述撤銷授益處分之模式爲之。

㈡負擔處分

負擔處分之廢止,原則上行政機關得隨時爲之;但如同前述在負擔處分撤銷時並非無信賴保護之問題,於此亦然。通說認爲下列情形不得廢止(註七一):1.如廢止原處分後,行政機關尚應重爲內容相同處分者,由於無法達成廢止目的,實多此一舉,況前後矛盾,人民將何以措其手足乎?故應禁止。2.如依法令、一般法律原則或行政先例、行政處分之特性等其他原因,亦不得廢止。

註七○ 遠藤博也,前揭書,頁一四四~一四六。而行政法院八十三年判字第一二二三號判決之內容幾等同於學說與實定法之規定:「按合法之授益處分,除具有法規有准許廢止之規定;原處分機關保留行政處分之廢止權;附負擔之行政處分,受益人未履行該負擔行政處分;所依據之法規或事實,事後發生變更致不廢止該處分對公益將有重大危害或其他爲防止或除去對公益重大危害等一定要件時,得由原處分機關依職權爲全部或一部之廢止外,基於行政法上之信賴保護原則,行政機關不得任意廢止之,且原處分機關倘依『行政處分所依據之法規或事實,事後發生變更,致不廢止該處分對公益將有危害』或『其他爲防止或除去對公益之重大危害』之理由,而廢止授予利益之合法行政處分時,對受益人因信賴該處分,致遭受財產上之損失,應給予合理之補償。」

註七一 翁岳生,前揭文,頁二五八。並參看德國行政程序法第四十九條第一項但書;法務部版行政程序法草案第一二五條。

〇附第三人效力之處分

關於此部分信賴保護原則所扮演之角色,行政機關所應遵循之法則,與此等處分之撤銷並無差異（註七二）。於前已論及, 茲不贅述。

四小結

在授益處分廢止情形, 更應注重信賴保護原則; 而情事變更、法令更改等事由, 信賴利益須與公益衡量後, 行政機關才能做出是否廢止之決定。在負擔處分之廢止, 亦有信賴保護原則適用之可能。而附第三人效力之處分之廢止, 其情形與撤銷時相同。

三、法令不溯既往原則

〇概說

法令乃是爲規範社會生活而生的產物, 爲營社會共同生活, 每個人均須遵守法令。由於法令作爲人民活動之準繩, 人民自然會對之寄以信賴, 故首重法秩序之安定, 不能朝令夕改, 讓人民無所適從。但社會情況並非一成不變。因此作爲社會共同生活準繩之法令, 自然須配合社會變遷的腳步而調整。而人民對法秩序安定的信賴, 與法令須因應社會進展而變動, 兩者一靜一動之間, 究應如何調整配合, 牽涉到法令不溯既往原則的問題。在此, 信賴保護原則佔了一個重要的地位。

所謂法令不溯既往原則, 係指法令對其公布施行前已終結之事實, 原則上並不適用。這是從要求保護人民對法令所生法秩序之信賴的法治國原理所導出的, 亦是基於在公法關係上確保法的安定性、預測可能性而來(註七三)。因此, 其目的在於1.維持法律生活關係之穩定與安全; 2.保障既得權; 3.保護人民權益; 4.維護信賴保護、法律尊嚴、政府公信

註七二　吳庚, 前揭書, 頁三一八。
註七三　參照: 室井力, 行政法令不溯及の原則, 收於氏著, 行政の民主的統制と行政法, 日本評論社, 一九八九, 頁四一。

（註七四）。學說與實務常從反面立論，即從法令溯及效力之角度出發，將之區分為「眞正溯及旣往」(echte Rückwirkung) 與「不眞正溯及旣往」(unechte Rückwirkung)。

眞正溯及旣往，係指法令對其公布施行前已終結之事實，要否溯及適用的問題。不眞正溯及旣往，係指法令變更、生效時，過去發生而現仍存在、尙未終結之事實或法律關係，自法令生效時起，即適用該法令，故論者有稱之為「立即效力」(sofortige Einwirkung) （註七五）。以下將就這兩種類型中法令能否溯及之問題，加以闡述。

(二)眞正溯及旣往

關於法令對其變更、生效前已終結之事實或法律關係，究否能夠發生溯及效力，通說認為原則上侵益性、負擔性法令是禁止溯及的(註七六)。其理由在於：人民對於可能對其發生之國家侵害，應能預見以作準備，倘不利之效果能夠溯及，則人民對原本法秩序之信賴將被破壞殆盡，並對人民造成「突襲性」之侵害。因此，德國聯邦憲法法院普遍認為，具侵益性之眞正溯及旣往侵害了法治國原則基本要素的法安定性原則，對人民而言，法安定性首要意味著信賴保護，故原則上是不容許的、違憲的 (註七七)。但以下之情形例外地可溯及旣往 (註七八)：

1. 人民對溯及效力法令之法律效果可能預計時。
2. 原法律狀態不明確、混亂不淸 (unklar und verworren ist)。
3. 原來之法令係無效者。
4. 新法令之制定基於公共福祉之重大理由 (zwingende Gründe

註七四　參照：法治斌、董保城，中華民國憲法，國立空中大學印行，八十五年八月，頁四七。

註七五　林錫堯，前揭書，頁五三～五四。

註七六　塩野宏，前揭書，頁四九。

註七七　參照：陳雍之，法律之溯及效力，臺大法研所碩士論文，八十年六月，頁五〇～五二。持此見解之德國聯邦憲法法院判決如 BVerfGE 13, 261 (271)、13, 215 (223)、22, 330 (347)、37, 363 (397)……等。

註七八　同前註，頁五三～五四。

des gemeinen Wohls)。

在上述1.、2.之情形，人民欠缺值得保護之信賴；3.之情形，係基於人民不得信賴由無效規範創設之法外觀 (der durch eine ungültige Norm erzeugten Rechtsschein)；4.係指新的法令所追求之公益凌駕於信賴保護、甚至是法安定性之要求的情形 (註七九)。

至於新的法令若屬於授益性者，由於溯及適用結果對人民有利，故應可發生溯及效力。

(三)不眞正溯及旣往

不眞正溯及旣往所發生者爲「立即效力」，只是使已經發生而尚未終結之要件事實，產生適用新法之效果，有影響者爲事實發生至法令變動間這段要件事實，其實與法令溯及旣往適用，並無太大關聯。由於人民無法對現行法律狀態信賴其永不變更，所以對已發生而尚未終結之事實加以適用新法，並無不當 (註八〇)。

然而法令之變更仍須有可預測性，且立法者不得爲關係人所無法預見、於其行爲時所無法慮及之侵害，因此人民對法令變更之可預測性亦能產生值得保護之信賴。故人民信賴舊法之私益，若大於適用新法令所欲達成之公益，則應認爲不得適用新法令 (註八一)。

(四)實務探討——「擁核立委」罷免案

探討法令不溯及旣往原則時，有一饒富興味、頗具爭議的案例，就是八十三年發生的「擁核立委罷免案」。其經過大致如下：

「核四」預算在立法院「慘烈」地通過後，臺灣環保聯盟發動臺北縣民罷免該縣之擁核立委。在臺北縣民聯署通過後，立法院修改選舉罷免法，將罷免門檻提高。中央選舉委員會以「選舉罷免法爲程序法，而程序從新，實體從舊」、「罷免案分三階段」爲由，認定投票之門檻須依

註七九　室井力，前揭文，頁四二。
註八〇　林合民，前揭論文，頁一〇一。
註八一　陳雍之，前揭論文，頁六三以下。

新法。此一見解恐有待商榷。

從上述情形來看，連署通過後才修法，而此時尚未舉行投票，因此是屬於法令變更時整個要件事實尚未終結之「不真正溯及既往」的問題。前已言及，在不真正溯及既往下，法令之變更仍須有可預測性，人民對之亦能產生值得保護之信賴，而本案例為人民依舊法連署後，立法者針對該罷免案而故意修法──說穿了不過是為了「保護」執政黨立法委員不被罷免的「司馬昭之心」，如此「拙劣」之手法，已超出了法令變更的可預測性，若適用新法，將侵害了人民的信賴保護。其次是關於公益與信賴利益之衡量。新法之修正所達到之公益為何？由於基於「司馬昭之心」而修法，使人不得不懷疑「公益何在」？難道真是為了補救大選舉區制下，立法委員「容易被少數人罷免」之弊？而本案中相對人之信賴利益，是成千上萬人民之罷免權，故經過利益衡量，信賴利益似應大於所謂的「公益」。

至於所謂「實體從舊，程序從新」此一常聽到之「諺語」，實不知理由從何而來。程序為何要從新？程序法變更難道就不會影響人民之權利嗎？人民無法對程序法產生信賴嗎？答案恐怕都是否定的。即便肯認「程序從新」，選罷法為程序法，但程序法內並非全然沒有實體法之規定；罷免之提議、連署與投票的人數多寡，由於牽涉到能否遂行罷免權，屬於罷免權之實質內容，似乎應認為是屬於實體法之規定。

而中選會將整個要件事實割裂為提議、連署、投票三個階段，適用不同之法，恐怕也不無疑問。因為此三者為罷免案之同一要件事實，應整體考量；況舊法既有利於相對人，僅部分階段適用，不啻為德不卒也。基於以上理由，本文認為此案例應適用修正前之舊法，以保護相對人之信賴。

四、計畫擔保（Plangewährleistung）(註八二)

㈠概說

現代行政已進入「依計畫行政」的時代，行政計畫與人民之生活，可謂息息相關。由於計畫具指示人民活動方向之機能，人民亦信賴計畫之存續與實施而為行動，故計畫有「固定性」。另一方面，計畫之策定係以政治、經濟、社會領域上一定之關係為出發點，以達成特定之目的；且計畫具有預測性、前瞻性，若政治、經濟、社會等基礎關係發生變化，或對之評估錯誤，則計畫必須作適當的變更，以符實際需要。在此，計畫本質上之安定性、繼續性與柔軟性、可變性呈現一緊張關係，此即計畫保障之問題；易言之，此為在計畫廢止、變更或不遵守之情形下，計畫主體與相對人間危險分配的問題（註八三）。

㈡內涵

關於計畫擔保責任之內涵，大致有以下之態樣（註八四）：

1.計畫存續請求權（Anspruch auf Planfortbestand）

所謂計畫存續請求權，係指要求維持計畫而不得廢止或變更之請求權。通說認為人民沒有計畫存續請求權，因為通常要求計畫存續之個人利益需讓步於公益；蓋計畫須考量公益之需求，本其彈性以因應變動之

註八二　關於 Plangewährleistung 之用語，日本學者遠藤博也與宮田三郎稱之為「計畫保障責任」，乙部哲郎稱之為「計畫保證責任」，手島孝則認為「保障」一詞過於籠統、不明確，而「保證」有私法上之意味，故以「計畫擔保責任」稱之，本文從之。參照：遠藤博也，計畫行政法，學陽書房，昭和五十七年四版，頁二三七〜二三八。宮田三郎，行政計畫法，株式會社ぎようせい，昭和五十九年，頁二七七〜二七八。手島孝，計畫擔保責任論㈠，ジリスト，第六七期，一九七七，頁一〇七〜一〇八。

註八三　宮田三郎，前揭書，頁二七七〜二七八。

註八四　Maurer, a.a.O., Rn. 26-35, § 16, S. 385-390. 並參照：詹啓章，從行政法學觀點論日本行政計畫制度，中興法研所碩士論文，七十五年六月，頁二〇二〜二〇五。

情勢。然而並非毫無例外:

⑴計畫以法規形式進行者，應遵守基於信賴保護原則所發展之眞正或不眞正溯及旣往之限制。

⑵計畫以行政處分作成時，應依行政處分廢止之情形，考量人民之信賴保護（註八五）。

以上兩種情形，在人民信賴計畫存續之信賴利益大於計畫變更所欲追求之公益時，應肯定人民有計畫存續請求權。

2.計畫遵守請求權（Anspruch auf Planbefolgung）

所謂計畫遵守請求權，係指要求行政機關遵守與執行計畫，並反對違反計畫之行政行爲的請求權。人民有無此請求權，端視計畫有無法律上的拘束力而定，若有之，且行政機關亦受拘束而有執行義務，在行政機關執行計畫之義務係爲關係人個人而設者，關係人始享有請求權。一般而言，因爲人民並無一般之法律執行請求權，因此，亦無一般之計畫執行請求權（註八六）。

3.過渡條款與調整補助請求權（Anspruch auf Übergansregelungen und Anpassungshilfen）

所謂過渡條款與調整補助請求權，係指國家於計畫廢止或變更時，關係人因配合計畫所採之相應措施，及因計畫不存在而遭受之財產上損失，所要求提供過渡性規定與調整補助之請求權。倘採取過渡性規定與調整補助之措施，可使人民之損失有所緩衝。一般而言，除法有明文外，人民無此請求權（註八七）。

4.損失補償請求權

若廢止、變更計畫之公益大於信賴計畫所爲之耗費或財產上損失，對於相對人是否應予補償？通說採否定說。但爲保護人民之權益，應可

註八五 宮田三郎，前揭書，頁二八三。
註八六 林錫堯，前揭書，頁二六九。
註八七 宮田三郎，前揭書，頁二八四。

依據徵收侵害或犧牲補償之法理，請求補償（**註八八**）。

闫小結

綜上所述，可知計畫擔保責任內涵中，與信賴保護原則有關者爲計畫存續請求權與損失補償請求權。決定人民有無計畫存續請求權，應視計畫是否以法規、行政處分爲之，再依信賴保護原則適用於二者之法理來決定。若人民雖對計畫有值得保護之信賴，但因公益之要求而須變更計畫時，爲保障人民之信賴利益，應認爲須以財產保護之方式加以補償；故人民有損失補償請求權。

五、行政法上承諾（Zusage）

㈠概說

承諾之概念於德國已發展相當之久，但其內涵卻衆說紛紜；直到一九六二年第四十四屆德國法學家會議決議其定義爲：承諾是行政機關依其性質對於特定的表示相對人所爲之高權的自我課予義務。聯邦行政法院亦曾於判決中定義爲：承諾是行政機關基於嗣後作爲或不作爲之受拘束意思，按其內容所爲之高權的自我課予義務（**註八九**）。而德國行政程序法第三十八條更將承諾之概念明文定入（**註九〇**）。

㈡承諾與信賴保護原則之關係

信賴保護原則與承諾之連結點在於承諾之拘束力上：

1.在合法承諾之問題上

承諾合法作成後，在內容實現前，發生了情事變更，亦即以當時情況，若作成承諾之機關在作成承諾時知道有此一情況存在，即不爲承諾

註八八　林錫堯，前揭書，頁二七〇。塩野宏，前揭書，頁一七〇。

註八九　林合民，前揭論文，頁二八二。而日本稱之爲「確約」，學者乙部哲郎將之定義爲：「行政單方約定將來其行爲或不行爲，所爲課予自我義務之言行。」轉引自，塩野宏，前揭書，頁一六一。

註九〇　但該條文只不過是規定就作成或不作成一定行政處分所爲之承諾，非學說上整個承諾之概念，故條文之標題用擔保（Zusicherung），以爲區別。

時，此時承諾即失效，不能履行。行政機關之不履行有可能會對人民造成損害，但徵諸德國行政程序法第三十八條規定可知，立法者顯然認為相對人於此應受較小之保護而排除信賴保護損害賠償之適用(註九一)。蓋承諾之作成與其內容實現間之「時空距離」使得情事變更之發生是極可能的；由於承諾本身在法律規範效果之未實現性與時間上可能之變革性，應是行政機關與相對人都可能預見的，也由於這種可能變更之「可預測性」，因此在評價上相對人所應受之保護也應相對降低（註九二）。

2.在違法承諾之問題上

探討違法承諾有無拘束力時，會牽涉到信賴保護之問題。倘認為違法承諾完全無效不具拘束力，顯然未考慮人民信賴保護之問題。德國多數說認為違法承諾原則上無效，但例外承認其有拘束力之情況為：相對人有值得保護之信賴。亦有學者主張，除了承諾具有重大明白之瑕疵致無效外，關於違法承諾之得否撤銷，應探授益行政處分之撤銷所發展出來之原則：即相對人若未具備信賴保護之要件則可撤銷該承諾；若撤銷之公益大於相對人之信賴利益時，亦得撤銷；倘相對人具備信賴保護之要件，且信賴利益大於公益時，則肯認違法承諾有拘束力，不得撤銷(註九三)。

(三)小結

在合法承諾因情事變更而被行政機關撤回時，雖然相對人之信賴被保護之程度相對減低，但為保護相對人之利益，本文認為仍應如同授益處分廢止之情形，補償相對人之損害，不能因承諾之未實現性即完全抹

註九一 德國行政程序法第三十八條第二項規定：「擔保……對其撤回（廢止）除第三項外，準用第四十九條。」第三項規定：「作成擔保以後，事實或法律狀態變更，並依其情形，可認為官署若知事後發生之變更，即將不為擔保，或因法律上之理由，將不能為擔保時，官署不再受該項擔保之拘束。」

註九二 參照，陳傳宗，論暫時性行政處分與行政法上承諾，臺大法研所碩士論文，七十九年六月，頁一六〇～一六一。

註九三 同前註，頁一六五～一六七。

殺相對人之信賴保護。至於違法承諾之撤銷，本文認爲亦應比照撤銷違法行政處分之法理來處理。

六、公法上之權利失效

㈠概說

在私法領域，基於使法律狀態及早確定，並不保護權利人長久不行使權利，故有消滅時效，除斥期間之規定。在公法法規中亦有如是規定。然而在沒有規定之情況，若肯認權利之行使無期間之限制，則當事人間權利義務關係長久處於不確定之狀態，一旦權利行使，將造成相對人之「突襲」。爲彌補此一缺點，首先在私法領域內逐漸發展出權利失效之概念(註九四)。所謂權利失效，係指權利人長久期間不行使權利，使相對人已產生權利人永不再行使該權利之信賴，倘權利人嗣後再行使權利，依誠信原則可認爲是不誠實之遲延時，相對人得爲抗辯，權利人即無法主張其權利(註九五)。至於權利失效能否適用於公法領域，德國聯邦行政法院在一九五四年之前還尚未承認，到了一九五七年，聯邦行政法院、財政法院、社會法院先後表明在公法特別是行政法領域內，有權利失效原則之適用（註九六）。

㈡與信賴保護原則之關聯

從前述定義來看，公法上權利失效之適用，須相對人對權利人產生其不再行使權利之信賴，故公法上權利失效與信賴保護原則間，有著密不可分之關係。以下就公法上權利失效之要件來說明二者之關係，其要件有（註九七）：

註九四　關於權利失效發展之沿革，請參照保木本一郎前揭文，頁二五九以下。
註九五　參照：我妻榮，行使を怠ることによる權利と失效，收於氏著，民法研究（總則），昭和四十四年，頁五〇～五一。轉引自，林合民，前揭論文，頁三〇六。
註九六　波多野弘，前揭文，頁八五。
註九七　參照：乙部哲郎，行政訴訟の提起と失效の法理，神戶學院法學，第一一

1.權利的不行使

指權利人於一長期間內，表現出不行使權利之態度，此不作爲乃相對人之信賴基礎 (註九八)。

2.相對人之正當信賴

相對人對權利之不行使，必須是從「法的生活經驗」而言，信賴是正當的。

3.權利人係可歸責者

即權利人明知或盡相當注意即可得知其得行使權利。

4.不可預期之損害

即權利人當初若行使權利，相對人不會蒙受不利；而相對人因信賴權利人不行使其權利，因而爲處分行爲後(信賴表現)，權利人方欲行使權利，經利益衡量結果，相對人將蒙受不可預期之損害。

㈢小結

公法上權利失效之要件中，包含了信賴保護原則之要件，倘符合以上所列要件，通說認爲，並非完全消滅該權利，僅係相對人取得抗辯權 (註九九)。從另一角度言，即採取存續保護之方式──維持在與權利人不行使權利相同之狀態下。

〔陸〕 結 論

公法上之信賴保護原則，乃是爲保護人民權利而肇生，其義係指，

卷一號，一九八〇，頁五。保木本一郎，前揭文，頁二八三。

註九八 德國聯邦行政法院曾認爲單純之不作爲(Untätigkeit)不能引起權利失效，葉俊榮氏對之有如下之評論，氏以爲單純之不作爲，只要其不作爲之事實足使相對人信賴，認其不致再主張權利，即足認爲權利失效。參照氏著，行政裁量與司法審查，臺大法研所碩士論文，七十四年六月，頁一九三～一九四。

註九九 波多野弘，前揭文，頁八五。

於公法關係中，人民對國家行爲之存續性所產生之信賴，應受到保護。於今已不只是行政法上之一般原則而已，更已經成爲憲法層次之原則，大大加強了其保護機能。至於信賴保護原則之理論依據，各種學說均受到程度不一的批評；本文採取法安定性原則說，雖有求全之毀，但似較他說爲圓滿。而要適用信賴保護原則，必須符合三要件，即：信賴基礎、信賴表現、信賴值得保護；一般以公益作爲信賴值不值得保護之判斷要素，本文不採；人民需具備了三要件之後，才有信賴利益可言，方能與公益爲利益衡量，決定採取如何之保護方式。信賴保護之方式有兩種：一是使國家行爲繼續存在之存續保護，二是消滅原國家行爲，而對人民所受之損害以金錢補償之財產保護。

　　由於信賴保護原則爲憲法層次之原則，所以在公法領域上之適用類型不可謂不多。在行政處分之撤銷、廢止上，信賴保護原則之適用會因該處分爲授益性、負擔性，或爲附第三人效力者，而有不同面貌。大體上須做兩層次之考量：首先爲信賴保護要件之檢驗，符合要件之後，信賴利益須與公益作衡量，以作爲行政機關是否廢棄該處分之基準。

　　法令之眞正溯及既往與不眞正溯及既往之類型中，在前一情形下，若侵益性之法律能溯及適用，將妨害人民對原秩序之信賴，侵害既得權，故不被允許。在後一情形，除非基於重大公益，否則，如新法之變更超乎人民之預測可能而侵害其權利時，亦違反信賴保護原則而不能適用新法。

　　在計畫擔保之類型中，人民有無計畫存續請求權，取決於人民之信賴利益與計畫變更之公益的衡量，倘人民之信賴利益爲重，則肯認人民有此請求權；若公益較爲重要，則人民無請求權，但應予人民損失補償。在行政法上承諾之類型中，合法之承諾固有拘束力，在違法之承諾，應比照撤銷行政處分之法理，承認其亦有拘束力，對人民之信賴予以保護。

　　在公法上之權利失效之類型中，若權利人長時間內不行使權利之狀態引起相對人之正當信賴，並已爲具體處分之信賴行爲，基於信賴保護

原則, 相對人取得抗辯權。

我國實務界早期並無信賴保護原則之見解, 致使人民之信賴利益無法得到完善的保護; 近來行政法院有諸多符合先進國家學理之判決出現, 信賴保護原則在我國向前邁開了一大步。而無論是經建會委託臺灣大學法律研究所草擬, 抑或法務部草擬之行政程序法草案, 均已援引外國立法例、學說, 而規定了甚多有關信賴保護原則之條文。冀望在學界與實務界共同努力下, 信賴保護原則在我國能更受重視, 人民信賴利益能獲得更大的保障。

論公法上之法安定性原則

邵曼璠

論公法上之法安定性原則

〔壹〕前言

面對虛無之蒼茫罔極，生命顯得芥微與不足，且人心極企盼尋得安身立命之出路，以求人文挺立充塞乎天地之間。因此建立一持續、穩定之秩序，其意義非凡，而此一價值觀在法律文化之層面所浮現之影像，即爲法安定性。法安定性在概念之確立上，則已洵非易事，因爲在概念上求致一永恆穩定之法安定性，恐殊難想像，況且一味主張「絕對之法安定性」（註一），將有陷於惡法亦法之虞。因此，確立法安定性之內涵，求其與其他價值間之調和，如此始爲究竟之法門，法律才可眞正獲致「安定性」。

關於法理念、法價值之調和，法安定性與正義之衝突，無疑應是衆矢之的。正義之追求，千百年未嘗止息，且慧命相沿迄今，惟其解猶未底定（註二），法安定性與正義，時而相應時而背反，究應於何處會通？

註一 絕對法安定性，倡者可溯及希臘聖哲蘇格拉底（Sokrates, 西元前 470～399）。其意指：法安定性在排序上應立於第一，在效力上應優於其他法價值。蘇氏以爲制定法具有公正、完美及不可侵犯性，是以法安定性絕不可動搖。如此則可導致有「惡法亦法」（dura lex, sed lex）之主張。

註二 關於正義（Gerechtigkeit），歷來學者見解不一，法學者多秉亞里斯多德（Aristoteles, 西元前384～322）之理論，認爲其核心乃爲「平等」（die Geichheit），亦即著名之「中庸」（die Mitte）式之正義論。惟此亦遭純粹法學大師 Hans Kelsen（1881～1973）之嚴屬批判，並識爲「空洞之公式」（Leerformel）。Vgl. Hans Kelsen, Das Problem der Gerechtigkeit, in: *ders. Reine Rechtslehre*, 1983, Wien, S. 375～390。

何種程度會通？諸問題皆饒富興味。法治國思想隆興，其根本底韻乃人民權利之保障，而法安定性思想與之密切相關，相輔以成，惟法安定性在法治國思想之下，將呈現何種風貌，展現何種影響，亦為吾人所關注者。

　　法安定性之重要不言可喻，惟學者對此之討論，實若陽春白雪，論者甚多望文生義，曲解其衷。是以，本文將尋前述之問題以為嚆矢，擬先就法安定性之概念論究，復將在法治國思想下，以公法為範疇，觀察法安定性之具體呈現，以求對法安定性能有初步之掌握。

〔貳〕法安定性之概念

一、概說

　　人類面對虛無，在本能上對於不規則和不可預知的未來，總懷著無限的無奈和恐懼。為對治其害，便意欲尋繹事理，進而建立一可支配之週期性規則，藉以恃其預先獲知事物之發展，並遂行個人之社會生活，避免損害之所由興，易言之，建立秩序與要求秩序安定，乃係人類之根本需求(註三)。此種需要，在法律所構築之秩序下，便成為對法律之「安定性」(Sicherheit)之要求，此亦是法律所欲達成的目的之一，因為在法的安定性要求下，吾人之生活除可獲致保障，得以導向更有秩序之地步外，更能避免新的事物關係突然的衝擊所造成的不利益。是以，對於「法安定性」(Rechtssicherheit)之追求，學者多予極高之評價(註四)。

註三　Heinrich Henkel, *Einführung in die Rechtsphilosophie*, 2. Aufl., München, 1977, S. 437. 另參閱，博登海默，法理學——法哲學及其方法，頁二四五以下。

註四　如 Jeremy Bentham(1748～1832)，氏言法安定性提供了對未來預見的可能性，進而使吾人得以對未來預作安排與計劃，其可謂一切計劃、工作及儲蓄之基礎。其使吾人之生活不再只是片刻，個人之生活成為世代延續的一部分。此外，法安定性亦是文明的重要指標，其區別了文化與野蠻、和平與戰爭、

甚言其爲法所追求之窮極價值之一，成爲「法理念」（Rechtsidee）之重
要成分（註五）。

　　法安定性於法律生活中之重要性已如前所揭，惟就「法安定性」之
概念討論，論者多不甚解，或望文生義，以爲所謂「安定」，即是要求法
律不可動搖、不可變動、不可破壞。如此硜硜之見時有所聞，不僅未能
窺其堂奧，反而有爲法秩序遭下「不安」之虞，是以本文首先即對「法
安定性」之概念作一釐清與說明。

二、法安定性之概念

㈠概念初步澄清

　　「法安定性」（Rechtssicherheit）此一概念在用語上，呈現出模糊
與不確定的意象，論者並無法一望即知，進一步剖析時，吾人針對所謂
「安定性」（Sicherheit）爲基點，大致可掌握兩個方向來理解法安定性：
其一，乃「藉由法律所達成的安定性」（Sicherheit durch das Recht）；
其二，乃係「法律本身的安定性」（Sicherheit des Recht selbst; Sicher-
heit über das Recht）。前者，乃意指透過法律之規範功能，所維持社
會秩序之安定狀態；後者，則言法安定性僅指法律本身之安定狀態之維
持。

　　此二見解論者各有所鍾，甚有兼採之言（註六）。惟本文以爲「法安

　　　　人類與野獸。氏之言極盡美言法安定性之能事。Vgl. Gustav Radbruch, Vors-
　　　　chule der Rechtsphilosophie, 2. Aufl., Göttingen, 1959, S. 148 f.
註五　德學者 Gustav Radbruch (1878～1949)，氏論法律理念，約可獲致：正義
　　　　(Gerechtigkeit)、合目的性(Zweckmässigkeit)與法安定性(Rechtssicher-
　　　　heit)三者。此三者處於相互彌補、相互要求又同時相互矛盾之緊張關係中。
　　　　關於此可參見，Gustav Radbruch, a.a.O.（註四），S. 30 f.
註六　Hans Huber, "Vertrauensschutz—Ein Vergleich zwischen Recht und
　　　　Rechtsprechung in der Bundsrepublik und in der Schweiz", in: *Verwaltung-*
　　　　srecht zwischen Freiheit, Teilhabe und Bindung—Festgabe aus Anlass des
　　　　25 jährigen Bestehens des Bundsverwaltungsgerichts, 1978, S. 313～336。

定性」在概念上應以後者爲是，亦即「法律本身的安定性」（註七）。首先，藉由法律所達成的安定性，此種見解乃自結果、目的面觀察，所能陳明者僅係「法安定性」此一概念所衍生之功能、作用、結果與目的，並非其概念之本體、本身。再者，藉由法律所達成之安定性，乃陳述法規範所成就與維持的法秩序之安定，此不僅在概念的掌握上失之空泛，而且實則已爲另一法理念「合目的性」（Zweckmässigkeit）之概念所包含（註八）。因此，法安定性之概念，應以「法律本身的安定性」爲是，在深究其內涵前，初步釐清應作如是觀。

㈡法安定性之內涵

1.學者見解

承前節所述，法安定性係指法律本身之安定性。於斯，將更進一步具體化其內涵意義。首先即舉學者見解觀察之，以求體顯其要，而有指月之趣。

⑴Gustav Radbruch

氏認爲符合下列四要求者，則可謂具法安定性：（註九）

1.法須是可實證的（positiv），而且是制定法（gesetzliches Recht）。

2.制定法就其自身而言須是確定的；也就是說，其須建立在事實（Tatsachen）的基礎上，而非訴諸法官在個案中的自我的價值判斷，

氏認爲法安定性乃屬前者之見解。引自，林合民，公法上之信賴保護原則，七十四年，臺大法研所碩士論文，頁三二。而德國聯邦行政法院則認爲，法安定性之意涵多指前者，惟後者亦不容忽視，似有兼採之勢。Vgl. BVerwGE 9, S. 251 f.

註七　Gustav Radbruch, a.a.O., S. 147；Helmut Coing, Grundzüge der Rechtsphilosophie, 2. Aufl., Berlin 1969, S. 143～144；Winfried Brugger, Konkreitisierung des Rechts und Auslegung der Gesetze, *AöR*, 1994, 119. Band, Heft 1, S. 4.

註八　G. Radbruch, a.a.O., S. 147.

註九　G. Radbruch, a.a.O., S. 148.

特別是透過如「誠實信用」（Treu und Glauben）、「善良風俗」（Gute Sitten）這樣的概括條款（Generalklauseln）作爲判斷依據。

3.作爲法律基礎的事實，須儘可能無誤的確定下來，而該事實亦須是「實用的」（praktikabel），然而對於這樣的要求，有時我們也必須要忍受其粗糙（Vergröberung）。例如：以外在、形式的徵兆，取代原有眞正的事實；就如，個人的行爲能力不取決於個人內在的成熟度，而是一體的取決於固定、確定的法定年齡。

4.法安定性應可確保實證法不會輕易遭到修改，不致歸於臨時性立法（Gelegenheitsgesetzgebung），因在法律形式上其可能欠缺顧慮。在此觀點之下，權力分立理論中的「制衡」、議會運作的緩慢，也是法安定性的一種保障。

(2) Heinrich Henkel

氏認爲法安定性之要素如下：（註一〇）

1.秩序安定性（Ordnungssicherheit）：此點要求法秩序本身之安定，而此種安定分別依法律遵循（Rechtsunterworfen）與法律內容（Rechtsinhalte）兩不同觀點，進一步區分爲：①方向安定性（Orientierungssicherheit）。此即要求國家之法律行爲與其效果，應具有「可預見性」（Voraussehbarkeit）；②法律明確性（Bestimmtheit des Rechts）。此點要求法律本身的內容須有明確性、簡易性及可理解性，尤其是法律之構成要件與法律效果，必須具備一定之明確性。

2.法律之不可破壞性（Unverbruchlichkeit）與可貫徹性（Durchsetzbarkeit）：此點要求法律應長久持續，不得輕易遭到修改或廢棄，否則將失卻信賴，人民亦無所適從。此外法律亦貴乎可貫徹實現，故法律之實效性（Wirksamkeit）亦與法安定性有著密不可分的關係。

3.法律和平性（Rechtsfrieden）：法安定性在法秩序中可產生法內

註一〇　H. Henkel, a.a.O., S. 437.

部的「和平保障功能」（註一一）。而所謂法律和平，係指法秩序內部之和平安定。因透過法秩序之力量，可排除多重的、有疑義的法律裁判，進而避免衝突與糾紛，但若滋生爭議時，則可藉由法定程序加以排解（註一二）。亦即，私人捐棄自力之支配執行，而透過法秩序貫徹來滿足自身權利。

4.法律穩定性（Stabilität des Rechts）：在此所謂之「穩定」並非意指法律必須一成不變地墨守不可變更，而是指法律不可作快速、頻繁、急劇以及不可逆料之變動。申言之，法律應保持穩定為原則，尤其在面臨嬗遞之際，應注意其「持續性」（Kontinutät）。

(3) Franz Bydlinski

氏認為法安定性概念乃由下列之部分前提（Teilpostulate）所共同組成：（註一三）

1.法律和平性（Rechtsfrieden）。

2.法律明確性（Rechtsklarheit）。

3.法律貫徹性（Rechtsdurchsetzung）。

4.法律穩定性（Rechtsstabilität）。

5.法律易理解性（Rechtszuganglichkeit）。

氏之見解與前敍者，並無新意者出，是以在此僅作陳述，不擬再論。

2.法安定性之具體內涵

在進一步具體化法安定性概念前，必須再一次地回顧吾人對法安定性之需要：法安定性乃法律理念之重要成分，其乃基於人類對「持續性」、「穩定性」等價值之要求而來。吾人追求建立持續長久之關係與制度，

註一一　Helmut M. Schaefer, Grundlagen des Rechts, Einführung in das Rechtsdenken, München, Wien, 1989, S. 69 f.

註一二　Vgl. R. Scholz, Rechtsfrieden im Rechtsstaat, *NJW*, 1983, S. 705 f.引自，林合民，前揭註六文，頁三三。

註一三　Vgl. Franz Bydlinski, *Juristische Methodenlehre und Rechtsbegriff*, 2. ergaenzte Aufl., Wien, 1991, S. 325～328.

乃欲寄寓其下受其庇護，並希冀法律提供確定及可估計性（Gewissheit und Berechenbarkeit），以遂其生活（註一四）。

這樣的需求作爲前提之下，法安定性被理解成「法本身的安定性」，而如此的認識，對吾人欲具體化法安定性之內涵，具有相當的意義；藉此，法安定性之具體內涵，可由兩方面獲致明確的界定。所謂法安定性意謂著：其一，乃法律往來關係（Rechtsverkehr）或法律狀態（Rechtspositionen）之安定性。在此意義之下的安定性，能保障既有存在的法律關係與狀態，使其免於恣意的權力運作侵害。例如：合法創設的權力、權利與占有狀態，可不受妨害地存在，同樣地，法院的裁判也應被維持（註一五）。其二，乃法律文字權利義務規定的安定性。此意義下之安定性，特別重在法律文字權利義務規定之「明確性」。是以不僅要求法律之構成要件、法律效果須具明確性，亦要求法律規定之主、客體、權利及義務皆須明確。如此，相關之法律狀態可獲致「可認識性」（Erkennbarkeit der Rechtslage），而相關之法律行爲亦可得「可預見性」（Voraus der Rechtsakte），當事人之權利則可得保障矣（註一六）。

法安定性之具體內涵乃意謂：法律關係及法律文字權利義務規定之安定性。但其中所謂「安定性」（Sicherheit）之概念，則須再作進一步的理解。在「法律往來關係及法律狀態的安定性」中要實現此安定性，則較偏重法律關係與狀態之「穩定性」與「持續性」或言其爲「不可破壞性」（Unverbruchlichkeit）。是以原則上當一法院之判決，享有確定力（Rechtskraft）；一行政處分享有存續力（Bestandskraft）時，則其所表彰之法律效力或法律關係，可得穩定，持續不受妨害地存在，此乃其已具法安定性之故。

其次在「法律文字權利義務規定之安定性」中，要實現此種安定性，

註一四　H. Coing, a.a.O., S. 144 f.
註一五　H. Coing, a.a.O., S. 143～144；F. Bydlinski, a.a.O., S. 325.
註一六　H. Coing, a.a.O., S. 144.

則特別強調法律構成要件、法律效果之「明確性」(Bestimmtheit)。或爲了明確性之故，則同時附帶要求「易理解性」與「可認識性」。法安定性體顯在法規範結構上之明確性要求，在法治國中更顯其價值。因其法律要件與效果之明確，輒可避免法官或行政機關，以一己之主觀好惡恣意濫權，藉此可收保障人民權利之功。此處所要求之「明確性」，誠可謂達到此部分安定性之前提要件，又被以「法律確實性」、「法律確定性」(Legal certainty)（註一七）稱之。

當法律構成要件、法律效果，具備了明確性；法律關係具備了穩定、持續性。此時，在法秩序下之每一份子，對於其自我生活之計劃，便可獲致「可預見性」、「可估計性」及「可期待性」（註一八），使其可確知某行爲根據現行法，將受何等評價，將致生何種法律效果；易言之，法律之穩定、持續及明確性（註一九）可使人民對自己欲採取之行爲後果，有預見的可能性，並得以重新形成自我生活計劃，進而達成法安定性。

〔參〕 法安定性之價值

一、法安定性在法理念中之重要性──以 G. Radbruch 之法哲學觀點爲立場

德國戰後在法哲學上的自然法復興，對於法律文化與價值之搏造，影響所及迄今未有止息。然而，現下對於吾人而言，不僅無法重返古典自然法之門，即使欲求純粹法律實證論(Gesetzespositivismus)者，亦

註一七　沈宗靈，法理學，五南圖書出版，八十三年，頁五五。
註一八　W. Brugger, a.a.O., S. 4；另參閱，秦季芳，概括條款之研究，八十三年，臺大法研究所碩士論文，頁一三二。
註一九　穩定性 (Stetigkeit)、持續性 (Kontinutät) 與明確性 (Bestimmtheit)，可謂法安定性概念中之三個核心內涵，本文仍有述及數者，蓋大抵可爲涵蓋或爲此三者之作用。

已不可得(註二〇)。是以呈現之時代意義，乃在於一前無古人且冀求吾人
覃思而啓之新出路。

　　正法（richtiges Recht）是什麼？ 法的內容、法的概念又是什麼？
欲求致究竟，無漏之答案，恐有在世尋覓兎角之難。德國法哲學及刑法
學家 Gustva Radbruch（1878～1949），將法律定義爲：具有實現法價
值（Rechtswerte）、法理念（Rechtsidee）意義之實際事物（Wirklich-
keit）。因此，法的概念是文化的概念，是指向法理念的（註二一）。而所
謂的法理念，亦或言法的最高價值，依氏之見可區分爲：正義、合目的
性與法安定性三者(註二二)。對於法理念之追求，尤其對於正義，氏明白
表示以方法二元論（Methodendualismus）與價值相對主義爲立場出發
(註二三)。氏之正義學說，乃以亞里斯多德之平等原則出發，而平等原則
（相同事物同待，不同事物異待）效力是絕對的，但僅具有「形式特性」，
僅是正義形式而非內容。至於正義之內容則尚須另一內容原則、目的理
念──即合目的性（Zweckmäßigkeit）來補充，有趣者乃此理念是實質
的，但效力卻只是「相對的」。因爲關於合目的性之核心，乃由三種不同
之價值體系相互運用，即：1.個人價值（Individualwerte）；2.集體價

註二〇　純粹的法律實證論，如 Karl Bergbohm（1849～1927）之言：「除了實證法
　　　　外，其他所有抽象之法根本是無意義的。」「只要形式上正確產生的制定法，
　　　　即使是最卑劣的，我們也必須承認具有拘束力。」這樣的看法已遭揚棄。即
　　　　使，如 Hans Kelsen（1881～1973）提出之基本規範（Grundnorm）亦無
　　　　法證明法效力來源。況且「唯有實證法有效力」這句話本身即欠缺實證基
　　　　礎。Val. Karl Bergbohm, *Jurisprudenz und Rechtsphilosophie*, 1 Band, 1892,
　　　　(nachdruck 1973), S. 144 f.

註二一　G. Radbruch, *Rechtsphilosophie*, 8. Aufl., 1973, Stuttgart, S. 119.

註二二　G. Radbruch, a.a.O., S. 164 f.

註二三　氏截然劃分存有領域與價值領域，無法由事實導出當爲價值。而應然語句
　　　　只能由其他應然語句演繹出來，不能由實然存有方面獲致。但最終的應然
　　　　語句卻不能由其他應然語句求致，只能訴諸個人的價值觀或世界觀。此外，
　　　　氏認爲窮極的當爲命題，無法以科學的方法解決。學術上之研究，只能論
　　　　究各種世界觀形成之先決條件。而無法對彼此對立的價值體系作出決定，
　　　　是以對於價值觀不採取學術上之立場。

值（Kollektivwerte）；3.文化作品價值（Werkwerte）。並由此三種價值相應地呈現出：1.個人主義的（individualistische）；2.超個人主義的（überindividualistische）；3.超人格的（transpersonale），價值觀或國家法律觀，此三者間並無理性上位階區分，更不得以科學方法判斷，決定何者乃唯一價值。(註二四)而其中各種價值觀存在之矛盾與對立，並無解決之道。

　　法理念中之正義，可謂係有關法的形式；合目的性乃有關法的內容；而法安定性則係法本身的實際存在。因爲正義僅一形式未能具足，猶須合目的性來填充內容，而合目的性卻又需恃個人、超個人與超人格之觀點出發，不僅要求一放諸四海皆準之標準不可得，其間之對立與矛盾亦屬不可避免。然法秩序需穩定、持續，法律內容亦終須權威地確定；是以，法安定性之重要性與價值便呼之欲出。站在價值相對主義立場，並無法爲「法」的內容，提供最佳的歸宿，但又不可放任其恣意混亂不決，因此一個實證法體系的實際存在，本身即具有非凡的價值。正義內容之「可變動性」，價值相對之無可解決，皆有待開展之際；法安定性面對正義內容之「易變」，正足以提供穩定可恃恃其上之「不變」，面對百家爭鳴之價值紛擾，則正足以提供一可獲衆說普遍認同之實證法共識。法安定性是法之窮極價值，亦是吾人在法律生活中安身立命之保障，其功偉厥誠非夜郎之見。

註二四　G. Radbruch, a.a.O., S. 147 f.; 另見，Arthur Kaufmann 著，劉幸義譯，正義理論——由難題史觀察，載於，中興法學，第二七期，頁三六以下；Erik Wolf 著，陳愛娥譯，Gustav Radbruch 的生平及其著作，載於政大法學，第五一期，頁九四、一〇四；沈宗靈，前揭註一七書，頁四七～五六；洪惠平，正義理念的歷史面向——由西洋法哲學史的角度觀察，中興法研所碩士論文，七十九年，頁一一四以下；陳培峰，方法二元論的法哲學——兼論法學價值判斷的客觀性問題，中興法研所碩士論文，七十五年，頁三八以下。

二、法安定性與正義之困局與出路

㈠法安定性與正義之矛盾困局

正義、合目的性與法安定性三者，其間之互動並非寧若春水，而係處於彼此背反、對立却又相互補充之緊張關係中(註二五)，此三者之序列，無法予以一定之確立。因法價值序列，仍受世界觀等之約制。從法實證論者之立場而言，實證法本身即具有一項價值，即其絕對優於無法律狀態，因其至少創造了法安定性。再加上法實證論者「法律即是法律」、「法律有效乃因其是法律」如此之確信，終使其忽略正義要求而偏執法安定性；甚者，導致無力對抗恣意、犯罪之制定法，終淪爲獨裁之忠實幫凶(註二六)。

正義與法安定性間之對立與矛盾，吾人得將其間之爭議釐清爲：內容可非議而形式上爲制定法之「制定法上之不法」(Gesetzliches Unrecht)；與內容正當而欠缺制定法形式之「超制定法之法」(übergesetzliches Recht) 二者之爭 (註二七)。當然這樣的爭議已意謂著「合法性」(Legalität) 與「正當性」(Legitimitaet) 二概念之區別與不一致(註二八)。

註二五　G.Radbruch, *Einfuehrung in die Rechtswissenschaft*, 1958, S. 41；陳愛娥譯，前揭註二四文，頁一〇三、一一四。

註二六　此種藉由法律本身來作爲賦予其法律效力根據的看法，極易爲用心機巧者利用，將權力 (Macht) 與之結合以逞其意。如德國在納粹期間，即制定許多恣意、犯罪之法，如紐倫堡人種法(Nuernberger Rassengesetze)等，來迫害猶太人以及箝制異己。另參閱, G. Radbruch, Gestzliches Unrecht und übergesetzliches Recht, 1946, in: a.a.O. (註二一), S. 344～345.

註二七　G. Radbruch, a.a.O. (註二一), S. 344.

註二八　對於「正當性」或稱「實質合法性」，德國學者 Reinhard Granderath 定義爲：「內在的、實質的與法理 (Recht) 一致，而這法理指正當的秩序 (Gerechten Ordnung), 非僅與制定法一致。」而所謂「合法性」係：「個人或國家之行爲，外在的、形式的與制定法秩序 (gesetzlichen Ordnung) 相符。」參閱, 詹文凱, 對法律的服從和不服從, 七十八年, 中興法研究所碩士論文, 頁一一八以下。

在正當性概念下，學說至今對於「超制定法之法」仍論究不輟。惟對於
「制定法上之不法」，若依實證法論點，把制定法與法視爲一體無二者，
必然否定此概念。反之，若承認制定法上仍有一效力更高之法存在，便
可以其所謂「超制定法之法」做爲判斷標準，將所有違反之制定法，歸
爲「制定法上之不法」並進而指摘其效力。法應具安定性，即不可此時
此處如是，而彼時彼處則異其解釋和適用，此亦爲正義之要求。是以，
法安定性與正義之矛盾，應可視爲正義本身之矛盾，亦即表象的正義與
實質的正義間之自我衝突。(**註二九**)其所產生之問題在於：法律違反正義
時效力如何？爲保持法安定性，法律在何種情形下，縱使違反正義要求，
仍可主張其有效？

㈡法安定性與正義衝突之解決

法安定性與正義之衝突，若執持：因價值命題的相對性，實質正義
不易掌握，而法安定性至少維持了法秩序，因此法安定性相對正義應取
得優越地位這樣的看法，恐仍無法爲二理念的矛盾尋獲出路，高估法安
定性之看法，在面臨實證法之墮落後，已遭受嚴重之質疑，吾人應另闢
蹊徑。其實，法安定性與正義，應係同一法理念之不同作用方向。因此，
在矛盾衝突處，吾人不應把思考重點，放在應抉擇何者，捨棄何者，或
位序應以何者爲優之思考模式上。應轉移思考重點，而採取同時地兼顧
各法理念，並考量正義、合目的性與法安定性三者，各應考量至何種程
度爲宜。是以，當吾人重新面對法安定性與正義衝突時，已獲致出路。
也就是說，即使制定法內容不正，且不合目的時，制定法仍然有效，是
以法官良知與制定法有所齟齬時，爲了法安定性之故，原則上仍必須服
從制定法。但若制定法與正義之衝突已達「不堪忍受之程度」(unertrag-

註二九　G. Radbruch, a.a.O. (註二六), S. 344；陳愛娥，前揭註二二譯文，頁一二
　　　　五；另參閱，林文雄，賴特布魯的自然法論，收錄於氏著，法實證主義，
　　　　臺大法學叢書㈦，1989，三民書局經銷，頁一六一～一六二。

liches Mass) 時, 制定法則必須退居正義之後 (註三〇)。雖然「制定法上之不法」與「內容不正但仍有效之制定法」不易清楚界分, 但吾人尚可獲致一極明顯之判斷標準, 用以補充判斷是否已是牴觸正義至不堪忍受之制定法, 即: 立法者若於立法時有意地否定正義之核心平等原則, 或根本不追求正義, 此時該制定法不僅只是「不正之法」, 其根本欠缺「法之性質」(Rechtscharakter) (註三一), 不是法律。

　　法安定性與正義之困局, 已暫時獲得了解決之道。實證法之法安定性原則上優於正義, 此點可以說是對法實證主義作了最大的同情與包容。而當制定法違反正義已達不堪忍受之程度時, 或立法者否定平等原則所創立制定法, 該制定法皆已非屬法律, 透過此兩種標準, 吾人可檢證實證法是否仍具「法之性質」, 以避免法實證主義之流弊, 確保法安定性與正義之偕行並進。

〔肆〕法安定性在法治國家中對行政、立法及司法之影響

一、概說

　　為免於回歸自然狀態 (Naturzustand) 之不安與混亂, 吾人透過社會契約之思想, 委由國家獨占行使物理上之強制力與支配力, 以確保社會安定、人民權利, 隨著自由理念搏扶搖起, 法治國思想亦深植人心。法治國 (Rechtsstaat) 之概念, 乃為一開放性之概念, 內容與時易變, 冀求萬世不移之內涵, 實不可得。法治國概念或有更迭, 惟就變革之軌

註三〇　G. Radbruch, a.a.O. (註二六), S. 345; 陳愛娥, 前揭註二四譯文, 頁一二五; 劉幸義, 前揭註二四譯文, 頁三七。

註三一　G. Radbruch, a.a.O. (註二六), S. 345 f.; 顏厥安, 法與道德——由一個法哲學的核心問題檢討德國戰後法思想的發展, 載於政大法學, 第四七期, 頁八以下。

跡上，吾人仍得掌握其根本核心，此即人權之保障。而依一般通說法治國原則 (Rechtsstaatsprinzip) 之內涵，得掌握有：基本權利之保障、權力分立原則、依法行政或依法審判原則、司法獨立原則、國家行爲的可預測性(註三二)。結合法治國核心概念，便可明確理解法治國概念，由形式意義者走向實質意義者之發展意義。依今日之見，法治國非僅止於形式意義之法治國（或稱法律國家 Gesetzesstaat），而係應擴及實質意義之法治國，亦即理解爲正義國家(Gerechtigkeitsstaat)（註三三）。於斯，爲保障基本權利而生：主觀公權利、制度性保障（institutionelle Garantie）與具拘束力之價值決定（verbindliche Wertentscheidungen)等重要保障作用。且對基本權利之法律保障，依社會國思想(Sozialstaatsgedanken)，藉由「體系解釋」之徑而擴充（註三四）。

　　法治國之內在界限爲正義，相對於此其外在界限即屬於法安定性(註三五)。而依一般見解，法安定性依其重要性，已成爲法治國原則之根本要素、特徵(註三六)。以下將就法治國中行政、司法與立法三個面向，來觀察法安定性對其發生之具體影響。

註三二　關於法治國家內涵，可參閱：Klaus Stern, *Das Staatsrecht der Bundesrepublik deutschland*, Bd. 1, 2. Aufl., 1984, S. 781, 788 ff.; 許宗力，動員戡亂時期臨時條款之法律問題，收錄於，氏著，法與國家權力，八十二年，頁四二三～四二四；彭國能，法治國之基本理念，收錄於，城仲模主編，行政法之一般原理原則㊀，八十三年，頁三八九以下。

註三三　Vgl. Maunz/Zippelius, *Deutsches Staatsrecht*, 29. Aufl., 1994, S. 85f.; Uwe Diederichsen, Innere Grenzen des Rechtsstaat, in: *Der Staat*, 34. Bd., 1995, Heft 1, S. 33～34.

註三四　Maunz/Zippelius, a.a.O. (註三三)，　S. 85.

註三五　Uwe Diederichsen, a.a.O. (註三三)，　S. 51 f.

註三六　Ernst Benda, Der soziale Rechtsstaat, in: *ders. Handbuch des Verfassungsrechts*, 1984, S. 482 f.; Maunz/Zippelius a.a.O. (註三三), S. 86; Uwe Diederichsen, a.a.O. (註三三), S. 35; Alber Bleckmann, Staatsrecht, 1993, S. 265 f.; 另參閱，BVerfGE 2, 380 (403).

二、法安定性對司法之影響

　　法安定性乃法律本身文字與法律關係的安定性，在前已述及法之和平性 (Rechtsfrieden) 乃成就法安定性之重要前提要件，而無疑地國家之司法功能，在維繫法之和平性中扮演了關鍵性的角色。在法律紛爭不靖之際，爲了法之和平性恆久安定之故，在特別之範圍中，司法之裁判有了存續性 (Beständigkeit) 的要求 (註三七)；同時判決之確定力 (Rechtskraft) 概念便蓄蘊而生。

　　判決之確定力乃訴後拘束法院與當事人之一相對拘束力，而其可生二作用：一、消極之作用爲禁止同一事件之反覆，即爲「一事不再理」 (ne bis in idem) 之要求；此乃拘束當事人不得就同一訴訟標的更行起訴。二、積極之作用爲拘束法院應以既判事項爲基礎來處理新訴，關於基準點之權利狀態應以既判事項爲準，不得作相異之認定；此亦爲「禁止矛盾」(Abweichungsverbot)之作用(註三八)。是以，當一終局確定之判決，在一定期間內，可對裁判之事實內容產生確定力，當事人不得更行起訴，如此亦形成訴訟程序中一個公知的制度(註三九)；再者法院亦須受判決效力的自我拘束，不得爲矛盾之認定。如此成就了法安定性，所以判決之確定力也可視爲法治國原則中一個核心確定之要素。

註三七　Vgl, E. Schmidt-Aßmann, Der Rechtsstaat, in: Josef Isensee und Paul Kirchhof (Hrsg.), *Handbuch des Staatsrechts*, Bd. 1, 1987, S. 1031.

註三八　關於確定力 (Rechtskraft) 之概念，學說上更可再析分出實質確定力 (materielle Rechtskraft)，或稱「既判力」，對於此我國行政法學者與行政法院判例，率多將實質確定力（現多以實質存續力代稱）理解爲「不可變更力」。而我國之民事訴訟法學者，對於判決禁止矛盾之效力，本以既判力稱之，其間之不同，非本文所重，故仍以確定力稱之。參閱，駱永家，既判力之研究，臺大法學叢書㈠，頁一～一〇；陳榮宗，既判力之本質，收錄於，氏著，舉證責任分配與民事程序法㈡，臺大法學叢書(十七)，1979，頁一五三以下。另見，林永頌，行政處分對法院之拘束，臺大法研所碩士論文，七十五年，頁八九以下。

註三九　E. Schmidt-Aßmann, a.a.O. (註三七)，頁一〇三一。

此外，法安定性對司法的另一影響，在嚴格要求法官依法審判中可獲致。因爲如此可防止法官之個人價值觀等恣意蔓延，可使人民藉由法律明確知悉行爲所生之結果，而此意義能夠確保與實踐（註四〇）。

三、法安定性對行政之影響

法安定性對於行政之影響，將在下章中詳述之，於斯僅以宏觀角度作一整體之樸素觀察。法安定性在此範圍中之影像，首先就典型之行政行爲——行政處分而言，其所生之「存續力」（Bestandskraft），吾人易與司法裁判之確定力作一聯想。惟就法安定性之法律關係之安定要求而言，行政機關藉行政處分與人民所生之法律關係亦應相符爲是。就其關係之安定要求，存續力無疑係一重要之控制基點，存續力依學者通說尚有「實質」、「形式」之分；前者用以拘束行政機關，不得任意撤銷、廢止行政處分；後者則約束處分相對人，依一定時間經過後不得就該處分有所不服。藉由行政處分存續力雙向之控制，法安定性遂告成立，更進而因確保行政行爲之安定性，而對人民產生「信賴保護」（Vertraünsschutz）之反射作用，益之有「存續保障」（Bestandsschutz）之概念出現(註四一)。存續力以法安定性爲基礎，亦屬於法治國原則中之核心確定部分(註四二)。存續力之學理上討論尚未有共識，即使在立法者形成制度上亦有其困難，因爲立法者必須在法安定性、個案正義（Einzelfallgerechtigkeit）、信賴保護與行政彈性（Verwaltungflexibilität）之間作一衡量(註四三)。此外，法安定性未來也可能促使行政處分之瑕疵理論繼續

註四〇　秦季芳，前揭註一八文，頁一三三以下。

註四一　Detlef Marten, Bestandkraft von Verwaltung, *NJW*, 1983, S. 1993 ff.,引自，林錫堯，行政法要義，八十三年，頁一八八～一八九。

註四二　E. Schmidt-Aßmann, a.a.O.（註三七），頁一〇三一。

註四三　關於行政處分之廢棄，德國規定於行政程序法(VwVfG)，§48～51；而我國在法務部之行政程序法草案(民84)，第一〇一至一一八條中作有規定。

地變動（註四四）。

　　再者，法安定性對於行政的自我拘束也立於指導的立場(註四五)。較明顯可見者乃要求行政機關能受自己所公布或實行之行政先例（Verwaltungspraxis）之拘束，亦即若無合理之理由，對於相同案件不得為差別之處遇。行政自我拘束（Selbstbindung der Verwaltung），雖屬平等原則適用之範圍，惟就其先例之效力而言，法安定性確實發揮了價值指導之功能。除此之外，法安定性在行政契約(Verwaltungsvertrag)中，為了契約當事人間所創設之法律關係安定計，而有了「契約嚴守原則」(pactasunt servanda)（註四六）之要求，行政契約經當事人合意成立應儘量使其有效；同時，亦要求行政機關締約時受「不當聯結禁止」（Koppelungsverbot）、與法律優位、法律保留之拘束，以確保當事人權利，符合法安定性之要求（註四七）。

四、法安定性對立法之影響

　　法安定性之思考在立法範圍中，首先即要求立法者之立法能符合明確性要求。由法律之明確性可使人民對自己行為後果有預見之可能，進而形成法安定性；故法律明確性已成為法治國家之重要原則。法律明確性在法規範結構上展現出其作用，即要求法律構成要件與法律效果儘可能的明確；如是嚴格要求，則不僅可減少執法者恣意解釋，亦得防止執

註四四　E. Schmidt-Aßmann, a.a.O.（註三七），頁一○三一。

註四五　Vgl. Dieter H. Scheuing/Wolfgang Hoffmann-Riem/Bernhard Raschauer, Selbstbindungen der Verwaltung, in *VVDStRL* 40; 1982, S. 153、187、240 ff., 引自 E. Schmidt-Aßmann, a.a.O.（註三七），S. 1031.

註四六　Vgl. Hartmut Maurer, *Allgemeines Verwaltungsrecht*, 8. Aufl., 1992, S. 352 f.；許宗力，行政契約法概要，收錄於，經建會委託臺大法研所所作之「行政程序法之研究」報告，七十九年，頁三○九以下；吳庚，行政法之理論與實用，增訂二版，八十四年，頁三五九。

註四七　關於「不當聯結禁止原則」，參見，趙義德，析論不當聯結禁止原則，收錄於，城仲模主編，行政法之一般法律原則㈠，八十三年，頁二一九以下。

行時之濫權；凡符合一定構成要件則確生一定法律效果，居機巧而恣意濫權者將無所附麗。同儕得平等處遇，人民得免懾於人治之弊，可抑息「法治」之上，而人民之權利可得確保矣。其具體落實尚有如德國基本法規定：立法者授權行政機關訂定法規命令時，應在法律中確定授權之內容、目的及範圍（Art. 80 Abs. 1 S. 2 GG）；任何人均不得被剝奪其法律所定之法官（Art. 101 Abs. 1 S. 2 GG）；一行為僅得於其可罰性在犯該行為前法律已有規定，方得處以刑罰（Art. 103 Abs. 2 GG）（註四八）。

　　法律之穩定性亦係法安定性內涵之一，立法者制定新法或修改法律，應謹慎衡量，不可朝令夕改而使人民無所適從(註四九)。於斯，則可見法安定性對於立法之另一要求；即對於立法溯及既往（rückwirkende Gesetzgebung）之禁止與限制。立法者常常會想把新的秩序觀念立即地，甚至溯及既往地賦予其效力，以貫徹其立法目的；依其新法定優於舊法之觀念下，欲儘速使新法之規範目的實現，甚至擴張時間上之適用範圍於過去之社會生活事實。然而立法者此種作法，立於人民之立場思考則恐未必楚弓楚得，甚有求全之毀。因為人民亟須一可資信賴之法律秩序，以供其形成自我發展之空間；為達此目的，法律之權利義務關係宜求安定，不宜因事後之法律變更而改變或貶損其內容。易言之，法律秩序應具有持續性及穩定性，以免人民失卻信賴。是以，對人民而言，法之安定性首要地意味著「信賴保護」(註五〇)，尤其新法效力溯及既往造成侵益效果時，特別是攸關刑罰及財產權之侵害時，人民是根本無法忍受的。

　　關於法律溯及效力禁止之問題，發展上存在著相當的困難。德國聯

註四八　E. Schmidt-Aßmann, a.a.O., S. 1032 f.; 另參見，許世楷編，世界各國憲法選集，1995，頁一二八以下。

註四九　F. Bydlinski, a.a.O. (註一三), S. 326.

註五〇　E. Schmidt-Aßmann, a.a.O. (註三七)，S. 1030.

邦憲法法院則嘗試直接由法治國原則中尋找, 並以其為基礎而區別出「眞正」(echter, retroaktiver)與「不眞正」(unechter, retrospektiver)溯及效力(註五一)。前者係指法律嗣後地、變更地影響到已終了、已過去的要件事實。如此始存在一法律之眞正溯及效力, 而此種溯及效力, 除了特定之例外情形(註五二), 原則上應屬違憲不能許可。至於後者, 乃意指法律只是對現在尚未終結之事實狀況及法律關係向將來發生影響, 此種類型實則並不發生溯及效力之問題。是以, 不眞正溯及效力, 除了已侵及個人之信賴利益, 且該信賴利益較優位而值得保護外, 原則上仍屬合憲範圍可以被允許 (註五三)。

　將法律溯及效力作眞正、不眞正之區別, 在德國學界與實務界對此二元論證之方式, 質疑與批評之聲未曾稍歇(註五四)。而在新近之際, 德國聯邦憲法法院第二庭, 對於法律溯及效力之問題(註五五), 揚棄了舊有之見解, 而採取了「法律效果之溯及效用」(Rueckbewirkung von Rechtsfolgen) 及「法律效果之溯及聯繫」(Tatbestandliche Rückanknuepfung) 之區分, 此見解值得吾人注意, 本文將在後文中論究之。

註五一　此為德國聯邦憲法法院, 針對「費用法附則」(Kostenrechtsnovelle)案所揭櫫之概念劃分, 更為往後憲法法院判決所引用。Vgl. BVerfGE 11, 139.

註五二　關於例外所溯及者, 詳見本文,〔伍〕,〔二〕部分。

註五三　E. Schmidt-Aßmann, a.a.O., S. 1032.

註五四　關於此部分, 可參見, 陳雍之, 法律之溯及效力, 臺大法研所碩士論文, 八十年, 頁一四六以下。

註五五　德國聯邦憲法法院, 於1983年第二庭對「德奧法律互助條約」(Rechtshilfevertrag zwischen der Bundesrepublik Deutschland und der Republik Österreich) 所作之判決。

〔伍〕法安定性在公法中之具體呈現

一、概說

　　法安定性在法治國概念中極為重要，在保護人權大纛高張之下，特別是結合了人民之信賴保護，共同地成為保障之礎石。於斯，將進一步觀察法安定性在公法領域中之具體呈現。特別值得吾人注意者，乃法安定性在公法中，特別是在行政法領域中，係意味著行政行為及相關法令之明確性，以及藉著公法相對於人民所創設之法律關係應具穩定、持續性而言，惟行政在個案正義、公益等要求下，輒須機動地對既存之行政行為或法律關係作適當、合比例之調整，如此則可能與法安定性有所悖反。此或可視為法安定性與正義間之對話，惟就如何在兩者間獲致中庸和協之道，其間頗富興味。以下即就法安定性在公法中之具體呈現，舉要而論。

二、法規命令授權明確性之要求

㈠明確性原則之要求

　　由法安定性之明確性(Bestimmtheit)內涵，在法治國中衍生出「明確性要求」(Bestimmtheitsgebot)。而此原則性之要求，對於立法者之拘束則更顯其意義。立法者必須制定足夠「明確」，且彼此不會相互牴觸之法律，此即所謂「法律明確性原則」，而自人民信賴保護之立場而言，亦所謂「規範明確性原則」(Prinzip der Normenklarheit) (註五六)。符合明確性之法律，使人民對國家行為有預見之可能性；人民可清楚地知悉國家將對其之作為與不作為，防止行政權課予無法預見之負擔。對

註五六　Vgl. Alber Bleckmann, a.a.O. (註三六), S. 271 f.

於司法而言，得使法官有更明確之恃怙，以爲更適當之裁判。此外對於行政行爲之司法審查的界限釐清亦有所助益。

社會生活之急速變遷，欲求法律凡事規範恐力有未逮，是以，墨守傳統立法與行政之壁壘分明亦已不可得。爲保障人民權利，因勢利導，立法者將法規制定權適度轉移給行政機關行使已成大勢。因行政機關所制定之法規命令(Rechtsverordnungen)因程序簡便可收時效之便；可得因地制宜之效；又可兼顧專業與技術性之要求，相較於法律則有較彈性之空間 (註五七)，故世界各國多肯認其必要性。

法規命令對人民有規範之拘束力，就性質與拘束力而言，與立法者制定之「國會法律」(Parlamentsgesetze) 並無不同，僅制定之機關有別而已(註五八)。是以，法規命令仍應符合法律明確性原則之要求；文字與權利義務之規定應儘可能地明確。法規命令可說是一種實質意義之法律，仍有安定性之需求，是以法安定性對其產生明確性之具體要求。

㈡授權明確性之要求

法規命令之存在，在實際情況下雖有其必要性，惟此並非意味著立法者透過授權給行政機關後，就該命令即無可置喙；相反地，立法者至少仍應保有控制、監督之權限爲是(註五九)。法規命令雖有其優點，惟就其負面考量，其受限制與監督程度較少，有架空權力分立、法律保留之虞，如此尙有成敗蕭何之風險，爲確保人民權利，仍應適當控制爲宜。就法安定性要求而言，法規命令本身應受明確性原則拘束，此並無疑問。惟立法者在授權行政機關制定法規命令之過程中，並非退於消極角色，爲避免流於空白授權(Blankettvollmacht)而與法律保留精神悖反；也

註五七　Vgl. H. Maurer, a.a.O. (註四六), S. 309; 另參見，許宗力，論國會對行政命令之監督，收錄於，前揭註三二書，頁二六九以下。

註五八　Vgl. H. Maurer, a.a.O., S. 53～54.另參見，城仲模，德國及法國行政命令之研究，收錄於，氏著，行政法之基礎理論，八十年，頁一五二以下。

註五九　關於國會對於法規命令之控制監督，可參見，許宗力，論國會對行政命令之監督，收錄於，氏著，前揭註三二書，頁二六九以下。

為防止行政權藉此僭越立法者而以命令代替法律之故；是以，立法者制定之「授權法」（Ermächtigungsgesetz）本身亦應受明確性原則拘束。而德國更將之明定於基本法第八十條第一項，除了要求法規命令形式上應有法律授權；更要求授權法本身須明確規定授權之內容(Inhalt)、目的（Zweck）與範圍（Ausmaß）（註六〇）。若有所違反，授權法本身違憲無效；而法規命令亦失所恃怙而歸於無效之列，其重要性可見一斑。關於授權明確性之要求，在我國近年來已獲見重，司法院大法官會議解釋已有多號解釋揭櫫此要求（註六一），對於進一步之發展已奠定碁石。

(三)授權明確性之難題

確定了授權明確性之重要性後，在具體落實之過程中，其難題始逐漸浮現，此即：立法者之授權規定，須達於何種程度，始得符合明確性之要求；簡而言之，「明確」之標準為何？

授權明確性要求，在立法與行政之立法權限之消長情況下，似乎是制憲者意圖作權限秩序分配之尺度；對於立法者而言更可謂乃對其最低限度所應履行義務之課予。是以其核心之明確程度、標準何在，攸關甚鉅。關於此難題，吾人當以授權明確之三要素（Bestimmtheits-trias），即內容、目的及範圍為認識之客體(註六二)。德國學者就聯邦憲法法院之判決中，形成兩號明確性公式（Deutlichkeitsformel）（註六三），惟就共

註六〇　德國基本法第八十條第一項規定：聯邦政府、聯邦部長或邦政府得經由法律被授權發布法規命令。授權時應在法律中確定所給予之授權內容、目的及範圍。

註六一　計有釋字第三一三、三四五、三四六、三六〇、三六七、三九四及四〇二號等解釋。

註六二　Vgl. Manfred Lepa, Verfassungsrechtliche Probleme der Rechtsetzung durch Rechtsverordnung, *AöR* 105, 1980 S. 342.

註六三　所謂「一號明確性公式」，係指內容、目的、範圍三者，須「充分明確」甚至要求「無懈可擊」（einwandfreie Deutlichkeit），亦即不須適用足以引發爭議之解釋方法即可直接明瞭者。此公式過於嚴苛，恐使委任立法之美意殆盡，現已遭揚棄。而所謂「二號明確性公式」則意指三要素毋須明白規

識地位之「二號明確性公式」論之，似乎僅可解讀出行政立法之日漸擴充與立法者義務要求之放寬，並無助於建立明確性之標準，當另闢蹊徑為是。

關於較具體之明確性解釋標準，學者與聯邦憲法之判決，仍未有一致之見解，嘗出現有：可預見公式(Vorhersehbarkeitsformel)、自行決定公式 (Selbstenscheidungsformel)、方針公式 (Programmformel)，綜合考察方式與以「重要性理論」(Wesentlichkeitstheorie) 來解釋(註六四)。明確性之標準雖仍充滿著「不明確性」，惟就學說與判決，吾人暫可獲致一趨勢及方向，即首先考量法律授權領域之不同，而依規範內容而別其明確性要求。如經濟法、環保法領域為因應急遽變化宜作廣義或較寬鬆之要求；而若涉及課稅則宜作狹義或較嚴格之要求。此外就授權明確之三要素，內容與範圍之明確性要求可較寬鬆；而目的之明確性要求則應採嚴格要求之立場。(註六五)

對於授權明確性，國內學者與實務之討論甚少，而德國亦開放由判決逐步發展當中。為達法安定性之故，對授權明確性要求之肯定與具體化之努力，實猶令人稱許並翹首凝盼其成。

三、法律溯及效力之禁止

法安定性之穩定性、持續性、不可破壞性等內涵，明白地可推導出法律溯及效力禁止之要求。自保障人民權利之立場而言，法安定性提供

定於法文內，只須能依一般法律解釋方法，由授權條款所依附之法律整體明確知悉此三者即可。關於此可參見，許宗力，行政命令授權明確性問題之研究，收錄於，氏著，前揭註三二書，頁二三三、二五三以下。

註六四　參見，許宗力，前揭文，頁二五四～二五五；陳愛娥，由法治主義涵義之演變探討委任立法應有之界限，中興法研所碩士論文，七十六年，頁一四三。

註六五　Vgl. M. Lepa, a.a.O. (註六二), S. 343～345；另參見，陳愛娥，前揭文，頁一四四～一四五。

了人民信賴保護之基礎（註六六），而在信賴保護之下法律溯及效力之禁止，則更顯其意義。以下將就法律溯及效力之問題析論之。

㈠傳統理論及其發展之困難

1.眞正與不眞正法律溯及效力之概念

對於法律溯及效力之問題，德國聯邦憲法法院依據法治國原則，取得了禁止或限制之基礎。而在眾多之憲法判決中確立了法律溯及效力之概念，其將溯及效力之概念區分爲「眞正」與「不眞正」兩種類型。前者意指：一法律對於該法實行時，已經終結之要件事實(abgeschlossen Tatbestand)，重新賦予該法之法律效果。亦即，侵犯到已經終結之要件事實，並使人民之法律地位較過去惡化之法律效力。而後者意指：一法律在該法施行時，對於施行日前已發生但尚未終結之要件事實，向將來地發生該法之效果(註六七)。惟不眞正之溯及效力，其實並不涉及溯及效力問題，其只不過係基於法律適用，對現存尚未終結之事實，適用新法，已致影響過去旣存之法律狀態，而產生類似溯及效力之效果而已(註六八)，因其本質與眞正者不同，故以不眞正 (unecht, retrospektiv) 稱之。

觀察溯及效力之兩類型可知，不論眞正或不眞正者，皆內含共同要素「法律變更」（Rechtsänderung），而二者之區別標準則在於：要件

註六六　法安定性對人民而言主要意謂著信賴保護。可見信賴保護乃源出法安定性，惟二者之關係並非係一體之兩面具有相同本質。蓋信賴保護乃立於保障人民權利之立場思考，保護人民對現行有效法秩序之主觀信賴；而法安定性則純粹自客觀上維持法律本身之安定，並非涉及人民利益之考量而成，二者顯有不同。

註六七　Vgl. Konrad Hesse, Grundzüge des Verfassungsrechts der Bundesrepublik Deutschland, 20. Aufl., § 14 Rn. 505; Maunz/Zippelius, a.a.O. (註三三), S. 95; E. Schmidt-Aßmann, a.a.O. (註三七), S. 1032～1033；另參見，陳雍之，前揭註五四文，頁八以下；林合民，論法律及命令之溯及效力與信賴保護原則，憲政時代，第一一卷四期，七十五年，頁四七～四八。

註六八　林合民，前揭文，頁四七。

事實（Tatbestände）是否已經終結。易言之，若新法之法律效果適用及於新法實施前之已終結之要件事實，則屬真正者；反之，新法施行之際，該要件事實乃屬自過去存續迄今尚未終結者，則歸於不真正之列。惟值得注意者，乃二者之區別實益，即受憲法評價之不同。

2.溯及效力之容許性

立法者為因應社會情勢之所需，往往以調整法律效力為方式，甚至將法律效力溯及既往以達規範目的，惟此舉在法安定性及人民信賴保護方面，則已有所扞格。於斯，將自憲法保障觀點，論述溯及效力之容許之可能性。對於法律溯及效力是否為憲法所能容許，即是否具合憲性，此問題仍依真正與不真正溯及效力分別論之。

⑴真正溯及效力之容許性

真正溯及效力並不必然牴觸法治國原則而為憲法所不容許，相反地基於正義的理由，有可能是憲法上所必須的(註六九)，然真正溯及效力的確對法安定性與信賴保護，作了某種程度之侵害，因此尋找出容許之界限洵為要事。基於法安定性優位之價值取向，再加上人民信賴保護要求，聯邦憲法法院普遍地認為：原則上所有具真正溯及效力之「侵益性法律」（belastende Gesetze）應被禁止，為憲法所不容許應受違憲指摘(註七〇)。

真正溯及效力原則違憲之宣示，則透露了「例外」容許之可能。聯邦憲法法院以「信賴保護」為審查標準，在一系列之判決中，形成了下列例外之情形：(註七一)

1.若人民在發生溯及效力之時點上，對該法律效果具有可預計性時。

2.現行法律狀態不明確或混亂不清，立法者有必要將其溯及既往地

註六九　Vgl. BVerfGE 7, 129 (152). 引自，陳雍之，前揭註五四文，頁四九。

註七〇　參見，陳雍之，前揭文，頁五二以下。

註七一　Vgl. K. Hesse, a.a.O. (註六七), Rn. 505; A. Bleckmann, a.a.O. (註三六), S. 267; E. Schmidt-Aßmann, a.a.O. (註三七), S. 1032f.

澄清。

3.原本之法律乃無效者。

4.基於公益之重大理由。

5.溯及效力只造成輕微損害或根本不生損害。此又稱為「輕微保留」（Bagatellvorhalt）（註七二）。

以上五者，皆被認為欠缺值得保護之信賴，而例外地允許法律之溯及效力。

⑵不眞正溯及效力之容許性

不眞正溯及效力之概念，乃法律只對現在的、尚未終結之事實及法律關係向將來地發生影響，因此根本不發生溯及效力之問題。立法者為謀公益而制定具不眞正溯及效力之法律，在與人民信賴利益之輕重權衡下應予尊重，況且信賴保護並非意謂著廣泛地保護人民，免除一切失望（Enttäuschung）。是以，聯邦憲法法院之見解，仍採取「原則—例外」之思考模式，認為不眞正溯及效力原則上仍可容許，不生違憲問題。而例外情形，即倘溯及效力所侵及人民之信賴利益經衡量認為較具優越性、值得保護時，此際例外地否認其合憲性（註七三）。惟雖認為不眞正者原則上合憲，但若對既存法律關係產生重大變動，為顧及法安定性之穩定性要求，則要求立法者設立「過渡條款」，否則亦有違憲之可能。

3.傳統溯及效力理論之質疑

傳統的法律溯及效力概念乃析分成「眞正」與「不眞正」兩類型，德國憲法實務多年奉行不悖，惟其間歧異，不穩定之見解，學者時有針砭，浚其本源不禁令人對此近似「教義性準則」之分類有所質疑。

首先就其概念內涵而言，不眞正溯及效力其實並非溯及效力，僅係

註七二　Vgl. BVerfGE 30, 367 (389); 22, 241 (252); V. Götz, Bundesverfassungsgericht und Vertrauensschutz, in: *BVerfG und GG II*, S. 433.引自，陳雍之，前揭註五四文，頁五四以下。

註七三　參照，陳雍之，前揭文，頁六三以下。另參見，林合民，前揭註六七文，頁五三以下。

適用法律之問題，如此不精確地將其類型化，益之以不同法律評價，此不僅無法對溯及效力概念之釐清有所助益，實則適得其反遺下令人混淆，甚至錯誤之認識。是以，或如學者所言，宜改絃更張以較精確之用語代之，例如以「立即效力」(註七四)稱之。而眞正溯及效力，既是典型且唯一所指，所謂「眞正」之用語，恐嫌冗贅宜可去之，並使溯及效力概念重返「統一概念」之途。其次，二者之區別標準乃在「要件事實是否已終結」，此乍見甚是清明，惟在實務運作上誠非易事。主要在於是否「已終結」認定之困難，尤其在租稅法領域益增其難處(註七五)。如此則有可能擴大不眞正範圍，減少了眞正溯及效力之宣告，二者受憲法評價不同，結果雲泥殊路而有霄壤之別，保障人民權利恐難竟其功。無怪邇來學者已有放棄此種分類，另謀他途之勢，而憲法法院亦出現新的見解。

㈡溯及效力之新發展方向

　　面對傳統法律溯及效力之困局，德國聯邦憲法法院終於一九八三年之第二庭新判決中(註七六)，對此問題開展出了新方向。依其思考方向而言，乃爲揚棄不眞正溯及效力之概念，而使溯及效力概念趨於單純、統一。其仍於法治國概念下，特別是顧及法安定性與信賴保護，而建構其理論。憲法法院將溯及效力之概念，認爲係指涉「法律效果之溯及作用」(Rückbewirkung von Rechtsfolgen)；而其餘問題可歸入「要件事實之溯及聯繫」(Tatbestandliche Rückanknüpfung)。

　　吾人重新思考溯及效力時，首先應該把焦點置於「時間」上來觀察。因此，溯及效力之概念，吾人可將其釐清爲法律效果生效之時點與該法公布 (Verkündung) 時點之相互關係。申言之，所謂之「溯及效力」乃指：一法規範其時間上適用範圍開始 (der Beginn ihres zeitlichen

---

註七四　Hans Walter Scheerbarth, Die Anwendung von Gesetzen auf früher ent-standene Sachverhalte, 1961, S. 27 f., 引自，陳雍之，前揭文，頁一四八。
註七五　參見，林合民，前揭註六七文，頁四九以下。
註七六　BVerfGE 63, 343. 關於其判決內容，可參見，陳雍之，前揭文，頁三〇以下。

Anwendungsbereichs) 之時點，被確定於該法規範合法存在前之時點上(註七七)。簡而言之即法律生效於其公布之前。而上述有關溯及效力之定義則可以「法律效果之溯及作用」稱之。當然在法安定性與信賴保護之一貫要求下，法律效果欲致溯及作用，仍須在衡量此二者後，始得獲致憲法之容許。

溯及效力應僅涉及「時間」的問題爲是。若法律效果之發生取決於該法規範公布前之事實狀況，則此並非溯及效力問題，應屬另一層面，即法規範之「事物的適用範圍」(sachlicher Anwendungsbereich) 問題。是以，對於法律效果之發生取決於該法規範公布前之事實狀況者，則以「要件事實之溯及連繫」稱之。屬於此者尚不構成溯及效力(註七八)，而在法規範如此廣泛地連繫「過去」之事實，其中並無憲法所不容許之理由。

「法律效果之溯及作用」與「要件事實之溯及連繫」二概念分別處理不同層面之問題，而溯及效力之概念，僅止於前者。而此種概念，較之「眞正」、「不眞正」之分類，的確較爲清楚，雖然溯及效力之傳統仍未遭淘汰，但此新的發展方向，實在不容忽視。

四、行政處分之存續力概念

行政處分之存續力 (Die Bestandskraft von Verwaltungsakten) 概念，其產生之基礎思想一般多認爲係源自於法安定性(註七九)。行政機關藉行政處分宣示將賦予相對之人民何等利益或負擔，是以攸關人民權利保障，自當以處分之拘束性與持續性爲其最高規則(註八〇)；否則若行政機關得任意支配處分效力，則不僅無以確保人民權利，行政處分此制

註七七　Vgl. E. Schmidt-Aßmann, a.a.O. (註三七), S. 1033 f.

註七八　Vgl. E. Schmidt-Aßmann, a.a.O., S. 1033～1034.

註七九　Vgl. H. Maurer, a.a.O. (註四六), S. 244; Franz Mayer/Ferdinand Kopp, *Allgemeines Verwaltungsrecht*, 5. Aufl., 1985, S. 233.

註八〇　Vgl. H. Maurer, a.a.O., § 11. Rn. 2.

度亦顯得毫無意義與價值。正因法安定性之要求，存續力亦使行政處分具有特別的闡明與穩定之功能(註八一)。以下便就行政處分存續力之概念作一扼要說明。

㈠判決之確定力（Rechtskraft）與行政處分之存續力

法安定性之「法和平性」（Rechtsfrieden）內涵，要求國家解決人民間之紛爭時，應儘量維持其決定之拘束及持續性，此要求具體在法院判決之確定力與行政處分之存續力明白可見(註八二)。二者在淵源與內容上似有相似之處，是以昔者多比附法院判決之形式與實質確定力，來論究行政處分之存續力概念。惟此種格義之法，在判決與行政處分本質之比較上，則有所齟齬。首先，行政機關為行政處分乃以當事人之地位作決定，非如法院基於第三人地位就他人之事客觀判斷。其二，法院判決之對象原則上係過去既定之事實；但行政處分所欲之對象，則往往是朝向將來變動不已之事項(註八三)。此外，判決形式確定後即已相當穩定，法院無法自行撤銷判決，而行政處分形式確定後，卻基於行政特殊性質，在一定條件下，行政機關可職權撤銷、廢止原處分，甚至可為「第二次裁決」（Zweitbescheid）(註八四)與程序之重新進行。綜上以觀，學者皆能肯認二者之不同，而就行政處分此特殊之拘束力，或以「存續力」稱之，一方面表現法持續性（Rechtsbeständigkeit）之特性，一方面避免再與判決確定力概念混淆。

註八一　Vgl. H. Maurer, a.a.O., § 11. Rn. 2.

註八二　Vgl. Detlef Marten, Bestandskraft von Verwaltungsakten, *NJW*, 1983, S. 1994；林錫堯，前揭註四一書，頁一八八。

註八三　林錫堯，行政處分之存續力，財稅人員進修月刊，第七四期，七十七年，頁一九以下；林永頌，行政處分對法院之拘束，臺大法研所碩士論文，七十五年，頁九三以下。

註八四　行政處分相對人於事實與法律狀態未變更之情形下，對同一事項再次重覆申請，行政機關仍可受理，並得在實體上為異於第一次處分之決定，此稱為第二次裁決。此雖有違法安定性，但其給予行政機關重新與修正之機會，且有助給付行政之達成，故德國學說與實務多肯認其合法性。

(二)存續力概念之區分

行政處分若非無效者，則將對處分之當事人產生拘束效果；其一方面拘束相對人遵守處分之內容，另一方面更拘束行政機關不得任意撤銷、廢止原處分。而此拘束力之態樣在學說上尚未一致，在德國學說上大抵區分爲：存續力、構成要件效力（Tatbestandswirkung）與確認效力（Feststellungswirkung）(註八五)。其中存續力之概念，一般可分爲「形式存續力」（Formelle Bestandskraft）與「實質存續力」（Materielle Bestandskraft）二者。茲分述如后：

1.形式存續力

所謂形式存續力乃指：處分之相對人及有利害關係之第三人，對該處分已不能依法請求救濟時，亦即不能異議、訴願或行政訴訟時，則該行政處分即具有形式存續力(註八六)。由此意義可知，形式存續力乃在拘束處分之相對人，不得對原處分有所爭執。若處分之相對人有數人，則該處分可先發生相對之形式存續力，待所有相對人皆不得請求廢棄處分時始發生絕對之形式存續力。惟不論何者僅拘束處分相對人而已，並不拘束原處分之行政機關。此外，形式存續力因有拘束人民不得再行救濟之「不可爭訟性」（Unanfechtbarkeit），學者亦有以「不可爭力」稱之者。

行政處分之形式存續力，可說係法安定性，尤其是法和平性之要求所致，如此之拘束力，不僅可使法律關係得以早日穩定，更有減輕法院

註八五 關於行政處分效力之態樣，在德國仍有拘束力、存續力、構成要件效力與確認效力之說。在我國與日本學說上多分爲：拘束力、公定力、不可爭力、不可變力與執行力。Vgl. H. Maurer, a.a.O. (註四六), §.11, Rn 4～9; F. Mayer/F. Kopp, a.a.O. (註七九), § 11 VI; 翁岳生，論行政處分，收錄於氏著，法治國家之行政與司法，1994，頁一九～二一；吳庚，前揭註四六書，頁三〇七以下；陳新民，行政法學總論，修訂五版，八十四年，頁二四二以下。

註八六 Vgl. H. Maurer, a.a.O., § 11 Rn 4；翁岳生，前揭書，頁一〇；林錫堯，前揭文（註八三），頁一九以下。

負擔及增進行政效率之作用（註八七）。

2.實質存續力

對於實質存續力概念之爭議，實遠甚於形式存續力。存續力本質上係一種拘束力，而實質存續力概念界定之困難，即在於對行政機關撤銷或廢止行政處分權限之拘束程度上。關於實質存續力之內涵，可以連繫「拘束力」(Bindungswirkung)與「受限制之可廢棄性」(beschränkte Aufhebbarkeit)（註八八）二者而獲致。所謂拘束力，於斯乃指行政處分發生形式存續力後，仍對處分之相對人與原處分機關發生雙向之約束力。惟須注意者，乃處分相對人本已受拘束，於此受實質存續力拘束之意義不大，反而是對原處分機關拘束其廢棄處分上有其實質意義。吾人若就實質存續力之拘束行政機關之程度而言，倘絕對不允有廢棄處分之可能性存在，則行政機關恐無法達成公益、個案正義等要求，是以在特定情況下，仍應賦予處分機關廢棄處分之權限。所以實質存續力並非牢不可破，該處分仍有被廢棄之可能，只是受嚴格限制，故以「受限制之可廢棄性」稱之。

承前可知，行政處分發生實質存續力，則原處分機關受其拘束不得廢棄原處分。惟原處分機關雖受拘束，但在一定前提之下可將其廢棄之。是以，實質存續力與行政機關受限制之廢棄處分權，應立於互為消長、變換(Komplementärbegriffe)（註八九）之關係中；易言之，有實質存續力，行政機關不得廢棄原處分；反之則可廢棄之。

然令人啓疑者乃：行政機關在何種情況下，得享有廢棄權限得打破實質存續力。若可隨其恣意認定，實質存續力豈非流於空談，更可能危及法安定性。在德國對此問題則採取立法規定方式，其於行政程序法中

註八七　洪家殷，行政處分撤銷之研究，臺大法研所博士論文，八十一年，頁二四一。

註八八　Vgl. H. Maurer, a.a.O., §11 Rn. 5～7.

註八九　Vgl. H. Maurer, a.a.O., §11 Rn. 7.

（註九〇），明白規定何等要件下，行政機關始得廢棄原處分，否則爲法安定性之故，應受實質存續力之拘束。

爲了達成法安定性，於行政處分有存續力之產生，而法安定性除了本身之持續、穩定之利益外（註九一），對於人民其亦反射出信賴保護之作用，然二者實非一體不可混爲一談。行政處分具有實質存續力，行政機關不得任意撤銷、廢止行政處分，此爲法安定性具體呈現。惟就人民權利保障而言，對有效之行政處分之廢棄，特別是合法行政處分之廢止與違法行政處分之撤銷，則應將重點移轉至人民之信賴利益，屬於信賴保護之範圍了（註九二）。

關於行政處分之存續力概念，在我國司法實務上尚未被接受，而係多以「確定力」概念來理解，惟就行政處分是否具有實質確定力，實務上亦尚未有定見，甚至多數行政法院判決、判例，如：二十四年判字第四號判例、四十四年判字第四〇號判例（註九三）等，似有傾向行政本位之立場而持否定見解。然亦有較折衷且兼顧信賴保護者出，如：二十五年司法院院字第一五五七號解釋（註九四），及近年來八十三年判字第一五一號、五六〇號判決。可見對於存續力概念，以及藉此以成法安定性之

註九〇　德國將其訂於行政程序法：第四十八條（違法之行政處分之撤銷）、第四十九條（合法行政處分之廢止）及第五十條（程序重新進行）。我國法務部版草案則明訂於：第一〇一、一〇三、一〇六、一〇七及一一二條。

註九一　Vgl. H. Coing, a.a.O. (註七), S. 143.

註九二　關於信賴保護問題，請參見，林合民，公法上之信賴保護原則，臺大法研所碩士論文，七十四年；林錫堯譯，法安定性與信賴保護，財稅人員進修月刊，第三八期，頁二二以下。

註九三　二十四年判字第四號判例言：「未經訴願決定之案件，原處分官署覺其處分爲不合法，本於行政權上之職權作用，原得自動的撤銷原處分之處分或另爲處分。」四十四年判字第四〇號判例言：「行政官署對其已爲之行政行爲發覺有違誤之處，而自動更正或撤銷者，並非法所不容。」

註九四　其解釋言：「訴願決定原有拘束原處分或原決定官署之效力，苟原處分原決定或再訴願官署，於訴願再訴願決定後，發現錯誤，或因有他種情形而撤銷原處分另爲新處分，倘於訴願人再訴願人之權利或利益並無損害，儘可本其行政權與監督權之作用，另爲處置。」

努力，我國恐亟待加強之。

〔陸〕大法官會議解釋對法安定性實踐之努力

　　法安定性乃法治國原則中之重要原則。法安定性之核心之內涵乃係法律要件、效果及其關係之「明確性」、「持續性」與「穩定性」，具此三者則人民就自我生活空間得享「可預見性」、「可估計性」及「可期待性」之利益。以下則將就司法院大法官會議解釋對法安定性之解釋，作一整理說明。

一、關於法安定性之持續性、穩定性內涵者

㈠前後釋示不一致時對人民權利之保護

　　司法院大法官會議解釋中，首次提及法安定性者即屬本號大法官會議第二八七號解釋。本號解釋文陳明：「行政主管機關就行政法規所為之釋示，係闡明法規之原意，固應自法規生效之日起有其適用。惟在後之釋示如與在前之釋示不一致時，在前之釋示並非當然錯誤，於釋示發布前，依釋示所為之行政處分已確定者，除前釋示確有違法之情形外，為維持法律秩序之安定，應不受後釋示之影響。……」（**註九五**）此乃涉及「解釋性行政規則」（norminterpretierende Verwaltungsvorschriften）變更時之問題。行政機關依法行政，所恃怙之法令若在要件上並不明確，尤其面對不確定法律概念時，則須由上級機關作出統一、明確之解釋，以便由下級機關執行之（**註九六**）。惟就相同之要件，前後作出不同釋示，若一味以後者為是，則依前者所成之行政處分，難免歸於無效，如此恐侵害法安定性甚鉅矣！是以，為使依前釋示所為之行政處分其與人民間

註九五　參照，司法院公報，第三四卷一期，頁二一以下。
註九六　關於解釋性行政規則之問題，可參見，吳庚，前揭註四六書，頁二四九以下；林錫堯，行政規則，財稅人員進修月刊，第四四期，頁一七以下。

創設之「法律關係」具持續性、穩定性，本號解釋乃認爲，在後釋示發布前，依前釋示所爲之行政處分已確定時，除前者有違法之情節外並不受後釋示影響，如此使確定之法律關係持續、穩定，則法安定性可獲致矣。

㈡法律溯及效力之禁止

基於法安定性穩定性內涵之要求，法律效力溯及既往地適用，將遭受限制或禁止之命運。申言之，侵益性之法律溯及效力，除了在特殊例外之情形下，原則上是在禁止之列。惟盱衡大法官會議解釋之見解，對於法律溯及效力之問題，則顯得較隱晦不明。如釋字第五十四號言：「現行遺產稅並無明文規定溯及既往，則該法第八條但書對於繼承開始在該法公布以前之案件自不適用。」依本號解釋之旨；若反面論之，法有明文可溯及既往其是否合憲，則尙未可斷言。繼之者如釋字第一〇三、一一一號皆僅梗概論述而已，無法令人窺其全貌。而在釋字第一四二號中提及：「營利事業匿報營業額逃漏營業稅之事實發生在民國五十四年十二月三十日修正營業稅法全文公布施行生效之日以前者，自該日起五年以內未經發現，以後即不得再行課徵。」可見原則上眞正的溯及效力不獲允許，但新法施行前之逃漏稅行爲未設核課期間，不免有違平等產生不公平現象，故基於「公平」之考量，乃承認新法之溯及效力。而本號引用平等原則以及新法之「立法目的」，允許授益性法律溯及效力，立意頗佳（註九七）。此外，邇來之釋字第四一〇號解釋，亦重申法律不溯既往之旨，其言：「民法親屬編施行法第一條規定……，旨在尊重民法親屬編施行前或修正前原已存在之法律秩序，以維護法安定之要求，同時對於原已發生之法律秩序認不應仍繼續維持或須變更者，則於該施行法設特別規定，以資調和，與憲法並無牴觸」（註九八）。

註九七　立法者不僅被授權制定授益性之法律溯及既往，甚至基於平等原則，乃成爲立法者之義務。Vgl. BVerfGE 6, 246; 6, 282; 13, 248; 15, 46 等。

註九八　民法親屬編施行法第一條規定：「關於親屬之事件，在民法親屬編施行前發

　　惟較令人質疑者乃爲釋字第二七二號解釋。其爭議點乃爲：依憲法第九條規定，人民除現役軍人外不受軍事審判。但因戒嚴之特殊情形，戒嚴法第八、九條有相反規定而不受其拘束。是以，爲儘量符合憲法第九條之保障意旨，故復於戒嚴法第十條規定對於上述軍事審判機關之判決，均得於解嚴之翌日起，依法上訴。惟在後公布之國家安全法第九條第二款，卻有刑事裁判已確定者，不得向該管法院上訴或抗告之規定。此規定似有違憲之虞，而經釋字第二七二號解釋認爲：「……不得向該管法院上訴或抗告，係基於此次戒嚴與解嚴時間相隔三十餘年之特殊情況，並謀裁判之安定而設，亦爲維持社會秩序所必要……與憲法尙無牴觸。」此涉及法律溯及效力問題，頗值商榷。

　　首先，依戒嚴法第十條規定，受軍事審判之人民得享有解嚴後可「再行上訴救濟」之法律地位，而新法（國安法第九條）卻將此限縮，使人民之權利因新法溯及效力而惡化。其次，就「侵犯已終結要件事實」而言，其「解嚴之翌日起」乃人民權利行使之時間上限制，非謂此權利須於解嚴後始告成立（要件事實終結）。是以，此乃所謂之「眞正的法律溯及效力」，原則上應屬違憲。

　　再就大法官之所持合憲論點，即：一、裁判之法安定性；二、社會秩序之維持而言。首就前者而言，爲符合憲法第九條之保障，遂有戒嚴法第十條之規定，旣言可再行上訴，即表原軍事判決未必終局確定，亦即並未必有法安定性產生，是以，大法官之見恐未諳法安定性之旨。其次，法律溯及效力原則禁止，但遇有爲重大公益事由，可凌駕於法安定性時例外爲憲法所允許。本號解釋中，大法官所舉之「爲維持社會秩序所必要」，是否已符上述公益之考量，由釋文中並無法明知，可謂有理由不備之失。

三再審與法安定性

生者，除本施行法有特別規定外，不適用民法親屬編之規定。其在修正前發生者，除本施行法有特別規定外，亦不適用修正後之規定。」

法安定性之持續性、穩定性內涵之要求，可表現在司法判決之確定力與行政處分之存續力上。在法治國原則中，亦肯認判決一經確定，即生法安定性，不宜破壞。惟就此仍保有一例外之空間，即「再審程序」（Wiederaufnahme des Verfahrens）（註九九）。關於再審與法安定性之關係，釋字第三九三號解釋中有詳細之說明，其言：「……再審係對確定裁判之非常救濟程序，影響法秩序之安定，故對其提起要件應有所限制。……」而在解釋理由書中續言：「……民事訴訟法第四百九十六條……，使提起再審之訴不致漫無限制，藉以確保判決之確定力，維護法律秩序之安定。上開再審之要件係法律機關為平衡法律之安定性與裁判之正確性所作之決定，應無違憲可言。」

而關於上述關係，於林永謀大法官之協同意見書中，有更詳盡之敍述：「……訴訟法上之再審制度乃屬非常程序，本質上係為救濟原確定判決之事實認定錯誤而設之制度，與通常訴訟程序有別，亦因其為非常程序，自不免與判決確定力，即法的安定性之要求相違背。本來判決一經確定，基於法的安定性之要求暨判決權威性之維護，原不許其再事爭執，亦即於此應重視實質的確定力，以一事不再理原則強化實體判決之終局性，否則有關之權義非特不能確定，且判決亦將不能獲得信賴而失其應有權威性；然判決所認定之事實若不符合客觀存在之事實，而猶欲強調法的安定與判決之權威以致犧牲法的正義，反將使人民喪失對判決之信賴，從而亦將使判決之權威由是失落，此際，正義之要求當應甚於法的安定；然雖如此，亦非謂判決之確定力可隨意予以推翻，立法者因是乃訂定較通常嚴格之要件，唯有合乎此等要件始准許其提起再審之訴。行政訴訟法第二十八條，即係本此而為之立法，目的當在調合『正義』與『法安定性』間之平衡。……」（註一〇〇）

誠如所言，再審可謂調和正義與法安定性之對話，惟法安定性優位

註九九　Vgl. E. Schmidt-Aßmann, a.a.O. (註三七), S. 1031.
註一〇〇　參照，司法院公報，第三八卷二期，頁三一以下。

不可輕言破壞，是以再審之提起要件，自當嚴格限制之。

二、關於法安定性之明確性、可預見性內涵者

法安定性中之明確性內涵，要求立法者制定之法律須在文字及權利義務規定上具備明確性。同樣地，行政機關依授權所制定之法規命令，也應具有明確性，此並無疑問。惟之所以要求授權亦須具有明確性，乃在法安定性之可預見性內涵之保障，目的在於保護人民免於遭受行政權所課予無法預見之負擔（註一○一）。此外，由立法者作原則性之授權，不但與法律保留不相悖反，亦可避免行政權對立法權過度侵害，顧及法律優位原則（註一○二）。

我國之大法官會議解釋，邇來亦表極度之重視，藉由數號解釋已確立授權明確性之要求。如在具有里程碑意義之釋字第三一三號，首先陳明其意旨：「對人民違反行政法上義務之行為科處罰鍰，涉及人民權利之限制，其處罰之構成要件及數額，應由法律定之。若法律就其構成要件，授權以命令為補充之規定者，授權之內容及範圍應具體明確，然後據以發布命令，始符憲法第二十三條以法律限制人民權利之意旨。……」（註一○三）而同秉斯旨者尚有釋字第三四五、三四六、三六○、三六七（解釋理由書）、三九四及四○二號。且釋字第四○二號，則作了較深入之論述，在其解釋理由書中言：「……故法律授權訂定命令，如涉及限制人民之自由權利時，其授權之目的、範圍及內容須符合具體明確之要件；若法律僅為概括之授權者，固應就該項法律整體所表現之關連意義為判斷，而非拘泥於特定法條之文字，惟依此種概括授權所訂定之命令，祇能就母法有關之細節性及技術性事項加以規定，尚不得超越法律授權之外，

註一○一　Vgl. BVerfGE 2, 114, 117; 23, 62, 73. 引自，許宗力，前揭註六三文，頁二二一以下。
註一○二　參見，陳新民，前揭註八五書，頁二○一以下。
註一○三　參照，司法院公報，第三八卷三期，頁七以下。

逕行訂定裁罰性之行政處分條款，……」(註一〇四)此號解釋雖已陳明明確性之判斷對象及判斷方法，惟仍遺有明確之程度要求之問題尚未解決，但對此之努力已頗令人欣賞。

〔柒〕 結 論

法安定性並非意謂著透過法律達成之安定性，亦即非法秩序之安定性。其意為法律本身之安定性，即指法律文字及權利義務規定，以及法律關係之持續性、穩定性與明確性而言，藉此吾人更可獲致可預見性、可估計性與可期待性等利益。在法理念中，法安定性雖與正義、合目的性，處於相互需要卻又彼此背反之微妙關係中，在實質正義不易掌握之下，法安定性至少維繫法秩序存在，其重要性於此顯露。而法安定性與正義之困局，並非瑜亮不容難以兼得，在將二者視為正義本身之矛盾對話之觀點下，終能有所依止：即吾人仍應以法安定性為重，須俟二者衝突程度嚴重至「不堪忍受」之地步，正義始得襄陵其上，因該制定法已欠缺「法之性質」不可稱其為法。

法安定性因其重要性，亦躋登為法治國之重要原則，而對行政、立法與司法三方面影響甚鉅。惟自公法領域觀察，法安定性則直接具體呈現於：法規命令之授權明確性要求、法律溯及效力之禁止與限制、行政處分之存續力。在法治國保障人民權利之基本要求下，法安定性與人民之信賴利益保護同為重要原則，信賴保護雖與法安定性一脈相承，惟二者究非一體，各有格局，不可等同視之。時迄今日，在我國公法上之一般原理原則，已漸獲青睞，逐步落實之際，而法安定性恐未受同等之尊重，論者或望文生義不求甚解，或等閒視之略之不談。對於法安定性之實踐，吾國相較於歐陸諸邦不啻參商之遠，然項背相望，冀待吾人嚮化之心，誠殷深也。

註一〇四　參照，司法院公報，第三八卷六期，頁一〇以下。

期待可能性於行政法上之適用

葉慶元

期待可能性於行政法上之適用

〔壹〕前言

　　期待可能性理論係本於「法不強人所難」、「不可能無義務」之思想，其自西元一八九七年之「癖馬案」(Leinenfangerfall) 以來，在刑事法學之領域已是大放異彩，以期待可能性為中心觀念之「規範責任論」(Mormative Schuldlehre)，不僅使刑事責任之判斷擺脫自然科學因果觀之機械適用模式而滲入對於人性尊嚴之規範價值考察，同時亦為刑事責任之實體注入嶄新之內涵，並且廣為各國之學界及司法實務所採納，甚至影響立法之內容(註一)。然而在以人性尊嚴 (Menschenwürde) 為出發之行政法學界，期待可能性理論則似乎尚未獲得同等之重視。以我國為例，不僅於行政法院之實務見解中未曾出現期待可能性之思考，甚至於學者之論著亦鮮少有提及期待可能性理論者，實不得不可謂為一憾事。

　　由於國內之行政法學論著提及期待可能性理論者頗為有限，且國內學說及司法實務對於期待可能性於刑法上之適用較為熟稔，故本文擬於略述期待可能性之概念後，即先由刑法上之期待可能性出發，論述期待可能性理論於刑法上之適用、發展情形，繼而再探究期待可能性理論於行政法學上之適用與發展，期藉由此一探討過程而得以窺知期待可能性理論之堂奧，並進而收拋磚引玉之效。

註一　參閱，陳友鋒，期待可能性——刑法上地位之回顧及展望，八十二年輔仁大學碩士論文，頁一、二。

〔貳〕期待可能性之概念

一、期待可能性之意義

期待可能性 (Zumutbarkeit) 之概念源起於中古高地德語 (Mittel-hochdeutsch) 的動詞"muthen"，本爲「對於他人爲某些要求、主張」之意 (註二)；今日德語中的"zumuthen"一詞亦承襲了這樣的概念，並隨著時代的演進，漸涉有「無理之要求」、「強求」之意味；然在今日之法學上，期待可能性卻多代表著「正當合理要求」之意義 (註三)。

詳言之，法律關係當事人源於法定或約定之規範而負有法律上之義務，原則上法律關係當事人即被期待應履行其義務，而爲、或不爲一定之行爲，如當事人竟違反社會之期待而未履行其作爲或不作爲義務，乃產生行爲之「可責性」(Vorwerfbarkeit)；然如就當事人之心理狀態、或客觀之事實，不可能使行爲人在意思決定時，能避免不爲違反規範之行爲，亦即無法期待(unzumutbar)當事人能遵守規範，則該規範對於行爲人自失其效力，亦即不發生規範之意義，要難令行爲人負擔違反規範之責任 (註四)。

從而，期待可能性即就行爲時之情狀，判定當事人義務範圍之界限，在無法期待當事人遵守規範之情況下，當事人縱違反該規範而爲一定之作爲或不作爲，此時亦因該行爲不具有可責性而無責任可言。

註二　Jörg Lücke, Die (Un-)Zumutbarkeit als allgemeine Grenze öffentlichrecht-licher Pflichten des Bürgers, S. 40.

註三　參閱，陳友鋒，前揭論文，頁一。

註四　參閱，褚劍鴻，期待可能性與司法實務，載於，政大法學評論，第四八期，八十二年九月，頁二。

二、期待可能性與利益衡量

Franz Mayer 及 Ferdinand Kopp 認爲，在運用期待可能性的過程中，需經「利益衡量」（Interessenabwägung）之過程，而其表現於外者，即是相互比較衡量各個處於對立緊張關係之不同利益。且在公法具體案例中適用期待可能性原則時，尤應就行政行爲所欲達成之公益與義務人之利益做衡量比較，甚至必須參酌憲法之價值判斷（註五）。

Jörg Lücke 則認爲，期待可能性是以「人」爲判斷基準，在具體個案中透過限制義務功能之運作，使各個義務的利益得以發揮。因此可得出期待可能性無須考量第三人與公共之利益，在概念上也並非是透過對義務之利益與其餘前述之利益衡量而導出之結果（註六）。

Jörg Lücke 進一步指出，利益衡量並非是出於期待可能性概念本身的要求，而是本於誠信原則之考量。蓋誠信原則要求在法律關係上去考慮各當事人之合理利益，並要求一合理的利益衡量。只是人們將期待可能性與誠信原則的概念相結合，使期待可能性之概念在運用上包含了對雙方當事人利益的衡量，或認爲期待可能性的概念根本上即包括對他人利益考量之誡命（註七）。

管見以爲，期待可能性概念本身即需經利益衡量之過程方能得出。而此其間衡量的內容包含行政行爲本身所欲追求之行政目的、義務人履行義務所能獲致之利益，或是義務人如履行義務所將帶來之損害。而此又涉及行政目的所追求之公益與義務人個人私益的折衝，雖然期待可能性係本於「法律不強人所難」之思想，然於具體個案之情狀中是否爲「強

註五　參閱，Franz Mayer/Ferdinand Kopp, Allgemeines Verwaltungsrecht, Richard Boorberg Verlag Stuttgart. Müchen. Hannover, 5 Aufl., 1985, S.299. 轉引自，曾昭愷，德國行政法上情勢變更理論——行政法上情勢變更理論以行政契約、行政處分爲中心，八十四年國立中興大學碩士論文，頁七四。

註六　J. Lücke, 前揭書, S. 42; 參閱，曾昭愷，前揭論文，頁七四。

註七　J. Lücke, 前揭書, S. 43; 參閱，曾昭愷，前揭論文，頁七四、七五。

人所難」，仍須藉由利益衡量之過程來判斷。

三、期待可能性之功能

期待可能性之功能，即在具體個案中限制公法上之義務。換言之，期待可能性是於具體個案中透過利益衡量之方式，判斷可否期待義務人履行其本於行政契約或行政法規所產生之公法義務，如可以期待當事人履行其義務，則公法義務不受影響；反之，公法上義務則會因為期待可能性理論而受到限縮。

Jörg Lücke 認為，期待可能性理論對公法義務之限制是普遍一般的，換言之，在整個公法領域中——獨立於各種公法義務之外——均有其適用。蓋，即使是針對各個不同特性的公法義務，如警察義務 (Polizeipflicht)、「報告義務」(Auskunft Pflicht)，以及「刑法之義務」(Strafrechtliche Pflicht) 均能得出相同之特徵——限制義務之功能（註八）。

值得注意的是，在探究因行政契約所產生之公法義務是否具備期待可能性時，必須就契約雙方當事人一體觀察，並非僅照顧一方利益，而是雙方利益兼顧。蓋誠信原則要求在法律關係上去考慮各當事人之合理利益，並要求一個合理之利益衡量。是以，如今由義務人單方面衡量，從而限縮其所負之公法上義務，是不符合誠信原則的。因此，在公法契約的案例，不僅要解釋負擔義務之發生超過義務人期待可能之犧牲範圍有多少，也要探討在如何範圍內，權利人喪失義務人之給付是可期待的（註九）。

四、期待可能性之依據

關於期待可能性之理論依據，德國學說上尚未達成一致之見解，學

註八　J. Lücke, 前揭書, S. 37, 38.
註九　參閱, 曾昭愷, 前揭論文, 頁七五。

者 Jakob 認爲期待可能性是源於德國民法第二四二條以及「誠實信用原則」(Grundsatz von Treu und Glauben) 和公正要求之原則；學者 Ossenbühl 則認爲期待可能性是結合德國憲法第二條第一項「人格自由發展權」與第一條第一項人性尊嚴原則 (Menschenwürde) 而來 (註一〇)；部份學者和德國 Bayern 邦之憲法法庭，則主張期待可能性源於「法治國原則」(Rechtsstaats-prinzip) 以及行爲自由權 (Handlungs-freiheit) 而來 (註一一)。

　　管見以爲，誠信原則與期待可能性同係出於公平正義之要求，事實上，在具體個案中，無期待可能性之情況下強求當事人履行義務，即不符合誠信原則之要求；然人格之自由發展與人性尊嚴，亦爲期待可能性所欲維護之目標，在具體個案中，人性尊嚴甚至爲期待可能性考量因素之一(註一二)，是以學者 Ossenbühl 之主張亦有可採之處；至於法治國原則，與期待可能性在限制人民公法上義務同具重要性，是以三說具有其值得重視之處。與其強加區分期待可能性究由何者源出，不如採取較爲寬鬆之態度，同時參考以上各說之見解，如此或能得出較爲周延之概念。

〔叁〕期待可能性於刑法上之適用

　　期待可能性理論之首受重視，即啓始於刑事法學之領域，而目前國

註一〇　德國基本法第二條第一項,「人人有自由發展其人格之權利, 但以不侵害他
　　　　人之權力或不違犯憲法秩序或道德規範爲限」; 第一條第一項,「人性尊嚴
　　　　不得侵犯, 對其之尊重與保護是所有國家權利之義務」。

註一一　參閱, Fritz Ossenbühl, Zumutbarkeit als Verfassungsmaßstab, Festgabe
　　　　zum 10 jahrigen Jubilaum der Gesellschaft für Rechtspolitik Hrsg.
　　　　Rüthers u. Klaus Stern, Müchen 1984, S. 320. 轉引自蔡震榮, 論比例原
　　　　則與基本人權之保障, 載於氏著, 行政法理論與基本人權之保障, 三鋒出
　　　　版社, 八十三年三月初版, 頁一四二。

註一二　參閱, 蔡震榮, 前揭文, 頁一四三。

內對於期待可能性理論之認識，亦多源於刑事法學之學說、論文之介紹，是以本文於介紹期待可能性理論於行政法學領域之適用前，亦擬先就此一部份爲一闡述，期能對於期待可能性理論能有更淸楚之瞭解。

一、責任理論

刑罰係以「責任」（Schuld）爲基礎，無責任即無刑罰（keine Strafe ohne Schuld）（註一三），而期待可能性之思想又與責任有著密不可分之關係，是以此處於介紹期待可能性理論於刑事法學領域上之適用與發展時，即先就刑法學上之責任理論爲一探討。

㈠責任之意義

一般日常詞彙所指之責任，常泛指以某人之某特定舉止爲評價對象，本各個不同之標準而做價值判斷，再基於該評斷結果而使某人承受一定負擔之謂。在現今之法律領域中，責任亦被作各種意味之理解，略言之，得歸納出三種涵義（註一四）：

1.責任指法律效果，即源於違法行爲所生之法秩序破壞結果，而應獲致之法律制裁。此亦可稱爲「客觀意義之責任」。

2.責任乃係負擔法律效果之地位，即用以表示承受一定制裁之資格。堪稱爲「主觀意義之責任」。

3.責任表行爲人承受一定法律制裁所需具備之前提條件，可謂係「法律意義之責任」。

刑法學上所稱之「責任」（Schuld; Verschuldung）之涵義，學說上亦頗有分歧，大致上有以下諸見解（註一五）：

1.認爲責任係「可歸責」（Zurechenbarkeit）之意。Mezger 一派之論者，每將責任解爲歸責性，亦即將構成要件該當且違法之行爲歸結於

註一三　參閱，林山田，刑法通論，自刊，七十九年八月三版三刷，頁一六七。
註一四　參閱，陳友鋒，前揭論文，頁一三。
註一五　參閱，陳友鋒，前揭論文，頁一三、一四。

該行為人之主觀性格,於某特定得加非難於該行為人一定人格之場合中,其所有基礎之總稱, 即為「責任」。

2.認為責任即「答責性」(Verantwortlichkeit) 之意。此觀念乃源生於「做為國家團體一份子之國民相互間, 並非機械地存在, 毋寧應認於其相互間乃至於對團體均負有一定責任」之全體思想, 而認責任之意義在於行為人曾「導演」某違法行為之實施, 故其必須對被害人以及一般社會負責(reponsabilite), 且應自己就該行為所惹起之侵害結果妥為善後。易言之, 所謂答責性, 無非係作為團體一分子之個人就其違法行為應自行負責之意。此說為 Siegert 所創。

3.認為責任為一「非難」(Vorwurf)或「非難可能性」(Vorwerfbar-keit)。此說謂自客觀上言, 責任固指刑罰上法律之效果, 惟由主觀言, 責任則係負擔法律責任之地位; 該一定之效果負擔雖係對於一定地位之人而言, 然一定之地位須以一定之心理狀態為前提。從而, 刑法上之責任, 並非專指該負擔或該地位, 當係指該負擔或地位所需具備之心理狀態而言。該心理狀態則應具有下述之二重關係: A.可得要求出其以合法之行動 (Rechtmäßig sein können); B.其未遵守法規範之要求 (nicht rechtwirdrig sein sollen)。本於此而對於行為人之犯意形成, 認其違反基本的社會倫理而應加以非難之無價值判斷, 斯為責任之實體。

目前學界通說係第三說, 亦即認為責任為「非難」或「非難可能性」, 亦即行為人於實行某一違法行為之際, 雖有捨違法而採取合法行為之意思決定可能, 竟膽敢趨於違法之方向而做意思決定, 並據以付諸實施構成要件該當之違法行為, 基於違法行為於外界所惹起之法益侵害事實而對行為人之意思形成所為無價值判斷之非難或非難可能性 (註一六)。

㟁責任之本質

註一六　參閱, 陳友鋒, 前揭論文, 頁一四、一五; 甘添貴, 刑法總論講義, 國立中興大學法學叢書, 七十七年九月初版, 頁一五九～一六一; 林山田, 前揭書, 頁一六九。

關於責任之本質，學說上素有爭議，其中最具重要性者乃「心理責任論」（psychologische Schuldauffassung）與「規範責任論」（normative Schuldlehre），以下即分述之（**註一七**）：

1.心理責任論

本說就行爲人之主觀內心與行爲之關係，以觀察責任之本質，認爲責任即行爲人主觀上之知與不知、欲與不欲之心理情狀，亦即行爲人內心上之故意或過失而顯現於外者。申言之，責任乃行爲人與行爲結果間之心理關係。在故意犯罪中，責任係行爲人對於結果之知與欲；在過失犯罪中，責任係行爲人對於結果之不知與不欲。兩者之區別標準，完全在於其「結果意思」（Erforgswille），即以對結果之意思關係爲故意與過失之共通要素，因其屬於心理之事實，是以有心理責任論之名（**註一八**）。

2.規範責任論

規範責任論又稱「規範責任概念」（normative Schuldbegriff），係對心理責任論之批評而展開之學說。今日幾乎已代替心理責任論而居通說之地位。此說不將責任解爲對結果之意思關係，而以爲其乃事實（心理事實）與規範（價值判斷）之結合關係，亦即責任之本質在於從規範之立場以對於事實所加之非難可能性。易言之，責任非難之根據乃由於行爲人違反不得爲違法行爲的決意之意思決定規範，故應受非難者當係違反義務之對違法行爲的決意（**註一九**）。

換言之，本說認爲責任之本質在於意思形成（Willensbildung）與意思活動（Willensbetätigung）之可責性或非難可能性。並非行爲人具有故意即具備責任，而是行爲人之故意行爲就法律規範之評價，而認定可非難者，始具有責任。故意與過失本身並非即是責任，而只是責任之構成要素，亦即構成責任之一部份。總而言之，責任之本質即在於就法

註一七 參閱，林山田，前揭書，頁一六九、一七〇。

註一八 參閱，蔡墩銘，刑法總論，三民書局，八十年一月修訂八版，頁一六四。

註一九 參閱，蔡墩銘，前揭書，頁一六五。

律規範之觀點而對行爲人與其行爲間之關係所爲之規範評價（註二〇）。

　3.小結

　　心理責任論將過失當作與故意平行之責任方式，但在無認識的過失中，行爲人之內心與行爲結果並無心理學上之關係(註二一)；且此一理論偏重於行爲人內心之事實，卻忽略了規範的一面，亦即未慮及除了故意、過失外，法律規範亦爲必要之考量重點，也就是尚必須思考法律對行爲人所要求者爲何，從而，法律命令或禁止某人爲一特定行爲時，尚須顧及到是否爲行爲人能力所及。心理責任論由於於此頗有瑕疵，故在規範責任論提出後，已遭刑法學界揚棄，而以規範責任論爲今日之通說(註二二)。

二、期待可能性理論之崛起

　　期待可能性思想緣起於西元一八九七年德意志帝國法院之「癖馬案」（Leinenfängerfall），茲略述「癖馬案」之案例事實如下：

　　「雇主雇用一馬車夫駕駛兩馬之馬車，其中一馬有以馬尾繞韁繩的惡癖。於是馬夫告訴雇主此一情狀，但雇主不願更換馬匹。馬夫迫於生活，亦不敢拂逆雇主之意，仍繼續其駕駛馬車之工作。後來果然因該馬之惡癖發生意外，致一路人受傷（註二三）。」

　　本案經檢察官以過失傷害罪將馬夫提起公訴，原審法院判決無罪，檢察官不服提起上訴，經帝國法院判決駁回其上訴。法院駁回之理由係認爲，被告是否違反注意義務，不能僅以被告對駕馭劣馬，有無傷及行爲人之預見予以認定，而應以被告當時能否拒絕駕馭此劣馬，即能否期待被告不顧自己之生活，而違反雇主之命令，拒絕駕馭該匹劣馬。而就

註二〇　參閱，林山田，前揭書，頁一七〇。

註二一　參閱，蔡墩銘，前揭書，頁一六五；林山田，前揭書，頁一六九、一七〇。

註二二　參閱，甘添貴，前揭書，頁一六二、一六三。

註二三　參閱，甘添貴，前揭書，頁一七七；王茂松，期待可能性之研究，六十七年國立中興大學碩士論文，頁九、一〇。

當時情況觀察，事實上不可能期待被告為此行為。從而法院以對被告無期待可能性而判決無罪（註二四）。

此一判決在德國學說及司法實務界引起了相當大的迴響，德國學者 Max Ernst Mayer，亦即規範責任論之創始者，於西元一九〇一年提出了論文「有責行為及其種類」，繼而 Reinhard V. Frankz 於西元一九〇七年發表「責任之構成」一文、James Goldschmidt 於西元一九一三年發表「責任之緊急狀態」、Berthold Freudenthal 復於西元一九二二年發表「責任與可責」，形成了以期待可能性以為理論中心的「規範責任論」，其將此「期待可能性」理論，作為阻卻責任之依據（註二五），並成為今日責任理論之通說。

三、期待可能性於刑法體系上之地位

期待可能性理論在刑法體系上之地位，亦即在不具備期待可能性之情形時，究竟應屬「阻卻構成要件」、「阻卻違法」或是「阻卻責任」之問題。此三說雖各有學者所採，但由於期待可能性思想長期在發展之過程中始終與責任理論之規範責任論密不可分，是以通說亦以為期待可能性應為責任構成要素之一（註二六）。

以期待可能性為核心思想之規範責任論，認為責任係行為人之非難可能性，而期待可能性在犯罪理論之體系上，與責任究竟居於如何之關係，一般學者之見解大約可分三種：

1.期待可能性為責任構成之獨立積極要素。

2.期待可能性係故意、過失之共通構成要素。

3.期待可能性之不存在為消極之責任阻卻事由。

此並列之三種見解，均視期待可能性為規範意味之責任要素，同是

註二四　參閱，王茂松，前揭論文，頁一〇；褚劍鴻，前揭文，頁三。
註二五　參閱，褚劍鴻，前揭文，頁三、四。
註二六　參閱，陳友鋒，前揭論文，頁一二〇。

認責任即非難或非難可能性，從而，若期待可能性不存在，則責任非難自當亦予以否認。此時，縱行為人之行為因該當構成要件，且不具備阻卻違法事由而被判定為違法，亦因責任要素之不具備而不能非難該行為人（註二七）。

四、期待可能性判斷之標準

為求法律適用上之安定，期待可能性之判斷不宜漫無標準，任由法院決之，而必須有一定之判斷準則。在規範責任論之學者，對於期待可能性之判斷標準，主張有三說，以下即分述之（註二八）：

㈠行為人標準說

行為人標準說，乃以行為人本人有無實行其所實行之行為以外之其他行為可能性為標準。如行為人有實行其他行為之可能性，即能期待其行為而未能迎合其期待時，即發生責任之立場；無實行其他行為之可能時，則無責任。本說以行為人行為時之具體情狀為標準，決定有無期待可能性。亦即主張應以該行為人本人之能力為標準，而在具體的行為情狀下，決定是否可能期待行為人履行其法上之義務，或為適法之行為（註二九）。

㈡平均人標準說

平均人標準說，乃主張以平均人或通常人於行為當時，如處於相同之地位，有無履行其義務之可能性為準。申言之，即對於決定有無期待可能性，應以一般人之平均數定其標準，如依平均人之標準，可以期待當事人履行其義務者，則當事人即應履行該項義務，而不得主張不可期待而免責。因此，為平均人所能為者，即成為當事人之義務。此種以平

註二七　參閱，陳友鋒，前揭論文，頁九一。

註二八　參閱，褚劍鴻，前揭文，頁二八。

註二九　參閱，王茂松，前揭論文，頁四〇、四一。

均人爲期待可能性之判斷標準者，又稱爲「一般化的期待可能性理論」
（註三〇）。

㈢國家標準說

　　國家標準說，則一反前面二說，認爲期待可能性之判斷標準不應求
之於被期待者，亦即行爲人或平均人，而應求諸於國家之法律秩序，亦
即以國家或法秩序所期待行爲人採取適法行爲之具體要求爲標準，主張
此說之代表學者爲 Erik Wolf 與 Edmund Mezger（註三一）。其認爲刑
法上對行爲賦予評價規範之作用，係源於國家理念，因此判斷責任之有
無，亦應以國家理念爲基準。凡違反國家理念或法秩序爲根據之義務，
行爲人即應受非難。此一義務之違反，非僅形式上之違反義務，且係違
反由法本質所生之義務。賦予判斷刑法上有無責任標準者係國家，故其
所謂責任理論，乃係違反國家之義務，以及缺乏尊重國家義務認識之思
想。無責任以及責任輕微等，係依據實際上有支配權之國家的要求以判
斷之。故期待可能性之標準不應求之於被期待者，亦即行爲人或平均人，
而應求諸於期待者，亦即國家之法秩序（註三二）。

㈣小結

　　行爲人標準說，以行爲人行爲時之具體情狀爲標準，決定有無期待
可能性。亦即主張應以該行爲人本人之能力爲標準，而在具體的行爲情
狀下，決定是否可能期待行爲人履行其法上之義務，或爲適法之行爲。
如此純以行爲人之觀點在具體個案中考量有無履行義務之可能，不免會
有過於偏袒行爲人之弊。

　　平均人標準說，對於決定有無期待可能性，係以平均人爲標準，如
一般通常人於該情狀下可以履行該義務者，則亦得期待行爲人履行該義
務，行爲人不得以個人之特別情狀主張期待不可能而免責。如此，不免

註三〇　參閱，王茂松，前揭論文，頁四四、四五。

註三一　參閱，陳友鋒，前揭論文，頁一七七。

註三二　參閱，王茂松，前揭論文，頁五〇、五一。

有悖於期待可能性「法不能強人所難」之本質，且所謂平均人、通常人之標準難以確定，概念並不明確，是以如採此說，則在具體案例中仍無法明確判斷是否具備期待可能性，適用上欠缺明確性。

國家標準說，將判斷期待可能性之標準委諸國家之法秩序，然期待可能性此一課題，本即在於如何之情形不能期待人民履行本於國家法秩序所生之義務。國家標準說主張，以法秩序認為有期待可能性時即有期待可能性，不啻以問作答，並無任何意義。

以上三說雖各有優劣，但秉諸期待可能性「法不能強人所難」之本質觀察，實不能脫離行為人本身而為觀察、判斷；唯如以一般人、通常人之標準均已無法期待其為遵守法規義務之行為時，基於當事人本身之特別情狀，仍可期待其履行義務，則對於當事人之保護或有所不周，亦難謂可得正確、合理之結果，是以管見以為，應折衷行為人標準說與平均人標準說，亦即原則上採行為人標準說，但以平均人標準為當事人義務限度之上限（註三三）。

五、期待可能性之立法例

期待可能性理論自規範責任論創始以來，對於各國之學說及司法實務均產生極大之影響，期待可能性之思想亦因此有獲得立法者之採納而進入法典明文者，以下即就相關之立法例為一闡述、介紹。

(一)緊急避難

因避免自己或他人法益之緊急危難而出於不得已之行為，謂緊急避難行為。此緊急狀態下之行為，縱於結果上侵及相對人或第三人法益，然由於去危避難、自我保存乃人情之恆常，加以法益競合危急之際，犧牲其一法益亦為事理之必然，是以各國刑法向來均不以之為罪。為其本質依據就應認其係避難行為之阻卻違法事由，抑或責任阻卻事由，則無

註三三　參閱，甘添貴，前揭書，頁一七八；王茂松，前揭論文，頁五四、五六。

論於學理上、裁判上均有異見，形諸於刑法之立法方式亦各具特色(註三四)。

我國目前之通說，雖以緊急避難爲阻卻違法事由(註三五)，然在同爲大陸法系之德國、奧地利、瑞士等國之現行刑法中，其緊急避難之規定均頗具期待可能性之色彩，且將緊急避難視爲阻卻責任事由（註三六）：

1.德國刑法第三十五條第一項:「爲避免自己或近親或其他有密切關係之人之生命、身體或自由，現所遭遇無他法可以避免之危難，所爲之違法行爲，不構成責任。行爲人依其情況，如自行招致危險，或具有特別法律關係等，而可期待其經歷危險者，本項規定不適用之……。」

2.奧地利刑法第十條第一項:「因避免自己或他人顯然急迫之不利益而爲犯罪行爲，其所引起之損害與該不利益相較，非屬不相當，且就應受法律保護之人，如處於行爲人所處之狀況，亦難期待，其有其他之舉動時，應予免責。」

3.瑞士刑法第三十四條第二項:「爲避免他人之生命、身體、名譽、財產法益，受直接且無他法可避免之危險，而採取之救助行爲，不罰。但行爲人如已知被威脅法益之所有人可以期待放棄此一法益時，法官依自由裁量減輕其刑。」

揆諸避難行爲之本質，管見以爲在急難之狀況下，實無法期待行爲人尚能遵從法規範之要求，而爲避難行爲，然無論任何人於自己或他人之法益遭受侵害時，仍無將損害轉嫁於第三人之權利，故避難行爲自客觀上言，仍不得不解爲違法行爲，僅因不具期待可能性而得以免除責任而已。

㈡強制行爲

註三四　參閱，陳友鋒，前揭論文，頁二五五。
註三五　參閱，蔡墩銘，前揭書，頁一五二；林山田，前揭書，頁一四〇；甘添貴，前揭書，頁一四七、一四八。
註三六　參閱，陳友鋒，前揭論文，頁二五九、二六〇。

　　亦即行為人處於強制狀態下之行為，依行為人受壓制之程度尚得區分為「絕對強制」與「相對強制」。前者係指行為人之意思完全遭到壓制，而無意思自由可言，此時行為人之行為因欠缺意思支配可能性，並不被視為刑法上之行為，不屬於刑法犯罪判斷之對象，因此並無期待可能性之問題；後者則指行為人心理上遭遇強大壓抑，惟程度上尚未達到喪失意識作用之程度，且該強制行為已達到行為人「不可抗拒」之程度，則亦發生期待可能性之問題。德國舊刑法第五十二條第一項、法國刑法第六十四條均有類似之規定（註三七）。

㈢其他規定

　　依據學者見解，我國刑法分則中亦有若干基於期待可能性思想而生之規定（註三八）：

　　1.親屬間藏匿人犯湮滅證據罪：我國刑法第一六七條規定：「配偶、五親等內之血親或三親等內之姻親，圖利犯人或依法逮捕拘禁之脫逃人而犯第一百六十四條或一百六十五條之罪者，減輕或免除其刑」。此即基於歷史之傳統文化、倫常親情，認為此時難以期待行為人不為此違法行為所為之規定。

　　2.親屬間便利脫逃罪：我國刑法第一六二條規定：「配偶、五親等內之血親或三親等內之姻親犯第一項之便利脫逃罪者，得減輕其刑」。此亦基於與前者相同之考量。

　　3.婦女因疾病或其他防止生命上危險之必要，而犯自行墮胎罪或聽從他人墮胎罪，依刑法第二八八條第三項，免除其刑。蓋婦女為保全生命，無法期待婦女不為墮胎行為。

　　4.親屬間贓物罪：我國刑法第三五一條規定：「於直系血親、配偶或同居共財親屬之間犯本章之罪者，得免除其刑」，亦即該特定親屬間犯搬運、寄藏、故買或牙保贓物罪，得免除其刑。其立法理由應與第一、第

註三七　參閱，陳友鋒，前揭論文，頁二五五、二六二、二六三。
註三八　參閱，褚劍鴻，前揭文，頁二六。

二兩者相同。

㈣小結

　　期待可能性思想自西元一八九七年之「癖馬案」至今正好一百年之時間，以其爲理論核心之規範責任論已取代心理責任論，成爲責任理論之通說。並已爲各國之學說及司法實務所普遍接受，視期待可能性爲責任要素之一，且亦不乏影響於立法例，而於各國之刑法法典上已可發現若干具有期待可能性思想之規定，然直接於刑法法典上明示以期待可能性爲責任要件者則尚未有之，不能不說是一大遺憾，倘將來修法之際，能於刑法中專設一概括性條款明示期待可能性原則之適用，應爲上策；否則至少亦應仿照歐陸諸國之立法例，以較明顯之字眼表現期待可能性之思想，或亦爲一妥適之作法（註三九）。

〔肆〕期待可能性於行政法上之適用

　　在前一部份中，已經討論過期待可能性理論在刑法上之適用，在本章中，則將繼續探究期待可能性理論在行政法學領域上之適用與發展，及其所面臨之問題。

一、期待可能性於行政法上之地位

　　期待可能性理論爲一一般法律原則，其與公法學領域中衆所熟知之「人性尊嚴原則」（Menschenwürde）、「誠信原則」（Grundsatz von Treu und Glauben）、「情事變更原則」（clausula rebus sic stantibus）、「信賴保護原則」（Grundsatz des Vertrauenschutz）……等，同爲行政法之法源，從而具有指導行政行爲之功能。其在國內之討論雖大多局限於刑法領域，但對於行政法領域亦同具有相當之重要性。蓋在行

註三九　參閱，陳友鋒，前揭論文，頁二七二。

政法律關係當事人因該法律關係而負有公法義務時，亦不免會涉及能否期待行政法律關係當事人履行義務之問題，此時期待可能性即具有在具體個案中，確定當事人義務範圍之功能，並且可調和機械性地適用行政法規所產生之僵化不合理的現象，避免給予當事人過重之負擔。

二、期待可能性於行政法上規制之主體

　　行政機關得否主張期待可能性？以下及從行政法上一般法律原則之發展及期待可能性之本質，就此做一探討，從而確定期待可能性所規制主體之範圍。

　　行政法上之一般原理原則，多是為救濟法律運用之弊而產生，其目的在於調和機械性地適用法條所產生之不合理結果，而使行政法法律關係，能合乎公平正義之要求。

　　傳統上，行政法上一般法律原則俱以人民為其保護之主體，至於行政機關，傳統上則認為無法請求行政救濟，亦無從援引行政法之一般法律原則，而主張行政行為違法而侵害其權益(註四〇)。從而可知，得以主張期待可能性之主體，原則上亦應以人民為限。

　　再者，學者認為可導出期待可能性思想，亦係以人民為其所得主張之主體。蓋行政機關並無所謂人性尊嚴或人格發展自由可言。況且行政法上之一般原理原則，其發展主軸即在於促進政府之施政，維護人民之權益。如富有公法上義務之行政機關得以主張期待可能性而免除責任，恐與行政法一般原理原則之目的即背道而馳。

　　然我們也不能忽略的是，隨著國家任務及角色之轉變，今日之國家已非往日之「封建國家」(Feudalstaat)、「警察國家」(Polizeistaat)或「市民法治國家」(bürgerlicher Rechtsstaat)，今日之國家，不僅以

註四〇　惟依據司法院字第二九九〇號解釋，行政機關立於財產權主體之地位，或是「準私人」之地位，與私人受同一法律關係之規律，並基於與人民同一之地位受行政處分者，得提起行政救濟。

司法及警察消極保障社會安寧爲已足，更被要求要進而積極開發社會文化新領域、增進人民福利與保障、提昇人民生活素質，是以被稱爲「福利國家」(Wohlfahrtstaat)、「給付國家」(Leistungsstaat)（註四一）。今日之國家，所扮演者乃是「給付主體」(Leisungsträger)，而非昔日之「秩序擔保者」(Ordnungsgarant)，而在達成給付之行政目的時，並非藉由傳統之高權行政(hohheitlicher Verwaltung)，亦即命令或強制之手段以達成行政目的；相反的，乃是藉由「單純高權行政」(schlicht-hoheitlicher Verwaltung) 之形式，以行政中照顧、教養之方式完成公法任務（註四二）。

　　而隨著國家角色與任務轉變，也就形成了所謂「行政往低走」之現象，國家不再高高在上，扮演所謂下令、強制之角色，而在行政程序中，必須注意行政法律關係相對人之意見，並需保障相對人參與行政程序之機會。是以由此一角度觀察，在行政機關基於法律規定或行政契約之約定而負有行政義務時，亦不妨認爲行政機關亦得爲期待可能性所規制之主體，在無法期待行政機關履行其公法義務時，得解免其責任。

三、期待可能性適用之範圍

　　前已述及，期待可能性爲一一般法律原則，而爲行政法之法源，是以在一般行政法學領域，凡行政法律關係當事人因行政法規之規定、行政處分抑或是行政契約而負有義務之情形，皆得適用期待可能性原則以判斷當事人義務之限度，以求得一較合理之結果，避免當事人承受過重而無法期待之負擔。然期待可能性理論於行政法學之適用上，亦有若干之部分特別值得注意與探討，如與刑罰相近之行政罰，期待可能性是否

註四一　參閱，城仲模，四十年來之行政法，載於，法令月刊，第四一卷一〇期，頁六三、六四。
註四二　參閱，吳庚，行政法之理論與實用，自刊，八十二年七月增訂版，頁一〇、一一；董保城，行政法講義(上下合訂本)，自刊，八十三年九月，頁一〇。

及如何適用即值得觀察；又期待可能性原則與其他行政法上一般原則間之關係、適用上之牽連，亦頗值得研究；再者，德國學說上對於期待可能性與「徵收」間之關係亦頗多探討……。以下即擬就上述種種期待可能性理論於行政法領域適用上較爲特殊之處做一番探討。

(一)期待可能性於行政罰

行政罰可說是行政法學領域中與刑法爲相近似之部分，此二者均係藉由法律規範課與當事人一定之法律義務，並於當事人違反其作爲或不作爲義務時，施予一定之處罰，然兩者間之關係一直頗富爭議，從而刑法上之理論能否適用於行政罰也就頗有爭執。以下即擬就期待可能性是否得適用於行政罰之當事人——行政犯 (Verwaltungsdelikt)，參酌我國實務見解之演變，做一番討論。

1.行政罰與刑罰之區別

行政罰 (Verwaltungsstrafe) 乃爲維持行政上之秩序，達成國家行政之目的，對違反行政上義務者所科之制裁，又稱爲「秩序罰」(Ordnungsssstrafe)；刑罰 (Kriminalstrafe) 則係針對違反刑法者所課與之處罰。傳統之見解認爲行政犯是「法定犯」(mela prohibita)，刑事犯則是「自然犯」(mela in se)，前者爲違反法規義務或行政秩序之行爲，不具有倫理上之非難性；後者則屬違反道德與倫理之行爲，具有倫理上之非難性，是以兩者具有本質上之不同。然隨著時代之改變，目前認爲行政犯與刑事犯本質上並不相同之學者已逐漸減少，通說則趨向認爲行政犯與刑事犯兩者間只有「量」的不同，至於如何之行爲應處以刑罰，如何之行爲應課處行政罰，則委由立法者依其情況決定之(**註四三**)。不過刑罰仍是最爲嚴厲之制裁手段，不僅得剝奪自由或財產，甚者尚以剝奪生命爲手段 (**註四四**)。

2.行政罰之責任條件

註四三　參閱，吳庚，前揭書，頁三七〇、三七一。
註四四　參閱，林山田，前揭書，頁三六五。

　　如果我們肯定行政罰與刑罰間只有「量」之區別，則在責任條件、既遂與未遂、主罰、從罰等問題上，即不應認爲行政罰不以行爲人具備故意、過失等責任條件爲前提。然我國往昔之實務見解，由於受到「質的區別說」的影響，一向認爲行政罰不以行爲人具備故意、過失爲責任條件，只要有違反行政法上義務之行爲，即得加以處罰(註四五)。以行政法院三十四年判字第二號判例爲例，即已明示：「違反行政法令所應負之責任，不因有無故意或過失而受影響」。此一見解直至司法院大法官釋字第二七五號解釋之後方始變更。

　　司法院釋字第二七五號解釋認爲：「人民違反法律上之義務而應受行政罰之行爲，法律無特別規定時，雖不以出於故意爲必要，仍須以過失爲其責任條件。但應受行政罰之行爲，僅需違反禁止規定或作爲義務，而不以發生損害或危險爲其要件者，推定爲有過失，於行爲人不能舉證證明自己無過失時，即應受處罰。行政法院六十二年度判字第三十號判例謂：『行政罰不以故意或過失爲責任條件』，及同年度第三五〇號判例謂：『行政犯行爲之成立，不以故意爲要件，其所以導致僞報貨物品質價值之原因爲何，應可不問』，其與上開意旨不服之部分，與憲法保障人民權利之本旨抵觸，應不再援用。」

　　在司法院釋字第二七五號解釋之後，往昔行政犯不以故意、過失爲責任條件之見解已遭揚棄，可以預見的是，在保障人民權利之意旨下，行政犯行爲成立之限制將愈趨嚴格而與刑法一致，而期待可能性之思想亦應成爲行政犯成立與否考量之要點 (註四六)。

　　3.立法上之展望

　　目前行政罰法之立法趨勢本於保障人權之精神，雖承認行政罰與刑

註四五　參閱，吳庚，前揭書，頁三七二、三七三。

註四六　司法院釋字第二七五號對於行政犯所採取之「推定過失」之概念，係奧地利之行政罰法所獨創之立法例，相關之討論，請參閱，城仲模，奧國行政罰制度析論，載於，氏著，行政法之基礎理論，三民書局，八十年十月增訂初版，頁五〇九。

罰仍有「量」上之區別，但對於行政罰責任條件之要求已漸趨嚴格，並漸與刑罰趨於一致。民國六十八年六月行政院研考會委託翁岳生、張劍寒教授所完成之行政罰法草案，即已納入「緊急避難行爲不罰」之規定，目前行政院所提出「行政秩序罰法草案」亦承襲了此一概念。雖其用語亦未表達出期待可能性之思想而不免有憾(**註四七**)，但仍不失爲值得歡喜之進展，然基於期待可能性理論在責任上之重要性，似仍以於行政秩序罰法中明列一專條表明期待可能性原則之適用爲妥。

㈡期待可能性與其他一般法律原則

　　期待可能性理論既爲一般法律原則，且具有抽象性，則在適用上不免與其他之一般法律原則發生牽連，或互有補充之作用、或爲對方之上位、下位概念……等，種種情形，不一而足。以下即就數種與期待可能性原則關係較爲密切之原理原則與期待可能性原則間之關連作一介紹，期使期待可能性理論於行政法學領域適用上之輪廓得以更爲清晰。

　　1.期待可能性之於比例原則

　　期待可能性理論爲比例原則中的一個補充性原則，爲比例原則之一輔助判斷標準，對於比例原則之判斷具有相當之功能，兩者間具有補充之關係。

　　(1)比例原則之意義

　　我國憲法第二十三條規定，人民之基本權利除了爲「公共利益」（及「依法律」）可爲限制外，亦必須要在有「必要情形」，方可以爲之。這個限制「必要性」就觸及了憲法學（其實是整個公法學）上一個極爲重要的原則——「比例原則」（Grundgesatz der Verhhältnismäßigkeit）的問題。所謂憲法的「比例原則」就是討論一個涉及人權的「公權力行

註四七　行政罰草案第十四條：「因緊急避難之行爲，不罰。但避難行爲過當者，得減輕谿免除其處罰。」行政秩序罰法草案第十一條：「因避免自己或他人生命、身體、自由或財產之緊急危難而出於不得已之行爲，不罰。但避難行爲過當者，得減輕或免除其處罰。」

為」(可能是立法、司法及行政行為)，其「目的」與所採行之「手段」之間是否存有一個相當的「比例」(Verhältnis) (註四八)。

(2)比例原則之內涵

所謂的比例原則是一個廣義的概念，本身並不是一個單一的概念，而是包括了三個次要概念(此亦即所謂之三分法)(註四九)：「妥當性原則」(Geeignetkeit)、「必要性原則」(Erforderlichkeit) 以及「狹義比例性原則」(Verhhältnismäßigkeit im engerem Sinne) 等，各有不同之涵義，以下即分述之 (註五〇)：

A.妥當性

亦即所採取之措施必須可以達成所欲追求之目的。

B.必要性

亦即所採取之措施，必須是得達到目的之數種措施中，對於當事人之侵害最小者。又稱為「最小侵害原則」。

C.狹義比例性

此原則要求合於必要性原則之措施，本身必須與其所帶來之不利成比例。如行政機關所採取之措施雖以為對當事人損失最小之方式，但所得帶來之利益仍不及於所造成之不利，不符狹義比例性之要求，而違反比例原則。

違反比例原則係屬違法，行政法院七十一年判字八一一號判決指出：「……按行政裁量之行使，倘有違背法令、誤認事實、違反目的、違反平等原則或比例原則等情形之一者，揆諸行政訴訟法第一條第二項之規

註四八　參閱，陳新民，論憲法基本權利的限制(下)，載於，政大法學評論，第三
　　　　六期，七十六年十二月，頁一五八。

註四九　比例原則是否應採三分法在學說上迭有爭論，在德國學說及司法實務上亦
　　　　有採二分法者，我國之通說則採三分法。相關之爭論，參閱，陳新民，前
　　　　揭文，頁一六二～一六四。

註五〇　參閱，董保城，前揭書，頁三五、三六；謝世憲，論公法上之比例原則，
　　　　載於，城仲模主編，行政法之一般法律原則㈠，三民書局，八十三年八月
　　　　初版，頁一二三～一二六。

定，仍不失爲違法」亦採此一見解。

(3)期待可能性於狹義比例性

狹義比例性是指目的所產生效果和手段所引發之副作用是否明顯超出比例之外而言，至於是否明顯不合比例、其界線又如何界定，在憲法法院和學者間亦引起相當的爭議，有人乃主張以期待可能性做爲界線。

採反對說的學者認爲，期待可能性所考慮之對象僅是當事人而已，其僅考量所加義務是否逾越當事人所可期待，並不涉及公共利益的考量；而狹義比例性則是目的和手段間的考量，亦即公共利益和私人利益間之考量，因此兩者並不相同。

學者 Ossenbühl 亦同意反對說，但其認爲期待可能性犧牲的界線並非一成不變，而仍須就其所加的義務或負擔的比重和方式，並顧及所保護的共同利益，做利益之衡量。然和反對說學者不同處是，其承認期待可能性有法益之考量，但其認爲此種考量之重點在於要求對人格特質之維護和擔保，與狹義比例性僅要求對基本人權之干預需合乎比例並不相同（註五一）。

然 Ossenbühl 之見解亦頗值得商榷，蓋狹義比例性既然爲比例原則之一部，而具有憲法位階，則在運用上，必須顧及所加負擔與基本人權之比例關係，而對人格特質之維護亦應包含於手段所產生之副作用而爲考量，從而兩者實無法嚴格地加以區分。是以，管見以爲，期待可能性應包含於狹義比例性，作爲是否明顯超出比例之外的一個界線(註五二)。

2.期待可能性之於誠信原則

(1)誠信原則之意義

「誠信原則」(Grundgesatz von Treu und Glauben)，亦稱「誠實信用原則」，最早在羅馬法時代稱爲 bona fides（善意）或 äqquum

---

註五一　Fritz Ossenbühl, 前揭書, S. 322, 轉引自，蔡震榮，前揭書，頁一四三。
註五二　參閱，蔡震榮，前揭書，頁一四四、一四五；謝世憲，前揭文，頁一二七、
　　　　一二八。

et bonum（衡平與善意），一般有認爲其係本於「衡平與善意」觀念而來，因此有謂其與羅馬法之「一般惡意抗辯」(exceptio doligeneralis) 同一意義（註五三）。

誠實信用原則，係以同一時空下，人類社會中多數衆人所共同認同、超乎條文規範之秩序，而爲衆人所其相遵循之社會規範。人類社會中多數衆人所共同認同者，必該多數衆人感受上認爲符合公平正義或分配合理之理念。誠信原則之內容，可以其特有之表徵表示如下：

A.超乎條文規範之秩序；

B.影射公平正義獲分配合理之理念；

C.爲一種社會生活規範。

誠信原則適用於一切權利行使與義務履行之狀態，在法律規定有限的情況下，以法理之姿態，扮演法源，調整法律訂適用之結果，以求符合分配合理與公平正義之理念（註五四）。誠信原則雖係源於私法之規定，但是依目前一般通說，在公法領域亦有其適用，且係直接適用誠信原則（註五五）。

⑵期待可能性與誠信原則——代小結

由於期待可能性具有限縮義務之功能，是以亦與可適用於一切權利行使與義務履行之狀態的誠信原則發生牽連。事實上，由於期待可能性是在具體個案中，衡量是否仍得期待義務人履行其義務之準則，是以經利益衡量之結果，如不能期待義務人履行義務，此時強命義務人履行義務即爲違反誠信原則。在此意義之下，期待可能性可謂爲誠信原則之具

註五三　參閱，謝孟瑤，行政法學上之誠實信用原則，收錄於本書頁一九一以下。

註五四　參閱，曾世雄，民法總則之現在與未來，曾與陳同道堂法學文集民法類之一，一九九三年六月初版，頁四二～四五。

註五五　參閱，吳庚，前揭書，頁五四。又，行政法院七十年判字第九七五號判決以及七十五年判字第一八五號判決採直接適用說；行政法院五十二年判字第三四五號判例、五十二年判字第三六一號判例及六十八年判字第四一七號判決則認爲此時係「類推適用」於公法領域。

體標準。

又，在德國之學說及司法實務中，誠信原則亦經常被引用說明期待可能性在個案或一般情狀中義務限制之功能。因爲期待可能性與誠信原則在限制當事人公法義務的觀點上，兩者目的是一致的(註五六)，均係在具體個案中追求善意與衡平之適用結果，並調和當事人間之權利義務狀態，從而一般亦以誠信原則爲期待可能性理論之依據。

3.期待可能性之於情事變更原則

(1)情事變更原則之意義

所謂「情事變更原則」(clausula rebus sic stantibus)，乃指法律關係成立後，爲其基礎或環境之情事於該當法律效果完了前，因不可歸責於當事人之事由，致發生非當初所能預料之變更，由是，倘貫徹原訂之法律效果，將顯失公平而有悖於誠信原則，即應承認其法律效果亦得有相當變更（如增減給付或解除契約）(註五七)。

(2)期待可能性與情事變更原則——代小結

期待可能性堪稱爲情事變更原則之內涵中最核心的概念之一。在公法上行爲基礎發生根本性的變動時，義務人是否仍應繼續堅守其義務，其判斷標準最主要就是決定於期待可能性，蓋在情事變更之情形，既然貫徹原訂之法律效果將顯失公平，是以即不能期待契約當事人貫徹原訂之法律效果。德國一九九二年行政程序法第六十條即已將期待可能性原則之概念納入法條之中，對於因情事變更而行爲基礎喪失之契約關係，「契約當事人得因變更之關係，請求調整契約之內容，如不能調整或調整不能期待於當事人之一方時，得解除契約」。當然，正如前所述，期待可能性乃支配所有法領域而一體適用，不僅限於契約法中，於其他行政法上權利義務關係之義務限制均有其適用（註五八）。

註五六　參閱曾昭愷，前揭論文，頁七八。
註五七　參閱鄭玉波，民法債編總論，三民書局，七十九年九月十三版，頁三九六～四〇〇。
註五八　參閱曾昭愷，前揭論文，頁七九、八〇。

4.小結

綜上所述，期待可能性原則既爲一法律原則，本於其抽象性，在適用上即不免會和其他之一般法律原則發生牽連，如在期待可能性原則與比例原則之間，期待可能性原則即可作爲比例原則之輔助性原則，協助其判斷義務之限度；而誠信原則又可謂期待可能性之依據，其善意與衡平之思想，亦爲期待可能性原則之指導原則，期待可能性甚至可說是誠信原則之具體、下位規範，在具體之個案中，如基於特別情狀，無法期待當事人履行其所負之義務時，強使當事人履行其義務，或對其違反義務之行爲課與處罰，應爲違反誠信原則；另外，期待可能性理論復爲情勢變更原則之核心，在行爲基礎變更時，因已無法期待當事人履行義務，故有情事變更原則之產生，而解免當事人之義務，其與期待可能性理論、誠信原則間應具有階層關係，又以誠信原則爲最高之指導原則，期待可能性理論次之，最下者則爲情事變更原則。

㈢期待可能性與徵收

「徵收」（Enteignung）是否爲期待可能性原則適用上之例外？亦即國家在進行徵收時是否需考量當事人不能期待之情形？此一問題亦爲期待可能性理論適用於公法上之一大爭議，以下即略述之：

1.徵收之意義

「徵收」，亦稱「公用徵收」，其最具代表性之制度即是土地的公用徵收。其係指國家或地方自治機關，爲了公共利益及公共目的之需要，或是實施經濟政策的目的，可以徵收私人之土地。徵收會使得人民之財產權造成被剝奪之效果。這種徵收之侵害，必是本於一個合法的公權力措施，因此必須給予補償。我國土地法第二〇八條以下，以及其他有關土地徵收之法律，皆有關於徵收之規定。

除了對人民之土地及地上物等不動產之公用徵收外，國家爲了其他公益之要求，也得對動產爲徵收（軍事徵用法第七條），甚至亦得對權利爲徵收（如專利法第五條，對專利權之「收用」）。

　　值得注意的是，由於行政機關對當事人進行徵收時，是本於公益而為，是以當事人此時係為了公益而忍受「特別犧牲」，故應有向行政機關請求補償之權利（註五九）。

　　2.期待可能性在徵收中之適用

　　由於德國基本法第十四條第三項明訂允許徵收，也就表示對於被徵收義務人而言，其負有忍受基於基本法第十四條第三項所為之徵收的義務，徵收條款亦因此包含了相對的容忍義務，而與限制義務之期待可能性發生牽連。當徵收會造成一期待不可能之侵害時，參照徵收係使義務人承受一「特別犧牲」（Sonderopfer）以觀，此時將造成與期待可能性理論之對立。且由於其係出於制憲者所授權，而期待可能性亦不得超越於憲法規定之上，故即有人主張此時為期待可能性理論之例外。

　　雖然此時徵收條款之特別犧牲忍受義務會形成期待可能性理論適用上之例外，但由於基本法第十四條第三項同時也規定了補償之規定，是以在徵收將造成無法期待當事人容忍之犧牲時，仍得透過藉由經濟上補償之方式以彌補其所忍受之犧牲。是以雖此時被徵收人不得主張無期待可能幸而免除徵收義務，但藉著補償條款的運作，仍得以滿足期待可能性所要求之衡平功能（註六〇）。

㈣期待可能性與不作為國家責任之判斷

　　依據日本學說及司法實務之見解，在判斷國家不作為責任時，亦有所謂期待可能性之適用，然此處所謂之期待可能性有其特別之處，以下詳述之。

　　1.不作為國家責任之意義

　　所謂不作為之國家責任，即係指因國家之不作為而形成之國家賠償責任。蓋國家責任之種類有三：A.損失補償責任（Entschädigungser-

---

註五九　參閱陳新民，行政法學總論，自刊，八十一年十二月三版二刷，頁四三五、四三六。

註六〇　J. Lücke，前揭書，S. 91~93.

satz)，係針對國家之合法行為而造成人民之損失，且出於故意為之者，此時基於特別犧牲之法理，國家應補償當事人所受之損失；B.損害賠償責任(Schadensersatz)，係針對國家違法之公權力行為而造成人民之損害，且國家此時具備故意或過失者，此時國家必須對於受損害者負賠償責任；C.準徵收補償(enteignungsgleichder Eingriff)，又稱不法結果責任，此時人民之損害係基於國家無故意、過失之合法行為所造成，此時同樣基於特別犧牲之考量，國家亦應對受損害之個人負起補償其損失的責任(註六一)。而損失補償責任與準徵收補償責任理論上均以國家積極之作為為成立之前提，想像上殊無「不作為徵收」、「不作為準徵收」成立之可能，故所謂「不作為國家責任」實係指不作為之國家賠償責任。

國家之不作為構成賠償責任者，必以國家怠於履行其職務義務為前提，國家因故意或過失不履行其職務義務，因而造成人民之自由或權利受有損害時，即發生不作為之國家賠償責任(註六二)。而所謂「怠於執行職務」，依據我國最高法院七十二年臺上第七○四號判例，係指「公務員對於被害人有應執行之職務而怠於執行者而言。換言之，被害人對於公務員為特定職務行為，有公法上請求權存在，公務員為特定職務行為，有公法上請求權存在，經請求其執行而怠於執行，致自由或權利遭受損害者，始得依上開規定，請求國家負損害賠償責任。若公務員對於職務之執行，雖可使一般人民享有反射利益，人民對於公務員仍不得請求為該職務之行為者，縱公務員怠於執行該職務，人民尚無公法上請求權可資行使，以保護其利益，自不得依上開規定請求國家賠償。」

簡言之，依據我國目前實務之見解，欲成立不作為之國家賠償責任，必以被害人對於公務員就特定職務行為有公法上請求權為前提。而該項

註六一　參閱，陳新民，前揭書，頁四四○；城仲模，行政法上國家責任之理論與立法之研究，載於，氏著，前揭書，頁六八一；吳庚，前揭書，頁四七八、四七九。

註六二　參閱，廖義男，國家賠償法，自刊，八十三年八月增訂版三刷，頁五六。

職務義務須爲該被害人而存在,或至少有保護或增進第三人利益之目的,否則該被害人對於職務行爲即僅有反射利益而不得主張不作爲之國家賠償責任 (註六三)。

2.行政便宜主義與自由裁量理論

在構成不作爲之國家賠償責任時,除了反射利益之課題必須克服外,傳統上之「行政便宜主義」與「自由裁量理論」也是必須要注意的課題。所謂「行政便宜主義」係源於德國警察法上之「便宜主義」(Opportunitätspinzip),傳統行政法學將調和國會秩序之權限與責任完全歸屬行政權, 而行政規制權限之發動與否, 則由行政機關依其自律之責任與適切之公益判斷以爲決定。此種權限行使與否之決定, 因涉及行政目的之調和與行政綜合性與動機性之確保, 故委諸行政機關之「自由裁量」,司法權不得加以審查 (註六四)。

3.裁量收縮理論

在「行政便宜主義」與「自由裁量理論」的配合下, 行政權之發動與否均由其自行判斷、決定, 司法機關復無審查之餘地, 則若行政機關怠於履行其職務義務時, 人民將毫無救濟之機會, 於是即產生了所謂的「裁量收縮論」,於一定之要件下, 將行政裁量之範圍收縮至零, 例外地承認行政不作爲之違法性, 對於確立不作爲之國家責任發揮重要之機能 (註六五)。

依據目前日本學說之見解, 所謂「裁量收縮論」之內涵可歸納爲五點 (註六六):

A.被害法益之對象性;

註六三　參閱, 董保城, 怠於執行職務國家賠償責任之探討, 政大法學評論, 第五三期, 八十四年六月, 頁一〇九。

註六四　參閱, 劉宗德, 行政不作爲之國家賠償責任, 政大法學評論, 第三五期, 七十六年六月, 頁一一四～一一六;廖義男, 前揭書, 頁五八。

註六五　參閱, 劉宗德, 前揭文, 頁一一九。

註六六　參閱, 劉宗德, 前揭文, 頁一二八。

B.具體危險之緊迫性；

C.危險發生之預見可能性；

D.損害結果之迴避可能性；

E.規制權限發動之期待可能性。

此五點內涵，就管見以為，應被理解為一機動之判斷公式，在被害法益愈重大、具體危險愈緊迫、危險發生之預見可能性愈高、損害結果之迴避可能性愈低，而行政機關規制權限發動之期待可能性愈高的情況下，裁量之範圍即愈形緊縮，以確實保障人民之權利（註六七）。

其中第五點「規制權限發動之期待可能性」，其意義在於行政機關若不行使規制權限而單憑被害者個人之努力，未能充分防止危險之發生時，於社會通念上，國民信賴並期待行政權限應即行使者，行政之作為義務即告成立。

此一期待可能性之要件包含二者：(1)「補充性」，被害者並無獨力迴避危險以防止損害發生之有效手段，亦即非賴行政機關行使規制權限則不能防止損害結果發生之謂；(2)「國民期待性」，依據一般社會通念，國民得以期待行政機關採取規制權限以迴避危險。

由此可知，此處之期待可能性，雖亦係行政機關義務界限之判定，但其考量之重點並非在於得否期待行政機關履行其職務義務，或是該項職務義務是否會對行政機關構成過重之負擔，相反的，其之考量點則是在於國民是否得以獨力迴避危險之發生；且其亦非基於行政機關之立場，考量於該情狀下能否期待行政機關履行職務義務，相反的，而是以國民之期待、本於社會之通念而為判斷，故與本文之期待可能性理論實有所不同（註六八）。

註六七　首倡「裁量權收縮論」之原田尚彥教授即認為：「可得預測之危險愈大，則行政機關被容許之裁量判斷範圍愈窄」。參閱，氏著，行政責任與國民之權利，弘文堂，一九七九年，頁七三、七四，轉引自，劉宗德，前揭文，頁一二八。

註六八　參閱，劉宗德，前揭文，頁一三四、一三五。

〔伍〕結論

　　本於「法不能強人所難」、「不可能無義務」思想為基礎之期待可能性思想，自西元一八九七年之「癖馬案」以來，不過一百年之時間，以期待可能性為中心之規範責任論已經取代心理責任論，成為刑法責任本質之主流思想。通說均以期待可能性為阻卻責任事由，藉由期待可能性限縮義務之功能，合理地劃定義務人負擔義務之限度，並調和機械性適用法條所可能產生之流弊，並得以藉此於適用之過程中滲入人性尊嚴之考量。

　　期待可能性本於其為一般法律原則之屬性，在適用上即有普遍性、抽象性，得以適用於全部之公法領域，其中在行政罰之部分由於與刑罰近似，依照通說僅有「量」之區別，而無「質」之區別，輔以目前行政罰之責任條件日漸趨近刑罰之潮流，期待可能性理論於刑法上發展之經驗於此尤有值得借鏡之處，尤其為保障人民之權利，實不宜使人民在無法期待其履行義務之情況下，背負行政上之處罰。因此在目前行政秩序罰之立法工作中，即應將期待可能性之思想明文化，以加強期待可能性思想對於行政罰之法源基礎。

　　又，本於期待可能性理論之抽象性，其難免會與其他之一般法律原則發生牽連，依據學者之見解，期待可能性原則由於為義務人承擔義務之尺度，從而在判斷比例原則之狹義比例性時，別具有價值，而為比例原則之輔助性判準；而期待可能性、誠信原則與情事變更原則三者間更是具有階層關係，尤以誠信原則之「善意與衡平」思想為最高之指導思想，而是否欠缺期待可能性，即為誠信原則之判準之一，情事變更之情形，又為欠缺期待可能性之重要原因之一，三者間互相牽連，而具有補充、指導之功能。

　　期待可能性法理上之依據即在於人性尊嚴、誠信原則等原理原則，

其具有在具體個案中，本於人性尊嚴、誠信原則之思想，而限縮法律關係當事人義務之功能，並在超出所能期待當事人負擔義務之範圍外，阻卻當事人之責任，從而使得當事人不致因此而受到處罰。具體個案中之公平正義、當事人之人性尊嚴亦因而得到維持，在於調和法律適用之不良後果上，實具有關鍵之地位。期盼在期待可能性理論發展邁入百年之際，其終能在國內之公法學領域獲得其應有之重視。

「經驗法則」初探

陳柏菁

〔壹〕前言

〔貳〕諸法學派中有關經驗的法理思想

一、引語
二、康德
三、功利主義學派
四、分析法學派
五、歷史法學派
六、比較法學派
七、目的法學派
八、一般法學派
九、社會法學派
十、小結

〔叁〕「經驗法則」之意義、用語與性質

一、「經驗法則」之定義
二、「經驗法則」之用語
三、「經驗法則」之性質

「經驗法則」初探

〔壹〕前言

　　經由羅斯福 (Theodore Roosevelt) 總統提名，曾任美國聯邦最高法院大法官，亦爲美國實用主義法學先驅之 Oliver W. Holmes, Jr.有一句膾炙人口的名言：「法律的生命並非邏輯，而係經驗」，可謂爲經驗於法學上之作用，下了一個最貼切之註脚(註一)。而由經驗所形成之「經驗法則」於法學上之作用，自亦是相當具有影響性，然卻十分難以界定其性質。觀其實定內涵與適用之效果，更堪稱「不確定法律概念」典型問題之一，亦爲解釋實定法條項之相對底限。因此，對於「經驗法則」之探討，乃是橫跨了所有法學領域，包括法源、法律適用（尤以三段式論法中小前提之事實認定爲著）、法律解釋等，乃至於法規範及判例形成過程中，均有其存在之形態與價值。

　　基於「經驗法則」於我國目前法學界、實務界之研究仍停留在訴訟法理中自由心證制約方面，且無更進一步對其正視之論著，是以，本文擬以拋磚引玉之態度，試由介紹諸法學派對經驗之看法爲導引，而後就「經驗法則」之意義用語、性質，及法學內涵核心與功能加以探究；文末並將其之作用嘗試導入公法（行政法）領域，延伸其適用之觸角，此更爲私見之所欲，故謹就此法學上之黑洞——「經驗法則」，展開以下之初步探討。

註一　楊日然，美國實用主義法學的哲學基礎及其檢討 (二) Oliver W. Holmes, Jr.之法律思想，載於，臺大法學論叢，第六卷一期，頁三。

〔貳〕諸法學派中有關經驗的法理思想

一、引語

「經驗法則」之於法學之影響及重要性，已如前所略述；而究其思想淵源與背景，實來自於法哲學中經驗之作用效果和體系地位之探討及發展。是故於本文中，謹就法學史上對於經驗作用持不同看法之數種學派，爲一簡單之見解介紹，期有助於對「經驗法則」在律法中運用之地位構析及內容了解。

二、康德 (Immanuel Kant)

批判哲學創始者康德 (Immanuel Kant, 1724～1804) 認爲 (註二)，分析判斷 (Analytic Judgement，例如「一切物體皆具有長度」) 及綜合判斷 (Synthetic Judgement，例如「物體皆具有重量」) (註三) 均有其在知識理解上之缺陷。前者乃具先驗 (a priori) 的妥當性，惟不能供給實質的知識；後者則可提供實質的知識，但卻無先驗之妥當性，因此，康德肯定先驗綜合判斷 (sysnthetisches Urteil a priori) 之可能性，亦即吾人之一切經驗，均是現象 (Erscheinung) 之連結，而透過某些條件之演繹，方可爲吾人所認知。康氏亦認爲吾人之所以能認識任何事物，乃均有主觀與客觀兩方面之結合作用。客觀之認識的資料是由經驗感覺而來，而主觀之認識的形式，則爲「純粹理性」作用，亦即非由感官產生，乃超越經驗的先天觀念及思想 (註四)。

註二　楊日然，現代分析哲學對於法理學之影響(上)，載於，律師通訊，第一八〇期，頁五九以下。
註三　至於分析判斷及綜合判斷之詳細內容，請參照，桑木嚴翼原著，余又蓀譯，康德與現代哲學，六十四年九月臺四版，頁三五以下。
註四　韓忠謨，法學緒論，八十年十月增訂版，頁二一八。

　　綜合言之，康德乃屬先驗理想主義之代表性人物 (註五)，其思想影響法學甚爲深遠，後更有十九世紀之新康德學派加以闡揚延伸 (註六)，更使經驗在方法二元論思想體系下具有新穎的意義及作用，其對法哲學卓越之貢獻，實不言可喻。

三、功利主義學派 (Utilitarian School)

　　功利主義 (有謂實利主義) (註七) 之法學思想盛行於英國，而首倡其思想者爲蘇格蘭之哲學家休謨 (David Hume, 1711～1776)。休謨是第一位批評自然法學派之學者，其二篇論文著作「人類知性研究」及「道德原則研究」，更使其成爲以人類價值經驗爲基礎之價值經驗說之奠基者 (註八)。他強調從理性得不到任何行爲準則，因理性本身不能單獨產生任何行爲，而主要的原動力則是慾望，理性只是慾望之工具罷了。他另認爲，人類所遵守之行爲規範並非出於人類本性，而是人造的，正義亦然，只是基於人類印象、教育及信念等經驗規範功能，而理性將之推動出現(註九)。但休謨非功利主義之典型代表，而是邊沁(Jeremy Bentham, 1748～1842)，其乃眞正悉心研究，將功利主義獨立成一學派，蔚然成大家者。

　　邊沁是位純實證主義者，他將法律與道德一律看待，認爲兩者均建

註五　另有黑格爾 (Hegel) 等，同前註。
註六　如 Emil Lask 之批判價值論；Heinrich Rickert 之方法論的認識形式；Georg Simmel 之主觀的價值判斷説；Hermann Kantorowicz 之相對主義；Max Weber 之社會科學的認識客觀性；Hans Kelsen 之純粹法學；Gustav Radbruch 之價值相對主義之法哲學等，均受康德思想影響頗鉅，欲詳請參閱，陳培峰，方法二元論的法哲學──兼論法學價值判斷的客觀性問題，國立中興大學法律學研究所碩士論文，七十五年一月，頁二七以下。
註七　韓忠謨，前揭書，頁二二八。
註八　博登海默原著，結構群編譯，法理學──法哲學及其方法，七十九年十月初版，頁一一七。
註九　何任清，法學通論，七十三年三月增訂版，頁二三～二四。

立於功利上，理性的作用僅是計算而已(註一〇)。他以爲「最大多數人之最大幸福」——The greatest happines of the greatest number 乃爲道德，亦爲法之目的，何者爲人類幸福，惟有社會中之各人知之最稔，各人之所知者，縱然其間有所偏差，但久經試鍊——trial and error——終能有所改正，即以爲法律是人類實際生活規範，其價值尺度自不能訴諸形而上學之概念空想，而應該在現實經驗世界中求之 (註一一)。

四、分析法學派 (Analytical School)

分析法學派研究法律，乃是將現實且具體之各類形態法律現象，進一步加以分析，來認識法律之共同觀念，而其主要之法律思想，則爲分析實證主義。分析實證主義具有下列五種特質 (註一二)：

1.主張法律是人類之命令；

2.認爲法律與道德，或存在法則與當爲法則間，沒有必然之關聯；

3.認爲法律概念之分析是

a.值得從事，而且

b.有別於針對法律發生與來源探討，以及針對法律和其他社會現象之關係的社會學探討，更不同於法律之批判或評價 (不管是從道德、社會目的、功能、或其他角度)；

4.認爲法律體系是一個「封閉之邏輯體系」，正確的法律判決，可以從一些與社會目的、政策、道德標準毫無關係之先決法律規定，以邏輯方式演繹出來；

5.認爲道德判斷不能像事實的陳述一樣，其必須以合理的辯論、證明且予以合理之論證。

註一〇　何任清，前揭書，頁二四。

註一一　韓忠謨，前揭書，頁二二九、二三一。

註一二　W. Friedmann 著，楊日然、耿雲卿、蘇永欽、焦興鎧、陳適庸等博士合譯，法理學，司法周刊雜誌社印行，七十三年六月，頁二七五以下。

由以上分析實證主義之特質觀之，可知分析實證主義本身即是作為一種科學之態度，反對先驗之推論，並試圖將其本身局限於經驗材料範圍之內；其亦反對提倡玄虛之精神極致，把學術工作限制在分析「既定事實」的範圍之內（註一三）。英國法學者 John Austin（1790～1859）為分析法學派之大師，其將主權概念當法律要素，乃是假定有種先於法律的（prelegal）要素存在，此種先於法律存在之要素不能演繹，而為一種假定或自明因素，且事實上存在於既存社會中大多數的服從習慣上（註一四）。而此一服從習慣無疑亦由經驗累積、孕育而成，且凸顯了法律乃經驗分析、架構的社會科學之特質（註一五）。

五、歷史法學派（Historical School）

歷史法學派（或稱沿革法學派），是以歷史上之事實來闡推法律現象而加以研究，並認民族乃一精神的實體，亦即謂民族精神乃民族生活之基本，有其實在性，法律不過民族精神在歷史發展過程中之一樣態而已，其代表人物乃為德國著名法學者薩維尼（Frieedrich Karl Savigny, 1776～1861）。依其見解，法是民族精神有機之產物，必經長期孕育、發展為社會意識後，不期然而然，成為法之意識，絕非立法者所能任意制定、變更，猶如語言、文字之不能任意創造者然（註一六）。換句話說，法律為民族精神的表現，而基於民族之「法律確信」者也。「法律確信」即法規存在及有效之確信，為民族的心理狀態，薩維尼甚而認為法之本質慣例、學說判例、法文等，不過為其所謂民族法之發現狀態而已。質言

註一三　博登海默原著，前揭書，頁一二九。

註一四　W. Friedmann 著，前揭書，頁二七九。

註一五　林文雄，英國歷史法學派對分析法學派的批評，收錄於氏著，法實證主義，一九八九年四月四版，頁四六。

註一六　Savigny, *Of the Vocation Our Age for Legislation and Jurisprudence*，轉引自韓忠謨，前揭書，頁二二八。

之，法律者與民族俱生、俱長、俱亡者也(註一七)。即法律即爲民族共同意思之體現(註一八)，其成長實質上是一個無意識、有機體的過程(註一九)。而英國歷史法學派之巨子則爲梅因 (Henry Maine, 1882～1888)，其發表了「古代法論」(Ancient Law) 等專書，而主張用實驗方法，來詳究法律沿革之原理，其與薩維尼同樣地以歷史方法來解決法理學上之諸問題。歷史法學派主張法由經驗而生，隨經驗而變，而並非一成不易之理性，一反以往自然法之說。此特色充分將社會文化與法律相聯結，進而以民族之共同經驗視爲法之本質，使當時法界對於法之來源之反省，的確有另一番貢獻。

六、比較法學派 (Comparative School)

注重法律爲地理的、人種的產物事實，而揭舉場所不同之數種法制，以作實驗比較研究者，即爲比較法學。其又分爲二方面，一稱比較立法學，乃在於比較各開明國家法制之研究；二謂人種學之法律學，是爲古今未開化民族法制之比較研究。前者盛行於法國，而後者盛行於德國。

比較法學者郭拉(Joseph Kohler)認爲法律乃文化現象，具有歷史經驗之關係，進而主張用實驗方法研究各國家、部族之文化，並而歸納之，亦可構成綜合之法律本質論(註二○)。換言之，歷史、文化均是經驗，透過比較之方法，可導出相同的準則而形成新規範。

七、目的法學派 (Means School)

目的法學之創導者爲耶林 (Rudolf von Jhering, 1818～1892)，其法律哲學之核心概念、指導原則即爲「目的」。依其見解，法爲目的之產

註一七　何任清，前揭書，頁二八。
註一八　張宏生、谷春德主編，西洋法律思想史，八十二年十月初版一刷，頁三五二。
註一九　林文雄，德國歷史法學派，收錄於氏著，前揭書，頁五。
註二○　何任清，前揭書，頁二九。

物，蓋人類行爲和自然現象不同，自然現象受因果律之支配，而人類行爲則受「目的律」之支配，目的實爲一切文物制度之創造者、社會生活之原動力，法爲文物制度之一端，乃爲同理。申言之，法絕非歷史過程中無意識的自然產物，而應爲人類有意識的創造之成果。而人類行動之終局目的，即在於利益之增進(註二一)。故有謂目的法學乃新功利法學主義（註二二）。而經驗對此一學派的意義，乃在於目的形成之連繫因子。

八、一般法學派（Allgemeine Rechtslehre）

經驗主義者，注重社會現實，以客觀形而下之事實爲其所觀察之對象，並以之爲知識之淵源。是故，此一注重經驗之法學方法，必投注相當心力在實定法之分析。雖實定法各具不同之內容及特色，但仍有共通概念及相同問題，經分析以後，依類歸納整理之，即可獲致許多一般原理原則，因而形成「一般法學」。而其共通之目的、原則及原理，乃係以法律背後的社會事實及經驗爲根據；而法規範之拘束力，則爲一種「社會之事實力」，或稱「法之實力」（Rechtsmacht）（註二三），透過其各別拘束之效果，產生法律上共通原理而可一般適用之。

九、社會法學派（Sociological School）

此學派注重於「法律爲社會法則，法律現象爲社會現象」之事實，主張用社會學的方法以研究法律(註二四)。而法係法規範之總體，屬於社會規範之領域，且社會規範之實在制度係人類實現人格、共通善與正義，依著精神能力之作用，並斟酌人類之生存權，再累積經驗及知性之思維，就可能設想之社會生活方式抉擇其一爲其生活模型（註二五）。

註二一　韓忠謨，前揭書，頁二三一。
註二二　張宏生，前揭書，頁三五七。
註二三　韓忠謨，前揭書，頁二三三以下。
註二四　何任清，前揭書，頁三〇。
註二五　洪遜欣，法理學，七十六年九月初版六刷，頁四四五。

　　社會法學派之法社會學理論(註二六)，認爲眞正的法乃是潛在成文法背後之第一次規範 (註二七)——即社會生活建立於自生內存於社會內部之秩序——即活法 (Lebendes Recht)，其自然地產自於社會生活經驗中，且隨著社會自然之變遷、消滅之，依社會學家韋伯(Max Weber 1864~1920) 之看法 (註二八)，社會學不外是社會行爲之學，而「法律之社會學」又不外爲具有法律意義的社會行爲之學，旨在研究個人處於一定之規範約束下，當其意識到某一規範存在時，如何決定其社會行爲之方向，而用科學方法予以記述分析之，此即是將屬於當爲之法規範，當作社會實存之事實，加以科學之觀察，乃爲社會法學之重心。易言之，經驗原理 (Erfahrungs Sätzes) 具有法律規則性的前提在於：人們根據主觀上視爲有約束性的規則 (註二九) 而社會法學即爲求取其規則 (Regel) 之方法。

　　美國法學者龐德教授 (Roscoe Pound) 亦由相同觀點出發(註三〇)，以爲在任一時代與社會環境中，必有形形色色之多種利益，需要受法律秩序之保護，而法律之任務，乃在衡量各種不同利益，求其相互間之調整，關於調整的方法，當然須視具體情勢如何而轉移，難以固定，但其基本原理，亦不外基於特定之社會文化，憑藉經驗與推理而後產生。是故，社會法學派可謂經驗主義精神下，以社會學方法求取切合人類需要之可靠經驗，形成社會法規範之典型。

註二六　法律社會學即是一種理解的經驗的科學，請參閱，林端，儒家倫理與法律文化——社會學觀點的探索，八十三年一月一版一印，頁一六〇。

註二七　「第一次規範」之說明，請詳見，劉得寬，法學入門，七十五年五月初版，頁一七八。

註二八　韓忠謨，前揭書，頁二三七。

註二九　林端，前揭書，頁一六一。

註三〇　韓忠謨，前揭書，頁二四一。

十、小結

　　由上述諸學派之簡介中可知經驗果眞如 Holmes 所稱乃爲法律的生命，更是本質。以其爲分野來看，經驗主義影響法學深遠，其一反自然法之見解，否認先驗理念之存在，以近世自然科學興起後流行之經驗論解釋法律等立場，使法律由抽象趨於具體，由理想而回復現實，確有其不容忽視之成就；惟由法律經驗及超驗哲學之分野問題觀之，經驗主義不容否認的，亦有其感官知覺之經驗論無法涵蓋與詮釋之部分，是故，康德(Kant)、黑格爾(Hegel) 等先驗概念論，再次於現代發揮影響力，並漸與經驗主義相結合，得以對法學爲最完整、最深入的分析，因而，近代之法理思想，乃爲經驗主義與超經驗主義的綜合，個人本位與社會連帶之兼顧(註三一)，亦即將科學、政策與法律融合爲一，並以經驗，基於社會生活事實，產生社會生活之基本原則；更以經驗，來審視法律之妥當普通性。而「經驗法則」，儼然成爲法實證主義及經驗主義二者精義所實踐於法律適用的領域中，最有作用的代表性規範。

　　以下章節，即開始就經驗之法形式面相「經驗法則」來探論其定義、用語、性質以及與法之關係及相關問題。

〔叄〕「經驗法則」之意義、用語與性質

一、「經驗法則」之定義

　　如同前述，「經驗法則」乃屬「不確定法律概念」典型問題之一，具有難以定義、界分之性質，故其意義亦甚具抽象性及開放性，自屬當然。茲將國內學界對「經驗法則」之定義列舉如下，以供參照：

註三一　韓忠謨，前揭書，頁二八一以下。

「持最廣義之看法，乃指日常生活經驗上所得到的關於事物之性質以及其因果關係等法則，包括自然法則、論理法則等一切法則，範圍甚廣，數量且多，並有蓋然性高低之差異，程度更爲參差不齊。」(註三二)

「經驗法則，乃指日常生活之經驗歸納而得之關於事物之因果關係或性質狀態之知識或法則，包含屬於日常之常識，以至於專門科學上之法則。」(註三三)

「經驗法則亦可稱爲經驗定律，通常係指人類日常生活經驗所歸納而成的一切知識或法則；具體言之，係包含科學方法觀察驗證自然現象而予以歸納之自然定律，支配人之思考作用邏輯或論理法則 (Gesetze der Logik)、數學上之原理、社會生活上義理慣例、交易上之習慣，以及其他有關學術、技術、工商業、語言等生活活動之一切定則。」(註三四)

「所謂經驗法則，即在普通一般人基於日常生活所得經驗，從客觀上應認爲確實之定則。」(註三五)

「簡言之，就是普通一般人由生活所累積之經驗，生活中之常軌等態樣的認同，即所謂經驗法則。」(註三六)

「經驗法則爲依據人類經驗所歸納之事實判斷之法則。」「經驗法則大體上屬於客觀且普遍之法則，故此爲大多數人可以接受之法則。」(註三七)

「所謂經驗法則，爲由於日常生活閱歷所得而爲一般人所知者。」(註三八)

註三二 曹鴻蘭等，違背經驗法則之研究——以事實認定爲中心，民事訴訟法研究會第三十八次研討記錄，載於，法學叢刊，第一四三期，頁一六二。

註三三 駱永家，民事訴訟法 I，八十年一月修訂四版，頁一六五。

註三四 曹鴻蘭等，前揭文，頁一八六。

註三五 周靜，自由心證與陪審制度，天山出版社，七十八年八月初版，頁一八。

註三六 齊濟，自由心證陪審制度與法律正義，載於，國民大會憲政研討委員會年刊，七十五年十二月，頁一二〇。

註三七 蔡墩銘，刑庭推事之自由心證，載於，國立臺灣大學法學論叢，第一五卷二期，七十五年六月，頁二〇。

註三八 劉發鋆，審判之自由心證，載於，法律評論，第五七卷一一期，頁三一。

　　「經驗法則係指由人類生活經驗歸納出來的一切法則之謂。詳言之，乃基於一定條件，表現可得期待其結果的假定形法則，諸如自然法則，論理法則、數學原理，社會生活上的有關道義、條理、慣例、交易習慣等，以及有關學術、藝術、技術、工商業等生活活動的一切法則均屬之。」（註三九）

　　由以上所引述之各類見解及說法觀之，可謂眾說均相當類似，差別僅在於遣詞用字，其所定義之廣狹範圍不同而已。由其所用文字及敍述，不難發現如下之特徵：

　　1.「經驗法則」的確是一個於觀念形成與意識作用中十分抽象且人云人殊的理論基準；但就另一方面而言，透過「經驗法則」之作用，乃可求一切法律行為、法律關係之客觀化，並以其為衡量是否客觀化之普遍規範，故其作用之過程，可謂「多數相同主觀之標準而在追求客觀之結果」。

　　2.因此，「經驗法則」本身雖不具法上的確定內容，卻是評判諸類法意識作用有無違反、背離法理上諸原則之前提要件；意即，由其審核後，所有法意識作用，甚而包括執行之事實行為在內，方有被國民意志接受之可能性。

　　3.是故，稱「經驗法則」乃法之淵源所在、法之實踐基礎，應非過矣。而「經驗法則」之所以對法學具有如此深遠、根本之影響，乃在於其與法之本質及時代規範相容並蓄，在不成文之法源與成文之實定法中，始終以心證甚至潛意識之形式，影響法律行為及關係之每一階段、作用及效力。

　　至此，若對「經驗法則」欲由正面賦予其積極的定義，恐難免流於

註三九　日本學者岩松三郎之見解。引自洪明璋，違背一般經驗法則得向行政法院提起行政訴訟之研究，載於，訴願案例研究彙編第五輯，臺灣省政府訴願審議委員會編印，八十二年六月，頁一四二。另見司法周刊，七十一年六月二十三日出版。

形而上學之論調及寡曲；然若由反面來建立除外之認定標準，似有將「經驗法則」枉爲圖騰之嫌，並有提高其不確定性，更添變數之慮，而增加運用上之阻障。從而二者相較，採取近似前者正面定義方式之陳敍描述，仍較爲可行，惟應偏向特徵、共通點之表達及修正，或能稍減玄學之色彩。由是本文將「經驗法則」體會爲：「人類生活歷史進程及自然環境中，諸多獨立事件形成及其相互關係，經由思維作用而發生之事物認知原則及推斷標準。」並擅進一步嘗試對「經驗法則」下一自法學觀點論述之概略定義：「平均人經由其各類不同生活行爲，包括主觀精神作用及客觀舉動表現，所感受而透過其個別之價值判斷過程，成爲對其生活諸態樣、事件及因果關係，可認同或可預測之評判基準。」而由此一定義，可知「經驗法則」有數項含義：

1.「經驗法則」乃由平均人之生活歷鍊累積後體會而形成之：

人類社會以求生存爲原始出發後，人類對其生活中之種種事物及大自然現象，在周而復始的時間計數前進中，一再重覆、輪迴地發生，而經意識及感官知覺上沈澱累積，致使能於某特定事件或現象肇始、進行、完結等各階段及連接過程之判斷時，即產生祈使或契合之心理映象與依據。因之，「經驗法則」即須由人類生活固定諸種形態重覆、多數地發生，逐漸累積而成之基本推斷法則。

2.「經驗法則」乃由平均人透過價值判斷過程之思維作用確認而成之：

如前所述，重覆發生之事件及現象，須能使平均人於某特定形態事件及現象出現前後，即已產生相同祈使、預測及契合之推論等心理狀態。惟欲達成此一衡量、預斷之基準，則須經由平均人長時間、日積月累，不論自主性或非自主性地透過其思維作用，以及類似自然科學驗證模式，不斷印證其結果，方可稱已通過「確認」之程序，而方能成爲一種「經驗法則」，亦即所謂現象（Erscheinung）之連結效果。而價值判斷，更是「經驗法則」於形成及運用上之內容核心，其內容後述。

3.「經驗法則」乃由平均人引用爲作爲預測、判斷、評價之一定且特別事件及關係基準而成之:

「經驗法則」經上述1、2 二者形成後,更須將之運用、適用於各領域事物之預測、判斷及評價,且可依其所具之高蓋然性來作爲衡量之預設標準,而能使一定數量的人在其基本常識之認識下接受且相信之。此也是「經驗法則」最重要、實用及最具有存在價值之意義。

以上所謂「平均人」,除法律上客觀性要求外,亦具強調「經驗法則」於因果關係上之社會相當性特質。而於個案中,亦常有特殊之「經驗法則」存在,尚須當事人負舉證責任者,「平均人」於其中則有瑕疵,自不待言;惟「平均人」之用語僅在描述,而非立法定義,已如前述,茲不贅解。

二、「經驗法則」之用語

「經驗法則」之用語,於我國似亦未有統一之用法(註四〇)。有謂「經驗法則」者;而學者陳榮宗氏則有以「經驗律」爲統一用語之芻議。日本語亦有「經驗則」及「經驗法則」之別,而德國用語則爲 "Erfahrungs-gesetz",但也有 "Erfarungsaetze" 之用法。本文建議於我國通用上,仍以「經驗法則」爲佳,所持理由有下列數點:

1.「經驗法則」乃爲一不確定法律概念,在適用領域中亦有其各種不同之功能,而「法則」一詞較能符合經驗於法學作用上之諸類效果,是以「經驗法則」爲統一用語,也可確定其先於法學之前提地位。

2.次依「經驗法則」之本質及特性,其非僅爲「定則」之形成與確立狀態所能涵蓋,其運用效果亦大於「定則」,而「經驗法則」有其更寬廣、更多元之表徵及內容,以「法則」代替「定則」,較能表達「經驗法則」之存在意義及價值。

註四〇　同註二八,頁一八四。

3.再由上述之德文 "Erfahrungsgesetz" 引申觀之，"gesetz" 其具有實證法、具體法規範之含意，在翻譯「信、雅、達」之要求下，以「經驗法則」作爲此一德語之譯文，除上述1、2項抽象理由外，更藉其語文學與法學上之聯繫功能，藉此貼切表達正確字句內涵，據以適用之。

4.另於「民事訴訟法」、「行政訴訟法」、「行政程序法」等相關法令修正草案中均以「經驗法則」爲此命題之正名(註四一)，似可推敲爲國內學界通說及實務已視「經驗法則」爲統一用語，以利學術研究及實務適用，避免紛歧。

三、「經驗法則」之性質

1.客觀性：「經驗法則」之客觀性，可謂其最重要、最顯著之特質。「經驗」經由感知而生成，甚至有時僅是心理活動過程之產物(註四二)，故其內涵應具相當之個人主觀性。然「法則」之觀念，即是規律，持續或重覆出現之某種度量之觀念，乃是人類渴望走向科技、方法論、學術與思辨的衝動中的一項根本元素，少了它，一切都將變成一團混亂之細節事實(註四三)；而該所謂「一團混亂之細節事實」即有部分爲經驗，是故，當「經驗」透過各式各樣分化之影響後，才漸成爲時代所接受之「法則」，亦即，「經驗法則」是由主觀經驗轉化成客觀法則，其本身自具有

註四一 我國民事訴訟法第二百二十二條第二項修正初稿增列第二項，明文爲：「法院依自由心證判斷事實之眞僞，不得違背論理及『經驗法則』。」而行政訴訟法修正草案新增第一百九十條第一項：「行政法院爲裁判時，應斟酌全辯論意旨及調查證據之結果，依論理及『經驗法則』判斷事實之眞僞。但別有規定者，不在此限。」另行政程序法草案（法務部版，八十三年四月）：「行政機關處分或其他行政行爲，應斟酌全部陳述及調查證據之結果，依論理及『經驗法則』判斷事實之眞僞，並將其結果及理由告知當事人。」

註四二 岑溢成，哲學之基本概念（十六）——經驗、感知、錯覺、惑亂，載於，鵝湖，第一一卷八期，頁三一。

註四三 A. N. Whitehead 著，張旺山譯，自然之法則，載於，哲學與文化，第一二卷七期，七十四年七月，頁五八。

客觀性。

　　2.社會性：於「經驗法則」之形成過程中，其須通過社會通念之檢視，並且爲國民意志所接受，方有其成爲「法則」之條件（法則乃爲被觀察到的連續秩序）。因此，「經驗法則」亦因社會之變遷而流動，故其亦具有不確定性、不成文性及自在性（伸縮性）。惟「經驗法則」於判斷時，是存在於某一時點，故應仍有其相當之社會性以符個案，即不因其不確定性之變動內涵而影響之存在意義，仍可達成「社會統制」（Social Control）之積極功能。

　　3.蓋然性：「經驗法則」有屬於確定之法則者，但亦有多數屬於「蓋然性」之法則者（註四四），後者雖亦爲「法則」，惟其成立乃在於某特定事件發生之蓋然性較高，而非如確定之法則者，其內容常是建立在科學統計之確率、因果關係之邏輯、歸納推理之結果諸項非必定標準上，故「經驗法則」之蓋然性，往往是其影響心證，左右「確信」之構成要素。

　　4.普遍性：亦稱一致性。此爲「經驗法則」之必要特性。「經驗法則」大體上屬於客觀且普遍之法則，方爲大多數人可以接受（註四五），而具規範性。亦即「經驗法則」須經大多數人所認識、所知悉，在此前提之下，價值判斷趨於一致，而獲得普遍之認知而後接受，才具備其完整之體系及效力。是故，普遍性自爲「經驗法則」中與客觀性並重之性質，當無疑議。另，普遍性之下，更導出「經驗法則」適用之平等性，內容之安定性，結果之可預測性，自不待言。

　　5.長期性：由前所述「經驗法則」之衆多定義中可觀察出，其需要經過一段長時間的驗證與試鍊而形成，使人類意志、智識及法威能相聯結，方會具有評價作用上的效果。

　　除了以上所述五項共通的特性之外，「經驗法則」於法學或其他相關領域中，因其作用之不同，亦會表現出如補充性、專門性、價值性、目

註四四　蔡墩銘，前揭文，頁二一。
註四五　蔡墩銘，前揭文，頁二〇。

的性、現象性、約定性、文化性等特殊性質，可見「經驗法則」於個案中因事件而異其性格。惟「經驗法則」之所以能與法律規範發生聯結、乃至於本質相通之關係，卻是在前所列舉之客觀性、社會性、蓋然性及普遍性、長期性之組合架構下，相互作用而成，此爲僅將該五種性質加以列舉論述之由，希藉之能了解「經驗法則」之本質及作用。

〔肆〕「經驗法則」與法

一、「經驗法則」其法學內涵之核心及法學功能

㈠「經驗法則」其法學內涵之核心──價值判斷

1.價值之概念

價值者，係人類一般，爲達成其實際生存維持上所不能不有之必要而且充分的各種客觀目的，藉以實現整個人格的自己存在，而依精神能力，尤其人格的自由意志，對於各種事物所宜固持之恰當冀求；亦即，人類爲維持其人格的實存，就各種事物所可成立之客觀需要，以及其一定度數(註四六)。由上述之定義可知，「對人類之有用性」，乃爲價值之重要作用，故其實質意義只存在於事物對於人類達成其實存上各種客觀目的之有用性之基礎上，而價值的種類則因人類生存所需要之各項目而區分之，並依各主體人格者欲實現人格價值之共同目標，建立其客觀之上下層存在秩序(註四七)，法學上之價值亦然。因此，於法律作用中，由於價值經驗本身內容及本質上之特徵(註四八)，在以「經驗法則」來對個案進行適用、解釋等相關程序時，實質上即是法學上價值比較、衡量、取捨之要求客觀化過程，亦即如前所論及的「價值判斷」。

註四六　洪遜欣，前揭書，頁二三四。
註四七　洪遜欣，前揭書，頁二三六。
註四八　Reinhold Zippelius, *Rechtsphilolophie*, 2 Auflage, 1989, S. 130.

2.價值判斷於法律中之作用

在韋伯（Max Weber）社會科學方法論中，「價值判斷」（valuejudgement），乃是人類對受其影響之現象所作滿意和不滿意性之實用評價（practive evaluation），而其有三個作用：

⑴詳盡地闡述和解釋最根本的，在本質上「一貫的」價值原則。

⑵若事實情況的實用評估是僅以某些不可化約的價值原則爲基礎，可根據這些不可化約的價值原則(爲那些接受某種價值判斷的情況)，推演出意涵。

⑶對事實結果之推定（**註四九**）。(此乃目前法學上應用最廣者)

而此與實證派學者所主張之內容及出發點則不盡相同。實證派學者忽略了人類自主性、主觀與自由的一面，造成科技理性之過度膨脹；使人們只信服科學，不相信自己，凡事以科學爲依據，但此與科學當作一種新宗教之做法無異。然韋伯批判了前述看法，認爲實證社會科學家，未經反省而又失察於科學之限制，氏以爲人類有其主觀、價值意義之一面，透過經驗，經由思維，而形成價值之眞實面向，亦只有如此，方能在科學及價值取得平衡，各自尋至合理之定值，方可爲「價值中立」眞諦之價值判斷(**註五〇**)，而法律中對於價值判斷之取向，亦應採韋伯此一論點，以避免純自然科學價值判斷下所形成之「經驗法則」，流於泛邏輯之弊；也就是說，透過經驗科學與邏輯分析的應用，吾人能夠告訴某人，什麼是他有可能完成的，採取行動後的後果是什麼，以及幫助他了解他的觀念的性質是什麼；但是，科學並不能依此而指示他，應該做怎樣的抉擇(**註五一**)。從而本文亦以爲，經驗乃人云人殊，未經正面價值判斷者，非足以充分其要件而成爲法則。

註四九　Max Weber 原著，黃振華、張與健校訂，社會科學方法論，頁一三及三三。

註五〇　關於此，尚有「價值論戰」等爭議，參照瞿本瑞、張維安、陳介玄合著，社會實體與方法——韋伯社會學方法論，頁八以下。

註五一　紀登斯（Anthony Giddens）原著，簡惠美譯，資本主義與現代社會理論：馬克思，涂爾幹，韋伯，遠流出版社，七十八年一月一日一版，頁二二九。

　　然由於先進的法律制度在司法程序中傾向於限制價值推理範圍（此因以主觀的司法價值偏愛為基礎的判決，在正常情況下要比正式或非正式之社會規範為基礎之判決表現出更大程度之不確定性與不可預見性）（註五二），故價值判斷於法律中之作用，便有其發動之前提，即在不受既存規範或原則指導之相互衝突的利益間進行比較選擇時，方有價值判斷之運用。於此過程中，法律家須以法律價值理念為終局的基準，始能為正確之法學的判斷（註五三），且因人類之現實的法生活，係以人類基於經驗所創造，所以法價值理念之判斷，亦須由用法者對其現實生活關係之體驗及目的之追求，隨時發揮其理解、認同機能，始能進行之（註五四）。

　　價值判斷於法律中之作用，最顯著的效果，可能是表現在法解釋中之價值補充理論及利益衡量論證上。價值補充，乃是將法律上之不確定的規範性概念或概括條款之功能加以具體化而顯現之，以期達到公平正義之要求。其於個案中作用時，須適用存在於社會上可以探知認識之客觀倫理秩序、價值、規範及公平正義之原則，不能動用個人主觀之法律感情（註五五）。其理論基礎乃在於人類並非為規範而規範，規範本身並非人類追求之目標，而是利用規範追求公平正義，而以價值補充之方式，始先實現此一倫理要求（註五六）。而於此無可避免從事價值判斷後，在一透過裁判累積，於豐富法律價值之同時，逐漸清晰了法律所欲規範之事實之特徵，則應使該價值被類型化或構成要件化（註五七）。而實務上需作

註五二　博登海默原著，前揭書，頁五五六以下。

註五三　洪遜欣，前揭書，頁三八六。

註五四　而一般習慣及事物價值基於事實而出現時，即為社會經驗之內容。參考 Karl Larenz, *Methodenlehre der Rechtswissenschaft*, 4 Auflage, 1979, S. 271. 另外，亦請參閱 Karl Larenz 原著，陳愛娥譯，法學方法論，八十五年十二月初版，頁一八九～二〇〇。

註五五　王澤鑑，民法基礎理論（民法實例研習叢書第一冊），頁一二五。

註五六　楊仁壽，闡釋法律之方法論，七十五年二月出版，頁五六。

註五七　高文琦，事物本質之概念及在法學上之地位，國立臺灣大學法律學研究所碩士論文，七十九年七月，頁九五。

價值補充之概念類型不少，舉數例以對：公序良俗（民法第七十二條）、誠信原則（民法第一四八條、第二一九條）、惡意遺棄（民法第一〇五二條一項第五款）、重大事由（民法第一〇八一條、第九七六條一項第九款）。而其中所謂重大事由與否，學者即有主張應由審判官就具體情勢，依一般社會觀念判斷之（註五八），更爲適例。

　　而利益衡量，依我國法學者楊仁壽氏之看法，亦是一種典型之價值判斷。其認爲，法官在闡釋法律時，應擺脫邏輯的機械規則之束縛，而探求立法者於制定法律時，衡量各種利益所爲之取捨，設立法者本身對各種利益業已衡量，而加取捨，則法義甚明，祇有一種解釋之可能性，自須尊重法條之文字。若有許多解釋可能性時，法官自須衡量現行環境及各種利益之變化，以探求立法者處於今日立法時，所可能表示之意思，而加取捨，此即爲「利益衡量」（註五九）。換言之，利益衡量乃在發現立法者對各種問題或利害衝突，表現在法律秩序內，由法律秩序可觀察而得之立法者之價值判斷，而發現本身，亦係一種價值判斷。

　　另在正義理論下，學者對價值判斷（價值評價）分爲三種層次，乃爲第一：針對個人行爲之評價；第二：針對作爲個人行爲準繩之規範準則及複合體的社會制度之當否的評價；第三：則爲對正義或價值理念本身探討之評價（註六〇），惟此已進入另一探究領域（即正義之根本問題），無須於此贅述（註六一）。

註五八　戴東雄，親屬法實例解說──婚約之解除與損害賠償，軍法專刊，第三五卷八期。

註五九　楊仁壽，法學方法論，八十年十月出版，頁二一三以下。

註六〇　碧海純一，新哲學概論，東京弘文堂，昭和五十二年三月一版八刷，頁二七〇～二七二，轉引自吳澄潔，凱爾生對正義概念之批判，國立臺灣大學法律學研究所碩士論文，八十一年六月，頁一七七以下。

註六一　於法價值論中，對於價值判斷之命題，另有數學說之見解，可分爲：A.(a)自然主義；(b)自觀主義；B.主觀說（價值情說）。請詳見：陳培峰，前揭論文，頁五一以下。而至於如何進行價值判斷，及價值位階之相關問題，在學說上亦有相當極端之議。可參閱 Hans Kelsen, *Was ist Gerechtigkeit*, 蔡

3.小結

由上可知，價值概念及價值判斷並非以任何人皆可任所欲爲地填入各種內容爲其意義(註六二)，在法學中有其適用範圍及取捨衡量標準，甚而其運用程序及層次進行，均有其學說上之限制，亦唯有在此嚴格要求下，價值判斷方能充分、妥當發揮其法學上作用，使人類生活中之社會經驗長期地累積事實，能因其而促使具備法律客觀性、普遍性、社會性、高蓋然性、長期性之「經驗法則」的形成。

(二)「經驗法則」之法學功能

1.類型形成補充（「經驗法則」之立法功能）

德國學者 Kaufmann 認爲，類型是那些已存在於所有立法與法律形態（Rechtsgestaltung）之前的事物。立法者的任務便是去描述各個類型（註六三）。惟浮現在立法者腦海中的係典型的個別案例（Einzel-faelle），係最常出現或最引人矚目的案例(註六四)，是故，對於現實之無限案例，並未能全部加以實證類型化，必然有性質相類似而未能與明文類型相契合之先存形態，且未經立法者評價之關係。因此，在「經驗法則」之補充作用下，規範類型之事實面及應然面擴展，在立法上解決了過度的法律理念思考、僵化的類型價值決定等難題，於此可謂法律理念與生活事實超類型關係之觸媒。

震榮、鄭善印合譯，正義是什麼?，三鋒出版社，八十三年二月初版，頁五以下。

註六二 如基本人權，不只是限制立法與行政兩者之擴張，同時蘊涵有規範立法與行政爲一定方向之價值，此可參照殷克勒原著，謝瑞智、布天豪合譯，法律之價值考察及其界限，六十六年二月臺初版，頁七二以下。

註六三 A. Kaufmann, Analogie und "Natur der Sache," Zugleich ein Beitrag zur Lehre Vom Tupis, 2 Aufl. Heidelberg, 1982, S. 48, 轉引自吳從周，類型思維與法學方法，國立臺灣大學法律學研究所碩士論文，八十二年六月，頁四四。

註六四 Gustav Radbaruch, *Klassenbegriffe und Ordnungsbegriffe im Rechtsdenken*, S. 46, 轉引自同前註，頁二七。

　　而另外在每個法律規範（即立法）形成上，「規範類型」具有重大意義，也就是其係制定法背後之基礎（**註六五**）。但「類型」有另一種形式——「經驗類型」——之存在，其乃指在經驗的（例如社會學的、統計學的）觀點下被建構，而且以儘可能符合現實之方式（wirklichkeitsadaequate）掌握在現實中之現象為目標，其極少能直接進入法律，只有必須在某種特定之法律觀點之下，亦即立法者之某種評價標準之下，經過變形才成為制定法規範（**註六六**）。惟此「經驗類型」，卻是在法律發現（Rechtsfindung）時，必須一再回溯到存在於制定法類型（gesetzlicher Typus）背後之「生活類型」，亦即立法者評價與規範類型之關聯所在（**註六七**）。由上述可瞭解，「經驗法則」建立在「經驗類型」之基礎上，一方面於成為規範類型時在實定法中構成要件以為涵攝，另一方面在未經立法者評價之前提下，以不確定法律概念，直接由司法作用於獨立事件中具體實踐之，從而，「經驗法則」之實質內涵，已包括了法規範本體內容，因此能在立法上，具有形成及補充之功能，應屬可解。

　　2.自由心證規制（「經驗法則」之司法功能）

　　此乃現實法學中於「經驗法則」適用上法效性最為直接之功能，實際表現在訴訟法上。首先敍明者，此所討論之「經驗法則」乃屬前述之不確定法律概念，並不包括「論理法則」，雖國內部份學者於談論自由心證時，並未嚴格區分「經驗法則」與「論理法則」，但本文乃是對「經驗法則」為單獨論述，「論理法則」並不與焉；且「經驗法則」在形成心證的事實認定上之價值顯較「論理法則」為著，故本文所提及者，僅及於「經驗法則」本身（**註六八**）。

註六五　吳從周，前揭論文，頁四七。
註六六　吳從周，前揭論文，頁四七、四九以下。
註六七　K. Larenz, Ergaenzende Vertragsauslegung und des positives Recht, in *NJW*, 1963, S. 740, 轉引自吳從周，前揭文，頁四九。
註六八　⑴「經驗法則」與「論理法則」在刑事訴訟法第一五五條第二項分別被定義為「顯與事理有違」與「認定事實不符」，且違背「經驗法則」者，通常

　　法官爲判決時，於事實之推定過程中的重點，即是理則學之三段論法——法規適用時，以法律爲大前提，事實爲小前提而推得結論(註六九)。而限縮於自由心證形成內容時，亦依此方式得出推定之事實，僅大前提部分將法規以「經驗法則」取代之，因此「經驗法則」對得到自由心證之推理思維具有類型之指示功能。另在事實認定方面，「經驗法則」在證據價值之評斷方面，亦有最後取捨的決定功能。事實認定，實屬認識判斷，即以經驗法則與經驗知識爲準據，就社會事象與事物客觀的存在關係，從事事物存否之判斷(註七〇)，亦即，對於科學中個別化概念之形成，由「經驗法則」作一因果律之說明。是故，在客觀性、合理性及合法證明力之要求下，法官自不得恣意專橫，違背成文或不成文之準則，而「經驗法則」是爲該不成文準則裡規範判斷事實之基本態度及重要標準，更兼具了審查司法之上位功能。

　　而除了「經驗法則」於法律適用中之認識、定限之功能以外，在法學解釋方法論領域內，「經驗法則」亦有著一直爲人忽略之具體化功能，也是形成「確信」之自由心證的重要因素，而此一「確信」乃指達到標準「第三人」亦能獲得之程度(註七一)。即在用法者對法規範中不確定法律概念欲加詮釋，而進一步加以引作法律行爲之基礎時，若不符「經驗

　　　認爲屬於第三七九條十四款前段之「不備理由」；違背「論理法則」者，以其屬該條款後段之「理由矛盾」，故兩者不論在概念上或違背時之效果上，均可加以區分。但事實上，兩者卻有著密切關係，蓋「經驗法則」通常係由歸納而得，而「論理法則」則常以演繹方法運用，在論理之過程中即存在有歸納之影子。關於此，引自並請詳參林瑞斌，論事實認定錯誤及其救濟——以上訴審爲中心，輔仁大學法律學研究所碩士論文，七十五年五月，頁五六以下。

　　(2)另「經驗法則」對自由心證屬內在規約或外在規約，有學理上爭議，亦請一併參照林瑞斌，前揭論文，頁六五以下。

註六九　鄭玉波，民法總則，七十九年八月修訂八版，頁二一六。
註七〇　蘇俊雄，刑法推理立法及案例研究，七十八年八月三版，頁六。
註七一　關於此「第三人」之討論，詳見雷萬來，自由心證客觀化之芻議，中興法學，第二二期，七十五年十一月，頁七一以下。

法則」，即應失去法效，蓋此一作用成文形式上雖無拘束，惟其實質上卻已直接影響法效甚鉅。故將「經驗法則」介入其作用中，方能對法官平亭曲直之公平裁決，人民的法治國權利保障，產生有效之功能。

3.公益目的履行（「經驗法則」的行政功能）

行政（Verwaltung）（於此指公行政）乃是國家爲積極實現其任務及國家目的，遵循法律規範，所爲具有統御性質，繼續形成之國家行爲，簡言之，行政權的作用，即在於達到所謂「公益」的目的。

而「公益」的概念，乃是一個「羅生門」式的概念（註七二），卻又是行政行爲之最高指導原則及目的，是故，若於國民意志及國家目的間並無共識時，公益只是另一形式、另一種類的「帝王」條款；然於此，「經驗法則」即可發揮其行政上的功能，同樣地也是一種價值判斷及利益衡量，在諸類多元的價值中選擇最符合最大多數人認同的價值，也在各種相互衝突的公益或私益中作能達成行政目的（某種公益）之衡量。此一功能，也就是「經驗法則」在司法及行政上作用之差別所在。

二、「經驗法則」與行政法數問題初窺

㈠引語

「經驗法則」之於公法，乃至於行政法之關係，在我國學界的討論資料，可謂完全闕如，實務更是鮮少具體地引用於行政案例，故將「經驗法則」視爲公法領域之「新生地」，實非過矣。基於上開前提，本文於主觀及客觀條件均極爲缺乏之情形下，亦僅能爲野人獻曝之探討，以下茲就「經驗法則」之行政法上法源地位，是否爲行政法上之一般原理原則，其與行政自我拘束原則、行政裁量、行政救濟等方面，作一淺顯之介紹及意見陳述，以爲在行政法上適用「經驗法則」時之參考。

㈡「經驗法則」是否爲行政法之法源？

註七二　陳新民，公共利益的概念，憲法基本權利之基本理論(上)，八十一年一月三版，頁一二九以下。

　　探討行政法之法源，即在於確定現行實證法規範中，何者構成行政法之一部分(註七三)。惟法源 (Rechtsquelle) 一詞有以下四種層次之涵義 (註七四)：(a)從人類之觀念及行為模式、探討社會規範 (宗教、道德、習俗及法令等) 之來源。(b)在各種社會規範之中，選擇可作為實證法規範之認知基礎。(c)構成法律領域中，各項實證法規範 (法律、命令及規章等) 之總稱。(d)對法律秩序之維持，經價值判斷而獲致之準則 (理性、正義、平等及安定等)。而「經驗法則」於這四種層次之涵義下，是否成為行政法上之法源，自有不同。

　　由(a)、(b)及(d)三種涵義觀之，「經驗法則」應屬行政法之法源，其可使人民藉其經驗形成之社會規範，即「經驗法則」來認知實證法上之規範意義，要無疑問；另從本文對「經驗法則」之定義、性質及內涵構析所持立場，及以通說認為「法理」亦為行政法不成文法源之一的角度二者加以推論，於上述三類涵義之前提下，「經驗法則」自為行政法上法源。

　　惟須特別強調者，乃(c)涵義下，「經驗法則」卻非行政法上之法源。蓋因於我國目前之實證法規範中，均無將「經驗法則」為立法定義者，而國內一般對行政法成文法源之通說見解，亦不見有認「經驗法則」乃由實證方法推出而可成法源。本文亦同之，理由在於「經驗法則」之價值判斷因適用領域及個別案例將有所不同，且其亦欠缺作為法規(Rechtssatz) 所必要之確定性 (Entschiedenheit) 和內涵特性 (Sinnbestimmtheit) (註七五)，非可為法規範之實證來源及構成材料。但此只能排除「經驗法則」作為成文法源，仍無損其成為不成文法源之地位。蓋深究之，「經驗法則」之於行政法中之考量，無異即是行政目的之價值判斷，且絕大多數之內容為公益的達成，如「既成巷道」之概念即可佐證，是

註七三　吳庚，行政法之理論與實用，修訂版，頁三五。

註七四　吳庚，前揭書，頁三五。

註七五　H. J. Wolff/O. Bachof Verwaltungsrecht I, 9 Aufl., 1974, S. 122. 轉引自林合民，公法上之信賴保護原則，國立臺灣大學法律學研究所碩士論文，七十四年六月，頁五六。

故「經驗法則」爲行政法之不成文法源，應無可議。

㈢「經驗法則」是否爲行政法之一般法律原則及與其它法律原則之關係

我國至今並無所謂「行政法總則」之制定，而行政法之內容及一般法律原則幾乎完全乃由裁判及學說逐漸形成且不成文，因此相當地不統一，範圍更是不盡相同，在面對具體的除了憲法以外之公法上爭議事件時，更有法令規定闕如的問題，目前亦只有憑恃已發展完成或發展中之法理——行政法一般法律原則解決之。

而行政法上之一般法律原則，乃指能適用於所有之行政法領域上之行政法一般原則，並具有下列三項特點（註七六）：

1.一般性：得適用於所有之行政法領域。

2.抽象性：內容抽象，適用時須進一步具體化。

3.倫理性：內容包含倫理之價值色彩，但不能與憲法上價值判斷相牴觸。

據以上之見解以論「經驗法則」，並基於本文對其所下之定義，「經驗法則」應亦爲行政法上之一般法律原則。惟於我國經建會法規小組委託臺灣大學法律研究所執行所擬之行政程序法草案第二節中並未列舉之（法務部版草案則無行政之一般法律原則此章節），似可推論目前通論認爲「經驗法則」並非重要之行政法一般法律原則，足見仍受傳統訴訟法上談及「經驗法則」功能上之影響。淺見以爲，行政本質與傳統司法，甚至於實體、訴訟二分法等內容不同，其往往直接與人民權益相關，且兼具當事人及裁判官地位（準司法）之相關作用，倘不由行政行爲之實體部分（或應稱：行政主體意思表示形成過程）即以「經驗法則」適用之，待行政救濟中行政訴訟司法權審查時再以其他名目作爲救濟理由，

註七六　Fritz Ossenbuehl, Die Qullen des Verwaltungsrechts, 載 H. U. Frichsen/ W. Martens 編 *Allgemeines Verwaltungsrecht*, 6 Aufl., 1983, S. 113, 及參考 K. E. von Turegg/E. Krans, *Lehrbuch des Verwaltungsrechts*, 4 Auflage, 1962, S. 64. 轉引自林合民，前揭論文，頁五六。

恐有亡羊補牢之嫌。

是故，本文仍認「經驗法則」為行政法之一般法律原則，惟於特別行政法領域內，應有其不同之意義及內容（如：聽證時之意見、資料所提供等），分別加以運用來達到規範功能，法務部版行政程序法草案第六十五條：「行政機關為處分或其他行政行為，應斟酌全部陳述及調查證據之結果，依論理及經驗法則判斷事實之真偽，並將其結果及理由告知當事人。」之規定，似可為適例證明，應予肯定之。

而「經驗法則」與行政法上其他一般法律原則之關係，試由下列二點分述之：

1.適用之補充性

此意指「經驗法則」雖可認乃行政法上之一般法律原則，但其適用於行政個別案例時，卻並非首先考量的要素；亦即須先滿足、符合其他一般法律原則後，方考量「經驗法則」之拘束力，換言之，當一個行政行為應於公益原則、行政目的或誠信原則（註七七）等法律原則與「經驗法則」為衡量時，應以前者為優先之取捨、判斷為是。而以「依法行政」之觀點以觀，因「經驗法則」未達實質之法規範的標準（註七八），自非屬可據之而為行政行為之「法」，故「經驗法則」之於依法行政原則等，係為輔助關係，而無直接之影響性。

2.實踐之輔助性

如同前述與「依法行政」之關係，「經驗法則」可謂實現行政法（乃

註七七　過去舊派見解基於公法私法之異，特別權力關係及當事人不平等等之理由而否認誠信原則為行政法上一般法律原則，惟德國聯邦行政法院一九二六年六月十四日判例謂：「國家立於立法者或法律監督者之地位，課國民以特別義務時，亦與國民間私法關係相同，應遵守誠實信用之原則。」已採肯定之看法；而晚近多數學說亦承認誠實信用原則可於行政法領域中加以運用。詳參林紀東，行政法與誠實信用之原則，載於，法令月刊，第四一卷一〇期，頁一六七。

註七八　依法行政原理之內涵，詳見城仲模，論依法行政之原理，載於氏著，行政法之基礎理論，八十年十月增訂初版，頁一二以下。

至於憲法上一般法律原則）之必要輔助原則，即在透過「經驗法則」之作用，諸法律原則才有眞實之體現，如憲法位階之平等原則、比例原則，其平等之解釋及合理差別審查基準(註七九)、比例之必要性、妥當性、最小侵害手段等，均須在最後個案認定階段，由「經驗法則」來加以涵攝、評價，方謂其內涵之完整形式表徵。

㈣「經驗法則」與行政自我拘束原則

「行政自我拘束原則」，乃指行政機關作成行政行爲時，對於已形成「行政先例」之事件，如無正當理由，應受其「行政先例」或「行政慣例」（Verwaltungspraxis）之拘束而爲處理，否則即違反平等原則，而構成違法；其適用有三前提要件：a.要有行政慣例（行政先例）之存在；b.行政先例本身必須合法；c.必須該行政機關就該案享有決定餘地(註八〇)。「行政自我拘束原則」與「經驗法則」於形式概念上似有相同、重覆之處，惟其實質內涵、適用情形、法效果均有區別，有探究之必要。

「行政自我拘束原則」之適用情形在於行政處分作成後具有實質存續力，其對該相對人及利害關係人與原處分機關雙方面均發生拘束力（Bindungswirkung）(註八一)，其已確定之後(若提起行政爭訟，該程序亦已完成終結)，如遇相同情況之案件，後案之相對人即可據之以主張基於平等原則，而由行政機關爲相同之處理；抑或係規定行政機關與公務員應如何處理對人民之行政事務，而有事實上對外效力（faktische Anßenwirkung)的行政規則，於行政機關爲行政處分（Verwaltungsakt)時被違反，相對人可主張其違反平等原則請求救濟之(此學界尙有爭

註七九　平等之合理差別待遇審查基準，參閱，李惠宗，從平等權拘束立法之原理論合理差別之基準，國立臺灣大學法律學研究所碩士論文，七十七年六月，頁一〇三以下。

註八〇　林錫堯，行政法要義，八十年初版，頁四二。

註八一　翁岳生，論行政處分，刊於行政程序法之研究「行政程序法草案」，行政院經濟建設委員會健全經社法規工作小組委託臺灣大學法律研究所執行，七十九年十二月，頁二七二。

議，本文採肯定見解）。由此可知，「行政自我拘束原則」乃是由平等原則衍生出來之派生原則，其內涵則是行政處分效力所構築；適用上應限於行政機關之裁量權行使上（或謂：效果裁量）；違反此項原則的效果，依我國學者林錫堯氏之見解，應以主張該違反「行政自我拘束原則」之行政處分違反平等原則爲由，請求救濟（註八二），亦即，依目前行政法之一般法律原則於我國發展實況，似不得直接依違背「行政自我拘束原則」逕行主張撤銷或無效之訴或訴願。

而「經驗法則」在實質內涵，已如前述，乃爲客觀判斷事實，並經社會普遍價值認同之一蓋然性法則；故其適用的情形乃爲行政處分或行政訴訟之判決中，對於「判斷餘地」中事實認定上的拘束基準（或謂：構成要件裁量）；另在違反之法律效果上，於行政處分因其有合法實質要件上之重大、明顯瑕疵，自應爲自始、當然、絕對之不生效力；於違反「經驗法則」之判決救濟上，則依目前相關規定，應以行政訴訟法第二十八條一款：「適用法規顯有錯誤」爲理由，提起再審之訴。況較之「行政自我拘束原則」，人民容易預測、探知「經驗法則」之內容，蓋僅須配合上強制附記理由之要求即可使受處分人立即得知行政目的爲何。是故「行政自我拘束原則」與「經驗法則」於內容及適用上，顯有不同，應予區分。

㈤經驗法則與行政程序中之自由心證

行政官與法官雖均依自己之自由心證，判斷事實，惟法官受獨立審判之保障（註八三），其心證自形成至以裁判方式對外宣示，均不受任何干涉；行政官則不同，其應服從長官合法之指示，包括對事實之判斷在內（註八四），更重要的是行政目的及公益之考量。因此，行政程序中之自由

註八二　林錫堯，前揭書，頁四二。

註八三　我國憲法第八十條：「法官須超出黨派之外，依據法律獨立審判，不受任何干涉。」

註八四　吳庚，前揭書，頁四三四。

心證，較之訴訟法中者，則受到更多且非法律上之限制。而「經驗法則」對其之制約，亦應有較大程度之作用，理由在於：其一，調和上下級機關對事實認定、判斷之差異。其二，釐清行政程序中行政機關「球員兼裁判」之角色分野。

惟在行政機關處理案件時，對於證據之證明力，仍應與法院相同，均受「經驗法則」之拘束，亦即行政機關作成行政處分或裁決（如聽證等程序）時，仍必須以依法調查所得並獲有心證之事實關係為基礎，對證明為之判斷也應遵守「經驗法則」，方為適法之行政處分或裁決（註八五）。而我國實務（行政法院）上亦常以是否違反「經驗法則」，做為行政處分或訴願是否合法、適當之判斷標準（註八六）。

另有學者提出，在刑事訴訟程序中，認定犯罪事實乃為據以確立刑罰權之基礎，而屬嚴格證明認定犯罪事實以外者可持自由證明；而於行政程序中（包括行政訴訟程序）則不必為上述區別，即作為處分或裁決之事實關係之存在與否，無須滿足良知之絕對確信，而以達到高度之或然性（hoher Grad der Wahrscheinlichkeit），經合理之思維而無其他設想之可能為已足（註八七）。惟本文對此持保留態度，理由有二：

1.高度或然性為另一不確定法律概念，其「高度」實難加以界定，況其依個案不同而異，而以「經驗法則」加以規範（特別「經驗法則」之舉證責任當屬行政機關，自不待言），應即可達到相對確信之效果，亦可

註八五　同前註。

註八六　如七十九年判字第二○八五號，同年尚有第二○○三號、第一一八一號、第一七三二號、第一五三八號、第一三五六號、第三七○號，七十七年判字第二一八○號，七十八年判字第一一號，七十六年判字第二○七七號，乃至於五十八年判字第二一八○號，五十年判字第一二五號，四十四年判字第二○號，引用者為數甚多，均收錄於行政法院裁判要旨彙編各輯中，可一併參照。

註八七　Vgl. Stelkens/Bonk/Leohardt. a.a.O., S. 203; auch Redeker/von Örtzen, Verwaltungsgerichtsordung, Kommenter, 10 Auflage § 108 Rn. 10～13. 轉引自吳庚，前揭書，頁四三五。

排除人爲因素對處分之影響，此其一也。

2.由法治國人民權利有效保障之原則觀之，因我國行政執行相關法令中並未有人民權利暫時保護之規定(註八八)，採上述寬鬆之標準，是否允當，似值再加商榷。

〔伍〕我國關於「經驗法則」之實務見解探討 ——以行政法院裁判爲中心

一、引語

如前所述，「經驗法則」之研究於我國法學界鮮少，在行政法學界更是新穎命題，是故，欲在行政法上對「經驗法則」爲現況之始究，似應由實務上之裁判尋其蛛絲馬跡。然我國行政法院之判決，引用「經驗法則」此一概念來對行政行爲加以司法審查者，不計其數；惟其推理論述過程中之用語有其差異之處，如「衡諸常情」(註八九)、「客觀上不可能」(註九〇)、「通常事理」(註九一)、「有悖常理」(註九二)、「尚未與社會事

註八八 參照我國訴願法第二十三條本文：「原行政處分之執行，除法律另有規定外，不因提起訴願而停止。」行政訴訟法第十二條：「原處分或決定之執行，除法律另有規定外，不因提起行政訴訟而停止。」二者均一再宣示原處分基本上不停止執行之原則，不若德國行政法院法第八十條(VwoG§80)馬上停止之規定，較能保障人民權益。

註八九 七十九年判字第一七三二號參照。

註九〇 七十九年判字第一二三〇號參照。

註九一 七十八年判字第三六六號，七十五年判字第二〇七三號參照。惟「事理」是否爲德語"Die Nautr der Sache"，及其於公法上之作用，似有另爲探討之必要。詳見 Prof. Dr. Alfons Gern 原著, Die "Natur der Sache" als Rechtsgrundsatz im Verfassungs-und, Verwaltungsrecht, 蔡志方譯，「事理」作爲憲法與行政法上之法律原則，載於，植根雜誌，第八卷五期，頁一以下。

註九二 七十八年判字第二六九六號參照。

實全然背離」(註九三)、「依社會一般通念」、「社會公衆場所易於理解」(註九四)、「依通例而言」(註九五)等，惟其最後仍均以是否違背一般「經驗法則」作爲判決之基準；而在深究其適用之情形後，可知其仍以在事實認定有無違誤方面之作用佔絕大多數，而少數則表現在肯定行政機關函釋之適法性，審查行政裁量之妥當性等方面。爲了更進一步之評探，本文謹舉三個行政法院代表性案例，來說明「經驗法則」於我國適用之情形。

二、行政法院七十八年判字第六十七號判決──經驗法則之認定

㈠要旨

「係爭商標之外文與據以核承商標外文之前四字母相同，但兩者究有字母多寡與讀音各異之分，且係爭商標爲一造型特殊之構圖，揆之經驗法則，一般消費者尚不致有產生混淆誤認之虞」。

按商標圖樣相同或近似於他人同一商品或同類商品之註冊商標者，不得申請註冊，固爲商標法第三十七條第一項第十二款前段之規定。惟判別商標之近似與否，應視實際情形，分別就其通體或主要部分經隔離觀察有無混同誤認之虞斷之。查本件係爭申請註冊商標圖樣，被告機關據以核駁之註冊商標圖樣，兩者倘各就其通體部分異時異地隔離觀察，以一般消費者施用普通之注意，因其區別顯然當不致有混同誤認之虞固不待言。再各就其除中文外之主要部分察之。係爭商標之外文"KOMA"雖與據以核駁商標外文"KOMAYO"之前四字母相同，但兩者究有字母多寡與讀音各異之分，且前者之"KOMA"係與一造型特殊之構圖結合爲一體，揆之經驗法則，一般消費者於異時異地面對時，應尚不致刻

註九三　七十八年判字第二六二一號參照。

註九四　七十七年判字第二〇三二號參照。

註九五　七十五年判字第八七六號參照。

意將之割裂分出，單以之與後者之 "KOMAYO" 比對而產生混淆誤認之虞。是故兩者雖均指定使用於同類商品（舊商標法施行細則第二十七條第九十二類或施行細則第二十四條第八十四類），然係爭商標有無首揭法條不得註冊規定之適用，似仍有重行研議之餘地，被告機關審查結果拘於一端，遽以原處分對係爭商標註冊之申請爲核駁之審定，訴願、再訴願決定遽予維持，亦俱嫌速斷。原告起訴意旨指摘未合，非無理由，爰均予撤銷，由被告機關詳審後另爲適當之處分。

㈡討論

1.本件所涉及之問題，乃爲商標註冊事件之爭點——新登記之商標是否有使消費者對已登記核准過之他商標產生混淆誤認之虞，亦爲「經驗法則」於事實認定上發生作用之類型。

2.首先，由於大部分之「經驗法則」是屬於適用人之半主觀性，半客觀性，即具有判斷者心理性、主觀性的，是否違背因人而異，是故，提高其蓋然性，以求儘量統一具客觀性之標準，對於裁判品質之提昇，自爲其核心課題（註九六）。

3.且依我國最高法院六十九年臺上字第七七一號判例「查法院依調查證據之結果，雖得以自由心證判斷事實之眞僞，但其所爲之判斷如與經驗法則不符時，即屬於法有違。」而於行政訴訟中，自應可類推適用其意旨。而爲提高其蓋然性，以求儘量統一具客觀性之標準，並爲適法之自由心證判斷，自須讓吾人經由對價值判斷的內容之調查經驗數據爲基礎，可獲一現存之概要認識（註九七）爲佳。我國行政法院亦曾如德國、美國，於商標訴訟中採消費者意見調查，來作爲法官自由心證之輔助工具（註九八）。惟諷刺的是，我國行政法院以認爲不會混淆之消費者之印象

註九六　洪明璋，前揭文，頁一四二、一四三。

註九七　Klaus Luederssen, Erfahrung als Rechtsquelle, Erste Auflage, 1972, S. 79 ff.

註九八　行政法院八十一年度判字第二〇一五號判決參照。

（占90.6%）爲判斷標準，而不以認爲會混淆之消費者的印象爲準，與德國、美國恰好相反，導致的結果是對消費者較爲不利，實不足採（註九九）。

　　4.是故本件行政法院之判斷，似應亦採上述之調查證據之行爲，以免流於法官之「經驗法則」凌駕眞正一般「經驗法則」之弊。惟其所謂「混淆誤認」之認定的消費者比例，學者有百分之十之議（註一○○），應可贊同之。

三、行政法院七十九年判字第一二三〇號判決——行政裁量之界限

㈠要旨

　　「法律縱對改善限期未設規定，賦予行政機關裁量之權，倘其任意裁量，致所定期限爲客觀上不可能完成改善者，則以該裁量爲基礎之行政處分即難謂非違法」。

　　原告以法律規定於建廠十年之後，老廠配新法，而其舊有設備之改善須上游工廠共同配合，其中涉及預算之編列、設計、發包、動工、試驗等程序，絕非二個月期間所能完成。被告機關僅予二個月之改善期間，雖欲遵行但爲事實上之不能，即屬濫用權力之行政處分等情爲由；對基於該項期間而爲之按日連續處罰，個別循行政爭訟程序覓求救濟。被告機關則以：限期二個月改善完成非不可能，原告主張非有「事業廢水以管線排放於海洋標準」進行改善困難乃推託之詞云云，資爲抗辯。按原處分之科處原告罰鍰，乃緣原告以管線排放於海洋之事業廢水，未符合中央主管機關公告之標準使然，查「事業廢水以管線排放於海洋標準」係於七十六年七月二十二日公告，在其公告前，既無制定以管線排放於海洋之事業廢水是否合乎標準之法規依據，似難進行改善設施之規劃、

註九九　劉孔中，公平交易法第二十四條之研究，抽印本，行政院公平交易委員會出版，八十三年七月，頁一七～一八。
註一○○　同前註。

設計。又水污染防治法第二十一條固規定:「違反第十條規定者,除通知限期改善外,處四千元以上二萬元以下罰鍰;屆期仍未遵行者,按日連續處罰。」惟前開規定所謂「限期改善」,須屆期有實現改善之可能者,方符本案立法意旨。故法律縱對改善限期未設規定,賦予行政機關裁量之權。倘其任意裁量,致所定期限為客觀上不可能完成改善者,則以該裁量為基礎之行政處分即難謂非行政訴訟法第一條第一項之違法。

㈡討論

　　1.本件涉及之問題為違反水污染防治法事件。其爭點乃在於行政機關對於行政處分之裁量是否違法。被告機關要求原告於二個月內改善其排放廢水之管線及水質標準,惟行政法院首先依一般經驗法則認定該被告機關所為此一行政處分之內容為客觀事實上之不可能。此為事實認定小前提階段,亦為「經驗法則」最顯著之功能部分。

　　2.其次,行政法院再以此一客觀上、事實上之不可能,判定該限期改善行政處分濫用裁量權,而撤銷該處分,要求被告機關另為適法之處分。這一個藉由「經驗法則」之判斷,來審查行政裁量,在保障人民權益之立場,可謂立意甚新,且具有開創性,頗值肯定。

　　3.惟本案中所謂「一般經驗法則」,似有可議。第一,其用語似應為「特別經驗法則」,蓋排放廢水管線之設置及水質標準之改善,應屬專業知識範圍,故非為一般之經驗法則。第二,如前所述,該處分內容屬專業知識範圍,具高度技術性,而本判決未對其是否已屬行政機關之判斷餘地加以闡明,實為遺珠之憾。

四、行政法院七十七年判字第一三〇七號判決──函釋效力的判斷

㈠要旨

　　「同一樣式之廣告於二個不同之處所張貼,自屬二次違規行為,依法應分別處罰」。

　　按「在指定清除地區內嚴禁張貼或噴漆廣告污染定著物；違者，處四百元以上一千五百元（銀元）以下罰鍰。」，為廢棄物清理法第十二條第十款及第二十三條第三款所明定。又「在不同一地點之同種行為，構成違規事實時，應認定非一行為，依法應分別處罰。」「任意張貼廣告如未於行為時發現，可依廣告上刊登之住址或電話號碼處分房屋或電話所有人，如屋主能舉證為其他人時，可改處分行為人。」行政院衛生署六十四年十一月十三日衛署環字第八五八六○號及臺灣省政府衛生處六十九年十一月一日六九衛二字第六四六五三號函分別釋示在案。查上開函釋核與一般經驗法則相符，自得予以適用。

㈡**討論**

　　1.本件牽涉者乃是違反廢棄物清理法事件。其爭點在於行政院衛生署臺灣省政府衛生處所為之函釋之效力問題。

　　2.「經驗法則」於本案中有二種作用。首先即是直接作用，即以一般經驗法則直接肯認要旨中所述二函釋之合法性，此為實務上認「經驗法則」為法律原則之隱性表徵。再者是「經驗法則」於本案中亦間接決定了舉證責任之分配，又一次展現其於訴訟法中事實認定之效果。

　　3.惟於本案中，判決未對其判斷與「經驗法則」無違之基準將之附記理由，並予詳細說明，乃其缺陷，恐使人民難以理解其判決基準何在。蓋行政罰上依法分別處罰二次違規行為之認定，非與刑法理論盡同，謂其乃屬「一般經驗法則」，亦稍有勉強。

五、小結

　　由以上三個案例可知，「經驗法則」在行政法院判決上被廣泛提及，用途各異，惟始終未對「經驗法則」作一完整之適用解釋，往往令人有黑盒子──法官內心的事──之感（註一○一）；而大法官會議解釋亦從

註一○一　林瑞富，自由心證主義的法律與實務，載於，法令月刊，第四五卷一○期，頁一三。

未表示其對「經驗法則」之看法，亦使人殷殷企盼。綜而言之，實務目前對「經驗法則」所持之態度，乃是「用而不論」之消極作法，深怕破壞了此一自由心證的避風港，吾人冀望行政法院能邁開大步，將「經驗法則」之效力、位階適用範圍與內容深入地、詳細地在未來的裁判中予以敍明，使學界正視此一重要原則，進一步使裁判及行政行爲切實地與人民思維相契合。

〔陸〕結論

「經驗法則」於法律上之意義，乃是「人事的客觀性」，而非自然科學事物的客觀性，已於本文表達之基本立場及定義中說明。而法律爲支配社會生活之重要法則，其存在與否，究其終極實乃建立於社會大衆的一致而持續之心理傾向(註一〇二)，其秩序之建立，即基於經驗連結關係之合理化過程(註一〇三)，故「經驗法則」於該司法作用——合理化——中之地位，不言可喻。本此，對「經驗法則」於法學上探討之重要性，自有其相當價值及實益。

在德國著名公法學學者 Forsthoff 之名言：「本質上，當今的行政應係給付之主體。」(註一〇四) 引領下，現代行政乃進入給付 (Leistungsverwaltung) 行政時代，已無庸置疑。而原本給付行政之概念，確係經驗的、事實的，而非法之概念；給付行政之倡說，指出了行政的目的和內容，對於僅注意方法與手段的秩序行政，做了深切的反省，並逐漸使

註一〇二 王寶輝，最高法院造法活動之法理基礎初探，載於，華岡法粹，第一七卷，七十五年三月，頁二〇。

註一〇三 鄧衍森，司法裁判之規範理論，載於，東吳法律學報，第四卷二期，七十三年三月，頁一八四。

註一〇四 原文爲："Die Verwaltung, wurde jetzt auch wesentlich Leistungstraeger"—Ernst Forsthoff, Lehrbuch des Verwaltungstrcht, I. Bd. Allgemeiner Teil, 9 neubearbeitete Aufl., 1966, S. 35. 轉引自城仲模，行政法之基礎理論，八十年十月增訂初版，頁九〇〇。

其成爲行政法學的重要課題。於是，在諸種性質非必一致的行政內容裡，究應特別遵循那些公法原則，應予究明（註一〇五）；而「經驗法則」此一本質爲活法（Lebendes Recht），至今仍僅被應用在訴訟法中作爲自由心證制之功用的原則，於多樣性、機動性的行政中，似應有其規範作用（註一〇六）。是故，本文以爲，承認經驗法則乃行政法上之一般法律原則，有其必要，惟其於國內相關之公法文獻中，尚無加以討論者。本文之目的，僅可謂是野人獻曝，期盼法界有識者，能將「經驗法則」對行政法上各階段、各類型之行政行爲所能達成之法學上的作用予以闡明，而將易流於恣意之行政權（註一〇七），爲另一型式之約束，對人民權利作更有效保障，法治國精神方能眞正體現。

註一〇五　城仲模，前揭書，頁九一八。

註一〇六　八十四年三月十六日法務部研擬完成的「行政程序法草案」第六十二條規定：「行政機關爲處分或其他行政行爲，應斟酌全部陳述及調查證據之結果，依論理及經驗法則判斷事實之眞僞，並將其結果及理由告知當事人」，即係對於此種期待的具體立法草案之明文。

註一〇七　有謂權力分立亦爲「經驗法則」──權多必濫，所導引而出。參蔡新毅，權力分立原則之變遷與展望(下)，載於，司法周刊，第七一五期。

試論個案正義原則

范文清

試論個案正義原則

〔壹〕前言

「清晨五點，警察在路上攔下兩輛闖紅燈的車子盤問。其中一輛車是 Benz 600，載著王董事長，闖紅燈的理由是因爲欲去打高爾夫球，反正路上沒人，闖闖紅燈沒關係；另一輛是一九六〇年份的 SUBARU 小貨車，由一對老夫妻駕駛，闖紅燈的理由是急著要趕去中央市場批菜以便到菜市場去賣，五點才趕去實在已經太遲了。試問警察應如何處理？」

——謹以城仲模老師發人深省的例子作爲本文思考的基礎

　　法哲學最重要的基本問題之一是：正當法（richtiges Recht）是什麼？因此產生正義（Gerechtigkeit）作爲實證法評價標準的問題（註一）。按正義是人類生活秩序中最基本，卻也最終極的理想，以現代化意義下的法律制度（註二）試圖達成正義之理想，乃是人類以理性、科學的思維達此理想之重要成就。而法律規範之性質，必具有規範性與一般性二個特徵。唯作爲一般性的規範，法律欲對所有不同案型皆能妥善照顧，仍屬理想。法律既無法以其自身所已思考之點對全部人類行爲加以規範，

註一　劉幸義譯，Arthur Kaufmann 著，正義理論——由難題史觀察，中興法學，第二七期，頁一。

註二　關於現代意義的法治，可參見城仲模，論依法行政的原理，收於氏著，行政法之基礎理論，三民書局，八十年十月增訂初版，頁一以下。

則法律體系中不確定的、需要評價予以補充的法律概念與一般條款，徹頭徹尾負擔著有意義的任務：主要地它們是要使個案之特別情況的考慮成爲可能，亦即照顧個別的正義意義下之衡平 (die Billigkeit im Sinne der individüllen Gerechtigkeit)；附隨地它們同時也作爲引入法律外，社會的或倫理的價值的媒介（註三）。

然而，法律之尊嚴來自個案被切實地實踐（註四）。如果吾人把追求社會秩序的公平正義作爲法秩序最高的目標──或至少是目標之一，那麼法律作爲其手段，便須致力於此一目標的達成。但是問題在於：正義是什麼？這個問題也許在哲學，甚或是法哲學上有其不可磨滅的重要性，惟在法律秩序的面相上應重視者毋寧係：當具體個案發生時，應如何將該個案事實適用於法律之中，以求得每個個案皆能妥愼地被處理。易言之，就法律的角度觀察正義，有賴於使正義在每一個具體個案中皆能被妥愼地探索及實踐，使得「個案正義 (Einzelfallgerechtigkeit)」得以實現，方爲正當。否則法律制度必將落入「具文 (Gesetz im Papier)」之譏。然而，問題的重心始終在：什麼是正義？什麼是個案正義？其表現於行政法中，將是如何的面貌？吾人又應如何在個案中追求具體的妥適？本文以下即試圖先對個案正義加以定位，探求其意義及特徵，以期在我國法制上有其較具體的落實。

註三 黃茂榮，法律漏洞之補充的方法，收於氏著，法學方法與現代民法，一九九三年增訂三版，頁三三七。

註四 城仲模，從法治行政論「立法從寬執法從嚴」之原理，收於氏著，行政法之基礎理論，三民書局，八十年十月增訂初版，頁三九以下。

〔貳〕個案正義原則之概念

一、正義的意義

在個案中試圖追求正義，首先即必須了解正義是什麼。經過數千年來之探索，人類對正義雖不能自誇已能完全掌握，但亦非全無成果，以下即擇學說上較常論述者介紹之。

㈠「分配正義」與「平均正義」

這恐怕是正義最原始的分類。前者，乃基於比例平等之原理，依照幾何學的比例，確定各個人利益與不利益之應得分。即視各社會成員對「共通善 (Gemeinwohl)」的實現，所予合作之異同或合作能力之程度而組成足以具體指示每個社會成員之不同應得分之法秩序。故要求依各人之聖賢愚不肖，而定待遇之不同(註五)。後者係基於嚴格平等之原理，即依照算術之比例，確定各個人之利益與不利益之應得分。以人之人格價值為最高價值，完整人格的自己存在實現可能性之程度，本性上屬相等，故要求各人基於平等之立足點而受待遇。關注的是如何將權力、權利、義務及責任平均分配於每個社會構成員之問題 (註六)。二者似應相輔相成，就立法上，依分配正義使「相同之事物得相同之處理，不同之事物應即為不同之處理」；對法之執行上，依平均正義使相同案件能適用相同之法律 (註七)。

註五　洪遜欣，法理學，七十年十二月，頁二七六；洪惠平，正義理念的歷史面向，中興大學法律學研究所碩士論文，七十九年六月，頁一二；劉幸義譯，正義理論——由難題史觀察，頁一二；博登海默，法理學，結構群出版社，七十九年十月初版，頁三○三。

註六　洪遜欣，法理學，頁二七五；洪惠平，正義理念的歷史面向，頁一三；劉幸義譯，正義理論——由難題史觀察，頁一二。

註七　博登海默，法理學，頁三○三。

㈡「形式正義」與「實質正義」

前者不外為法之理念，以力為後盾，要求其理念上崭向之貫徹（註八）。有謂此乃所有正義概念中的唯一共同要素，這種正義存在於對所有屬於同一本質的範疇的成員給予相同的對待，關於這個準則，我們能加以定式化之唯一要求，即為該準則非出於恣意，並須具有正當的理由說明它係從某特定的規範體系中推論出來。這個準則必須正當而合理，即須「除在確認體系基礎的價值時所指涉的事物外，即在去除一切恣意的事物」始為正當；並以「普遍性」為目標，其公設須係對整個人類有效，方屬合理。後者則將道德上之善吸收於正義之形式之中，因而轉化為法的正義（註九）。準此，吾人似可認形式正義即在一般性之規範下，任何具備其中要件之人與事，皆應被適用；實質正義似指自實質之異同而在法律上探索其特殊性。簡言之，自法之角度而言，形式正義應指制定及適用法律的公平，亦即「等者等之，不等者不等之」；而實質正義則在謀求法律上真正的實質公平（註一〇）。

㈢「法律正義」與「社會正義」

前者乃謂關於總體社會與其構成員，尤其關於國家與國民相互關係之法價值理念。其適用對象係總體社會（尤其國家）業已成文法化的共通善。故受其支配者，係奠定總體社會（尤其國家）實證法上共通善之基礎，並實現此種共通善要求之基本義務（指立法機關應制定鞏固實證法上共通善之法規範），以及為履行該項義務所必要之一切義務(指國民或國家機關應依法令妥善行使職權或履行義務(註一一))，其中尤以國家機關與國民所應遵守之義務為最重要。「社會正義」乃關於社會經濟勞動共同體，應對於各協同體或其構成員，依彼等之協同部分，分配其因勞

註八　洪遜欣，法理學，頁二七〇。
註九　洪遜欣，法理學，頁二七〇。
註一〇　見趙敦華，勞斯的正義論解說，遠流出版公司，頁三六以下；鄧衍森，司法判決之規範理論，東吳法律學報，第四卷二期，頁一五六。
註一一　洪遜欣，法理學，頁二七八～二七九。

動協同所得生產之法價值理念，故其適用之對象，係關於勞動協同體，
應對於勞務協同者比例分配生產的共通善(註一二)。前者似強調法律之權
利與義務關係；後者因係來自自然正義而生，爲實現人格之自己之存在，
以社會協同方法，設定足致此目標之制度，謀求社會福祉之具體化。

㈣小結

　　自以上論述可知，正義作爲一個檢驗法秩序是否正當的標準，實係
一「具有規範性內涵的開放性原則 (註一三)」，千百年來人言人殊，欲對
之尋求一明確的定義殊屬不易。例如 Hans Kelsen 氏在研究過不少於十
六種的正義公式 (Gerechtigkeitsformeln) 之後，其結論：此等公式或
因其內容空洞，或因其可獲得全然不同的結論；因此，就何者爲優一事，
不能作一合理的 (亦即「間主觀的 (intersubjektiv)」及「可反證的
(falsifiziert)」)，有科學根據的決定 (註一四)。因此，即使如洪遜欣氏
將正義認定爲：「係人類一般，依其各種精神能力，常思共通善秩序在一
切比較具體的現實社會生活條件下之合宜的具體實踐化，並堅持此種精
神觀念，致其發展而成立之法價值理念。(註一五)」恐亦無實益。因爲該
定義中大量使用如「各種精神能力」、「比較具體的」、「合宜的」等不確
定法律概念，似無法作爲清楚的判斷基準。更何況，由於此概念所指引
的只是一個方向，時時刻刻以法律規範的形式提醒適用法律之人念茲在

註一二　洪遜欣，法理學，頁二七九。

註一三　Heinrich Henkel, *Einfürung in die Rechtsphilosophie*, 2. Aufl., 1977, S. 391
　　　　ff. 引自陳愛娥譯，Karl Larenz 著，法學方法論，五南出版社，臺北，八
　　　　十五年十二月初版，頁六四。

註一四　Vgl. Hans Kelsen, *Das Problem der Gerechtigkeit*, Anhang zu: ders, *Reine
　　　　Rechtslehre*, 2. Aufl., 1960, S. 355 ff. 引自，陳愛娥，法律政治與法學者，
　　　　政大法學評論，第五四期，頁一九二；蔡震榮、鄭善印合譯，Hans Kelsen
　　　　著，正義是什麼？(*Was ist Gerechtigkeit?*)，三鋒出版社，八十三年二月初
　　　　版；Ota Weinberger, Einzelfallgerechtigkeit, in: *Gedänchtnisschaft für
　　　　René Morcic*, 1974, S. 423. 但對此有不同意見，可參見，陳愛娥譯，法學
　　　　方法論，頁七七之註二〇九。

註一五　洪遜欣，法理學，頁二七二。

茲，故有時連其中「可能的文義」亦不可得。職是之故，欲尋求正義之直接定義及其內涵，仍有蜀道難之嘆。然而，就法律之角度而言，最可能的出路是：將這些說法邏輯上共通之處整理出來，因爲對此部分的同意最可預期(註一六)。因此，吾人細繹上述幾種區分方法之後，其似乎均不約而同的指向以下幾點：

1.其均肯認「公平」、「合理」對人類生活秩序之重要性。

2.其均指示立法者應依事物特徵之實質上異同而爲異同之規範。

3.其皆要求執法者於執法時亦應考量每個人或事之能力、貢獻而爲適當之利益或不利益之分配。

4.其要求人們應得其所當得之物。

易言之，它們的共通說法係下列思想：「正義意味者平等處理所有事物，只要它們在一定的觀點上相同，換言之，只要它們具有同樣的特徵。(註一七)」詳言之，它要求「對於『本質上相同的事物』爲相同的處理，對於『本質上』不同的事物爲不同的處理。(註一八)」但是吾人亦可以一眼就看出，以上這個定義對於「應該依據何種觀點決定事物之間是相同的，因此亦應作相同的處理」一事懸而未決。因此這個定義只是「形式的」，因爲「對於確定正義一事，它並未確定其本質性的範疇。」而要確定此等本質性的範疇，則非另外藉助特定的價值不可(註一九)。因此也促使我們必須詳細地說明「是否，並且基於何種觀點應對某事爲相同或不同的處理。(註二〇)」因此，即使由它仍不能推出唯一的決定，但是它也不是一個空洞的範圍，它毋寧是一種原則，最初雖然只指出一個方向，

註一六　陳愛娥譯，法學方法論，頁五五。

註一七　陳愛娥譯，法學方法論，頁五五。

註一八　Karl Engisch, *Auf der Sache nach der Gerechtigkeit*, 1971, S. 178. 引自，陳愛娥譯，法學方法論，頁五八。

註一九　陳愛娥譯，法學方法論，頁五五。

註二〇　Karl Engisch, *Auf der Sache nach der Gerechtigkeit*, S. 178. 引自，陳愛娥譯，法學方法論，頁五八。

須要被具體化，但是在其實質標準被填補之後，它仍可以保障法的安定性，因爲它使得「法秩序可以前後一貫地、穩定地發揮功能。(註二一)」

　　就吾人以上整理所得可知，正義它要求公平合理，要求應依事物實質上的異同而有異同之規定，並須切實依之而行。在法秩序中，這正是平等原則的要求。足見正義似乎與平等有極密切的關係。吾人是否可認平等是正義的最初要求？或是正義之核心？至少吾人在了解何謂正義之時，平等係其中心所在，乃無爭論。

二、作爲正義核心的平等原則

㈠平等原則之意義

　　自啓蒙時代以降，西方本於個人價值之覺醒，迭有將平等加以社會制度化之努力，職是之故，方有如民主政治及私法自治等制度之出現與確立。一七七六年七月四日美國獨立宣言中宣示：「我們深信所有的人，都是平等的。他們由天生賦予某種不可讓與之權利，這種權利，是生命、自由及幸福的追求，這是極明顯的眞理。」正是平等在人類文明史上具體落實的標竿之一。美國憲法第十四修正案規定：「無論何州均不得否定該州管轄範圍內的任何人法律上之平等保護。」日本憲法第十四條第一項規定：任何國民在法律上一律平等，其在政治上、經濟上或社會上的關係，不因人種、信仰、性別、社會身分或門第而有差別。」德國基本法第三條第一項規定：「法律之前人人平等。」第二項規定：「男女有平等之權利。」第三項規定：「任何人不得因性別、出身、種族、語言、籍貫、血統、信仰、宗教或政治見解而受歧視或享有特權。」我國憲法第七條規定：「中華民國人民，無分男女、宗教、階級、黨派，在法律上一律平等。」自各國根本大法的憲法而觀，各國之規定均大同小異，雖似足表示此問題放諸四海皆準的重要性及判別標準，卻也共同的未足表示平等的內涵。

註二一　Chaim Perelmann, *Über die Gerechtigkeit*, S. 107. 引自，陳愛娥譯，法學
　　　　方法論，頁五六。

一般對平等最基本的認識，乃承襲前述「分配正義」之理念而來。按平等原則者，一般可分爲形式的平等與實質的平等。所謂形式平等乃指稱：「本質上相同之事物應爲相同之處理，不同之事物即應爲不同之處理(註二二)」。而所謂的實質的平等，則係因爲每個人事實上會有經濟地位、天生才智等等之高下不同，倘若國家存在之目的亦爲了追求更大的社會正義的實現，則國家依平等原則亦須排除實際上的不平等。易言之，藉著國家之介入措施，對人民經濟生活以賦稅等手段使作爲結果的生活事實得趨於均一，以縮減諸如經濟力上之不平等(註二三)。因之現代憲法多有承認人民生存權、工作權或對老弱婦孺之特別保護規定。只是就作爲基本權的平等權而言，只有形式平等意義下的平等權，始能作爲人民的防禦權，用以防禦國家對人民不平等的侵害。而實質平等的理想，不只是不合理性，而且是違反人性的。因爲如果尚承認人應有個別的差異存在，而非僅是一個社會成員，則其即不能與他人完全一致，如是，則立法者依平等原則而採取社會重分配之措施時，即不能以所有人實質上一律平等之社會爲其目標，毋寧應以追求該當社會發展階段的平等(註二四)。因此，以下所討論者，乃逕指形式平等而言，實質平等則不與焉。

㈡判斷標準

然而，平等原則相對於其他的一般法律原則或其他的人民的基本權利，其困難之處乃在於上述之「本質上相同或不同」的這個公式中，其

註二二　Konrad Hesse, *Grundzüge des Verfassungsrechts der Bundesrepublik Deutschland*, 20. Aufl., C. F. Müller Verlag, Heiderberg, 1995. S. 186. ；陳新民，平等原則的憲法意義，收於氏著，憲法基本權利之基本理論(上)，自版，臺北，七十九年一月，頁五〇三；劉幸義譯，正義理論——由難題史觀察，頁一二；張錕盛，析論禁止恣意原則，收於城仲模主編，行政法之一般法律原則(一)，三民書局，臺北，八十三年八月，頁一九九以下。

註二三　Klaus Stern, *Das Staatsrecht der Bundesrepublik Deutschland*, Bd. I, C. H. Beck'sche Verlag, München, 1984, S. 939.

註二四　陳愛娥，自由—平等—博愛——社會國原則與法治國原則的交互作用，頁二〇。

並未對於其中最核心的問題：「何謂本質上相同或不同」提出答案，而只是提供了一個內容空洞的公式而已。對於此，平等原則作爲一個憲法原則，其拘束行政、司法與立法，本爲通說所不爭。在行政、司法的領域，由於平等原則要求依法行政或依法審判，但法律對於何謂平等已作過具體化，是故行政與司法可以以立法者的意思爲標準去判別何謂本質上相同或不同，因之欲判斷是否合乎平等尚非困難。但是本公式之困難之處乃在於平等原則拘束立法時，其標準何在(註二五)。然則吾人自前開公式中之「本質上相同或不同」之點上，卻可見得平等原則本不禁止立法者作差別待遇，它只要求在作差別待遇之時，不得「恣意(willkür)」地爲差別待遇，立法者必須提出一個合理的理由用以正當化其差別待遇。由是，吾人可以將平等原則等同於「恣意禁止(Willkürverbot)」，而以是否「恣意地認定本質上相同或不同」以認定其是否合乎平等原則。

　　而於判別立法者是否恣意時，德國聯邦憲法法院依 Gerhard Leibholz 氏之見解，建立起以下之公式：「若對一個法律上之區別對待或相同對待，不能獲得一個合乎理性(vernüftig)的、源自事物本質的或其他實質上具說服力(sachlich Einleuchtend)的理由，簡言之，該規定必須被稱爲恣意時，即爲違反平等原則。(註二六)」德國聯邦憲法法院之實務上，並不將此基準局限在其字面所似乎顯示的「主觀」恣意，而將其解釋成禁止任何客觀上違反憲法基本精神與事物本質的行爲(註二七)。其認恣意之認定不包括主觀之責任非難，而指相應於所欲規範的事實情況，在客觀意義下特定措施之事實上和明白的不適當性(Vergemessenheit)，也就是規範本身對被規範的對象而言，具有事實上和明白地不適

註二五　邵子平譯，Wilfried Schaumann 著，平等與合法原則，憲法思潮，第五期，頁一四六以下。

註二六　盛子龍，西德基本法上平等原則之研究，憲政時代，第一三卷三期，七十七年一月，頁六五。

註二七　林錫堯，行政法要義，法務通訊雜誌社，臺北，八十二年七月三版，頁四二。

當性（註二八）。而將此一定義具體化，依吾人所見，可得標準有二（註二九）：

第一乃是「憲法的全盤價值」。按憲法之平等權理念，本來就是充滿價值觀之理念，因之憲法在各個領域之法秩序，雖委由立法者具體形成，但是立法者之具體形成，卻不能違背憲法上已做成之「整體價值體系」以及「憲法精神」（註三〇）。因之平等原則不但禁止故意的恣意行為，而且禁止任何客觀上違反憲法精神及事物本質之行為，準此，恣意禁止與「欠缺合理的，充分的實質上理由」同義（註三一）。按法律不得抵觸憲法，憲法第一七一條定有明文，於此所指稱之憲法者，憲法條文中定有明文者屬之本不待言；但是憲法之整體價值判斷，例如法治國家理念，人性尊嚴，基本國策章中所列舉的各種立國原則等，均係立法所應遵守者。因之 Peter Badura 氏即指出，德國聯邦憲法法院即逐漸喜歡用憲法價值體系，例如社會國原則，而較少用「恣意禁止」之理由，來增強憲法平等權之規範力（註三二）。

第二個則是「體系正義 (Systemgerechtigkeit)」。體系正義乃意指關聯於立法者在系爭問題的法律事件上所採用之秩序原則。易言之，於民主法治國的原則下，立法者享有形成法秩序的優先權力，且其權力極為寬廣，但立法者亦有依憲法之基本價值去形成法規範秩序之義務，當其以法律形成一特定之價值決定時，在法律之細節中，便當始終堅持此

註二八　許宗力譯，Christian Starck 著，基本權利的解釋與影響作用，收於氏著，法與國家權力，國立臺灣大學法學叢書（七一），月旦出版公司，臺北，一九九三年四月增訂二版，頁四九六；江耀國，德國與美國憲法上平等原則之比較，植根雜誌，第九卷一期，頁一六。

註二九　拙著，司法不法與國家賠償——論國家賠償法第十三條中之「審判」之意義，中興大學法律學研究所碩士論文，八十五年六月，頁一三二以下。

註三〇　陳新民，平等原則的憲法意義，頁五一五。

註三一　林錫堯，行政法要義，頁四二。

註三二　Peter Badura, Der Sozialstaat, *DÖV* 1989, S. 495., 引自陳新民，平等原則的憲法意義，頁五一五。

一決定，以維持法律之明白性 (Plausibilität) 與一貫性 (Folgerichtigkeit) (註三三)。簡言之，立法者須受自身先前所建立的法律原則的拘束，亦須進而受憲法上位原則的拘束，法律秩序方得維持其一致性(註三四)。誠然，多種價值在法律體系中常處於「緊張關係(Spannung)」，此原則未必能始終堅持如一，但若任意違反法律自己樹立之事物法則性 (vom Gesetz selbststatuierten Sachgesetzlichkeit)，則法律之普遍適用於一般人及一般事項之特性將置於何地？ 如果由於違反體系之異質物之侵入致內在的關聯被扯斷而且其內在的邏輯被剝奪的話，法律規範將失去其可依賴性及貫徹性，從而失去其正義價值。故自 Gerhard Leibholz 氏以降，通說實務均認為如此即屬違反平等原則 (註三五)。

在不同法律之間，其價值判斷亦成為體系上之關連，若不能合理化其間之區別，則該法亦有違反體系正義之嫌，謂之「體系間之正義 (Systemgerechtigkeit im verhältnisverschiedner Regelungssystem)」。相對的，在個別法律之中，其已被確定之基本價值應一致地被貫徹，謂之「體系內之正義 (Systemgerechtigkeit innerhalb eines Ordnungskreises)」。

㈢小結

綜上所述，當論及平等與正義間之關係者，依以上的說明可知，公

註三三　李惠宗，「體系正義」作為違憲審查基準的探討，憲政時代，第一六卷二期，頁二八以下；同作者，從平等拘束立法之原理論合理差別之基準，臺灣大學法律學研究所碩士論文，頁九八、一四八；Gerhard Leibholz, *Die Gleichkeit vor dem Gesetz*, 2. Aufl., 1959, S. 47. 76. 引自，黃建輝，從體系正義觀點論釋字第三六五號解釋，司法週刊，第七三六期，第三版。

註三四　Karl Larenz, *Methodenlehre der Rechtswissenschaft*, 5. Aufl., 1983, S, 420., 引自，黃建輝，從體系正義觀點論釋字第三六五號解釋，司法週刊，第七三六期，第三版。

註三五　例如 BverfGE 1, 208 (246). 引自黃建輝，從體系正義觀點論釋字第三六五號解釋，司法週刊，第七三六期，第三版。

平是實質上的正義應有之義，其更要求不偏袒地分配社會權益(註三六)。易言之，「正義的核心是平等(註三七)」。然應深究者爲：形式平等僅是一個價值中立的原則，它只要求提出一個合理的理由，以對本質上相同或不同的事物作相同或不同的處理，但是它終究是一個內容空洞的原則，平等原則本身對「合理的差別待遇」爲何並未提出任何說明或用以判斷的依據(註三八)。易言之，前述形式之正義充其量只能保證恣意的避免，卻未能論及實質。

但是另一方面，吾人亦可知平等原則要求立法者針對每個個案(人、事)的實質特徵有法律意義上之異同者即應予以異同之處理，執法者於執行法律時亦同，此係平等之最基礎的要求。其次，檢討是否違反平等原則，首應確定不平等措置及其決定標準；其次自立法目的探知不平等措置之目標；最後檢證此目標是否能夠合理化其差別標準(註三九)。而所謂平等原則——亦即何謂合理的差別待遇——之判斷標準，由於該公式本身未對於何謂本質上相同或不同提供答案，吾人必須在具體的事件中另尋其他的價值——在法秩序中，當以自憲法以降的全體法秩序已作出的價值決定——以爲基礎，易言之，乃應求之於憲法的全盤價值，以及整體法秩序中所呈現之體系正義二者爲斷。

但是在現代法治國家中，由於在權力分立原理之下，制定法律的國家機關乃是立法機關，易言之，當立法機關制定法律之後，行政與司法即必須依法行政與審判，而不得依己意恣意胡爲，則行政與司法的行爲至少已——相當程度地——符合了平等原則的要求(註四〇)。因爲立法職

註三六　趙敦華，勞斯的正義論解說，頁三二以下。

註三七　劉莘義譯，正義理論——由難題史觀察，頁一一。

註三八　Ota Weinberger, *Einzelfallgerechtigkeit*, S. 437.

註三九　李惠宗，從平等拘束立法之原理論合理差別之基準，頁一七〇；林錫堯譯，基本權之限制，法學叢刊，第一二〇期；陳新民譯，德國基本法之基本權利體系，憲政思潮，第六九期，頁一六二以下。

註四〇　邵子平譯，平等與合法原則，頁一四六以下。

司對平等的第一次形成權限，行政和司法則在其後依之而行。但是法律必不能毫無漏洞，此時，依法而行的行政與司法即有填補漏洞的必要或是行使裁量權之權力，此時其面臨的問題與立法不相上下：它們都是對於法所未規定的個案自定規則以平衡其利益。因之個案中之利益衡量，也許即為正義在被實踐的過程中，吾人較能著力之處了。

三、個案正義原則之概念

正義的概念為何固為吾人所不能確知，但是在上文中吾人亦可發現，正義是一充滿了價值觀念的概念，在法治國家之下吾人唯一可以確定者，乃是其要求不得作不合理的差別待遇，但是就何謂「合理的差別待遇」，卻終究必須求之於系爭案件所考量之各種利益加以衡量，始得確知。易言之，所謂個案正義者，實係在各個不同的案件中，尋求其合理的差別待遇的基礎之謂，因此事實上其即相當於「利益衡量(Interessenabwän-gung)」或「法益權衡 (Güterabwägung)」之要求。以下吾人即準此，探究個案正義所由發生之原因，以及追求個案正義之目的何在，以說明其概念。

按法治國家理念乃是一項憲法之基本原則，此一原則乃由於人民放棄其於自然狀態之自然權力而組成國家，將其自然權力交由國家為合法的物理實力之獨占，其原因乃在求以國家之合法的物理實力之獨占，用以保障人民之權利。這是國家取得獨占公權力的正當化原因，從而亦係國家行使其公權力之界限之所在。易言之，國家成立之目的，本即在保障人民之權利，早如前述(註四一)。而國家在各種國家類型之中，其對於依法而治的要求亦有所不同(註四二)。在封建國家之中討論法治國家，本

註四一　關於大陸法系與英國法上法治國原則的形成歷史，可參見陳愛娥，由法治主義涵變探討委任立法應有之界限，中興大學法律學研究所碩士論文，七十六年六月，頁一九以下有詳細的論述。

註四二　關於國家類型的發展，可參見李建良，從公法學之觀點論公益之概念與原則，中興大學法律學研究所碩士論文，七十五年六月，頁一九～二八；陳

是沒有實益之事。降至自由法治國家，因爲對於國家之希望乃是「最少
的干涉，最好的政府」，因之對於國家只要求其嚴格地依據制定法而行爲，
其他則由人民自行處理即可。但是在現代的社會法治國家之中，人民已
無法單靠自己之力量生存，更須國家提供許多給付，因之國家觀念即演
變成爲主動性、積極性的福利國家思想，其必須追求實質的社會正義。
當人民所要求國家所提供之安全與自由之保障越來越多，則國家之任務
亦越來越廣。因之其對於法治的要求，亦轉變成爲「依法(Recht)而治」。
然則，雖然國家的任務日趨擴大，但是國家行爲必須受法律之拘束，不
但沒有放鬆，實有嚴密的趨勢。因爲法治國家的目的，本來即在於爲了
保障人民的自由，而限制國家的權力與其支配，並排除人的支配，以達
成法律支配。

　　而依一般通說，法治國原則(Rechtsstaatsprinzip)的內涵約有(註
四三)：「權力分立原則」、「依法行政或依法審判原則」、「國家公權力行爲
的可預測性」、「獨立法院的權利保障」、「憲法的最高性」以及「基本權
利尊重原則」等等。易言之，法治國家之內涵，乃在於國家權力之運作
僅能依據憲法與形式上、實質上皆合乎憲法規定，且已公布之法律始得
發動，目的在於保障人性尊嚴、自由、正義與法律安定性(註四四)。但是，
依前所述，所有的法治國家原則之所由來者，均係爲了保障人民的權利，

　　　　　愛娥，由法治主義涵義之演變探討委任立法應有之界限，頁六三～六八；
　　　　　陳新民，行政法學總論，自版，臺北，八十四年四月修訂五版，頁一九以
　　　　　下。
註四三　關於法治國家原則的內涵，可參見 Klaus Stern, *Das Staatsrecht der Bun-
　　　　　desrepublik Deutschland*, S. 781, 788 ff.；許宗力，動員戡亂時期臨時條款之
　　　　　法律問題，收於氏著，法與國家權力，國立臺灣大學法學叢書(七一)，月
　　　　　旦出版公司，臺北，一九九三年四月增訂二版，頁四二三～四二四；陳新
　　　　　民，行政法學總論，自版，八十五年五版，頁一九以下；彭國能，法治國
　　　　　之基本理念，收於城仲模主編，行政法之一般法律原則㈠，三民書局，臺
　　　　　北，八十三年八月，頁三八九以下。
註四四　Klaus Stern, *Das Staatsrecht der Bundesrepublik Deutschland*, S. 774.

簡言之，在法治國家原則之中，「基本權利之實質保護」乃是最重要而且最核心的內容，而且是其終極目的之所在，乃無疑義（註四五）。

然而，法治國家理念終究只是一項憲法之基本原則，它並非對於每一項具體事實以憲法位階之規定，對所有細節提供解決依據，而必須由立法者依實際之狀況予以具體地形成（註四六）。另一方面，法治國家理念落實於具體個案之過程之中，行政機關往往要面對許多複雜的利益衝突。在法治國家保障人民的基本權利、正義與法律安定性之要求之下，吾人欲妥當地調整個案中的利益衝突，即必須對該行為所涉及的所有公益與私益，作出平衡的考量，並依實際的情況，客觀地予以衡量取捨，始能對各種公益與公益、公益與私益以及私益與私益之間之衝突，作出妥當的調整。

以上所述，既是落實法治國家原則之所要求，則對於行政、立法與司法皆有其適用。然而法治國家中的個案正義原則，則必須由法律規範的性質來說起。

按法律規範之性質，必具有規範性與一般性二個特徵（註四七）。前者乃謂法規範抽象地對所決定之對象要求依其規範意旨而從事某種作為或不作為，此要求對所有被要求之人皆具有拘束力；後者乃謂法規範要求之對象並非專對特定之案件，而是在其效力所及之時間與空間之範圍內，對一切這種案型均有其拘束力。

然而依以上的說明，吾人可知平等乃是正義的核心，而要達成一個合乎正義的法秩序，就必須一直回到平等的「等者等之，不等者不等之」的公式中。平等是法的實現，而法又是實現平等的前提與標準。蓋國家

註四五　拙著，司法不法與國家賠償——論國家賠償法第十三條中之「審判」之意義，頁一三七。

註四六　彭國能，法治國之基本理念，收於城仲模主編註四三書，頁三九七。

註四七　Karl Larenz, *Methodenlehre der Rechtswissenschaft*, 3. Aufl., 1975, S. 232. 引自黃茂榮，法律規定之邏輯結構，收於氏著，法學方法與現代民法，一九九三年增訂三版，頁一二三。

的立法機關綜合了特定的事實內容 (Sachverhalt) 以爲特定的構成要件 (Tatbestand)，而它們必須要有一定的法律效果，以表示立法者衡量其中的利益衝突之決定。易言之，在法律具有抽象性的前提之下，合乎法律即是合乎平等了（註四八）。只是法律既是對於事實與法效果的抽象化，則就個別事實的角度而言，也許法律會過度忽略了個案中的某些事實，使得該個案在適用法律時不能得到一個「合乎正義」的法效果。但是這並非謂法律平等只有透過各種事實的——合乎法律條文的——規範化始能得到，法律亦可以給適用法律的行政機關以衡量運用的餘地，以便它們可以照顧到個別案件中的特殊情形(註四九)，以便由行政機關或司法機關衡酌。由是個案正義原則所由發生之原因，依學者之歸納，可歸納爲四（註五〇）：

1.若欲以立法者所見之情況去規定所有的法律事實，在現實上實爲不能。因爲立法者或者力有未逮而未能掌握現實的社會生活事實，或者因事後的發展而使個案的情況成爲法秩序所未規定者。但是此等情形終究不是立法者所意欲之例外，而總是希望將之列入一般法秩序之範圍之中。

2.亦有如下的可能性，亦即個案之事實雖然合致法規範之規定，但是卻不合乎法律之精神，或是在邊緣案件 (Grenzfall) 中，即使透過便宜裁量（Billigkeitentscheidung）亦不能合致法律之基本精神。

3.由於法律文字的多義性，因此使得它有多種解釋可能性，使得其無法填補正義空洞的內容。

4.亦有可能係因爲法律內容所規定的典型，不能滿足個案正義之問題。這可能係因爲須評價的涵攝（wertende Subsumtion），亦可能係因爲漏洞的填補所致。

註四八　邵子平譯，平等與合法原則，頁一四七～一四八。
註四九　邵子平譯，平等與合法原則，頁一五一。
註五〇　Ota Weinberger, *Einzelfallgerechtigkeit*, S. 438.

四、小結

由以上的說明可知，由於在法治國原則之下，人民的基本權利的實質保障乃是國家法秩序之所以成立與存在之目的所在。它是一種對於立法、司法與行政均有廣泛的法拘束力之國家目標之規定（Staatszielbestimmung）。這種目標在內容上雖不明確，因而其在個別利益下的實質內容，仍有待國家機關之具體化，但是具體化之方向則已大致確定，因此其仍不失法規範上之拘束力（**註五一**）。易言之，國家機關在衡量個別案件中具體的利益衝突，以確保人民在每個個案中的基本權利皆能被盡可能地確保，乃是法治國原則之下的責無旁貸的要求。因此，所謂個案正義原則乃指稱在法秩序之下，由於法律文字不能照顧具體個案的特別情況，因此在法律賦予行政機關裁量權限之情況下，執法者如何考慮其特別的構成要件要素以使正義──亦即真正的平等──在個案中能有實質的落實。蓋徒法不足以自行，法治國家中仍少不了人的運作，立法者無論如何無法預立行政實際使洪纖兼具，為求在每個個案中實現正義，誠有賴行政機關之法律良知與學養專長，臨案斟酌裁量以尋求至當，並切實地保障人民的基本權利。只是在法秩序之下，其應如何實踐，則係下文的問題了。

註五一　於此應說明者，乃是規則與原則間之關係。按在法理論學（Rechtstheorie）上對於法規則（Regeln）與法原則（Prinzipien）之區分乃指：倘若規定特定要件實現時，即發生命令、禁止、容許或授權得為特定行為之法效果，此種類型的法規範被稱為「法規則」。它是一種「確定的命令（definitive Gebote）」。此種類型的法規範之典型適用型式為邏輯涵攝。另一方面，「法原則」乃是一種「儘可能實現的命令（Optimierungsgebote）」。它只要求在事實上及法律上可能的範圍內，儘可能實現某種要求，易言之，因時空之不同，其命令內容可以有不同的實現程度，而仍不失其法規範之性質。參見 Robert Alexy, Grundrechte als subjektive Rechte und als objektive Normen, in: *Der Staat* 29/1990, S. 54. 引自陳愛娥，自由─平等─博愛──社會國原則與法治國原則的交互作用，頁二四。

〔叁〕個案正義原則與裁量

一、個案正義原則與裁量

個案正義在行政法上的實踐，裁量無疑的當屬極重要的一部分。按所謂裁量乃裁度推量之意，乃係行政機關在法律積極明示之授權或消極的默許範圍內，基於行政目的自由斟酌，選擇自己認為正確的行為，而不受法院審查者(註五二)。一切國家機關從事活動，皆須受其設立目的之拘束，故自外部而言，固須受各種法規範之拘束；內部則負有尋求正確方法以達成目的之義務。在權力分立之下，行政本有自由活動之空間，亦應受法律、命令等法規範之拘束。但立法者永不可能制定出鉅細靡遺的法律使行政依法行政，立法者對實際發生之個案的時間、方法、手段之選擇，亦絕不可能如執法者般能準確掌握拿捏，此等立法技術之有限性與時效之追求，正給予行政裁量以基礎。就法官或行政官署而言，「法律並未給予明確的特徵，以使其得邏輯的操作；它只對法官指出一個方向，要他朝著這個方向去做裁判。至於在這個方向他該走多遠，則讓他自己去決定。(註五三)」時至今日，福利國家興，國家任務日趨繁複多樣，行政事務的質與量快速增加，且現時分工細密，行政機關方有較多之人才以因應日趨專業的行政事項，以達給付國家、福利國家之理想。行政裁量即日趨重要。

自法規對行政之控制而觀，行政在外部須受各種法規範的拘束，內部則須受其內部因素之指導，尋求正確方法以達成目的。故行政依受法規拘束之程度，可分羈束行政與裁量行政。前者乃謂受法律嚴格拘束，

註五二　翁岳生，論「不確定法律概念」與行政裁量之關係，收於氏著，行政法與現代法治國家，一九八九年九版，頁四二。

註五三　黃茂榮，法律漏洞的填補方法，頁三三六。

當構成要件滿足時，必生某種法律效果，法律僅給予行政機關單一之效果命其執行，行政機關毫無選擇之可言。裁量行政則在法律明示或默示允許之範圍中，行政機關得基於追求公益之行政目的，選擇自己認為正確的行為。於此態樣下，方有個案正義原則適用之機會。換言之，在羈束行政中，行政只有依法行政之可能，若捨此而不為，必致違法。而在裁量行政中，行政在法律之授權與限制之下，本於行政積極主動的特性，朝向公益之目的，在個案中斟酌選擇最恰當之時間、方法與手段，具體地實現法的意旨。由是可知，行政裁量的目的至少有三 (**註五四**)：

1.行政裁量足濟立法之窮。因為立法以有限的文字，斷不可能規範無限的社會現象，法律條文無須，亦不可能鉅細靡遺。

2.行政裁量的合理運用，可斟酌法律規定的意旨與其授權範圍，對於具體個案的現實情況加以妥慎地考量，以彌補法律不能對於所有事實情況皆納入考量之不足，用以確實地保障人民的基本權利。

3.由於權力的分立與制衡，乃是法治國的重要原則之一，行政裁量的合理運用，可提供行政以獨立國權的地位，留給行政以自主的空間，自行追求其行政目的與效率，衡平行政與司法間權力分立相互制衡之情況。司法僅能審查行政行為之合法性，至若行政裁量若無濫用或逾越，則大多屬妥當性的問題，司法不得介入 (**註五五**)。

二、行政裁量在實證法上的實踐

在實證法上，例如集會遊行法第二十六條規定：「集會遊行之不予許可、限制或命令解散，應公平合理考量人民集會遊行權利與其他法益間之均衡維護，以適當方法為之，不得逾越所欲達成目的之必要限度。」再

註五四　李震山，論行政法上比例原則與裁量原則之關係，警政學報，第二三期，頁四。

註五五　關於法院對於行政的審查密度，可參見張錕盛，從權力分立論司法對行政行為的審查密度，中興大學法律學研究所碩士論文，八十五年七月。

如經建會版行政程序法草案第七條規定:「行政行爲應依下列原則爲之:
一、採取之方法應有助於目的之達成。二、有多種同樣能達目的之方法
時，應選擇對人民權益損害最少者。三、採取之方法所造成之損害，不
得與欲達成目的之利益顯失均衡。」又例如德國一九三一年普魯士邦警察
行政法第十四條第一項規定:「爲了防止可能損及公共安全與秩序之一般
或個別危害發生，警察機關於適用之法律範圍內依合義務採取必要之措
施。」再例如德國聯邦與各邦統一警察法標準草案第三條規定:「警察依
合義務之裁量採取措施。」就此幾條法條之規定而言，吾人可分析其共同
之特點如下:

首先，該等法條只要求「合義務的裁量」。在法治國原則之下，行政
機關須適合的義務乃係從憲法以降的整體法秩序，而依上所要求，在具
體的個案中追求正義的具體實現，乃是法治國的「應盡力實現的誡命」，
行政裁量自亦受其拘束，而必須在個案中衡量所涉及的各種利益，亦即
其即屬於「法益衡量 (Rechtgüteabwägung)」(註五六)。其不但涉及公
益與公益之間的衡量，亦涉及公益與私益間，私益與私益間的法益衡量。
而衡量此等利益，在法治國原則之下，其終極的目的乃在於人民基本權
利的保護，因此，行政裁量有義務遵守法治國原則所有的要求，但亦僅
以此爲界限。人民並無請求行政機關爲特定決定的請求權。

其次，在法益衡量的目標之下，該等法條必定特別強調比例原則。
按比例原則乃謂目的與所採取之手段間尋求一合比例的關係。由十九世
紀德國警察法理論與實務開始，爲了防禦警察權對人民權利過度之侵害，
演變至如今具有憲法位階之法律原則。比例原則主要在調和「公益上之
必要」與「權利與自由之侵害」。按國家之任務本在排除侵害並謀求公共
福祉，但若公益之追求與個人權益之保護處於相對立之緊張關係，人民
自由權利應受如何之限制? 行政行爲又應受如何之限制? 比例原則即爲

註五六　李震山，論行政法上比例原則與裁量原則之關係，警政學報，第二三期，
　　　　頁三。

重要判別標準(**註五七**)。關於其判別標準，由一九五八年六月十一日德國聯邦憲法法院之「藥房判決」將比例原則之判別標準區分爲「適合性」、「必要性」及「狹義比例性」(**註五八**)，以下分述之：

第一應考量者係「適合性(Geeignetheit)」。若國家之手段須有助於所欲追求之目的之達成，即爲適合。易言之，須先探知立法者之立法目的，再審查此手段可否達其目的。而這個原則是一個目的導向的要求，即使只有部分（zum Teil）有助於目的的達成，即不違反適合性原則。質言之，只要手段不是完全（völlig）或全然（schlechthin）不適合，即不違反比例原則(**註五九**)。再者，若手段不適當，亦非當然違反適合性原則，蓋立法者或行政機關對未來做出預測，該預測必有錯誤之可能，而當該目的自始即無法達其目的，始違反比例原則（**註六〇**）。

第二須檢討者則爲「必要性（Erfordlichkeit）」。當「如果別無其他相同有效，而且對基本權利未予限制或限制較少之手段可供選擇」，方可謂必要(**註六一**)。即在相同有效之前提下，須選擇對人民損害最小的手段，方符必要性原則。易言之，當有其他同樣有效且對於基本權利侵害較少之措施可供選擇時，則立法措施即有違必要性原則(**註六二**)。其所展現的「目的—結果—關係（Ziel-Ergebnis-Relation）」必須是最少侵害的結

註五七　葉俊榮，行政裁量與司法審查，臺灣大學法律學研究所碩士論文，七十四年六月，頁一四八；朱源葆，警察人員運用比例原則處理群衆活動之法律界限，警政學報，第二二期，頁一三八。

註五八　BVerfGE 7, 377 ff., 引自，盛子龍，比例原則作爲規範違憲審查之準則，臺灣大學法律學研究所碩士論文，七十八年六月，頁一。

註五九　謝世憲，論公法上之比例原則，收於城仲模主編，行政法之一般法律原則㈠，三民書局，臺北，八十三年八月，頁一二三。

註六〇　葉俊榮，行政裁量與司法審查，頁一五〇以下；盛子龍，比例原則作爲規範違憲審查之準則，頁二一以下。

註六一　BVerfGE 30, 292 (316), 引自，盛子龍，比例原則作爲規範違憲審查之準則，頁二一以下。

註六二　BVerfGE 16, 147 (173), 引自，謝世憲，論公法上之比例原則，頁一二三。

果（註六三）。

第三必須檢討者則爲「狹義比例性（Verhältnismäßigkeit）」。國家爲了追求一定目的所採取之限制手段的強度，不得與達成目的之需要程度不成比例。在此所謂的「手段與目的之追求的比例關係」，必須是「適當（angenessen）」、「正當（recht）」或「理性（vernüfig）」的（註六四）。限制之強度不得逾達成目的所需要的範圍，且限制造成之侵害，應不得超過其所追求的成果（註六五）。在具體個案中判斷是否合比例，首應考量基本權利在憲法價值中之抽象位階，再判斷基本權利在個案中所受具體侵害之強度。例如人性尊嚴、職業自由、人格的自由發展權。大抵而言，越接近人類內在的或心靈的領域，基本權的抽象價值越強，公權力介入的正當化理由就越形重要（註六六），再判斷基本權利受侵害之強度，再衡量對公益之影響，如公益之重要性、迫切性等而爲衡量。

最後，正是因爲各個一般法律原則之間不可能一刀兩斷地截然畫分，可見個案正義原則似以平等原則爲其核心的內涵。只是因爲平等原則並未提供差別待遇的實質標準，因之在各種不同的案件中，即必須就其所涉及的各種利益，分別作一個合乎法治國要求的詳細審酌，始爲妥當。

三、小結

綜上所述，個案正義原則無論在理論上之說明與實定法上之規定，皆明白地指向了「利益衡量」這個方向。當法律對於如何作利益衡量未明文規定之時，則只能由行政機關依合義務性的裁量，依據法治國家的種種要求，特別是平等原則以及比例原則，加以合理的裁度推量，以填補平等原則的缺乏實質內容的不足，以使人民的基本權利能得到完整的

註六三 　BVerfGE 7, 377 (407), 引自，盛子龍，比例原則作爲規範違憲審查之準則，頁一六九。

註六四 　盛子龍，比例原則作爲規範違憲審查之準則，頁一一五。

註六五 　葉俊榮，行政裁量與司法審查，頁一五三。

註六六 　盛子龍，比例原則作爲規範違憲審查之準則，頁一三七。

保障。

〔肆〕我國法上的檢討

在上文吾人得知個案正義原則之意義與判別標準之後，以下乃以我國的大法官會議解釋爲標的，檢討我國法上對個案正義原則之實踐。於此所應先說明者，乃是大法官會議解釋雖係以法規的審查爲其對象，易言之，其乃以「立法裁量（**註六七**）」爲其對象，但是就利益衡量而言，其與行政裁量應無不同，爰以爲例應可允許，此合先敍明者。

一、釋字第二一一號解釋

其解釋文謂：「憲法第七條所定之平等權，係爲保障人民在法律地位之實質平等，並不限制法律授權主管機關，斟酌具體案件事實上之差異及立法之目的，而爲合理之不同處置。海關緝私條例第四十九條……旨在授權海關審酌具體案情，爲適當之處分，以防止受處分人藉故聲明異議，拖延或逃避稅款及罰款之執行，爲貫徹海關緝私政策、增進公共利益所必要，與憲法第七條及第十六條尚無抵觸。……」其解釋理由書補充說明認：「……非謂不問有無必要，海關均得命受處分人繳納保證金或提供擔保，此項規定雖使受處分人之救濟機會，受有限制，但既係針對無扣押或扣押物不足抵繳罰鍰或追繳稅款之受處分人，在原處分並無顯屬違法或不當之情形下，藉故聲明異議者而設，乃爲貫徹海關緝私政策、增進公共利益所必要。……」

本號解釋以「防止受處分人藉故聲明異議，拖延或逃避稅款及罰款

註六七　由於本文所重者乃是行政裁量的討論，因此關於「立法裁量」這個用語之當否並非本文所置重，於此不擬詳論，但可參照城仲模，關於公法學上「裁量」之用語，收於當代法學名家論文集，法學叢刊雜誌社，八十五年一月，頁二五八以下。

之執行，爲貫徹海關緝私政策、增進公共利益所必要」作爲海關緝私條例第四十九條「聲明異議案件，如無扣押物或扣押物不足抵付罰鍰或追繳稅款者，海關得限期於十四日內繳納原處分或不足金額二分之一保證金或提供同額擔保。……」之差別待遇的合理化基礎，固爲合理的理由。然而應考量者爲，海關緝私條例第四十九條之一規定：「海關爲防止其隱匿或移轉財產以逃避執行，得處分書送達後，聲請法院假扣押或假處分，並免提擔保。……」依本條之規定，海關既得聲請法院假扣押或假處分，並免提擔保，則其仍以命人民提出原處分或不足金額二分之一保證金或提供同額擔保，作爲異議程序開始之要件，於比例原則之審查上即有違反之可能。因此本號解釋仍認爲受處分人聲明異議時必須提出保證金或提供同額擔保之合憲性依據，恐有未能成立之虞。

二、釋字第二二八號解釋

其解釋文謂：「國家賠償法第十三條規定：『有審判或追訴職務之公務員，因執行職務侵害人民自由或權利，就其參與審判或追訴案件犯職務上之罪，經判決有罪確定者，適用本法規定。』係針對審判與追訴職務之特性所爲之特別規定，尙未逾越立法裁量範圍，與憲法並無牴觸。」

其解釋理由書謂：「……而同法第十三條：『有審判或追訴職務之公務員，因執行職務侵害人民自由或權利，就其參與審判或追訴案件犯職務上之罪，經判決有罪確定者，適用本法規定。』則係國家就有審判或追訴職務之公務員之侵權行爲應負損害賠償責任之特別規定。

「依現行訴訟制度，有審判或追訴職務之公務員，其執行職務，基於審理或偵查所得之證據及其他資料，爲事實及法律上之判斷，係依其心證及自己確信之見解爲之。各級有審判或追訴職務之公務員，就同一案件所形成之心證或見解，難免彼此有所不同，倘有心證或見解上之差誤，訴訟制度本身已有糾正機能。關於刑事案件，復有冤獄賠償制度，予以賠償。爲維護審判獨立及追訴不受外界干擾，以實現公平正義，上

述難於避免之差誤，在合理範圍內，應予容忍。不宜任由當事人逕行指
為不法侵害人民之自由或權利，而請求國家賠償。唯其如此，執行審判
或追訴職務之公務員方能無須瞻顧，保持超然立場，使審判及追訴之結
果，臻於客觀公正，人民之合法權益，亦賴以確保。至若執行此等職務
之公務員，因參與審判或追訴案件犯職務上之罪，經判決有罪確定時，
則其不法侵害人民自由或權利之事實，已甚明確，非僅心證或見解上之
差誤而已，於此情形，國家自當予以賠償，方符首開憲法規定之本旨。

　　「按憲法所定平等之原則，並不禁止法律因國家機關功能之差別，
而對國家賠償責任為合理之不同規定。國家賠償法針對審判及追訴職務
之上述特性，而為前開第十三條之特別規定，為維護審判獨立及追訴不
受外界干擾所必要，尚未逾越立法裁量範圍，與憲法第七條、第十六條、
第二十三條及第二十四條並無牴觸。」

　　本號解釋乃以國家賠償法第十三條中之「審判」的特殊性——法官
獨立性的保障為理由，肯認該條的「審判法官特權 (Spruchrichter-
privileg) (註六八)」為合憲。然應說明者有二 (註六九)：

　　首先，本號解釋的問題乃集中在：司法權相對於其他的國家權力之
行使，其特殊之處何在，致使其在國家賠償法上作不同之對待？按司法
權相較於行政權與立法權這二種國家權力，依吾人所見，至少有「法官
的獨立性」與「裁判的實質確定力」這二點特殊之處是行政權與立法權
所無者 (註七○)，以此作為正當化審判法官特權之理由，至少可以合

註六八　Bernd Bender, *Staatshaftungsrecht*, 3. Aufl. C. F. Müller Juristischer Ver-
　　　　lage, Heidelberg. Karlsruhe, 1981. S. 256.; Hans-Jürgen Papier, Kom-
　　　　mentar zum § 839 BGB, in: *Münchener Kommentar zum Bürgerlichen Geset-
　　　　zbuch*, Band 3, 2. Halbband, C. H. Beck'sche Verlage, München, 1986. S.
　　　　1960.

註六九　對於本號解釋的詳細分析，可參見拙著，司法不法與國家賠償——論國家
　　　　賠償法第十三條中之「審判」之意義，頁一三一以下。

註七○　對司法權的特徵的詳細分析，請參見拙著，司法不法與國家賠償——論國
　　　　家賠償法第十三條中之「審判」之意義，頁五八～五九。

乎憲法整體價值中，欲保障司法之這二點特徵之意旨，益且在全體法秩序之中，一貫地堅持其落實憲法已作成之這二點憲法價值決定。因之以司法權這二個特徵——其中之一或二者兼備——爲理由，欲正當化審判法官特權的合憲性，應係可以被接受的理由。

第二，但是吾人倘若以比例原則加以檢討者，對論者所謂之「法官的獨立性之確保」之合憲性即會產生懷疑。按如論者所謂，以「法官的獨立性之確保」爲審判法官特權之立法理由者，其說理乃認爲國家於賠償人民之損害之後，於該公務員有故意或重大過失者，即對該公務員有求償權。於此之公務員自包括法官在其中。但是，法官若於判決之時會擔憂其將可能因爲該判決而事後被國家求償者，則其於判決時所應被保障之獨立性即無由確保，而必定會遭到傷害。因之審判法官特權應係爲合憲性的評價。易言之，審判法官特權若以此爲立法之理由者，其所欲達成之目的乃在於「防止法官因擔憂其事後的被求償，因而傷害其獨立性」。而其手段則係「限制人民的國家賠償請求權之成立」。在適合性的審查上，倘若以限制人民的國家賠償請求權之成立，的確能夠達成防止法官因擔憂其事後的被求償，因而傷害其獨立性。但是在達成目的相同有效的前提下，立法者亦應尋求對人民的基本權利最小的方式爲之，始稱合憲。而在同一目的，而且同樣有效的前提之下，是否有其他的手段的可能性？依吾人所信，若欲達成上述目的者，只須將國家嗣後對於法官的求償權的成立要件或求償範圍再加以限制，甚至將該求償權完全加以廢止，即足以達成其相同的目的，初不以完全阻止人民的國家賠償請求權爲必要。因之於必要性原則的審查上，以「法官的獨立性之確保」爲其立法理由者，即已不能通過合憲性的檢驗。因之本理由不應成爲審判法官特權之立法理由，否則審判法官特權即有違憲之虞（**註七一**）。

益有進者，若以法官的獨立性爲審判法官特權之理由者，則吾人亦

註七一 李惠宗，「體系正義」作爲違憲審查基準之探討——以釋字第二二八號解釋爲素材，頁三四以下。

可以完全相同的推論過程謂：「爲了法官獨立性之保障，刑法上的枉法裁判罪亦必須被限制。因爲法官將可能擔心其於裁判之後，嗣後被追究其枉法裁判之刑責，因而傷害其憲法所保障之獨立性。」但是這個結論終究是荒謬的。面對如此荒謬的結論，吾人當更加地確信不應以法官的獨立性爲審判法官特權之立法理由。

　　反之，由於國家責任訴訟畢竟是一個對於因爲國家違法公權力行使所致人民損害之損害賠償訴訟，並因此，國家責任訴訟並不直接挑戰作爲國家責任訴訟的裁判對象的原因訴訟。再者，國家責任訴訟與原因訴訟的訴訟標的以及當事人均不相同：國家責任訴訟的訴訟標的是人民因法官的違法職務行爲所生的損害賠償請求權；而國家責任訴訟的當事人也已非原因訴訟的當事人，而是將其中一造換成——代位該法官對人民負責的——國家。而且，（原因訴訟的）裁判的確定力原則上只對（原因）訴訟的當事人發生，絕不會及於國家責任訴訟的當事人——國家在原因訴訟中乃係訴訟外之第三人，當然更不會及於法官。因此，前訴訟的裁判確定力無論如何不會被國家賠償責任訴訟所觸及。易言之，國家責任訴訟並不直接挑戰作爲國家責任訴訟的裁判對象的原因訴訟其裁判的確定力。「因之，對於裁判確定力的『直接』保障，審判法官特權是不必要的。（註七二）」

　　然而，裁判的「實體確定力的本質乃在求法的安定性與法的和平性的利益（註七三）」，透過這個制度，使得一個已經法院審理的法律爭議就此確定，「法院不得再行判決，或至少不會有相歧異的認定出現，以終局地除去個案中的不確定。（註七四）」

　　然而，將法官的職務行爲作爲訴訟標的而在國家責任法院加以審查

註七二　Detlef Merten, Zum Spruchrichterprivileg des § 839 Abs. 2 BGB, in: *Festschrift für Wilhelm Wengler*, Bd. II, 1973, S. 526.

註七三　Bernd Bender, *Staatshaftungsrecht*, S. 257.

註七四　Bernd Bender, *Staatshaftungsrecht*, S. 257.

者，所審查者乃是該職務行爲——事實上即是裁判——的違法性。由於裁判的過程事實上即是調查證據、認定事實與解釋適用法律。所以，審查法官的職務行爲的違法性者，就是在審查法官的調查證據、認定事實與解釋適用法律的適法與違法。而若欲審查法官的調查證據、認定事實與解釋適用法律的適法與否，即必須由前訴訟之卷證資料之中，如同前訴訟法官所應爲——而被人民爭執爲未爲合法——的對前訴訟的調查證據、認定事實與解釋適用法律的一切過程加以審查，以探討前訴訟法官的認定是否違法。易言之，即是把在前訴訟中已經判決確定的事實或訴訟標的再加以審查——這必定會違反裁判的確定力的本旨。蓋如果後訴訟的國家責任訴訟法官作了一個與前訴訟的法官相歧異的判決，這必將違反裁判的確定力的本旨固不待言。但是作爲前提的問題是：是否能夠允許國家責任法院去審查前訴訟中法官的職務行爲？倘若允許國家責任法院在國家責任訴訟之中審查前訴訟法官的職務行爲者，根據以上的說明，這就等於允許國家責任法院在國家責任訴訟之中再次審查前訴訟中所已經判決確定的事實或訴訟標的，而得不受拘束地對該事實或訴訟標的自行認定其合法性，而這已經違反了違反裁判的確定力的本旨了(註七五)。職是之故，德國聯邦最高法院才會認爲:「……依民法第八三九條第二項（按：德國民法第八三九條第二項即相當於我國國家賠償法第十三條）的責任限制特別是以『若每個審判法官的裁判因爲所謂的不正確性，當其裁判行爲不成立刑法上之構成要件之時，成爲損害賠償請求權的基礎，而藉此以訴訟法上已規定的權利救濟管道，透過其他的法官去審查該裁判行爲是否合乎責任法之規定者』爲基礎，這與裁判的確定性是不相容的。……（註七六)」

由以上的這個論證可知，若允許國家責任法院在國家責任訴訟之中

註七五　Dieter Leipold, Das Haftungsprivileg des Spruchrichters, *JZ*, 1967, S. 739.

註七六　BGHZ 51, 326 (327).; 64, 347 (349).

審查前訴訟法官的職務行為的違法性者，雖然不會直接傷害裁判的確定力，但是卻仍會「間接」地傷害裁判的確定力，這必定是不能允許的。「(德國)民法第八三九條第二項否定了『已有確定力的法律爭議，在公務員責任的觀點下，再次被討論』的可能性。以公務員責任訴訟表達對已有既判力的法律爭議的繼續，顯然危及實質既判力謀求和平與法安定性的意義與目的。(註七七)」由此亦可再清楚的證明，審判法官特權的責任限制並不涉及法官個人，而是涉及該公職務所產生之法安定性之確保，卻「只是反射地及於法官的獨立性(註七八)」。正如同翁岳生氏所言：「並非為樹立法官之特權，而在於維護法之安定性，尊重裁判之確定力，間接有助於審判之獨立。(註七九)」

　　由這個解釋吾人亦可知，國家賠償法上給予審判法官以減免賠償請求權成立的特權，透過平等原則與比例原則的檢討，雖然並非以釋字第二二八號解釋所認之「維護審判獨立及追訴不受外界干擾所必要」為其合理化的基礎，但是從裁判的確定力觀之，仍可以給予其差別待遇一個正當化的基礎。

三、釋字第二四六號解釋

　　其解釋文謂：「公務員之退休與養老，依法固有請領退休金與保險養老給付之權利，惟其給付標準如何，乃屬立法政策事項，仍應由法律或由法律授權之命令定之。……乃係斟酌國家財力、人員服勤與否或保險

註七七　Fritz Ossenbühl, *Staatshaftungsrecht*, 4. Aufl., C. H. Beck'sche Verlage, München, 1991. S. 84.; Prodromos Dagtoglou, Kommentar zum Art. 34. GG., in: *Bonner Kommentar*, 1970. 25. Lieferung, Zweitbearbeitung. RdNr. 444.; Hans-Jürgen Papier, Kommentar zum § 839 BGB, RdNr. 278.

註七八　Prodromos Dagtoglou, Kommentar zum Art. 34. GG., RdNr. 444.

註七九　翁岳生，西德一九八一年國家賠償法之研究——中德國家賠償制度之比較與檢討，收於氏著，法治國家之行政法與司法，國立臺灣大學法學叢書(六四)，月旦出版公司，臺北，一九九四年六月，頁一二〇。

費繳納情形等而爲者，尚未逾越立法或立法授權之裁量範圍。……」其解釋理由書補充謂：「國家基於憲法第八十三條規定之意旨，制定法律，建立公務員退休及養老制度。公務人員依法固有請領退休金及保險養老給付之權利，惟其給付標準如何，乃屬立法政策事項，仍應由法律或由法律授權之命令定之。……均係斟酌國家財力、人員服勤與否或保險費繳納情形等而爲者，得視國民經濟情況而調整，並非一成不變，尚未逾越立法或立法授權之裁量範圍，……」

本號解釋以「斟酌國家財力、人員服勤與否或保險費繳納情形等」爲由，肯認公務人員退休金及保險養老給付之給付標準授權由行政機關以命令訂定之合憲性，應可同意。而本號解釋明示「公務人員依法固有請領退休金及保險養老給付之權利，惟其給付標準如何，乃屬立法政策事項，仍應由法律或由法律授權之命令定之。」但是其係「斟酌國家財力、人員服勤與否或保險費繳納情形等而爲者，得視國民經濟情況而調整，並非一成不變，尚未逾越立法或立法授權之裁量範圍」，明示了應隨國民經濟情況之不同而調整，並非一成不變，亦係可贊同之處。

四、釋字第二九〇號解釋

其解釋文第一段謂：「……惟此項學、經歷之限制，應隨國民之教育普及加以檢討，如認爲仍有維持之必要，亦宜重視其實質意義，並斟酌就學有實際困難者，而爲適當之規定，此當由立法機關爲合理之裁量。」其解釋理由書謂：「……有關各級民意代表候選人學、經歷之限制，雖與其他國家不盡相同，但爲提升各級民意代表之議事功能及問政品質，衡諸國情，尚難謂與憲法有所抵觸。惟國民之教育日漸普及，選舉人對於候選人選擇之能力相對提高，此項對各級民意代表候選人學、經歷之限制是否仍應繼續維持，宜參酌其他民主國家之通例，隨時檢討，如認爲有繼續維持之必要，亦應重視其實質意義，並斟酌就學有實際困難之人士，由立法機關爲合理之裁量，而爲適當之規定。」

本號解釋以各級民意代表候選人的學、經歷限制有助於提升其議事功能及問政品質，因認爲合憲。然而若認爲民意代表乃爲反映民意，而非如行政機關人員有行政事務專業性的要求，則要求其必須有相當的學經歷，與「議事功能及問政品質」何干？從而其在比例原則的審查上，即有違憲之虞。

五、釋字第三四四號解釋

其解釋文謂：「……乃爲防止土地所有人於徵收前故爲搶植或濫種，以取得不當利益而設，爲達公平補償目的所必要，與憲法並無抵觸。但如有確切事證，證明其真實正常種植狀況與基準相差懸殊時，仍應由主管機關依專業知識與經驗，就個案妥愼認定之，……」其解釋理由書謂：「……惟該基準限制之數量，乃係斟酌一般情形而爲規定，在個別個案，如有確切事證，證明其真實正常種植狀況與基準相差懸殊時，仍應由主管機關依專業知識與經驗，審究其有無搶種或濫種之情形，妥愼認定，……」

依吾人所信，這號解釋應係個案正義原則在我國法上第一次的明文化。而本號解釋最引人注目之處，乃在於其明示了法律或命令乃是一般性的規定，行政機關若於執行之時，發現個案情況有與法令之基準不同時，若有確切事證足資證明者，「仍應由主管機關依專業知識與經驗，審究其有無搶種或濫種之情形，妥愼認定」，易言之，本號解釋明示了法令只是一般性的規範，倘具體個案確有法令所未能完全包括者，不論其是否爲立法者所得預料之情況，行政機關均應以自己的專業知識與經驗，自行認定而爲合義務裁量，始爲妥適。

〔伍〕結論

在每個個案中具體實現具體妥當性，是每個法律人都知道，也都努

力追求以求實現的目標，但目前我國學說實務對之似仍未意識到其重要性，在提到「個案正義」之少數的文獻上，大致均將之作爲「理想」，甚或只是「形容詞」而已(註八〇)。或者因其直接涉及正義概念的模糊與多義，或許由於其本身即係一流動的、隨時空的轉變而有所不同的概念，欲加以掌握殊爲不易。但作爲一目標與價值，個案正義的正確意涵與判別標準在我國仍屬乏人耕耘的領域，應值吾人多多致力於斯。茲將本文所得，簡言之如下：

1.正義是人類生活秩序的最終極理想，是法律的法律。

2.正義是一種規範，而規範必須具有一般性及普遍性，故平等應爲正義的核心部分；而正義與其實現手段間，應有合比例之關係，斯爲比例原則。

3.由於法的本質須爲一般的、普遍的，故原則上合法即爲合乎平等、合乎比例，易言之，即爲合乎正義。益有進者，吾人必須先自現行法中尋找係爭問題的答案，蓋立法機關有優先立法權，執法者必須尊重之。而且，若凡事皆由執法者自行決定其解決之規則，其恣意胡爲之機率將大增，且人類於之前所經歷之知識與經驗亦將無法累積。

4.法律的尊嚴，來自具體個案中被妥切地實踐。爲此，立法、行政、司法中均應深刻謹記個案正義之重要。具體言之，在法治國原則之下，其最終的目標乃在於人民權利的實質保障。而其必須以法律的手段爲之。法律是立法機關對於係爭事項之利益衡量之表示，其若欲對不同的事項作差別待遇，即必須說明其事實內容有何本質上的不同之處，用以合理化其差別待遇。但是何謂「合理的差別待遇」卻只是一個空洞的標準，在個別的利益衡量中，仍應具體地斟酌各種利益狀況，加以比較衡量，

註八〇　例如許宗力，訂定命令的裁量與司法審查，收於當代公法理論，月旦出版公司，一九九三年五月，頁二八七。陳清秀，法律行爲無效與稅捐之課徵，植根雜誌，第九卷一二期，頁四七九。話雖如此，吾人仍應對其已注意到此一問題之極待開發，而應寄予期望與敬意。

特別應遵守比例原則。此乃法治國中應努力實現的誡命。當行政機關適用法律，有法律所賦予行政之裁量空間，或是法律有——不論是立法者有意或無意的——漏洞存在，則行政即必須對該無法可茲適用的具體個案自為裁量。此時其所應適用之法則與立法者相同，首先它必須作出特定的價值決定以決定將以什麼標準取捨係爭案件之事實特徵，用便說明其「合理的差別待遇」的理由何在。另一方面，在其所欲達成之目的與其所將採取的手段之間，亦必須存在著適當的比例關係。此一決定始可稱適法妥當。

最後回到本文開始的設例。按依道路交通管制處罰條例第五十三條規定：「汽車駕駛人，行經有燈光號誌管制之交岔路口闖紅燈者，處六百元以上一千二百元以下罰鍰。」依此條文，當警察在處理案件時有其裁量空間存在。此時闖紅燈的事實固為其所須考量者，但是人民之主觀故意與意圖，亦為裁量時所應考慮之重點所在。今若二者皆有闖紅燈之情事，固不得對之作不同的處理。但是若把渠等闖紅燈的動機加入一併考量，或許在比例原則的考量上，恐應對二者區別輕重作不同地處理，始屬妥當。

行政法上之明確性原則

姜悌文

〔壹〕前言

〔貳〕明確性原則之產生背景

一、罪刑法定主義
二、授權明確性之要求
三、小結

〔參〕明確性原則之依據

一、法治國原則
二、民主原則
三、小結

〔肆〕明確性原則之概念

一、行政法學各領域之觀察
二、明確性原則應具備之要素
三、與不確定法律概念之關係
四、小結

〔伍〕明確性原則之適用

一、法規範

行政法上之明確性原則

〔壹〕前言

現代民主法治國家，行政行為應受成文法之拘束，而成文之實定法中，均由法律、命令及自治法規來加以規定。雖然如此，行政法學上之一般法律原則仍具有重要意義，對成文實定法中，得透過一般法律原則解釋其含意或加以正確地適用，於法無明文規定時，一般法律原則乃成為不成文法源中重要依據之一，加上學說及實務上的發展，一般法律原則除得為行政法的法源之一外，亦得作為行政機關為行政行為之準據，更可作為法院審查行政行為之基礎，其重要性可見一斑（註一）。於此一般法律原則中，「明確性原則」乃近年甚受重視之原則之一，不僅司法院大法官會議對於法律授權行政機關訂定行政命令須遵守此一原則，而曾有釋字第三一三、三四五、三四六、三六〇、三六七、三八九、三九〇、三九四、三九七、四〇二及四二三號解釋，論及授權命令應遵守明確性原則；監察院亦於八十五年一月十六日對於法務部現行有關人民權利義務之行政命令，未基於法律之授權，顯然有悖於憲法保障人權之精神，嚴重侵害人民之權益、而提出糾正案（註二），亦可看出「明確性原則」之日受重視。

註一　有關一般法律原則於行政法學上之發展，請參照城仲模主編，行政法之一般法律原則(一)、(二)，三民書局；另請參照，行政院經濟建設委員會於八十年十二月草擬之「行政程序法草案」，其第二節亦規定有「行政之一般法律原則」。
註二　參照，監察院公報，第二〇三八期，頁二五三以下所公告之糾正案。

　　於歐陸大陸法系國家目前所進行整合之「歐洲共同體」中，其發展
中之共同體原則 (Gemeinschaftsprinzipien)，有部份原則乃受法治國
家基本原則之影響，而可以從歐洲法院之判決求得印證 (**註三**)。法治國
家基本原則之一的明確性原則 (Bestimmtsgrundsatz)，亦已成爲共同
體原則之重要內涵，此乃明確性原則發展之另一方向 (**註四**)。

　　本文所探討之明確性原則，除於法律授權行政機關訂定行政命令，
必須就授權之目的、範圍、內容爲特定、具體、明確之規定有其適用外，
於行政法規之構成要件、法律效果及行政行爲之方式、內容需符合明確
性之要求亦有其適用。故本文除此前言之外，於〔貳〕將探討明確性原
則之產生背景，接著〔叁〕、〔肆〕將論述明確性原則之依據及其概念，
並且於〔伍〕、〔陸〕闡述明確性原則之適用及違反明確性原則之效果，
而後於〔柒〕說明明確性原則在我國之檢討，最後於〔捌〕結論中，提
出個人對明確性原則之建議，希望能使明確性原則得以更爲釐清。

〔貳〕明確性原則之產生背景

　　關於明確性原則之產生背景，於行政法學上，可分別從罪刑法定主
義及授權明確性之要求中，尋繹出明確性原則之由來。以下本文乃分別
就明確性原則產生背景之罪刑法定主義及授權明確性的要求，來加以探
討。

一、罪刑法定主義

　　罪刑法定主義，乃指犯罪之構成要件與法律效果，均須以法律明確
加以規定，法律若未明確加以規定者，即無犯罪與刑罰。此乃源自西元

註三　Vgl. EuGHE, 1961, 113, 172.
註四　Vgl. Hans J. Wolff/Otto Bachof/Rolf Stober, *Verwaltungsrecht I*, 10. Aufl,
　　　　München, 1994, S. 135. 136.

一二一五年英國大憲章 (Magna Charta) 第三十九條:「任何自由人非經其同輩之合法判決，或經斯土之法之判決外，不得加以逮捕、拘禁，或沒收其財產或使不受法律保護，或將其放逐，或加以傷害或由皇室逕予裁判，或指派人員裁判之 (**註五**)。」經過一六二八年的權利請願書 (Petition of Right)、一六七九年的人身保護法 (Habeas Corpus Act)、一六八九年的權利章典 (Bill of Rights)，其後為美國一七七六年十三州獨立宣言及聯邦憲法與各州憲法所規定 (**註六**)，直到一七八九年的法國人權宣言第八條認為:「任何人非依犯罪前已制定公布，且經合法適用之法律，不得科以刑罰。」並於一七九八年列入法國憲法中，其後為一八一○年法國刑法第四條、一八七○年德國刑法第二條、一八八九年義大利刑法第一條所繼受 (**註七**)。

德國刑法學者 P. J. A. von Feürbach 曾以拉丁法諺 nullum crimen sine lege (無法律即無犯罪)、nulla poena sine lege (無法律即無刑罰) 來表示罪刑法定主義 (**註八**)。而罪刑法定主義主要意義，指行為如果沒有法律規定要處以刑罰，就不構成犯罪。亦即犯罪行為的法律構成要件及其法律效果，必須以法律明確的加以規定，法律如果沒有明文規定，就沒有犯罪與刑罰可言。罪與刑明確的規定在刑法條文中，使社會成員知道，自己做了什麼行為會成立犯罪，會受到什麼樣的處罰。因為明定國家刑罰權的範圍，保障人民沒犯罪時不受刑事訴追，即使犯罪也不受濫刑處罰，由此而產生刑法保障人權的功能。由罪刑法定主義

註五 Vgl. Hans-Heinrich *Jescheck, Lehrbuch des Strafrechts, Allgemeiner* Teil. 4. Aufl. S. 117 ff.

註六 美國憲法第五條修正案規定:「非經正當法律程序，不得剝奪任何人的生命、自由或財產。」第十四條修正案規定「任何州，非經正當法律程序，不得剝奪任何人的生命、自由和財產。」

註七 參照林紀東，罪刑法定主義之發生與發展，收載於，軍法專刊，第一卷一期，頁六。

註八 Vgl. P. J. A. von Feuerbach, Lehrbuch des gemeinen in Deutschland geltenden peinlichen Rechts, S. 67 f.

的本質，可以推論出四個次要的原則：

1.習慣法的禁止：禁止藉由不成文的習慣法創設刑罰與加重刑罰。

2.明確性的要求：禁止不明確的刑法。

3.類推適用的禁止：禁止以類推適用創設刑罰與加重刑罰，而且類推適用與解釋之間必須有界限。

4.事前法的要求：由此主要導出禁止溯及既往（註九）。

罪刑明確性，亦即指構成要件與法律效果都必須明確，除了擔保適用法律的一致性之外，另有雙重目的：一方面藉由法律的可預測性保障個別的受規範人；因為唯有基於適當的理解與解釋法律，才能知道刑法禁止什麼以及違反時制裁之種類，如此才能使規範展現出決定行止的效果（註一〇）。另一方面，國家的刑罰權，藉明確描述而確定（註一一）。

學術上無爭議的是，這些原則適用於刑法分則。但是否也適用於其他方面，例如其他一般的可罰性要件（allgemeine Strafbarkeitsvoraussetzungen）以及行為後果（Tatfolge），則有爭議（註一二）。

而罪刑法定主義之影響，主要有國際法、處罰法定與稅捐法定三方面。首先於國際法上，由於罪刑法定主義為保障基本人權的重要原則之一，其國際化的趨向有一九四八年世界人權宣言第十一條、一九四九年日內瓦戰俘處理協定第九十九條和日內瓦保護戰時平民協定第六十五條、一九五〇年歐洲保護人權及基本自由公約第七條、一九六九年美洲人權公約第九條、一九八二年非洲人權公約第七條（註一三）。再者，於處罰方面，由罪刑法定主義發展至處罰法定主義，於行政上之處罰方面，

註九　Vgl. Hans-Heinrich Jescheck, a.a.O., S. 119 ff.; Rudophi/Horn /Samson/ Schreiber, Systematischer Kommentar, Band 1, 5. Aufl., S. 3ff.; Schänke/ Schräder, Strafgesetzbuch, Kommentar, 24. Aufl., S. 21 f.

註一〇　Vgl. Rudophi/Horn/Samson/Schreiber, a.a.O., S. 5 f.

註一一　Vgl. Calliess,R-P, Der strafrechtliche Nütigungstatbestand u. das verfassungsrechtliche Gebot der Tatbestimmtheit, in: *NJW* 85, S. 1512.

註一二　Vgl. Schänke/Schräder, Strafgesetzbuch, Kommentar, 24. Aufl., S. 2. f.

註一三　Vgl. Hans-Heinrich Jescheck, a.a.O., S. 119.

擴展其適用範圍，例如紀律罰（Disziplinarstrafen）（註一四）、專門職業人員的懲戒罰(ehrengerichtliche Strafen)（註一五）、行政上之罰鍰（Bußgeld）（註一六）。最後，於稅法方面，刑法定主義發展為稅捐法定主義，亦為一例（註一七）。

二、授權明確性之要求

　　授權明確性乃對於授權命令所為之要求，而所謂「授權命令」乃指各機關基於法律之授權所訂定之行政命令(註一八)。關於此種授權命令之規範，導因於一九一八年德意志帝國改國體為共和，制定新憲法（即俗稱之威瑪憲法），採用責任內閣制。惟由於德國當時小黨林立，以致內閣時常更換，從一九一九年 Scheidemann 首次組閣，至一九三三年 Adolf Hitler（希特勒）出來組閣，於此十四年間，內閣更換了二十一次（註一九）；希特勒組成內閣之後，首先解散國會，重新改選，其所屬之國社黨於總席次六百四十七席中取得二百八十八席，遂於友黨協助之下，首先於一九二三年由國會制訂一種授權法（Ermächtigungsgesetz）（註二〇），授權內閣得以行政命令的方式，在財政、經濟與社會領域採取一切必要且急迫之措施，僅以不牴觸憲法為內容上之唯一限制；接著於一九三三年制定所謂的「排除人民及國家緊急狀態法」(Gesetz zur Be-

---

註一四　七十九年五月由行政院經濟建設委員會草擬之行政秩序罰法草案第二條，有處罰法定原則之規定。

註一五　Vgl. Schänke/Schräder, a.a.O., S. 21.

註一六　Vgl. Hans J. Wolff/Otto Bachhof/Rolf Stober, a.a.O., S. 365.

註一七　參照金子宏著，蔡宗義譯，租稅法，七十四年出版，頁六二以下。

註一八　參照，許宗力，論國會對行政命令之監督，頁四，收載於，氏著，法與國家權力，月旦出版社有限公司出版，一九九三年四月增訂二版。

註一九　參照，薩孟武與劉慶瑞合著，各國憲法及其政府，頁三二七～三二九，三民書局總經銷。

註二〇　參照，城仲模，德國及法國行政命令制度之研究，收載於，氏著，行政法之基礎理論，三民書局印行，頁一四九。

hebung der Not von Volk und Reich)，不僅授權內閣得訂定牴觸憲法條文之行政命令，並且得對於此種命令冠以法律之名稱，使法規範之制定與法規範之執行無從辨認，亦使得法律與命令無從區別，破壞憲政上權力分立之原理，對於法治造成莫大之傷害(註二一)。有鑑於此，二次大戰後的西德，對於授權命令之規範，即於該國基本法第八十條第一項規定：「法律得授權聯邦政府、聯邦閣員或邦政府發布法規命令(Recht-sverordnung)，法律應規定此項授權之內容 (Inhalt)、目的 (Zweck)與範圍(Ausmaß)，所發布之法規命令，應引證授權之法律根據。如法律規定授權得再移轉，授權之移轉需要以法規命令為之。」(註二二)依此規定，即要求授權法律的授權規定本身，必須遵守此「授權明確性之要求」(Bestimmtheitsgebot)，若授權母法未符合其一之要求，則不僅授權母法本身會構成違憲，根據此授權母法所訂定之授權命令，亦會失其依據。

三、小結

由前所述，可以看出明確性原則於歷史上產生的由來，從此可以理解明確性原則規範之目的所在。於罪刑法定主義方面，主要在於國家之刑罰權，乃是對於人民最嚴重之侵犯手段，其刑罰除了由立法者以法律加以規定之外，仍必須就刑罰之構成要件與法律效果，於法律中明確的加以規定。此種藉由明確性之要求，以達保障人權之理念，於行政法學上與處罰相關之行政刑罰、行政秩序罰、公務員之懲戒與懲處皆有其適用。於授權明確性方面，明確性原則在此主要在於規範立法者將部分法規制定權授權於行政機關時，所應遵守之原則，而我國的立法機關授權

註二一　參照，許宗力，行政命令授權明確性問題之研究，頁二，收載於，氏著前揭書，頁二一六。

註二二　參照，德意志聯邦共和國基本法，收載於，世界各國憲法大全第七冊，頁三〇九以下，國民大會憲政研討委員會編印。

行政機關制定行政命令之情形甚爲普遍，尤其我國的立法者制定法律時，往往廣泛的授權行政機關訂定相關之施行細則、辦法等，例如立法院制定之公務人員考績法，其第二十四條規定：「公務人員考績之施行細則，授權由考試院定之。」其第十二條第二項規定：「一次記兩大過免職之標準，授權由銓敍機關定之。」其第十五條規定：「各機關應設考績委員會，其組織規程授權由考試院定之。」又如立法院所制定之臺灣地區與大陸地區人民關係條例，該法全文共有十七處之授權(註二三)，且其授權之內容均程度不等地涉及人民權利的限制(註二四)；而且，立法機關將部份法規制訂權，授權於行政機關之事實上原因如法律保留範圍之擴大、行政事務之高度專業化、技術化及議會時間、能力之有限性等因素(註二五)，於我國立法機關亦存在此些現象，因此明確性原則於我國授權命令之適用，當應更爲需要。於我國行政法學界，近年亦肯認授權明確性之要求於我國授權命令之適用(註二六)，且實務上，大法官劉鐵錚先生於民國七十八年釋字第二四六號解釋不同意見書中指出：「法律授權之範圍……必須非常明確……否則法律本身豈非成爲虛無空洞」(註二七)，接著大法官會議釋字第三一三號解釋(註二八)，亦於解釋文中，正式承認授權明確性之要求，可見授權明確性之要求於我國之適用是無庸置疑的。

註二三　參照，該法第四、九、十、十三、十七、二十三、二十七、二十八、二十九、三十三、三十四、三十六、三十七、三十八、七十二條等規定。

註二四　有關臺灣地區與大陸地區人民關係條例之檢討，請參照，從兩岸關係條例看委任立法與國會監督研討會，收載於，憲政時代，第一九卷一期，頁三以下。

註二五　參照，陳愛娥，由法治主義涵義之演變探討委任立法應有之界限，國立中興大學法律學研究所碩士論文，七十六年六月，頁一一二。

註二六　參照，翁岳生，法治行政之時代意義，頁一一，收載於，氏著，法治國家之行政法與司法，月旦出版社。

註二七　參照，司法院公報，第三一卷一二期，頁二。

註二八　參照，法令月刊，第四四卷五期，頁二八。

〔叁〕明確性原則之依據

關於明確性原則之依據，我國與德國之情形略有不同，在德國法上，於該國基本法第八十條第一項規定：「法律得授權聯邦政府、聯邦閣員或邦政府發布法規命令，法律應規定此項授權之內容、目的與範圍，所發布之法規命令，應引證授權之法律根據。如法律規定授權得再移轉，授權之移轉需要以法規命令爲之。」(註二九)即明文揭示授權明確性之要求。而明確性原則在我國法上並未有明文規定，因此，其依據必須從我國憲法之基本原則或其他法律原則去推敲。

於我國憲法的根本精神中，一般學說認爲得引申之基本原則，有從憲法第一條有關國體、政體之「中華民國……爲民有、民治、民享之民主共和國」得引申出「民族國原則」、「民主國原則」、「民生福利國原則」、「共和國原則」(註三〇)，而從憲法第二十三條、第一百七十條、第一百七十一條、第一百七十二條之體系與關聯，得推知另一憲法基本原則——「法治國原則」(註三一)。以下本文即從我國憲法基本原則之「法治國原則」及「民主國原則」來探究明確性原則之依據：

一、法治國原則

於國家發展型態中，從封建國家(Feudalstaat, ca. 1495-1806)，警察國家(Polizeistaat, ca. 1713-1740-1848)，法治國家(Rechtsstaat, ca. 1848，迄今)，進入給付國家 (Leistungsstaat, ca. 1938，迄今) 之過

註二九　參照，註二二。

註三〇　參照，許宗力，動員戡亂時期臨時條款之法律問題，頁二二，收載於，氏著，前揭書。

註三一　參照，陳春生，從兩岸關係條例看委任立法與國會監督，收載於，憲政時代，第一九期二卷，頁一七以下。

程中(註三二)，法治國家所發展出之理念，仍爲目前國家制度確立之基礎，至於法治國原則之內涵，尤其是從法治國原則所衍生出之其他原則，一般認爲有：憲法最高性原則、權力分立原則、基本權利尊重原則、依法行政原則、法安定性原則、比例原則、信賴保護原則、司法救濟權利之保障、平等原則、法的明確性原則、國家侵害的可預測性、罪刑法定主義……等(註三三)。以下本文僅就有關明確性原則之法安定性原則與法明確性之要求、法律保留原則、基本權利尊重原則來加以論述。

㈠法安定性原則與法的明確性原則

一般所謂「法安定性」，包括兩種概念：其一是「藉由法達成之安定」(Sicherheit durch das Recht)，其二是「關於法本身之安定」(Sicherheit über das Recht)，而法安定性之意涵有認爲前者(註三四)，亦有認爲後者。有關法安定性原則之探討，最早爲德國學者 Gustav Radbruch(註三五)於論述法的價值時，認爲分析法的窮極價值可以區分爲正義(Gerechtigkeit)、目的合理性(Zweckmäßigkeit)、法安定性(Rechtssicherheit)(註三六)，此三種價值理念有互相彌補之必要，也有相互要

註三二　參照，城仲模，四十年來之行政法，收載於，氏著，行政法之基礎理論，三民書局印行，頁八九一以下。

註三三　Vgl. Maunz/Dörig, GG Komm., Art. 79, Rdnr. 48; Klaus Stern, Staatsrecht der Bundesrepublik Deutschland, Bd. 1, 1977, S. 89 ff.; Konrad Hesse, Grundzäge des Verfassungsrechts der Bundesrepublik Deutschland, 13. Aufl., 1982, S. 75 ff,; Hans D. Jarass/Bodo Pieroth, GG Komm., Art. 20, Rdnr. 20.ff., S. 416 ff.; Ingo Richter/Gunnar Folke Schupper, *Casebook Verwaltungsrecht*, 2. Aufl., 1995, S. 370 ff.

註三四　參照，林合民，國立臺灣大學法律學研究所碩士論文，七十四年六月，頁三二；Vgl. BVerwGE 9.

註三五　有關 Gustav Radbruch 之介紹，請參照 Erik Wolf 著，陳愛娥譯，Gustav Radbruch 的生平及其著作，收載於，政大法學評論，第五一期，頁八七以下。

註三六　Vgl. Gustav Radbruch, *Rechtsphilosophie*. 1963. S. 168 ff.

求之必要，同時又相互矛盾，彼此顯示出一種緊張關係(註三七)，此亦即法理念 (Rechtsidee) 三要素。接著於此法理念三要素中，法安定性之概念逐漸發展，學說上亦有不少之論述(註三八)，已成爲現代法治國家之基本原則之一 (註三九)，另有學者 Helmut Coing 及 Franz Bydlinski 認爲，適用法的安定性必須具備下列前提，即法的和平性 (Rechtsfrieden)、法的明確性(Rechtsklarheit)、法的貫徹(Rechtsdurchsetzung)、法的穩定性(Rechtsstabilität)及法的易理解性(Rechtszugänglichkeit) (註四〇)；學者 Heinrich Henkel 亦認法安定性原則應具有下列要素，即秩序安定性 (Ordnungssicherheit)、法的不可破壞性 (Unverbruchlichkeit) 和可實現性 (Durchsetzbarkeit)、法的和平性 (Rechtsfrieden)、法的穩定 (Stabilität des Rechts)，其中爲達到秩序安定性，於法的內容上，必須具有明確性 (Klarheit)、簡易性 (Einfachheit)、可瞭解性 (Übersichtlichkeit) 及法的要件和效果的明確性 (Tatbestands-und Rechtsfolgebestimmtheit) (註四一)。

因此，依前述學者之論述，法的明確性乃法安定性原則之重要內涵，現代法治國家爲達到法安定性之要求，國家權力之行使及所公布之法規，即應明確(Bestimmtheit)，且藉著法之明確性的要求，使人民得以知悉法規之規定，才能有所遵行，亦得避免國家權力之濫用，更使得法院對

註三七　Vgl. Gustav Radbruch, *Einführung in die Rechtswissenschaft*. 9 Aufl. 1958. S. 41.

註三八　Vgl. Hans Huber, Vertrauensschutz-Ein Vergleich zwischen Recht und Rechtsprechung in der Bundesrepublik und in der Schweiz, 收載於, *Verwaltungsrecht zwischen Freiheit*, Tailhabe und Bindung-Festgabe aus Anlaß des 25 jährigen Bestehens des Bundesverwaltungsgerichts 1978. S. 321.

註三九　Vgl. Th. Maunz/Zippelius, *Deutsches Staatsrecht*. 25 Aufl. S. 93. 1983.

註四〇　Vgl. Helmut Coing, *Grundzuege der Rechtsphilosophie*. 5 Aufl. S. 148 Berlin, 1993; Franz Bydlinski, *Juristische Methodenlehre*. S. 325 Wien. 1991.

註四一　Vgl. Heinrich Henkel, *Einführung in die Rechtsphilosophie*, 2. Aufl. S. 437. 1977.

依據該法規所作成之國家行爲，有從事司法審查之可能（註四二）。

如本文第貳部分所述，從法安定性原則可以得出法律明確性之要求，而此一要求已獨立發展爲法治國家基本原則之一（註四三），而法律明確性具體表現在條文上之要求，其一是在構成要件上，使法律規定對於社會每一分子，知悉何者當爲，何者不應爲，更不致有被執法者誤解或任意扭曲解釋的可能；其二是在法律效果上，可以避免執法者以一己之主觀好惡任意裁量，以藉此獲得保障人民權利之功能（註四四）。

㈡法律保留原則

所謂法律保留，指一定領域內之行政活動，須依據保留給立法者權限所制定之法律，不能由行政機關自己行之（註四五）。至於那些領域之事務須有法律依據，學說上則有各種不同主張，如侵害保留、全面保留、列舉立法事項保留、權力保留、社會權保留、重要性理論（或稱本質性理論，Wesentlichkeitstheorie）、機關功能說（註四六），而法律保留得爲明確性原則之依據，主要指授權命令之部分，因爲依法律保留原則，雖然法律保留範圍內之事務必須由立法者以法律規定之，但並不禁止立法者以法律授權行政機關以命令來規定之（註四七），惟要求立法者於授權時，必須就授權之內容、目的、範圍爲具體明確的個別指示，此即授權明確性之要求。因此，授權明確性之要求可於法律保留之範圍中尋求

註四二　Vgl. Alfred Katz, *Grundkurs im üffentlichen Recht I*. S. 86 ff.1981.

註四三　參照，許宗力，前揭註二一文，頁二四。

註四四　參照，秦季芳，概括條款之研究，臺灣大學法律學研究所碩士論文，八十三年六月，頁一三二。

註四五　參照，陳春生，前揭註三一文，頁一九。

註四六　參照，許宗力，論法律保留原則，頁六三，收載於氏著前揭書。

註四七　德國學說即採此見解，參照 Roland Geitmann, Bundesverfassungsgericht und "offene" Normen, Berlin 1971. S. 67. 80. f；德國聯邦憲法法院亦同，參照 BVerfGE, 58. 257. 878；國內學者請參照，翁岳生，法治行政之時代意義，收載於氏著，前揭書，頁二一七以下；國內大法官釋字第三一三號解釋亦同。

其依據。如果某一特定問題不在法律保留適用範圍之內，本來就不需要法律加以規定，立法者如以法律規定或甚至以法律加以授權，亦無須有明確性之要求。法律保留於我國法上，一般指憲法第二十三條限制人民基本權利及中央法規標準法第五條之部分，而授權命令規定於我國中央法規標準法第七條前段。因此，立法者如授權之事務涉及憲法第二十三條及中央法規標準法第五條之範圍時，其授權即須符合明確性之要求。

㈢基本權利尊重原則

法治國思想之最主要目的即在於防止國家對人民自由與財產之無限制侵犯，要求一個不受國家恣意干涉之「自由活動空間」。因此，法治國原則可以說是自始即離不開基本權利之保障，尊重基本權利，承認基本權利是不可侵犯，不可讓與之人權遂成為法治國家之重要內涵(**註四八**)。因此，現代法治國家，大多以立憲政體來建立國家制度，而國家制定憲法之主要目的，即在於保障人民之基本權利，避免遭受國家權力之不法侵害。而明確性原則對行政各領域之要求，如行政法規之規定，其構成要件及法律效果必須明確；立法者對法律保留範圍內之事務，其授權須遵守明確性之要求；行政機關採取之行政行為其方式及內容亦須明確。因此之故，明確性原則之要求對憲法第八條之人身自由，第十六條之生存權、財產權之保障，扮演著重要的角色；所以，從法治國理念之基本權利尊重原則，亦可推論出明確性原則之要求。

二、民主原則

關於民主原則，一般所普遍承認之具體內涵，大致有：國民主權原則、定期選舉、普通、平等與無記名選舉、多黨制度、自由公開的意見形成過程之保障(**註四九**)。惟依本文認為，法律本身明確性之要求，即對

註四八 參照，許宗力，前揭註二一文，頁二三、二四。

註四九 Vgl. Maunz/Durig, in Maunz-Durig, *G G Komm*, Art. 79. Rdnr. 47; Klaus Stern, *Das Staatsrecht der Bundesrepublik Deutschland*, Bd.1. München.

立法者之限制，乃立法者必須遵守的義務；且行政行爲應明確之要求與民主原則之關係，亦較不明顯；民主原則與明確性原則之關聯，主要表現在授權命令須符合明確性之要求上，其主要理由是認爲立法者所組成之國會，擁有比行政機關更直接的民主正當性（demokratische Legitimität），且國會制定法律之程序乃經由公開、直接的言詞辯論與多數決，可以確保衝突的不同利益獲得最合乎正義的平衡(註五〇)。因此，於授權命令之領域中，如果國會授權規定越明確，行政機關的自由決定空間就越窄；相反地，如果越不明確，則越寬。所以，我們可以理解那些問題必須在立法者的參與指示下才能做成決定，那些問題可以由行政機關完全自主地做成決定，在民主原則前是有其特殊意義的，而督促立法者參與決定，履行其對行政機關的指示，影響義務，也正是授權明確性要求目的之所在(註五一)。由此可以推論出民主原則之內涵，於授權命令應符合明確性原則之要求上，亦有其重要意義，自不容忽視。

三、小結

關於明確性原則之憲法依據，由於我國並無類似德國基本法第八十條第一項之明文規定，因此必須從我國憲法之基本精神及原則來尋繹出其依據，本文首先從我國憲法第二十三條、第一百七十條、第一百七十一條、第一百七十二條所引申出之法治國原則，其內涵中之法安定性原則與法明確性之要求、法律保留原則及基本權利尊重原則中，推論出明確性原則之依據；接著，再於憲法第一條所導引出之民主原則，來論斷其在授權明確性此一部分之特殊意義，以爲明確性原則能在我國憲法上，尋找出其應有之依據。

1977. S. 454 ff; Konrad Hesse, *Grundzuge des Verfassungsrechts der Bundesrepublik Deutschland*, 13. Aufl, Heidelberg 1982. S. 50 ff.

註五〇　Vgl. Roland Geitmann, a.a.O., S. 68.

註五一　參照前註。

〔肆〕明確性原則之概念

　　所謂「明確性」，包含有明白、正確之意，於德國文獻上之 Klarheit、Bestimmtheit 即代表此意。而所謂明白，乃指以一般人能瞭解者爲限；而正確，即指所使用之語詞恰能表現其意旨，不致有含混不清的情形(**註五二**)。然而，由於明確性原則於行政法學中，所表現之含意略有不同，以下本文乃首先從行政法學的各領域中來探討其概念，分析明確性原則於各領域中之要求，之後再嘗試爲明確性原則尋繹出其所應具備之共通要素，最後論述明確性原則與不確定法律概念之關係，希望能對明確性原則之概念，得以加以釐清。

一、行政法學各領域之觀察

　　明確性原則表現於行政法學各領域中，主要有法規範、授權行爲與行政行爲等方面。首先於法規範方面，由於乃是涉及或關連人民權利義務之規定 (**註五三**)，包括憲法、法律、法規命令 (**註五四**) 及地方自治規

註五二　參照，羅傳賢，行政程序法基礎理論，頁六一，五南圖書出版公司印行。
註五三　有關法規之探討請參照，朱武獻，命令與行政規則之區別，收載於，氏著，公法專題研究(一)，頁二四○以下，輔仁大學法學叢書編輯委員會編輯，八十年一月二版。
註五四　命令於我國之分類頗爲分歧，請參照，朱武獻，前揭文，頁二七一以下有關命令於我國之分類及探討；而行政實務上認爲法規命令依中央法規標準法第七條之規定，分爲授權命令與職權命令，而職權命令於我國行政實務上，乃指行政機關得基於法定職權或爲執行法律，所訂定發布對於人民具有拘束力之行政命令。職權命令於我國行政實務之存在乃一事實，且行政法院長久以來亦承認職權命令之合法性，尤其以該院七六年判字第六二八號判決表示之——「行政機關得在職權範圍內，基於組織法規之一般委任授權或概括授權制定職權命令，此項職權命令有拘束人民之效力，爲行政法上之法則。」
　　而司法院大法官會議對於職權命令之審查，其立場亦前後不一，首先於釋

章。而明確性原則於法規範中所表現之意義，即要求法規之制定，於程序上必須公開審議，並依規定公布，使人民得以知悉；於內容上必須其構成要件及法律效果之規定清楚、明白，且必須以明確的措辭、用語表現出來，使行政機關及人民均能瞭解。而人民依此規定對於法規範所保障之價值，法規所強制或禁止之內容，均能有所瞭解，尤其得使人民瞭解依法規規定所享受之權利或負擔之義務；行政機關亦得依此而知所遵循，藉著明確性原則之要求，得促進法規之明白性或預見可能性，可以避免權力之濫用。但法規若有規定不明確 (Unklarheit) 或不齊全 (Unvollstandigkeit)的情形，應由公布法規之機關或其他行政機關負擔，不應由受規範之人民承受之 (註五五)。

明確性原則於授權行為中所表現之概念，即要求法律在授權行政機關訂定行政命令時，必須就授權之內容、目的、範圍加以具體明確規定，此即授權明確性之要求(註五六)，亦即德國基本法第八十條第一項第二句所規定之授權明確三要素 (Bestimmtheits-trias) (註五七)。

明確性原則對行政行為之要求，表現於行政機關所做成之行政行為其方式及內容應具體明確，不應含混籠統，造成當事人的困擾(註五八)。且依法治國家原則及行政受法律拘束之要求，行政行為應具備預見可能性 (Vorhersehbar)、可測性 (Meßbar)、衡量可能性 (Wägbar) 及

字第一五五、一九一、二一四、二四七號解釋認為各該職權命令並未違憲，但是於後來之釋字第三一九、三二四號解釋卻又對於職權命令涉及人民基本權利時，宜以法律規定之；嗣後之釋字第三四一、三四四、三四七號解釋又回到職權命令為合法、合憲之立場。綜上所述，職權命令於我國實務上既然具有拘束一般人民之法規性，自亦應受明確性原則之規範。

註五五　Vgl. Hans J. Wolff/Otto Bachof/Rolf Stober, a.a.O., S. 310.
註五六　我國大法官會議釋字第三一三號解釋即採此見解，參照該號解釋文。
註五七　Vgl. Manfred Lepa, Verfassungsrechtliche Probleme der Rechtsetzung durch Rechtsverordnung. *AöR* 105 (1980) S. 342.
註五八　依行政院經濟建設委員會委託臺灣大學法律研究所草擬之「行政程序法草案」，其第五條明確性原則即規定：「行政行為之內容應明確。」並請參照該草案之研究報告四，葉俊榮，行政程序法與一般法律原則。

審查可能(Kontrollierbar)（註五九）。尤其行政行爲常涉及人民之權益，其方式之明確，使人民得以瞭解受何種行政行爲之規範；其內容之明確，亦使得人民能瞭解依此行政行爲所享受之權利或應負擔之義務，透過明確性原則對行政行爲於方式及內容上之要求，其當事人才能明瞭行政行爲之內涵，來決定是否遵循或是否表示不服而提出救濟。

二、明確性原則應具備之要素

如前所述，從明確性原則於法規範、授權行爲、行政行爲中之表現態樣，可以得知明確性原則主要在要求國家行爲須具體明確，而欲達到具體明確之要求，須具備下列要素，此亦即明確性原則所應具備之要素。

㈠可瞭解性（註六〇）

無論法規規定之構成要件及法律效果，授權命令之目的、內容、範圍及行政行爲之方式內容，必須使人民或行政機關能瞭解其意義，如此人民才能知悉國家行爲之內涵，而行政機關才能理解其得爲與不得爲之措施。

㈡可預見性（註六一）

行政法規規定之構成要件及法律效果，授權命令之目的、內容、範圍，及行政行爲之方式，內容如具體明確的話，則行政機關會採取什麼樣的措施，人民即得以預見，且人民亦得預見自己行爲之後果，而對自己的行爲加以負責。

㈢可審查性（註六二）

於行政法規、授權命令及行政行爲，其具體明確之要求，最後必須有從事司法審查之可能，如此才能對人民的權益加以保障，亦是現代法

註五九 Vgl. Franz Mayer/Ferdinand Kopp, *Allgemeines Verwaltungsrecht*. 1985. S. 294～308.

註六〇 Vgl. Hans J. Wolff/Otto Bachof /Rolf Stober, a.a.O., S. 310.

註六一 Vgl. Heinrich Henkel, a.a.O., S. 437.

註六二 Vgl. Franz Mayer/Ferdinand Kopp, a.a.O., S. 294 ff.

治國家應有的態度。

三、與不確定法律概念之關係

惟此所謂明確性原則對法規之要求，並不當然禁止立法者於必要情形利用概括條款、不確定法律概念（註六三）來加以規定（註六四）。且不確定法律概念目前於學說上，認為於憲法上是無可指責的，特別是憲法上明確性之要求，並不禁止立法者於制定法律時使用不確定之法律概念（註六五）。

而立法者使用不確定法律概念制定法律，或作為限制基本權利之要件，乃因規範事實之多樣性或複雜性，無法於事前明確規定，故有賴法院作事後的詮釋與審查，以符合法律適用於個案時有具體妥當之處理，並貫徹憲法保障人民訴訟權之意旨。然而，由於不確定法律概念具有多義性，於解釋上自然會有多種不同之含意，且不確定法律概念中之價值概念或規範性概念，例如需要、合於實用、適於美感等，於適用上難脫價值判斷或利益衡量，故是否由法院為完全之審查，是值得深究的（註六六）。

但是，不確定法律概念之內容，如果太過於不明確而接近於內容空洞，則難以依解釋方法使其意義明確，導致適用上的困難。因此，使用不確定法律概念之容許與否，其判斷標準乃在於國民本身必須從法律本身，可以大致瞭解法律規定之內容，而可以預測自己將負有何種義務，享有何種權利（註六七）。

註六三　Vgl. Hans J. Wolff/Otto Bachof /Rolf Stober, a.a.O., S. 365.
註六四　Vgl. Alfred Katz, *Grundkurs im öffentlichen Recht I*, 1981, S. 86 ff.
註六五　Vgl. Hans J. Wolff/Otto Bachhof/Rolf Stober, a.a.O., S. 365.
註六六　參照，李建良，不雅的名字──「不確定法律概念」之解釋適用與司法審查，收載於，月旦法學雜誌，第一七期，頁四九。
註六七　Vgl. Paulick, *Lehrbuch des allgemeinen Steuerrechts*, 2. Aufl. 1972, S. 112.

四、小結

明確性原則之概念，於行政法學中，主要可表現於具有法規範效力之法規明確性之要求，立法權與行政權之間的授權明確性之要求及由行政權作用之行政行為應明確性之要求，本文於探討明確性原則之概念，即分別從法規之構成要件及法律效果，授權之內容、目的、範圍以及行政行為之方式、內容皆應具體明確來加以說明，並試著為明確性原則尋繹出其應具備之要素——可瞭解性、可預見性、可審查性，來說明「具體明確」之意涵，期望能使明確性之概念得以釐清。

〔伍〕明確性原則之適用

明確性原則依前述其理論依據之探討，得推論出其在我國憲法上之地位，而得拘束依憲法分權原理下之各國家權力，因此具有一般法律原則之性格。且於本文前述概念探討中，可以得知明確性原則於所有的行政法學各領域中皆有其適用，故亦屬於行政法上之一般法律原則；此亦即行政法上一般法律原則應有的適用情形(註六八)。而行政法上之一般法律原則其主要目的在於補充法規之欠缺或調和適用實定法規時所產生的僵化不合理現象，其於適用上，主要具有下列三項特徵：其一為一般性：得適用於所有的行政領域上；其二為抽象性：指內容抽象，適用時須進一步具體化；其三為倫理性：內容包含倫理的價值色彩，但不能與憲法上的價值判斷牴觸(註六九)。依此而論，明確性原則乃為行政法上一般法

註六八　參照, Fritz Ossenböhl, Die Quellen des Verwaltungsrechts, 收載於 H.-.U.Erischen/W.Martens 編, *Allgemeines Verwaltungsrecht*. 6 Aufl. 1983. S. 113.

註六九　Vgl. K. E. von Turegg/E. Kraus, *Lehrbuch des Verwaltungsrechts*. 4.Aufl., 1962. S. 64.

律原則之一，當亦具有一般性、抽象性、倫理性，其自得適用於所有的
行政領域，於適用時須進一步具體化，甚至於不同之行政領域有不同的
適用要求。本文關於明確性原則之適用，乃分為法規範、授權行為、行
政處分、雙務契約、行政指導等部分，來探討於各個領域中明確性原則
之適用，以下即就此來加以介紹：

一、法規範

在此所謂法規範，如前所述，乃指涉及或關於人民權利義務之規範，
如憲法、法律、法規命令及地方之自治規章。由於行政法規涉及人民之
權利義務，因此，行政法規如欲符合明確性之要求，必須符合下列要件：

㈠程序上要件

於程序上必須經過副署、公布，並刊載於政府公報上。

㈡實質上要件

於實質上必須法規內容之構成要件、法律效果、生效日期、適用順
序為明確之規定。惟於制定法規時，究應將法規之內容，規定至如何之
程度，才符合明確性之要求，乃困難之所在。一般而言，首先可以依本
文前述介紹之明確性原則應具備之要素，來加以判斷，即立法者所制定
之法規必須具備可瞭解性、可預見性及可審查性，使人民知悉何者當為，
何者不當為，行政機關得採取何種措施(註七〇)，且使法院對於依據此法
規所作成之國家作為，有從事司法審查之可能(註七一)。再者，更進一步
言，學說上亦提出下列類型上的區別，來探討法規明確程度要求之不同：

1.視國家採取之手段為干涉行為或給付行為。若行政機關依法規之
規定，得採取干涉之手段，來達成行政目的時，其明確程度之要求較給
予人民利益之給付行為為高。

2.視法規所涉及人民基本權利之「核心範圍」(kernbereich)或僅涉

註七〇　Vgl. Franz Mayer/Ferdinand Kopp, a.a.O., 294 ff.
註七一　Vgl. Alfred Katz, a.a.O., S. 86 ff.

及「基本權保障範圍」(grundrechtsgeschutzte Bereiche)（註七二）。

3.視法規所規範之事實特性而定，尤其應視其是否使關係人有正確掌握其概念之可能及影響之強度 (die Intensität; der Auswirkungen) 而定（註七三）。

4.於行政法規之規範領域中，有關稅捐方面及處罰方面之法規，其構成要件與法律效果受明確程度之要求最高。於稅捐方面，依憲法第十九條稅捐法定主義(註七四)之內涵，大致可分為「課稅要件法定主義」、「課稅要件明確性原則」、「程序法上合法性原則」(註七五)；其中之「課稅要件明確性原則」，要求創設稅捐義務的法律規定，就其稅捐主體、稅捐客體、稅捐客體之歸屬、稅捐的計算基礎、稅率為明確規定(註七六)，使稅捐義務人或其顧問可以預測該項負擔及具有計算可能性，行政人員及法官得以正確地加以適用(註七七)。於處罰方面，首先，行政法規中有關刑事不法行為之行政刑罰，應受刑法第一條「罪刑法定主義」之規範，而於罪刑法定主義之內涵中，罪刑之明確性即要求何種犯罪應科以何種程度之刑罰，必須於構成要件加以明確之規定，使得一般人民可得預測(註七八)；再者，於行政不法行為中，亦受有處罰法定原則之拘束，於處罰要件及效果上，必須為明確之規定，以防止行政機關之擅斷。

註七二　此 1.、2.之區別乃 Franz Mayer/Ferdinand Kopp 之分類，其中第 2.之區別，亦為德國聯邦憲法法院所採納，Vgl. BVerfGE. 49. 89 之 Kalkar 判決，參照，陳春生，前揭文，頁二○。

註七三　此 3.之區別乃 Alfred Katz 之分類。

註七四　稅捐法定主義又稱租稅法律主義，有關租稅法律主義參照大法官會議釋字第一五一、一九五、一九八、二一七、二二一號解釋之說明。

註七五　參照，金子宏著，蔡宗義譯，租稅法，頁六二以下。

註七六　Vgl. Buehler / Strickrodt, Steuerrecht. Bd. I. *Allgemeines Steuerrechts*, 3. Aufl. S. 213 ff.

註七七　參照，黃茂榮，稅捐的構成要件，收載於，經社法治論叢，第六期，頁一九以下；陳清秀，稅捐法定主義，收載於氏著，稅法之基本原理，頁五三以下，自刊。

註七八　參照，甘添貴，刑法總論講義，頁二四，中興大學圖書部發行。

　　另外，依照德國判例之見解，如果從相關法條加以解釋，即可瞭解其規範之意義及內容，原則上可認為已屬明確(註七九)。惟明確性之要求，亦並非禁止立法者利用概括條款、不確定法律概念及授權行政裁量之規定，倘若能藉助於共識之解釋方法，或依據可遵循之判例，對於法規之解釋及適用能獲得可靠的基礎，人民對於法律規定所保障之價值，法律之強制或禁止內容，都可以了解，且對國家之行為，亦可能預見，則應容許概括條款、不確定法律概念或授權行政裁量之規定（註八〇）。

二、授權行為

　　所謂「授權行為」，乃指國會合法地將立法權限授權行政機關行使之謂(註八一)；亦即各機關基於立法機關之授權所訂定之規章，且被授權之機關以行政機關最為常見。因此，授權行為通常係指行政機關依據法律之授權所訂定的行政規章(註八二)。而行政機關依據法律之授權所訂之行政命令，於我國法制上，主要規定於中央法規標準法第七條：「各機關依其法定職權或基於法律授權訂定之命令，應視其性質分別下達或發布，並即送立法院」。依此規定，各機關基於法律授權所訂定之命令，即「授權命令」，如本文前面論述，此授權之部分如涉及法律保留範圍內之事務，其原應由立法者自己制定法律加以規範，若基於立法能力上之考量，而授權行政機關訂定授權命令時，要求其授權的內容、目的、範圍應具體明確，使人民能預見國家的行為，此即「授權明確性原則」。若立法者授權之事務，並非屬於法律保留範圍內，本來即不要求立法者必須以法律

註七九　Vgl. Alfred Katz, a.a.O., S. 86 ff.

註八〇　Vgl. Alfred Katz, a.a.O., S. 86 ff.；國內有關此部分之論述，請參照，秦季芳，前揭文。

註八一　參照，陳春生，前揭文，頁一八。

註八二　參照，管歐，委任立法的幾點認識，憲政思潮，第四二期，頁九七；陳愛娥，由法治主義涵義之演變探討委任立法應有之界限，國立中興大學法律學研究所碩士論文，頁一七七，七十六年六月。

加以規定，立法者如仍願意立法加以規範，其授權即不要求須符合明確性之要求。惟立法機關於授權時，必須具備何種要件，以何種方式規定，其授權之內容、目的、範圍才認爲符合明確性原則之要求，其判斷並非易事，以下本文就此問題分成明確性之審查方法及審查標準來分別加以論斷（註八三）：

㈠明確性的審查方法

在此之審查方法，乃指應如何解釋授權條款以判斷有無符合明確性之要求，於德國實務上，其聯邦憲法法院曾有下列判決，可供參考：

1.一號明確性公式（1. Deutlichkeitsformel）

其要求授權之內容、目的、範圍的具體化，原則上必須在法律中明示，最低限度也應具備充分的明確性，甚至要求立法者的授權必須具備無懈可擊的明確性(註八四)，惟此公式因要求過於嚴格，聯邦憲法法院已不再採用。

2.二號明確性公式（2. Deutlichkeitsformel）

認爲授權的內容、目的與範圍毋須明示地規定在法律條文內，祇要能依一般解釋方法從授權條款所依附之法律整體(註八五)，甚至授權母法以外之其他法律（註八六），行政先例，國際條約（註八七）來加以推論（註八八）。

註八三　Vgl. Horst Hasskarl, Die Rechtsprechung des Bundesverfassungsgerichts zu Art. 80 Abs. 1 *AöR* 94 (1969). S. 103; Ludwig Frohler/ Georg Mortel, Probleme der Verordnungsermachtigung nach Art. 80 *GG*, Bad Wurishofen 1976. S. 5.

註八四　Vgl. BVerfGE 2.4.7.21.307.334 f.

註八五　Vgl. BVerfGE 8. 274. 319~324。

註八六　Vgl. BVerfGE 24.155.169.

註八七　Vgl. BVerfGE 28.66.85.

註八八　我國大法官會議三九四號解釋理由書亦認爲，法律若僅爲概括授權時，其授權之目的，範圍及內容應符合具體明確之要件，亦得就該項法律整體所現之關聯意義爲判斷。

3.認爲合憲解釋原則（註八九）及平等原則（註九○）亦得適用

(二)明確性的審查標準

在此之審查標準乃指授權條款的規定，應具備如何要件，才得視爲授權內容、目的、範圍已合明確性之要求，德國聯邦憲法法院在此亦有如下判決，經學者整理後，所歸納之公式可供參考（註九一）：

1.可預見性公式（Vorhersehbarkeitsformel）

即授權規定必須明確到令人足以預見行政機關將於何種場合，遵循那個方向及授權命令可能具備之內容應符合授權明確性之要求(註九二)。

2.自行決定公式（Selbstentscheidungsformel）

即立法者必須自行決定那些特定問題應由行政機關以命令規定，且須自行確定命令所應遵守的界限及命令所應追求的目標（註九三）。

3.方針公式（Pragrummformel）

法律必須明白指出或從其規定推論出立法者所要求行政機關達成的方針，其後的判決，則要求至少應規定最低限度的實質規範內容，以爲行政機關之方針與準則（註九四）。

4.綜合考察公式

認爲立法者如果認爲授權行政機關訂定命令之必要，亦須自行規定方向與範圍，使將頒訂之命令具有的內容得以讓人預見得到（註九五）。

三、行政處分

行政處分乃指行政機關就公法上具體事件所爲之決定或其他公權力

註八九　Vgl. BVerfGE 7.267.273.

註九○　Vgl. BVerfGE 23.62.72.

註九一　Vgl. Hans D. Jarass/Bodo Pieroth, Grundgesetz för die Bundesrepublik Deutschland 10. Aufl. 1995. S.　731.

註九二　Vgl. BVerfGE 1.14.60.

註九三　Vgl. BVerfGE 5.71.77.

註九四　Vgl. BVerfGE 5.71.77.20.257.270.

註九五　Vgl. BVerfGE 7.282.301.

措施，而對外直接發生法律效果之單方行政行為(註九六)。而明確性原則於行政處分中之適用，主要在於要求行政處分的內容要充分的明確(註九七)，得分成下列幾方面來加以分析：

1.原則上負擔性之行政處分，其處分內容之明確性要求，因使人民產生負擔，其要求程度應較授益性行政處分為高。

2.行政處分之另一分類——要式行政處分與非要式行政處分中，要式行政處分依「行政程序法草案」第八十條規定(註九八)，其應記載事項有處分相對人之姓名……主旨、事實、理由及其法令依據……有附款者，附款之內容，處分機關……不服行政處分之救濟方法……等。因此，以書面作成之行政處分其明確性之要求及表現程度亦較高。

3.前草案第七十九條規定，以書面以外方式所為之行政處分，其相對人有正當理由時，得要求作成書面，處分機關不得拒絕。此時處分機關亦須作成書面，此時強制行政機關說明理由之精神，亦為明確性原則之另一表現形態。

4.行政機關作成之行政處分，若其內容不明確之程度，達到重大明顯之程度，或不能得知處分機關時，依同草案第九十五條規定，該行政處分無效。

四、雙務契約

行政契約之成立，除了必須行政機關（代表行政主體）與行政機關或人民間之意思表示合致、契約標的可能、契約依約定或法定方式等之外，行政契約之內容於締結時，亦應很清楚，若行政契約之內容欠缺明

註九六　參照，法務部，行政程序法草案，行政院函請立法院審議版本，第七十六條之規定。

註九七　Vgl. 37 Abs. 1 VwVfG: "Ein Verwaltungsakt muß inhaltlich hinreichend bestimmt sein."

註九八　在此指同前註之版本。

確性，其一般要件即未具備，行政契約不成立(**註九九**)。尤其行政機關與人民間所締結之雙務契約(**註一〇〇**)(Austauschverträge)，雙務契約乃指契約中約定，為一定目的而為對待給付，且能有助於官署遂行其公務時，使契約相對人對於官署負對待給付之義務，得締結雙務契約。且對待給付依全部情形應相當，與官署之契約上義務有實質上關聯存在(**註一〇一**)。雙務契約因行政機關與人民互負給付義務，容易產生不合理的契約條款，為避免行政機關藉此出售公權力(Ausverkauf von Hoheitsrechten)或違反事實的聯結(sachwidrige Koppelungen)，故行政機關需具備下列要件才得訂定雙務契約：

1.約定必須符合特定之目的。

2.約定須為履行公法上之任務。

3.行政機關於契約上之給付必須有事實上的關聯。

4.給付關係必須具有適當性。

其中1.約定必須符合特定之目的，需具備明確性之要求，對於給付目的明確加以界定，得避免人民屈服於行政機關的決定(**註一〇二**)。此種契約因為當事人互負給付義務，所以比其他類型之行政契約容易發生不合理的約定條款，特別要求約定之給付須符合特定之行政目的、須為履行公法上任務、給付內容必須相當及合理關連(**註一〇三**)，藉著明確性原則之要求，來避免行政機關出售公權力或壓榨人民或於給付上有不當聯結之情形發生(**註一〇四**)。

註九九 參照，法務部，行政程序法制定資料彙編(五)，八十三年五月，頁五八六。

註一〇〇 有關雙務契約，請參照，德國行政程序法第五十六條及我國行政院函請立法院審議之「行政程序法草案」第一百二十一條之規定。

註一〇一 Vgl. 56 VwVfG.

註一〇二 Vgl. Hans J. Wolff/Otto Bachhof/Rolf Stober, a.a.O., S. 802.

註一〇三 Vgl. Hartmut Maurer, *Allgemeines Verwaltungsrecht*. 10. Aufl S. 351.

註一〇四 Vgl. Hans J. Wolff/Otto Bachof/Rolf Stober, a.a.O., S. 802.

五、行政指導

　　行政指導依法務部原八十三年四月之行政程序法草案第一百七十條規定，乃指行政機關在其職權或所掌事務範圍內，爲實現一定之行政目的，以輔導、協助、勸告、建議或其他不具法律上強制力之方法，促請特定人爲一定作爲或不作爲之行爲。由於行政指導具有應急性、簡便性及隱密性（註一〇五），且常採取指示、勸告、獎勵、建議、輔導、宣導、協助等方式，因此其內容之不明確，易使相對人因而遭受不測之損害。故此草案第一百七十二條第一項規定：「行政機關對相對人爲行政指導時，應明示行政指導之目的、內容及負責指導者等事項。」使相對人得以知悉指導之目的、內容、單位或人員等事項，以達到行政指導透明化、明確化之要求（註一〇六）。

　　而行政指導於日本實務上，時常以電話或以模稜兩可之方式爲之，因其內容之不明確，可能造成糾紛。故日本行政程序法第三十五條第一項規定：「爲行政指導者，應明確告知其相對人該行政指導之旨趣、內容及承辦人。」亦爲行政指導應受明確性原則規範之另一事例。

六、小結

　　明確性原則既然是行政法上之一般法律原則，且具有憲法之位階，自得適用於所有行政法學上之各領域，本文於此首先探討明確性原則在行政法規上之適用，要求法規範之制定及其構成要件及效果應具體明確；接著論究明確性原則於委任立法上之適用，要求立法者之授權行政機關發布命令時，其授權之內容、目的、範圍須具體明確；最後於行政行爲部分，各種行政行爲之內容亦須明確，如此人民才能明瞭其權利義務關

註一〇五　參照，法務部原八十三年四月之行政程序法草案第一百七十二條之立法理由；蔡志方，行政法三十六講，頁三一二，八十四年三月初版。
註一〇六　參照，此草案第一百七十二條之立法理由。

係，而知所遵循。

〔陸〕違反明確性原則之效果

違反明確性原則所造成之效果，以下本文依前述適用範圍之法規範、授權行為、行政處分、雙務契約、行政指導來加以論述。

一、法規範違反明確性原則之效果

如前所述，法規範若欲符合明確性之要求，必須於程序上經過副署、公布、刊登政府公報之程序；實質上必須法規內容之構成要件、法律效果、生效日期、適用順序為明確之規定。行政法規若不符合此一要求，如未符合程序上之要求，該行政法規即未生效；如未符合實質內容之要求，即違反憲法上明確性原則而構成違憲，例如，大法官會議釋字第二七六號解釋即對於合作設法第五十五條第一項第六款規定之解散命令，乃解散合作社之處分，對於此種處分之要件及程序如何，該法未為明確之規定，宜由主管機關妥為檢討修正。

二、授權行為違反明確性原則之效果

授權行為之授權法律，若其授權未符合前述之要件，即違反授權明確性之要求，得受違憲之非難。若依據授權法律所訂定之授權命令，其規定逾越授權之範圍，亦為違反授權明確性之要求，於實務上，此種情形最為常見，如釋字第二六八、二七四、三二〇號解釋，即認為授權命令增設法律所無之規定或限制，應不予適用；又如釋字第三八〇號解釋認為授權命令逾越授權法律之規定，自解釋公布之日起，至遲於屆滿一年時，失其效力。

三、行政處分違反明確性原則之效果

　　行政處分若欠缺明確性，如不能由書面處分中得知處分機關，或其不明確之情形達到重大、明顯之程度，則無效；否則，僅得撤銷。

四、雙務契約違反明確性原則之效果

　　行政契約之內容如欠缺明確性，應依解釋契約之方法加以確定，若經由解釋之方法仍無法確定時，當事人即無法遵守契約履行給付義務，若內容不明確之程度未達成立要件之要求時，其契約即不成立。雙務契約之約定亦需符合其目的，否則亦為無效。

五、行政指導違反明確性原則之效果

　　為行政指導者，若無法讓相對人瞭解行政指導之旨趣、內容及承辦人，相對人即無法遵行其內容，甚至得加以拒絕。

六、小結

　　由於明確性原則具有憲法上之位階，以至於法規範、授權行為、行政行為違反明確性之要求時，亦造成違憲之後果，若法律有明文規定時，應優先適用法律之規定，若法律無規定時，始進行違憲之審查。

〔柒〕明確性原則於我國之檢討

　　明確性原則在我國一向較少受到重視，關於此一原則在我國之檢討，以下分為實定法與實務兩方面來加以探討：

一、實定法之檢討

　　於實定法上之檢討，以下本文仍依前面的分類，分為法規範、授權

行為、行政行為三方面來加以說明：

(一)法規範

　　我國行政法規遵守明確性之情形，以下即以早期所制定之法規，與近來所制定或草擬之法規，來加以比較：

　　1.有關法人監督、處罰之法律，於民國二十四年制定之合作社法，其第五十五條有關處罰之要件及程序皆未規定，僅規定處罰效果，即不符合法律明確性之要求；而於民國八十一年修正之人民團體法第五十八條，對於人民團體處罰之要件、程序及效果即皆為明確之規定，此乃於立法上對法律應符合明確性要求之注意。

　　2.行政執行法乃於民國二十一年制定，並於三十二年及三十六年分別修正兩次，其規定之不明確久為學者所詬病(註一○七)，並造成行政機關無法依其規定為強制執行(註一○八)。而依行政院於民國八十一年七月涵送立法院審議之「行政執行法重行修正草案」，其有關行政強制執行之依據、名稱、程序……等皆為明確之規定，亦為一例。

　　另一方面，由於我國之法律大部份皆繼受外國法而來，因此，有關外國法律制度之引進，於體系之建立及用語之使用上，更需小心謹慎(註一○九)，若引用不清楚，即將制定為法規範，就容易造成法規規定之不明確，不僅人民無法遵循，亦會讓行政機關無法適從。例如，行政機關原則上應自行處理事務，但有時基於實際上業務之需要，得依法規將其權限之一部份，委任所屬下級機關執行之；或得委託不相隸屬之行政機

註一○七　　有關我國強制執行法之評論，請參照城仲模，行政強制執行序說，收載於，氏著，前揭書，頁二四七以下。

註一○八　　有關行政機關之強制執行，目前由於行政執行法規定之不明確，使得行政機關仍須將案件移送法院執行，並請參照大法官會議釋字第一六、三五號解釋。

註一○九　　有關公法學上若干用語，因日語漢字之引用而造成之疑義，請參照，城仲模，關於公法學上「裁量」之用語，收載於，當代法學名家論文集，頁二五七以下。

關（註一一〇）、民間團體（註一一一）、個人（註一一二）辦理之，此即委任與委託之最主要區別。但是於法規或學理上，除了委任、委託之外，卻有各種之名稱，如：委辦、委由等，造成適用上之困擾。因此，目前由行政院函請立法院審議之行政程序法草案第十條及第十二條即對委任與委託分別爲明確之規定，以免適用上產生疑義。

㈡授權行爲

我國立法機關於制定法律時，往往使用授權條款，授權行政機關訂定行政命令，並且對於法律保留範圍內之事務，亦未注意，對於授權之內容、目的、範圍亦少有授權母法提及，常常以「本法施行細則由……訂定之」或「有關……辦法，由主管機關訂定之」，完全未注意到授權明確性之要求，而其最明顯之極至，乃臺灣地區與大陸地區人民關係條例，該條例第四條、第九條、第十條、第十三條、第十七條、第二十二條……等皆授權主管機關訂定授權命令，其授權明確之要求仍有待加強。

㈢行政行爲

行政行爲應符合明確性之要求，目前現行法制之規定實不多見，原經建會所擬之行政程序法草案第五條曾明定：「行政行爲之內容應明確。」惟此草案目前已不採納。以下本文就行政行爲於現行法上規定之情形，分別加以探討。

1.行政處分

行政處分依我國訴願法第二條之規定，乃指中央或地方機關基於法定職權，就特定之具體事件，所爲發生公法上效果之單方行政行爲（註一一三）。雖然，訴願法對於行政處分之定義已加以規定；但是，訴願法對

註一一〇　參照，稅捐稽徵法第三條之規定。

註一一一　參照，商品檢驗法第二十六條及臺灣地區與大陸地區人民關係條例第四條之規定。

註一一二　參照，海商法第四十一條之規定。

註一一三　有關訴願法第二條所規定行政處分定義之商榷，請參照翁岳生，論行政處分，收載於，氏著，前揭書，頁一一以下。

於明確性原則就行政處分於內容上應記載事項之要求，例如處分之相對人、主旨、事實、理由、法令依據、處分機關或不服之救濟方法、期間、受理機關等皆未加以規定，僅於訴願法第二十二條就訴願決定書應載明之訴願人、主文、事實、理由、決定機關、救濟期間、再訴願管轄機關事項等加以規定，實為一大缺漏。因此，目前立法院審議中之「行政程序法草案」，第八十條即規定以書面作成之行政處分所應記載之事項，以補足此一缺漏。

而於行政處分之方式上，由於對於人民直接有效之單方行政行為，除此之行政處分外，另有行政命令一種，因此，常造成人民判斷上之困擾。尤其行政機關對於相對人不特定，但可得確定之具體事件所為之單方行為，其方式、性質究竟屬於那種行政行為，迭生困擾(註一一四)。因此之故，前述「行政程序草案」第七十六條，即對於處分相對人雖非特定，而依一般性特徵可得確定其範圍之情形，規定為一般處分，以杜絕其爭議。

2.行政契約

由於現行法制對於行政契約並無一般性之規定，以致行政機關所締結之契約，其性質究屬行政契約或私法契約常有爭議，例如行政機關將公有耕地放領於耕作人之約定(註一一五)、採公司型態之公營事業與其員工之契約 (註一一六) 等。故前述「行政程序法草案」第一百一十九條規定，行政契約係以設定、變更或消滅公法上法律關係為內容，加以明確界定。

3.行政指導

如前所述，行政指導具有應急性、簡便性、隱密性。因此，其內容

註一一四　例如有關都市計畫變更此種單方公法行為究屬於行政命令或行政處分
　　　　　之爭議，請參照，大法官會議釋字第一四八、一五六號解釋。
註一一五　參照，大法官會議釋字第八九、一一五號解釋。
註一一六　參照，大法官會議釋字第三〇五號解釋。

之不明確，易使相對人遭受損害而求助無門。而前述「行政程序法草案」於八十三年四月份之版本中，第一百七十二條之規定即要求行政指導應明示其目的、內容、負責指導者。惟此規定已於現行草案中刪除，甚爲可惜。

二、實務上之檢討

於實務上，有關明確性原則之案例，以下僅舉監察院與司法院大法官會議爲例，來加以說明：

㈠監察院通過之糾正案

監察院對於法務部現行有關人民權利義務之行政命令，未依法律訂定或未基於法律之授權或未送立法院審查，顯有悖於憲法保障人權之精神並違反中央法規標準之規定而於八十五年一月十六日通過糾正案即爲一例（註一一七）。

㈡行政法院之見解

有關行政法院關於明確性原則之看法，主要在於行政機關依法定職權，未有個別法律之授權，而發布之職權命令可否限制人民之權利，以下即分別歸納如下：

1.職權命令得限制人民之權利或規定制裁性之罰則，如六九判字四八號判決。

2.職權命令不得限制人民之權利或規定制裁性之罰則，如六九判字一九六號判決。即認爲行政機關對於法律保留範圍內之事項，未有法律明確之授權，不得以職權命令加以規定。

㈢司法院大法官會議解釋

我國大法官會議最近幾年對於明確性之問題已日漸重視，惟仍偏重授權明確性方面，以下就大法官會議之解釋，可歸納說明如下：

註一一七　參照，司法院公報，第二〇三八期，頁二五三以下。

1.首例承認授權明確性之概念乃大法官劉鐵錚於釋字二四六號之不同意見書中表示:「關於法律授權,我國憲法並未有如西德基本法第八十條第一項之明文……,法律授權之範圍,不僅必須非常明確……否則法律本身豈非成為虛無空洞……。」(註一一八)

2.說明授權明確性之要件

⑴首先於釋字第三一三號解釋說明法律授權以命令規定者,授權之內容及範圍應具體明確,然後發布命令,始符合憲法第二十三條以法律限制人民權利之意旨(註一一九)。

⑵接著於釋字第三四六號解釋更進一步說明,法律基於特定目的,而以內容具體、範圍明確之方式來加以授權,並非憲法所不許,即表示授權三要素中,其目的必須特定、內容必須具體、範圍必須明確,才符合授權明確性之要求(註一二〇)。

⑶認為授權命令未逾授權之目的或範圍,大法官會議分別於釋字三四五、三六〇、三六七、三九四、三九七號解釋,肯認該案例中之授權命令未逾越法律授權之目的或範圍。

⑷認為法律授權之依據有欠明確,於釋字三一三號解釋認為法律授權之依據有欠明確,違反憲法,其授權命令自解釋公布日起,至遲於屆滿一年時,失其效力。

三、小結

明確性原則於我國之適用,於實定法上,行政法上大致符合要求;而於委任立法方面,我國授權母法大都未明白指示授權之內容、目的、範圍應符合具體明確之要求,以致實務上大法官會議解釋,對此曾先後有釋字第三一三、三四五、三四六、三六〇、三六七、三九〇、三九四、

註一一八　參照,法令月刊,第四一卷三期,頁二〇。
註一一九　參照,法令月刊,第四四卷五期,頁二八。
註一二〇　參照,法令月刊,第四五卷八期,頁三三。

四二三號解釋來對明確性原則加以承認、說明；惟行政行為應明確之要求，於我國實定法上及實務上皆少有案例，甚為可惜。

〔捌〕 結論

明確性原則為行政法學上之一般原則之一，於法理論學(Rechtstheorie) 上對於法規範之分類中，行政法學上之一般原理原則屬於法原則 (Prinzipien) 之性質(註一二一)，是一種儘可能實現的命令，要求在事實上及法律上可能的範圍內，儘可能實現其要求，亦可能因時空環境之變遷，其命令內容可以有不同的實現程度。

且明確性原則於行政法學上發展，近年來日受重視，其最早之概念乃從法安定性中引申而來，認為法規規定之構成要件及法律效果應符合明確性之要求，而明確性原則於委任立法上之適用，卻更受重視。除本文已說明之德國基本法第八十條第一項之明文規定外，日本憲法第七十三條第六款亦規定：「為實施本憲法及法律之規定，得制定政令。但除非有法律之特別委任，不得設定罰則。」(註一二二)此乃導因於日漸增多的專業性、技術性事項，於涉及法律保留之領域，原應由立法者以法律來加以規範，但是，受限於立法技術效率能力等因素，使立法機關不可避免的必須把部分立法權移轉於行政機關，以致明確性原則於此時即突顯其重要性。於我國實務上，對此授權明確性之要求，亦有許多大法官會議解釋表示見解，此乃對授權命令雖明定於我國中央法規標準法第七條，

註一二一　於法論理學上將法規範劃分為法規則 (Regeln) 與法原則 (Prinzipien)，
　　　　　法規則為一種確定之命令，具有符合特定要件時，即發生特定效果之性
　　　　　質。Vgl. Robert Alexy, Grundrechte als subjektive Rechte und als
　　　　　objektive Normen, in: *Der Staat* 29/1990, S. 54; 國內關於此部份見解
　　　　　請參照陳愛娥，自由—平等—博愛——社會國原則與法治國原則的交互
　　　　　作用。

註一二二　參照，彭紹瑾，委任立法與行政命令之理論與實用，收載於，軍法專刊，
　　　　　第三一卷四期，頁二三。

但對其授權之要求，憲法及其他法律皆未有規定，使得大法官會議不得不以解釋之方式來加以補充。而於行政行為方面，依本文認為明確性原則亦有其適用，惟我國法制上之規定及實務上之見解卻少之又少，尤其行政行為之效力乃直接對人民產生，其重要性自不言可喻，但是在我國卻是未加重視，此時行政法學界自應加快學說的發展，以彌補此一空隙。

論行政法上之便宜原則

羅名威

〔壹〕前言

〔貳〕實定法條文中之便宜原則

一、刑事訴訟法——作為犯罪追訴之例外原理

二、行政法——作為一般法律原則

三、小結

〔叁〕便宜原則之歷史起源

〔肆〕便宜原則在傳統行政法領域之表現

一、法治國之發展與便宜原則之關係

二、警察功能之轉變

三、警察法上之便宜原則

四、違反秩序罰法上之便宜原則

五、行政強制執行法上之便宜原則

六、行政程序法上之便宜原則

七、小結

〔伍〕便宜原則在傳統行政法上之功能

一、程序經濟之功能

論行政法上之便宜原則

〔壹〕前言

便宜原則（Opportunitätsprinzip，又稱權變原則或是隨機應變原則）即隨機應變的意思。

德國行政法學者 Bachof 指出：「行政機關之裁量與形成自由，乃以作為行政法上之一般結構性原則（allgemeines Strukturprinzips der Verwaltung）之便宜原則為其依據」（註一）。此一見解顯示了便宜原則於行政法上之地位及與行政權之密切關係。

觀察實定法上對便宜原則所作之規定，似乎只能得到「賦予行政機關裁量權」這個模糊的輪廓。如此，不僅無法將便宜原則與裁量之賦與作明確劃分，也無從得知其真正內涵與所發揮之功能。

法律原則之研究與法律條文之解釋並不相同，法律原則無明確構成要件與法律效果，光是從原則定義之字面上，無法窺其全豹，必須探討其於各實際事務上之需要性與功能，方能掌握其內涵。

因此本文擬採取歸納之方式，在實定法與歷史沿革(本文〔貳〕、〔叁〕)之介紹後，依行政法學之發展過程(以傳統之干涉行政作為主軸)，並按照各行政行為法之立法順序，自警察法、違反秩序罰法、行政強制執行法至行政程序法於〔肆〕中探討便宜原則於傳統行政法領域中之特色，以整理出便宜原則於傳統行政法上之需要性及發揮之功能 (本文〔伍〕)。

註一 Wolff/Bachof, *Verwaltungsrecht I*, 9. Aufl. S. 193.

進而以獲得之初步結論作爲標準，驗證便宜原則是否能於今日行政法之其他重要部份——給付行政與計畫行政上發揮作用（本文〔陸〕），以及進一步探討便宜原則對於憲法上權力分立制度之意義與影響（本文〔柒〕）。期能從字面到實質對便宜原則作進一步之瞭解。

〔貳〕實定法條文中之便宜原則

在法體系中，便宜原則主要適用在刑事訴訟法與行政法領域之上(註二)，因此本文一併加以介紹。

一、刑事訴訟法——作爲犯罪追訴之例外原理

刑事訴訟法上之犯罪追訴之支配原則爲強制訴追原則（Verfolgungszwang）或是起訴法定原則（Legalitätsprinzip）（註三），亦即檢察官對於所有該當構成要件之犯罪或可罰行爲應一律加以追訴。

便宜原則在刑事訴訟法上，相對於前者乃爲例外之情形，即檢察官對於輕微的案件（nicht beträchtlich ins Gewicht fällt），可基於公益（öffentliches Interesse）考量，而享有訴追與否之裁量權（Ermessen）（註四）。

其具體內容落實在我國刑事訴訟法第二百五十三條，與二百五十四條之規定上，而爲第二五一條「起訴法定原則」之例外。在我國法上之主要可分爲兩種類型，一是基於微罪不舉，另一則是基於執行無實益之考量。

註二　C. Creifelds (Hrsg.), *Rechtswöterbuch* 11., neubearb. Aufl. 1992 S. 838.

註三　W. Küper in A. Erler u. E. Kaufmann (Hrsg.); W. Stammer (Begr.) *Handwörterbuch zur deutschen Rechtgeschichte* Bd. 2. Haustür-Lippe-1. Aufl. 1978 S. 1665.

註四　Kleinknecht/Meyer, *Strafprozessordnung (StPO)* Kommentar 38. neubearbeitet Aufl. S. 577.

　　至於在德國法上之情形，則較爲繁複，其主要之規定在其刑事訴訟法之第一五三與一五四條(**註五**)，除了微罪不舉 (第一五三條)，執行無實益 (第一五四條之一) 外，尚有其他之考量，如國外犯罪之不起訴 (第一五三條之三)、政治犯之不起訴 (第一五三條之四)、實行中止之不追訴(第一五三條之五) (**註六**)，其中關於政治犯與實行中止之部分，其背後之原因乃是出於防止對於某些政治上案件若起訴，將引起在政治上或國家安全之不當影響 (**註七**)。另外在其扣押程序 (第一一一條三項) (**註八**)，保安處分程序之前提要件(第四一三條) (**註九**)，皆有本原則之適用。

二、行政法——作爲一般法律原則

　　便宜原則亦適用於許多行政法領域上，並以原則而非例外之姿態出現，下述各法領域中之條文，爲目前爲學說一般公認之典型。本文依成文法制定之順序，以概觀之方式作一介紹，期能使讀者對便宜原則作初步之認識。

㈠**警察法**

　　依學者之見解，便宜原則於成文法上，最早確立於一九三一年一月六日公布之普魯士邦警察行政法 (Preußisches Polizeiverwaltungsrecht, PrPVG) 中之第一四條第一項 (**註一〇**)。該條規定爲:「爲了防止

註五　蔡墩銘譯，德日刑事訴訟法，五南出版社，頁六九以下。

註六　所謂實行之中止，主要是針對危害國家安全之行爲(Tatige Reue bei Staatsschultzdelikten)，犯罪行爲人於犯罪被發覺之前，爲防止德意志聯邦共和國之存立及安全與憲政秩序受到危害之補救行爲，檢察總長得在該繫屬之高等法院之同意下，得不爲追訴。詳細法條內容請參見，蔡墩銘，前揭書。

註七　Kleinknecht/Meyer, a.a.O., S. 605.

註八　Kleinknecht/Meyer, a.a.O., S. 366.

註九　Kleinknecht/Meyer, a.a.O., S. 1274.

註一〇　原條文爲: "Danach haben die Polizeibehörden im Rahmen der geltenden Gesetz die nach pflichtgemässem Eremessen notwendigen Maßnahmen zu treffen, um von Allgemeinheit oder dem einzelen Gefahren abzuwehren, durch die öffentliche Sicherheit bedorht wird."

可能損及公共安全與秩序之一般或個別之危害發生，警察機關於適用之法律範圍內依合義務之裁量採取必要之措施。」

同時本條也是著名的警察法上之概括條款，爲今日行政法上裁量之前身（註一一）。

今日，便宜原則透過德國聯邦與各邦之統一警察法標準草案（MEPolG）第三條之規定，「警察依合義務之裁量採取措施。」（Die Polizei trifft ihre Maßnahmen nach pflichtgemässsem Ermessen）而確定下來（註一二）。此一規定也適用於各邦之警察法。其意指警察機關在執行防止危害之任務時，可基於合目的及公益之考量而有裁量權。

至於我國的警察法、警察法施行細則、警察勤務條例中則無類似之規定。

㈡違反秩序罰法（Ordnungswidrigkeitengesetz）

另一個適用便宜原則之法領域乃違反秩序罰法。

德國於一九五二年所公布之違反秩序罰法中，在第四十七條第一項規定：「追緝或制裁機關，對於違反秩序之行爲享有合義務之裁量權，對於懸而未決之程序亦可停止之」（註一三）。並在其五十六條規定，行政機關得對輕微案件（Geringfügigen Ordnungswidrigkeiten）之當事人易以訓誡（Verwarnung），並得課以五至五十德國馬克之訓誡金（Verwarnungsgeld）（註一四）。

我國目前草擬中之行政秩序罰法草案，於其草案總說明中指出，該法參照德國違反秩序罰法前述之條文訂定之第四十七條：「行政不法行爲

註一一　H. -U. Erichsen u. W. Martens, *Allgemeines Verwaltungsrecht*, 8. Aufl. S. 208.

註一二　V. Götz, a.a.O., S. 133.

註一三　E. Göhler, a.a.O., S. 270. 條文原文如下：Die Verfolgung von Ordnungwidrigkeiten liegen im pflichtgemässsen Ermessen der Verfolgungsbehörde. Solange das Verfahren bei ihr anhängig ist, kann sie es einstellen.

註一四　E. Göhler a.a.O., S. 349.

情節顯屬輕微者，對於行爲人之裁處得易以訓誡。前項訓誡應以書面爲之，並對行爲人當面朗讀。」與第四十八條第二項：「行政機關不予處罰者，經行爲人之申請，應發給不處罰證明書。」爲適用便宜原則之規定。

三行政程序法

除上述個別行政法領域外，規範一般行政行爲之行政程序法上，亦有便宜原則之適用。

依目前德國學者一般之見解(**註一五**)，便宜原則主要之成文法依據爲德國行政程序法第二十二條第一項第一句：「行政機關依合義務裁量決定，是否及何時實行行政程序，但若法律另有規定時則不適用之」。

至於目前我國送入立法院待審之行政程序法草案中(**註一六**)，於第五十三條亦有類似規定：「行政程序之開始，由行政機關依職權定之。但依本法或其他法規之規定有開始行政程序之義務，或當事人已依法規之規定提出申請者，不在此限。」

三、小結

在對各法律領域中之便宜原則作初步瞭解之後，可以發現兩個特色，一是上述實定法多爲用以干涉人民自由權利之秩序行政之用。其次，便宜原則落實在法律上之結果，即爲賦與不同行政機關，對不同事務有範圍不同之裁量權。不免讓人產生疑問，便宜原則是否僅適用於秩序行政或侵害行政中？便宜原則與裁量關係爲何？的確，此即爲瞭解便宜原則實質內容之重要關鍵，容留本文於後說明。

以下本文將先從便宜原則歷史上之沿革發展之討論出發，找尋便宜原則之起源與歷史背景，此部份之內容雖與犯罪追訴有較密切之關係，

註一五　Stelkens/Bonk/Leonhardt, *Verwaltungsverfahrensgesetz (VwVfG)* Kommentar 4. neubearbeitete 1990, Aufl. S. 436 ff; K. Obermayer, *Kommentar zum Verwaltungsverfahrensgesetz* -2., erg. Aufl, 1990 S. 350.

註一六　立法院關係文書，院總字第一五八四號，八十四年九月。

但這並不直接意味便宜原則自始僅作爲刑事訴訟法上之原理原則。

因爲在國家發展初期，主要行政任務之一乃在於維持治安(註一七)，然而國家權力中並無明顯的司法權與行政權之區分，因此，更精確的說，表面上便宜原則爲刑事訴訟法上之原理原則，然而實際上，在早期行政法領域中，便宜原則即已扮演相當重要之角色。

〔叁〕便宜原則之歷史起源

在法制史的發展上，便宜原則與法定原則據信最早在西元七世紀末，即已出現在當時西歐之西哥德族〔westgotischen〕與倫巴特族（langobadischen）之法律中，進一步之制度化則出現在西元九世紀初，加洛林（Karolinger）王朝之法律中（註一八）。由於當時不僅沒有檢察官之制度，司法權與行政權亦未分立，在國王之統治下，關於犯罪之訴追或是其他行政事務之執行，皆由所謂國王之使者（Königsboten, *missi dominici*）行使之，法定原則當時之意義便在於：國王之使者負有對小偷（Diebe）與強盜（Räuber）採取法律上制裁之義務。但若採取行動將不利於國家利益時，則可依便宜原則考慮是否要採取措施。這也就是便宜原則與法定原則最早之內容。

在歐洲各國逐漸形成以單一民族爲主體之國家形成後，雖然大多數國家仍由君王統治，但國家組織之重要性已轉強，初步之分權與國家型態亦已逐漸形成，此時之法定原則之適用主體便不再是國王之使者，而是國家之代表人（einer öffentlich beauftragten Person），同時其內容亦更爲充實，法定原則要求國家之代表人，對於法定之可罰行爲，只

註一七　H. Mauer, *Allgemeines Verwaltungsrecht*, 10. Aufl. 1995 S. 14 f.

註一八　K-J Günther in A. Erler u. E. Kaufmann (Hrsg.); W.Stammer (Begr.) *Handwörtertbuch zur deutschen Rechtsgeschichte* Bd. 3. List-Protonotar-1. Aufl. 1984 S. 1259.

要有事實之根據存在，應無差別的(unterschiedlos)依據職權採取行動。相對於法定原則，便宜原則之內容除了公益外，還包含了合目的性(Zweckmäßigkeit) 與衡平 (Billigkeit) 之考量 (註一九)。

　　至十九世紀，德國法上有許多重要發展，其中與本論題最爲有關的乃是德國終於擺脫了長期以來的宗教法庭 (Inquisitionsprozeß) 制度，而部份改採國家公訴制 (akkusatorischen)，並仿法國建立了檢察官之制度 (註二〇)。並將其任務明訂爲刑事犯罪之追訴 (Prinzip der Strafverfolgen)，由於檢察官獨佔了犯罪起訴之權，因此爲保障法律之前人人平等之精神，避免檢察官恣意爲之，所以關於檢察官追訴犯罪原則上適用法定原則 (註二一)。

　　不過在制度形成之過程中，有一項重要之點受到討論，那就是賦與檢察官在實行追訴時享有裁量之自由 (Ermessensfreiheit)，此考量之出發點，乃是基於檢察官作爲追訴犯罪行爲程序之執行者，應有隨機應變之衡量空間 (Opportunitätsrücksichten) 存在 (註二二)。

　　這樣的觀點反映在當時的法學家薩維尼 (v. Savigny) 著名之論文——「關於新刑事訴訟制度內在關係中的原則性問題」(Die Prinzipienfrage in Beziehung auf eine neue Strafprozeßordnung, 1846) 中，他提到：這是一個適用上的新優點，可以防止許多不必要之調查，並非所有與公益有關的行爲皆需受到法院之追訴，有些過於微不足道之行爲，以及一些政治上之不正當行爲(politischen Vergehen)，人們是經常希

註一九　K-J Günther in A. Erler u. E. Kaufmann (Hrsg.); W. Stammer (Begr.) a.a.O., S. 1258.

註二〇　W. Küper in A. Erler u.E.Kaufmann (Hrsg.); W. Stammer (Begr.), *Handwörterbuch zur deutschen Rechtgeschichte* Bd. 2. Haustür-Lippe-1. Aufl. 1978 S. 1665.

註二一　W. Küper in A. Erler u. E. Kaufmann (Hrsg.); W. Stammer (Begr.) a.a.O., S. 1665.

註二二　ebenda.

望在此種案件一開始就保持沈默（註二三）。……

自一八五〇年左右開始，法定原則與便宜原則便陸續成為各邦刑事訴訟法之內容之一。

觀察歷史之發展可以發現，法定原則與便宜原則是發端於無權力分立，無固定國家組織之時代，法定原則其最原始的功能基於形式平等之維護，督促國王之代表對於犯罪行為要採取行動。從而隨著歷史之發展，進入檢察官公訴權獨佔（staatsanwaltschaftlichen Anklage-monopols）（註二四）之時代後，法定原則依然為刑事訴訟法上之重要原則。

至於便宜原則，則是使追訴者於特定之要件下，得不受法定原則之拘束，擺脫機械、僵硬的適用法律，從而基於追求公益、合目的性以及衡平之考量，享有起訴與否之裁量空間。

〔肆〕便宜原則在傳統行政法領域之表現

一、法治國之發展與便宜原則之關係

由前述說明中，可以瞭解便宜原則為何較被視為刑事訴訟法上之原則的原因，而由於國家早期沒有明確的權力分立，因此便宜原則在行政法領域之出現，與刑事訴訟法在歷史上發展初期之時間大致是相同的。

接著進入法治國之早期——絕對國家時期（又稱警察國家時期），此時警察幾乎獨攬了所有之內務行政（inner Verwaltung），所有行政任務幾乎皆是以警察為執行主體(註二五)，因此關於便宜原則早期在行政法

註二三　W. Küper in A.Erler u.E.Kaufmann (Hrsg.); W. Stammer (Begr.) a.a.O., S. 1666.

註二四　W. Küper in A. Erler u. E. Kaufmann (Hrsg.); W.Stammer (Begr.) a.a.O., S. 1665.

註二五　H. Mauer *Allgemeines Verwaltungsrecht* 10. Aufl. 1995 S. 14.

上之表現的說明，是以警察法爲主。

二、警察功能之轉變

如前所述，早期便宜原則之適用與警察法有密不可分之關係。同時便宜原則內容之討論應從行政權所欲達成之目的與擔負之功能著手，而警察制度發展至今，在功能上不斷有所轉變，影響所及不僅於本身，同時牽動到刑事法律、違反秩序罰法以及一般行政法之版圖，故先予說明。

㈠絕對國家時期之警察功能——內務行政權之代稱

早在西元十五世紀開始，於今日歐洲之德國、法國地區已出現一種以不法行爲之追緝、市集與街道秩序維護以及確保公共安全爲職責之公權力型態，當時稱此種公權力爲——Policey（註二六）。

而後隨著國家功能之發展，至十八世紀時，警察權不斷擴充，除國防或稅收等領域外，幾乎皆爲警察所掌握，所以此一時期之國家又稱爲警察國家(Polizeistaat)（註二七），警察權之意義等同於所有的國家之內務行政(註二八)。當時警察作爲統治者統治高權之顯現，凡是認爲有促進公共福祉之事務，即使在私人權利之範圍內，警察權皆加以介入，此時尚未有依法行政、法律保留、以及比例原則之觀念，因此藉由所謂的警察規則(Polizeiordnungen)，可對人民使用之度量衡標準、房屋規格，甚至服飾皆予以規定（註二九）。

雖然於一七九四年之普魯士一般邦法（Allgemeines Landrecht für die Preußischen Staaten）第十條二項第十七款中規定，警察爲維護公共安寧、安全、秩序，防止公衆或個人遭受當前危害之必要機關。

註二六　Lisken/Denninger (Hrsg.), *Handbuch des Polizeirecht*, 1992, S. 2.

註二七　H. Mauer, a.a.O., S. 14.

註二八　V. Götz, *Allgemeines Polizei und Ordnungsrecht*, 9. Aufl. S. 14。

註二九　Scholler/Schloer, *Grundzüge des Polizei und Ordnungsrechts in der Bundesrepublik Deutschland*, 4. Aufl. 1993. 李震山譯，德國警察與秩序法原理，中譯二版，頁二。

然一直要到十九世紀末著名的十字架山案判決後，警察權的內容才逐漸被限縮到今日的以危害防止爲主之任務。

㈡十字架山案（Kreuzbergurteil）（註三〇）之意義──跨向自由法治國之分水嶺

本案之大致案情爲，柏林市外有一座十字架山，柏林警方爲使人民方便看見山上之一座勝利紀念碑，因此基於促進公共福祉（Förderung der Wohlfahrt）之考量，發布一警察命令，限制附近區域人民之建築高度與式樣，致引起人民不服。

普魯士高等行政法院認爲該警察命令並不符合上述之普魯士一般邦法中關於警察任務之規定，因牴觸法律而無效。並於判決中指出：「儘管上述命令非爲維護安寧、安全、秩序，亦非爲防止危害，而是爲了促進公共福祉……應將警察於內政上所逾越之權限，轉由其他政府機關依特別法執行之。」

自本案之後警察任務便逐漸限制在危害的防止。但值得附帶討論的是，我國之警察法第二條規定：「警察任務爲依法維持公共秩序，保護社會安全，防止一切危害，促進人民福利。」仍帶有福利警察（Wohlfahrtpolizei）之思想，不過目前實際上之作法已不可能像當時柏林警方任意制訂警察命令以對人民之權利加以限制，從而促進人民福祉被認爲係警察之輔助任務，主要爲協助一般行政機關執行一般行政業務，其協助並需依法律或內政部之命令，或其他行政機關非警力協助而無法達成任務時，方得加以介入（註三一）。因此，我國警察之任務仍是以危害之防止爲主。

而十字架山案，除了限縮當時警察之權力外，更重要之意義在於宣

註三〇　關於本案之案情與判決內容可參閱：陳新民，憲法基本權利之基本理論（上冊），頁二五六以下；Scholler/Schloer，李震山譯，前揭書，頁四以下。

註三一　梁添盛，警察法專題研究㈠，頁一六。

示行政權不得再自行制定法規範用以限制人民之基本權利，以往行政權
不受限制之權力，必須要受到立法者之規範。自此之後，法律優位、法
律保留之思想日漸成熟，從而國家邁入一嶄新之時代──自由法治國家
（liberalen Rechtsstaat）（註三二）。

㈢今日警察任務之內容

　　在瞭解警察任務之發展後進一步探討其內容，由我國之警察法可知，
除依第二條之公共秩序、公共安全之維護、危害之防止以及一般行政協
助外，依同法第九條第三款與第八條之規定，尚包括協助偵察犯罪與其
他依法令執行之職務。除危害之防止之外，警察之其他任務皆處於輔助
之地位，因此將從此一任務之內容加以討論。

　　1.公共安全（öffentliche Sicherheit）與公共秩序（öffentliche Ord-
nung）之概念

　　公共安全、公共秩序為警察法之保護法益（註三三），然而公共秩序以
及早期所使用之公共安寧（Öffentlich Ruhe），已逐漸為公共安全所吸
收，因此防止影響公共安全之危害發生，可以說是警察最重要之任務，
同時也可以由此瞭解警察法之特質所在。

　　公共安全為一不確定之法律概念，其內容仍隨著社會發展而流動中，
但依學者與部份成文法之規定，一般公認以下所論列者為其主要內容：
法秩序之不可侵犯性（Unverletzlichkeit der Rechtsordnung）、個人
之權利與法益、國家與其他高權主體之機構與活動(der Einrichtungen
und Veranstaltungen des Staates oder sonstiger Träger der Ho-
heitsgewalt）。

　　首先，「法秩序」原則上包含所有現存之法規範，值得注意的乃是牽
涉到私人間之私法關係時，警察受到一個相當重要之限制：除非是司法
之力量來不及保護當事人之私權，且非警察權之介入無法提供有效之保

註三二　H. Mauer, *Allgemeines Verwaltungsrecht*, 10. Aufl. 1995 S. 15。
註三三　Lisken/Denninger, a.a.O., S. 107.

護時，警察方可以公權力影響之，此即補充性原則（Grundsatz der Subsidiarität）（註三四）。因此警察任務之內容仍多爲涉及刑事法律與違反秩序罰法之事項。

個人之權利與法益，主要係指個人之生命、健康以及重大之財產法益，早期之學者見解多偏重警察之公共性，因而不承認個人之權利爲保護之範圍內，但事實上若國家放任不理，而由私人就此採取自力救濟之方式，亦將對社會發生不利影響。因此上述重大法益之保護，亦已被承認爲公共安全之內容之一。

至於國家設施，除了包含硬體之完整性外，亦包含維持其功能之正常運作。應留意基於該機關本身家主權（Hausrecht）之尊重，例如在國會，警察僅輔助議長維持秩序權之行使（註三五）。

公共秩序之內涵，主要出自於普魯士高等行政法院之詮釋（PrOVGE 91, 139, 140 v. Nov. 1933），意指公共生活中個人行爲之不成文規範之整體，具體而言，即指非屬法秩序之社會倫理規範之維持（註三六）。

然而因其不確定性過高，且有維持既有具支配力之價值觀之嫌疑，於價值多元化之社會中頗受質疑，在德國實務之運用上也少有基於維護公共秩序所生之案例。

2.危害（Gefahren）之存在──行政權發動之要件

危害，按照德國法上之認識，其意義爲：「一種在可預見之時間內，存有對於公共安全與公共秩序十分可能造成損害之情形或狀態。」（註三七）

首先危害需具有現實性，亦即，需於可預見之時間內有發生現實損害之可能性；藉此有限縮警察功能不致回到福利警察之時代。但從另一

註三四　ebenda.

註三五　Scholler/Schloer, 李震山譯, 前揭書, 頁六八。

註三六　Scholler/Schloer, 李震山譯, 前揭書, 頁六九。

註三七　Lisken/Denninger, a.a.O., S. 117; V. Götz, *Allgemeines Polizei und Ordnungsrecht*, 9. Aufl. S. 65.

個角度來看，由於危害之現實性，警察與其他行政機關相較，更強調機動性與快速反應。

其次，危害為一種可能性，往往需在現場由有經驗之人員加以判斷處理，由此亦可發現警察在執行危害防止任務時，必須對危害之情形做出預測及判斷。

在學說與實務上，有許多危害之分類，如抽象危害、隱藏危害、誤想危害、表現危害等，如此之分類主要用於檢驗警察採取措施之合法性，本文在此不擬詳論(註三八)，但從本節所介紹之各概念可以瞭解，警察危害防止內容之廣泛及「危害」判斷之不確定性，因此警察法上必須多以概括條款（polizeilichen Generalklauseln）之表達方式來加以規範，為了緩和規範之概括性，必須從法條結構本身文字之明確化與足夠案例之累積來加以努力（註三九）。同時更可由此瞭解警察所欲追求之公益為何。

㈣便宜原則於自由法治國時代後之正當化基礎——代結語

由警察功能之轉變可以清楚發現，在警察國家時代，警察隨機應變之空間極大，由於其任務之廣泛，警察只要基於促進人民之福祉之理由，便可任意干涉人民自由。

而到了自由法治國家初期，由於十分強調依法行政，行政權之自主空間被壓縮到無法律及無行政之地步(註四〇)，而強調給予行政權隨機應變空間之便宜原則，其適用範圍於此時也縮小到如條文上所示：「警察依合義務之裁量採取措施。」並限於危害防止等任務之中。

不過，便宜原則，即使在嚴格之依法行政之要求下，由於立法者畢

註三八　關於危害之分類與詳細內容，請參閱，李震山，論警察法之概括條款，警政學報，第一五期，頁一以下。

註三九　Karl Heinrich Friauf, in Schmidt Aßmann (Hrsg.), *Besonderes Verwaltungsrecht*, 10. Aufl. 1995. S. 130.

註四〇　城仲模，行政法專題㈠，公訓中心教材之一八三，臺北市政府公務人員訓練中心，臺北，七十九年六月，頁一〇。

竟無法事必躬親，因此基於行政任務之本質，仍然被立法者保留下來，給予行政權基本之彈性空間。因此在國家進入自由法治時代後，便宜原則即使適用空間變小，但基於行政權本質需要，仍有其存在之正當化基礎。

以下本文將進一步就目前便宜原則於各實定法上之需要性與適用情形，討論便宜原則之具體內涵。

三、警察法上之便宜原則

㈠概說

便宜原則爲德國警察法適用上之基本原則，警察機關依合義務裁量採取行政措施時，裁量權之行使必須合乎行政程序法第四十條之要求並符合授與裁量權之目的(註四一)。警察法爲最傳統之行政法領域，並且爲典型干涉行政之代表，其實際適用情形，可以相當程度的反應一般行政任務之需要與特色。

此外，警察同時負有追訴犯罪以及其自身之危害防止之任務，警察於此兩種任務上適用便宜原則之差異，亦值得參考。

㈡便宜原則之必要性

1.危害之特質與警力資源之有限性

警力資源，如同所有之資源皆有其有限性，因此本質上警察不可能就所有危及公共安全與公共秩序事項加以處理，同時基於上述危害之特質——現實性與可能性，警察必須立刻做出取捨，否則即可能造成重大損害。

因此在危害之防止上無法適用刑事訴訟法之法定原則，亦即警察基於公益或合目的性之考量，警察並非依法規範而必有執行之義務（註四二）。這樣的考量於下述情況中至爲明顯。

註四一　Peter J. Tettinger, *Besonderes Verwaltungsrecht I* kommunal, Polizei-und Ordnungrecht 4., neubearbeitete Aufl. 1995 S. 153.

註四二　梁添盛，警察法專題研究㈠，頁二二二。

2.警察任務之競合或衝突

(1)危害防止任務之間

警察往往依實際情形必須將大量警力於某一特定時期內集中於某一事項或地點，如最近頻繁展開之大規模夜間臨檢(註四三)，以及交通尖峰時段重要路段之秩序維持。但部份加強之反面便是部份之眞空，對於此部份眞空時期或事項，基於警力之不足，通常會降低管理之強度。

另外，如同時發生對生命法益與財產法益侵害之情形時，若警力有限，則可能先就生命法益採取保護措施。

(2)危害防止與其他任務之間

此外，危險防止與另一個警察任務——犯罪之訴追亦時常發生競合之現象，犯罪發生時往往同時危及個人法益或公共安全，此時警察應先防止危害抑或追訴犯罪可能成爲爭論之處。

必須注意的是，警察於執行犯罪追訴任務時適用法定原則(註四四)，原因是一來警察於犯罪偵察上屬於輔助檢察官之地位，其次因刑事訴訟制度所影響當事人之基本權利亦較一般社會秩序事項嚴重，因此警察於此並無很大判斷空間(註四五)。故當此二任務競合時不僅要作法益衡量，同時亦是便宜原則與法定原則孰爲優先適用之問題。關於此一問題於德國法上有實際之案例 (註四六)。

棄嬰案：警察於隆冬之際在公園巡邏時發現一人行蹤可疑，於椅子上放置一物後即快速離去，警察趨前發現係一嬰兒，此時警察若追捕嫌犯，則嬰兒之生命堪虞，若不逮捕嫌犯則日後可能難以追緝。

人質案：一九八八年兩名搶匪衝入德意志銀行分行，挾持人質，與警方對峙達十四小時，要求警方提供車輛供逃逸，警察應以保護人質抑

註四三　中時晚報，八十五年九月二十五日，第六版、第十二版。

註四四　I. B-Karven, a.a.O., S. 212.

註四五　李震山，論警察雙重任務所衍生之法律問題，警政學報，第一四期，頁一一。

註四六　李震山，論警察雙重任務所衍生之法律問題，警政學報，第一四期，頁四。

或以追緝嫌犯為優先。

事實上不僅德國，世界各國警方想必皆有同樣之難題，在面對此種兩難時，往往最後以結果來論斷，忽略了於此情形中所必須承擔之風險與法益衡量。上述案例依照學者之見解，基於生命法益之重要性，警察若以救護生命為考量，而放棄犯罪行為之追緝，皆不構成廢弛職務行為。由此衝突中正可顯示出警察法之特質，以及警察適用便宜原則之需要。

㈢警察衡量之權限

基於警察任務本身之複雜性、時效性、以及警力資源之有限性，追求合公益與合目的性之職務行使時，必須應用到便宜原則方能真正達成保護法益與提昇行政效能。

亦即不強加警察以適用僵硬、精細的法律規定之義務，尊重警察執行機關於現場或具體案件中立即與果敢之專業判斷(**註四七**)。給予其發動與持續採取措施之決定權。尤其是於法益衝突時，允許其判斷孰為重要，而先採取行動，或是為了防止即將發生之更大損害，而暫時不採取行動，以保護較大之法益以及合乎維護公共安全之目的，這本質上亦為一衡平之思考。

㈣立法者對此之回應

對於上述便宜原則之需要，立法者亦有所認識，因此立法者於警察法之立法過程中便對此做出回應。

立法者將便宜原則之思想轉化為裁量權之給予，以德國聯邦與各邦之統一警察法標準草案 (MEPolG) 第三條之規定，「警察依合義務之裁量採取措施」為例，此處之裁量，包含了是否 (Ob)、何時 (Wann)、如何 (Wie) 採取措施之決定 (**註四八**)，也包含是否要繼續已進行之程序 (**註四九**) 之決定。

註四七　梁添盛，警察法專題研究㈠，頁二二三。
註四八　V. Götz, *Allgemeines Polizei und Ordnungsrecht*, 9. Aufl. S. 65.
註四九　I.B-Karven, a.a.O., S. 212.

其中關於是否要採取行動之部分又稱爲決定裁量（Entschliessung-sermessen），如何採取行動又稱爲選擇裁量（Auswahlermessen）。理論上要將是否以及何時做決定這兩件事情加以劃分並非難事，然而實際上在眞正處理案件之情形中，這兩者往往是同時考慮而無法分割的（註五〇）。

至於所謂依合義務之裁量，並無重大意義，因爲在法治國之秩序下，依照依法行政之要求，行政機關本無恣意之可能。

唯裁量行使之合法性，方有討論之必要，立法者將便宜原則落實到成文法上，不僅提供了警察機關主張權變空間時之法律依據，更重要的是隨著裁量理論之發展，可對警察機關在職務執行之合法性上有更明確之審查依據，同時達到促進行政效率和保障人權之目的。

㈤司法權對此之審查

誠如上述，便宜原則落實到警察法上，即是給予裁量權之意。再配合警察法上之不確定法律概念，其行使空間相當的大。不過便宜原則之行使，也受到相當的限制，主要可以分爲內部與外部之限制。這兩者區別之點在於法院能否審查。

內部限制，即是指我國訴願法上所稱之「不當」，關於裁量決定是否符合目的性、經濟性、以及公益之考量。當事人對此之救濟通常只能限於行政機關層次之訴願程序，法院在此通常會尊重行政權之自主決定權（註五一）。

外部限制，即爲所謂裁量瑕疵之問題，主要類型包括了裁量不行使（Ermessensnichtgebrauch）、裁量逾越以及裁量濫用，此外，在裁量之行使上未尊重基本權利之要求者，如違反平等原則、比例原則等皆可構成裁量瑕疵（註五二）。

註五〇　V. Götz, a.a.O., S. 133.
註五一　Scholler/Schloer, 李震山譯, 前揭書, 頁三四七。
註五二　Scholler/Schloer, 李震山譯, 前揭書, 頁三四九。

原則上司法權對於警察應用便宜原則保持尊重之態度，給予其選擇與決定之自由裁量空間，但審查之密度會隨著危害本身之影響範圍與強度而改變，越是重大法益之危害，法院之審查亦越嚴格，亦即原先開放之裁量空間會變窄（註五三）。

亦有學者強調，立法者之授與裁量權，必須在符合其授權目的下被行使（註五四）。就警察法而言，其主要目的為危害之防止，因此裁量權之行使必須基於危害防止之必要性之觀點加以審查，即所謂出於警察法上公益動機（polizeilicher Motive）之要求（註五五）。

因此便宜原則在警察法上，受到最大限制之極端情形，乃是學說所稱之裁量限縮至零（Ermessensschrumpfung auf Null）。在通常的情形，警察機關至少有做或不做的兩種選擇，只要未違反上述之界限，人民並無表示異議之餘地，但若危害可能對於人民之生命、身體健康或是重大財產價值造成損害時，警察機關若不採取行動則亦將構成裁量怠惰（註五六）。從另一個角度來看，此時唯有採取措施之決定才是無裁量瑕疵的（註五七）。而在警察法上裁量限縮至零之情形發生時，人民此時即有請求警察及警察機關干涉介入之權利（Anspruch des Bürgers auf polizeiliches oder ordnungsbehördliches Einschreiten）（註五八）。

㈥結語

註五三　H. -U. Erichsen u. W. Martens, *Allgemeines Verwaltungsrecht*, 8.Aufl. S. 212.

註五四　Karl Heinrich Friauf in Schmidt Aßmann (Hrsg.), *Besonderes Verwaltungsrecht*, 10. Auflage. 1995 S. 130.

註五五　Peter J. Tettinger *Besonderes Verwaltungsrecht / 1* Kommunal-, Polizei- und Ordungrecht. 4., neubearb. Auflage. 1995 S. 153.
　　　　karl Heinrich Friauf in Schmidt Aßmann (Hrsg.), *Besonderes Verwaltungsrecht*, 10. Auflage. 1995 S. 130.

註五六　V. Göetz, *Allgemeines Verwaltungsrecht*, 3. Aufl. S. 78.

註五七　H.Mauer a.a.O., S. 128.

註五八　Peter J. Tettinger, *Besonderes Verwaltungsrecht / 1* Kommunal-, Polizei- und Ordungrecht. 4., neubearbeitete Auflage. 1995 S. 157.

　　經由上述討論，可知便宜原則於警察法上提供了警察為追求較大公益所需判斷空間之法理基礎，並從而促使立法者與司法者在立法與審判時需考量警察權行使之特性，而給予必要之回應與配合。

　　若從法制史的角度以觀，由於早期警察任務之龐大廣泛幾乎等於內務行政之集合，雖日後有所縮減，但警察權一直是追求公益之主要力量，與今日行政法之主要目的並無二致。因此，便宜原則於警察法領域中之表現，對其他行政法領域有一定之典範價值。只是會隨各該領域之特性稍作調整而異其內容。

四、違反秩序罰法上之便宜原則

㈠違反秩序罰法制之性質與功能

1.沿革

　　違反秩序罰法，為規範秩序罰（行政罰）之總則性程序法，相當於我國目前研擬中之行政秩序罰法。

　　於法制發展早期人們不分違法行為之輕重與內容，一律給予刑事之制裁，隨著國家各權力機構之設置完備與法治思想之成熟，逐漸有些輕微的違反法律之行為，不再被視為犯罪行為（Straftat），亦不具犯罪之性格。關於此類行為，乃是我們今日所稱之秩序罰或是行政罰之對象。

　　在德國與奧地利皆有專門之總則性法律加以規範，在德國就是違反秩序罰法（OwiG），分為一般規則、罰鍰程序、個別之秩序違反、終結程序之規定四大部份。在奧地利則為行政罰法（Verwaltungsstrafgesetz VStG），主要分為實體法與程序法兩大部份（**註五九**）。

　　德國在一九七五年之前的刑法法典中，仍有許多性質上屬於行政罰之規定。自一九七五年一月一日開始，將此等規定列入違反秩序罰法中，

註五九　城仲模，奧國行政罰制度析論，收於氏著，行政法之基礎理論，三民書局，增訂再版，頁四八九以下。

成為特別之一章（111-129 OWiG）（註六〇）。雖然在形式上，違反秩序行為屬於行政法之研究對象，但實際上其中主要的架構，如責任能力、責任條件等，還是承襲自刑事法律而來，因此本領域可為行政法與刑法所交錯的一個灰色地帶。

2.性質

但隨著社會生活事務之日趨繁雜，紛紛制訂之各種行政法規中皆有行政罰之規定，秩序罰之內容逐漸擴大而以追求各種行政目的為主。其與用以制裁刑事犯罪之刑罰，在其所規範行為之不法內涵（Unrechtsgehalt）與其所追求之目的上皆有差異。

依照德國違反秩序罰法第三十五條之規定，違反秩序行為，原則上由行政機關自行調查或加以制止，法院或檢察官於此皆必須退居第二線（註六一）。同時於其初級救濟程序，亦由行政機關自行擔任審查之工作，因此與刑事訴訟制度相較，對當事人之保護較為薄弱，不過一方面是因為罰鍰通常對人民之侵害較刑罰為小，更重要是基於秩序罰所擔負之功能使然。

3.功能

秩序罰，依照目前通說之見解，係以罰鍰（Geldbuß）之手段，針對人民過去之行政法上不法行為加以制裁，以達到維護行政法秩序與促進行政目的之功能（註六二）。以與大眾緊密相關的「道路交通管理處罰條例」為例，便是一典型之秩序罰法。

該法第一條規定：「為加強道路交通管理，維護交通秩序，確保交通安全，制訂本條例。」即可看出交通秩序罰所欲追求之行政目的。在依其第八條之內容可知，本法之秩序違反行為，非經由法院或檢察官，而是

註六〇　I. B-Karven, a.a.O., S. 194.

註六一　E. Göhler, *Ordnungswidrigkeitengesetz (OWiG) Kommentar*, 8. neubearbeitet Aufl. S. 231.

註六二　城仲模，同註五九書，頁二五一；吳庚，行政法之理論與實用，增訂版，頁三六九。

由公路主管機關或警察機關直接加以處罰，並依同法第九十條規定，由原處罰機關執行之。

　　如此之設計，係考量到秩序違反行為之處罰較輕微，同時方便行政機關快速處理以達成行政目的。

(二)便宜原則之必要性

1.行政資源之有限性

　　以上述所舉「道路交通管理處罰條例」為例，執行機關面對臺北市目前數目龐大之汽機車數目(註六三)，若再加入每天自鄰近縣市湧入之車輛，以目前狹窄之道路面積和數量不足之停車位(註六四)，每天實際違規停車之案件，單憑現有之警力(註六五)，即使加上義務交通警察與其他社會資源，欲全部加以處理，誠屬不可能之任務。因此基於資源之有限性，實際上無法取締所有之交通違規事件（註六六）。

2.程序經濟之考量與行政目的之達成

　　若強制要求行政機關盡量對所有秩序違反行為加以制裁，有時亦可能造成與所欲追求之行政目的背道而馳之結果，舉例而言，若於交通繁忙之際要求交通警察對所有之交通違規行為加以處罰，則不僅無人能指揮交通，同時亦造成道路之壅塞，即可能與道路交通管理處罰條例所欲追求之目的相反。因此於秩序罰之執行上，無法要求行政機關機械式的

註六三　截至八十三年底為止，臺北市登記之機動車輛總數為一百六十六萬二千二百八十五輛。臺北市統計要覽，臺北市政府主計處編印，八十四年版，頁四六○、四六一。

註六四　截至八十三年底為止，臺北市目前僅有四萬七千二百六十九個公有停車位。臺北市統計要覽，臺北市政府主計處編印，八十四年版，頁四八六、四八七。

註六五　截至八十三年底為止，臺北市編制內（含行政人員）之警察總數為八千一百一十八人。臺北市統計要覽，臺北市政府主計處編印，八十四年版，頁五三二、五三三。

註六六　依據資料估算，臺北市在民國八十三年，平均每天取締之違規停車案件僅為三千九百一十一件，台北市統計要覽，台北市政府主計處編印，八十四年版，頁四八○、四八一。

履行其所有任務，反而需要有一空間，使其能就資源運用之經濟效能，就實際情況，爲符合行政目的之處理。秩序罰主管機關在是否採取行動時，須考慮到行政之目的，便宜原則之運用，可以說是在行政之目的方向與是否進入罰鍰程序間反覆衡量（Abwägung）之過程（註六七）。

3.便宜原則之適用

因此，立法者基於便宜原則之考量，於實定法上賦與行政機關裁量之空間。

德國違反秩序罰法上關於本原則之規定，主要表現在第四十七條第一項：「追緝或制裁機關，對於違反秩序之行爲享有合義務之裁量權，對於懸而未決之程序亦可停止之。」（註六八）

此處之裁量內容包括了，是否、在何種範圍（in welchem Umfang）、以何種方式（指採取何種調查方式）以及是否要中止原先之程序（註六九）。

至於所謂合義務裁量之範圍，從法律條文上無法清楚的看出來，若依傳統之見解，首先必須考慮的是追緝是否符合公益（öffentliches Interesse），對於極輕微案件之追緝，原則上是禁止的（註七〇）。

此外，於五十六條中設計了訓誡與訓誡金之輕微處罰手段供行政機關爲方便達成行政任務而有所選擇。

至於平等原則之要求亦適用之，便宜原則之行使不得對相同之案件爲不同之處理（註七一）。此外，執法機關在適用便宜原則時，亦應衡量是否有助行政目的之提昇，手段之採取必須合乎適當之比例。

註六七　E. Göhler, a.a.O., S. 271.

註六八　E. Göhler, a.a.O., S. 270. 條文原文如下：Die Verfolgung von Ordnungwidrigkeiten liegen im pflichtgemäßen Ermessen der Verfolgungsbehörde. Solange das Verfahren bei ihr anhängig ist, kann sie es einstellen.

註六九　E. Göhler, a.a.O., S. 272.

註七〇　E. Göhler, a.a.O., S. 274.

註七一　E. Göhler, a.a.O., S. 273.

法院對於裁量是否正確行使，早期看法是法院不予審查，但今日已不為學者所採，但法院仍會對此予以適當之尊重（註七二）。

奧國行政罰法，則與德國之情形相反，原則上還是採取法定主義（第二十五條第一項、第二項），但在其第三十四條以下規定，若預知繼續追訴無結果，或調查費用與行政被告行為所引起公益上之損害不相當時，即應中止偵察。主要之考量仍是出於人力與費用之節省，並考慮到公益之需求（註七三）。

㈢結語

經由上述之分析可以發現，違反秩序罰法（行政罰法）上便宜原則所考量之內容，主要從行政資源之有限性出發，考量資源運用之經濟面與實益面，而與警察法基於危害之特質作為考量點，重點有所不同。

五、行政強制執行法上之便宜原則

㈠行政強制執行法制之目的與功能

行政強制執行，係對負有公法上義務而不履行之人，以強制之手段促其履行，或實現相當於義務履行之狀態（註七四）。

我國目前除有行政執行法外，於各建築或交通等行政法規中多有行政強制執行之授權規定，以目前最常見之行政強制執行——違規車輛之拖吊為例（註七五），其強制執行之法源基礎包含了前述之「道路交通管理處罰條例」第五十六條二項，在臺北市依「臺北市妨害交通車輛管理辦法」及「臺北市停車管理處執行違規停車車輛拖吊及保管作業規則」。與前述交通違規之處罰相較，前述交通執行法規追求相同之行政目的，但車輛拖吊具有更大之嚇阻功能與強制力，但其對人民權利之侵害亦更嚴

註七二 E. Göhler, a.a.O., S. 274.

註七三 城仲模，同註五九書，頁五二一。

註七四 城仲模，行政強制執行法序說，收於氏著，同註五九書，頁二五一。

註七五 關於違規車輛拖吊之詳細法律問題，請參閱，李建良，違規車輛拖吊及保管之問題，政大法學評論，第五三期，八十四年七月，頁一二七以下。

重。

(二)便宜原則之必要性

1.行政目的與私益之衡量

行政強制執行會與前述行政罰面對相同的問題，亦即行政資源之運用效能與追求行政目的間的平衡。此外，在許多情形之下，行政強制執行手段侵害人民權利較為嚴重，其中之直接強制更被認為是行政機關之最後手段（註七六），以上述之車輛違規罰款與拖吊相較便是一明顯之例子。

因此是否所有符合執行要件之情形皆需加以處理，除上述行政罰之考量外，更需進一步考慮到受執行人私益。

2.便宜原則之適用

目前我國與德國之行政執行法上並無具體化便宜原則之規定，惟學者一般皆採取肯定之態度(註七七)，認為行政機關不需對所有之行政不履行義務加以強制執行，可視實際情形決定是否要採取措施，同時對於執行至一半之情況亦可中止之，至於手段之選取自由亦屬便宜原則之範圍（註七八），但必須符合比例原則之要求。

(三)結語

便宜原則在行政強制執行法上之適用亦是出自於行政資源之有限性，從而為以有限之資源追求較大之公益，不強制行政機關必須對所有之案件加以執行，並且在執行手段侵害人民權益甚嚴重時，發揮法益衡量之效果。

註七六　H. Engelhardt/M. App, *Verwaltungs-Vollstreckungsgesetz/ Verwaltungszustellungsgesetz Kommentar*, 1992 S. 90.

註七七　G. Sadler, *Verwaltungs-Vollstreckungsgesetz Kommentar*, 1992, S. 9. 吳庚，行政法之理論與實用，增訂版，頁四二〇。

註七八　G. Sadler, a.a.O., S. 9.

六、行政程序法上之便宜原則

㈠概說

行政程序法，係規範行政機關作成行政行為時所需遵從一定程序之法律(註七九)。原則上，行政程序法制通常係一國行政法發展至一定程度後之產物，因其將適用於行政法各領域之公權力行為，因此其規定皆較為抽象而不牽涉細節規定，以作為行政法各領域間之共通規定。質言之，行政程序法可謂一切行政權行使之基本規範，因其掌握了各行政領域之共同基本特質與需要。

與行政法院程序相較，兩者最根本之差異在於程序發動上之不同，行政法院為不告不理，適用處分權主義，必須要有告訴人之請求方能發動程序，反觀行政程序，基於行政權積極追求公益之任務以及提供人民第一次權利保護之功能，不僅事實證據之調查，連同程序之發動與否皆由行政機關依職權決定（註八〇）。

㈡便宜原則之必要性

1.行政程序法所追求之目的

除了由行政與司法程序兩者之差異中可以看出行政程序之特質外，我國行政程序法草案總說明中亦指出，行政程序之目的在於確保依法行政、促進行政效能、保護人民權利及程序之參與。

2.資源有限性與行政目的之追求

如同前述所討論之各領域，行政程序法仍必須面對行政資源之有限性與行政效能的問題。學者指出，由於任務執行動機之不確定性，為保持行政行為之彈性與為必要措施之可能，在行政程序法上無法適用法定

註七九　請參閱，行政程序法草案總說明，同註一六。

註八〇　Stelkens/Bonk/Leonhardt, *Verwaltungsverfahrensgesetz (VwVfG) Kommentar*, 4. neubearbeitet Aufl. 1990, S. 436.

原則，而需適用便宜原則(註八一)。至此，可以瞭解便宜原則之思考實爲一般行政法各領域所共同需要者。

3.便宜原則之適用

最後回到行政程序法上來看便宜原則之實踐，依目前德國學界一致之看法，便宜原則在德國行政程序法第二十二條第一項第一句獲得具體化（註八二）。

該條文主要是規定行政程序之開始，其規定：「行政機關依合義務之裁量，決定是否及何時開始行政程序，但若行政機關基於法律規定而有下述情形時，則不適用之：

1.依職權或依申請而必須開始。

2.必須依申請方可爲之，但該申請尙未發生者。（註八三）」

事實上，本條同時也爲職權進行主義（Offizialmaxime）的明文化（註八四），與便宜原則結合在一起適用，一般認爲這兩者亦爲行政程序與司法程序重大區別之所在。

由該法第二十二條可以發現，與前述警察法或秩序違反法不同的是，首先條文明確的將便宜原則之適用限制在是否要發動與何時要發動這兩件事上，與前述法律之廣泛規範內涵無法相提並論。這主要是因爲便宜

註八一　ebenda.

註八二　K. Obermayer, *Kommentar zum Verwaltungsverfahrensgesetz* -2, erg. Aufl. 1990, S. 350; H.Mauer, a.a.O., S. 458; R.Bruehl, Entscheiden im Verwaltungsverfahren, 1991 S. 9; Stelkens/Bonk/Leonhardt, *Verwaltungsverfahrensgesetz (VwVfG) Kommentar*, 4. neubearbeitet Aufl. 1990, S. 436.

註八三　Stelkens/Bonk/Leonhardt, a.a.O., S. 435. 條文原文爲："Die Behörde entscheidet nach pflichtgemässem Ermessen, ob und wann sie ein Verwaltungsverfahren durchführt. Dies gilt nicht, wenn die Behörde auf Grund von Rechtsvorschriften 1. von Amts wegen oder auf Antrag tätig werden müssen; 2. nur auf Antrag tätig werden darf und ein Antrag nicht vorliegt."

註八四　K. Obermayer, a.a.O., S. 350; Stelkens/Bonk/Leonhardt, a.a.O., S. 436.

原則爲適用於一般行政程序之法律，內容較爲抽象，同時與警察法不同
的是行政程序法不涉及實體之事項，因此兩者於內容上有相當之差異。

至於該條第一項第二句所設之兩項但書，則爲法定原則之顯現(註八
五)，於此情形下便宜原則之適用受到限制。

此外，於行政程序上，因各相關法律日趨完備，因此行政機關於適
用本原則時，所考慮者主要程序法上之前提要件是否具備，如是否具備
管轄權、相對人之能力問題，在實體法上則考量行政處分作成與行政契
約訂立之前提要件是否存在（註八六）。

在一般行政程序中，也會發生裁量限縮至零的情形，在危害防止的
範圍中，面臨眼前對於重要法益之迫切危害，或是極有可能對一般大衆
造成損害之情形時，則不再允許行政機關主張便宜原則而不作爲（註八
七）。

七、小結

經由各實定法之討論後，可以發現本文在警察法上說明較多，這是
基於便宜原則於警察法上適用之範圍最廣、影響最大使然。至於其他法
領域中之特色本文亦加以說明，但與警察法上相同之處便不重複。

以下本文將就便宜原則於上述討論過的各行政法領域中所發揮之功
能加以整理歸納。

註八五　Stelkens/Bonk/Leonhardt, a.a.O., S. 439.
註八六　R. Brühl, a.a.O., S. 10.
註八七　Richter/Schuppert, *Casebook Verwaltungsrecht*, 1991 S. 32.

〔伍〕便宜原則在傳統行政法上之功能

一、程序經濟之功能

經由上述之討論，尤其是行政罰、行政強制執行與行政程序法三部分，可以看出為了達成一定的行政目的，行政機關公權力的發動勢必支付一定代價，此外亦需考慮行政效能的問題，若不能顧及此點，原先所欲追求之行政目的將難以達成。因此資源必須用在刀口上，亦即最能達成行政目的之人、事、時、地上。

此外，若依照法定原則之要求，執行機關或公務員對於所有違反義務之事項皆需追訴，否則即構成廢弛職務、怠忽職責之可能。唯實然面上，如此貫徹下去，將付出過大之代價，同時可能背離行政原本追求之目的。因此，立法者依照便宜原則透過法律提供行政權一個空間，賦與行政機關得依合義務裁量，決定何時採取行政措施，並且可對輕微或不重要之案件暫緩處理或是不予處理，以節省行政資源。

二、較大法益保護功能

較大法益保護功能實與前述程序經濟功能息息相關，皆是出於資源有限而任務無窮之思考，只不過於警察法上，所面臨的往往是危害同時發生或警察任務競合之情形，於此立法者亦需基於便宜原則之考量，給予警察權變之空間，藉由其現實與專業之判斷，先對較大之法益採取保護措施，而非以強制規定陷警察於兩難，並影響危害之有效防止與法益之確實保護。

另外關於行政強制執行中，便宜原則所發揮的衡量行政目的與私益之功能，本質上實亦為較大法益之保護。

三、小結

在瞭解便宜原則於上述各行政法領域上之適用情形後，吾人確信便宜原則在傳統行政法領域上可稱爲具支配性的重要法律原則（beherrschende Prinzip der öffentlich Verwaltung）（註八八）。進一步要探討的是，於現在法治國中便宜原則是否亦發揮作用。

〔陸〕便宜原則在現代行政法領域之適用可能性

一、今日行政任務之發展

傳統之行政法，乃是以警察爲中心之秩序行政（Ordnungverwaltung），主要以干涉人民自由權利的手段，來達成維持社會秩序之行政目的，此時行政之本質毋寧是秩序之保障者（註八九）。

然自十九世紀以來，因工業革命、資本主義之興起，衍生出人民在社會上、經濟上、教育上等諸多需要，直接對國家傳統之任務造成重大之影響（註九○）。

德國行政法學者 Forsthoff 於其「當成服務主體之行政」（Die Verwaltung als Leistungsträger, 1938）一文中，開宗明義的指出「生存照顧乃現代行政之任務」。由於社會生活型態之改變，人們已難單憑自己的生存空間（如房舍、農地），以獲得生存所需之資源，其社會依賴性（sozial Bedürftigkeit）越來越高，因此人民有取用（Appropriation）

註八八　C. Creifelds (Hrsg.), *Rechtswöterbuch*, 11., neubearb. Aufl. 1992, S. 839.
註八九　城仲模，行政法專題㈠，公訓中心教材之一八三，臺北市政府公務人員訓練中心，臺北，七十九年六月，頁二六。
註九○　H. Mauer, *Allgemeines Verwaltungsrecht*, 10. Aufl. 1995 S. 16.

社會資源之必要性。Forsthoff 便將所有用以滿足人民生存需要之作爲與設備，以「生存照顧」（Daseinsvorsorge）一詞來加以涵蓋（註九一）。

自 Forsthoff 以後，國家活動之目的便將照顧人民作爲行政任務之一。以供給行政（Vorsorgeverwaltung）、社會行政（Sozialverwaltung）、助長行政（Fördernungsverwaltung）爲主要內容之給付行政，便成爲行政法之新重心（註九二）。

另一方面，由於科技之發展，行政任務常涉及大量土地與眾多人口以及高科技（如大型交通建設、核能電廠、都市更新計畫），計畫行政（planende Verwaltung）與計畫裁量程序（Planfeststellungsverfahren），於現代行政法上之角色亦是日益重要。以下將於此二領域分別探討便宜原則之適用情形。

二、便宜原則於給付行政上之適用——以行政契約爲例

隨著民主觀念之深化，今日國家於提供人民給付時，以不再皆以高權者之姿態，用有命令服從色彩之單方行政行爲，而允許以與人民締結行政契約之方式爲之。

行政契約之特色，在於與人民以對等協議之方式達成行政目的。從目前我國之行政程序法草案第一百二十一條（註九三）關於雙務行政契約之締結，便規定雙務行政契約中，人民之給付必須有助於行政機關執行職務，由此可清楚看出行政契約重視行政目的之達成。

再從行政契約之性質以觀，行政契約相較於行政處分，不具命令強制性，同時亦給人民協議之空間，使人民較樂於接受，可以達到提昇行

註九一　陳新民譯，談福斯多夫的「當作服務主體之行政」，收於氏著，公法學箚記，頁五七以下。

註九二　城仲模，行政法專題㈠，公訓中心教材之一八三，臺北市政府公務人員訓練中心，臺北，七十九年六月，頁二八、二九。

註九三　立法院關係文書，院總字第一五八四號，八十四年九月。

政效能之功能。

　　並且，政府除了在給付之時達成一定之行政目的外，同時，還可藉由人民之對待給付，達成其他之公益目的，亦較行政處分可同時追求較多之行政目的。例如，以提供醫學院學生公費，達成提供教育資源之行政目的，同時，亦可從其畢業後必須在公立醫院服務一定年限之對待給付中，解決公立醫院醫師不足之問題。

　　我國司法院大法官在對上述案件所作成之第三百四十八號解釋中（註九四），對於行政機關在不違反法規之前提下，為追求特定之行政目的與公益，以雙務行政契約對人民提供給付之方式予以肯定。

　　經由上述之討論，可以瞭解行政契約之容許性，其基本考量及功能與便宜原則大致相符，進一步言，行政機關就同一給付行政任務之履行，同時有行政處分與行政契約之選擇空間，亦是適用便宜原則之結果。

　　關於此點，依據德國行政程序法第五十六條（註九五）與我國行政程序法草案第一百二十一條之立法理由（註九六）中可看出，當行政機關對於某特定案件作成行政處分時享有裁量權，原則上，只要不抵觸法令，行政機關即得就公法上之特定事項與人民締結雙務契約。肯定了行政機關於此具有隨機應變的空間。

三、便宜原則於計畫行政上之適用

　　另一個新興的行政法領域為計畫行政。依據內容或採取之手段不同，容有許多分類，然在各計畫法中，皆賦與行政機關所謂之計畫裁量空間（Planungsermessen），此一空間不僅為計畫行政之特色所在，更是便宜原則於計畫行政中之具體表現。

　　計畫裁量與正規的（normalen）裁量或判斷餘地並不相同，後二者

註九四　司法院公報，第四八卷八期，頁四二。
註九五　翁岳生，行政法與現代法治國家，頁二八一、二八二。
註九六　立法院關係文書，院總字第一五八四號，八十四年九月。

是以法條結構爲其基礎，一般的通說認爲，裁量是在法效果之上，而判斷餘地則出現於事實涵攝至法律要件之過程中（註九七）。

然而，計畫裁量基於所面對的案型往往牽涉到廣大之人口或是土地，具體內容及發展非立法者所能事先加以掌握，從而需給執行者相當之預測空間。因此，基於追求公益與經濟之考量，計畫裁量必須擺脫傳統規範之「當……則……」條件模式（Konditionalprogramme），從而取向所欲形成之任務（Gestaltungsaufträge），及計畫之目的（Planungs-ziel）爲之（註九八）。

以都市計畫法爲例，並未以一般之規範方式設定行政機關之裁量空間，而是基於計畫之目列出所謂計畫準則或注意要點（Planungsleit-linien），作爲行政機關之考慮範圍（註九九）。

我國都市計畫法第十五條第一項（主要都市計畫書之內容與制訂）：「市鎮計畫應先擬定主要計畫書，並視實際情況，就左列事項分別表明之：一、當地自然、社會及經濟狀況之調查分析。二、行政區域及計畫地區範圍。三、人口之成長、分布、組成、計畫年期內人口與經濟發展之推計。……十、其他應表明事項。」

由其中可以看到行政機關，於都市計畫之制訂上，擁有相當之判斷、預測與決定空間，而法條文字中之「……，並視實際情況，……」更是明顯的便宜原則之表現。

由上述可知，行政機關於計畫中享有之一般的或是具體的預定權限，與其稱之爲裁量，毋寧以行政之形成自由（Gestaltungsfreiheit）來加以描述要更爲貼切（註一〇〇）。

進一步言之，行政機關基於計畫之特性，所享有之空間早已超出一

註九七　Wolff/Bachof, *Verwaltungsrecht I*, 9. Aufl. S. 190.

註九八　Richter/Schuppert, *Casebook Verwaltungsrecht*, 1991, S. 36.

註九九　Richter/Schuppert, *Casebook Verwaltungsrecht*, 1991, S. 37.

註一〇〇　Richter/Schuppert, *Casebook Verwaltungsrecht*, 1991, S. 37.

般所瞭解之裁量的範圍，而是一種基於目的考量主動積極之形成自由。此一認識，不僅有助於體會文前提及 Bachof 所言：「裁量與行政之形成自由皆爲便宜原則落實於行政法上之產物」(註一〇一)。並且觀諸於計畫裁量本身之目的與功能，已足以證明便宜原則於計畫行政上之適用性。

四、便宜原則與裁量之關係——代小結

便宜原則之考量，恰可適應今日行政權主要任務——追求公益(註一〇二)的需要，並兼顧行政資源之有限性與重視行政效能之本質。不僅在傳統之干涉行政之領域有其適用，在給付行政與計畫行政中亦能發揮其功能。因此便宜原則的確可稱爲行政法上之一般結構性原則 (allgemeines Strukturprinzips der Verwaltung)。

並且由便宜原則在給付行政與計畫行政中之適用結果——行政契約之作成自由與行政之形成自由——可以瞭解，便宜原則落實在實定法上不僅只有裁量一種型態，甚至包括判斷餘地在內，凡以追求較大公益、考慮行政資源有限性，進而賦與行政機關隨機應變判斷之空間之設計，皆應爲便宜原則適用下之產物。至此，於文前所提及的關鍵性問題應可獲得說明。

由此出發，本文將進一步討論便宜原則對其他國家權力行使的影響，進而找尋其在憲法上之基礎。

〔柒〕便宜原則對憲法上權力分立制度之影響

便宜原則不僅於行政機關實際運作上發揮功能，其對於憲法上權力分立制度發生一定程度的影響。

註一〇一　Wolff/Bachof, *Verwaltungsrecht I*, 9. Aufl., S. 193.
註一〇二　H. -U. Erichsen u. W. Martens, a.a.O., S. 5.

一、權力分立之現代理解

權力分立乃是將國家權力之各種功能分別交由不同之機關加以行使（註一〇三）。早期基於抵抗君主專制之歷史背景，權力分立著重於將權力分置並彼此監督制衡，國家之權力通常分為行政、立法、司法三權，其中之立法權，因為議會民主與歷史之因素，又略居優先之地位。

然而時至今日，對於權力分立已有不同之理解，行政與立法傳統上之關係已開始動搖，不僅從憲法上以觀，兩者同具有憲法之授權為其基礎，於憲法上處於平等之地位。而且今日之行政機關首長大多必須經過民意之洗禮，與立法機關具有相同的民主正當性。

同時隨著社會發展，行政事務之專業與龐雜亦使立法權無法再居於支配之地位，在歷史之影響逐漸淡去後，取而代之的是強調權力間之平衡與符合功能權限分配之權力分立（註一〇四）。從而立法者不必事必躬親，而應著重於作出政治上之重要決定，專業上之政務推行與管理，則應由行政權負責（註一〇五）。

二、對立法權之影響——權變空間之賦與

基於便宜原則之考量，行政權可據此向立法機關主張權變空間之賦與，而立法者在將此權變空間落實於成文法時，亦需根據便宜原則之實質考量而給予不同之裁量權或形成自由（註一〇六）。

由各實定法領域上之說明，可發現彼此之些許差異，便可看出立法者於賦與裁量權或形成自由之同時，亦斟酌了不同行政領域間適用便宜原則之差異，而給予範圍大小不一，內容各異之權變空間。

註一〇三　K. Hesse, *Grundzüge des Verfassungsrechts*, 20. Aufl. 1995 Rdn. 193.
註一〇四　K. Hesse, *Grundzüge des Verfassungsrechts*, 20. Aufl. 1995 Rdn. 492, 495.
註一〇五　K. Hesse, *Grundzüge des Verfassungsrechts*, 20. Aufl. 1995 Rdn. 494.
註一〇六　Wolff/Bachof, a.a.O., S. 193.

三、對司法權之影響──審查密度之限制

基於便宜原則，立法權賦與行政權權變之空間；同時便宜原則亦作為行政機關行使裁量權或形成自由時之審查標準，亦即裁量權或形成自由之行使必須是為了達成便宜原則所欲追求之較大公益經濟之功能，方為適法。

由於立法者給予行政權權變之空間，司法權對此即不能像行政機關適用法律構成要件時那樣從事嚴格審查，而僅能就裁量瑕疵加以處理，原則上對於行政機關之權變空間抱持著尊重之態度（註一〇七）。如此一來，便宜原則亦使得司法權對行政權之審查密度降低，增加行政機關之效能。

四、便宜原則之憲法上基礎──代小結

現代國家積極擔負起照顧人民之責任之行政任務，必須努力達成；以及行政權多已具備民主正當性之前提下，便宜原則基於行政權之本質與實際需要，在國家權力之分配上，可作為行政權爭取應有的權限與權變空間之依據。

在今日強調權力平衡與符合功能之權限分配的前提下，便宜原則，是一基於憲法上權力分立原則所導出之行政法上一般法律原則。

也正是基於憲法上權力分立之考量，今日立法權必須給予行政權一定之權變空間以及司法權必須對行政權為適度之尊重。便宜原則，不僅在我國、德國與日本法制中可以發現，在今日世界的其他先進法治國家中如法國（註一〇八）、英國（註一〇九）、美國（註一一〇）亦基於權力分立

註一〇七　H. -U. Erichsen u. W.Martens a.a.O., S. 208, 210.

註一〇八　在重視行政權之法國，其行政法中，採取便宜原則與法定原則嚴格區分
　　　　　的態度，若適用便宜原則之行政領域，則其原則上擁有自由而無須對法
　　　　　院負責之行政裁量權，反之，則行政行為需受到法院之羈束與審查。此
　　　　　二原則之對立已有長久之傳統，並延續至今，儘管隨著法律條文之精細，

之考量而發揮相類似之功能。

〔捌〕 結論

由便宜原則功能演變上之軌跡，可以同時觀察法治國發展之脈絡，其最早之功能，是爲了鬆動刑事訴訟法上絕對法定主義可能造成之僵化，質言之，不必對所有符合法定條件的事務，都要追訴。

其後，便宜原則在行政法之領域中佔有重要的地位並發揮獨特之功能。從傳統的警察行政、干涉行政到今日的給付行政、計畫行政，便宜原則作爲行政法上之一般結構性原則，不僅有助於行政任務本身之達成，更重要的是從憲法權力分立制度之角度觀察，便宜原則對於行政與立法及行政與司法的權限分配有重大之意義，質言之，它提供了行政權在國家權力分配中，爭取彈性決定空間的正當性基礎。

在此，本文試從便宜原則之字面意義——給予一隨機應變之空間——出發，對本原則作更進一步之詮釋：「基於行政資源之有限性、較大公益之保護及行政程序經濟的考量，行政權得據實際需要，而享有在

使得原先的隨機應變空間變成法定的空間 (Legalisierte Opportunität)。然而，仍有學者認爲立法者對行政權之羈束不得牴觸權力分立原則，請參閱 Lerche, in Jochen Abr. Frowein (Hrsg.) *Die Kontrolldichte bei der gerichtlichen Überprüfung von Handlungen der Verwaltung* 1993, S. 36, 37。

註一〇九　在英國的警察法中，便宜原則之功能與德國大致相仿，亦即行政機關基於便宜原則所享有之裁量空間，法院對其行使亦抱持尊重(resektieren)之態度。請參閱 Herdegen, in Jochen Abr. Frowein (Hrsg.) *Die Kontrolldichte bei der gerichtlichen Überprüfung von Handlungen der Verwaltung* 1993, S. 48 ff。

註一一〇　在美國行政程序法(APA)及警察法中皆有關於便宜原則之討論，主要在於法院對於行政行爲加以審查時，依傳統之理解基礎，皆將便宜原則列入考慮，只是就基於便宜原則所生之裁量權範圍仍有待釐清。請參閱 Nolte, in Jochen Abr. Frowein (Hrsg.) *Die Kontrolldichte bei der gerichtlichen Überprüfung von Handlungen der Verwaltung* 1993, S.186, 193。

不同事務中不同的權變空間，但行政權運用此一彈性決定時，實際上亦須以上述考量作為準則。」

應予衡量原則之研究
——以行政計畫為中心

馬緯中

〔伍〕應予衡量原則在行政計畫中的特殊性

一、概說

二、行政計畫的意義

三、行政計畫法建制的特色適於應予衡量原則作用

四、對於計畫裁量的規制

五、結語

〔陸〕應予衡量原則在我國計畫法制上實踐之建議

〔柒〕結論

應予衡量原則之研究
——以行政計畫爲中心

〔壹〕 前言

現代的法治國家是以正義的實現作爲目標，並且具有意志與能力保護一般人民，使其免於恣意與權力的侵害(註一)。這種法治國家的概念，實質上與自由主義的體制結爲一體，並且於「人格的自由」與「權力之法的羈束」兩個精神中，蘊含著其根本的價值 (註二)。再者，現代的法治主義必須與福利國家的給付行政相輔相成。隨著行政目的的多樣化與給付行政的比重增加，現代意義的依法行政，不必再僅以「法規」作爲絕對之前提，所謂的「『依法』行政」，不再僅限於「法律」或「法規」，而係指依據實質的「法規範」(Rechtsnorm)，除了法律或上級行政命令有明文禁止之規定外，行政權得依其主動、自動之特質發揮其分權論上制度之功能 (註三)。隨著國家任務的轉變與擴充，行政權的廣深化不斷發展，對於資本主義高度發展、人口不斷膨脹、土地資源有限的現代社會，非常需要國家行政的介入，期能透過長期的觀點，由其發揮主導的

註一 H. Peters, Rechtsstaat und Rechtssicherheit, in: *Recht-Staat-Wirtschaft*, Bd. III, 1951, S. 67; *Rechtsstaat und Verwaltung*, 1953, S. 11. 轉引自，手島孝，現代行政國家論，勁草書房發行，一九七九年二月十五日，頁三七〇。

註二 U. Scheuner, Die neuere Entwicklung des Rechtsstaats in Deutschland, in: *Festschrift zum-100 jährigen Bestehen des Deutschen Juristentages*, Bd. II, 1960, S. 229 ff. 轉引自，手島孝，前揭書，頁三七〇。

註三 其詳請參見，城仲模，行政法之基礎理論，三民書局，一九九一年十月增訂版，頁一二、二三、八九八。

功能，調整全社會的關係，以造就出良善的競爭循環與合理的分配秩序。故計畫行政成為現代行政的特色，有謂「現代是行政時代，亦是計畫時代」「真正的行政即是計畫行政」，即指此而言（註四）。

對於日漸擴張的行政活動控制的嘗試，卻往往會面臨一個難題，即法規範或法律本身，是由許多相互對立的、不斷地被爭論著的各種物質、國家、宗教以及倫理等利益的協力產物。因此，其對於衝突的價值，常常無法提供明確的判斷標準；同時，應該依據規範來加以調整的生活關係與利益衝突，因為本身的複雜與可變性，亦無法單純的依據法即可加以完全的把握。從而，若是對於行政機關的價值判斷無法依照一定的原則加以要求，法院亦無法依據一定的原則對於行政機關的利益權衡加以審查，此時無論是行政的裁量或是法院的裁判，都將淪為主觀的恣意——戴上客觀之名與法律詞藻冠冕的恣意——而破壞了法治國家應保障人民權益的要求。故對於行政行為的作成，必須就各種利益與法益為充分、公平與合於比例之利益衡量的要求，便成為了要盡力加以實現的原則，此即為「應予衡量原則」之所以存在的背景。

本文的主要目的，旨在以行政計畫為中心，藉由計畫裁量往往必須面對複雜的利益糾葛的特點，作為介紹被當作是利益衡量基準之「應予衡量原則」的背景，闡明其概念、溯尋其與法治國理念之關係、說明其目的與內容、剖析衡量之階段與瑕疵，並詳細研究此一原則在行政計畫中之特殊性，俾對於此原則在我國行政計畫法制化的過程中所能扮演的角色，提出檢討與建議。

註四　遠藤博也，計畫行政法，學陽書房，昭和五十四年四月一日印行，頁九～一〇。

〔貳〕 應予衡量原則之概念

一、概說

應予衡量(Abwägungsgebot)，意指行政機關在作任何決定時，皆須經通盤考量，不能片面追求公益或某一方之利益，必須同時尊重並考慮不同之利益，亦即應就相互衝突之利益，尤其是公益與私利益，作平衡的考量，而依實際的情況，客觀地衡量取捨（註五）。此一應兼顧各方（各種）的利益衡量（Interessenabwägung）或法益權衡（Güterabwägung)的要求，一方面是法治國家原則的具體落實，在德國學界被譽爲具有憲法之位階（註六）；另一方面從法律發展的角度來觀察，在傳統民事法律原則的領域中，亦可尋得與此要求相近的概念（註七）。

註五 羅傳賢，行政程序法基礎理論，五南圖書，一九九三年七月初版，頁六七。

註六 O. Kopp Ferdinard, *Verwaltungsverfahrensgesetz*, 3. Aufl., 1983, 74, Rn. 17, S. 995. 轉引自，葉俊榮，行政裁量與司法審查，七十四年臺大碩士論文，頁二〇〇。

註七 私法上的誠信原則要求在私法關係上，平衡的去考慮其他人合理的利益；作爲起步較晚的行政法上原則的「應予衡量」，似乎可經由此原則找到支持。德國學者 Pieper Goswin 也認爲：在私法上，誠信原則建立起情事變更原則或行爲基礎之根基；而在公法上，則是應予衡量之原則建立上述理論。Zulässigkeit und Funktion des öffentlich rechtlichen Vertrages im Verhaltnis Staat und Bürger, insbesonder im Vergleich zur Funktion des Verwaltungsakts, DVB1. 11 ff.; E. Tober, Die "clausula rebus sic stantibus" *bei verwaltungsrechtlichen verträgen*, 1970, S. 48.轉引自，曾昭愷，德國行政法上情勢變更理論——以行政契約、行政處分爲中心，八十四年六月，中興碩士論文，頁六七。本文以爲：從法學傳統或發展的角度來看，法學的論據經常且自覺性的是根據習慣或先例，有一部份原因，是對於傳統與權威的信賴爲法庭在民主政治中對抗不法的制度性防衛。因此，民法中誠信原則的學說與實務上的應用，對於應予衡量原則概念的形成必有一定程度的影響；然而，若即論斷誠信原則爲應予衡量原則的「根據」，則似嫌武斷；畢竟一個法律概念的發展與形成，所受到的影響因素是多元的。例如，應兼顧雙方要求與利益

　　本章的重點，集中在探討「法治國理念」與「應予衡量原則」的關係，並透過對於我國與外國立法例的觀察，了解「應予衡量原則」在制定法上的體現。

二、法治國理念下的應予衡量原則

　　法治國理念是一項憲法之基本原則，此一原則主要係由以下之要素加以組成：亦即法律安定性、法之和平狀態、權力分立、以正式之制定法作為法規範之主要內容、禁止以命令代替法律、法律須以民主方式制定、依法行政原則、平等原則、比例原則、人民基本權利之保障以及由獨立之法院提供人民權利保護之途徑（註八）。而法治國之內涵，即在於國家權利之運作僅能依據憲法與形式上、實質上皆合乎憲法規定，且已公布之法律始得發動，目的在於保障人性尊嚴、自由、正義與法律安定性（註九）。

　　然而，法治國理念僅是一項憲法的基本原則，其並非對每一項具體事實以憲法位階之規定，對所有細節提供明確、特定之解決依據，必須

　　始符合正義的想法，在正義思想發展的傳統中佔有核心的地位。關於「傳統（或發展）」對於正當法律程序(Due Process of Law)的影響，請參見，Jerry L. Mashaw, The Supreme Court's Due Process Calculus for Administrative Adjudcation in Mathews v. Eldridge: *Three Factors in Search of a Theory of Value.* U. Chi. L. Rev. 28 (1976), p. 54 以下；正義概念對公平的兼顧雙方利益與要求，請參考，Edger Bodenheimer, Jurisprudence—The Philosophy and Method of the Law. Harvard, 1962.結構群出版社編譯，一九九〇年十月初版，第三三四頁以下；Martin P. Golding, *Philosophy of Law*, Prentice-Hall, 1975.結構群出版社編譯，一九九一年十一月初版，頁一九七以下。

註八　Franz Mayer, *Allgemeines Verwaltungsrecht*, 3. Aufl. 1972, S. 21. 轉引自，彭國能，法治國之基本理念，收於行政法之一般法律原則(一)，城仲模主編，三民書局出版，八十三年八月，頁三九八。

註九　Klaus Stern, *Das Staatsrecht der Bundesrepublik Deutschland*, 1984, 2. Aufl. S. 774. 轉引自，彭國能，前揭文，頁三九八。

依實際之狀況將其予以具體化（註一〇）。法治國理念落實於個案的過程中，行政機關往往要面對複數的利益衝突。在法治國家保障人權、正義與法律安定性的要求下，想要妥當地調整利益衝突，必須以下述之利益衡量為前提：「行政機關在作成行政行為之際，對於該行為所涉及的各種公益與私益，均應作出平衡的考量，並依實際的情況，客觀地衡量取捨。」如此所為之公益與私益、公益與公益間之調整，方能夠具有妥當性。透過此種利益衡量，人民對於國家權力的作用產生了預測的可能性，同時其私益亦不會只在政策、效益單方的考量之下遭到侵害。換言之，行政機關不僅要基於政策面的、實踐面的考慮，對於有限的資源，作出合乎效益的分配，也必須考慮到對於人權保障的衡平。

此一利益衡量要求，在法治國理念之下成為「應盡力實現的誡命」（Optimierungsgebot）即具備了一般法律原則的特性而成為「應予衡量原則」。此一原則不僅對於日漸擴大的行政機能提供了司法控制的可能，也充分的提供了行政自我監控的法依據。

三、應予衡量原則在制定法上之體現

「應予衡量原則」從法治國理念的本質產生，即使在法無明文規定的情況，仍具有普遍的妥當性（註一一）。然而，在制定法中亦能夠透過某些條文之規定，落實此一原則的實踐。以下將就我國與德國目前制定法中對於應予衡量原則法制化的狀況，作一個大略的說明。

就我國的情形言之，對於各種重大的工程或開發，雖然有各種法律加以規範，例如：原子能法規定核能電廠之設置；民用航空法對於航空站之設立；電業法就電業線路之設置；礦業法規範探礦與採礦工程；水

註一〇　Gerhard Leibholz, Hans-Justus Rink, Grundgesez für die Bundesrepublik Deutschland, Kommentar, 1989, 6. Aufl., Art. 20, Rz. 628. 轉引自，彭國能，前揭文，頁三九七。

註一一　芝池義一，行政計畫，收於，現代行政法大系第二卷，雄川一郎等編，有斐閣印行，昭和五十九年一月三十日，頁三五一。

利法就重大水利事業之興辦；公路法及鐵路法對路線之決定，電信法就
電信設備、國家公園法就國家公園之設立等，然而這些法規本身對於各
該事業興建時，應否予以利益衡量並未作出明文的規定；只有於環境影
響評估法（第五條）中規定，當這些開發行為對於環境有不良影響之虞
者，應實施環境影響評估。惟環境影響之評估，事實上僅係對於計畫所
涉及的諸多利益之一的環境問題予以考量，與「應予衡量原則」必須兼
顧各方利益的要求顯有相當之差距，因此，在我國制定法的規定中，尚
未見「應予衡量原則」體現於制定法之明文，而利益衡量之概念亦限於
環境利益之一隅。由於目前我國對於此一問題並非出於自覺性的討論，
只有藉助德國的立法例來加以進一步的說明。

在德國關於計畫的法律，則有許多對於「應予衡量原則」的明文規
定。例如：一九六〇年六月二十三日的聯邦建設法規定：聯邦建設法第
一條第四項第二款（一九六〇年六月二十三日，一九九七年一月一日修
正為現在之第七項）：「此時(建設計畫的提出時)，必須就各個公益與私
益，彼此相互間為適當的比較衡量。」另外，對於建設管理計畫的策定，
亦於規定中要求：「……應予利益衡量……」；就市、鎮、村的都市建設
上之整理與開發措置有關的法律（都市建設促進法——一九七一年七月
二十七日)第一條第四項第三款規定：「必須對於相對人，特別是所有權
人、租賃人及借用人的利益與公益一併加以適當的比較衡量。」再者，在
聯邦遠程道路法上，依據一九七四年七月四日的法律，配合道路建設計
畫的確定，亦明示的確立了應予衡量原則：聯邦遠程道路法第十一條第
一項第二款規定：「於確定道路建設計畫之際，必須對於受到事業所影響
的私益與公益加以比較衡量。」國土整備法第二條第二項規定：「國土整
備的原則，必須依第三條所揭示的機關，在其所屬裁量權的範圍內，依照
第一條的基準，就各方彼此間加以比較衡量。」等等，即為著例(註一二)。

註一二　參閱：宮田三郎，前揭書，頁一一六。

四、結語

「應予衡量原則」的確立，能夠調節為促進國民整體的發展與所擬定的政策目的與其他公、私益之間的緊張關係。現代法治國家追求正義與人權的保障，「應予衡量原則」正是法治國家此一要求具體落實的憑藉。

再者，從德國將「應予衡量原則」予以法制化的例子中可以看出，在該國與重大工程或開發有關的案子中，對於各種公、私益的衡量，往往是行政機關做出最後決定之重要依據；而這一點在我國則有所不同，目前我國重大的工程或開發案，主要的考量為必須經過環境影響評估，惟環境影響評估無論在衡量的廣度或深度上，顯不及「應予衡量原則」所要求的縝密，因此，我國對於「應予衡量原則」相關問題似應深入加以研究，或可為日後立法修法之參考。

〔叁〕應予衡量原則的目的與內容

一、應予衡量原則的目的

㈠個案正義的追求

法的理念，若單從西方法律思想的發展來看，通常就是指「正義」。（註一三）但是正義的概念是模糊且多義的，並且係一流動的、隨時空的轉變而有不同的概念，並不容易掌握；同時，組成法規範的法律規定，縱使被認為非常的周密，也無法分別網羅所有的具體情況，因此對於法的價值判斷做出決定，有賴於司法機關或行政機關對於個案具體情況的判斷。為使正義的要求不流於空談，將依個案實現正義之要求，就成為一個應盡力實現的誡命。對於利益加以衡量的主要目的，即是對於個案

註一三　江玉林，作為法理念的自由——以康德與黑格爾的法哲學為中心，八十三年臺大碩士論文，頁二。

正義的追求。

　　個案正義的要求，在行政法上的實踐，主要表現在關於「裁量」的問題(註一四)。隨著裁量時遇到的利益糾葛程度不同，個案正義如何透過「應予衡量原則」來實現有著不同的情形。通常在行政裁量方面所涉及的利益衡量較為單純，當追求個案正義的實現時，只要在程序面上切實踐行聽證、意見表達；並在實體面上，依據法令現有之規定，充分地衡量「支持理由與反對理由」，判斷每一個主張，並敍明對某方採反對立場的理由，平等且合於比例的對於事件所涉及各當事人的利害做出最正確且妥當的裁量，通常就能夠滿足個案正義的要求。因此，「衡量」可說是實現「個案正義」的前提、必要過程，衡量的要求存在於「個案正義原則」之中。

　　而在計畫裁量的領域裡，為實現計畫的目的，計畫裁量擁有各種可能之形成自由，而不僅是對於法律效果之選擇，甚至含有透過行政計畫組織獨立地為構成要件因素確定之情形(註一五)。由於計畫中糾葛的計畫主旨和各種的公益與私益之間，往往會形成一種「利益織品」(Interessengeflechten)，而此種「利益織品」的形成原因，是在此種連鎖反應中同時會給許多其他的利益帶來影響，而不能單單只承認某一種利益。因此必須將各種的公益與私益嵌入綜合考察之中，透過「應予衡量原則」反饋程序的特性，盡力調整諸利益，使各個利益「被溶解」於包括的評價中(註一六)。此時若只強調個案正義卻未探究應給予利益衡量的整個過程，則所謂「正義」一詞，無異只是法學上的口號，對於問題的解決並無多大的實益。因此，在計畫法中，一切具體的結果都有待於「應予

註一四　行政裁量與個案正義的關係，請參閱，范文清，試論個案正義原則，收錄於本書，頁三八三以下。

註一五　Wolff/Bachof, *Verwaltungsrecht, I*, § 31 III, S. 203, 轉引自，熊愛卿，論行政計畫之制定手續與人民之參與──以西德計畫確定法治為中心，七十九年輔大碩士論文，頁一五〇。

註一六　參見，宮田三郎，前揭書，頁一二九。

衡量原則」之作用——亦即個案正義必須透過利益的衡量與調整之後始得彰顯。

　　問題是，行政主體或法官所作出的此種追求正義——衡量——決定的價值判斷，一般人民是否在客觀上有預測的可能性？行政主體或是法官必須以「對法律的忠誠」（Gesetzestreu）與「對思辯的服從」（der denkende Gehorsam）作爲任務。其在裁量中所表現出來的價值判斷只不過構成了利益權衡與取捨的背景，至於該判斷本身仍爲各該價值體系所客觀制約著。雖然要選擇依據哪個價值體系去規律事物，隨著每個人的價值觀有所不同，但是在一定的價值觀之下，對於具體的法律的問題做出的判斷，仍然應該依照該價值體系內在的法則與邏輯操作而具有客觀性(註一七)。因此，只要將行政行爲所涉及的各種利益，均無遺漏的納入考量，平衡的予以權衡，則不論是衡量或推論的過程，都具有預測的可能性；退而言之，即使是價值判斷的選擇，透過強制說明理由原則的要求，吾人亦可以審查其立論的基礎是否與法治國家所揭櫫應予保障的價值有違，而在形式上決定衡量的結果是否符合個案正義的要求。

　　總之，個案正義與應予衡量原則之間的關係是密不可分的，對利益進行綜合評價的目的不能背離正義的要求；個案中的正義未予以正確的衡量亦無法實現，應予衡量原則最重要的目的，就是對於個案正義的追求。

㈡調整公益與私益的衝突

　　應予衡量原則的另一個目的就是調整公益與私益的衝突。「私益」的概念較易掌握，只要在合法的範圍內，社會中各成員法律上及事實上的利益均屬之。「公益」則是更爲模糊的概念，必須透過「公益原則」來加以掌握。而兩者的衝突，有賴「應予衡量原則」來加以調整。

　　在法的層次中，所謂的「公益」，並非抽象的屬於統治團體或其中某

註一七　尾高朝雄，法の解釋，一九五四法哲學年報，有斐閣，頁二二。

一群人之利益，更非執政者、立法者或官僚體系本身之利益，亦非政治社會中各個成員利益之總和，而係各個成員之事實上利益，經由複雜交互影響過程（Wechselwirkungsprozess）所形成理想整合之狀態（註一八）。換言之，「公益」即爲「公共的利益」──即：在概念上，相對於「個人」，且任何人都可能納入之多數人的團體的共同利益(註一九)。「公益原則」即爲「顧及公益之原則」或「謀求公益之原則」，眞正之意含在於強調，行政機關之行爲應爲公益而服務，但是並非強調公益優先於私益。事實上，保護私益亦爲公益的一部份（註二〇）。

在現代民主法治國家中，公益概念之具體化則須透過掌握以下各點來彰顯：

(1)憲法與法律的內涵，即爲一種公益之顯示，正義追求、人性尊嚴之維護與諸權利之保護，爲公益內容之核心。

(2)民主多元的社會中，無法找到絕對單一的公益，或是獨立於人民利益之外的「國家利益」；考慮公益之具體內容，必須了解其爲一「動態概念」，要顧及各個社會之歷史背景及價值觀，始能加以掌握；且其並非封閉的概念，隨著社會情勢與思潮演變，亦會有新的內容。

(3)多元化公益的探究，必須透過民主、正當的程序，以保護少數、杜絕暴力的態度與方法爲之。

(4)公益相對於私益而言，不再具有絕對的優越性，公益欲超越私益時，必須在憲法中找到其法律基礎，並且提出充足可信之理由。

(5)私益有時亦可能成爲公益，尤其是涉及基本人權之利益。

(6)「應予衡量原則」必須與「公益原則」結合，始能產生利益衡量

註一八　Wolff/Bachof, *Verwaltungsrecht*, Bd. I, 9. Aufl., 1978. 轉引自，吳庚，行政法之理論與實用，自刊，一九九二年九月，頁五七。

註一九　關於「公共」與「利益」的概念，「公共」的概念，以「非隔離性」與「數量上非經常少數」爲特徵。請詳見：李建良，從公法學之觀點論公益之概念與原則，七十五年六月中興碩士論文，頁一二八以下。

註二〇　吳庚，前揭書，頁五八。

的功能（註二一）。

　　對於公益—公益、公益—私益間發生的衝突而應予衡量時，利益應如何評價？這往往會因不同的標準而產生不同的評價結果，並且產生不同的利益衝突問題。對此，學者 Walter Klein 在「公益原則」中提出一個判斷此利益之標準，亦即「量的最廣以及質的最高」。所謂「量的最廣」是指受益人數最多，儘可能使最大多數人均霑福利；至於所謂「質的最高」則是計對受益人強度而定，凡與人類生存愈有密切關連之要素，越具有「質的最高」之性質(註二二)。但是在個案中，應如何衡量與調整「質高」與「量廣」利益間的衝突，則須結合「應予衡量原則」，依實際情況與個案正義為斷。

㈢調和效益的追求與人權的保障

　　「應予衡量原則」的另一個目的，為調和效益的追求與人權的保障。誠如 Forsthoff 所言，「本質上，當今行政應係給付之主體」(註二三)。在追求各方面無限提升人民精神、文化與物質的生活素質的行政目的下，為使有限的資源得以進行最大的分配，效益主義（Utilitarianism）(註二四)自然成為現代西方型社會成立的背景理據，根據效益主義的原則所制定的法律比比皆是(註二五)，行政、司法機關的利益衡量，亦多採此原則做為基準（註二六）。

註二一　上述各點，係歸納：李建良，前揭碩士論文，頁三四二～三四四；曾昭愷，前揭碩士論文，頁五八。

註二二　W. Klein, *Zum Begriff des ffentlichen Interesses*, 1969, S. 74-76. 轉引自，曾昭愷，前揭論文，頁五七。

註二三　城仲模，前揭書，頁九〇〇。

註二四　即「功利主義」，惟此處之討論，「功利主義」一詞似含有貶意而不妥，故隨石元康先生採「效益主義」之譯名。「效益」一詞，亦指一般所謂「功利」（Utility）。

註二五　石元康，當代自由主義理論，聯經出版，一九九五年五月，頁三三。

註二六　黃慧英，效益主義與人權，鵝湖月刊，第一八卷三期(總號二〇七)，頁二五。所謂的「效益原則」（Principle of Utility）意指：我們應該做的就是

　　效益主義提供了一套能夠具體應用的指引，但是其中卻隱藏了侵害基本人權的因子——效益主義追求的是快樂、幸福，但是個人與快樂、幸福卻是可以分割的，個人並不具有獨特性而可以被取代，只要快樂、幸福的總量增加，即使減少一個人的利益而使他人增加利益，亦非不正當。此種犧牲，名之爲「效益主義式的犧牲」(utilitarian sacrifice) (註二七)。「效益主義式的犧牲」將導致居於少數者的權利被「正當地」侵害——只要能夠增進多數人的幸福。這中間存在著一種危險：效益主義所追求者，爲多數的效益擴大；換言之，即爲「公益」，但是公益的「公共」概念具有「非隔離性」，故在現實中隨著「公益」種類的不同，「公共」一詞涵蓋的範圍亦會變動，因此，任何一個社會成員都經常處於爲不同的「公益」做出「效益主義式的犧牲」的風險中。從而，在現代法治國家必須保障人權的要求下，人民所擁有的權利，必須是反效益主義式 (antiutilitarian) 的，並且透過憲法的規定與立法的作用加以保障。

　　法治國家的憲法雖規定著人權的保障，惟必須限制憲法中的基本權、基本權彼此衝突、或是案件涉及正在發展中的人權概念之際 (如：環境權)，則必須藉由「應予衡量原則」來調和彼此衝突的利益。「應予衡量原則」，並非一個能夠量化的原則，而是一個比較衡量的原則，不帶偏見地將應列入衡量的範圍的各種利益均包括在內，即：一切有關係的重要利益都必須納入衡量——不以多數人的利益爲限——否則即屬衡量有瑕疵 (註二八)。

盡量擴大效益。因爲，政府的職責是通過避苦趨樂來增進社會幸福，而最大多數人的幸福就是判斷是非的標準。效益主義之所以爲人所廣泛的接受，與效益原則中的可計算性、實證性與現代人要求「客觀」、「科學」的性格相符合有關——蓋追求效益的擴大僅爲技術問題，將利益與代價量化的計算，其對錯與結果都很容易獲得，且利於檢驗。

註二七　黃慧英，前揭文，頁二六。

註二八　以美國 Bommer v. Atlantic Cement Co. 的判決爲例：大西洋水泥公司 (Atlantic Cement Co.) 附近的居民不滿水泥工廠所造成的灰塵、灰煙、噪音與震動，訴請紐約法院頒發禁制令停止工廠繼續運轉並賠償損害。法

「應予衡量原則」將「效益」與「人權」一併的納入考量，並依照個案實際的情況，平衡的加以權衡取捨，此種利益衡量的要求，目的在於約束行政官署或法院，令其為裁決時注意應予衡量的價值，而非僅一味的執著於效益的追求，忽略了對於人民的權利保障。

二、衡量的內容

為利益衡量時，首先要考量對於該事項，法律是否定有明確的要件，若該要件一但具備即負有為一定措置的義務時，則該當此等要件的事實是否存在，即為應予考慮的事項(**註二九**)。在行政計畫中，對於具有拘束力之上位計畫與計畫主旨所涉及的利益，亦應優先予以考慮。然而，有時法律中已經規定了應予衡量的利益種類，此時應予衡量的利益是否以法律有規定者為限？關於此一問題，可以德國實務界曾表示過見解作為參考——德國聯邦行政法院對於應予衡量之利益內容，於判決中所表現出其對此事之態度為：

一九六九年的判決認為：「依照事件之情形，必須加以衡量的利益未被衡量的時候」即違反了適當的「應予衡量原則」。惟何種利益是「依照事件性質」必須併入在計畫策定的衡量中的呢？則必須進一步的加以探

院認定該工廠確實構成相鄰侵害，原已符合判發禁制令的要件，但因被告已投資該工廠四千五百多萬，且雇用三百多人，而被告的損害不過十八萬五千元，經濟利益顯不相當，而拒絕頒發禁制令。Boomer v. Atlantic Cement Co., Inc. 26 N.Y. 2d 219, 309 N.Y. S. 2d 312, 257 N.E. 2d 870 (1970).引自，葉俊榮，環境政策與法律，月旦出版社出版，一九九三年四月，頁二八。此一判決結果，僅以單純的效益原則作為利益衡量標準時，其結果引起很大的爭議，本文以為，誠然如同案法官於反對意見書中所云——此無異頒發被告執照以正當化其污染行為。本案判決似未對於環境所造成的損害列入考量，與環境有關的利益於本案不但有關係且極為重要，雖然「環境權」的概念仍在發展並有爭議，但是依個案情形將「環境保護」作為「公益」的一種卻無不妥，法院未將其列入考量，顯有缺失。

註二九　芝池義一，行政決定における考慮事項，法學論叢，第一一六卷一至六號，京都大學法學會，昭和六十年三月一日，第五九八號。

究。以一九七七年四月十五日的聯邦行政法院的判決爲例，該案件事實爲：縣長已經進行了關於聯邦道路位置變更的計畫決定，爲了謀求都市休閒、運動用地的改善，要求變更舊道路的位置（據推測是因爲休閒、運動用地爲舊道路所分斷），由於此一要求並未被採納，而提起了要求取消計畫確定行爲的訴訟。

Baden-Württemberg 的高等行政法院作出下述判決：「……本案件並非爲道路的新設，且舊道路旣已存在，對於其位置的變更，並不具備作爲聯邦遠程道路法對於道路建設要件之一所規定的『交通上的必要性』，從而，被告不得進行舊道路位置的變更。」

對於此一判決，聯邦行政法院提出了以下的見解：「……這種看法，並不十分的合乎『應予衡量原則』的意義。應予衡量原則，其所衡量的對象『必須是依其情事來納入比較衡量』(引用一九六九年判決以及國道四十二號判決) 且及於私益與公益。此乃指——現在已於遠程道路法中第十七條第四項第二款加以定型化（指前述的應予衡量原則）——一切『有關係』的利益 (註三〇)。」亦即，怎麼樣的利益才是妥當的，並不具有「一般性」，而必須依照各個的計畫來加以回答，因此不要將公益與私益的範圍限縮，才能夠達到應予衡量原則的目的，所以，不限於由於道路建設的實現而直接受到侵害的利益；受到道路建設間接影響的利益也包括在內。因此，建設新道路時，對於原有道路空間領域的計畫在都市計畫層面上的影響，就是一種具有比較衡量上意義的利益(Abwägung-serhebliche Belange)必須納入利益衡量。故應予衡量的利益並不以在法律中有明文規定者爲限。

綜上所述，此判決的意義有二：

1.將應納入比較衡量的利益的範圍予以放寬，將受到計畫間接影響的利益也包含在內；

註三〇　BVerwGE 52, 237. 轉引自，芝池義一，前揭計畫裁量文，頁二四～二五。

2.在州的道路建設計畫的制定中，務必要將鄉、鎮、市的都市建設上的利益納入考慮。

其次，是對於國民安全的確保或是危害的防止的考量，此為最重要的價值。人民的生命、身體與健康，國家必須要給予其最大的保護與尊重。再者，涉及憲法所保障的人民基本權利，私益之重要性有時亦可能等同於公益，惟此須依個案正義予以考量。

對於公害防止、環境保護的利益，亦是必須予以考量的重要議題。以德國實務所表現的看法為例，聯邦建設法要求對此須加以衡量，而且在法院的裁判上，可以看出應對於這種利益衡量理想狀態注意的發展。下列兩點需要予以注意：

1.在「國道四十二號判決」中，雖然聯邦遠程道路法並未加以規定，但是空氣污染的防止是一個重要的具有比較衡量上意義的利益。

2.「法蘭克福機場事件判決」中，關於應予衡量的航空噪音的範圍，是如此說明的：「計畫確定官署，對於計畫確定所產生的結果以及設施狀態有著關係非常密切的法律上的義務，因此，不可把從該設施以前的狀況所產生對環境的影響作為前提條件放在考慮之外；否則衡量時，就無法對將來預想的環境影響的增加加以限制。」同時「計畫事業對於周圍環境的影響，是在課予計畫確定所要解決的問題的含意之中，必須全面的（vollen Umfangs）納入比較衡量之中（註三一）。

由此可知，在德國，實務上對於應予衡量的公益與私益內涵之掌握，不以有法律規定或法律上的權利為限，一切值得保護的公、私益均為應予衡量的對象（註三二）。但是原則本身大都蘊含著抽象、倫理的價值判斷於其中；同時隨著時代的改變隨時會具有新的含意，故既不容易掌握，又無法窮盡的列舉其內容。「應予衡量原則」的內容更是如此。因此，除

註三一　芝池義一，前揭計畫裁量文，頁二六。
註三二　相同看法，見：手島孝，計畫擔保責任（下），法政研究，第五四卷，頁一一四。

了前述舉出對於此原則應予衡量的內容外，事實上凡是有關係且重要的諸利益，均應列入考量，至於對這些利益間實際的衡量與調整，則仍須依個案回歸正義的要求加以決定。

〔肆〕構成應予衡量原則違反之瑕疵與法律效果

一、概說

「應予衡量原則」的理論，主要是在西德聯邦行政法院的判例中逐漸發展起來的。一九六九年十二月十二日的行政法院的判決首先指出：「……違反妥當的應予衡量者，是指未爲各該（妥當的）利益衡量時、或依具體的狀況應予以考慮的利益，竟未併入衡量之中時、或當有關係的私益的意義被誤解時、或者爲對於有關係的公益之間的調整，竟未依照各個利益的客觀重要性，以衡平的形式來進行時所產生。……」；其後，一九七二年十月二十日聯邦行政法院曾作出四個判決，將「應予衡量原則」擴張成爲對於一般性的法治國家利益衡量審查之要求，其內容總括如下：「……斯時，是否欠缺對當時重要利益的妥當衡量？是否爲就當時的法以及事實狀況來看，明明應該被採用，卻沒有在衡量之中併入考量的利益？是否依照當時的價值基準來看，私益的意義受到了誤解；或者對當時重要的利益之間的調整時，依照各個利益的客觀重要性來看，並不衡平。……」(註三三)；根據聯邦行政法院一九七五年二月十四日的國道四十二號判決指出：「……由計畫目標觀之爲正當且符合計畫主旨的計畫，在上述計畫拘束的四個觀點之下，須服從來自於「應予衡量原則」的要求。就此點而言，在各種計畫領域內，由各該法院反覆做出的判決

註三三 BVerwG. U. v 20.10.1972. *DVBl.* 1973, 345. 轉引自，遠藤博也，前揭書，頁九九。

所確立的判例中觀之，至爲顯然；換言之，對於受到計畫影響的公益必須各別地相互加以適當的比較衡量的要求，與法律規定之有無無涉，而是從法治國的計畫本質產生，從而，具有一般的妥當性。」針對此一觀點，學說亦加以肯認(註三四)。對此一判例理論大體上可以整理出以下三點：

1.應予衡量原則，是存在於法治國家計畫本質內部的一般法律原則，與法律規定之有無無涉，有一般的妥當性。

2.應予衡量原則顯然與利益衡量的過程與利益衡量的結果兩方都有關連。

3.與應予衡量原則有關理論是從有關於利益衡量瑕疵的理論發展起來的 (註三五)。

同時，從上述各判決中，亦已發展出對應予衡量內容要求上所採取之模式：

1.必須實施利益衡量；

2.依事物之狀況可預見受影響之公益與私益，即應予納入；

3.各個利益應賦予適合之意義；

4.各利益間應以適當之方式依其相對意義而爲衡平。

只要在上述的範圍內，實務上的見解爲無論計畫權限官署決定何者利益優先，都不違反利益衡量原則 (註三六)。

從而，掌握住「應予衡量原則」的瑕疵論，可說是掌握了判斷方法的核心；另外，針對於應予衡量內容的要求，德國聯邦行政法院亦對於階段性的衡量過程亦表示了意見。本章論述的重點，就是針對衡量的階段與衡量的瑕疵以及違反「應予衡量原則」的法律效果所作的說明。

註三四　P. Badura, Das Planungsermessen, S. 179f.; W. Blümel, Art. Plaung III, Sp. 1834. in: *EvStL*, 2. Aufl., 1975. 判決轉引自，宮田三郎，前揭書，頁一一七。

註三五　宮田三郎，前揭書，頁一一七。

註三六　熊愛卿，前揭論文，頁一五六。

二、衡量的階段

計畫行政官署進行利益衡量的事實是分成三個階段來執行。即：

1.受到計畫案影響之利害的調查。此爲衡量資料的調查（Ermittlungsvorgang），或謂衡量資料之彙集（Zusammenstellung des Abwägungsmaterials）。

2.對已調查之利益的評價。

3.原本意義的利益衡量，即決定怎樣的利益爲優先；怎樣的利益應退後的三個階段（**註三七**）。

這三個階段中，在第一階段的衡量資料的調查與彙集階段裡存在著一個問題：利益衡量無論是論理上或是時間上都必須先進行衡量資料的調查與收集階段，而負責計畫的主體，一方面要辨明與具體情形有關的公益與私益，一方面又必須對其加以調查與確認，此時，當各種利益中有未被加以調查的情形時，會有怎樣的法律效果？再者，就這一點而言，在怎樣的範圍內能受到所謂法的審查？

當然，遺漏了重要的利益會構成了「調查的欠缺」（Ermittlungsausfall），會變成明顯的違反「應予衡量原則」的瑕疵。問題是，法院能夠在怎樣的範圍內審查該利益是否重要？其該利益是否確被遺漏？德國聯邦行政法院的判決中表現出了以下的看法：「一切的利益衡量均以衡量資料的收集作爲前提。首先、應予衡量中重要的（Abwägungsbeachtelich）觀點有其抽象的─概念的（法律要件）界限；其次，要決定將怎樣的具體情事包攝在這個概念之下。這兩個問題的重點，就是聯邦建設法第一條第四項第二款（以及與其有關的同法第一條第四項第一款及第三款與第五項的規定）法律的適用問題。市、鎮、村對於利益衡量上重要的概念解釋，或是在利益衡量之際所爲的評價，無論對於上級行政機

註三七 宮田三郎，前揭書，頁一二〇。

關或是對於建設管理計畫進行審查的法院都沒有拘束力（註三八）。」換言之，西德實務將其視為如傳統法律適用意義之兩階段程序，此乃基於認為計畫規範之解釋與於此規範下之包攝是可以明顯區分的，從而，在衡量資料的調查範圍內，必須受到上級機關與司法的審查（註三九）。

　　根據此判決，應予衡量資料的調查與收集程序被分成兩個部份：一是應予衡量中重要觀點的、抽象的、概念的（法律要件）界限；一是將具體的情事包攝在此概念之下，而當作是法律適用的問題。但是，此種看法似乎有些問題，若以德國聯邦建設法第一條整體規定的觀點來當作應予衡量的資料收集的範圍，課予行政機關調查的義務是不切實際的，因為，就像德國學者 W. Hoppe 所表示的意見：「如此幾乎沒有邊際，太多的觀點、內容、資料與事實」。從而「作為計畫所應作的計畫決定，並非按照在計畫主旨之下所包攝的內容，無限制擴大資料的收集，而是限制在對計畫本質的觀點上，以計畫目標為基準，選擇對計畫重要的觀點。」（註四〇）本文以為，W. Hoppe 的見解是值得肯定的，應予衡量資料的調查與彙集應在具有重要性（Gewichtigkeit）的觀點之下進行，只要並非對其客觀重要性予以完全的誤認，計畫官署本身應有權力自行決定其重要與否，並依計畫主旨或目標進行選擇。也只有在明顯違反此一標準時，方得加以審查（註四一）。

　　由此可知，應予衡量資料的調查與彙集和利益衡量本身不可分，依

註三八　BVerwG, Ueteil vom 5.7.1974., *DVBl*., 1974, S. 773 f. 轉引自，宮田三郎，前揭書，頁一二〇～一二一。

註三九　此即學說上所謂「計畫指針」（Planungsleitsätze）。黃旭田，科學技術之德國法制、學說、實務，八十一年政大碩士論文，頁一三二。並參見，熊愛卿，前揭論文，頁一五九。

註四〇　W. Hoppe, Die "Zusammenstellung des Abwägungsmaterials" und die "Einstellung der Belange" in die Abwägung "nach Lage der Dinge" bei der Planung, *DVBl*., 1977, 139; D. Schmalz, Planung und Plan, JA, 1978, S. 32 f. 轉引自，宮田三郎，前揭書，頁一二一。

註四一　W. Hoppe 的見解，詳見熊愛卿，前揭文，頁一六〇。

照計畫目標的基準，對於計畫具有重要性的觀點來選擇的資料，是一切利益衡量的前提；衡量素材的收集，並不是對於包攝在計畫主旨之下無限制增加的素材的收集，而是限制在對於計畫本質的觀點上，如此上級行政官署或法院的審查才有意義。

至於衡量的另外兩個階段——對已調查之利益的評價以及決定怎樣的利益爲優先；怎樣的利益應退後的利益衡量——所生之瑕疵，則屬於接下來要討論衡量瑕疵的問題。

三、衡量的瑕疵

根據學說與判例，可以區別出下列四種衡量的瑕疵類型：

㈠未爲衡量（Abwägungsausfall）

利益衡量必須確實的執行，原本必須實施利益衡量，而竟未對諸公、私益加以比較衡量時，違反應予衡量原則而構成了違法。此爲「未爲衡量」。未爲衡量屬全部之衡量欠缺（totales Abwägungsdefizit），不論是否因行政官署誤認爲不能衡量所致，均構成此衡量之瑕疵（註四二）。

㈡衡量有缺失（Abwägungsdefizit）

利益衡量時必須根據計畫主旨以及具體的狀況，應將所有重要的利害納入比較衡量。如官署對於重要之利益未列入考量，或雖列入考慮但單純的予以忽視，構成了「衡量有缺失」，此時，計畫爲違法。例如，建築機場之計畫中，並未爲居民所受噪音影響之觀點爲考量，則該確定計畫裁決即違法。

㈢錯誤之評價（Abwägungsfehleinschätzung）

計畫者必須對各個公益與私益的內容與意義適切的加以判斷評價。對於各種利益的意義未爲適當的理解與評價時，產生了比較衡量的瑕疵。此爲所謂「錯誤之評價」（註四三）。

註四二　宮田三郎，前揭書，頁一二五。
註四三　宮田三郎，前揭書，頁一二五。

㈣**衡量不均**（Abwägungsdisproportionalität）

與計畫有關之公益與私益之客觀重要性被以不合比例之方法爲衡平時，構成衡量瑕疵，稱爲「衡量不均」（註四四）。

對「利益衡量的不均衡」，是指衡量明顯地不合於比例的時候，利益衡量爲違法。對於「衡量不均」，必須要能夠明白的認識到其不合於比例原則的要求（註四五）。這是種「明白性保留」（Evidenzevorbehalt oder Evidenzkontorlle）的審查。申言之，即：「應予衡量原則」應由法院從程序上加以全面的審查，至於其他的方面，則僅從對於重要利益的評價與損害、利益的之間的關係，是否有明白的錯誤的這一點上加以審查（註四六）。至於是否不合比例，必須結合「比例原則」一起觀察，運用「比例原則」的方法，探究衡量結果是否滿足「最適當利益滿足的要求」（Gebot der optimalen Interssenbefriedigung）？以及是否給予私益「最小的損害」（Schonungsgebote, Aktualisierungsgebote）（註四七）。

由於計畫裁量的瑕疵論之獨立基準與方法，尚未確立與統一，因此，學說的共通傾向是以緩和審查的密度爲目標。至於在方法論上則並未能夠表示新的見解（註四八）。

四、違反應予衡量原則之法律效果

計畫作爲一個連續的整體方案，一方面每一個部份均應爲司法審查所制約，另一方面則爲要求整體程序上的控制。以德國法制爲例，「應予

註四四　熊愛卿，前揭文，頁一五八。

註四五　在評價錯誤的情況中，「明白的錯誤」則有問題，因爲並沒有一個能夠作爲法院比較衡量基礎的所有利益的客觀順位。

註四六　E. Schmidt-Aßmann, Verwaltungsverantwortung und Verwaltungsger-ichtsbarkeit, *VVDStRL* 34 (1976), S. 273.轉引自，宮田三郎，前揭書，頁一二六。

註四七　遠藤博也，前揭書，頁一二六。

註四八　宮田三郎，前揭書，頁一二六。

衡量原則」在行政計畫中，主要扮演著對於「確定計畫裁決」控制的角色。

當確定計畫裁決違反了應予衡量原則時，權利或利益受影響之人——計畫影響所及之縣（市）、鄉（鎮），與人民（利害關係人），得向法院提起救濟，其情形如下：

㈠縣（市）、鄉（鎮）

訴訟保障分爲兩種——撤銷訴訟與課予義務訴訟。就撤銷訴訟而言，確定計畫裁決所確定計畫之內容如違反「應予衡量原則」而妨礙縣之「地方自治權」，或縣（市）、鄉（鎮）之「計畫公權」時，得提起撤銷之訴，請求撤銷該確定計畫之裁決；就課予義務之訴而言，地方自治團體得就自治範圍內之事項，起訴請求判決計畫裁決機關，作成一定安全防護之負擔。

㈡就人民而言

人民對於違反「應予衡量原則」之計畫裁量，侵害到其權利時，自得以此爲理由，提起撤銷之訴；然而，其撤銷僅對該私人發生效力，亦即確定計畫之裁決侵害該私人權利之部份被撤銷而無效——蓋爲保護權利而請求救濟者，其所救濟者也應以所欲保護之權利爲限（註四九）。然而在下列幾種情況，起訴是會被駁回的：(1)對已經受到侵害之當事人給予補償，使其所受之損害爲最小；(2)非以自己的利益爲訴求，而主張衡量瑕疵或錯誤侵害到別人或公共利益（註五〇）。再者，也可以提起課以義務之訴，請求計畫確定機關爲更周全之防護措施或設置。但是此一課以義務之訴提起之範圍，須爲經過應予衡量原則衡量，但無法解決，或者是爲克服未解決之利害衝突而請求之防護負擔（註五一）。

註四九　參照，廖義男，公共建設與行政法理，八十三年三月，自刊，頁二三。
註五〇　參照黃錦堂，前揭書，頁三三七。
註五一　宮田三郎，前揭書，頁二五五。

五、結語

綜上所述，應予衡量原則提供了一可遵循之外部界限，而得以防止衡量恣意（Abwägungswillkur）（**註五二**），對於應予衡量的瑕疵類型，若從判決中進一步的歸納，可以將應予衡量原則區分為過程的比較衡量（Abwägung als Vorgang; Abwägungsvorgang）與結果的比較衡量（Abwägung als Ergebnis; Abwägungsergebnis）除了對其個別的加以檢討之外，計畫決定時二者均至少必須滿足一定的條件。第一與第二種利益衡量的瑕疵——未為衡量與衡量有缺失——屬於前者，是對計畫程序上的糾正，換言之，其與計畫的過程有關而與計畫所產生的結果無涉，為對於受計畫影響者的民主的——形式的、程序的保護之表現。與其相對者，為第三與第四種類型的應予衡量瑕疵——錯誤之評價與衡量不均——屬於後者，其與計畫之內容及利益衡量過程後之結果有關。這種情況中，判例並非僅為對程序的控制，亦要求對內容的控制。此時，並非為對受計畫影響者民主的—形式的保護，而是法治國的實質的保護的問題（**註五三**）。

〔伍〕應予衡量原則在行政計畫中的特殊性

一、概說

「應予衡量原則」之目的在於個案正義的追求、公益與私益的掌握以及效益追求與人權保障的衡平，「一般法律原則」之性質在適用上僅居於補充的地位——即法律若已有明確的規定，則應優先適用該等法律規

註五二　熊愛卿，前揭碩士論文，頁一五八。

註五三　H. J. Papier, Die rechtliche Grenzen der Bauleitplanung, *DVBl.*, 1975, S. 461 f. 轉引自，宮田三郎，前揭書，頁一一九。

定(**註五四**)。因此，其功能往往受限於制定法已有的規定或是已被制定法化之其他一般原則，而僅得作爲法律解釋之指導原則或理由敍明之一部。「應予衡量原則」亦是如此，該原則被運用在行政法上，在許多領域中均有其重要性，例如：基於「依法行政原則」，要求除去有瑕疵的行政處分，但是基於「信賴保護原則」，人民對國家的信賴利益值得保護，此兩者同樣具有價值，並且同樣被加以考量，其考量方式便是對整個情況作利益衡量。又如，在違法行政處分撤銷的情形中，行政處分同意提一次或繼續性的金錢給付或可分之物質給付。若處分之相對人對行政處分的存續產生信賴，而且就信賴與公益作適當的衡量後，認爲其信賴值得保護，那麼原則上該行政處分不可被任意撤銷（**註五五**）。

然而，在處理一般瑕疵處分的具體案例中，爲了追求個案正義所爲的利益衡量，大多係針對係爭案件當事人雙方所主張的正反意見而爲之。「利益衡量論」是戰後憲法、民法、刑法等法律學一般性的一個新的傾向──根據 W. Jellinek 的說法，利益衡量在裁量的瑕疵理論中也要加以考慮。換言之，W. Jellinek 是將「作成行爲的理由與反對的理由的利益衡量之時的不愼重」當作裁量瑕疵的一種，而「應予衡量原則」爲一般行政裁量的前提(**註五六**)。只是在這種情形下，對行政裁量違反的法院控制主要表現在下述幾個方面：⑴行政決定有無事實上之根據；⑵在具體的情形中是否只有唯一的決定才是正確的，而裁量權萎縮到零；⑶是否果有進行裁量；⑷裁量的行使是否以適合於法律目的的方法行之；⑸裁量是否遵守法律上的界限(**註五七**)。二者比較，可以發現對於一般行政裁量的應予衡量瑕疵論是與傳統的瑕疵論相結合，衡量的結果受到傳統

註五四 葉俊榮，前揭碩士論文，頁一二一。

註五五 曾昭愷，前揭論文，頁六八。

註五六 W. Jellinek, Gesetz, *Gesetzanwendung und Zweckmässigkeitserwägung*, 1913, S. 337 ff. 轉引自，宮田三郎，前揭書，頁一二七。

註五七 此爲對於違反應予衡量原則的法院控制，參見，宮田三郎，前揭書，頁一二五以下。

的瑕疵論與制定法規定影響很大，「應予衡量原則」的重要性便不如在擁有較多形成自由的計畫法領域中明顯。

在計畫法領域中的利益衡量，相對於其他行政作用中的利益衡量而言，一般說來：行政裁量的情形是對於「支持理由與反對理由的利益衡量」，其所進行的比較衡量，只是配合著對於裁量權是否踰越、濫用的違法性判斷，所進行的單純的價值判斷；而在計畫法領域中，計畫者的利益衡量，則好比像是組合鑲嵌細工的作品一般，把乍看之下已經是確實的部份之結論，反覆的當成問題予以考慮和進行新的利益衡量(註五八)。簡言之；一般行政裁量中所進行的比較衡量，只是單純的配合著對於裁量權是否逾越、濫用的違法性判斷；而行政計畫中的「應予衡量原則」，則不僅是對於抽象規定的個別法律效果加以利益衡量，而通常要調整公益與個別的私益，計畫者必須對所涉及的多數有衝突的公益與私益——非僅個別的法律效果——所形成的整體秩序加以調整（註五九）。

利益衡量是計畫法的中心概念，計畫決定的核心便是根據計畫主旨，對於受到計畫影響的公益與私益之間加以適切的比較衡量(註六〇)。「應予衡量原則」其成為支配整個計畫法的基本原則，亦構成了關於計畫裁量最重要的法的界限。

本章即在探討關於應予衡量原則在行政計畫領域中之特殊性，及其對於計畫裁量的規制。

二、行政計畫的意義

隨著行政機能的重心由侵害行政變遷到給付行政，人民對行政的需

註五八　F. Weyreuther, Die Bedeutung des Eigentums als abwägungserheblicher Belang bei der Planfeststellung nach dem Bundesfernstraßengesetz, *Döv*, 1977, 421. 轉引自，宮田三郎，前揭書，頁一二八。

註五九　M. Schröder, Die richterliche Kontrolle des Planungsermessen, *Döv*, 1975, S. 310, 轉引自，宮田三郎，前揭書，頁一二八。

註六〇　宮田三郎，前揭書，頁一一六。

要漸漸地擴大化與多樣化，爲了構築現代行政的經濟與社會基礎，行政權幾乎已經介入了國民生活一切的領域之中。例如現代的都市、環境、資源、人口、教育、經濟與社會上的緊急問題，無論就何者而言，都包含著極爲複雜困難的問題，並且相互之間還存在著密切的關連，等待著政府與民間合力的解決；針對此類問題的解決，行政機關爲將來一定期限內達成特定目的或實現一定構想，事前就達成該目的或實現該構想之有關方法、步驟或措施等所爲之設計與規劃。即爲所謂的「行政計畫」。隨著計畫對象領域之不同，各計畫領域間的專門知識與用語都具有極大的異質性，因此，要對「計畫」本身再下一個一般性的定義是極爲困難的。例如：涉及政治、經濟、社會、教育、文化、法律、環境等各領域的計畫，其中又可能廣泛的牽涉到工程、建築、財政等等專業的協助，實在無法做周全的定義；因此，除了試著描述其特質，就只能概括的說：「計畫」，係指「預見的目標之設定行爲以及爲實現此目標所必要之行爲方式的事先思構行爲 (註六一)。」以目標的設定與手段綜合作爲特徵的行政計畫，在法建制上有其特色，而此種特色與應予衡量原則有著密切的關係。

三、行政計畫法建制的特色適於應予衡量原則作用

基於現代法治主義的要求，對行政計畫的法的控制成爲了重要的課題，「應予衡量原則」是控制的核心概念之一，對於此一問題之研究，必須先由計畫法構造特色的角度來觀察，才能夠明瞭「應予衡量原則」在行政計畫法上的重要性。

行政計畫是一個長久以來公認的行政行爲型式，特別像在介於一個已有充分準備的法律程式與個別情況的解決之間的階段，其構成了一個

註六一　Wolf/Bachof, *Verwaltungsrecht 1*, 9. Aufl. 1974, S. 397 轉引自，陳清秀，行政訴訟之理論與實務，頁五七二。

不能被放棄的中間型式(註六二)。其具有「目標設定性」與「手段綜合性」
兩個要素，並且允許行政機關有更廣泛的計畫形成自由。行政計畫本身
的特性反應到法律建制的構造上，故計畫法表現出以下的特色：

㈠並非單純「當此時──即應如此爲」模式之法規範

　　通常的法規範乃根據「當此時──即應如此爲」(Wenn-Dann-
Schema) 的條件程式 (Konditionalprogramm)；而與之相對的，則
是目的程式(Zweckprogramm) (註六三)。行政計畫的法規範是屬於後
者，其乃爲了針對預先所決定的目的，選擇適當手段的「目的─手段」
命題 (Zweck-Mitte-Schema)，故與通常法規範的構造截然相異 (註六
四)，因此，計畫並非是依照旣已存在的抽象決定之推論的執行 (sub-
sumtionare Nachvollzug)，而是根據受到法所指導的自己創造的、形
成的創新形式與決斷加以實現。行政計畫法，在其目的指導的部份，並
非爲條件的程式所決斷，而是爲目的的程式所決斷。行政計畫法，非爲
根據「當此時──即應如此爲」(Wenn-Dann-Schema) 命題的各種要
件，而是在設定目標之後，作成目的程式。其爲代替法律執行 (Geset-
zesvollzug) 的法律實現 (Gesetzesverwirklichung)。特色爲計畫以及
計畫裁量和過去行政法的類型有所區別。計畫與推論的規範執行 (sub-
sumtionäre Nachvollzug)相異，其是以諸利益、諸必要性的比較衡量
(Abwägung) 與將來發展的預測爲基準的法實現型態 (Rechtsverwir-

註六二　Eberhard Schmidt-Assmann, Zur Reform des Allgemeinen
　　　　Verwaltungsrechts-Reformbedarf und Reformansatze, S. 59.

註六三　N. Luhmann 將法規範的全部，以條件程式 (Konditionalprogramm) 與
　　　　目的程式 (Zweckprogramm) 兩個相對的概念來掌握。依據他的學說，法
　　　　是決定程式，法的訂立就是作成程式的決定作用，法的適用則爲已經程式
　　　　化之後的決定作用。並且決定程式只有兩種形態，條件程式與目的程式兩
　　　　種。詳見，高思大，從行政法觀點論行政計畫，七十四年輔仁碩士論文，
　　　　頁四九。

註六四　黑須孝郎，西行政上計畫理論的展開，早稻田法學會誌，第三三卷，一九
　　　　八二年，頁一〇七。轉引自，高思大，前揭文，頁四九。

klichungsmodus)（註六五）。

㈡計畫具有「目的性」所產生的特色

由於計畫具有「目的性」，故表現出以下的特色：

1.計畫法是政策的手段道具

目的程式可說就是政策程式(註六六)，而價值判斷構成了政策判斷的核心，忽略「目的」而單純的依客觀上的法律來判斷，與計畫的本質有違。

2.計畫法是有程序性的

計畫常常是反覆繼續的程序。若就計畫法本身來看，則其並未預先對內容的決定做出決定，而是在經過目標具體化的過程以及調整，統合作用的過程才被決定。計畫法作為計畫規範的特質，在於依其規定應適用為了計畫目標的發展而設置的形式的以及實質的「程序」。即對計畫法而言，最重要的並不是所規定法律效果，而是構成「程序」的規定。這種程序必須具體包含以下各點：形式上，是關於對於計畫制定參加權的規定；實質上，是與上位計畫的齊合性、決定計畫目標的諸要因、以及關於這些諸要因的評價加以利益衡量（Abwägung）的規定（註六七）。

3.時間的要素是重要的

計畫法政策的手段一向是以某具體的狀況為前提，對於計畫，時間是本質要素。依時間的久暫，計畫可區別為長期計畫、中期計畫與短期計畫，性質各異；除了關於計畫時間的經過與各種措置的時間順序是不

註六五　遠藤博也，前揭書，頁三二。本文以為：許多學者對於行政計畫強調目的程式的學說提出了批判，認為終究只是在重新詮釋與調整其與傳統行政法的領域的關係。的確，在核心的部份中，仍有許多地方仍可由傳統法學構造（條件程式）加以掌握，但是對於其所帶來對於規範設定與規範執行二分模式等傳統領域的衝擊、對「目的性」的強調、以及基於目標設定與目標達成的要求所表現出的具有複合手段可能性，其所要求的計畫民主的控制等等的特點，無疑的仍然構成了行政計畫法構造的特色。

註六六　H. Lecheler, Verwaltung als "außerparlamentarische Gewalt", *DöV*, 1974, 441 (444). 轉引自，遠藤博也，前揭書，頁三四。

註六七　宮田三郎，行政計畫法，曉星株式會社印行，頁八四。

可或缺的要點之外，決定優先順位也十分重要。因此，時間要素是必要的，在變動的時空條件中，要掌握未來整個計畫應有之面貌，就必須衡量計畫的時代性（註六八）。

4.計畫法規定內容的非完結性及空白性

計畫是按照目的所作成的，但目的決非只有一個，且目的本身也常是對立的。例如：著重自由經濟，而對人民的營利心任其自由發展，以造成國民經濟的繁榮爲目的；這與不允許生產工具的私有，而由公共的立場進行重點的計畫生產，以實施合於社會正義的分配爲目的的計畫經濟，二者互相就是嚴重對立的。進一步言之，即使就目的而言是一致的，對於實現該目的的手段方法，還是會產生二選一（或多選一）的爭論。目的上的爭論，在計畫中極爲廣泛，即使是計畫法上訂有法律要件，也並非是對於既存的內容唯一正確的發現；仍應該透過利益衡量加以重新的評價、衡量、選擇與決斷（註六九）。

㈢與計畫過程有關的國家機關、公共團體、關係當事人、一般市民等法律主體地位之特殊性

基於計畫民主控制的要求，以及計畫本身涉及的人、事、時、地範圍廣大且影響深遠，故與計畫過程有關的國家機關、公共團體、關係當事人、一般市民等法律主體應共同參與計畫的策定，其意見都應被眞正的注意與衡量，使確定計畫機關作成計畫確定之裁決時，能夠充分的參考各方之意見；若私人爲計畫之他方當事人者，宜注意擔保計畫之時效性，在運用上，以得其任意同意爲原則不以法之強制爲上，而寧以運用勸告、行政指導、契約或協定等非權力之手段或藉社會心理的強制較爲適當（註七〇）。

註六八　遠藤博也，前揭書，頁三五。
註六九　宮田三郎，前揭書，頁八三。
註七〇　詹啓章，從行政法觀點論日本行政計畫制度，七十五年中興碩士論文，頁二三。

經由歸納與分析，可以明顯的看出行政計畫法的構造功能在於：調整計畫所涉及的各種公益與私益以達成行政計畫所欲追求的目的。而在此過程中的每一階段所不可或缺者，即爲徹底的「利益衡量」。由此可知，行政計畫法在法律建制的構造特色上，十分需要且適合「應予衡量原則」的作用與發展，「應予衡量原則」確爲法治國計畫本質上的內在原則，或者可說是法治國家計畫的法學標語。

由此，可以看出此原則與行政計畫關係密切，且在計畫法的領域中具有特殊性。

四、對於計畫裁量的規制

爲使行政官署能更妥適的擬定計畫、確定計畫並進而實行計畫，行政權在行政計畫的領域中，應該擁有更多的裁量自由，已於前文中述及；計畫之決定，不僅要以過去的客觀的社會現象爲基礎，更須預測未來社會之發展狀況，以解決隨時變化的社會現象；且計畫內容於決定、選擇、取捨諸利益之際，亦即富有高度專門技術性及政策性的判斷。是故，欲以法律對其加以規範，亦非易事。因此，法律對於計畫，一般亦僅爲綱要或形式上的規定而已。例如：用途地域之指定，包含有地域社會的、經濟的、地理的情事之評價及預測等都市政策上專門技術之判斷，是以某一地域之範圍如何，應指定爲何種類之用途地域，不外委由計畫決定者裁量（註七一）。這種裁量即爲「計畫裁量」，又稱「計畫形成自由」（註七二）。將計畫裁量認爲是特殊的裁量，絕非將司法審查予以排除，而是指其具有特別的審查方式，換言之，若是計畫裁量是依照其固有的內在法則來進行的話，那麼根據同樣的道理，意味著必須對於計畫裁量是否

註七一 佐藤英善，前揭文，頁一四二；塩野宏，前揭書，頁一三五、二三五。轉引自，詹啓章，前揭文，頁一四○。

註七二 廖義男，前揭書，頁八。

眞正的依據事物內在的邏輯所作成一事加以審查(註七三)。一般認爲計畫
裁量亦須受到下面幾點因素的限制：對擬定之計畫具有指導及拘束作用
的上位計畫、符合計畫主旨（註七四）、計畫的正當性（Planrechtfer-
tigung）（註七五）與「應予衡量原則」（註七六）。

註七三　遠藤博也，前揭書，頁九九。

註七四　計畫之主旨，往往是根據法律規定之計畫指導原則——所謂法律規定之計
　　　　畫指導原則，係指法律規定擬定計畫時所應遵循之原則或是準則，計畫指
　　　　導原則，可能爲毫無彈性而須嚴格遵守之明確標準；亦有可能係較爲抽象
　　　　之要求顧及或配合地方公益——或是對擬定計畫具有拘束之上位計畫而
　　　　定。參見：廖義男，公共建設與行政法理，自刊，一九九四年二月印行，
　　　　頁九。在法律中規定情形，以德國爲例，根據聯邦建設法，第一條第四項
　　　　「建設管理計畫，必須合於空間規劃以及州計畫(Raumordnung und Lan-
　　　　desplanung) 的各種目標。」第二條第四項「鄰接的鄉鎮的建設管理計畫，
　　　　必須相互的調整。」而且，第一條第五項「已有根據鄉鎮所議決的發展計畫
　　　　存在時，其結果在對於都市建設上有意義的範圍內，必須列入建設管理計
　　　　畫策定的考慮之中。」同法中定爲「計畫（目的）主旨」的居民的安全、其
　　　　社會、文化的必要性、環境保護或自然保護的利益等等，亦屬法律上應予
　　　　衡量的利益。再者，就聯邦遠程道路法上的道路建設計畫來說，其從一開
　　　　始就受到聯邦建設部長對於計畫的拘束。芝池義一，西ドイツ裁判例にお
　　　　ける計畫裁量の規制原理，法學論叢，第一〇五卷五號，京都大學法學會，
　　　　昭和五十四年八月一日，頁二四。

註七五　所謂「計畫正當性」，所涉及的是擬定之計畫對於計畫目標之達成是否需
　　　　要。計畫正當性原則主要是從法治國家原則——必要性原則；比例原則；
　　　　最小侵害之可能原則——以及，或是由實質之基本權利（特別是基本法第
　　　　十四條第一項）所導出。轉引自，熊愛卿，論行政計畫之制定手續與人民
　　　　之參與——以西德計畫確定法治力爲中心，七十九年臺大碩士論文，頁一
　　　　五二。

註七六　廣義的來看，無論是上位計畫、計畫主旨或正當性的判斷，或爲應予衡量
　　　　之內容，或爲衡量後之結果，與應予衡量原則的概念關係均爲密切，推至
　　　　極端，似乎將此三者均納入應予衡量的概念之下亦非不可行；但是，從法
　　　　學的角度思考，對於規制的基準似應該朝向具體化的方向努力——而非將
　　　　一切概念銷融在抽象之中，因此能夠有較具體的判斷標準時，例如：指導
　　　　或拘束的上位計畫或計畫主旨的要求。應該將其與抽象的一般原則區別。
　　　　計畫的正當性雖須經權衡，但其較之於應予衡量原則，仍屬較具體的標準，
　　　　同時其屬於對作爲計畫前提之「必要性」的審查，可說是其餘利益衡量與
　　　　調整的前提，故予以獨立的判斷亦屬必要。

應予衡量具體的功能爲對計畫裁量的規制。對於存在著下述四種情況的計畫裁量，被認爲利益衡量有瑕疵而構成了違法：

1.未進行利益衡量；

2.依具體的狀況必須加以比較衡量的利益未納入利益衡量；

3.誤解公益與私益的目的；

4.調整公益與私益卻未就其各該利益客觀的重要性以合乎比例的方法爲之。

這四種情況即爲前一章中所討論過的未爲衡量、衡量有缺失、錯誤之評價與衡量不均四種瑕疵形態，計畫裁量所具有瑕疵的法律效果，則已在上一個章節中加以討論，此處茲不贅述。

五、結語

在行政計畫的領域內，立法者賦予行政機關較大的空間，使計畫裁量者能夠擁有的較大形成自由，希望其透過利益衡量，調整計畫中所涉及的諸利益以補充法律規定之不足，追求個案正義之實現。計畫法本身的法建制特色，與「應予衡量原則」彼此結合，故行政計畫可說是最適合此一原則發揮功能的領域。在法治主義的原理下，應予衡量原則對於計畫裁量也提供了規制，透過此原則的利益衡量，確保了計畫內容的合理性與國民權益之保護。綜上所述，「應予衡量原則」在行政計畫法中確實有其特殊性，此亦本文以行政計畫爲中心論述「應予衡量原則」之理由。

〔陸〕應予衡量原則在我國計畫法制上實踐之建議

由於我國現行的行政程序法草案已將行政計畫的部份刪除，就現狀而言，對於各種重大的工程或開發，惟有賴於各該專門法律加以規範。

但是，該等規範若非不屬於法律的位階，就是規範的並不完備。雖然對目的事業主管機關有所規範，且採事前管制，但不僅許可要件並不精密，利害關係人之參與亦並不徹底。因此，往往造成許多重大建設，如高速公路、核能電廠、港口關建等，多以專案報請行政院核准進行開發，此類的設施往往具有高度排他性，對於當地的人文景觀、自然生態、環境污染有深遠的影響，然而其決策常僅強調目的事業主管機關之意願，忽略整體效果，常有造成難以彌補缺憾情勢。再者，雖然我國計畫法制偶見規定擬定計畫機關，例如：區域計畫法第六條、都市計畫法第十三條。賦予該行政機關擬定計畫的權限，承認其具有計畫裁量權(註七七)。但在大部份的情況，我國行政計畫的制定權僅來自於各行政部門所擁有的權限規定，而非法律賦予行政機關計畫權限。故遑論對於計畫裁量限制的法律明文，行政機關對於計畫的制定、內容及執行，都享有最大的裁量權(註七八)。因此，從法治國理念觀之，我國現行的計畫法制甚爲可議。

目前居於我國行政計畫審議程序核心地位的環境影響評估制度，在德國原是一種先行作成、再提供相關官署或計畫裁決機關做日後決斷上之參考，而非將其作爲最終裁決程序(註七九)。我國法制雖然加入了學者專家的參與，但在執行法律態度的寬嚴，人民參與法制的齊備程度上，顯然有很大的不足。實務上對於利害關係人間的參與往往處理的十分草率，漏未通知或未於一定時間前通知的情形十分常見。由於法制之不齊備，加上司法機關對於科技性不確定法律概念、預測性裁量不審查的前提下，人民對於程序參與權的被侵害、行政機關恣意的裁量、違反應予衡量甚或經驗法則的判斷以及未說明理由的裁決等往往都無法提起救濟，因此，民怨積壓走向抗爭，伴隨著各種開發案的抗爭始終不斷。

本文以爲，基於「應予衡量原則」由法治國家計畫本質中產生，不

註七七　高思大，前揭碩士論文，頁一七二。
註七八　高思大，前揭碩士論文，頁一六八。
註七九　黃錦堂，前揭書，頁三四九。

以有法律明文規定為必要，皆得拘束計畫裁量之行使，即使此原則未見諸我國計畫法制明文，在計畫實務上仍應先加以適用。同時，鑑於我國一般行政事務之處理，皆重公益而輕私益，所以在立法方向上，應朝向將「應予衡量原則」揭示在法律上，以免計畫裁量行使之時，忽略了該項原則的規制，並提供人民更多救濟的可能(註八〇)。目前我國行政計畫的法制，除了土地利用的領域之外，其他方面皆極為缺乏，在行政計畫逐漸邁向法制化的今天，透過「應予衡量原則」的運用，必能有助於減少紛爭、提高行政效率並使司法對於計畫裁量有控制的可能，讓行政計畫徹底的發揮功能而獲得大家的信任。

〔柒〕結論

「應予衡量原則」所關心的重點是私益與公益考量，在計畫所設定的目標之下，對一切的公、私益作最大可能的協調。由於此一原則係在法治國理念之下產生，基於法治國追求人權保障的精神，其內涵應從人性尊嚴出發，特別注意憲法上基本人權的保護，考慮現代法治國家所追求的法理念，同時顧及「公益原則」的要求，如此方能實質上維護個案正義與保障人民憲法上賦予的權利，達到調整衝突之公益與私益的目的。

衡量的階段與瑕疵論是利益衡量論的核心，由於應予衡量原則是一個比較衡量的原則，基本上提供的是價值判斷的框架，而非價值判斷本身，因此利益衡量的過程，必須將個案中所有有重要性的公、私益皆納入予以衡量，未為衡量、衡量有缺失構成了衡量瑕疵，錯誤的評價與衡量不合比例，在明白的錯誤情形之下亦須接受司法的審查。

「應予衡量原則」在行政計畫中佔有重要的地位，行政計畫是一個特別的行政行為類型，不僅是對於預定行政目的與事先思構該目的所必

註八〇　高思大，前揭碩士論文，頁一七三。

要之行爲方式，在計畫法的構造上，也展現出與一般法律條件程式構造相異的以「目的─手段」命題爲核心的目的程式結構；爲了實現計畫所預定達成的目的，計畫本身可以說是政策的手段與道具，透過程序性的設計，行政機關必須擁有較廣泛的計畫形成自由。應予衡量原則即爲規制「計畫形成自由」的核心原則。

惟我國對於行政計畫法的研究與計畫法制建制仍屬粗淺，對於計畫裁量的規制，十分鬆散；對於行政計畫侵害人民權利的救濟，依照大法官會議於六十八年三月十六日作成的釋字一五六號解釋，當都市計畫之個別變更具有行政處分之性質時，方准許人民提起爭訟以資救濟。對於人民權利的保障亦非充足。因此，對於具有普遍妥當性的「應予衡量原則」之研究具有重大之意義。總之，爲使法治國之基本理念落實，如何使此一原則受到學界與實務界之重視，當爲未來努力之方向。

論行政法上強制說明理由原則

郭佳瑛

論行政法上強制說明理由原則

〔壹〕前言

傳統之行政法理論認爲除非法規賦與行政機關說明處分理由之義務，否則原則上行政機關不負有義務說明其決定之理由。在理解行政處分爲公權力優越的意思表現此一法思想下，其可謂自然歸結之結論。但是，若就公權決定具有使國民之權利義務單方面變動之法效性，以及不允許未明示理由之判決而一般認爲行政處分具有準裁判之性格，在此兩點意義下，一切的行政處分皆應說明相當之理由（註一）。現今，強制行政處分說明理由已成爲法治國家公認行政手續原則之一（註二）。

就我國之情況觀之，不論於現行法或實務之作法均不周全。學者有認爲，行政處分的「應附理由」，亦即「說理之義務」（Begründungspflicht），方符合法治國家之理念（註三），進而建議採擷外國相關法制，作爲參考之用，本文亦本此一立場，著重對於德、日之立法例上相關問題之介紹。並對照我國之現狀。

本文首先闡明強制說明理由原則之概念與機能，並探討強制說明理由原則之定位，以及其憲法規範之基礎，與此一原則落實於法律上之法制概況；進而，檢視行政處分應說明之理由，包括何種內容與範圍，始

註一　南博方，處分の理由付記，收於南博方、原田尚彦、田村悅一編，新版行政法(二)（行政手續、行政爭訟），有斐閣，一九八九年七月新版初版，頁二二。

註二　詳細論述請參閱本文〔貳〕之三、強制說明理由原則之法依據，此一部分之說明。

註三　陳新民，行政法學總論，自刊，八十年六月修訂二版，頁二四三。

符合行政手續之要求，亦即，行政機關說明理由義務之範圍，應至何種程度而為適法，此外，並探討行政機關說明理由之義務，具有何種之例外情況；最後，討論行政處分具說明理由之瑕疵時，產生如何之法律效果，亦即，包含此種瑕疵可否補正(治癒)，以及其違法效果為何之問題。

〔貳〕 強制說明理由原則之概念與理論依據

一、強制說明理由原則之概念

㈠強制說明理由之意義

　　行政機關為行政處分，必須認定事實及解釋、適用法令，從而一切之行政處分皆應有事實上之基礎和法律上之根據。此事實上之基礎和法律上之根據總稱為「行政處分之理由」(註四) (Gruende des Verwaltungsaktes)。此外，如果屬於裁量處分，行政處分之理由還包括該行政機關在行使裁量權時所依據之理由 (註五)。行政機關為處分之際，原則上必須將該行政處分之理由對處分之相對人說明之，否則該處分乃有形式瑕疵而構成違法，此即為「行政處分之理由說明」(Begrüdung von Verwaltungsakten)。

　　所有的意思決定均有某種理由。此點不論係私人之決定抑或行政之決定，均無不同。惟對於私人，從契約自由之原則而言，基於何種理由為意思決定，原則上為私人之自由。而且其理由告知於相對人與否，亦為其之自由。反之，於行政處分之情形，依據依法行政原理，理由本身必須符合法律之規定，自不待言，更有進者，對於應附其理由，則可能

註四　南博方，行政手續と行政處分，弘文堂，昭和五十五年十二月十日初版，頁一九五以下。

註五　德國行政手續法第三十九條第一項第三句，明文規定。

成爲問題（註六）。然行政機關應説明理由之要求，係源自於法規範（詳見後述三、強制説明理由之法依據），故本諸於依法行政原則之要求，行政機關即受有拘束，強制其負有此項義務，因此，乃有稱之爲行政處分之「理由説明義務」（Begrüdungspflicht）（註七），或「理由説明強制」（Begrüdungszwang）者（註八）；而日本學説上，大多使用「理由附記」或「理由付記」（註九）。依日本行政手續法所採取之立場，行政處分並不須皆以書面爲之，前提上當然有以口頭而爲之行政處分。因此，以口頭而爲之處分，以口頭表示理由即可。此時稱「理由附記」，當然並不合適。所以，有學者以「理由の提示」來表示（註一〇）。而本文認爲以「強制説明理由」的用語，因「説明」可涵蓋提示與記載，但是本文中並不排斥使用「附記」或「提示」等用語，乃係爲忠於所引用文獻之原作者所採取之用語，合先敍明。

⒉強制説明理由之機能

　　德國學者 R. Dolzer 認爲，行政處分之強制説明理由具有四機能（註一一）：説服機能（Befriedungsfuktion）、權利保護機能（Rechtsshutz-funktion）、統制機能（Kontrollfunktion）、説明機能乃至證明機能

註六　塩野宏，行政法Ⅰ，有斐閣，一九九四年第二版，頁二二三。

註七　引自洪家殷，論行政處分之理由説明（上），政大法學評論，第五二期，八十三年十二月，頁九三。

註八　引自洪家殷，前揭文，頁九三。

註九　例如：白石建三，訴願裁決書の理由付記，收錄於，行政法判例百選，頁一九九、塩野宏，行政處分と理由の附記，收於山内、雄川編，演習行政法，良書普及會，昭和五十一年，頁六三。

註一〇　宇克賀也，行政手續法の解説（改訂版），學陽書房，一九九四年，頁八五以下。

註一一　R. Dolzer, Zum Begründungsgebot im geltenden Verwaltungsrecht, *DÖV*, 1985, S. 10。大多數學者亦支持説明理由具有此四種機能，轉引自上原克之，裁量決定における理由付記の意義——ドイツ法を素材として，兼子仁、磯部力編，手續法的行政法學の理論，勁草書房，一九九五年三月十日第一版，頁二〇九。

（Klar stellungsfuktion od. Beweisfunktion）。而日本學者則指出，除最高法院所示之抑制恣意機能乃至確保愼重考慮機能、以及方便聲明不服機能（最判昭和六十年一月二十二日，民集，第三九卷一號，頁一、行政判例百選II一二三事件、行政判例八十五事件），此外，亦可舉出對相對人之說服機能、決定過程公開機能（註一二）。如上所述，名稱雖有不同，惟實則有共通的認識，即主要爲下列四種機能，茲分述如下：

1.說服機能

所謂說服機能，係指說服相對人，使其較容易接受行政機關之決定而言。論者有謂包含說服機能與紛爭預防機能（註一三），可統稱爲「市民對行政之信賴感釀成機能」。按未表示理由，或雖已表示仍不明確，則市民將懷疑決定之正當性而產生不信任感，反之，理由若爲明確、易懂、能信服，則其決定較容易被接受，且亦增加市民對行政之信賴感（註一四）。

2.權利保護機能

權利保護機能係指有助於向法院主張權利保護。亦即，具有助於市民爭訟提起之機能此一效果。因明確表示決定理由，除使市民得以理解其決定，並且有可能判斷爲爭執是否具備對之提起爭訟的手段，及爲爭執應針對何點與如何地攻擊；此外，效果上亦反應於證據資料之準備。故可謂有助於市民之權利防衛的機能（註一五）。日本最高法院稱爲「便利

註一二　塩野宏，前揭註六，頁二二二。

註一三　遠藤博也，實定行政法，有斐閣，一九八九年，頁二七〇。此外，所謂「紛爭預防機能」或稱爲「和平功能」（Befriedungsfunktion），即行政機關若就其所作之處分詳細說明理由，使關係人確信該處分在合法性及合目的性上皆無疑義時，即使因此受有不利益，亦願意接受，不致引起爭訟，因此即可發生和平之效果；Vgl. Kopp, VwVfG, § 39 Rn. 1; Stelkens in Stelkens/Bonk/Leonhardt, VwVfG, § 39 Rn. 5; Mayer/Borgs, VwVfG, § 39 Rn. 1; 轉引自，洪家殷，前揭文，頁一〇一。

註一四　提口康博，行政手續における決定理由の十分性，早稻田政經雜誌，第三二〇號，平成六年，頁七〇。

註一五　提口康博，前揭文，頁七〇。

聲明不服之機能」(註一六)，即此之謂。

　　3.統制機能

　　所謂統制機能係指行政之自我控制功能，即行政機關經由對其處分之理由說明，以控制該處分符合依法行政原則之要求(註一七)。由於為了保證決定理由具有客觀的證據資料以及為了使相對人充分接受之，則行政之判斷形成、決定之過程亦須為慎重且合理的。決定之一貫性亦應受到保證(註一八)。因此具有抑制行政恣意之效果，而亦稱為恣意抑制機能，或行政決定過程之改善機能。此外，日本學者兼子仁則強調機能之客觀面，故亦稱為公正決定擔保機能 (註一九)。

　　4.説明機能或證明機能

　　就相對人、行政機關與法院而言，行政處分說明理由乃實踐說明機能或證明機能(註二〇)。即於行政處分產生爭議時，原處分所附加之處分理由可給予有關該處分之法律上及事實上基礎最原始之資料，而有助於特定行政決定之規律內容、訴訟上之訴訟標的 (註二一)。

二、強制說明理由原則之定位

　　在傳統事後的實體審查制度之背景下，理解行政處分之理由說明為行政處分所應具備之形式上要件之一，此時，論述上大多偏向於解決其有形式上瑕疵時之問題(註二二)。依德國及日本之古典法治國家的理解，

註一六　最高法院昭和三十七年十二月二六日第二小法庭判決，載於，民事裁判例
　　　　集，第一六卷一二號，頁二五五七。

註一七　洪家殷，前揭註七，頁一〇〇。

註一八　提口康博，前揭註一四，頁七〇。

註一九　引自提口康博，前揭註一四，頁九八 (註八)。

註二〇　或譯為證據功能與澄清功能，參閱，洪家殷，前揭註七，頁一〇二。

註二一　R. Dolzer, zum Begründungsgebot im gelten Verwaltungsrecht, *DÖV*,
　　　　1985, S. 9 ff. (10).轉引自，海老澤俊郎，行政手續法の研究，熊本大學法
　　　　學會，一九九二年，初版，頁二七八。

註二二　田中二郎，行政法總論，有斐閣，昭和三十二年，頁三五三。同，新版行

行政之控制,依實體之依法行政原理與事後之救濟體系即爲已足；然而，事後之救濟絕非完全之救濟，再者，決定應儘可能公正，由此可知，整備事前手續之重要性。再加上於現代行政，行政裁量之領域逐漸擴大，而裁量原本不爲法院之事後統制所及，故於行政之控制上，手續之整備益發重要(註二三)。依此種事前手續之見解，基本上認爲，僅依據向行政機關或法院，提出事後的救濟，並無法充分實現憲法之法治主義，故現行憲法乃要求於行政過程之所有階段，均應儘可能確保適法且正當之行政，以及防止對國民權利、自由之違法或不當的侵害。現行行政之肥大化、複雜化，致侵害國民之權利自由之可能性增大，且存在依據其性質而不適於以事後救濟之權利、自由，故適正的行政手續之任務因而提高(註二四)。實際上大陸法系國家很早即將事前手續導入事後的實體審查制度之中。奧國於一九二六年施行一般行政手續法，德國於一九七七年施行聯邦行政手續法(註二五)。而隨著對於行政手續之認識加深，行政處分說明理由之手續的機能開始受到強調。

　　德國於一九五七年一月十六日之聯邦憲法法院判決之前，行政手續法亦尙未制定之時期，聯邦行政法院在其一九五三年九月二十四日與一九五五年一月十三日之判決中認爲，僅於法律明文規定時，行政官署對其行政處分，始有說明理由之必要(註二六)。其後，聯邦行政法院曾經變

政法上卷（全訂二版）弘文堂，昭和四十九年，頁一四八。柳瀨良幹，行政法教科書(再訂版)，有斐閣，昭和四四年，頁一一五。杉村敏正，全訂行政法講義總論(上卷)，有斐閣，昭和四十四年，頁二二九。廣岡隆，新版行政法總論，ミネルヴァ書房，平成四年，頁一三一。

註二三　塩野宏，行政過程とその統制(行政法研究第三卷)，有斐閣，一九八九年初版，頁二三〇。

註二四　神長勳，行政手續き，收於田中館照橘編，演習ノート行政法，法學書院，昭和六十二年初版，頁八一。

註二五　參照，中村彌三次，行政手續法資料，自治日報社，一九七一年。

註二六　翁岳生，德國一九六三年手續法草案，收於，各國行政程序法比較研究，行政院研究發展考核委員會編印，八十三年七月初版，頁一七二。

更判例，原則上採納聯邦憲法法院之主張。即德國聯邦憲法法院認爲，依法治國家之基本原則，干擾人民權利之行爲，應說明其理由，人民始能保護其權利(註二七)。德國學說上，學者認爲說明處分理由有助於排除行政機關之恣意以及給與相對人提起爭訟之便利，依 Badura 氏所言，強制行政機關說明處分理由，有助於促使行政機關慎重地審查行政處分是否具備處分要件，同時亦因使相對人認識行政處分之內容及效果而得以判斷、批判行政機關於決定基礎上所爲之確認或考量是否具有正當性(註二八)。

　　在日本，由判例首先確立行政處分說明理由具有在行政手續上之機能。最高法院昭和三七年一二月二六日二小判決(註二九)，是最早承認說明處分理由具有行政手續上機能之判決，其係關於對爭訟裁斷的行爲而法要求記載理由之事件，判決中指出法要求行政處分附記理由的旨趣及目的，係爲：⑴擔保處分機關判斷之愼重、合理性而抑制其恣意，以及⑵使相對人得知處分理由而給與聲明不服 (註三〇) 之便利二者。而最高法院經由解釋制定法之旨趣，展開手續法理，亦給予行政實務極大之影響，對於有關藍色申報之行政處分之理由附記，爲一連串之判決。附記理由之制度，於向來之行政法學，係從行政行爲之形式要件此一角度來觀察，然而最高法院指出其具有擔保決定機關判斷之愼重性、決定之公正性以及方便聲明不服等手續意義，因而改變將附記理由歸於形式之行

註二七　同前註。

註二八　Badura, Das Verwaitungsverfahren, in: Erichsen und Marten (Hrsg.), *Allgemeines Verwaltungsrecht*, 5. Aufl., 1981, S. 342 ff. 轉引自，市原昌三郎，行政行爲の理由付記と行政續，收於，田上穰治先生喜壽記念 (公法の基本問題)，有斐閣，昭和五十九年五月二十日初版，頁二一二。

註二九　民事裁判集 (以下稱簡稱：民集)，第一六卷一二號，頁二五五七。

註三〇　依昭和三十七年 (一九六二年) 九月十五日公布「行政不服審查法」，以明治二十三年之訴願法爲基礎，將其他法令所規定「聲明不服」、「聲明異議」等實質意義之訴願法令統一，將聲明不服分爲「聲明異議」、「請求審查」、「再請求審查」(審查法第三條)。

政實務(註三一)。自此之後，特別是關於對法人稅及所得稅之藍色申報稅務署長所爲更正處分必須附記法定之理由，依據最高法院昭和三八年五月三十一日二小判決 (註三二) 爲始之數次判決 (註三三)，由判例上確立其手續的意義。

現今日本學說上一般皆承認行政處分說明理由在行政手續上所具有的意義(註三四)，肯定其作爲行政事前手續之意義。對於實務所示理由附記之兩機能，就第(2)聲明不服便宜機能點而言，使處分相對人得知處分理由以及相對人對其處分有爭執時給與適切且充分攻擊防禦之準備機會，甚爲重要。但同樣亦必須重視第(1)恣意抑制機能點之旨趣及目的。而依一般人平常之經驗，若於爲意思決定之際，在文書上記載理由，則其之判斷會較爲愼重，且內容亦會較爲公正。此意味著即便認爲說明處分理由爲行政處分之形式要件，但因其與日期之記載等具有不同本質上之重要性，故就保障行政處分內容公正性之目的此點而言，當然應解釋其爲行政手續上的要件之一(註三五)。學者塩野宏更進而指出，觀諸行政處分附記理由之機能，除最高法院所表示 (最判昭和六十年一月二十二日，民集，第三九卷一號，頁一) 之恣意抑制機能或確保愼重考慮機能、

註三一　塩野宏，同註二三，頁二三〇。

註三二　民集，第一七卷四號，頁六一七。

註三三　與昭和三十八年五月三日判決同旨者：昭和三十八年十二月二十七日二小判決(民集，第一七卷一二號，頁一八七一)、昭和四十七年三月三十一日二小判決(民集，第二六卷二號，頁三一九)、昭和四十七年十二月五日三小判決(民集，第二六卷一〇號，頁一七九五)、昭和四十九年四月二十五日一小判決(民集，第二八卷三號，頁四〇五)、昭和四十九年六月十一日三小判決(訟務月報，第二〇卷九號，頁一七〇)、昭和五十一年三月八日二小判決(民集，第三〇卷二號，頁六四)、昭和五十四年四月十九日一小判決 (訟務月報，第二五卷八號，頁二二六八) 等。

註三四　市原昌三郎，前揭文，頁二一〇。塩野宏，同註九，頁六三以下。北野弘久，更正理由付記の法理，判例評論，第一六五號，頁一四以下。金子宏，理由附記を欠く行政處分の瑕疵，行政判例百選Ⅰ，No. 61, 1997，頁二二二以下。外間寬，理由付記，法學教室，第Ⅱ期六卷，頁一五二以下。

註三五　金子宏，前揭文，頁二二三。

聲明不服便宜機能，亦得舉出對相對人之說服機能、決定公開機能。因之，此一制度無非在於謀求確實地確保行政手續之公正性以及提高行政手續之透明性。其雖可被定位於行政行爲之形式的問題，但鑑於其機能，則具有作爲行政手續一重要原則之意義(註三六)。而此一原則之理念，基本上係在於以手續保障國民之權利與利益 (註三七)。

三、強制說明理由原則之法依據

在實定法中若有強制行政處分說明理由之明文規定，其法律依據固無問題，但如實定法中缺乏明文規定時，人民有無要求行政機關說明處分理由之權利；或者行政機關是否負有說明處分理由之義務？在此情形下，如確立強制說明理由係屬於法規範中之法律原則，則縱使法律未爲一般性之明文規定，行政機關本於此項法律原則，負有說明理由之義務，否則其所爲之行政處分即爲違法。反之，若行政處分之理由說明不具備法之依據時，則縱使行政處分不附有理由，亦屬合法。

本文以下茲從憲法位階之依據及法律位階之依據兩層次，探討行政處分應說明理由之法依據。

㈠憲法位階之依據

1.德國

(1)依法行政原理

在德國，強制說明理由義務最主要之根據爲依法行政原理。依一九七三年德國行政手續法之草案理由書，聯邦政府引用一九五七年一月十六日之聯邦憲法法判決 (BVerfGE 6, 32 ⑷)，此一判決之重要性乃在於首先確立無論有無敍明理由之明文規定，至少負擔的行政決定(belastende Entscheidungen)應敍明理由，爲一般共通原則。在此判決中明白揭示依法行政原理。而此判決作出之前，於法無明文規定時，聯邦行

註三六　塩野宏，前揭註六，頁二二三以下。
註三七　同前註。

政法院原本不承認行政行爲之說明理由義務。但自此判決之後，聯邦行政法院即遵循之。

學者大多亦依據依法行政原理而承認強制說明理由原則。如 Ule 即謂：「關於負擔的行政行爲之強制說明理由義務，乃法治國的必然性，爲今日學說及判例上一般所承認。」(註三八)氏認爲行政機關之行政行爲須受法之拘束，故於處分之前，應審查處分要件之有無。從而，在處分之時，明示其理由乃符合依法行政原理的要求，而有助於排除行政之恣意(註三九)。F. Kopp 亦認爲：「強制說明理由係法治國原則不可或缺之歸結。依據依法行政原理而強制行政綿密地審查本身行爲之法律上要件，則說明決定之理由係必要的。……因必須說明決定之理由，故強制行政機關愼重地審查利害得失、充分地檢討所提出之主張。官署於作成理由書之際，必須辨明自己之行爲是否符合法律或法……」(註四〇)。按依法行政原理具有主觀面與客觀面，Kopp 氏認爲強制說明理由義務係依據依法行政原理所導出，則有前者之意味。

綜上所述，可謂係自強制說明理由之統制機能觀察，而認爲強制說明理由義務乃依法行政原理之必然的歸結。

⑵概括權利救濟保障之落實 (註四一)

C. H. Ule 認爲以確保國民對於行政權得受權利保護作爲目的之行政訴訟上的概括主義(基本法第十九條第四項)，亦爲強制行政處分說明理由之理論依據之一。氏認爲於國民決定是否對該行政行爲提起爭訟時，得知爲該行政行爲基礎之根據、理由係重要的，故對於負擔的行政行爲強制

註三八　C. H. Ule, Verwaltungsreform als Verfassungsvollzug, in: *Recht im Wandel*, S. 53 ff. (69)。轉引自，海老澤俊郎，前揭註二一，頁二八〇以下。

註三九　Ule/Laubing, Verwaltungsverfahrensrecht, 2 Aufl., S. 5 ff.轉引自，市原昌三郎，前揭註二八，頁二一二。

註四〇　F. Kopp, *Verfassungsrecht*., S. 90.轉引自，海老澤俊郎，前揭註二一，頁二八一以下。

註四一　基本法第十九條第四項：「無論何人其權利遭受公權利之侵害，得向法院提起訴訟……。」爲「行政訴訟之概括主義」或「權利保護之保障」。

説明理由，亦合於基本法十九條四項之旨趣（註四二）。

　　然而，有學者認爲行政機關説明理由之義務和權利保護之保障間未必有顯然之關係。亦即，此規定畢竟是關於法院之手續，和行政手續無直接之關係。對市民而言，因法院必須就未説明理由之行政行爲審査該行政行爲而得以尋求權利保護，故依此規定而受到保障之權利保護，並非謂於完全欠缺理由説明時，法院即得拒絕之（註四三）。但反對此見解之學者承認行政機關説明理由之義務和基本法第十九條第四項有不可分的、內在的關係（註四四）。亦即，基本法第十九條第四項對於行政手續之形成具有事前作用。因此，此規定保障權利保護之實效性（die Effektivitaet des Rechtsschutzes），而不允許依據客觀上不能正當化之理由使向法院追究權利變爲困難之妨礙。不受容許之此種障害產生於和已終結行政手續之處分同時、關係人仍不知行政決定之重要的理由時。亦即，關係人若不知支持該處分之根據，則無法確認、探究其處分之適法或違法。而爲了得以預測訴訟且得到適當的法律上之建議，必須得知之。以説明之理由爲線索則其本身之權利受到保護，且得以判斷是否具備可有效攻擊該處分之論據（註四五）。

　　上述説明理由之義務與基本法第十九條第四項之關係，現今得到一般地支持（註四六）。

註四二　C. H. Ule/Laubing, a.a.O., S. 5 ff。轉引自，市原昌三郎，前揭註二八，頁二一二以下。

註四三　W. Schick, Notwendigkeitund Funktion der Begruendung bei Verwaltungsakten, *Jus* 1971, S. 1 ff. (3); Becker, *Die Entscheidungsbegruendung.*, S. 109.轉引自，海老澤俊郎，前揭註二一，頁二八二以下。

註四四　Malorny, Die Pflicht zur Begründung von Verwaltungsakten, Diss·Speyer〔1981〕, S. 69 ff.轉引自，海老澤俊郎，前揭註二一，頁二八三以下。

註四五　同前註。

註四六　Becker, *Die Entscheidungsbegruendung.*, S. 109; Kopp, *Verfassungsrecht*, S. 159 ff.轉引自，海老澤俊郎，同前揭註二一，頁二八三以下。

2.日本

基於以人權尊重主義爲基礎的日本國憲法下對實質法治主義之理解，或受到美國法之正當手續、英國法之自然正義法理的影響，提高對於以行政手續法爲規律之認識，故而學說上充分展開從行政手續保障國民人權之觀點，加以論述（註四七）。在此前提之下，大多數學者皆認爲即使不存在理由說明之規定，若該處分是爭訟裁斷行爲或不利益處分，且不符合大量性、迅速性之要件時，依據憲法應要求附記理由（註四八）。然關於此點，縱表示具憲法上根據，然於與憲法上具體條文之關係上，或於與憲法原理之關係上，則見解即有不同：

⑴憲法之公正手續條項

A.第三十一條說

依日本憲法第三十一條規定：「非依法律所規定之手續，不得剝奪任何人之生命或自由，亦不得科以其他刑罰」，此條本是關於司法程序之規定，能否適用於行政程序，於學說上有不適用說、適用說、準用說等三說（註四九）。一般解之爲本條趣旨也準用於行政程序（例如，爲調查稅務之行政調查，而進入辦公處所，依少年法而爲保護處分，依傳染病預防法而強制收容等，被廣泛稱爲強制行政之程序）。抑且，解爲行政程序亦可適用的學說，也強而有力（註五〇）。而判例在一九七〇年代，以有關憲法第三十五條、第三十八條爲限，原則上已承認憲法第三十一條之規定也可適用於行政程序（註五一）。之後，在一九九二年成田新法案件中，最

註四七　福家俊朗，事前行政手續，收於室井力編，法學基本講座‧行政法一〇〇講，學陽書房，一九九〇年初版，頁一六五。

註四八　市原昌三郎，前揭註二八，頁二一七以下。

註四九　詳見陳志揚，行政程序中聽證制度之研究，收於，城仲模主編，行政法之一般法律原則㈠，頁三〇四以下。

註五〇　李鴻禧譯，蘆部信喜原著，憲法，月旦出版公司，一九九五年初版，頁二一八。

註五一　最高法院大法庭判例，昭和四十七年十一月二十二日，刑事判例集，第二六卷九號，頁五五四。

高法院釋示，不能單以行政程序並非刑事程序爲理由，輒判斷其係當然不屬於憲法第三十一條所保障之範疇(**註五二**)。本案判決，從正面肯定憲法三十一條，可以適用或準用於行政程序。

　　強制行政處分説明理由爲行政手續之核心，得以防止行政機關之恣意。故其之立法，就確保行政公正地運作以及保障國民之權利自由而言，可謂符合日本國憲法之公正手續條項理念之要求(**註五三**)。或認爲依憲法第三十一條之公正手續條項可導出至少負擔的行政處分應説明理由 (**註五四**)。對於實務上認爲對白色申報之更正處分行政機關不負有説明處分理由之法律上義務，學者阿部泰隆提出質疑，其認爲該種處分爲課税處分且係侵害處分，法律雖無明文亦應依據憲法三十一條要求理由之説明 (**註五五**)。如此一來，對於白色申報者而言，若聲明不服時，因有理由之提示，故於此階段提出爭執並不會産生救濟之困難。因之，侵害處分依據憲法第三十一條應説明處分理由。

　　B.第三十一條與第十三條説

　　論者有謂自憲法第十三條或三十一條觀之，應解爲要求對國民之權利、利益之手續的保障，而爲行政處分等之際，爲了使行政機關不受到恣意、獨斷之懷疑，故事實之認定必須依據公正手續(**註五六**)。因之，行政機關於處分書上，必須明示何以爲不利益處分之判斷過程或具體的理由(**註五七**)。而且，依行政手續法原則上課予充分開示決定理由之義務，

註五二　最高法院大法庭判例，平成四年七月一日，判例時報，第一四五二號，頁四五。

註五三　縣幸雄，日本國憲法の下における行政手續法に基本理念を、聽聞、記錄閲覽、理由附記の三つの制度に論及しつつ述べよ，基本マスター行政法，法學書院，昭和五十八年，頁六六以下。

註五四　市原昌三郎，前揭註二八，頁二一七以下。

註五五　阿部泰隆，行政法のシステム，有斐閣，一九九四年，頁五三九。

註五六　村上武則，法治主義與行政手續，收於，室井力編，前揭註四七，頁四一。

註五七　保木本一郎，行政處分 (行政行爲) の理由附記について論ぜよ，收於村上武則編，基本マスター行政法，法學書院，昭和五十八年，頁三二以下。

當然是由於有助在廣泛行政運作上謀求「公正」之確保與「透明性」之提高，以及「保護國民之權利利益」的目的所致（行政手續法第一條）。因此，如同法本身對「透明性」加以注釋爲「就行政上之意思決定向國民明示其內容及過程」，此種國家之意思必須予以陳述爲係重視對行政意思決定之手續方面，加以法規範。而解爲是憲法上適正手續權（第三十一條）及個人之尊重、幸福追求權（第十三條）之理念，所當然地投影（註五八）。

(2)依法行政原理

向來將行政法基本原理之依法行政原理，理解爲對行政機關之實體法拘束者，固爲事實；然基於日本亦採法治國家體制，故行政活動之手續的規制，不必依憲法之具體條文來理解，而應從充實法治國原理(註五九) 此一意義，並就法治主義 (註六〇) 自手續法加以理解之立場來觀察，得以導出行政手續之整備係本於憲法上之要求(註六一)。於此一立場，所謂某行政決定，與憲法第三十一條所定刑事程序之距離爲何，此一無用議論，即非必要，故可將行政作用予以綜合掌握後，基於法治國家原理，就各個行政手續構思合適之公正手續 (註六二)。

因此，採用法治行政原則之國家，至少要求負擔的行政行爲應說明理由，此乃當然之理(註六三)。且因特定處分理由乃法治主義內在的要求，故就理由附記係於處分時，特定行政處分並且明示其理由，具有擔保其

註五八　提口康博，前揭文，頁九七。

註五九　日本直至昭和三〇年代，始將日本國憲法之原則，急速定著於實質的法治國家觀。而實質的法治國下，將其原理稱爲實質的法治主義。高田敏，戰後わが國「法治主義におけると法の支配」論爭序說，收於，阪大法學部創刊記念論文集，頁六七以下。

註六〇　於日本，依法行政原理亦稱爲法治主義，參閱塩野宏，前揭註六，頁五七。

註六一　塩野宏，前揭註六，頁二二五以下。同旨，高田敏，法治主義の行政手續觀，社會的法治國と構成，信山社，一九九三年，頁四七三以下。

註六二　塩野宏，同前註。

註六三　市原昌三郎，前揭註二八，頁二一三以下。

實體的適正之機能此點而言，其並非行政處分之單純的形式，而應定位
於行政手續法上之法原理(註六四)。進而，以法治國原理下之行政手續，
來理解強制說明處分理由之特色，則在於將其定位爲具有憲法上之根據，
並且屬於被處分人之「權利」(註六五)。國民若具備「請求附理由之決定
的權利」(right to reasoned decision)，則表示獲得正義 (註六六)。

3.我國

在我國憲法上，雖無法直接求得強制說明理由原則之明文依據，但
因我國乃法治國家，故參酌上述德國及日本學說上之見解而從具憲法效
力之行政法基本原理、原則中出發，應可尋求其法依據。如：依法行政
原理 (註六七) 或者正當程序原則 (註六八)。

我國憲法雖未明定依法行政原則，但基於憲法第一七一條及第一七
二條，可推論出法律優先原則，另外第二十三條已承認法律保留原則(註
六九)。行政機關在作成行政處分時，本於依法行政原則 (理) 之中法律
保留原則及法律優位原則，其必須先具有法律上之依據，同時並應審究
其在法律上及事實上之要件是否已經具備，以及有無與上位規範相抵觸
(註七〇)。要求行政機關就其所作處分說明理由，可促使其確實明瞭作成
該決定之法律上及事實上之基礎，並在程序上採取必要之措施，以協助
獲得作成決定不可或缺之基礎，同時更可發揮自我控制功能，藉以形成

註六四　福家俊朗，瑕疵の治癒(二)，行政判例百選Ⅰ(第一版)，一九七九年，頁二
　　　　三三。

註六五　大浜啓吉，理由付記，行政法判例百選Ⅱ (第三版)，頁二五八。

註六六　兼子仁，行政法と特殊法の理論，有斐閣，一九八九年，頁二二。

註六七　關於依法行政原理，請參閱，城仲模，論依法行政之原理，收於氏著，行
　　　　政法之基礎理論，三民書局，八十年十月增訂初版，頁一以下。

註六八　關於正當程序原則，請參閱，林國漳，淺論行政法學上正當法律程序之原
　　　　則，收於城仲模主編，行政法之一般法律原則(一)，頁六五以下。

註六九　法律保留原則根據憲法關於基本人權之規定(憲法第八條、第十九條、第
　　　　二十條、第二十三條、第一百四十五條)、法治國家原則以及民主主義(憲
　　　　法第一條、第二條) 爲根源。

註七〇　洪家殷，前揭註七，頁九五以下。

合法之行政處分；換言之，本於依法行政原則（理）之要求，行政機關應負有說明其行政處分理由之義務（註七一）。

此外，依據法治國家之正當程序原則，爲確保行政程序之公正應強制行政處分說明理由。有謂，我國憲法第八條關於人身自由保障之規定，富有正當程序之精神（註七二）。另有自憲法第十六條、第二十二條、第二十三條，導出強制說明理由之憲法依據（註七三）。

㈡法律位階之依據

如上所述，強制說明理由原則可謂行政法上一般法律原則。然有關強制性之範圍如何，依日本學者市原昌三郎所言，若考慮行政目的、行政活動之多樣性以及對行政效率之要求等，則不能完全排除於此方面爲立法裁量的餘地。其更進一步指出，期待判例、學說發展出理由付記所須採用之基準，雖不失爲一個實際的解決方法，但是，依本制度原來之旨趣，於行政手續法之制定程序中尋求統一之基準，即以立法來解決之方法，對應國民法意識之急速變化以及著眼於行政現實，是較妥當之方法（註七四）。

因之，強制行政處分說明理由最堅實之法依據，乃係根據行政手續法之統一規定。現今，強制行政處分說明理由，已由奧國、德國、美國、法國、日本等國揭櫫爲行政手續法制上的原則之一。以下茲就各國行政手續法上強制說明理由之規定，作一介紹。

1.德國行政手續法

依德國行政手續法第三十九條規定:「書面之行政處分……必須依書面記載理由。理由之記載必須明示行政機關作成決定之事實上及法律上之根據。記載裁量決定之理由，應使相對人得知行政機關行使裁量所根

註七一　同前註。
註七二　林國漳，前揭文，頁七一。
註七三　葉俊榮，行政裁量與司法審查，臺大碩士論文，七十四年，頁二二〇。
註七四　市原昌三郎，前揭註二八，頁二一七以下。

據之觀點。下列各款之情形不須記載理由：一、對於申請機關予以准許，或對於聲明予以接受，且該項行政處分未涉及他人權利者。二、行政處分所指定之人或所涉及之人，已知悉機關對事實或法律之觀點，或雖未以書面說明其理由，而當事人亦即可知者。三、機關作成大量同種類或藉自動機器之設備作成之行政處分，依其情形，於個別案件中，不要求說明理由者。四、依法規之規定，不必說明理由者。五、一般處分經公告者。」

2.日本行政手續法

依日本一九九三年十一月一二日公布之行政手續法，規定行政機關為駁回申請之處分與不利益處分時，原則上必須記載理由，自此，使行政處分之理由付記義務一般化。

⑴行政手續法第八條係關於駁回申請處分之規定

「行政機關對於依申請請求許可、認可等為駁回之處分時，對申請者，同時必須提示該處分之理由。但，於法令所定許認可等要件或公開之審查基準係依數量指標或其他客觀指標所明確訂定之情形，從申請書之記載或添附書類，可知該申請明顯不符合認可要件或審查基準，則於申請人提出請求時，再提示理由即可。……以書面為處分時，理由必須以書面提示。」

⑵行政手續法第十四條係關於不利益處分之規定

「行政機關於為不利益處分時，對於其相對人，同時必須提示該不利益處分之理由。但，有急迫必要之情形，不在此限。

行政機關於前項但書之情形，除無法判明該相對人所在或其他……有困難之情事外，於處分後相當之期間內，必須提示同項之理由。

以書面為不利益處分時，前兩項之理由必須以書面提示之。」

3.美國行政手續法

美國一九四六年行政手續法（A.P.A）第八條(b)後段規定：「所有處分均應成為記錄之一部分，且應包括下列事項之陳述：一、記錄中記載

之一切事實、法律或裁量之實質事件，其所基於作成之決定與結論以及其理由與根據，……」(註七五)。

4.法國普通法

依法國一九七九年七月一一日之行政行爲理由付記法中之規定，國民具有得知所受「不利益」行政處分之理由的權利，其範圍包括限制人權之處分或警察措置、制裁處分、附條件之許可或賦予義務之處分、撤銷或撤回權利設定之處分、對法定權利人駁回受益之處分等（第一條）。「理由之記載必須於文書上表示作爲處分根據之法律上及事實上之考慮」（第三條）(註七六)。

5.奧國行政手續法

奧國一九九一年普通行政程序法第五八條二項規定：「當事人之觀點內容不完善或利害關係人之異議或聲明遭拒絕時，裁決應附理由」。第六十條：「理由中應將調查程序之結果，認定證據時之主要考慮，以及基於此等考慮就法律關係所爲之判斷，明白簡要綜合說明之。」(註七七)。

6.我國行政程序法草案

我國之行政程序法草案(註七八)，於第八十條第一項第二款規定，書面行政處分應記載理由。而以言詞或其他方式作成之行政處分，其相對人或利害關係人有正當理由要求作成書面時，行政機關不得拒絕（草案第七十九條第二項）。依該規定所作成之書面，準用草案第八十條第一項之規定，故亦必須記載理由。此外，依草案第八十一條之規定，書面之行政處分有下列各款情形之一者，得不記明理由：

1.未限制人民之權益者。

2.處分相對人或利害關係人無待處分機關之說明已知悉或可知悉作

註七五　葉俊榮，前揭註七三，頁二一九。
註七六　兼子仁，行政手續法，岩波書店，一九九五年，頁一〇〇。
註七七　董保城譯，奧國一九九一年普通行政程序法，各國行政程序法立法例暨草案彙編，法務部印，八十三年五月，頁二二。
註七八　行政程序法草案，法務部版，八十四年三月十六日。

成處分之理由者。

　　3.大量作成之同種類行政處分或以自動機器作成之行政處分依其狀況無須說明理由者。

　　4.一般處分經公告或刊登政府公報或新聞紙者。

　　5.有關專門知識、技能或資格所為之考試、檢定或鑑定等程序。

　　6.依法律規定無須記明理由者。

四、結語

　　行政處分應說明理由，乃傳統法治國家原則之一(註七九)，基於強制說明理由之原則，行政機關於其調查結束後，負有義務將其導致決定之原因通知行政處分之相對人。其具有說服機能、權利保護機能、統制機能、說明或證明機能。不僅有利於相對人，客觀上這一原則也有利於法治國家的行政。因為這能強制行政機關明瞭其決定的法律上及事實上之基礎。因此，強制說明理由保證了行政之合法性（註八〇）。

　　在傳統大陸法理論下，認為行政處分應說明理由是形式要件，故依制定法準據主義，未明文規定行政機關為行政處分時，行政機關不負有說明理由之義務；惟現今趨勢，一般認為強制說明理由原則，應定位為行政法之一般法律原則，並且強調其在行政手續上所具有的意義。而在德國、日本與我國，均可求得其憲法依據，並自各國立法例觀之，強制行政處分說明理由，均依法制化予以實踐，我國行政程序法草案亦不例外。

　　在傳統大陸法理論下，認為行政處分應說明理由是形式要件，故依制定法準據主義，未明文規定行政機關為行政處分應說明理由時，行政機關不負有說明理由之義務；惟現今之趨勢，一般認為強制說明理由原

註七九　翁岳生譯, Carl Hermanu 原著, 法治國家之行政手續, 幼獅文化事業公司,
　　　　五十九年初版, 頁二四四。

註八〇　同前註, 頁二四五。

則，應定位於行政法之一般法律原則，並且強調其在行政手續所具有的
意義，係爲行政手續重要原則之一。

在德國、日本，強制說明理由，均可求得其憲法之依據，主要是源
自於依法行政原理。且自各國行政手續法之立法例觀之，強制說明理由
原則均依法制化而予以實踐。

〔叁〕強制說明理由之內容、範圍與例外

一、概說

行政處分說明理由乃法治國家行政手續之原則。而說明行政處分之
理由，所應具備之具體性，乃係於行政訴訟上判斷該處分是否具手續瑕
疵之基準。美國判決曾指出：「理由敍述不能太過膚淺，若只是套用法條
上的語句，未實質說明考慮因素，仍屬違法」(註八一)。因此，行政機關
說明理由時，應考量是否具備必要之內容，以及涵蓋必要之範圍，以促
使理由充分而完備。在內容上，行政機關必須告知關係人者，主要分爲
兩部分，即作該處分之㈠事實方面，㈡法律方面之基礎（註八二）。

至於行政處分說明理由之範圍，亦即應說明到何種程度？在決定理
由說明之內容應如何詳盡以及應涵蓋那些範圍時，必然會遭遇到維護人
民權利與促進行政效率二者間相衝突之問題。前者係在法治國家內，人
民基於其權利之防衛，對於資訊之需求，後者則爲行政機關基於行政效
率之提昇，對於行政程序之單純性、合目的性及順暢性之要求(註八三)。

對於所要求理由說明之具體性，有從行政成本增加或事務處理遲延

註八一　Florida V. U.S. 282, U.S. 194, 213 (1931).轉引自，葉俊榮，前揭註七三，
　　　　頁二二〇以下。
註八二　Kopp, VwVFG, § 39 Rn. 6; Schick, *Jus* 1971, 1.轉引自，洪家殷，前揭註七，
　　　　頁六一。
註八三　Scheffler, *DÖV* 1977, 770.轉引自洪家殷，前揭註七，頁九四。

等觀點，提出質疑(註八四)。的確，若要求一切的行政處分一律、同樣地說明理由，當然會產生問題。因而，如何適切地取捨選擇以承認合理的說明理由之例外情形？乃是一值得探究之問題。以下即就強制說明理由之內容、範圍與例外，進一步說明之。

二、強制說明理由之內容與範圍

㈠德國

1.「重要的」理由

依德國聯邦行政手續法第三十九條第二句規定，行政處分之理由中必須告知「重要」之理由。亦即表示行政決定之重要的（wesentlich）法律上及事實上之基礎係屬必要。僅外觀上流於形式之理由說明（eine formale, formalhafte Begründung），或者內容抽象的、無內容的理由說明，並不充分，自不待言(註八五)，且無法實現說明理由之機能或目的，當然亦喪失理由說明義務做為一般原則之意義。反之，若必須逐一列舉為該判斷之際所考慮一切事項之細目，將不當地妨礙行政之運作，即使從說明理由之目的觀之，亦無必要。聯邦政府之理由書中即指出，無需對所有經考慮之事項於理由說明中明示一切之個別的檢討。因此，且「該行政決定得以舉出幾個理由時，僅表示最重要、確實的理由即可（註八六）」。簡潔之說明理由（eine weiterläufige Begründung）應較冗長之說明理由優先受選擇，量（Quantiät）並非於選擇說明理由時之徵憑。依據對於行政決定之動機之選擇而儘可能摘要說明理由，係表現行政機關詳細之思考以及確實控制必須規律之狀況(註八七)。歐洲共同體法院於一九六三年七月一四日之判決中亦認為：「僅須就理解行政決定之依據與

註八四　市原昌三郎，前揭註二八，頁三二〇。

註八五　Kopp, *Verwaltungsverfahrensgesetz*, §39. Rdnr. 6, 轉引自，海老澤俊郎，前揭註二一，頁二九〇。

註八六　Malorny, a.a.O., S. 106, 轉引自，海老澤俊郎，同前註二一，頁二九〇。

註八七　Scheffler, a.a.O., S. 770, 轉引自，海老澤俊郎，前註二一，頁二九〇。

行政爲決定之思考過程（der Gedankengang）而言，係必要之重要的法律上及事實上之考慮事項說明之即可。因此，只要無損及明確性與論理性（Schlüssigket），則得全然簡潔地說明理由（註八八）。」此一判決中另提及論理性（Schlüssigket）爲說明理由之要件。亦即,若認爲說明理由涉及行政決定說明之正當化，爲免說明理由犯論理上之誤謬（Denkfehler），則只有於符合論理性之情況下，得以達成此種目的（註八九）。

至於如何判斷理由是否重要的問題，由於理由說明具有保護功能，因此，即必須從相對人之立場來回答（註九〇）。

2.事實認定方面

行政機關基於其職務，本來即可調查事實，並確定調查之種類及範圍。在德國聯邦行政手續法第三十九條第一項第一句規定，行政處分應告知事實上之理由。因之，行政機關調查（Amtsermittelung）後之事實態樣（Sachverhalt），須經明確且一義地限定而於理由中說明之（註九一）。若行政機關與關係人之間，對於事實態樣未產生爭執，則行政機關僅明示對決定而言爲重要之事實，亦屬充分。但若有爭執時，或行政機關以關係人已知之事實爲前提而作出該行政決定時，僅表示行政機關所認定之事實並不充分，必須表示對其事實態樣爲此種認定之理由（註九二）。亦即，於此一情況下，必須明示其認定之由來（Herkurft）或根據。

3.法律適用方面

依聯邦行政手續法第三十九條第一項之規定，行政機關爲該處分所依據之重要的事實上及法律上之理由，必須說明之。則行政決定所根據

註八八　Zitiert nach: *Kopp Verfassungsrecht*., S. 52, 轉引自，海老澤俊郎，前揭註二一，頁二九〇以下。

註八九　Scheffler, a.a.O., S. 770, 轉引自，海老澤俊郎，前揭註二一，頁二九一。

註九〇　Vgl. Mayer/Borgs, VwVfG, §39 III Id.轉引自，洪家殷，前揭註七，頁六三。

註九一　奧國行政手續法第六十條即規定，理由中應將調查手續之結果，認定證據之主要考慮……說明之。參閱翁岳生，奧國行政手續法，各國行政程序法比較研究，行政院研究考核委員會編印，八十三年七月初版，頁一九七。

註九二　Meyer § 39. Rdnr. 25, 轉引自，海老澤俊郎，前揭註二一，頁二九一。

之重要的「法律方面之考慮」，亦包含在內。從論理上言之，因行政決定係為將具體的事實態樣包攝於法規範之抽象要件所得之法律效果，故而此種包攝是否未具瑕疵，亦即該事實態樣是否充足記述的及規範的要件（deskriptive u. normative Tatbestandvoraussetzung），特別是對不確定法律概念之正確解釋，必須告知於關係人。因此，前提上關係人必須得知使行政決定正當化之法規範。並不能認為關係人必須自己調查。此外，行政機關必須鮮明自己之立場(註九三)。倘若只是寫出條文內容，並不夠充分(註九四)。無法就此明瞭抽象法規範適用於具體事件之根據，故此種說明並不能視為充足於對法的考慮之說明。於法規範使用不確定概念時，行政機關並須明白地說明基於何種考慮將事實態樣包攝於此法概念 (註九五)。

4.裁量權行使之情況

依德國聯邦行政手續法第三十九條第一項第三句之規定，要求裁量處分之理由中，關於行政機關對事實問題或法律問題之判斷，亦應表示「行政機關行使裁量時的著眼點」。為此規定之理由，依聯邦政府於聯邦行政手續法之理由書中說明：「關於裁量決定之理由說明，原則上相同。然而，裁量權行使之正確性必須加以審查，行政機關認識裁量權之法律上之界限、並未踰越，且於決定時其裁量權之行使亦合乎授權之目的，此等事項必須按照決定之基準以識別之(Vgl. 114 VwGO)。因此為第三句之要求 (註九六)。」因此，強制裁量處分說明理由，係為提高法院對於行政機關行使裁量權符合授權目的之審查可能性(註九七)。此一規定係參

註九三　Voucko, *Begrüdung*, S. 66 ff., 轉引自，海老澤俊郎，前揭註二一，頁二九二。

註九四　Scheffler, *DÖV* 1977, 770, 轉引自，洪家殷，前揭註七，頁六六。

註九五　引自，海老澤俊郎，前揭註二一，頁二九二。

註九六　Zitiert nach: *Eichler*, § 39. Anm. II.轉引自，海老澤俊郎，前揭註二一，頁二九五。

註九七　亦即根據聯邦行政法院法第一一四條規定：「行政官署被授權依其裁量而為時，法院亦得審查行政處分是否因逾越裁量的法定範圍或與裁量之目

照一九五六年十二月十九日之南斯拉夫行政手續法（一九五七年生效）第二〇七條第三項規定：「如管轄官署依法律或依基於法律之授權所頒布之命令，得依其自由裁量處理案件時，應於行政處分理由內列舉所依據之法令，並說明作成此項決定的理由；但法律或命令明文規定爲公益者，不在此限」（註九八）。彼達米克（Pitamic）對此加以註解，謂依此條文應予說明之理由，顯然亦包括行使裁量權之方法與動機在內，因爲祇有這種完全之認識——即亦應使當事人瞭解之認識——上訴審依該法第二四二條第一項，發生基於自由裁量可能應作其他之判決時，始能廢棄第一審之判決，然後自行判決，或將案件發回第一審重新審理。藉此方法亦可發現權力之纂奪(détournement de pouvoir)而予以消除(註九九)。

F. O. Kopp 氏認爲裁量處分之理由中應明示以下之內容 (註一〇〇)：

(1)行政機關行使裁量。

(2)行使裁量時所考慮的關係人之利益。

(3)理由根據何種事實。

(4)理由適用何種法的判斷基準。

依聯邦行政法院之判例以及通說之見解，聯邦行政手續法第三十九條第一項第三句之規定，不僅要求行政機關告知有行使裁量權之情形，亦要求行政機關告知對於利害得失衡量之情形，亦即須告知按照具體情況而衡量一切公共或私人利益時所爲之考慮 (註一〇一)。

不符合而違法。」

註九八　Becker/König/Ule, *Verwaltungsverfahrensgesetze des Ausland* Bd. I 1967, S. 29 f.轉引自，翁岳生，西德一九七三年行政手續法草案之研究，行政法與現代法治國家，自版，一九九〇年九月十一版，頁二七。

註九九　翁岳生譯，Carl Hermann Vle 原著，法治國家之行政手續，幼獅文化事業公司，五十九年初版，頁四五。

註一〇〇　Kopp, *Verwaltungsverfahrensgesetz*, 5. Aufl., S. 772.轉引自，上原克之，前揭註一一，頁二一四。

註一〇一　海老澤俊郎，前揭註二一，頁二九二。

㈡日本

1.實務判例與理由提示

關於行政處分負有說明理由義務之情形，其旨趣、目的為何，必須說明之內容、程度如何等問題，最高法院在租稅領域中對於藍色申報(註一○二)之更正處分及藍色申報承認撤銷處分累積了許多判例。自其之後，並有關於一般護照發給駁回處分之判決等。而日本之行政手續法施行以後，明文規定行政機關為駁回申請處分與不利益處分時，負有提示理由之義務(行政手續法第八條、第十四條)。若從區分駁回申請處分與不利益處分之角度，對實務案例分析之結果，則駁回申請之處分與不利益處分應提示理由之程度，可作如下之解釋：

⑴駁回申請處分

就駁回申請之處分（如一般護照發給駁回處分）應提示理由之程度而言，依據日本最高裁判所昭和六十年一月二十二日判決表示，如僅表明駁回處分所根據之規定，除非據此當然可得知為該規定適用基礎之事實關係，否則即為不充分；故應具體地記載如何認定事實關係，以及如何判斷申請人該當於所根據之規定(註一○三)。由此可知，行政機關作出對申請之駁回處分時，僅提示處分所根據之法條並不足，而應具體地記載如何認定事實關係，以及如何判斷申請人符合處分所根據之規定。

註一○二　藍色申報與白色申報之區別如下：法人之所得，或所得稅中之事業所得、山林所得、不動產所得，其所得額必須為損益計算。損益計算應使用複式簿記且遵循會計學之理論與習慣，依照取引之發生之順序，真實的、正確的記帳以作成財務諸表。簿記對經營者而言，因係不可欠缺之經營武器，故經營事業者從自己之必要亦必須正確的記帳。但是，日本自戰敗以來，對會計學之認識非常地低，所以，用強烈的勸告，加速改善當時之不完全的記帳之獎勵方法，則根據大藏省所定之記帳方法而為真實之申報者，其申報書之用紙為藍色，而與一般之申報（俗稱白色申報）有所區別，亦在所得計算上、與納稅手續上，給與諸多優惠；參閱，田中二郎，租稅法，有斐閣，昭和四十三年，頁三八六、四二二。

註一○三　宇克賀也，行政手續法の解說(改訂版)，學陽書房，一九九四年十二月一日，頁八五以下。

　　再者，依向來判例的態度，必須說明理由之程度「應審酌該處分之性質與各法律規定理由提示之旨趣、目的而決定之」(昭和三十八年之二判決(註一〇四))，是則關於行政手續法第八條之理由提示，則應審酌該處分之性質與規定理由提示之旨趣、目的，視具體的事件以決定理由提示之程度。因此，無論如何不能僅提示所根據之法條，鑑於理由提示亦為謀求處分相對人聲明不服之便利，則行政機關表示理由所應具備之具體性的程度，亦應使相對人容易得知其如何認定事實而作出行政處分(註一〇五)。因之，所提示之理由必須足以發揮相關機能。於再申請之情形，知曉駁回處分之理由，甚為重要。

　　此外，依法有公開審查基準之義務時(註一〇六)，若於提示駁回處分之理由，僅表示法令上之根據並不充分，而亦應表示駁回處分所根據之審查基準 (註一〇七)。

　　⑵不利益處分

　　就行政機關為不利益處分（如藍色申報之更正處分等）應提示理由至何種程度之問題表示見解者，有前揭日本最高法院昭和三八年五月三一日之判決以及昭和四十九年四月二十五日之判決（民集，第二八卷三號，頁四〇五）等判例。依判例所採取之立場，亦係認為於法律上要求理由提示之情形，若僅表示所根據之法條並不足夠，「就成為撤銷原因之事實亦須於處分相對人具體地得以知曉之程度上，特定而予以摘示之」。而學者有認為依行政手續法第十四條提示理由之旨趣、意義觀之，行政機關為不利益處分時，所應提示理由之程度，必須至相對人得以於見其

註一〇四　昭和三八年五月三十一日，民集，第一七卷四號，頁六一七；同旨：昭和三十八年十二月二十七日，民集，第一七卷一二號，頁一九七一。

註一〇五　宇克賀也，行政手續法の理論，東京大學出版會，一九九五年初版，頁七、八。

註一〇六　參閱日本行政手續法第五條。

註一〇七　宇克賀也，前揭註一〇五，頁一八。

理由時，即可具體地理解係基於何種理由而受不利益處分（註一〇八）。

關於對藍色申報之更正處分與公務員懲戒處分，所要求說明理由之程度即有差異（註一〇九）：

第一、日本實務上認爲，對藍色申報之更正處分其理由附記之程度，必須摘示於帳簿書類之記載上有信憑力之資料，以明示處分之具體根據。因於藍色處分之情形，以申報制度、納稅人帳簿之備付等作爲前提，故要求理由記載之程度極爲嚴格。但是，在懲戒處分之情形，由於無此種前提，以至於無須摘示認定懲戒事實所根據之證據資料等。

第二、再者，從性質上言之，相對於以更正處分爲主之課稅處分係典型的覊束行爲，懲戒處分則爲裁量性強之行爲。從而，爲懲戒處分，必須明示作爲處分對象之事實、以及使相對人理解對處分對象之評價、其他考慮事項等作成結論之過程。但是，懲戒處分的裁量，因觸及情狀等之多種多樣的事項，故全部記載於處分說明書上有困難。是故，依判例趨勢，懲戒處分之基本處分事實必須記載至受處分人得以判斷事實關係同一性的程度，但是，關於附帶的事實即情況事實，未必要記載。

2.經過聽證、辯明手續之處分

最高法院在判例中，對於處分所記載之內容、程度，認爲相對人必須自其記載本身即得以理解其具體的根據，而不問是否爲相對人得推知其理由之情形或現時已知之情形（最判昭和三十七年十二月二十六日，民集，第一六卷一二號，頁二五五七，同昭和四十九年六月十一日，判時，第七四五號，頁四六）。針對於最高法院所呈現之此種態度，學者認爲在行政手續法制定之後，必須有所修正。亦即，行政手續法對於不利益處分與對申請所爲之處分，分別設置了有相當差異之各種事前手續措施，是故，有關記載理由之具體性，即應依據與此等措施之連鎖關係而

註一〇八　宇克賀也，前揭註一〇三，頁一〇七以下。
註一〇九　遠藤博也，處分事由の追加，公務員判例百選，一九八六年，頁八二以下。

加以相對地決定之。依照在事前手續階段說明理由之程度，若在與具備理由說明機能之事前手續的措施相結合下，此處分理由與相對人間之關係得為明確，則係充分，所以針對有預備優厚的事前手續之情形，因而得緩和記載理由之具體性（註一一〇）。

因之，由於處分之理由提示之事前手續受到整備，故而其基本性質與向來理由附記異其標準，性質上已有所改變。亦即，透過事前手續既已知曉處分理由，則處分作成時提示理由所受期待之機能，實際上除具體地說明處分理由外，並且亦包括保障不超出在事前手續階段成為爭點之考慮事項，而決定處分之內容（以下稱「考慮事項保障機能」）（註一一一）。所以若簡潔地提示在事前手續階段所表示之考慮事項，以及與成為其結果之處分內容間的連鎖關係，則應認為記載理由之具體性，已為充分。亦即，只須具有依當事人主觀情事之相對的具體性，即為已足（註一一二）。

㈢我國

有關行政處分應說明理由之內容與範圍，依據我國行政法院之裁判，認為行政處分在認定事實方面，對於認定重要事實之論斷，應詳細說明理由，否則將構成違法。例如：八十年判字第二四一二號判決之內容略為：「況原告又指被告機關之採樣不足作為真正之代表，與原告之應否受罰關係甚鉅，被告機關應詳細說明，方以昭折服，原告執此指摘非無理由。」（註一一三）本判決即以原處分對於作成裁罰基礎之事實，應詳細說明理由。同旨者如：八十年判字第一六二一號判決（註一一四）、八十一年

註一一〇 西鳥羽和明，理由付記判例法理と行政手續法の理由提示（二、完），民商法雜誌，第一一三卷一號，平成七年十月一五日，頁八。
註一一一 西鳥羽和明，前揭文，頁九。
註一一二 同前註。
註一一三 行政法院裁判要旨彙編，第一一冊，頁六八。引自，洪家殷，前揭註七，頁八四。
註一一四 行政法院裁判要旨彙編，第一一冊，頁三六六。

判字第一四三九號（註一一五）、八十一年判字第一八六二號判決（註一一六）。

此外，對於作成處分所依據之證據，如何採擇以及評價，亦認為必須在處分理由中說明之。例如：七十六年判字第二一八二號判決之內容略為：「關於虛報進口貨物品質部分，再訴願決定已將原決定及原處分撤銷，指示被告機關應就其先後三次送驗，所得結果旣不相同，對何以採信食品工業研究所七十五年二月二十一日之七五一〇三九號委託實驗報告，應說明其理由，對其餘鑑定結果不予採信，係何原因，亦應說明，……。」（註一一七）與其同旨者，另有：八十一年判字第九〇七號判決（註一一八）、八十一年判字第二〇七五號判決（註一一九）、八十一年判字第二七二六號判決（註一二〇）、八十二判字第一四六九號判決（註一二一）。

此外，八十二年判字第三五三號判決，則謂「……被告該函否准所請，並未敍述及原告之申請，如何不符當時保險業發展情況。其於處分時有無審酌當時保險業發展情況，旣未見敍明，亦無相同審酌資料附卷可佐證，所辯尙難令人信服，原處分不無可議」（註一二二）。此號判決涉及裁量處分之理由說明，即對其裁量時之法律及事實上之依據何在，未為必要之說明，故有裁量之瑕疵存在。此與德國之通說相符（註一二三）。

註一一五　行政法院裁判書類彙編，八十一年第三期，頁二-一一七〇四。

註一一六　行政法院裁判書類彙編，八十一年第三期，頁二-一一一二三。

註一一七　行政法院裁判要旨彙編，第七冊，頁六六八。引自，洪家殷，前揭文，頁八二。

註一一八　行政法院裁判書類彙編，八十一年第二期，頁一-一二四三。

註一一九　行政法院裁判書類彙編，八十一年第三期，頁二-一四九八。

註一二〇　行政法院裁判書類彙編，八十一年第三期，頁三-二二六五。

註一二一　行政法院裁判書類彙編，八十一年第一期，頁二-一一一二三。

註一二二　行政法院裁判書類彙編，八十二年第一期，頁三-五六七。

註一二三　洪家殷，前揭註七，頁八三。

三、說明理由義務之例外

在行政過程中常發生的問題是，行政效率的要求與公正手續的要求之間的衝突。在現代國家，行政的機能已顯著地推廣到很大的範圍，而必須將大量的行政行為迅速而有效率地執行。從這種行政效率的要求的觀點來看，希望煩雜的手續要件，愈少愈好。可是，為了將國民之權利、自由為最大限度的保障，不可忽視以公正手續確保之必要性。因為，一旦欠缺手續之保障，即不能謂權利、自由得到真正的保障(註一二四)。例外規定則是一種可以解決存在於行政效率與權利保護間衝突的方法。

行政處分原則上必須說明理由，但若要求一切之行政處分皆說明理由，從行政成本增加或事務處分遲延等觀點而言，並不妥當。是以論者有謂應適切地取捨選擇，承認合理的理由說明之例外(註一二五)。法治國家的行政手續法雖原則上肯認行政機關有說明理由義務，但均有例外規定。以下即就德國與日本狀況說明之。

㈠德國

依德國聯邦行政手續法第三十九條第二項之規定，下列情形，得不說明理由：(註一二六)

1.准許申請或接受聲明

對於申請機關予以准許，或對於聲明予以接受，且該項行政處分未涉及他人權利者，得不說明理由。聯邦政府於其理由書中指出第一款之規定，係自權利保護上之理由，不存在要求說明理由之動機(註一二七)。不過，有認為，由此立法理由說明中，可以得知立法者只考慮到理由說

註一二四　田中館照橘，行政手續の不公正與處分の取消理由，新實務民事訴訟法講座9 (行政訴訟Ⅱ)，日本評論社，一九八三年，頁一九六。

註一二五　市原昌三郎，前揭註二八，頁二二〇。

註一二六　翁岳生，行政法與現代法治國家，第九版，七十八年十月，頁三二。

註一二七　Zitiert nach: *Eichler* §39. Amn. Ⅱ.海老澤俊郎，前揭註二一，頁三〇四。

明之權利保護功能，而忽視掉重要之控制功能，因此應予以嚴格之解釋
（註一二八）。

2.關係人已知悉理由

行政處分所指定之人或所涉及之人，已知悉機關對事實或法律之觀
點，或雖未以書面說明其理由，而當事人亦即可知者，得不說明理由。
其立法之本意與前述第二項第一款之例外規定並無不同。

3.大量同種類之行政處分

機關作成大量同種類或藉自動機器之設備作成之行政處分，依其情
形，於個別案件中，不要求說明理由。此種例外情形，主要係基於程序
經濟之觀點，並配合科技上之發展，以及在行政上日漸增多之資料處理
設備之使用。況且，此種例外情形並不致影響關係人之利益，蓋在個案
中不須說明理由之情形，必然係由行政處分本身即可明白行政機關作成
該處分之理由（註一二九）。

4.基於其他特別法規之規定

行政手續法第三十九條第二項第四款所規定行政處分不須說明理由
之例外係為，依法規之規定，不必說明理由者。Ule 指出：「依法行政之
原則不許無必要之原因，而祇依法規之規定排除對行政處分說明理由之
要求（註一三〇），外國亦未曾有此立法例」，極力主張刪除第四款，但起
草人以耕地整理法（Flurbereinigungsgesetz）第五十八條與第五十九
條為例，認為因顧及部分行政之特殊性，在不忽略當事人權利保護之條
件下，立法者制定法律規定某種行政處分得不說明理由，並不違背憲法

註一二八　Scheffler, *DÖV*, 1977, 771; Meyer/Borgs, VwVfG, § 39. Rn. 11; Malorny, *Begründung*, S. 125.轉引自，洪家殷，前揭註七，頁一〇五。

註一二九　Kopp, VwVfG, § 39. Rn. 23; Ule, *Verwaltungsreform*, S. 70.轉引自，洪家殷，前揭註七，頁一〇七、一〇八。

註一三〇　C. H. Ule, Verwaltungsverfahren und Verwaltungsprozeß, *VerwArch.* Bd. 62, 1971, S. 130; derselbe, Probleme des Verwaltungsverfahrensrechts in der Bundesrepublik Deutschland, 1974, S. 23 f.轉引自，翁岳生，前揭註一二六，頁二五三以下。

的精神，列舉此款祇有補充性的效力，但仍有其存在的價值 (註一三一)。

5.一般處分經公告者

立法者認爲，一般處分經公告者，與第三款大量作成同種類行政處分類似，其理由既爲所公知，就不必另行說明，以減輕官署之負擔(註一三二)。

㈡日本

日本之行政手續法規定，以下兩種情形行政機關於爲行政處分時，不須說明理由：

1.理由係客觀、明白之駁回申請處分

於法令所定許認可等要件或公開之審查基準係依數量指標或其他客觀指標所明確訂定之情形，從申請書之記載或添附書類，可知該申請明顯不符合許認可要件或審查基準，則於申請人提出請求時，再提示理由即可 (日本行政手續法第八條第一項但書)。

但書規定之此種情形，行政機關不必提示駁回之理由，仍可以擔保行政機關判斷之公正性，且無損於申請人聲明不服之便利。另外申請人欲確認行政機關之判斷過程時，得請求提示駁回之理由。因此，並非一律地課以提示理由之義務，容許僅申請人請求時始須提示理由，以助於減輕行政機關之事務負擔(註一三三)。況且依立法關係者之見解，就該當此但書者，特別設想爲大量所作之行政處分 (註一三四)。

2.有緊急必要性之不利益處分

行政機關爲不利益處分，應提示理由，但於有緊急必要性之情形，不在此限 (日本行政手續法第十四條第一項但書)。

註一三一　Bundestag, Drucksache 7/910, S. 61.轉引自，翁岳生，前揭註一二六，頁二五四。

註一三二　轉引自，翁岳生，前揭註一二六，頁二五三。

註一三三　佐藤英善 編著，行政手續法，三省堂，一九九四年，頁五一。

註一三四　仲正，行政手續法の制定とその意義(一)，自治研究，第七〇卷二號，平成六年，頁六二。

以「緊急必要」作爲適用除外規定者，除此外，行政手續法第十三條第二項規定「因公益上，有緊急爲不利益處分之必要，而不能採行前項規定陳述意見之程序時」，據此，可不實施通常預定之聽證手續與辯明手續，惟對不利益處分之相對人而言，則有完全受突襲之可能性。然理由付記阻害行政之機動性程度，較辯明手續與聽證手續少，而且爲了顯示所謂不實施辯明手續與聽證手續之「緊急性」，是以必須依書面或至少依口頭明示處分理由。從而，緊急性不僅爲適用除外之根據，亦是涉及理由付記之方法及其程度之問題。行政手續法依第十四條第二項規定行政機關於事後須補提理由：「於前項但書之情形，除無法判明相對人所在或其他於處分後有提示理由困難之情事外，於處分後相當期間內，必須提示同項之理由。」因此係於最低限度上，擔保要求提示理由之旨趣、目的（註一三五）。

不利益處分事後之理由提示，必須於「相當期間內」爲之。即使謂「相當期間內」，仍必須儘量「迅速地」爲之（註一三六），乃係當然。可是，問題是如何解釋「於處分後有提示理由困難之情事」。觀諸承認理由提示之意義，則須限定地解爲有事實上客觀地欲爲提示理由之狀況時等等（註一三七）。

四、結語

強制說明理由義務之範圍，依德國聯邦行政手續法第三十九條有規定，要求處分理由之內容，應包含有關事實的、法律的、裁量的爭點。而在個案中，理由說明之長短係依案件性質或爭執之難易而定，但「重

註一三五　藤巻秀夫，行政處分における理由付記の法理——最近の判決と行政手續法要綱案を手がかりとして一，札幌法學，第四卷一、二號，平成五年，頁一九〇以下。

註一三六　總務廳行政管理局編，逐條解說・行政手續法——公正で透明な行政をめざして，ぎようせい，一九九四年，頁一五。

註一三七　佐藤英善，前揭註一三三，頁八四。

要的」理由係不可欠缺的。因理由之說明乃有關於行政處分說明的正當
化，爲免理由之說明犯論理上之誤謬，必須符合論理性。因此，行政機
關在理由中所明示之諸要素，絕對不能省略使正當化所不可或缺的理論
之結構。

而日本之行政手續法對行政機關說明理由義務之範圍，並未作規定，
委由判例與學說之見解。判例自相當早期即承認理由說明制度之重要性，
認爲行政機關附之抽像的、簡單的理由，乃形式上遵從法之要求，而爲
了防止本制度之形骸化，故要求所說明之理由應具明某種程度之具體性、
詳細性。依實務之見解，理由中不能僅記載法條，亦須附具成爲其適用
基礎之事實關係。學說上之一般理論，對於應附記何種程度之理由，則
認爲必須按照處分之性質與命理由附記之各法律規定之旨趣、目的而決
定，且必須自處分理由本身即可明白（**註一三八**）

總之，行政機關說明處分理由之詳細內容，應包括所有足以影響決
定作成的事實或法律要點。如僅就法條規定爲重覆敍述，或者僅說明大
致之理由而過於簡略，該處分應構成違法。進而，如日本學者所言，理
由說明之具體性，應對於與其他事前手續措施之理由告知間之連鎖關係，
一併考慮。

此外，要求所有行政處分皆說明理由，並不妥當，因此乃不得不容
許在某些情形，得例外不說明理由，故在德、日之立法例，均有例外之
規定。

〔肆〕違反強制說明理由原則之瑕疵與法律效果

行政機關爲行政處分未說明理由，不論是完全欠缺理由或者是理由

註一三八 阿部泰隆，前揭註五五，頁五三九～五四〇。

不備(不充分或不完善)，將致使行政處分具有瑕疵而構成違法。惟此種瑕疵對於行政處分之效力究竟有何影響？進而，是否構成獨立之撤銷原因？以及是否得予以補正（瑕疵治癒）？凡此皆有待一一釐清。

一、說明理由之瑕疵與違法效果

㈠德國

依德國一九七六年行政手續法之規定，大體上言之，違反有關方式、手續規定之行政處分，相對於內容上之實質違法，為「形式上之違法」，而以構成得撤銷之事由為原則，無效為例外。惟有時行政方式或手續之違法，基於經濟原則，可加以補正（瑕疵治療）（註一三九）。同樣的，若合乎轉換之要件而經轉換(umgedeutet)後，亦成為合法之行政處分(註一四〇)。亦有不重要的形式上違法之情形，不得單獨成為得撤銷之理由（註一四一）。行政手續法第四十六條規定：「行政處分非依第四十四條而無效者，如對該事件不可能有其他決定時，不得祇因其成立違反有關手續、方式或土地管轄權之規定而被請求撤銷」。

因之，行政處分具理由說明之欠缺（註一四二）時，對於行政處分之效力會發生何種影響？關於此一問題，行政處分具說明理由之瑕疵時，即具形式上之違法，依德國學者之通說，行政處分欠缺理由說明時，仍為有效，只是得撤銷(註一四三)。但有學者認為，在某些情形下，亦可能造成無效之結果，譬如行政處分之內容嚴重侵犯到人民之權利，以致於

註一三九　林錫堯，行政法要義，法務通訊雜誌社，八十年一月初版，頁一五七。
註一四〇　關於瑕疵行政處分之補正及轉換，依德國聯邦行政手續法第四十五條及第四十七條之規定。
註一四一　亦即依其行政手續法第四十六條規定：「行政處分非依第四十四條而無效者，如對該事件不可能有其他決定時，不得祇因其成立違反有關手續、方式或土地管轄權之規定而被請求撤銷」。
註一四二　此之「欠缺」，包括理由完全欠缺與理由不備。
註一四三　Vgl. E. Forsthoff, ass. S. 238; H. J. Wolff, a.a.O. S. 373；轉引自，洪家殷，前揭註七，頁一五以下。

若欠缺理由之說明，根本無法要求人民接受(註一四四)。此惟有由該行政處分所依據之法律能夠推論出來，其理由說明對於人民法律地位之干涉是如此重大，以致於若不說明理由，人民根本無法預測，其財產上會受到重大之侵害時，此種有理由說明瑕疵之行政處分才會造成無效之結果（註一四五）。

㈡日本

1.傳統通說及實務之態度

⑴傳統通說之見解

據田中博士分析，對於構成行政行為無效原因之瑕疵，加以考察之戰前論文中，可分為若干瑕疵類型，就其中形式瑕疵，指在欠缺形式要件之情形。而其對行政處分之影響，以是否為處分之效力要件來判斷處分有效或無效。在行政處分完全欠缺說明理由之情形，認為理由附記規定為效力規定，欠缺理由記載為無效原因(註一四六)。如：兼子仁教授認為，對於法令要求說明理由之處分，如理由完全欠缺時，應為無效(註一四七)。田中二郎先生亦同之(註一四八)。另中西又三先生亦指出，欠缺理由附記之情形，構成行政處分之無效原因(註一四九)。學者保木本一郎之見解亦同：「理由附記規定若為效力規定，則理由記載之欠缺為無效原因……」(註一五〇)。惟理由不備並非無效，只是得撤銷原因（註一五一）。

⑵最高法院之態度

註一四四　Vgl. W. Schick, Notwendigket und Funktion der Begrundung beiVer-
　　　　　waltungsakten, *Jus.* 1971.轉引自，洪家殷，前揭註七，頁一五以下。

註一四五　洪家殷，前揭註七，頁七六。

註一四六　廣岡隆，前揭註二二，一九八八年四訂版，頁一二三。

註一四七　兼子仁，行政法總論，筑摩書房，一九八三年，頁一八八以下。

註一四八　田中二郎，新版行政法上卷，弘文堂，平成元年全訂第二版，頁一四八。

註一四九　中西又三，行政行為の瑕疵，收於，田中館照橘編，演習ノート行政法，
　　　　　法學書院，昭和六十二年初版，頁四五。

註一五〇　保木本一郎，前揭註五七，頁三二以下。

註一五一　田中二郎，前揭註二二，頁一四八。

　　最高法院原來係將理由附記視爲形式要件，而形成理由附記判例法
理。惟應附記理由而未附記理由之處分，最高法院認爲應予撤銷，就此則
與上述傳統通說認爲處分應爲無效，則不相同。例如，最高法院昭和三二
年一月三十一日第一小法庭判決(民集，第一一卷一號，頁二〇一)，指出:
對農地買收計畫之異議決定以及訴願裁決，即使無理由之記載，其違法
並非重大明白，處分不構成當然無效。其後最高法院亦維持此一立場。

　　於理由記載有瑕疵（理由不備）之情形，依據記載理由之具體性程
度，對於瑕疵有無之判斷，即有不同。從而，於考慮程度問題此一點上，
與其他事前手續之要件相似，但是，就理由附記之情形，因不直接影響
處分之實體內容，所以，結果獨立地判斷記載理由之具體性本身，認爲
其欠缺具體性而有瑕疵時，即立即斷定構成單獨之撤銷事由。例如，觀
諸最高法院昭和三十八年五月三十一日判決（民集，第一七卷四號，頁
六一七），有關藍色申報之更正處分，其理由不備時，自法規定理由附記
之旨趣而言，處分不免構成撤銷事由。自此判決之後，最高法院有關理
由附記不備之判決，亦同此見解。

　2.近來學說之見解

　⑴基本論點——行政手續觀

　　學說上開始認識到行政手續不僅限於行政行爲瑕疵論之範圍內，亦
具有構成各種行政決定所共通之一般法制度之性質，則是在大約昭和三
十年代後半以降。隨此種行政手續之觀念成熟，乃放棄傳統瑕疵論，改
而將行政處分之形式與手續視爲廣義的手續要件，理由附記亦成爲重要
的手續法理之一，並且將理由附記判例法理中理由附記之瑕疵，解釋爲
手續的瑕疵。亦即，學者認爲最高法院昭和三十七年十二月二十日判決
雖係關於爭訟裁斷之手續，惟係較學說早先明確指出手續上瑕疵一般而
言得成爲處分之撤銷事由（註一五二），而判決中指出要求理由附記之目

註一五二　小早川光郎，手續瑕疵による取消し，法學教室，第一五六號，一九九

的，在於保障行政處分內容的適正，就此點則可認爲理由附記爲行政手續之一環(註一五三)。因之，原本最高法院當作理由附記判例法理之嚴格解釋根據，所揭示之恣意抑制機能與聲明不服便宜機能，則經主張理由附記爲手續法理之一的學者，解釋爲具有保障行政處分適正內容之手續機能。

　　塩野教授指出，⑴處分時依書面得知理由力爲相對人手續的權利，於處分因理由附記不備爲理由而被撤銷，始回復此權利。⑵撤銷後，因行政機關再考慮，而有可能作出與當初不同之處分。⑶處分有期間限制時，由於原處分因理由不備而被撤銷，則有可能免於遭受侵害處分。⑷由於期待理由附記不備之一般預防機能，故理由附記之欠缺、不備構成撤銷事由 (註一五四)。

　　⑵行政處分欠缺理由之效力

　　行政處分完全欠缺之效力，有學者認爲:「今日學說上一般皆承認理由付記具有行政之事前手續的意義，其之瑕疵影響該行爲之效力。只要贊同理由付記具有手續的意義,則認爲其完全欠缺時構成無效原因……，此一見解係妥當。」(註一五五) 惟多數論者認爲，由於欠缺附記理由之處分並非處分本身當然構成違法，故無效說太過火 (註一五六)。

　　至於，行政處分附記理由不備之效力，依日本判例向來均以之爲獨立之撤銷事由(註一五七)。最高法院昭和三八年五月三一日判決之判決要旨中，即揭示「一般而言，因法規定必須記載理由之旨趣，係爲擔保處分機關判斷之慎重、合理性以抑制其恣意以及使相對人得知處分理由以

　　　　　　　三年九月，頁九四以下。

註一五三　金子宏，前揭註三四，頁二二二。

註一五四　塩野宏，理由付記の機能，收於室井力、塩野宏編，行政法を學ぶ1，頁二五八、二五九。

註一五五　市原昌三郎，審查決定と理由付記，行政法判例百選II，頁三四六。

註一五六　阿部泰隆，前揭註五五，頁五三九。

註一五七　最判昭和六十年一月二十二日，民集，第三九卷一號，頁一、行政判例百選II一二三事件、行政法判例八十五事件。

給與其聲明不服之便宜，故對於欠缺其記載之處分本身必須撤銷之。」自
視理由附記爲手續法理之立場言之，有認爲根據理由記載瑕疵而作出撤
銷判決，完全不須顧慮對處分實體內容所影響之程度，僅根據有手續的
瑕疵，即認爲得以單獨構成撤銷事由(註一五八)。惟論者有認爲，理由附
記雖與直接反映處分實體內容之聽證或咨問等事前手續不同，惟其本身
畢竟依據適切內容之處分應對應存在適切理由此一立論根據，則亦期待
有以事先賦予明示理由之義務而保障適切內容處分之效果(註一五九)。以
此見解來解釋判例之立場，則說明理由有瑕疵之行政處分，欠缺愼重公
正之擔保而不值得受尊重，所以構成處分之撤銷事由。換言之，於此判
例所採取之觀點，係認爲若有附記理由不備之事實，推定導致處分之實
體判斷形成並未愼重公正爲之（註一六○）。

二、說明理由之瑕疵的治癒

　　所謂行政行爲之瑕疵治癒(瑕疵行政處分之補正)，係指行政法學上，
該行政行爲即使有違法之瑕疵，然依其後的情事，可解爲已具備法之要
件，或者依其後法律關係之展開，而不被認爲有作爲得撤銷事由之違法
性之情形而言(註一六一)。瑕疵之治癒，因只可以是在該瑕疵爲輕微情形
下所產生的問題，無效之行政行爲不產生瑕疵治癒的現象。行政處分之
理由說明有瑕疵時，可否治癒？茲述之如下。

㈠德國行政程序法之規定

　　當行政處分具有理由說明之瑕疵時，依德國之行政程序法第四十五
條之規定，內容爲：「違反有關程序與方式之規定者，除該行政處分依第
四十四條之規定而無效外，因下列情形而視爲補正：……2.必須說明之

註一五八　塩野宏，前揭註六，頁二六七。
註一五九　西鳥羽和明，前揭註一一○，頁八七四。
註一六○　小早川光郎，前揭註一五二，頁九六。
註一六一　塩野宏，理由附記と瑕疵の治癒，收於塩野宏、原田尚彥編，演習行政
　　　　　　　法，有斐閣，一九八九年，頁七八。

理由，已於事後說明者。……

　　前項第二款至第五款之行為，只得於訴願程序終結前補正之，如無訴願程序，只得於向行政法院起訴前為之。

　　行政處分因未說明應說明之理由，或未舉行作成行政處分前應舉行之當事人聽證，致無法於法定期間對其訴請撤銷者，所遲延之法律救濟期間，視為無過失責任。依第三十二條第二項對回復原狀期間所定事項起算其所遲延手續行為之補正期間。」

　　因之，若於訴願程序終結前或無訴願程序時則至行政訴訟起訴前，由行政機關追加處分理由，則得補正行政處分之瑕疵（同法第四十五條第一項第二款，第二項）。在德國此種制度下，可以說是優先考慮行政效能之運作，則說明處分理由所具有之最重要意義即確保行政之慎重性、防止其恣意以保護國民權利之目的，因之而空洞化。進而言之，因為並不能主張手續瑕疵作為獨立之行政處分撤銷原因，僅於得撤銷事由亦具備內容上之瑕疵時，始准許撤銷（同法第四十六條（註一六二）），如此理由說明作為事前手續所具有之意義不得不斷言為將大幅度地予以抹煞（註一六三）。但是，依同法第四十五條第三項之規定，於理由說明或關係人聽證之瑕疵因追加而治癒之情形，以該行政行為法律上的救濟期間進行的基準點作為治癒之時，大體上言之，並非不能評價為亦承認說明處分理由在手續上之意義並且亦有助於行政運作迅速化之要求以及調整（註一六四）。

㈡日本學說及實務之見解

　　日本關於瑕疵行政處分之補正，一般稱之為「瑕疵ある行政行為の治癒」，學說及實務上對此雖有論及，但法律上尚乏明文之規定。

註一六二　德國行政程序法第四十六條（程序與方式瑕疵之效果）：「行政處分非依第四十四條而無效者，如對該事件不可能有其他決定時，不得只因其成立要件違反有關程序及方式或土地管轄之規定而被請求廢棄」。
註一六三　市原昌三郎，前揭註二八，頁二二四以下。
註一六四　同前註。

　　實務上，下級審之裁判例所採之見解分歧(**註一六五**)，但依最高裁判所昭和最高法院昭和四十七年三月三十一日之判決表示「若依照法人稅法第三二條後段規定之旨趣及前揭說法，則即使認爲再調查決定之附記理由並無不完備，亦不能解爲因此之溯及而治癒更正處分之附記理由不備」，以及四十七年十二月五日之判決表示「命更正時附記理由此一規定之旨趣係如前示（擔保處分機關判斷之愼重、合理性以抑制其恣意，同時使相對人得知處分理由以給與其聲明不服之便利），若按照此旨趣，則認爲依據與處分機關不同之機關所爲行爲，而治癒附記理由不備之瑕疵，就此並無法滿足確保處分等之愼重、合理性之目的，除此之外，處分之相對人依據審查裁決始得知具體的處分根據，則在此之前之審查手續上，不免受到無法主張充分的理由之不利益」，最高法院昭和四九年四月二五日之判決(**註一六六**)，認爲藍色申報承認撤銷處分具理由記載不完備之瑕疵時，日後即使於同處分之再調查決定或審查決定中，明示處分之具體的根據，瑕疵亦不因此而治癒。其不認爲瑕疵得治癒之主要論據在於「法要求理由記明之旨趣，除使相對人得知處分理由以給與聲明不服之便宜外，亦擔保處分本身之愼重與公正妥當，因此要求於通知書之記載本身，明示成爲撤銷原因之事實，而不論相對人已知、或不知」。因之，處分有理由附記之瑕疵時，即便於此處分之聲明不服裁決上，已表示適切的理

註一六五　肯定說如：山口地判昭和四十五年一月十九日，行集，第二一卷一二號，頁二八。

　　　　否定說如：

　　　　1. 東京地判昭和四十年五月二十七日，行集，第一六卷六號，頁一〇四八。

　　　　2. 大分地判昭和四十二年三月二十九日，訟月，第一三卷八號，頁九七八。

　　　　3. 福岡高判昭和四十三年二月二十八日，行集，第一九卷一、二號，頁三一七。

　　　　4. 福岡高判昭和四十六年七月十七日，判時，第六六八號，頁三九。

註一六六　民集，第二八卷三號，頁四〇五。

由，亦無法治癒之。是故，判例上在判斷是否承認瑕疵之治癒時，所重視者乃該規定之旨趣、目的 (註一六七)。

上述判例之結論，獲得大多學者之支持(註一六八)。換言之，因於處分後審查裁決之裁決理由等而補正、追究附記理由不完備之瑕疵，亦即以之解爲瑕疵治癒之原因，就此而言，按照理由附記之法理，則應評價爲違法 (註一六九)。

第一，按法要求理由附記之重要的旨趣、實質根據之一，在於要求明示處分理由以擔保該處分實體的、內容的公正性，而理由附記之要求乃依據履踐公正的行政手續，來確保行政實體的公正性，故爲行政手續上法理之一之具體化。爲了徹底確保行政之實體的公正性，而要求於處分時附記理由，故不能因於不服審查階段追加理由，即謂對於原處分而言已具「擔保行政機關判斷之合理性」。雖有主張若原處分之內容係適法且已於事後明示充分之理由，僅因於處分階段不備理由即將原處分撤銷之，乃有害於法的安定性或違反訴訟經濟，此種論點雖亦非毫無道理。但是，如採取此種論點，則會侵害被處分人所享有於處分時記明充分理由之權利、以及依公正手續而受處分之權利 (註一七〇)。第二，學者 (註一七一)認爲採取否定見解之另一理由，應一併求諸於理由附記此一制度之另一旨趣，即給予處分之相對人聲明不服之便宜。姑且不論已爲聲明

註一六七　遠藤博也，瑕疵の治療(一)，行政判例百選Ⅰ (第一版)，頁二三一。

註一六八　塩野宏，前揭註九，頁六三以下；北野弘久，前揭註三四，頁一四以下；金子宏，前揭註三四，頁二二二以下；外間寬，前揭註三四，頁一五三。

註一六九　福家俊朗，前揭註六四，頁二三三。

註一七〇　平岡久，再審查決定における理由附記の治癒，租稅判例百選(第二版)，一九八三年，頁二〇二以下。惟對於行政處分在作成時具理由說明之瑕疵，可否依事後之行爲使其瑕疵而得以治癒此一問題，學者有持肯定此種瑕疵得治癒之見解：「若於聲明異議、審查請求之階段，依決定通知書明示處分之具體的根據，解釋其瑕疵治癒之見解乃係正確」；參閱田中二郎，租稅法 (舊版)，頁一八四。

註一七一　平岡久，前揭文，頁二〇三以下。

不服之原告，若承認依異議決定等記載理由得治癒原處分所具理由記載不備之瑕疵，則由於原本得適切地攻擊原處分之爭點不明確，將導致有妨礙不服審查制度有效利用之虞。進而，就不承認瑕疵之治癒，亦即重新作成具備附記理由之處分所具有之意義而言，因行政訴訟不但是原告等之權利、利益的救濟途徑，且具備維持客觀法秩序之機能，言及於此，則亦有補強上述見解之可能（註一七二）。

綜上所述，學者否認瑕疵治癒之理由，在於一定之行政行為若一般要求一定之手續、形式，則就擔保適正的行政運作以及保護國民權利而言，其手續、形式無非具有獨立之意義。因此，即便假設實質上、內容上無瑕疵之行政處分之效力，不因一具有手續、形式之瑕疵，即重新使實現正規之手續形式以及作出行為結果同一內容之行為，然而，依法之旨趣而言，仍應使之反覆（註一七三）。

三、結語

當行政處分說明理由有瑕疵時，日本傳統通說因以理由說明為處分之效力要件，故認為理由完全欠缺之行政處分無效。惟行政處分之理由不備，並非無效。實務上對於強制行政處分說明理由之定位，雖與傳統通說之見解相同，惟在其瑕疵之法律效果上，則不論是未附記理由或僅是附記理由不備，皆認為是行政處分之得撤銷事由。依據德國與日本現今之通說，行政處分說明理由有瑕疵(包括欠缺與不備)，將構成相對於實體上違法之手續、形式上的違法，在此意義下，其所生之法律效果，一般言之，認為僅構成得撤銷，而非無效。

此外，在德國法制上依行政手續法明文規定得於訴願程序終結前(無訴願程序時則至行政訴訟提起前)，補正行政處分欠缺理由說明之瑕疵(行政手續法第四十五條第一項第二款、第二項)。因其具有補正時間之

註一七二　塩野宏，理由附記と瑕疵の治癒，法學教室，第二期三號，頁一七三。
註一七三　田上、市原編，行政法（上），頁一二四。

限制，故此一制度並非不重視強制說明理由於手續法上所具有事前手續
之意義，反而有助於行政經濟。如此，允許行政處分之補正，但規定補
正之時間限制，則一方面得以促進行政效率，另一方面得以防止行政機
關漫無時限之事後補正而侵害相對人之權益。日本法制上並未有如同德
國之規定。該國法院主要是以「治癒」爲法理來作爲適用之依據（註一七
四）。但是，至於行政處分理由說明之事後補提，是否得治癒理由說明上
之瑕疵？依現今學說及實務之通說認爲，依據強制說明理由之旨趣，而
否定原處分之理由說明有瑕疵時，行政機關得於相對人聲明不服之階段，
追加處分理由以治癒該處分之瑕疵。否則，將破壞行政手續之公正性，
並且妨礙處分相對人對於行政不服審查制度之有效利用。

上述德、日見解分歧之原因，大致上，就二國之行政手續方面之不
同點出發，可窺其端倪：

第一、德國作爲權利保護手續之行政手續，在於與事後的行政爭訟
手續之關聯中，可求得其評價。誠然，德國行政手續法除計畫確定手續
外，就權利保護手續言之，欠缺劃時代之內容，然與具實效性之行政爭
訟手續相配合，得發揮權利保護機能。反觀日本之情況，見到行政爭訟
手續有效地發揮機能，很困難（註一七五）。

第二、例如，即使對於行政之便利有相同內容之考慮，德國與日本，
在實際機能上產生不少相異之處。其原因是行政狀態方面，兩者有不同
所致。一般而言，德國行政手續法在內容上缺乏以公正且民主的行政爲
目的手續，就此在與日本相異之行政狀態中，或許可理解之。但是，在
官僚主義傾向強烈之日本，排除恣意的行政，以及將行政自國民遠離此
一情形劃下休止符，而實現公正且民主的行政乃是今日重要之課題。

註一七四　愼重博，瑕疵と治癒，山田幸男／市原昌三郎／阿部泰隆，演習行政法
　　　　　（上），青林書院新社，昭和五十五年五月初版，頁二四九。

註一七五　小山正，德意志の行政手續法の概要與特色，法律時報，第六五卷六號，
　　　　　頁七四、七五。

　　總言之，德國行政手續法重視作爲權利保護手續之行政手續，將重心置於法的利害關係人在手續上之保護。同時，在行政便利上亦表現相當之考慮(註一七六)。因之，在此前提之下，承認第一次行政處分說明理由有瑕疵，可在訴願程序中補正之。而在日本，強調抑制行政機關之恣意，則認爲受處分之相對人請求愼重公正的行政處分之利益，爲其法律上之利益，亦即有依公正手續而受行政處分之權利，就此觀之，不承認行政機關事後補提理由，來治癒原處分在理由說明方面之瑕疵，此一解釋爲當然之結論。

　　我國行政法院七十二年判字第八九〇號判決：「行政官署在拆除違建事件中，一再變更處分內容，且彼此互不相容，又未充分說明其理由，究其依據爲何，殊難揣測」。依行政法院七十二年判字第八九〇號判決內容觀之，行政機關應充分說明其作成行政處分之理由依據。惟此判決並未說明行政機關未說明處分理由之違反效果如何。然鑑於強制說明理由爲行政法上之一般法律原則，以及觀諸上述德、日之見解，應解爲行政處分構成得撤銷事由。此外，對此瑕疵治癒（補正）可否之問題，依行政程序法草案（法務部所草擬者）參考德國行政手續法第四十五條，於第九十八條第二款規定「必須記明之理由已於事後記明者」，該行政處分之瑕疵因而得以補正，以及於同條第二項規定補正行爲僅得於訴願程序終結前爲之；得不經訴願程序者，僅得於向行政法院起訴前爲之。

〔伍〕結論

　　在我國，一向不重視行政機關在作成行政處分時應說明理由，現行法規中，僅有集會遊行法第十三條第二項：「室外集會、遊行不予許可之通知書，應載明理由及不服之救濟程序」、同法第十五條第二項：「前項

註一七六　小山正，前揭文，頁七四、七五。

之撤銷或變更，應於集會、遊行前以書面載明理由，通知負責人。」國家
安全法第三條第二項：「前項不予許可，應以書面敍明理由，通知申請人，
並附記不服之救濟程序」，以法律明文規定記載理由。除非法有明文，否
則行政機關在作成行政處分時，並不認爲具有說明理由之義務，故行政
實務上，爲處分而未說明具體理由者，甚或籠統文字如「於法無據」等
駁回人民之申請，並非少見。因此，對於強制說明理由原則此一法治國
家十分重要之原則，在我國並未能有效地予以落實，就人民權利保障而
言，亦有不周。然舉凡立法制定行政手續法之國家，皆以行政處分之強
制說明理由作爲行政手續之事前要件，即便未見於實定法中加以規定，
亦得從法治國體制下之憲法本文或憲法原理原則中推導出強制說明理由
原則具有法規範之根據，其實爲法治國家之重要的行政法上一般法律原
則，在我國，當可作如是觀。

　　儘管如此，強制行政處分說明理由，依行政手續法爲統一規定乃係
較妥當之方法；而行政處分原則上必須說明理由，基於行政經濟及行政
效率之觀點，要求一切之行政處分皆說明理由並不妥當，故各國之行政
手續法均有例外規定，惟此例外規定雖可解決存在於行政效率與權利保
護間之衝突，然應充分審酌訂定，以避免造成行政方面作爲規避說明理
由之漏洞。

　　再者，處分理由之詳細內容應包括所有影響決定作成之任何事實及
法律觀點。違反強制說明理由原則時，該處分具手續違法而得撤銷。至
於其之瑕疵得否治癒？觀諸德、日之立法例，兩國在前揭問題之結論上，
並不相同。有此重大不同，實乃因德國法制基於法治主義與人權之保障，
著重於實質權利保護；而在日本則強調行政手續之合法性，重視手續權
之保護所致。在我國，此二問題究應如何解決？則是應予以進一步檢討
之重大課題。

索　引

大雅叢刊書目

法學叢書書目

圖書資訊學叢書書目

教育叢書書目

中國現代史叢書書目 （張玉法主編）